आर. गुप्ता® कृत

पॉपुलर मास्टर गाइड

KVS-TGT

Kendriya Vidyalaya Sangathan – Trained Graduate Teachers

SUBJECT

शारीरिक एवं स्वास्थ्य शिक्षा

Physical and Health Education (P&HE)

भर्ती परीक्षा

RPH संपादक मंडल

द्वारा संपादित

2026
EDITION

रमेश पब्लिशिंग हाउस, नई दिल्ली

प्रकाशक

ओ॰पी॰ गुप्ता, रमेश पब्लिशिंग हाउस

प्रशासनिक कार्यालय

12-H, न्यू दरियागंज रोड, ऑफिसर्स मेस के सामने,
नई दिल्ली-110002 ✆ 23275224, 23245124

E-mail: info@rameshpublishinghouse.com
For Online Shopping: www.rameshpublishinghouse.com

विक्रय केन्द्र

- बालाजी मार्किट, नई सड़क, दिल्ली-6 ✆ 23253720, 23282525
- 4457, नई सड़क, दिल्ली-6, ✆ 23918938

Book Code: R-1370

ISBN: 978-93-5012-069-9

मूल्यः ₹ 270

मुद्रकः दीपक ऑफसैट, दिल्ली

अनुक्रमणिका

❑❑❑

Scheme of Written Examination

Test Duration	180 Minutes	
Total Questions	180 Objective type Multiple Choice Questions	
Total Marks	180 Marks	
Section Name	**Marks per Question**	**No. of Questions**
Part-I :		
1. General English	01 mark	15
2. General Hindi	per question	15
Part-II :		
1. General Knowledge & Current Affairs		20
2. Reasoning Ability	01 mark	20
3. Computer Literacy	per question	10
4. Subject Concerned (Physical and Health Education)		100

PROFESSIONAL COMPETENCY TEST: 60 MARKS

Demo Teaching-30 marks and Interview-30 marks

पिछले प्रश्न-पत्र

KVS-TGT शारीरिक एवं स्वास्थ्य शिक्षा

(P & HE) भर्ती परीक्षा, 2023

(Exam held on 14-02-2023)

विषय : शारीरिक एवं स्वास्थ्य शिक्षा

1. शारीरिक शिक्षा को इन शब्दों में किनके द्वारा परिभाषित किया गया है:

"शारीरिक शिक्षा मानव के सभी क्रियाकलापों की और मार्गदर्शित परिणामों के चयनित प्रकार का योग है।"

A. जे.एफ. विलियम्स B. लुम्पकिन

C. बरो और ब्राउन D. ई.एच. कोक

2. इनमें से कौन-सा उद्देश्य राष्ट्रीय शारीरिक शिक्षा और स्वास्थ्य/मनोरंजन योजना में सम्मिलित **नहीं** है?

A. अंगों की उपयुक्तता का विकास

B. तांत्रिक पेशीय विकास

C. चरित्र और व्यक्तित्व का विकास

D. संवेगात्मक विकास

3. शारीरिक शिक्षा के संज्ञानात्मक उद्देश्य में सम्मिलित हैं:

(*a*) ज्ञान प्राप्ति

(*b*) विचार शक्ति विकास

(*c*) ज्ञान की व्याख्या करना

(*d*) पेशीय उपयुक्तता

(*e*) शरीर संयम और समन्वय

सही कोड का चयन करें:

A. केवल (*a*), (*b*) और (*e*) सही है

B. केवल (*a*), (*b*) और (*c*) सही है

C. केवल (*b*), (*c*) और (*d*) सही है

D. केवल (*a*), (*b*) और (*d*) सही है

4. निम्नलिखित में से कौन-सा कथन **सही** है:

(*a*) इन्डोमाइसियम द्वारा एकल मसल फाइबर ढका होता है।

(*b*) पेरीमाइसियम द्वारा फाइबर समूह ढका होता है।

(*c*) पेरीमाइसियम द्वारा एकल मसल फाइबर ढका होता है।

(*d*) इपिमाइसियम पूरी मसल को ढकता है।

सही विकल्प चुनें:

A. केवल (*a*), (*b*) और (*d*) सही है।

B. केवल (*a*), (*c*) और (*d*) सही है।

C. केवल (*a*) और (*b*) सही है।

D. केवल (*b*) और (*d*) सही है।

5. निम्नलिखित कथनों में कौन **सही** है/हैं।

कथन I: ग्लाइकोलिसिस के एनरोबिक प्रतिक्रिया में ग्लूकोज अणु कई चरणों में पाइरुविक अम्ल में परिवर्तित हो जाती हैं।

कथन II: ग्लाइकोलिसिस के दौरान यदि ऑक्सीजन की कमी होती है, तो पाइरुविक अम्ल लैक्टिक अम्ल में परिवर्तित हो जाता है।

सही विकल्प चुनें:

A. I और II दोनों सही है।

B. I और II दोनों गलत है।

C. केवल I सही है।

D. केवल II सही है।

1. A	**2.** D	**3.** B	**4.** A	**5.** A

6. **सही** कथन चयन करें:

(*a*) एलवियोली में गैस आदान-प्रदान होता है।

(*b*) एक्सपीरेशन के दौरान, बाहरी इन्टरकोस्टल मसल और डायाफ्राम में संकुचन होता है।

(*c*) फेफड़े में विनियमित किया जाने वाला वायु की अधिकतम मात्रा वाइटल क्षमता कहलाता है।

सही विकल्प चुनें:

A. केवल (*a*) और (*b*) सही है।

B. केवल (*a*) और (*c*) सही है।

C. केवल (*b*) और (*c*) सही है।

D. केवल (*a*) सही है।

7. कौन-सी शिरा दार्यी परिकोष्ठ में खाली **नहीं** करती है?

A. बड़ी महाशिरा

B. छोटी महाशिरा

C. कोरोनरी साइनस हृद्धनी शिरानाल

D. फुसफुसी शिरा

8. कौन-सा कथन सत्य **नहीं** है:

A. ट्रायक्सपिड वाल्व एट्रिओवेन्ट्रीकुलर वाल्व है।

B. बाइक्सपिड वाल्व एट्रिओवेन्ट्रीकुलर वाल्व है।

C. सेमीलूनर वाल्व एट्रिओवेन्ट्रीकुलर वाल्व है।

D. मिट्रलवाल्व एट्रिओवेन्ट्रीकुलर वाल्व है।

9. हृदय की संचलन के विषय में कौन-सा कथन सत्य **नहीं** है?

A. इम्पलसिज SA नोड से आट्रियल उत्तकों को दी जाती है।

B. एट्रिओवेन्ट्रीकुलर नोड दो एट्रीया के मध्य स्थित है।

C. इम्प्लिसिज SA नोड से सीधी परकिन्ज फाइबर में पहुँचती है।

D. परकिन्ज फाइबर को HIS (एच.आई.एस.) का बंडल भी कहते हैं।

10. डायजेशन (पाचन क्रिया) में ग्लूकोज ______ में विखंडित होता है।

A. ग्लाइसरोल B. स्टार्च

C. अमीनो अम्ल D. फैटी अम्ल

11. निम्नलिखित में कौन-सा/से मनोवैज्ञानिक लाभ शारीरिक क्रियाकलाप से **नहीं** मिलता?

A. संज्ञानात्मक क्रियाशीलता में सुधार

B. आत्मविश्वास और आत्म स्वाभिमान में वृद्धि

C. चितवृति में सुधार

D. स्थिति और वृति की दुश्चिंता में सुधार

12. अभिप्रेरणा के चालक (Drive) सिद्धांत के विषय में कौन-सा कथन सही **नहीं** है?

A. मूलभूत प्रेरक तत्व आनुवंशिक हैं।

B. द्वितीय प्रेरक तत्व सीखे जाते हैं।

C. मूलभूत प्रेरक तत्वों में अधिगम नहीं होता।

D. मूलभूत प्रेरक तत्व मुख्यतः मनोवैज्ञानिक हैं।

13. अभिप्रेरणा के विषय में कौन-सा कथन **सत्य** है:

(*a*) क्रियाकलाप के लिए प्रेम आंतरिक अभिप्रेरणा है।

(*b*) आर्थिक लाभ बाहरी अभिप्रेरणा है।

(*c*) अभिप्रेरणा कार्य के लिए सामान्य स्तर पर उत्तेजना है।

(*d*) मूलभूत अभिप्रेरणा शारीरिक अभिप्रेरणा नहीं है।

(*e*) सामाजिक अभिप्रेरणा पुनर्बलन है।

सही विकल्प चुनें:

A. केवल (*a*) और (*b*) सही है।

B. केवल (*a*), (*b*), (*c*) और (*e*) सही है।

C. केवल (*b*), (*c*), (*d*) और (*e*) सही है।

D. केवल (*a*), (*d*) और (*e*) सही है।

14. ''खेल प्रशिक्षण मूलरूप में खिलाड़ी तैयार करता है।'' खेल प्रशिक्षण को किसने इस प्रकार परिभाषित किया है?

A. मार्टिन B. हारे

C. माटवेजुव D. थिस्सेंड शनेबल

15. कौन-सी पाँच गामक योग्यताओं का समूह शारीरिक क्षमता है:

A. ताकत, गति, फुर्तीलापन, लचीलापन और सहनक्षमता

B. ताकत, गति, फुर्तीलापन, समन्वय क्षमता और प्रतिक्रिया समय

C. ताकत, समन्वय क्षमता, लचीलापन, गति और सहन क्षमता

D. लचीलापन, गति, सहन क्षमता, फुर्तीलापन और शारीरिक बनावट

6. B **7.** D **8.** C **9.** C **10.** B **11.** D **12.** D **13.** B **14.** C **15.** C

16. दौड़ के दौरान प्रशिक्षण के किस मापदण्ड पर तीव्रता और घनात्मकता के लिए जोर/बल दिया जाएगा?

A. दूरी और प्रशिक्षण काल
B. गति और प्रशिक्षण काल
C. दूरी और निरंतरता
D. गति और निरंतरता

17. तीव्रता अंतराल प्रशिक्षण में, प्रशिक्षण तीव्रता, सुधार और घनात्मकता होगी:

A. 80-90%, 60-90 सेकंड और 5-10 पुनर्वृति/अनुक्रम
B. 60-90%, 60-90 सेकंड और 8-10 पुनर्वृति/अनुक्रम
C. 80-90%, 90-180 सेकंड और 8-12 पुनर्वृति/अनुक्रम
D. 60-80%, 45-90 सेकंड और 20-25 पुनर्वृति/अनुक्रम

18. खेल प्रशिक्षण में मैक्रो साइकल और माइक्रो साइकल आर्क में कौन-सी समय अवधि होगी:

A. 3 से 10 दिन और 3 से 7 सप्ताह
B. 2 से 3 महीने और 7 से 15 दिन
C. 3 से 4 महीने और 3 से 10 दिन
D. 3 से 7 दिन और 3 से 4 महीने

19. इनमें से कौन-सा खेल प्रशिक्षण सिद्धांत खेल-प्रदर्शन के लिए **नहीं** है:

A. भार अग्रण सिद्धांत
B. विशिष्टता-अग्र गतिशीलता सिद्धांत
C. चक्रता प्रशिक्षण सिद्धांत
D. तकनीकी प्रशिक्षण सिद्धांत

20. कौन-सा कथन सही **नहीं** है?

A. स्थिर बल घनीय/सममितीय बल भी कहलाता है।
B. गतिशील बल समस्थिति/आइसोटोनिक बल भी कहलाता है।
C. स्थिर बल गतिरोध पर काबू पा लेने की योग्यता है।
D. तुलनात्मक बल बलक्षमता नहीं है।

21. दिए गए कथन में सर्वाधिक बल प्रशिक्षण हेतु, **सही** कौन-सा है/हैं:

(*a*) केन्द्रित गतिशील विधि में भारी प्रतिरोध पर पुनरावृत्ति द्वारा काबू पाया जाता है।
(*b*) गतिशील धीमी विषम केन्द्री विधि में 120% लगभग तीव्रता रखी जाती है।

सही विकल्प चुनें:

A. केवल (*a*) सही है।
B. केवल (*b*) सही है।
C. (*a*) और (*b*) दोनों सही हैं।
D. (*a*) और (*b*) दोनों सही नहीं हैं।

22. निम्नलिखित में से किस प्रकार का संकुचन मांसपेशी पूरी शारीरिक गतिशीलता में सर्वाधिक बल देगी:

A. आइसोमेट्रिक
B. आइसोटोनिक
C. आईसो केनेटिक
D. स्टैटिक मसल कन्ट्रैशन

23. स्थिर अवस्था या धीमी गतिस्थिति से तीव्र गतिशीलता स्थिति पाना कहलाता है:

A. गमन-गति
B. गतिवर्धन योग्यता
C. संचालन योग्यता
D. गति स्थायित्व

24. फार्टलेक प्रशिक्षण विधि के विषय में कौन-सा कथन सही **नहीं** है?

A. गति या वेग पूर्व नियोजित नहीं होते
B. इसमें कुल मूल्य और समय अन्तराल सहनशीलता सुधार परिवर्तनशील वेग विधि के अनुरूप समान होते हैं।
C. इसमें प्रशिक्षण के दौरान हृदय गति परिवर्तनशीलता 120-140 धड़कन/प्रति मिनट रहती है।
D. खिलाड़ी प्रशिक्षण के दौरान स्वतः अपनी गति मैदान, वातावरण व अनुभूति के अनुसार बदलता है।

25. लचीलापन बढ़ाने के लिए निम्नलिखित में से कौन-सी विधि प्रोप्रीयोसेप्टिव न्यूरो मस्कुलर फैसीलिटेशन विधि पर आधारित है:

A. पोस्ट आइसो मेट्रिक स्ट्रेच विधि
B. स्लो स्ट्रेच एण्ड होल्ड विधि
C. बैलस्टिक विधि
D. पैस्सिव (लचीलापन) विधि

16. B **17.** C **18.** C **19.** D **20.** C **21.** C **22.** C **23.** B **24.** C **25.** A

26. किस विधि से लम्बे समय तक सहनशीलता बढ़ाने के क्रियाकलाप 10 से 35 मिनट में ऊर्जा उत्पन्न करेंगे:

A. एरोबिक–68%, ग्लाइकोलिसस–30% और एलक्ट एसिड–2%

B. एरोबिक–80%, ग्लाइकोलिसस–15% और एलक्ट एसिड–5%

C. एरोबिक–90%, ग्लाइकोलिसस–8% और एलक्ट एसिड–2%

D. एरोबिक–85%, ग्लाइकोलिसस–10% और एलक्ट एसिड–5%

27. इनमें कौन-सा कथन कार्बोहाइड्रेट के भार के विषय में सही **नहीं** है?

A. यह तब प्रभावशाली होता है यदि प्रतियोगिता से 2-3 घंटे पूर्व भारी मात्रा वाली कार्बोहाइड्रेट खुराक ली जाए।

B. यह प्रदर्शन में सहनशक्ति के लिए प्रभावकारी है।

C. यह 30 मिनट से अधिक अवधि वाले क्रियाकलाप (इवेन्ट) के लिए प्रभावी है।

D. यह मांसपेशियों में ग्लाइकोजन बढ़ाकर उनमें पानी की मात्रा को बढ़ाता है।

28. निम्नलिखित चार प्रत्ययों में से किसके द्वारा समूह गतिशीलता विकसित की जाती है?

A. प्रदर्शन, गतिशीलता, झंझावत, अनुकूलन

B. झंझावात, गतिशीलता, संरचना, प्रदर्शन

C. संरचना, झंझावत, अनुकूलन, प्रदर्शन

D. गतिशीलता, झंझावत, संरचना, अनुकूलन

29. इनमें से कौन-से एक अच्छे नेता के गुण हैं:

(*a*) सम्बंधता निर्माण

(*b*) दूसरों को प्रेरित करना

(*c*) समूह का प्रतिनिधत्व करना

(*d*) अधिनायक सा व्यवहार

(*e*) दूसरे के कार्यों का मूल्यांकन

सही विकल्प चुनें:

A. केवल (*a*), (*b*), (*c*) और (*d*) सही है।

B. केवल (*b*), (*c*), (*d*) और (*e*) सही है।

C. केवल (*a*), (*b*), (*c*) और (*e*) सही है।

D. केवल (*a*), (*b*) और (*c*) सही है।

30. समूह में सामाजिक सम्बधों का वैज्ञानिक मापन कहलाता है:

A. कोहेशन | B. डायनेमिक
C. सोस्योमेट्री | D. सोशल डायनेमिक

31. प्राचीन ओलम्पिक खेलों में, पेंटाथलोन में सम्मिलित थे:

A. डिस्कस थ्रो, लाँग जम्प, जेवेलियन थ्रो, फुट रेस और कुश्ती

B. लाँग जम्प, जेवेलियन थ्रो, हाई जम्प, घुड़सवारी और फुट रेस

C. हाई जम्प, डिस्कस थ्रो, लाँग जम्प, घुड़सवारी और फुट रेस

D. कुश्ती, हाई जम्प, फुट रेस, डिस्कस थ्रो और घुड़सवारी

32. किस वर्ष में (AAFI) एमेच्योर एथलेटिक्स फेडरेशन ऑफ इंडिया की स्थापना हुई?

A. 1942 | B. 1946
C. 1948 | D. 1952

33. निम्नलिखित में कौन-सा सुमेल डेक्थालोन (पुरुष) के विषय में सही है:

(*a*) प्रथम दिवस में लाँग जम्प तीसरी प्रतियोगिता

(*b*) प्रथम दिवस में हाई जम्प अंतिम से दूसरी प्रतियोगिता

(*c*) दूसरे दिन की अंतिम से दूसरी प्रतियोगिता जेवेलियन थ्रो

(*d*) दूसरे दिन की दूसरी प्रतियोगिता डिस्कस थ्रो

(*e*) दूसरे दिन 100 मीटर दौड़ पहली प्रतियोगिता

सही विकल्प चुनें:

A. केवल (*a*), (*b*), (*c*) और (*e*) सही है।

B. केवल (*b*), (*c*) और (*d*) सही है।

C. केवल (*a*), (*c*), (*d*) और (*e*) सही है।

D. केवल (*b*), (*c*), (*d*) और (*e*) सही है।

26. A **27.** A **28.** C **29.** C **30.** C **31.** A **32.** B **33.** B

34. रिले रेस के विषय में कौन-से कथन सही हैं:

(*a*) रिले टीम में 6 सदस्य होते हैं।

(*b*) बैटन की लम्बाई 28-30 सेमी. होती है।

(*c*) बैटन की परिधि 8-10 सेमी. होती है।

(*d*) बैटन का भार कम-से-कम 50 ग्राम होता है।

(*e*) एक्सलरेशन जोन 20 मीटर होता है।

सही विकल्प चुनें:

A. केवल (*a*), (*b*), (*d*) और (*e*) सही है।

B. केवल (*a*), (*b*) और (*d*) सही है।

C. केवल (*b*), (*c*), (*d*) और (*e*) सही है।

D. केवल (*b*), (*d*) और (*e*) सही है।

35. लम्बी कूद (लाँग जम्प) के संदर्भ में कौन-सा कथन सही हैं:

(*a*) टेक ऑफ बोर्ड की लम्बाई – 1.22 m + 0.01 m

(*b*) टेक ऑफ बोर्ड की चौड़ाई – 30 cm

(*c*) टेक ऑफ बोर्ड की मोटाई – 10 cm

(*d*) प्लास्टिक इन्डीकेटर (सूचक) की चौड़ाई – 20 cm

(*e*) रन वे की ओर प्लास्टिसिन इंडीकेटर का कोण – 45°

सही विकल्प चुनें:

A. केवल (*a*), (*b*), (*c*) और (*e*) सही है।

B. केवल (*a*), (*b*), (*d*) और (*e*) सही है।

C. केवल (*a*), (*c*) और (*e*) सही है।

D. केवल (*a*), (*c*), (*d*) और (*e*) सही है।

36. शॉटपुट के विषय में कौन-सा कथन सत्य है?

(*a*) शॉटपुट वृत्त का व्यास – 2.135 मी. (±5 मिमी.)

(*b*) स्टॉप बोर्ड की लम्बाई – 1.21 मी. (±0.01 मी.)

(*c*) स्टॉप बोर्ड की चौड़ाई – 14.2 सेमी. – 30 सेमी.

(*d*) स्टॉप बोर्ड की ऊँचाई – 5 सेमी. (±0.2 सेमी.)

सही विकल्प चुनिये:

A. केवल (*a*), (*b*) और (*c*) सही है।

B. केवल (*b*), (*c*) और (*d*) सही है।

C. केवल (*a*), (*b*) और (*d*) सही है।

D. केवल (*a*) और (*b*) सही है।

37. बैडमिंटन के विषय में कौन-सा कथन सही है?

(*a*) अंतर्राष्ट्रीय बैडमिंटन फेडरेशन की स्थापना 1934 में हुई।

(*b*) आई.बी.एफ. का नाम 2004 में बदल कर बैडमिंटन वर्ल्ड फेडरेशन रखा गया।

(*c*) वर्ष 1992 में इसे ग्रीष्मकालीन ओलंपिक खेल के रूप में मान्यता दी गई।

(*d*) थॉमस कप वर्ष 1950 में आरंभ हुआ।

(*e*) उबर कप वर्ष 1956 में आरंभ हुआ।

सही विकल्प चुनें:

A. केवल (*a*), (*b*) और (*d*) सही है।

B. केवल (*a*), (*c*) और (*e*) सही है।

C. केवल (*b*), (*c*) और (*d*) सही है।

D. केवल (*b*), (*c*), (*d*) और (*e*) सही है।

38. जिमनास्टिक के विषय में कौन-से कथन सही हैं?

(*a*) वर्ष 1881 में फेडरेशन ऑफ इंटरनेशनल जिमनास्टिक की स्थापना हुई।

(*b*) वाल्टिंग टेबल उपकरण महिला और पुरुष दोनों के लिए है।

(*c*) होरिजेन्टल बार उपकरण केवल महिलाओं के लिए है।

(*d*) अनइवन बार उपकरण केवल महिलाओं के लिए है।

(*e*) समांतर बार उपकरण पुरुष, महिला दोनों के लिए है।

सही विकल्प चुनें:

A. केवल (*a*), (*b*) और (*c*) सही है।

B. केवल (*a*), (*b*), (*c*) और (*e*) सही है।

C. केवल (*b*), (*c*), (*d*) और (*e*) सही है।

D. केवल (*b*), (*c*) और (*d*) सही है।

34. B **35.** C **36.** D **37.** B **38.** A

39. जूडो के विषय में कौन-से कथन **सही** हैं।

(*a*) जूडो महिला वर्ग 1964 में ओलंपिक में जोड़ा गया।

(*b*) जूडो फेडरेशन ऑफ इंडिया की स्थापना 1965 में हुई।

(*c*) कोशी-वाजा-हिप टेकनीक है।

(*d*) टे वाजा-चोकिंग टेकनीक है।

सही विकल्प चुनें:

A. केवल (*a*), (*b*) और (*c*) सही है।

B. केवल (*b*) और (*c*) सही है।

C. केवल (*b*), (*c*) और (*d*) सही है।

D. केवल (*a*), (*c*) और (*d*) सही है।

40. टेबल-टेनिस के विषय में कौन-से कथन **सही** हैं?

(*a*) इंटरनेशनल टेबल फेडरेशन की स्थापना 1926 में हुई।

(*b*) टेबल की लम्बाई 2.90 मीटर

(*c*) टेबल की चौड़ाई 1.35 मीटर

(*d*) फर्श से टेबल की ऊँचाई 76 सेमी.

सही विकल्प चुनें:

A. केवल (*a*) और (*d*) सही है।

B. केवल (*b*), (*c*) और (*d*) सही है।

C. केवल (*a*), (*b*) और (*c*) सही है।

D. केवल (*b*) और (*c*) सही है।

41. कुश्ती के एरीना के विषय में कौन-सा कथन **सही** है?

(*a*) केन्द्रीय वृत्त का व्यास 2 मीटर होता है।

(*b*) केन्द्रीय कुश्ती क्षेत्र का व्यास 7 मीटर होता है।

(*c*) केन्द्रीय कुश्ती क्षेत्र के बाहर की ओर 1 मीटर चौड़ा नारंगी पट्टी होती है।

(*d*) नारंगी पट्टी के बाहर 2 मीटर चौड़ा क्षेत्र होता है, जिसे प्रोटेक्शन एरिया कहते हैं।

सही विकल्प चुनें:

A. केवल (*a*), (*b*) और (*c*) सही है।

B. केवल (*b*), (*c*) और (*d*) सही है।

C. केवल (*b*) और (*c*) सही है।

D. केवल (*a*) और (*d*) सही है।

42. बास्केटबाल के विषय में कौन-सा कथन **सही** है?

(*a*) डॉ. जेम्स नयस्मिथ ने इसे 1881 में खोजा था।

(*b*) कोर्ट की लम्बाई 28 मी. और चौड़ाई 15 मी. होती है।

(*c*) केन्द्रीय वृत्त का व्यास 4 मीटर होता है।

(*d*) अंतिम रेखा से 5.80 मी. पर फ्री थ्रो लाइन होती है।

(*e*) बैक बोर्ड 1.80 मी. लम्बा और 1.20 मी. चौड़ा होता है।

सही विकल्प चुनें:

A. केवल (*a*), (*b*), (*d*) और (*e*) सही है।

B. केवल (*b*), (*d*) और (*e*) सही है।

C. केवल (*a*), (*c*) और (*e*) सही है।

D. केवल (*b*) और (*d*) सही है।

43. क्रिकेट के विषय में कौन-से कथन **सही** हैं?

(*a*) क्रिकेट बैट की लम्बाई : 38 इंच

(*b*) क्रिकेट बैट की चौड़ाई : 4.50 इंच

(*c*) क्रिकेट गेंद का भार : 155.9 से 163 ग्राम

(*d*) पिच की लम्बाई : 20.12 मीटर

(*e*) स्टम्प की बेल्स सहित ऊँचाई : 28.5 इंच

सही विकल्प चुनें:

A. केवल (*a*), (*b*), (*c*) और (*e*) सही है।

B. केवल (*a*), (*c*), (*d*) और (*e*) सही है।

C. केवल (*a*), (*b*) और (*d*) सही है।

D. केवल (*b*), (*c*) और (*e*) सही है।

44. फुटबॉल के विषय में कौन-से कथन **सही** हैं?

(*a*) डुरंड कप का आरंभ 1888 में हुआ।

(*b*) फुटबॉल की बाल का भार 410 से 450 ग्राम होता है।

(*c*) बॉल की परिधि 30 से 32 इंच होती है।

(*d*) गोल पोस्ट के मध्य 7.32 मी. की दूरी होता है।

(*e*) ग्राउंड और गोल पोस्ट की क्रॉस बार की लोवर एज के मध्य 2.60 मी. दूरी होती है।

सही विकल्प चुनें:

A. केवल (*a*), (*b*) और (*d*) सही है।

B. केवल (*a*), (*b*), (*c*) और (*d*) सही है।

C. केवल (*a*), (*b*), (*d*) और (*e*) सही है।

D. केवल (*b*), (*c*), (*d*) और (*e*) सही है।

39. B **40.** A **41.** C **42.** D **43.** B **44.** A

45. हैंडबॉल के विषय में कौन-से कथन **सही** हैं?

(*a*) पुरुषों के लिए भार–425-475 ग्राम

(*b*) महिलाओं के लिए भार–350-375 ग्राम

(*c*) पुरुषों के लिए व्यास–19 सेमी.

(*d*) महिलाओं के लिए व्यास–17 सेमी.

सही विकल्प का चयन करें:

A. केवल (*a*), (*b*) और (*d*) सही है।

B. केवल (*b*), (*c*) और (*d*) सही है।

C. केवल (*a*), (*b*) और (*c*) सही है।

D. केवल (*a*) और (*c*) सही है।

46. पुरुष और महिलाओं के लिए कबड्डी मैदान का विस्तार है:

A. (13 × 9 m) और (10 × 8 m)

B. (13 × 10 m) और (11 × 8 m)

C. (12 × 10 m) और (10 × 9 m)

D. (12 × 9 m) और (11 × 9 m)

47. वॉलीबाल कोर्ट की पूरी कोर्ट डायग्नल (विकर्ण) दूरी कितनी है?

A. 22.215 मी. B. 22.575 मी.

C. 20.125 मी. D. 20.215 मी.

48. वॉलीबाल की बाल का भार और परिधि कितनी है?

A. 250-270 ग्राम और 64-66 सेमी.

B. 260-280 ग्राम और 65-67 सेमी.

C. 270-290 ग्राम और 67-69 सेमी.

D. 280-310 ग्राम और 69-71 सेमी.

49. कौन-से खेल और उसके समय का सुमेल **सही** नहीं है?

A. हैंडबॉल 30 मिनट – 10-30 मिनट

B. फुटबॉल 45 मिनट – 15-45 मिनट

C. कबड्डी 25 मिनट – 10-25 मिनट

D. बास्केटबॉल 10 मिनट – 2-10 मिनट – 15 मिनट – 2-10 मिनट

50. तैराकी में इनमें से कौन-सा स्ट्रोक **सही** नहीं है?

A. फ्रंट क्राउल B. ब्रेस्ट

C. बटरफ्लाई D. मेडले

51. ''स्वास्थ्य जीवन का वह लक्षण है जो मनुष्य को दीर्घ जीवन और सर्वाधिक सेवा के योग्य बनाता है।'' यह किसका कथन है?

A. जे.बी. नास B. जे.एफ. विलियम

C. डब्लू.एच.ओ. D. मैक्सवैल होवेल

52. निम्नलिखित में से कौन-सा स्वास्थ्य का पक्ष **नहीं** है?

A. अध्यात्म B. शारीरिक

C. अनुरूपता (फिटनस) D. मानसिकता

53. _______ अनुभवों का योग है जो हमारी आदतों, मनोवृत्तियों और ज्ञान जो व्यक्ति, समुदाय और सामाजिक स्वास्थ्य के विषय में प्रभावित करते हैं।

A. शारीरिक शिक्षा B. स्वास्थ्य शिक्षा

C. शारीरिक संस्कृति D. शारीरिक कुशल क्षेम

54. 'हाइजीन' शब्द यूनानी शब्द 'हाइजीनस' से व्युत्पन्न हुआ है, जिसका अर्थ है:

A. स्वस्थ्य B. स्वास्थ

C. स्वास्थ्यपूर्ण D. स्वास्थत्व

55. किस बैक्टीरिया से मनुष्यों में यक्ष्मा होती है?

A. माइकोबैक्टीरियम ट्यूबरक्लोसिस

B. माइकोबैक्टीरियम बोविस

C. ट्यूबरक्लोसिस बोविस

D. प्लोबैक्टीरियम ट्यूबरक्लोसिस

56. वातावरण स्वच्छता का मूल सिद्धांत है:

A. प्रकृति का आदर करें।

B. प्रकृति में रहने वाले सभी मनुष्यों का आदर करें।

C. प्रकृति और उसमें रहने वाली सभी जीव प्रजातियों का आदर करें।

D. प्रकृति में रहने वाली प्रजातियों का आदर करें।

57. AIDS का कारण HIV है, जिसका अर्थ है:

A. ह्यूमन इम्यून वायरस

B. ह्यूमन इम्यूनो डेफीसियन्सी वायरस

C. ह्यूमन इम्यूनो वायरस

D. ह्यूमन इमडेफिसियन्सी वायरस

45. D	**46.** B	**47.** C	**48.** B	**49.** C	**50.** D	**51.** B
52. C	**53.** B	**54.** C	**55.** A	**56.** C	**57.** B	

58. इनमें से कौन-सी त्वचा चोट (स्किन इंजरी) **नहीं** है:

A. अब्रेसन B. अवलसन
C. इनसीशन D. स्ट्रेन

59. जब कोई हड्डी टूट कर या कुचले जाने पर कई टुकड़ों में हो जाती है तब ये कैसी हड्डी चोट (फ्रैक्चर) कहलाता है:

A. ग्रीन स्टिक B. ट्रांसवर्स
C. कम्यूटेटिड D. इम्पेक्टिड

60. एड्स का पहला मरीज वर्ष ______ में विश्व में, तथा वर्ष ______ भारत में सूचना में आया।

A. 1981 और 1988 B. 1981 और 1986
C. 1982 और 1988 D. 1982 और 1986

61. निम्नलिखित कथन सही है/हैं:

कथन I: हेपेटाइटिस यकृत (लीवर) में किसी भी हेपेटाइटिस A वायरस, हेपेटाइटिस B वायरस और हेपेटाइटिस D वायरस द्वारा होता है।

कथन II: हेपेटाइटिस A सेरम हेपेटाइटिस है और हेपेटाइटिस B एपेडेमिक जॉन्डिस (पीलिया) है।

सही विकल्प चुनें:

A. कथन I और कथन II दोनों सत्य हैं।
B. कथन I और कथन II दोनों असत्य हैं।
C. केवल कथन I सत्य है।
D. केवल कथन II सत्य है।

62. निम्नलिखित में कौन-सा संक्रामक रोग **नहीं** है?

A. ट्यूबरक्लोसिस B. इन्फ्लूएंजा
C. कन्जक्टिवाइटिस D. डायबिटिज मेलिटस

63. निम्नलिखित कथन में कौन **सही** है/हैं:

(*a*) ओजोन सतह पृथ्वी से 35 किमी. ऊपर पाई जाती है।
(*b*) क्लोरोफ्लोरोकार्बन्स ओजोन सतह को नष्ट कर रहा है।
(*c*) कार्बन डाइऑक्साइड एक ग्रीन हाउस गैस है।

सही विकल्प चुनें:

A. केवल (*a*) और (*b*) सही है।
B. केवल (*b*) सही है।
C. केवल (*b*) और (*c*) सही है।
D. केवल (*a*) और (*c*) सही है।

64. निम्नलिखित में कौन-सा/से कथन **सही** है/हैं:

(*a*) अम्ल वर्षा 1852 में पहली बार खोज में आई।
(*b*) अम्ल वर्षा के मूल में सल्फर ऑक्साइड और नाइट्रोजन ऑक्साइड हैं।

सही विकल्प चुनें:

A. केवल (*a*) सही है।
B. केवल (*b*) सही है।
C. दोनों (*a*) और (*b*) सही है।
D. दोनों (*a*) और (*b*) सही नहीं है।

65. निम्नलिखित कथन में कौन-सा/से **सही** है/हैं:

(*a*) एस्पर्टिक एसिड साल्ट फैटीज/थकान दूर करने के लिए प्रयोग होते हैं।
(*b*) तम्बाकू में निकोटीन होता है, एक सामान्य सिगरेट में 1.5 मि.ग्रा. निकोटीन होता है।

सही विकल्प चुनें:

A. केवल (*a*) सही है।
B. केवल (*b*) सही है।
C. दोनों (*a*) और (*b*) सही है।
D. दोनों (*a*) और (*b*) गलत है।

66. भारत सरकार द्वारा राष्ट्रीय मलेरिया नियंत्रण कार्यक्रम किस वर्ष आरंभ किया गया?

A. 1951
B. 1952
C. 1953
D. 1954

67. ध्वनि प्रदूषण मापन की यूनिट क्या है?

A. पिच B. डेसीबल
C. लाऊडनस D. हर्ट्ज

58. D **59.** C **60.** B **61.** C **62.** D **63.** C **64.** C **65.** C **66.** C **67.** B

68. दिये गए कथन में कौन-सा/से **सही** है/हैं?

(*a*) कमरे के तापमान पर संतृप्त वसा/चर्बी ठोस रहती है।
(*b*) कमरे के तापमान पर असंतृप्त वसा तरल रहती है।
(*c*) एक ग्राम वसा से 8.3 Kcal प्राप्त होती है।
(*d*) वसा कार्बन, नाइट्रोजन और ऑक्सीजन से निर्मित है।

सही विकल्प चुनें:

A. केवल (*a*), (*b*) और (*d*) सही है।
B. केवल (*a*) और (*b*) सही है।
C. केवल (*a*), (*b*) और (*c*) सही है।
D. केवल (*d*) और (*c*) सही है।

69. इनमें से कौन-सा नारकोटिक्स ड्रग नहीं है?

A. मॉरफीन B. कोकीन
C. एम्फेटामिन D. ओपियम/अफीम

70. निम्नलिखित में कौन-सा/से कथन **सही** है/हैं:

(*a*) किशोर अवस्था से पहले लड़कियां लड़कों से तेजी से वृद्धि प्राप्त करती हैं।
(*b*) किशोर अवस्था के दौरान लड़के लड़कियों से तेजी से वृद्धि प्राप्त करते हैं।

सही विकल्प चुनें:

A. केवल (*a*) सही है।
B. केवल (*b*) सही है।
C. दोनों (*a*) और (*b*) सही है।
D. दोनों (*a*) और (*b*) गलत है।

71. निम्नलिखित कथन में कौन **सही** है/हैं:

(*a*) 3 से 5 वर्ष की आयु में बच्चे शीघ्रता से निरंतर बढ़ते हैं और चालन कौशल विकसित करना आरंभ करते हैं।
(*b*) 5 से 8 वर्ष की आयु में शारीरिक वृद्धि धीमी हो जाती है।
(*c*) जन्म से 3 वर्ष की आयु में बालक वजन और कद में विशेष वृद्धि करता है।

सही विकल्प चुनें:

A. केवल (*a*) और (*b*) दोनों सही है।
B. केवल (*a*) सही है।
C. केवल (*a*) और (*c*) सही है।
D. केवल (*b*) और (*c*) सही है।

72. सामान्य वयस्क को प्रतिदिन कितनी मात्रा में प्रोटीन चाहिये?

A. 0.6 ग्राम/किग्रा.अपने वजन की
B. 0.8 ग्राम/किग्रा. अपने वजन की
C. 1.2 ग्राम/किग्रा. अपने वजन की
D. 1.4 ग्राम/किग्रा. अपने वजन की

73. ग्रीष्म ओलम्पिक के किस इवेन्ट में पी.टी. उषा को चौथा स्थान प्राप्त हुआ?

A. 200 मीटर B. 400 मीटर
C. 400 मीटर हर्डल्स D. 800 मीटर

74. "टेनिस एल्बो" चोट लगने को किस शब्द (टर्म) से पुकारा जाता है?

A. मिडिअल इपीकोन्डीलिटिक्स
B. लैटरल इपीकोन्डीलिटिक्स
C. सुपीरियर इपीकोन्डीलिटिक्स
D. इनफीरियर इपीकोन्डीलिटिक्स

75. आर्त्तव चक्र का अन्तिम चरण/अवस्था कौन-सी है?

A. अंडोत्सर्जन अवस्था B. ल्यूटीयल अवस्था
C. रजोधर्म अवस्था D. फुटक अवस्था

76. भारत ने बर्मिंघम कॉमनवैल्थ 2022 खेलों में कितने मेडल जीते?

A. 21 गोल्ड, 17 सिल्वर और 22 ब्रॉन्ज
B. 22 गोल्ड, 16 सिल्वर और 23 ब्रॉन्ज
C. 21 गोल्ड, 16 सिल्वर और 24 ब्रॉन्ज
D. 22 गोल्ड, 17 सिल्वर और 24 ब्रॉन्ज

77. अविनाश साबले ने बर्मिंघम कॉमनवैल्थ 2022 खेलों में 3000 मी. स्टीपलचेज क्या टाइमिंग से सिल्वर मेडल जीता?

A. 8:12.26 B. 8:13.26
C. 8:11.20 D. 8:10.20

68. B	**69.** C	**70.** C	**71.** A	**72.** B	**73.** C	**74.** B	**75.** B	**76.** B	**77.** C

78. ''जम्पर्स नी'' चोट का कारण है:

A. हैमस्ट्रिंग टेनडोन में मोच

B. पोस्टेरियर करसीयेट लिगामेंट में तनाव

C. क्वाड्रीसेप्स टेनडोन में मोच

D. एन्टीरियर करसीयेट लिगामेंट में तनाव

79. 'रोटेटर कफ' चोट किस जोड़ पर होती है:

A. घुटना B. कंधा

C. कुल्हा D. टखना

80. तरल से भरी थैलियाँ कुछ जोड़ों के आस-पास एक विशेष स्थान पर रखी जाती हैं जो पास के ऊतकों को अलग करने और गद्दे का कार्य करती हैं– उन्हें क्या कहते हैं?

A. ज्वाइंट कैप्सूल्स B. बुरसा

C. कार्टिलेज D. फैसिया

81. शुद्ध और शुष्क वायु में ऑक्सीजन का संरचना प्रतिशत भार होता है:

A. 23.14 B. 26.24

C. 21.36 D. 22.04

82. निम्नलिखित में से कौन-सा छोटी आंत का भाग नहीं होता है?

A. ग्रहणी (ड्यूडेनम) B. अग्रक्षुद्रांत्र (जेजूनम)

C. क्षुद्रांत्र (इलियम) D. मलाशय

83. 'Psychology' (साइकोलॉजी) शब्द की उत्पत्ति किन दो ग्रीक शब्दों से हुई है?

A. Psyc और Logos (साइक एवं लोगस)

B. Psyche और Logos (साइकी एवं लोगस)

C. Psy और Logus (साई एवं लोगस)

D. Psych और Logus (साइक एवं लोगस)

84. निम्नलिखित में से कौन-सा/से सही है/हैं?

(*a*) अभिप्रेरणा एक बल/प्रबल प्रेरणा है जो किसी व्यक्ति को कृत्य अथवा व्यवहार करने पर मजबूर करती है।

(*b*) प्रभावी अधिगम के लिए अभिप्रेरणा की आवश्यकता नहीं होती है।

(*c*) अभिप्रेरणा व्यवहार की दिशा और प्रबलता होती है।

सही कूट का चयन कीजिए:

A. केवल (*a*) और (*b*) सही है।

B. केवल (*a*) और (*c*) सही है।

C. केवल (*b*) और (*c*) सही है।

D. केवल (*c*) सही है।

85. निम्नलिखित में से कौन-सा/से सही है/हैं?

(*a*) पृथ्वी की सतह से लगभग 24 किमी. ऊपर ओजोन परत पाई जाती है।

(*b*) क्लोरोफ्लूरो कार्बन (CFCs) द्वारा ओजन परत नष्ट होती है।

(*c*) ओजोन परत सूर्य से आने वाली पराबैंगनी किरणों को रोकती है।

(*d*) CFCs केवल एयरकंडीशनरों (AC) में पाई जाती है।

सही कूट का चयन कीजिए:

A. केवल (*a*), (*b*) और (*d*) सही है।

B. केवल (*b*), (*c*) और (*d*) सही है।

C. केवल (*a*), (*b*) और (*c*) सही है।

D. केवल (*b*) और (*c*) सही है।

86. निम्नलिखित में से कौन-सा/से सही है/हैं?

(*a*) हेपेटाइटिस 'सी' धीमे-धीमे प्राण लेता है।

(*b*) हेपेटाइटिस 'बी' विषाणु एक संक्रमित माता से भ्रूण तक पहुंच सकता है।

(*c*) हेपेटाइटिस 'बी' विषाणु की उद्‌भवन अवधि 30 से 60 दिन की होती है।

सही कूट का चयन कीजिए:

A. केवल (*a*) और (*b*) सही है।

B. केवल (*a*) और (*c*) सही है।

C. केवल (*b*) और (*c*) सही है।

D. केवल (*b*) सही है।

78. C **79.** B **80.** B **81.** A **82.** D **83.** B **84.** B **85.** C **86.** A

87. सतत प्रशिक्षण विधि के माध्यम से निम्नलिखित में से मुख्यतया किसमें सुधार नहीं होता है?

A. वातापेक्षी क्षमता

B. सूत्रकणिका (माइटोकॉन्ड्रिया) की संख्या और आकार

C. केशिकाकरण

D. ATP-CP प्रणाली

88. बाधा-दौड़ के संबंध में निम्नलिखित में से कौन-सा/से सही है/हैं?

(*a*) बाधा का भार 10 किग्रा. से कम नहीं होना चाहिए।

(*b*) बाधा की अधिकतम चौड़ाई = 1.18 – 1.20 मी. होनी चाहिए।

सही कूट का चयन कीजिए:

A. (*a*) और (*b*) दोनों सही है।

B. (*a*) और (*b*) दोनों गलत है।

C. केवल (*a*) सही है।

D. केवल (*b*) सही है।

89. 3000 मीटर स्टीपलचेज दौड़ में एक एथलीट को कितनी बाधाएं और वाटर जंप पार करने होते हैं?

A. 24 और 9 B. 28 और 7

C. 26 और 8 D. 27 और 8

90. निम्नलिखित में से किस खेल में 'ऑफ साइड' शब्द का प्रयोग किया जाता है?

A. हॉकी B. फुटबॉल

C. बॉस्केटबाल D. हैंडबॉल

91. निम्नलिखित में से किस खेल का संबंध 'इप्पोन' (Ippon) शब्द से है?

A. मुक्केबाजी B. जूडो

C. तीरंदाजी D. कुश्ती

92. निम्नलिखित में से किस खेल में 'टीम फाउल' शब्द को एक फाउल माना जाता है?

A. वॉलीबॉल B. फुटबॉल

C. हॉकी D. बॉस्केटबाल

93. निम्नलिखित में से किस विटामिन को फोलिक एसिड के रूप में जाना जाता है?

A. B_1 B. B_2

C. B_7 D. B_9

94. ग्लूकोज, फैटी एसिड और प्रोटीन के उपचयन अथवा ऑक्सीकरण के लिए उत्पन्न CO_2 की मात्रा और प्रयोग की गई O_2 की मात्रा के अनुपात को क्या कहा जाता है?

A. श्वसन अनुपात B. श्वसन लब्धि

C. श्वसन परिणाम D. श्वसन उत्पादन

95. निम्नलिखित में से कौन-सा युग्म सुमेलित **नहीं** है?

(*a*) प्रकाश के कारण – व्यावसायिक मोतियाबिन्द

(*b*) ध्वनि के कारण – व्यावसायिक बहरापन

(*c*) विद्युत के कारण – जलना

(*d*) भौतिकीय कारणों के कारण – श्वेतरक्तता

सही कूट का चयन कीजिए:

A. केवल (*a*), (*b*) और (*d*) सही है।

B. केवल (*a*), (*c*) और (*d*) सही है।

C. केवल (*a*), (*b*) और (*c*) सही है।

D. केवल (*b*), (*c*) और (*d*) सही है।

96. निम्नलिखिन में से कौन-सा/से **सही** है/हैं?

(*a*) एल्कोहल एक आदत पैदा करने वाला मादक द्रव्य है।

(*b*) एल्कोहल एक शक्तिशाली मूत्रवर्धक है।

(*c*) एल्कोहल का सेवन करने के बाद यकृत की रक्तशर्करा स्तर को बनाए रखने की क्षमता बढ़ जाती है।

सही कूट का चयन कीजिए:

A. केवल (*a*) और (*c*) सही है।

B. केवल (*a*) और (*b*) सही है।

C. केवल (*a*) सही है।

D. केवल (*b*) और (*c*) सही है।

87. D **88.** A **89.** B **90.** B **91.** B **92.** D **93.** D **94.** B **95.** C **96.** B

97. 'संधि-च्युति' (Dislocation) चोट सामान्यतः किस निम्न जोड़ या संधि में होती है?

A. कंधे के जोड़ में B. कूल्हे के जोड़ में
C. कुहनी के जोड़ में D. घुटने के जोड़ में

98. निम्नलिखित में से कौन-सी एक प्रकार की मोच नहीं है?

A. प्राथमिक मोच B. हल्की मोच
C. साधारण मोच D. गंभीर मोच

99. मोटापन या स्थूलता का एक रूप जो असामान्य-रूप से अधिक संख्या में वसा कोशिका के कारण होता है, कहलाता है:

A. अतिपोशी स्थूलता
B. अतिऊतक स्थूलता
C. उपकोशिकीय स्थूलता
D. अतिकोशिकीय स्थूलता

100. आधारभूत उपापचय दर बैसल (मेटाबोलिक रेट) (BMR) एक सुप्त ऊर्जा व्यय का मापन है जो मापी जाती है:

A. खाना खाने के बाद 10-12 घंटे जागने पर
B. खाना खाने के बाद 6-8 घंटे जागने पर
C. खाना खाने के बाद 12-14 घंटे जागने पर
D. खाना खाने के बाद 8-10 घंटे जागने पर

व्याख्यात्मक उत्तर

1. (A): यह परिभाषा जे.एफ. विलियम्स द्वारा दी गई है, जिसमें शारीरिक शिक्षा को मानव के चयनित क्रियाकलापों और मार्गदर्शित परिणामों के योग के रूप में परिभाषित किया गया है। इस परिभाषा के अनुसार, शारीरिक शिक्षा में ऐसी गतिविधियाँ शामिल होती हैं जो व्यक्ति के शारीरिक और मानसिक स्वास्थ्य को बेहतर बनाने में मदद करती हैं इन गतिविधियों को नियंत्रित और योजनाबद्ध तरीके से किया जाता है।

2. (D): राष्ट्रीय शारीरिक शिक्षा और स्वास्थ्य/मनोरंजन योजना में 'संवेगात्मक विकास' का उल्लेख नहीं है। यह योजना शारीरिक क्षमता, न्यूरोमस्कुलर विकास और चरित्र तथा व्यक्तित्व विकास पर जोर देती है। संवेगात्मक विकास अधिकतर भावनात्मक और सामाजिक कौशल विकास से संबंधित होता है, जो कि इस योजना के प्राथमिक उद्देश्यों में से नहीं है।

3. (B): शारीरिक शिक्षा के संज्ञानात्मक उद्देश्यों में ज्ञान प्राप्ति, विचार शक्ति विकास और ज्ञान की व्याख्या करना शामिल है। ये सभी कार्य सीखने की प्रक्रिया और जानकारी को समझने और उसका अनुप्रयोग करने में मदद करते हैं। पेशीय उपयुक्तता और शरीर संयम और समन्वय इस संदर्भ में प्रासंगिक नहीं हैं क्योंकि वे भौतिक और मोटर कौशल से संबंधित हैं।

4. (A): इन्डोमाइसियम एकल मसल फाइबर को ढकता है, पेरीमाइसियम फाइबर समूहों को ढकता है और इपिमाइसियम पूरी मसल को ढकता है। ये तीनों ढांचे मांसपेशियों की रचना के विभिन्न स्तरों को परिभाषित करते हैं, जो मांसपेशियों की सुरक्षा और समर्थन में महत्वपूर्ण भूमिका निभाते हैं।

5. (A): ग्लाइकोलिसिस की प्रक्रिया में ग्लूकोज अणु पाइरुविक अम्ल में विघटित होते हैं और यदि ऑक्सीजन की कमी होती है, तो पाइरुविक अम्ल लैक्टिक अम्ल में परिवर्तित हो जाता है। यह प्रक्रिया मांसपेशियों में ऊर्जा प्रदान करने के लिए महत्वपूर्ण है, विशेषकर उच्च तीव्रता की गतिविधियों के दौरान, जब ऑक्सीजन की आपूर्ति सीमित होती है।

6. (B): एलवियोली फेफड़ों के छोटे गुब्बारे जैसे अंग होते हैं जहाँ गैस आदान-प्रदान होता है, जैसे ऑक्सीजन का ग्रहण और कार्बन डाइऑक्साइड का निष्कासन। वाइटल क्षमता फेफड़ों में विनियमित किया जाने वाला वायु की अधिकतम मात्रा है जिसे गहरी सांस लेने

97. A	**98.** A	**99.** D	**100.** A

और छोड़ने पर मापा जाता है। कथन (*b*) गलत है क्योंकि एक्सपायरेशन के दौरान बाहरी इंटरकोस्टल मसल और डायाफ्राम आराम की स्थिति में होते हैं, न कि संकुचन में।

7. **(D):** फुसफुसी शिराएं वे होती हैं जो ऑक्सीजन युक्त रक्त को फेफड़ों से हृदय के बाएं खंड (लेफ्ट एट्रियम) में वापस लाती हैं, न कि दायीं परिकोष्ठ में। अन्य विकल्पों में बताई गई नसें दायीं परिकोष्ठ में खाली होती हैं।

8. **(C):** सेमीलूनर वाल्व (पल्मोनरी और आर्टिक वाल्व) हृदय से धमनियों में रक्त प्रवाह को नियंत्रित करते हैं, जबकि एट्रिओवेन्ट्रीकुलर वाल्व (ट्रायक्सपिड और मिट्रल) अलिंदों से निलयों में रक्त प्रवाह को नियंत्रित करते हैं।

9. **(C):** साइनोएट्रियल नोड से उत्पन्न इलेक्ट्रिकल इम्पल्स पहले अलिंद उत्तकों को दिया जाता है, फिर एट्रिओवेन्ट्रीकुलर नोड के माध्यम से और बंडल ऑफ हिस के जरिए परकिन्जी फाइबर तक पहुँचती है। यह सीधा नहीं होता।

11. **(D):** शारीरिक क्रियाकलाप से मिलने वाले मनोवैज्ञानिक लाभों में संज्ञानात्मक क्रियाशीलता में सुधार, आत्मविश्वास और आत्म स्वाभिमान में वृद्धि और चित्तवृत्ति में सुधार शामिल हैं। हालांकि, 'स्थिति और वृति की दुश्चिंता में सुधार' को शारीरिक क्रियाकलापों से सीधे लिंक करना जटिल है, क्योंकि यह मनोवैज्ञानिक या थेरेप्यूटिक इंटरवेंशन के बिना केवल व्यायाम के माध्यम से प्राप्त करना कठिन हो सकता है।

12. **(D):** ड्राइव सिद्धांत के अनुसार, मूलभूत प्रेरक तत्व जैसे कि भूख और प्यास, शारीरिक आवश्यकताओं पर आधारित होते हैं, न कि मनोवैज्ञानिक। यह उत्तर गलत है क्योंकि मूलभूत ड्राइव्स जीवित रहने की शारीरिक जरूरतों से संबंधित होते हैं।

13. **(B):** अभिप्रेरणा के विषय में, क्रियाकलाप के लिए प्रेम आंतरिक अभिप्रेरणा है और आर्थिक लाभ बाहरी अभिप्रेरणा है। अभिप्रेरणा को कार्य के लिए सामान्य स्तर पर उत्तेजना माना जाता है और सामाजिक अभिप्रेरणा पुनर्बलन होती है, जो कि सामाजिक पारितोषिकों के द्वारा अभिप्रेरित होती हैं।

14. **(C):** खेल प्रशिक्षण को माटवेजुव ने इस प्रकार परिभाषित किया है, जिसमें उन्होंने इसे खिलाड़ियों को तैयार करने के मूलभूत कार्य के रूप में माना। यह परिभाषा खेल प्रशिक्षण के व्यापक उद्देश्यों और खेल में प्रदर्शन को बढ़ाने के महत्व को दर्शाती है।

15. **(C):** ये पाँच गामक योग्यताएँ शारीरिक क्षमता के महत्वपूर्ण घटक हैं जो खेल और अन्य शारीरिक गतिविधियों में प्रदर्शन को बढ़ाने में सहायक होती हैं। ये योग्यताएँ व्यक्ति की शारीरिक तैयारी और प्रदर्शन क्षमता को व्यापक रूप से परिभाषित करती हैं।

16. **(B):** दौड़ के प्रशिक्षण में तीव्रता और घनात्मकता पर जोर देने के लिए, गति और प्रशिक्षण काल पर विशेष ध्यान दिया जाता है। गति से अभ्यास की तीव्रता निर्धारित होती है और प्रशिक्षण काल से उस अवधि का संकेत मिलता है जिस दौरान खिलाड़ी उस तीव्रता पर काम करता है।

17. **(C):** तीव्रता अंतराल प्रशिक्षण में, यह मानक है कि प्रशिक्षण की तीव्रता 80-90% होनी चाहिए जो कि उच्च स्तर की शारीरिक चुनौती प्रदान करती है। अंतराल की अवधि 90-180 सेकंड होती है और प्रत्येक सेट में 8-12 पुनर्वृत्तियाँ होती हैं, जो कि व्यायाम की घनत्व और दोहराव की मात्रा को निर्धारित करती हैं।

18. **(C):** खेल प्रशिक्षण में मैक्रो साइकल आमतौर पर 3 से 4 महीने की अवधि को कवर करता है, जो कि एक लंबी तैयारी अवधि होती है, जबकि माइक्रो साइकल छोटे अवधि के प्रशिक्षण चक्र होते हैं जो 3 से 10 दिन तक चलते हैं।

19. **(D):** तकनीकी प्रशिक्षण सिद्धांत खेल-प्रदर्शन के लिए नहीं है बल्कि यह खेल में तकनीकी कौशल को सुधारने और विकसित करने के लिए होता है। अन्य तीन सिद्धांत सीधे खेल प्रदर्शन और अभ्यास की रणनीतियों से जुड़े हुए हैं।

20. (C): यह कथन सही नहीं है क्योंकि स्थिर बल या आइसोमेट्रिक बल वह होता है जहां मांसपेशियां बल पैदा करती हैं लेकिन लंबाई में कोई परिवर्तन नहीं होता, न कि गतिरोध पर काबू पाने की योग्यता।

21. (C): केन्द्रित गतिशील विधि में भारी प्रतिरोध के साथ पुनरावृत्ति द्वारा मांसपेशियों पर नियंत्रण पाया जाता है, जिससे मांसपेशियों की ताकत और सहनशक्ति बढ़ती है। गतिशील धीमी विषम केन्द्री विधि में 120% तीव्रता रखी जाती है, जो कि विषम केन्द्री गतिविधियों के दौरान उच्चतम ताकत प्रदान करती है और मांसपेशियों की चोट से उबरने और सुधार में सहायक होती है।

22. (C): आईसोकेनेटिक संकुचन में, मांसपेशी नियंत्रित गति के साथ विरोधी बल के खिलाफ संकुचित होती है, जिससे मांसपेशी की ताकत में वृद्धि होती है और यह गतिशीलता के साथ सर्वाधिक बल प्रदान करती है। इस प्रकार का संकुचन मांसपेशियों की पूरी क्षमता का उपयोग करता है और ताकत की अधिकतम वृद्धि सुनिश्चित करता है।

23. (B): गतिवर्धन योग्यता से तात्पर्य उस क्षमता से है जो एक स्थिर अवस्था या धीमी गतिस्थिति से तेजी से गतिशीलता की स्थिति में जाने की क्षमता को दर्शाता है। यह खेलों में खिलाड़ियों के लिए अत्यंत महत्वपूर्ण होता है जहां तेजी से गति परिवर्तन आवश्यक होता है।

24. (C): फार्टलेक प्रशिक्षण विधि में हृदय गति की विशिष्ट रेंज पूर्व नियोजित नहीं होती है, क्योंकि यह प्रशिक्षण अधिक अनौपचारिक और परिवर्तनशील होता है। प्रशिक्षण के दौरान खिलाड़ी अपनी गति और तीव्रता खुद तय करता है, जिससे हृदय गति भी परिवर्तनशील रहती है।

25. (A): पोस्ट आइसोमेट्रिक स्ट्रेचिंग विधि, जिसे प्रोप्रीयोसेप्टिव न्यूरो मस्कुलर फैसीलिटेशन विधि भी कहा जाता है, लचीलापन बढ़ाने के लिए अत्यंत प्रभावी होती है। इसमें मांसपेशी संकुचन के बाद स्ट्रेचिंग होती है, जिससे मांसपेशियों और टेंडन्स की संवेदनशीलता और सहनशक्ति बढ़ती है।

26. (A): इस विधि से लम्बे समय तक सहनशीलता बढ़ाने के लिए ऊर्जा उत्पादन का सही संतुलन होता है। एरोबिक प्रक्रिया मुख्य ऊर्जा स्रोत के रूप में कार्य करती है, जबकि ग्लाइकोलिसस और लैक्टिक एसिड प्रक्रिया अधिक तीव्र गतिविधियों के दौरान अतिरिक्त ऊर्जा प्रदान करती है।

27. (A): यह कथन सही नहीं है क्योंकि कार्बोहाइड्रेट लोडिंग की प्रक्रिया आमतौर पर कई दिनों पहले शुरू होती है, न कि केवल 2-3 घंटे पहले। यह लंबी अवधि के एंड्युरेंस इवेंट से पहले मांसपेशियों में ग्लाइकोजन की मात्रा को अधिकतम करने के लिए किया जाता है।

28. (C): ये चार प्रत्यय समूह गतिशीलता के विकास के लिए महत्वपूर्ण हैं। संरचना समूह के आंतरिक ढांचे को दर्शाता है, झंझावत समूह में व्यवधान और परिवर्तन को दर्शाता है, अनुकूलन समूह की प्रतिक्रियाशीलता को दर्शाता है और प्रदर्शन अंततः समूह के लक्ष्यों की प्राप्ति को दर्शाता है।

29. (C): एक अच्छे नेता के गुणों में संबंध निर्माण, दूसरों को प्रेरित करना, समूह का प्रतिनिधित्व करना और दूसरे के कार्यों का मूल्यांकन करना शामिल हैं। ये सभी गुण टीम के भीतर सहयोग और सक्रिय सहभागिता को बढ़ावा देते हैं और एक सफल नेतृत्व की नींव रखते हैं।

30. (C): सोस्योमेट्री समूह में सामाजिक संबंधों का वैज्ञानिक मापन है। यह तकनीक समूह के सदस्यों के बीच पसंद और नापसंद के संबंधों का मापन करने के लिए जेकब मोरेनो द्वारा विकसित की गई थी और यह समूह की गतिशीलता और संरचना को समझने में मदद करती है।

31. (A): प्राचीन ओलंपिक खेलों में पेंटाथलोन प्रतियोगिता में ये पांच खेल डिस्कस थ्रो, लॉग जम्प, जेवेलियन थ्रो, फुट रेस और कुश्ती सम्मिलित थे। ये खेल विविधतापूर्ण क्षमताओं का परीक्षण करते थे, जिसमें खिलाड़ियों को ताकत, चपलता, गति, कौशल और धैर्य का प्रदर्शन करना होता था।

32. (B): अखिल भारतीय एमेच्योर एथलेटिक्स फेडरेशन की स्थापना 1946 में हुई थी। यह संगठन भारत में एथलेटिक्स के विकास और प्रोत्साहन के लिए कार्य करता है और इसने देश में एथलेटिक प्रतियोगिताओं को नियमित और व्यवस्थित बनाने में महत्वपूर्ण भूमिका निभाई है।

33. (B): देक्थालोन में प्रथम दिन की प्रतियोगिताओं में हाई जम्प अंतिम से दूसरी प्रतियोगिता होती है, दूसरे दिन की अंतिम से दूसरी प्रतियोगिता जेवेलियन थ्रो होती है और दूसरे दिन की दूसरी प्रतियोगिता डिस्कस थ्रो होती है।

35. (C): लंबी कूद के लिए टेक ऑफ बोर्ड की लंबाई 1.22 m + 0.01 m, इसकी मोटाई 10 cm होती है और रनवे की ओर प्लास्टिसिन इंडिकेटर का कोण 45° होता है।

36. (D): शॉटपुट वृत्त का व्यास 2.135 मीटर (±5 मिमी.) होता है और स्टॉप बोर्ड की लंबाई 1.21 मीटर (±0.01 मीटर) होती है। स्टॉप बोर्ड की चौड़ाई 11.2 सेमी से 30 सेमी तक और ऊँचाई 10 सेमी (±2 सेमी.) होती है, इसलिए विकल्प (*c*) और (*d*) गलत हैं।

37. (B): अंतर्राष्ट्रीय बैडमिंटन फेडरेशन की स्थापना 1934 में हुई, बैडमिंटन को 1992 में ग्रीष्मकालीन ओलंपिक खेलों के रूप में मान्यता दी गई। उबर कप 1956 में आरंभ हुआ। बैडमिंटन वर्ल्ड फेडरेशन का नाम 2006 में बदला गया था, न कि 2004 में।

38. (A): फेडरेशन इंटरनेशनल जिमनास्टिक की स्थापना 1881 में हुई। वॉल्टिंग टेबल उपकरण महिला और पुरुष दोनों के लिए है और होरिजेन्टल बार उपकरण केवल महिलाओं के लिए है।

39. (B): जूडो फेडरेशन ऑफ इंडिया की स्थापना 1965 में हुई। कोशी-वाजा हिप टेकनीक है। जूडो महिला वर्ग को 1992 में ओलंपिक में जोड़ा गया। टे-वाजा ग्रेपलिंग टेकनीक है, न कि चोकिंग टेकनीक।

40. (A): इंटरनेशनल टेबल टेनिस फेडरेशन की स्थापना 1926 में हुई। टेबल की ऊंचाई फर्श से 76 सेमी होती है। टेबल की सही लंबाई 2.74 मीटर और चौड़ाई 1.525 मीटर होती है।

41. (C): कुश्ती के एरीना में केंद्रीय कुश्ती क्षेत्र का व्यास 7 मीटर होता है और इस क्षेत्र के बाहर की ओर 1 मीटर चौड़ी नारंगी पट्टी होती है, जिसे पासीव एरिया कहते हैं।

42. (D): बास्केटबॉल कोर्ट की लंबाई 28 मीटर और चौड़ाई 15 मीटर होती है और फ्री थ्रो लाइन अंतिम रेखा से 5.80 मीटर की दूरी पर होती है। डॉ. जेम्स नायस्मिथ ने बास्केटबॉल की खोज 1891 में की थी, न कि 1881 में।

43. (B): क्रिकेट बैट की लंबाई 38 इंच होती है, क्रिकेट गेंद का भार 155.9 से 163 ग्राम होता है, पिच की लंबाई 20.12 मीटर होती है और स्टम्प्स की बेल्स सहित ऊंचाई 28.5 इंच होती है। बैट की चौड़ाई 4.25 इंच होती है, न कि 4.50 इंच।

44. (A): डुरण्ड कप का आरंभ 1888 में हुआ, फुटबॉल की बॉल का वजन 410 से 450 ग्राम होता है और गोल पोस्ट के मध्य की दूरी 7.32 मीटर होती है। बॉल की परिधि 68.5 से 69.5 सेंटीमीटर होती है।

45. (D): हैंडबॉल में पुरुषों के लिए बॉल का वजन 425-475 ग्राम होता है और व्यास 19 सेंटीमीटर होता है। महिलाओं के लिए बॉल का वजन 325-375 ग्राम होता है और व्यास 18 सेंटीमीटर होता है।

46. (B): कबड्डी के लिए पुरुषों के मैदान का आयाम 13 मीटर लंबा और 10 मीटर चौड़ा होता है, जबकि महिलाओं के लिए यह 11 मीटर लंबा और 8 मीटर चौड़ा होता है। ये आयाम खेल के अंतरराष्ट्रीय संगठनों द्वारा निर्धारित किए जाते हैं और खेल की तीव्रता और सुरक्षा मानकों के अनुरूप होते हैं।

47. (C): वॉलीबॉल कोर्ट की पूरी कोर्ट डायग्नल (विकर्ण) दूरी 20.125 मीटर है। यह माप वॉलीबॉल कोर्ट की लंबाई (18 मीटर) और चौड़ाई (9 मीटर) के

पायथागोरस सिद्धांत के अनुसार गणना की गई है, जो विकर्ण के लिए सही मान है।

48. (B): वॉलीबॉल की बॉल का वजन 260-280 ग्राम और परिधि 65-67 सेमी होती है। यह आयाम वॉलीबॉल के अंतरराष्ट्रीय खेल मानकों के अनुरूप है, जिसे विश्व वॉलीबॉल संगठन द्वारा निर्धारित किया जाता है।

49. (C): यह सुमेल सही नहीं है क्योंकि कबड्डी का एक मैच आमतौर पर 40 मिनट का होता है, जिसे दो हाफ में 20-20 मिनट के लिए खेला जाता है। हर हाफ के बीच में 5 मिनट का ब्रेक होता है।

50. (D): मेडले स्विमिंग का स्ट्रोक नहीं है, बल्कि यह एक प्रकार की तैराकी प्रतियोगिता है जिसमें तैराक विभिन्न स्ट्रोक्स (ब्रेस्टस्ट्रोक, बैकस्ट्रोक, बटरफ्लाई और फ्रीस्टाइल) का प्रयोग करते हैं।

51. (B): यह कथन जे.एफ. विलियम का है, जिन्होंने स्वास्थ्य को जीवन का ऐसा लक्षण माना है जो मनुष्य को दीर्घ जीवन और सर्वाधिक सेवा के योग्य बनाता है। यह परिभाषा स्वास्थ्य के महत्व और उसके मनुष्य की क्षमता में योगदान पर बल देती है।

52. (C): अध्यात्म, शारीरिक और मानसिकता स्वास्थ्य के पहलू हैं, जबकि अनुरूपता या फिटनेस व्यक्तिगत शारीरिक क्षमता से संबंधित है, जो सीधे तौर पर स्वास्थ्य का पक्ष नहीं है। फिटनेस स्वास्थ्य के परिणामस्वरूप हो सकता है लेकिन यह अपने आप में स्वास्थ्य का पक्ष नहीं है।

53. (B): स्वास्थ्य शिक्षा उन अनुभवों का योग है जो हमारी आदतों, मनोवृत्तियों और ज्ञान को प्रभावित करते हैं, विशेषकर जो व्यक्ति, समुदाय और सामाजिक स्वास्थ्य से संबंधित होते हैं। यह शिक्षा लोगों को स्वस्थ आदतें विकसित करने में मदद करती है और सामाजिक स्तर पर स्वास्थ्य में सुधार करने के उद्देश्य से कार्य करती है।

54. (C): 'हाइजीन' शब्द यूनानी शब्द 'हाइजीनस' से व्युत्पन्न हुआ है, जिसका अर्थ है 'स्वास्थ्यपूर्ण'। यह शब्द स्वास्थ्य को बनाए रखने और बीमारियों से बचाव से संबंधित प्रक्रियाओं और अभ्यासों को दर्शाता है।

55. (A): यक्ष्मा या ट्यूबरक्लोसिस मनुष्यों में माइकोबैक्टीरियम ट्यूबरक्लोसिस बैक्टीरिया से होता है। यह बैक्टीरिया मुख्य रूप से फेफड़ों को प्रभावित करता है और संक्रामक होता है, जो हवा के माध्यम से फैल सकता है।

56. (C): वातावरण स्वच्छता का मूल सिद्धांत यह है कि प्रकृति और उसमें रहने वाली सभी जीव प्रजातियों का आदर किया जाए। इस सिद्धांत का उद्देश्य प्राकृतिक संसाधनों का संरक्षण करना और उनका दोहन टिकाऊ तरीके से करना है।

57. (B): AIDS का कारण HIV है, जिसका पूरा नाम 'ह्यूमन इम्यूनो डेफीसियन्सी वायरस' होता है। यह वायरस मानव इम्यून सिस्टम को कमजोर करता है, जिससे शरीर विभिन्न इन्फेक्शंस और बीमारियों से लड़ने में असमर्थ हो जाता है।

58. (D): स्ट्रेन एक प्रकार की मांसपेशी या टेंडन इंजरी है, जबकि अब्रेसन, अवलसन और इनसीशन स्किन इंजरी हैं। स्ट्रेन में मांसपेशियों या टेंडनों का खिंचाव या फटना शामिल है, जिससे दर्द और सूजन हो सकती है।

59. (C): जब कोई हड्डी टूट कर या कुचले जाने पर कई टुकड़ों में हो जाती है, तो इसे कम्यूटेटिड फ्रैक्चर कहा जाता है। इस प्रकार का फ्रैक्चर अधिक गंभीर होता है क्योंकि इसमें हड्डी कई छोटे टुकड़ों में टूट जाती है, जिससे उपचार की प्रक्रिया जटिल हो सकती है।

60. (B): एड्स का पहला मरीज वर्ष 1981 में विश्व में और वर्ष 1986 में भारत में सूचना में आया। एड्स (AIDS) की पहचान पहली बार 1981 में संयुक्त राज्य अमेरिका में हुई थी और यह भारत में 1986 में पहचाना गया था, जब देश में पहले एड्स के केस की पुष्टि हुई थी।

61. (C): कथन I सही है क्योंकि हेपेटाइटिस यकृत में होने वाली सूजन है जो विभिन्न हेपेटाइटिस वायरसों (जैसे हेपेटाइटिस A, B और C वायरस) द्वारा होता है। कथन II गलत है क्योंकि हेपेटाइटिस A वायरस से होने वाली बीमारी को एपेडेमिक जॉन्डिस या पीलिया कहा

जाता है, लेकिन हेपेटाइटिस B को सीरम हेपेटाइटिस कहना सही नहीं है।

62. (D): डायबिटिज मेलिटस संक्रामक रोग नहीं है। यह एक चयापचय संबंधी स्थिति है जिसमें शरीर इंसुलिन का उत्पादन नहीं कर पाता या इंसुलिन का सही उपयोग नहीं कर पाता। टयूबरक्लोसिस, इन्फ्लूएंजा और कन्जक्टिवाइटिस सभी संक्रामक रोग हैं।

63. (C): क्लोरोफ्लोरोकार्बन्स वास्तव में ओजोन परत को नष्ट करते हैं और कार्बन डाईऑक्साइड एक ज्ञात ग्रीनहाउस गैस है जो ग्लोबल वार्मिंग के लिए योगदान करती है। कथन (*a*) गलत है क्योंकि ओजोन परत मुख्य रूप से स्ट्रैटोस्फीयर में पाई जाती है जो पृथ्वी की सतह से लगभग 10 से 50 किलोमीटर ऊपर है।

64. (C): अम्ल वर्षा की खोज पहली बार 1852 में रॉबर्ट एंगस स्मिथ ने की थी, जिसने इसे "एसिड रेन" के रूप में जाना था। अम्ल वर्षा के मुख्य कारणों में सल्फर डाइऑक्साइड और नाइट्रोजन ऑक्साइड्स शामिल हैं, जो जलवायु में प्रतिक्रिया करके सल्फ्यूरिक और नाइट्रिक अम्ल बनाते हैं।

65. (C): एस्पर्टिक एसिड साल्ट थकान को दूर करने के लिए उपयोगी होते हैं और तम्बाकू में निकोटीन होता है, एक सामान्य सिगरेट में लगभग 1.5 मिलीग्राम निकोटीन होता है। ये कथन उपयुक्त वैज्ञानिक आधार पर आधारित हैं और सटीक जानकारी प्रदान करते हैं।

66. (C): भारत सरकार ने राष्ट्रीय मलेरिया नियंत्रण कार्यक्रम की शुरुआत 1953 में की थी। यह कार्यक्रम मलेरिया के रोकथाम और नियंत्रण के लिए व्यापक उपायों का एक हिस्सा था, जिसमें मच्छरों की आबादी को नियंत्रित करने और रोग के प्रसार को रोकने के लिए विभिन्न तक़नीकों का उपयोग शामिल था।

67. (B): ध्वनि प्रदूषण को मापने की इकाई डेसीबल है। डेसीबल ध्वनि की तीव्रता या ध्वनि दबाव के स्तर को मापने के लिए इस्तेमाल किया जाता है। यह इकाई ध्वनि के दबाव के लॉगरिदमिक माप को दर्शाती है, जो ध्वनि के श्रव्यता और इसके प्रभाव को समझने में मदद करता है।

68. (B): कथन (*a*) और (*b*) दोनों सही हैं क्योंकि कमरे के तापमान पर संतृप्त वसा आमतौर पर ठोस अवस्था में होती है और असंतृप्त वसा तरल रहती है। कथन (*c*) गलत है क्योंकि एक ग्राम वसा से प्राप्त होने वाली ऊर्जा लगभग 9 कैलोरी होती है। कथन (*d*) भी गलत है क्योंकि वसा मुख्य रूप से कार्बन, हाइड्रोजन और ऑक्सीजन से निर्मित होती है, नाइट्रोजन नहीं होता।

69. (C): एम्फेटामिन एक साइकोस्टिम्युलेंट है और इसे नारकोटिक्स ड्रग के रूप में नहीं माना जाता है। मॉर्फिन, कोकेन और ओपियम/अफीम सभी नारकोटिक ड्रग्स हैं, जो दर्द निवारक और शामक के रूप में काम करते हैं और भारी नशीले प्रभाव पैदा कर सकते हैं।

70. (C): कथन (*a*) और (*b*) दोनों सही हैं। किशोरावस्था से पहले लड़कियाँ तेजी से वृद्धि प्राप्त करती हैं, विशेष रूप से पहली मासिक धर्म चक्र शुरू होने के समय। किशोर अवस्था के दौरान, लड़के तेजी से वृद्धि करते हैं, अक्सर लड़कियों से अधिक ऊंचाई प्राप्त कर लेते हैं, जो बायोलॉजिकल और हार्मोनल परिवर्तनों के कारण होता है।

71. (A): बच्चे 3 से 5 वर्ष की उम्र में शीघ्रता से बढ़ते हैं और चालन कौशल विकसित करते हैं, जैसा कि कथन (*a*) में कहा गया है। इस उम्र में उनकी शारीरिक और मोटर क्षमताओं में महत्वपूर्ण विकास होता है। कथन (*b*) भी सही है, क्योंकि 5 से 8 वर्ष की उम्र के दौरान बच्चों की शारीरिक वृद्धि धीमी पड़ जाती है, विशेष रूप से उनके विकास की दर में कमी आती है क्योंकि वे उस प्रारंभिक वृद्धि उछाल से बाहर निकल चुके होते हैं जो पूर्व वर्षों में देखी गई थी।

72. (B): सामान्य वयस्क के लिए प्रतिदिन प्रोटीन की अनुशंसित मात्रा उनके शरीर के वजन के प्रति किलोग्राम 0.8 ग्राम है। यह मात्रा स्वस्थ व्यक्तियों में प्रोटीन के आवश्यक उपयोग और संरक्षण को सुनिश्चित करती है।

73. (C): पी.टी. उषा को 1984 ग्रीष्म ओलंपिक में 400 मीटर हर्डल्स इवेंट में चौथा स्थान प्राप्त हुआ था।

यह एक बेहद करीबी रेस थी जिसमें वह कांस्य पदक से मात्र एक सौवें हिस्से से चूक गई।

74. (B): "टेनिस एल्बो" एक प्रकार की चोट है जिसे मेडिकल शब्दों में लैटरल इपीकोन्डीलिटिस कहा जाता है। यह कोहनी के बाहरी हिस्से में होता है और आमतौर पर फोरआर्म की मांसपेशियों के अत्यधिक उपयोग के कारण होता है।

75. (B): आर्त्तव चक्र का अंतिम चरण ल्यूटीयल अवस्था है, जिसमें ल्यूटीयल ग्रंथि प्रोजेस्टेरोन बनाती है। यह चरण गर्भधारण के लिए अनुकूल होता है और यदि गर्भधारण नहीं होता, तो इसका अंत मासिक धर्म के साथ होता है।

76. (B): भारत ने बर्मिंघम कॉमनवेल्थ खेलों 2022 में कुल 61 मेडल जीते, जिसमें 22 स्वर्ण, 16 रजत और 23 कांस्य पदक शामिल हैं। इस खेल समारोह में भारतीय दल ने अपनी खेल क्षमता का उत्कृष्ट प्रदर्शन किया और विभिन्न खेलों में उच्च प्रदर्शन के साथ मेडल तालिका में अच्छी रैंकिंग हासिल की।

77. (C): अविनाश सबले ने बर्मिंघम कॉमनवेल्थ खेलों 2022 में 3000 मीटर स्टीपल चेज में 8:11.20 के समय में रजत पदक जीता। उनका यह प्रदर्शन न केवल उनके कैरियर की उत्कृष्ट उपलब्धियों में से एक है बल्कि यह भारतीय एथलेटिक्स में भी एक महत्वपूर्ण प्रदर्शन था, जिसने उन्हें वैश्विक स्तर पर पहचान दिलाई।

78. (C): 'जम्पर्स नी' जिसे पेटेलर टेंडोनाइटिस भी कहा जाता है, आमतौर पर क्वाड्रीसेप्स टेनडोन के अत्यधिक उपयोग से जुड़ी होती है। यह आमतौर पर उन खिलाड़ियों में देखी जाती है जो बार-बार कूदने वाली गतिविधियां करते हैं, जैसे कि बास्केटबॉल या वॉलीबॉल खिलाड़ी।

79. (B): रोटेटर कफ चोट कंधे के जोड़ में होती है। यह चोट रोटेटर कफ मांसपेशियों और टेंडन को प्रभावित करती है, जो कंधे के जोड़ को स्थिरता और गतिशीलता प्रदान करती है। यह चोट अत्यधिक उपयोग, आघात या उम्र से संबंधित क्षरण के कारण हो सकती है।

80. (B): बुरसा एक तरल पदार्थ से भरी थैली होती है जो हड्डियों और ऊतकों के बीच के घर्षण को कम करने के लिए जोड़ों के पास स्थित होती है। यह जोड़ों के आसपास ऊतकों को चोट से बचाने का काम करती है।

81. (A): शुद्ध और शुष्क वायु में ऑक्सीजन का संरचना प्रतिशत भार 23.14 होता है। यह मान वायु में ऑक्सीजन के वजन प्रतिशत को दर्शाता है, जो वायु के समग्र मिश्रण में ऑक्सीजन के योगदान को बताता है।

82. (D): मलाशय छोटी आंत का भाग नहीं है। छोटी आंत में तीन भाग होते हैं: ड्यूडेनम (ग्रहणी), जेजुनम (अग्रक्षुद्रांत्र) और इलियम (क्षुदुांत्र)। मलाशय बड़ी आंत का हिस्सा है, जो पाचन तंत्र के अंत में स्थित होता है।

83. (B): 'Psychology' शब्द की उत्पत्ति ग्रीक शब्दों 'Psyche' जिसका अर्थ होता है आत्मा या मन और 'Logos' जिसका अर्थ होता है विज्ञान या अध्ययन से हुई है। यह शब्द मन के विज्ञान को दर्शाता है।

84. (B): अभिप्रेरणा व्यक्ति को कृत्य या व्यवहार करने के लिए प्रेरित करने वाला बल होता है और यह व्यवहार की दिशा और प्रबलता को प्रभावित करता है। विकल्प (*b*) गलत है क्योंकि प्रभावी अधिगम के लिए अभिप्रेरणा आवश्यक होती है।

85. (C): ओजोन परत पृथ्वी की सतह से लगभग 24 किमी ऊपर स्थित होती है और यह CFCs के प्रभाव से नष्ट होती है। यह परत पराबैंगनी किरणों को रोकती है, जो स्वास्थ्य और पर्यावरण के लिए हानिकारक होती हैं। विकल्प (*d*) गलत है क्योंकि CFCs न केवल एयर कंडीशनरों में बल्कि रेफ्रिजरेटरों और अन्य उपकरणों में भी पाई जाती हैं।

86. (A): हेपेटाइटिस सी धीमे-धीमे लीवर को प्रभावित करता है, जिससे धीरे-धीरे लीवर फेल हो सकता है हेपेटाइटिस बी वायरस गर्भावस्था के दौरान मां से बच्चे में फैल सकता है। हेपेटाइटिस बी की उद्भवन अवधि आमतौर पर 60 से 150 दिन के बीच होती है, इसलिए विकल्प (*c*) सही नहीं है।

87. (D): सतत प्रशिक्षण विधि मुख्य रूप से एरोबिक क्षमता, माइटोकॉन्ड्रिया की संख्या और आकार और केशिकाओं की संख्या में सुधार करती है, जबकि ATP-CP प्रणाली, जो त्वरित और शक्तिशाली प्रतिक्रियाओं के लिए जिम्मेदार है, इस विधि से प्रभावित नहीं होती।

88. (A): बाधा दौड़ में, प्रत्येक बाधा का न्यूनतम भार 10 किग्रा होना चाहिए, ताकि इसे स्थान से हटाना आसान न हो और यह अपनी स्थिति में स्थिर रहे। साथ ही, बाधा की अधिकतम चौड़ाई 1.18 से 1.20 मीटर के बीच होनी चाहिए।

89. (B): 3000 मीटर स्टीपलचेज दौड़ में एक एथलीट को कुल 28 बाधाएं और 7 वाटर जम्प पार करनी होती हैं। यह एक बाधा युक्त दौड़ है जिसमें प्रत्येक लैप में एक वाटर जम्प और कई अन्य बाधाएं होती हैं, जो दौड़ की चुनौती को बढ़ाती हैं जिसमें धीरज और तकनीकी कौशल की आवश्यकता होती है।

90. (B): 'ऑफ साइड' शब्द का उपयोग फुटबॉल में किया जाता है। यह एक महत्वपूर्ण नियम है जो खेल में उचित स्थिति सुनिश्चित करता है, जिसके अनुसार खिलाड़ी को गेंद प्राप्त करने से पहले विपक्षी टीम के अंतिम रक्षक के पीछे नहीं होना चाहिए, जब तक कि वह खुद से गेंद नहीं ले रहा हो।

91. (B): 'Ippon' शब्द का उपयोग जूडो में किया जाता है। यह तब दिया जाता है जब एक खिलाड़ी पूरी तरह से नियंत्रित होता है, जिससे मुकाबला खत्म हो जाता है। एक इप्पोन जूडो में सर्वोच्च स्कोरिंग तकनीक है और यह खेल के अंत का संकेत देता है।

92. (D): बास्केटबॉल में 'टीम फाउल' शब्द का उपयोग किया जाता है। यह टीम के सामूहिक फाउल की गणना को दर्शाता है, जो कि खेल के नियमों के अनुसार निर्धारित सीमा तक पहुंचने पर विरोधी टीम को फ्री थ्रो का अधिकार देती है।

93. (D): विटामिन B9 को फोलिक एसिड के रूप में जाना जाता है। यह विटामिन नई कोशिकाओं के निर्माण और DNA संश्लेषण में महत्वपूर्ण भूमिका निभाता है। यह गर्भवती महिलाओं के लिए विशेष रूप से आवश्यक है क्योंकि यह भ्रूण के मस्तिष्क और रीढ़ की हड्डी के विकास में मदद करता है।

94. (B): ग्लूकोज, फैटी एसिड और प्रोटीन के ऑक्सीकरण के दौरान उत्पन्न CO_2 की मात्रा और प्रयुक्त O_2 की मात्रा के अनुपात को श्वसन लब्धि (Respiratory Quotient) कहा जाता है। यह अनुपात यह बताता है कि ऊर्जा उत्पादन के लिए शरीर कौन-से सब्सट्रेट का उपयोग कर रहा है।

95. (C): यहां, "प्रकार के कारण - व्यावसायिक मोतियाबिंद," 'ध्वनि के कारण - व्यावसायिक बहरापन' और 'विद्युत के कारण - जलना' सभी सही युग्म हैं। ये सभी स्वास्थ्य समस्याएं उनके संबंधित कारणों से जुड़ी हुई हैं। हालांकि, 'भौतिकीय कारणों के कारण - श्वेतरक्तता' सुमेलित नहीं है, क्योंकि श्वेतरक्तता का संबंध भौतिकीय कारणों से नहीं होता है।

96. (B): एल्कोहल एक आदत पैदा करने वाला मादक द्रव्य है और एक शक्तिशाली मूत्रवर्धक के रूप में कार्य करता है। हालांकि, एल्कोहल का सेवन करने के बाद यकृत की रक्तशर्करा स्तर को बनाए रखने की क्षमता प्रभावित होती है और यह कम हो सकती है, इसलिए कथन (*c*) गलत है।

97. (A): संधि-च्युति (Dislocation) सबसे अधिक कंधे के जोड़ में होती है। कंधे का जोड़ अत्यधिक गतिशील और जटिल होता है, जो इसे इस प्रकार की चोट के प्रति अधिक संवेदनशील बनाता है। इसके परिणामस्वरूप, जोड़ की हड्डियाँ अपनी सामान्य स्थिति से बाहर निकल जाती हैं, जिससे असहनीय दर्द और कार्यक्षमता में कमी होती है।

98. (A): प्राथमिक मोच एक प्रकार की मोच नहीं है। मोच को आमतौर पर हल्की, साधारण या गंभीर मोच के रूप में वर्गीकृत किया जाता है। यह मांसपेशियों और लिगामेंट्स पर आधारित चोट का एक माप होता है, जो लिगामेंट्स के खिंचाव या फटने का परिणाम है।

99. (D): अतिकोशिकीय स्थूलता उस स्थिति को दर्शाता है, जिसमें शरीर में असामान्य रूप से अधिक संख्या में वसा कोशिकाएं होती हैं। यह मोटापे का एक प्रकार है, जिसमें अतिरिक्त वसा कोशिकाएं बनने लगती हैं, जिससे शरीर में वसा का संचय होता है और व्यक्ति स्थूलता की स्थिति में चला जाता है।

पिछले प्रश्न-पत्र (हल सहित)

KVS-TGT शारीरिक एवं स्वास्थ्य शिक्षा (P&HE) भर्ती परीक्षा 2018*

1. कोहना का मानना है कि अभिप्रेरित करने के लिये सही प्रदान करना आवश्यक है :

A. पुरस्कार B. प्रोत्साहन

C. अवसर D. परिवेश

2. आमाशय (स्टोमेक) से निम्नलिखित में से कौन-सा आमाशयी रस स्रावित होता है?

(*a*) HCl (*b*) पेप्सिन

(*c*) ट्रिप्सिन

कूट :

A. केवल (*a*) सही है।

B. केवल (*b*) सही है।

C. केवल (*a*) और (*b*) सही हैं।

D. केवल (*b*) और (*c*) सही हैं।

3. यह किसका मानना है कि उपलब्धि, संबंधन तथा शक्ति ये तीन अभिप्रेरण की व्याख्या करने हेतु महत्त्वपूर्ण आवश्यकताएं हैं?

A. मास्लो B. मैक क्लीलैंड

C. मैक ग्रेगर D. हर्जबर्ग

4. आमाशय में पदार्थ के प्रवेश की अनुमति देने वाले पेशी वलय कहलाता है :

A. अनुदैर्घ्य पेशी स्तर B. हृदय संवरणी

C. वृत्तीय पेशी स्तर D. सीरोसा

5. निम्नलिखित में से कौन-सा खेल प्रशिक्षण का सिद्धांत ***नहीं*** है?

A. वैयक्तिक मतभेद का सिद्धांत

B. अतिभार का सिद्धांत

C. अभिप्रेरण का सिद्धांत

D. उपयोग/अनुप्रयोग का सिद्धांत

6. उपलब्धि अभिप्रेरण को निम्न में से किस प्रकार परिभाषित किया जाता है?

A. किसी स्पर्धात्मक स्थिति में पहुँचने अथवा उससे दूर रहने हेतु खिलाड़ी की पूर्वानुकूलता

B. खेल विशिष्ट उपलब्धि स्थिति

C. संतोषकारी अभियान पर आधारित अभिप्रेरण

D. उच्चतर आवश्यकताओं की पूर्ति की इच्छा

7. सामान्यतः मिट्टी कार्य अथवा राजगीरी से निर्मित कृत्रिम झीलों, जिनमें काफी मात्रा में भूपृष्ठ जल जमा किया जाता है, को कहा जाता है :

A. तालाब (टैंक) B. अवरुद्ध जलागार

C. कुआँ D. नल-कूप

8. हॉकी बॉल का वजन और व्यास कितना होना चाहिए?

A. 162–169 ग्राम तथा 73.8–79.6 मि.मी.

B. 156–163 ग्राम तथा 71.3–74.8 मि.मी.

C. 143–151 ग्राम तथा 70.9–73.1 मि.मी.

D. 150–155 ग्राम तथा 73.8.–81.6 मि.मी.

9. निम्न में से किसके द्वारा कोई अच्छा दिख सकता है, अच्छा अनुभव कर सकता है और लंबा जीवन जी सकता है?

A. नियमित व्यायाम

B. डॉक्टर के पास नियमित रूप से जाना

C. नियमित रूप से दवा खाना

D. अपने अनुकूल रहने के लिये मशीन पर विश्वास करना

10. यदि कोई व्यक्ति किसी समूह में इतना तल्लीन हो जाता है कि वह गुमनाम-सा हो जाता है, तो वह व्यक्ति :

A. अन्य की अपेक्षाएं पूरी करने हेतु अपनी सामाजिक पहचान बदल सकता है।

B. सामाजिक तुलना के कारण अतंर्बाधित हो सकता है।

C. निर्वैयक्तिकरण के कारण अन्तर्बाधा प्रवर्तित करता है।

D. अपनी क्रियाओं का उत्तरदायित्व स्वीकार करता है।

* *Exam held on 22-12-2018*

11. भारतीय खेल प्राधिकरण की कब स्थापना हुई थी?

A. 25 जनवरी, 1984 B. 25 जनवरी, 1982

C. 25 अप्रैल, 1984 D. 25 अप्रैल, 1982

12. सतत प्रशिक्षण :

A. लंबी कालावधि के लिये निम्न/मध्यम तीव्रता पर प्रशिक्षण है।

B. विभिन्न तीव्रताओं पर प्रशिक्षण है।

C. से वातापेक्षी तथा वातनिरपेक्ष स्वस्थता में सुधार होता है।

D. में एक कार्यक्रम का उपयोग किया जाता है जिसमें पुनरावृत्ति तथा समुच्चय होते हैं।

13. बेरान पिअरे द क्यूबर्टिन ने किस वर्ष अन्तर्राष्ट्रीय ओलम्पिक समिति का गठन किया?

A. 1891 B. 1892

C. 1893 D. 1894

14. एक अस्थि के एक छोर से दूसरे को जोड़ने वाले संयोगी ऊतक की तंतुमय पट्टी अस्थिबंध (लिगामेंट) में तनाव तथा/अथवा विदरण की स्थिति कहलाती है :

A. तीव्र चोट B. विभंग

C. मोच (स्प्रेन) D. खिंचाव (स्ट्रेन)

15. वह स्थिति जिसमें किसी जोड़ में अस्थि के छोर को इसके सामान्य स्थान से हटाने के लिये बाध्य होना पड़ता है, है :

A. विभंग B. दबाव विभंग

C. विस्थापन (संधिच्युति) D. ग्रीन स्टीक विभंग

16. वह रोग संक्रमण जिसमें पारंपरिक 5 एफ सहित क्रियाविधि के प्रकार का अनुसरण करता है, कहलाता है :

A. प्रत्यक्ष संक्रमण

B. अप्रत्यक्ष संक्रमण

C. पार-स्थानन संक्रमण

D. टीकाकरण (इनॉकुलेशन संक्रमण)

17. वह स्थिति जिसमें किसी पेशी और/अथवा कंडरा (टेन्डन) का मरोड़, खिंचाव और/अथवा विदरण हो, कहलाती है :

A. मोच (स्प्रेन)

B. अतिप्रयोग चोट

C. खिंचाव (स्ट्रेन)

D. नील (अंतःक्षति) (कंट्यूजन)

18. किसी जलधारी स्तर में किसी कुंड में खोदा गया कुआँ है :

A. आर्टिजन कुआँ B. पक्का कुआँ

C. बावली (स्टेप वेल) D. कच्चा कुआँ

19. निम्नलिखित में से कौन ***सही*** है?

(*a*) डिस्कस थ्रो का क्षेत्रक कोण – 34.92°

(*b*) शॉट पुट का क्षेत्रक कोण – 45°

(*c*) पुरुष डिस्कस का व्यास – 22 से.मी.

(*d*) पुरुष डिस्कस का व्यास – 20 से.मी.

(*e*) महिला जेवलिन की लंबाई – 2.2 से 2.3 मी.

(*f*) महिला जेवलिन की लंबाई – 2.6 से 2.7 मी.

कूट :

A. केवल (*a*), (*d*) और (*f*) सही हैं।

B. केवल (*a*), (*c*) और (*e*) सही हैं।

C. केवल (*a*), (*b*), (*c*) और (*f*) सही हैं।

D. केवल (*a*), (*b*), (*d*) और (*e*) सही हैं।

20. दीर्घीकरण (लेंथेनिंग) के समय पेशी बल लगाता है। यह संचलन कहलाता है :

A. संकेंद्री B. गत्यात्मक

C. उत्केन्द्री D. स्थैतिक

21. निम्नलिखित में से कौन खेल मनोवैज्ञानिक के लिए नैतिक दिशानिर्देशों का माँग ***नहीं*** है?

A. सक्षमता

B. खेल मनोविज्ञान में स्नातकोत्तर की उपाधि

C. ईमानदारी

D. व्यावसायिक तथा वैज्ञानिक उत्तरदायित्व

22. स्वास्थ्य शिक्षा के सिद्धांत के अंतर्गत कैरट एवं स्टिक (पुरस्कार और दंड) उपागम का अर्थ है :

A. किसी घोड़े के सामने एक गाजर लटकाना तथा पीछे से मारना।

B. किसी किसान से किसी व्यक्ति द्वारा गाजर मांगना तथा नहीं दिये जाने पर उसे पीटने की धमकी देना

C. यह प्रोत्साहन तथा पुरस्कार परक व्यवहार है।

D. यह धमकी देने तथा दंड देने का उपागम है।

23. निम्नलिखित में से कौन किसी व्यक्ति पर समूह के प्रभाव का उदाहरण ***नहीं*** है?

A. अल्पसंख्यक प्रभाव B. निर्वैयक्तिकरण
C. सामाजिक सुकरीकरण D. सामाजिक स्वैरचारण

24. लक्ष्य प्राप्ति के लिये जिन चरणों से गुजरना पड़ता है, वे हैं :
A. उद्देश्य (ऑब्जेक्टिव्स) B. सिद्धांत
C. प्रयोजन (पर्पस) D. लक्ष्य (ऐम्स)

25. अन्य रासायनिक स्रोतों से ए.टी.पी. का निर्माण कर ऊर्जा भंडारण प्रक्रिया कहलाती है :
A. ग्लाइकोलिसिस B. फॉस्फोक्रिएशन
C. उपचयन D. फॉस्फोरिलीकरण

26. वह विभंग जिसमें दोनों अस्थियों के भग्न छोर एक-दूसरे से टकराते हैं, है :
A. दबाव विभंग B. सर्पिल विभंग
C. सम्मिश्र विभंग D. अंतर्घट्टित विभंग

27. वर्ष 2018 के एशियाई खेलों में किसने पुरुषों के ट्रिपल जम्प में स्वर्ण पदक प्राप्त किया?
A. अरपिन्दर सिंह B. तेजिन्दर सिंह
C. अमित पंघल D. बलजिंदर सिंह

28. लोगों की अपनी समस्याएं सुलझाने के लिये सामुदायिक परियोजना में उन्हें शामिल किया जाना कहलाता है :
A. सामुदायिक भागीदारी
B. सामुदायिक प्रयास
C. समुदाय का प्रतिष्ठा अभिवर्धन
D. समुदाय की छवि बढ़ाना

29. "अंतरराष्ट्रीय खेल मनोविज्ञान सोसाइटी" (इंटरनेशनल सोसाइटी ऑफ स्पोर्ट साइकॉलॉजि) (आई.एस.एस.पी.) के पहले अध्यक्ष थे :
A. राबर्ट सिंगर B. एफ. एन्टोनेली
C. ब्रूस ऑगिलूवि D. बी. क्रेटी

30. 5 से 10 मिनट का मंद गति से टहलना, निम्न स्तर के व्यायाम तथा विस्तारण कहलाता है :
A. कूल डाउन B. स्थिर लचीलापन
C. वार्म-अप D. गत्यात्मक लचीलापन

31. निम्नलिखित में से कौन यू.एस.–ओपन टेनिस चैंपियनशिप के बारे में ***सही*** है?
(*a*) इसकी स्थापना 1881 में हुई थी।
(*b*) 1881-1974 तक ग्रास कोर्ट पर खेला गया।
(*c*) इसकी स्थापना 1883 में हुई थी।
(*d*) 1883-1976 तक ग्रास कोर्ट पर खेला गया।
(*e*) 1881 से आज तक हार्ड कोर्ट पर खेला गया।
(*f*) 1978 से आज तक हार्ड कोर्ट पर खेला गया।

कूट :
A. केवल (*c*), (*d*) और (*f*) सही हैं।
B. केवल (*c*), (*b*) और (*e*) सही हैं।
C. केवल (*a*), (*b*) और (*f*) सही हैं।
D. केवल (*a*), (*b*) और (*e*) सही हैं।

32. विभंग, जिसमें अस्थि तथा त्वचा दोनों टूटते हैं तथा संक्रमण का खतरा रहता है, कहलाता है :
A. साहचर्य विभंग (कम्यूनिकेटेड फ्रैक्चर)
B. सम्मिश्र विभंग (कंपाउंड फ्रैक्चर)
C. अंतर्घट्टित विभंग (इम्पेक्टेड फ्रैक्चर)
D. विखंडित विभंग (कम्मीन्यूटेड फ्रैक्चर)

33. किस प्रकार के विकास के कारण वर्धित पेशी मांस तथा बल का परिणाम सामने आता है?
A. सहनशक्ति प्रशिक्षण B. बल प्रशिक्षण
C. गति प्रशिक्षण D. गति सहनशक्ति प्रशिक्षण

34. अधिकतम नियंत्रणीय गति है :
A. किसी उद्दीपन तथा शरीर के प्रथम संचालन के बीच
B. शरीर का नियंत्रण खोये बिना प्रस्थान के दौरान अधिकतम गति
C. आरंभ से अंत तक जब शरीर सबसे तेज समय से चलता है।
D. जिसे कार्य के दौरान विशिष्ट गति को बनाये रखता है।

35. रचनांतरणात्मक नेतृत्व शैली :
A. समूह के सदस्यों को बेहतर व्यक्ति में परिवर्तित होने के लिये प्रोत्साहित करती है।
B. समूह के सदस्यों को सोचने का बेहतर तरीका दिखाकर उनके विचार बदलने का प्रयास करती है।
C. व्यवहार में परिवर्तन लाये बिना उनके विचार तथा मनोवृत्ति बदलती है।
D. समूह के सदस्यों को स्वार्थपूर्ण हितों से ऊपर उठकर समूह के सामान्य हित के लिये अपना भरसक प्रयास करने के लिये प्रोत्साहित तथा प्रेरित करती है।

36. स्वास्थ्य शिक्षा में हमारे प्रयास इस दिशा में होना चाहिए ताकि लोगों को निम्नलिखित में सहायता मिल सके :

A. निर्णय करना तथा विकल्प का चयन करना
B. प्रतिबद्धता
C. विनिर्णय
D. मूल्यांकन

37. "वह बीमारी जो किसी विशिष्ट संक्रामक अभिकर्ता अथवा इसके उस वैषिक उत्पाद के कारण हुई हो, जो एक व्यक्ति से दूसरे व्यक्ति, एक जानवर से दूसरे जानवर अथवा पर्यावरण से मनुष्य अथवा जानवर तक प्रत्यक्षतः अथवा अप्रत्यक्षतः प्रसारित करने में समर्थ हो" कहलाती है:

A. सांसर्गिक रोग B. संक्रामक रोग
C. असंचारी रोग D. संचारी रोग

38. किसी जोड़ के चारों ओर संभावित संचालन का परास (रेंज) कहलाता है :

A. गति B. फुर्ती (एजिलिटी)
C. समन्वय D. लचीलापन

39. दक्षिण अलिन्द तथा दक्षिण निलय के बीच हृदय वाल्व कहलाता है :

A. महाधमनी अर्धचन्द्र वाल्व
B. द्विमूल वाल्व
C. त्रिमूल वाल्व
D. फुफ्फसी अर्धचंद्र वाल्व

40. यद्यपि स्पोर्ट्सपर्सनशिप को सही-सही परिभाषित करना कठिन है तथापि यह निम्नलिखित सामान्य क्षेत्र में आता है :

A. आस्था B. नैतिकता
C. निर्णय D. मर्यादित व्यवहार

41. समुद्र तल पर वायुमंडलीय दाब पारे का लगभग 70 mm है तो वहाँ विभिन्न गैसों का अनुपात होगा :

A. नाइट्रोजन – 79.04%, ऑक्सीजन – 20.93%, CO_2 – 0.03%
B. नाइट्रोजन – 76.04%, ऑक्सीजन – 23.90%, CO_2 – 0.03%
C. नाइट्रोजन – 79.44%, ऑक्सीजन – 21.33%, CO_2 – 0.03%
D. नाइट्रोजन – 76.04%, ऑक्सीजन – 21.83%, CO_2 – 2.13%

42. किसी विश्लेषी व्यायाम में क्या शामिल होते हैं?

A. पेशियों का बड़ा समूह
B. अनेक अंगों के पेशी
C. भुजा तथा पैर के पेशी
D. पेशियों का छोटा समूह

43. भाव प्रबोधन (एराउंजल) को किस प्रकार परिभाषित किया गया है?

A. दुश्चिंता स्तर
B. भावात्मक उत्तेजन
C. कार्य करने के लिये तैयारी की भिन्न-भिन्न कोटि
D. घबराहट

44. नियतकालन चक्र (पीरियडाइजेशन साइकिल) में चरम चक्र की अवधि होनी चाहिये :

A. केवल 1 सप्ताह B. 2-3 सप्ताह
C. 4-6 सप्ताह D. 5-6 सप्ताह

45. अभिप्रेरण में स्थितिपरक कारक है :

A. आवश्यकता B. लक्ष्य
C. व्यक्तित्व का प्रकार D. नेतृत्व शैली

46. निम्नलिखित में से कौन-से खेल आधुनिक ग्रीष्मकालीन ओलंपिक कार्यक्रम से कभी अनुपस्थित नहीं रहे हैं?

(*a*) एथलेटिक्स (*b*) तैराकी
(*c*) कुश्ती (*d*) फेंसिंग
(*e*) मुक्केबाजी (*f*) आर्टिस्टिक जिमनास्टिक्स

कूट :

A. केवल (*a*), (*b*), (*c*) और (*f*) सही हैं।
B. केवल (*a*), (*c*), (*d*), (*e*) और (*f*) सही हैं।
C. केवल (*a*), (*b*), (*d*) और (*f*) सही हैं।
D. केवल (*a*), (*c*), (*e*) और (*f*) सही हैं।

47. निम्नलिखित में से कौन डिकेथ्लान के बारे में ***सही*** है?

(*a*) लंबी कूद पहले दिन की दूसरी प्रतियोगिता है।
(*b*) 400 मी. की दौड़ पहले दिन की दूसरी अंतिम प्रतियोगिता है।
(*c*) 110 मी. की बाधा दौड़ दूसरे दिन की पहली प्रतियोगिता है।
(*d*) डिस्कस थ्रो दूसरे दिन की दूसरी अंतिम प्रतियोगिता है।

कूट :

A. केवल (*a*), (*b*) और (*c*) सही हैं।

B. केवल (*a*), (*c*) और (*d*) सही हैं।

C. केवल (*a*) और (*c*) सही हैं।

D. (*a*), (*b*), (*c*) और (*d*) सभी सही हैं।

48. कंकालीय पेशी में प्रत्येक पूलिका (फसिक्यूलस) के चारों ओर संयोगी ऊतक आच्छद (शीथ) कहलाता है :

A. अन्तःपेशिका (इन्डोमाइसियम)

B. पेरिमाइसियम

C. परिपेशिका (एपिमाइसियम)

D. सार्कोलेमा

49. मानसिक कोच कहलाता है :

A. नैदानिक खेल मनोवैज्ञानिक

B. प्रयोगात्मक खेल मनोवैज्ञानिक

C. विकासात्मक खेल मनोवैज्ञानिक

D. शैक्षिक खेल मनोवैज्ञानिक

50. अतिभार (ओवरलोड) होता है :

A. जब नियमित व्यायाम के दौरान पेशी का आकार बढ़ जाता है।

B. एक ही समय शरीर के दो या अधिक भागों का उपयोग करने की योग्यता।

C. आवृत्ति तीव्रता तथा समय के साथ सामान्य से अधिक सख्ती से प्रशिक्षण के दौरान शरीर में सुधार लाना।

D. किसी क्रिया में गति तथा बल के सम्मिलन का प्रयोग करने की योग्यता।

51. संक्षेपाक्षर ''एच.आई.वी.'' (HIV) का अभिप्राय है :

A. ह्यूमन इम्यून डायरेक्ट वायरस

B. ह्यूमन इम्यूनो डिफिसिएन्सी वायरस

C. ह्यूमन इम्यूनो ट्रांसमिशन वायरस

D. ह्यूमन इम्यूनो वायरस

52. मनोविज्ञान निम्न में से किसका अध्ययन है?

A. संज्ञा (चेतना)

B. मन

C. व्यवहार

D. व्यवहार तथा मानसिक प्रक्रिया

53. ''उपयुक्त शरीर में उपयुक्त मन का होना इस संसार में सुख की स्थिति का संक्षिप्त परंतु पूर्ण वर्णन है।'' इस कथन को किसने कहा है?

A. जॉन लॉक B. चार्ल्स बुचर

C. अरस्तू D. प्लेटो

54. उस खेल का नाम बताइये जिसके मैदान को पूरब से पश्चिम की ओर चिह्नित किया जाता है।

A. खो-खो B. वॉलीबॉल

C. कबड्डी D. हैंडबॉल

55. वे वाहक जो लघु कालावधि के लिये संक्रामक अभिकर्ता को अलग कर देते हैं, कहलाते हैं :

A. ऊष्मायनी (इन्क्यूबेटरी) वाहक

B. उल्लाघ (कंवेलेसेन्ट) वाहक

C. अस्थायी वाहक

D. चिरकालिक (क्रोनिक) वाहक

56. शारीरिक स्वस्थता में सुधार प्रशिक्षण उद्दीपन के गुणों (विशेषताओं) के प्रति विशिष्ट हैं तथा इसका संबंध है :

A. व्यक्तित्त्व विशेषता सिद्धांत से

B. प्रतिवर्त्यता सिद्धांत से

C. अतिभार सिद्धांत से

D. विशिष्टता के सिद्धांत से

57. यू.एस. ओपन टेनिस, 2018 में कोच किये जाने के लिए चेतावनी दिये जाने पर सेरेना विलियम्स पर कितनी राशि का जुर्माना लगाया गया।

A. 3000 डॉलर B. 5000 डॉलर

C. 6000 डॉलर D. 4000 डॉलर

58. वर्ष 2018 के एशियाई खेल में महिलाओं की 400 मीटर की दौड़ में हीमा दास ने कितना समय लेकर राष्ट्रीय रिकॉर्ड बनाया?

A. 50 : 13 सेकंड B. 50 : 53 सेकंड

C. 50 : 79 सेकंड D. 50 : 94 सेकंड

59. ध्यानचंद पुरस्कार किस वर्ष शुरू किया गया?

A. 2000 B. 2001

C. 2002 D. 2004

60. अमीबा-रुग्णता एक रोग है जो किसी संक्रामक अभिकर्ता की उपस्थिति के कारण होता है, जिसे कहा जाता है :

A. प्रोटोजुआ-जनित B. जीवाणु-जनित
C. साइक्लॉप्स D. लेप्टोस्पाइरल

61. भारत में अध्यापक शिक्षा के संबंध में शारीरिक शिक्षा का लक्ष्य :

A. इसके आरंभ से ही लगभग निर्धारित रहा है।
B. समय की आवश्यकता के अनुसार गत्यात्मक रूप से बदला है।
C. वैश्विक परिवर्तन के साथ-साथ नहीं चला है।
D. कभी भी समुचित रूप से परिभाषित नहीं किया गया है।

62. रक्त एवं ऊतक के बीच गैस का विनिमय कहलाता है :

A. फुप्फुसी संवातन B. बाह्य श्वसन
C. आन्तरिक श्वसन D. प्रश्वसन

63. स्वास्थ्य शिक्षा एक प्रक्रिया है जिसमें व्यक्ति तथा समूह सीखते हैं :

A. स्वास्थ्य प्राप्त करने के लिये
B. स्वास्थ्य को बढ़ावा देने, बनाये रखने तथा पुनःस्थापित करने के लिये
C. स्वास्थ्य व्यवहारों का समर्थन करने के लिये
D. स्वास्थ्य व्यवहारों का अनुपालन करने के लिये

64. लीन मास तथा फैट मास के संदर्भ में शरीर का मेकअप है :

A. पेशी, अस्थि, महत्त्वपूर्ण ऊतक तथा अंग
B. अडेपोज ऊतक
C. शारीरिक संरचना
D. मोटापा

65. आउटडोर वॉलीबॉल कोर्ट के लिये न्यूनतम ऊँचाई क्लीअरेंस है :

A. 7 मी. B. 8 मी.
C. 9 मी. D. 10 मी.

66. युवा ओलम्पिक खेलों की उम्र सीमा है :

A. 14 से 18 वर्ष B. 15 से 19 वर्ष
C. 14 से 19 वर्ष D. 15 से 18 वर्ष

67. ''संस्कृति किसी राष्ट्र में बौद्धिक विकास का साक्ष्य है।'' यह परिभाषा किसने दी है?

A. टेयर B. बर्गेस तथा पार्क
C. मैक्स वेबर D. मैथ्यू

68. सिगरेट पीने के कारण अस्थायी अरक्तताजन्य (इस्केइमिक) से आक्रांत मानव शरीर के कौन-सा भाग होता है?

A. अस्थियां B. हृदय
C. मस्तिष्क D. फुप्फुस

69. संक्षेपाक्षर ''एड्स'' (AIDS) का अभिप्राय है :

A. एक्वायर्ड इम्यून डायरेक्टिव सिन्ड्रम
B. एक्यूट इम्यून डिफिसिएन्सी सिन्ड्रम
C. एक्वायर्ड इम्यून डिफिसिएन्सी सिन्ड्रम
D. एक्यूट इम्यून डाइरेक्टिव सिन्ड्रम

70. किस विश्वविद्यालय ने वर्ष 2011-12 से 2016-17 तक मौलाना अबुल कलाम आजाद ट्रॉफी जीती है?

A. पंजाबी विश्वविद्यालय
B. दिल्ली विश्वविद्यालय
C. पंजाब विश्वविद्यालय
D. जी.एन.डी. विश्वविद्यालय

71. बल तथा गति सक्षमता का सम्मिलन कहलाता है :

A. अधिकतम बल
B. विस्फोटक बल
C. बल सहनशक्ति
D. गत्यात्मक बल

72. निम्नलिखित में से कौन सुमेलित है?

(*a*) साल्ट लेक स्टेडियम – कोलकाता
(*b*) बाराबाती स्टेडियम – भुवनेश्वर
(*c*) कलूर इन्टरनेशनल स्टेडियम – कोच्चि

कूट :

A. केवल (*a*) और (*c*) सही हैं।
B. केवल (*a*) और (*b*) सही हैं।
C. (*a*), (*b*) और (*c*) सभी सही हैं।
D. केवल (*b*) और (*c*) सही हैं।

73. प्रभावी नेतृत्व किस पर आधारित है?

A. नेता के व्यक्तित्व
B. नेता तथा समूह के स्थितिपरक गुण
C. अच्छे अन्तर्वैयक्तिक संबंध को कायम रखना
D. कार्याभिमुखी नेतृत्व

74. यदि त्वचा टूटती है और उससे रक्त निकलता है, तो यह चोट (क्षति) कहलाती है :

A. खरोंच (ऐब्रेशन)
B. विदीर्णन (लेसरेशन)
C. नील (कंट्यूसन)
D. पार्श्वीय अधिस्थूलक शोथ (लैटरल एपिकॉण्डिलाइटिस)

75. सर्वाधिक स्वस्थ व्यक्ति में और अधिक सुधार नहीं हो सकता और इस प्रकार उसे अनुचित रूप से दंडित होना पड़ता है, यह किसकी व्याख्या है?
A. व्यक्तित्व विशेषता सिद्धांत
B. प्रतिवर्त्यता सिद्धांत
C. ह्रासमान प्रतिफल का सिद्धांत
D. विशिष्टता सिद्धांत

76. "कोई व्यक्ति, जानवर, संधिपाद, वनस्पति, मृदा अथवा पदार्थ (अथवा इनका सम्मिश्रण) जिसमें कोई वह संक्रामक अभिकर्ता रहता हो अथवा पैदा करता हो, जिस पर इसका जीवन मुख्यतः निर्भर है और जहां यह इस प्रकार स्वयं प्रजनन करता है कि इसे ग्राह्य परपोषी में संचारित किया जा सकता है" है :
A. आगार (रिजर्वोयर)
B. स्रोत
C. निर्जीव वस्तुओं में आगार (रिजर्वोयर)
D. जानवर आगार

77. बल सहनशक्ति का विकास निम्नलिखित में से किसके द्वारा किया जा सकता है?
A. प्लिओमेट्रिक व्यायाम
B. कैलिस्थेनिक्स
C. प्राक्षेपकी विस्तारण
D. पर्वत धावन (हिल रनिंग)

78. किसी स्त्री के सामान्य मासिक धर्मचक्र से अवरोध कहलाता है :
A. मेनार्के (प्रथम रजोदर्शन)
B. मासिक धर्मचक्र का टूटना
C. मासिक धर्म असामान्यता
D. मेनार्के में अनियमितता

79. निम्नलिखित में से कौन क्रिकेट की माप के बारे में सुमेलित है?
(*a*) पिच की लंबाई – 20.22 मी.
(*b*) पिच की लंबाई – 20.12 मी.
(*c*) पिच की चौड़ाई – 3.25 मी.
(*d*) पिच की चौड़ाई – 3.05 मी.
(*e*) पापिंग क्रीज – 1.22 मी.
(*f*) पापिंग क्रीज – 1.10 मी.

कूट :
A. केवल (*a*), (*d*) और (*f*) सही हैं।
B. केवल (*b*), (*d*) और (*e*) सही हैं।
C. केवल (*b*), (*c*) और (*f*) सही हैं।
D. केवल (*a*), (*c*) और (*e*) सही हैं।

80. जब लोग किसी समस्या को समझेंगे तो वे अधिक तत्परता से इसे सुलझाने का कार्य करेंगे, यह है :
A. स्वास्थ्य शिक्षा का उद्देश्य
B. सामुदायिक भागीदारी का सिद्धांत
C. समूह गतिक
D. समूह संसक्ति

81. लक्ष्य हृदय गति (दर) की गणना हेतु सूत्र है :
A. (200 – उम्र) × 50%
B. (220 – उम्र) × 90%
C. (180 – उम्र) × 60%
D. (220 – उम्र) × 70%

82. बॉस्केट बॉल के संबंध में निम्नलिखित में से क्या ***सही*** है?
(*a*) इसके कोर्ट की लंबाई – 28 मी.
(*b*) बास्केट रिंग का व्यास – 16 इंच
(*c*) इसके कोर्ट की लंबाई – 26 मी.
(*d*) बास्केट रिंग का व्यास – 18 इंच
(*e*) आकार की परिधि माप–6 बास्केटबॉल – 72 से.मी.
(*f*) आकार की परिधि माप–6 बास्केटबॉल – 75 से.मी.

कूट :
A. केवल (*a*), (*b*) और (*f*) सही हैं।
B. केवल (*a*), (*d*) और (*e*) सही हैं।
C. केवल (*c*), (*b*) और (*e*) सही हैं।
D. केवल (*a*), (*d*) और (*f*) सही हैं।

83. उस शहर का नाम बताइये जहाँ वर्ष 2018 में पुरुषों का विश्व कप हॉकी चैम्पियनशिप खेल का आयोजन हुआ?
A. नई दिल्ली
B. भुवनेश्वर
C. हैदराबाद
D. चेन्नई

84. आयतन के अनुसार बाह्य वायु की सही सामान्य संरचना क्या नहीं है?

A. नाइट्रोजन–80%

B. ऑक्सजीन–20.93%

C. कार्बन डाईऑक्साइड–0.03%

D. अन्य गैस–0.94%

85. संक्रामक रोग जानपदिक रोगविज्ञान में वह संधिपाद अथवा जीवित रोग वाहक जो किसी संक्रामक अभिकर्ता को किसी ग्राह्य व्यक्ति में भेजता है, कहलाता है :

A. वाहन - जनित B. वायु - जनित

C. फार्माइट - जनित D. रोगवाहक - जनित

86. निम्न में से किसका विकास सतत एवं अन्तरावधि दौड़ द्वारा किया जा सकता है?

A. शक्तिबल सहनशक्ति

B. सहनशक्ति

C. शक्ति

D. वातनिरपेक्ष (अनेअरबिक) सहनशक्ति

87. निम्नलिखित में से कौन सुमेलित है?

(*a*) क्लीकर – तीरंदाजी

(*b*) बालेस्ट्रा – फेंसिंग

(*c*) एरोसल – गोल्फ

(*d*) Q-फैक्टर – साइकिल चालन

कूट :

A. केवल (*a*), (*b*) और (*c*) सही हैं।

B. (*a*), (*b*), (*c*) और (*d*) सभी सही हैं।

C. केवल (*b*), (*c*) और (*d*) सही हैं।

D. केवल (*a*), (*b*) और (*d*) सही हैं।

88. मोटर कार एक्जास्ट एवं सिगरेट पीने के फलस्वरूप निकलनेवाले जहरीले कारक हाइड्रोकार्बन निम्नलिखित में से किसके लिये उत्तरदायी है?

A. श्वासनलिका उपसंकुचन (ब्रोंको कन्स्ट्रिक्शन)

B. श्वसन नली में जलन

C. दमा

D. फुप्फुस कैंसर

89. वागस तंत्रिका द्वारा निम्न में से कौन-सा प्रभाव **नहीं** होता है?

A. हृदय की गति धीमी हो जाती है।

B. पूलिका (बंडल) की चालकता घट जाती है।

C. संकुचन बल घट जाता है।

D. प्रकुंचन (सिस्टोल) की अवधि बढ़ जाती है।

90. एच. हैरीसन क्लार्क के अनुसार, शारीरिक रूप से स्वस्थ रहने के मूलभूत घटक हैं :

A. पेशीय बल, शक्ति तथा लचीलापन

B. बल सहनशक्ति, एरोबिक सहनशक्ति एवं लचीलापन

C. बल सहनशक्ति, शारीरिक संरचना तथा शक्ति

D. पेशीय बल, पेशीय सहनशक्ति तथा हृदय श्वसन सहनशक्ति

91. यह किसका कथन है, "आज भारत को भागवत गीता की नहीं, बल्कि फुटबॉल के मैदान की जरूरत है"?

A. महात्मा गांधी B. नरेंद्र मोदी

C. स्वामी विवेकानन्द D. बाबा राम देव

92. महिलाओं के लिये आदर्श शारीरिक वसा स्तर है :

A. 12 से 17% B. 18 से 22%

C. 15 से 20% D. 20 से 24%

93. जब पानी में क्लोरीन मिलाया जाता है, तब क्या होता है?

A. हाइड्रोक्लोरिक अम्ल बनता है।

B. हाइड्रोक्लोरिक अम्ल तथा सल्फ्यूरिक अम्ल बनते हैं।

C. हाइपोक्लोरस अम्ल तथा हाइड्रोक्लोरिक अम्ल बनते हैं।

D. हाइपोक्लोरस अम्ल बनता है।

94. निम्नलिखित में से कौन नींद की गोली में प्रमुख संघटक है?

A. भांग B. बारबिटुरेट्स

C. कोकेन D. ऐम्फिटेमिनस

95. विश्लेषण निम्नलिखित में से किसका भाग है?

A. भावात्मक क्षेत्र

B. मनूश्चालक क्षेत्र

C. मनःसामाजिक क्षेत्र

D. संज्ञानात्मक क्षेत्र

96. शुद्धिकरण की वह अवस्था जिसके कारण 98-99 प्रतिशत जीवाणु समाप्त हो जाते हैं, कहलाता है :

A. विसंक्रमण B. भंडारण

C. निस्यंदन D. फिल्टर बॉटम

97. निम्नलिखित में से कौन सांश्लेषिक नशीला पदार्थ है जिसकी संरचना एड्रिनलीन के समान है?

A. भांग

B. बारबिटुरेट्स

C. हेरोइन

D. ऐम्फिटेमिन्स

98. निम्नलिखित में से कौन-सा प्लायोमैट्रिक प्रशिक्षण विधि का उत्तम तरीके से वर्णन करता है?

A. यह मुख्यतः विस्तारण है।

B. यह सतत प्रशिक्षण है।

C. यह आंतरिक कार्य है।

D. यह मुख्यतः बाउंसिंग/उछलकूद (हॉपिंग) है।

99. हृदअतिवृद्धि (कार्डाइक) हायपरट्रॉफि में आरोध प्रशिक्षण के परिणामस्वरूप निम्न में से किस हृदय कोष्ठ में सबसे अधिक परिवर्तन होगा?

A. दक्षिण निलय B. वाम निलय

C. दक्षिण अलिन्द D. वाम अलिन्द

100. किसी महिला की वह स्थिति जिसमें उसकी 18 वर्ष अथवा उससे अधिक की उम्र तक प्रथम रजोदर्शन (मेनार्के) नहीं होता, कहलाती है :

A. यूमेनरिया

B. प्राथमिक अनार्तव (एमेनोरिया)

C. द्वितीय अनार्तव (एमेनोरिया)

D. दीर्घचक्री अल्पार्तव (ओलिगोमैनरिया)

उत्तरमाला

1	2	3	4	5	6	7	8	9	10
D	C	B	B	C	A	B	B	A	C
11	**12**	**13**	**14**	**15**	**16**	**17**	**18**	**19**	**20**
A	A	D	C	C	B	C	D	B	C
21	**22**	**23**	**24**	**25**	**26**	**27**	**28**	**29**	**30**
B	C	A	A	D	D	A	A	B	A
31	**32**	**33**	**34**	**35**	**36**	**37**	**38**	**39**	**40**
C	B	B	B	D	A	D	D	C	B
41	**42**	**43**	**44**	**45**	**46**	**47**	**48**	**49**	**50**
A	D	C	C	D	C	C	B	D	C
51	**52**	**53**	**54**	**55**	**56**	**57**	**58**	**59**	**60**
B	D	A	A	C	D	D	C	C	A
61	**62**	**63**	**64**	**65**	**66**	**67**	**68**	**69**	**70**
A	C	B	C	A	A	D	C	C	A
71	**72**	**73**	**74**	**75**	**76**	**77**	**78**	**79**	**80**
B	A	B	B	C	A	D	C	B	B
81	**82**	**83**	**84**	**85**	**86**	**87**	**88**	**89**	**90**
D	B	B	A	D	B	B	D	D	D
91	**92**	**93**	**94**	**95**	**96**	**97**	**98**	**99**	**100**
C	C	B	B	D	C	D	D	B	B

व्याख्यात्मक उत्तर

2. आमाशय (Stomach): सामान्य रूप से आमाशय की लम्बाई लगभग 30 सेमी. तथा चौड़ाई लगभग 10 सेमी. होती है। आमाशय में दो द्वार होते हैं। प्रथम द्वार वह होता है जिससे होकर आहार आमाशय में प्रवेश करता है। यह अन्न-नलिका से सम्बद्ध होता है। आमाशय का दूसरा द्वार वह है जिससे आहार आमाशय से बाहर

निकलता है तथा छोटी आँत में पहुँचता है। आमाशय के इस द्वार को 'जठर निर्गम द्वार' या 'पाइलोरिक द्वार' कहते हैं।

आमाशय में आहार के पाचन की रासायनिक क्रिया भी सम्पन्न होती है। इस क्रिया में योगदान देने के लिए आमाशय की भीतरी सतह पर विद्यमान ग्रन्थियों से जठर-रस का स्राव होता है। इस जठर-रस में पाचन में सहायक कुछ किण्व या खमीर पाए जाते हैं, साथ ही हाइड्रोक्लोरिक अम्ल (HCl) भी पाया जाता है। इस अम्ल के प्रभाव से विद्यमान आहार अम्लीय हो जाता है। इस अम्ल का एक अन्य महत्व यह है कि इसके प्रभाव से आहार में विद्यमान विभिन्न कीटाणु मर जाते हैं तथा आहार में किसी प्रकार की सड़न पैदा नहीं होती। जठर-रस में हाइड्रोक्लोरिक अम्ल के अतिरिक्त मुख्य रूप से दो किण्व या खमीर भी पाए जाते हैं। इन किण्वों की पाचन में महत्वपूर्ण भूमिका होती है। ये किण्व क्रमशः पेप्सिन तथा रेनिन कहलाते हैं।

3. डेविड मैकक्लीलैंड ने शक्ति अभिप्रेरक की अभिव्यक्ति के तीन सामान्य तरीके बताए हैं। प्रथम, व्यक्ति शक्ति या सामर्थ्य का बोध प्राप्त करने के लिए अपने बाहर के स्रोतों का उपयोग करता है जैसे, खेल के सितारों के बारे में कहानियाँ पढ़ कर या, किसी लोकप्रिय व्यक्ति के साथ संलग्न होकर। द्वितीय, शक्ति का बोध अपने भीतर के स्रोतों द्वारा भी किया जा सकता है और उसकी अभिव्यक्ति शारीरिक सैष्ठव का निर्माण करके तथा अपने आवेगों एवं अंत:प्रेरणाओं पर नियंत्रण करके की जा सकती है। तृतीय, व्यक्ति कुछ कार्य व्यक्तिगत स्तर पर दूसरों पर प्रभाव डालने के लिए करता है।

11. भारतीय खेल प्राधिकरण भारत के युवा कार्यक्रम एवं खेल मंत्रालय का महत्वपूर्ण अंग है। अपनी खेल प्रोत्साहन योजनाओं के माध्यम से भारतीय खेल प्राधिकरण युवाओं में प्रतिभा उत्पन्न करने का कार्य करता है। इसके लिए वह उन्हें आवश्यक आधारभूत ढाँचा, उपकरण, प्रशिक्षण, सुविधाएँ और प्रतियोगिता के अवसर प्रदान करता है। इसकी स्थापना 25 जनवरी, 1984 को की गई थी।

13. अन्तर्राष्ट्रीय ओलम्पिक समिति, आधुनिक ओलम्पिक खेलों की प्रबंध-निकाय (गवर्निंग बॉडी) है। यह सारे विश्व में खेलों में भागीदारी को बढ़ाने तथा समर्थन देने के लिए प्रतिबद्ध है। अंतर्राष्ट्रीय ओलम्पिक समिति का मुख्यालय 'लोसाने' (Lausanne) स्विट्जरलैंड में है। इसका सृजन या गठन 23 जून, 1894 को बेरान पिअरे द क्यूबर्टिन के द्वारा किया गया था। देमित्रिओस विकेलस (Demitrios Vikelas), जो कि एक यूनानी था, इस समिति का प्रथम प्रधान था। इस समिति में 105 सक्रिय सदस्य तथा 32 मानद (Honorary) सदस्य होते हैं।

25. प्रत्येक ATP का अणु बनने में 7.3 Kcal ऊर्जा भंडारित होती है, यह क्रिया फास्फोरिलीकरण कहलाती है, क्योंकि यह क्रिया श्वसन घटना में ऑक्सीजन की उपस्थिति में होती है, इसलिये इसे ऑक्सीकीय फास्फोरिलीकरण कहते हैं।

27. 18वें एशियाई खेल में पंजाब के एथलीट अरपिन्दर सिंह ने ट्रिपल जम्प (16.77 मीटर) में गोल्ड मेडल जीता।

35. परिवर्तनकारी नेतृत्व या रचनांतरणात्मक नेतृत्व (Transformation Leadership): परिवर्तनकारी नेतृत्व के अंतर्गत नेता इस बात का विश्वास दिला देता है कि संगठन की सफलता में संगठन से जुड़े सभी व्यक्तियों के मूल्यों, मेहनत, विश्वासों, विचारों का अद्भुत योगदान है। यह नेतृत्व न्याय व एकता पर आधारित है। यह नेतृत्व कर्त्तव्यनिष्ठता की भावना जाग्रत करता है। समस्याओं को हल करने के नये तरीकों को ढूँढने में सहायता करता है। परिवर्तनकारी नेतृत्व प्रेरणात्मक नेतृत्व से मिलता-जुलता है। आजकल इस नेतृत्व की बहुत माँग है। इसे परिवर्तनकारी इसलिये कहा जाता है क्योंकि अपने कार्य करने के तरीक़े से यह बड़े परिवर्तन कर देता है। परिवर्तनकारी नेतृत्व में नेता को निम्न कार्यों में अपनी भूमिका निभानी पड़ती है। प्रथम वे अनुसरणकर्त्ताओं को संगठन के मुद्दों और उनके सम्भाव्य परिणामों के प्रति जागरुक करते हैं। दूसरा वे कर्मचारियों व अध्यापकों के भीतर संस्था के प्रति उनकी वचनबद्धता का दृष्टिकोण बनाने का प्रयास करते हैं।

39. ट्राइकसपिड वाल्व हृदय के दाईं ओर के मुख्य वाल्वों में से एक है। आमतौर पर, ट्राइकसपिड वाल्व में तीन फ्लैप (flaps) होते हैं, जो खुलते और बंद होते हैं, जिससे रक्त हृदय में दाएँ ऐट्रियम (atrium) से दाएँ वेंट्रिकल (ventricle) में प्रवाहित होता है और रक्त को पीछे की ओर बहने से रोकता अर्थात् रक्त का बैकफ्लो (Backflow) होने से रोकता है। ट्राइकसपिड वाल्व एट्रियोवेंट्रिकुलर मुँह के आस-पास स्थित होता है। यह एक नाविक की तरह बिंदु के अंत से जुड़ा होता है।

43. भाव प्रबोधन (arousal): भाव प्रबोधन की दशा किसी भी व्यवहार के मूल में होती है क्योंकि यही किसी उद्दीपक की ओर हमारा ध्यान आकर्षित कराती है। भाव प्रबोधन तथा अवधान ही व्यक्ति को सूचना का प्रक्रमण करने के योग्य बनाता है। भाव प्रबोधन के इष्टतम स्तर के कारण हमारा ध्यान किसी समस्या के प्रासंगिक पक्षों की ओर आकृष्ट होता है। भाव प्रबोधन का बहुत अधिक होना अथवा बहुत कम होना अवधान को बाधित करता है। उदाहरण के लिए जब आपके अध्यापक कहते हैं कि अमुक दिन आप सबकी एक परीक्षा ली जाएगी तो आपका भाव प्रबोधन बढ़ जाता है और आप विशिष्ट अध्यायों पर अधिक ध्यान देने लगते हैं। आपका भाव प्रबोधन आपके ध्यान को प्रासंगिक अध्यायों की विषय-वस्तुओं को पढ़ने, दोहराने तथा सीखने के लिए अभिप्रेरित करता है।

48. मांसपेशी तंतु का समूह पेरिमीसियम द्वारा ढका होता है। मांसपेशी फाइबर के प्रत्येक बंडल को फासिक्यूलस कहा जाता है जो संयोजी ऊतक की एक परत से घिरा होता है जिसे पेरिमिसियम कहा जाता है। फासीक्यूलस के भीतर, प्रत्येक व्यक्तिगत मांसपेशी कोशिका, जिसे मांसपेशी फाइबर कहा जाता है, एंडोमिसियम नामक संयोजी ऊतक से घिरा होता है।

51. HIV का पूर्ण रूप ह्यूमन इम्यूनोडेफिशियेंसी वायरस (Human Immunodeficiency Virus) है। यह एक रेट्रो वायरस है तथा यह वायरस इंसान में एड्स रोग का वाहक है जो मनुष्य के प्रतिरक्षा तंत्र को विफल कर देता है।

52. मनोविज्ञान (Psychology) वह शैक्षिक व अनुप्रयोगात्मक विद्या है जो प्राणी (मनुष्य, पशु आदि) के मानसिक प्रक्रियाओं (mental processes), अनुभवों तथा व्यक्त व अव्यक्त दोनों प्रकार के व्यवहारों का एक क्रमबद्ध तथा वैज्ञानिक अध्ययन करता है। दूसरे शब्दों में, यह कहा जा सकता है कि मनोविज्ञान एक ऐसा विज्ञान है जो क्रमबद्ध रूप से (systematically) प्रेक्षणीय व्यवहार (observable behaviour) का अध्ययन करता है तथा प्राणी के भीतर के मानसिक एवं दैहिक प्रक्रियाओं जैसे–चिंतन, भाव आदि तथा वातावरण की घटनाओं के साथ उनका सबंध जोड़कर अध्ययन करता है। इस परिप्रेक्ष्य में मनोविज्ञान को व्यवहार एवं मानसिक प्रक्रियाओं के अध्ययन का विज्ञान कहा गया है। 'व्यवहार' में मानव व्यवहार तथा पशु व्यवहार दोनों ही सम्मिलित होते हैं। मानसिक प्रक्रियाओं के अंतर्गत संवेदन (Sensation), अवधान (attention), प्रत्यक्षण (Perception), सीखना (अधिगम), स्मृति, चिंतन आदि आते हैं।

59. ध्यानचंद पुरस्कार की स्थापना सन् 2002 में की गई थी। यह पुरस्कार खेलकूद में आजीवन उपलब्धियों के लिए दिया जाता है। पुरस्कार स्वरूप 10 लाख रुपये की राशि, प्रशस्ति पत्र तथा सेरीमोनियल ड्रेस दी जाती है।

62. वायुमंडल की ऑक्सीजन युक्त वायु का फेफड़ों में पहुंचना और कार्बन डाईऑक्साइड युक्त अशुद्ध वायु का फेफड़ों से बाहर निकालना श्वसन कहलाता है। फेफड़ों में बाहरी वायु व रुधिर के बीच गैसों का विनिमय बाह्य श्वसन कहलाता है। रुधिर एवं उत्तकों के बीच होने वाली गैस विनिमय आंतरिक श्वसन है। इसमें रुधिर की ऑक्सीजन ऊतक द्रव में तथा ऊतक द्रव में तथा ऊतकों एवं ऊतक द्रव की कार्बन डाईऑक्साइड रुधिर से विसरित होती है। शरीर में सदैव शक्ति का ह्रास भौतिक परिश्रम के कारण होता है जो भोजन के ऑक्सीकरण से पूरा होता है। यह ऑक्सीकरण ऊतकों में होता है तथा इसके लिए ऑक्सीजन की आवश्यकता होती है यह ऑक्सीजन रक्त के माध्यम से प्राप्त की जाती है।

69. AIDS–(Acquired Immune Deficiency Syndrome) यह विषाणु जनित रोग है। यह रेट्रोवाइरस (HIV) नामक विषाणु से फैलता है। निरंतर ज्वर (बुखार), पेशियों में दर्द, रात को पसीना आना, योनि से स्राव, जाँघों में सूजन आदि इस रोग के लक्षण हैं। अभी तक रोग के लिए कोई विशेष उपचार ज्ञात नहीं है, परन्तु विशेष सावधानी तथा HIV विषाणु से बचने के लिए सफाई का ध्यान रखकर, इस रोग को संयमित किया जा सकता है।

83. 2018 पुरुष हॉकी विश्वकप, हॉकी विश्वकप का 14वाँ संस्करण था, जिसका आयोजन 28 नवंबर से 16 दिसंबर, 2018 के बीच भुवनेश्वर, ओडिशा, भारत में किया गया था। इस चौदहवें विश्वकप में कुल 16 टीमों ने भाग लिया था। इस पुरूष हॉकी विश्वकप में बेल्जियम ने नीदरलैंड्स को हराकर विश्व चैम्पियन बना।

वस्तुनिष्ठ प्रश्नोत्तर*

1. शारीरिक शिक्षा का क्या उद्देश्य है?
(a) शारीरिक विकास
(b) व्यक्ति का स्वस्थ विकास
(c) वर्धन एवं विकास
(d) उपर्युक्त सभी।

2. शारीरिक शिक्षा संबंधी कार्यक्रमों का दर्शन क्या है?
(a) यथार्थवाद (b) उपयोगितावाद
(c) आदर्शवाद (d) उपर्युक्त सभी

3. निम्नलिखित में किसने मशाल को एथेंस ओलिंपिक खेलों के स्थल तक ले जाने की प्रथा शुरू की?
(a) एडोल्फ हिटलर (b) किंगजॉर्ज-1
(c) प्लेटो (d) अरस्तू

4. ओलिंपिक ध्वज की बनावट निम्नलिखित में किस प्रकार की होती है?
(a) बिना किनारा वाली सफेद पृष्ठिका और केंद्र में ओलिंपिक प्रतीक।
(b) काला किनारा वाली सफेद पृष्ठिका और केंद्र में ओलिंपिक का प्रतीक।
(c) काला किनारा वाली पीली पृष्ठिका और शिखर के दाएं कोने पर ओलिंपिक का प्रतीक।
(d) बिना किनारा वाली धूसर पृष्ठिका और केंद्र में ओलिंपिक का प्रतीक।

5. प्रथम ओलिंपिक खेल किसके नियंत्रण में खेले गए?
(a) किंगजॉर्ज-II (b) किंगजॉर्ज-I
(c) थिऑडोसियस (d) मार्टिन लूथर किंग

6. प्रथम आधुनिक ओलिंपिक खेलों के संबंध में निम्नलिखित में कौन-सा कथन सत्य है?
(a) सारे प्रतिभागी सदस्य महिलाएं थीं।
(b) सारे प्रतिभागी सदस्य ग्रीक थे।
(c) सारे प्रतिभागी सदस्य पुरुष थे।
(d) सारे प्रतिभागी रोमन थे।

7. ओलिंपियन में खेले गए ओलिंपिक खेलों में किसके सम्मान में महिलाएं पृथक प्रतियोगिताओं में शामिल हुई थीं?
(a) देवज़्यूस (b) देवीहेरा
(c) देव अपोलो (d) इनमें कोई नहीं

8. ग्रीक भाषा में 'एथलीट' का अर्थ है–
(a) नगर राज्य
(b) मुद्रा अर्जक
(c) पुरस्कार का आकांक्षी
(d) दौड़

9. किस ओलिंपिक खेलों में यह पता लगा कि बेहतर प्रदर्शन के लिए नशीली दवाओं का सेवन किया जा रहा है?
(a) 1960 रोम (b) 1988 सिओल
(c) 1992 बार्सिलोना (d) 1996 अटलांटा

10. प्राचीन काल में 'तक्षशिला' किसलिए प्रसिद्ध था?
(a) छदम युद्ध (b) अश्वारोहण
(c) धनुर्विद्या प्रशिक्षण (d) रथों की दौड़ प्रतियोगिता

11. यंग मेंस क्रिश्चियन असोसिएशन शारीरिक शिक्षा महाविद्यालय (चेन्नई) की स्थापना कब हुई?
(a) 1914 (b) 1896
(c) 1920 (d) 1924

12. यंग मेंस क्रिश्चियन असोसिएशन शारीरिक शिक्षा महाविद्यालय के प्रथम प्रधानाचार्य कौन थे?
(a) जी. डी. सोंधी (b) एच. सी. बक
(c) बी. पी. कुबर्टिन (d) सी. ए. बूचर

13. ओलिंपिक छल्ले क्या संकेत देते हैं?
(a) पांच महादेश (b) पांच नदियां
(c) पांच देश (d) पांच पर्वत

14. "फिलिपिडज़" था–
(a) एथेंसवासी ग्रीक (b) स्पार्टावासी ग्रीक
(c) रोमवासी (d) इनमें से कोई नहीं

15. चिकित्सीय व्यायाम का पुरोधा कौन था?
(a) रूसो (b) गेस्टाल्ट
(c) अरस्तू (d) हिप्पोक्रैटीज़

16. किस वर्ष शीतकालीन ओलिंपिक खेल पहली बार खेले गए?
(a) 1923 (b) 1914
(c) 1925 (d) 1926

* *विभिन्न परीक्षाओं में पूछे गए प्रश्न*

17. ओलिंपिक ध्वज पहली बार कब और कहां उपयोग में लाया गया?
(a) 1896 एथेंस ओलिंपिक्स
(b) 1996 अटलांटा ओलिंपिक्स
(c) 1920 ऐंटवर्प ओलिंपिक्स
(d) उपर्युक्त में किसी में नहीं।

18. भारतीय ओलिंपिक संघ की स्थापना कब हुई?
(a) 1927 (b) 1928
(c) 1929 (d) 1930

19. अंतर्राष्ट्रीय ओलिंपिक समिति का मुख्यालय कहां है?
(a) संयुक्त राज्य अमेरिका
(b) लंदन
(c) स्वीट्जरलैंड
(d) जर्मनी

20. ग्रीष्मकालीन ओलिंपिक खेलों की अवधि क्या है?
(a) 16 दिन (b) 17 दिन
(c) 18 दिन (d) 19 दिन

21. प्राचीन ओलिंपिक खेलों को कब प्रतिबंधित किया गया?
(a) सन् 396 ई.
(b) सन् 394 ई.
(c) सन् 296 ई.
(d) ई. सन् के 334 वर्ष पूर्व

22. प्राचीन ग्रीस में "पैलेस्ट्रा" (व्यायामशाला) किसलिए प्रसिद्ध था?
(a) यह एक मल्लयुद्ध विद्यालय था
(b) यह एक संगीत विद्यालय था
(c) यह एक स्टेडियम था
(d) यह एक तरणताल था

23. प्राचीन ग्रीस में "डिडास्केलियम" किसलिए प्रसिद्ध था?
(a) एयरोब्रिक्स (हृदय और फेफड़ों को मजबूत बनाने हेतु शारीरिक व्यायाम)
(b) नृत्य
(c) संगीत
(d) भार प्रशिक्षण

24. प्रथम राष्ट्रमंडलीय खेलों की मेजबानी किस एशियाई देश ने की?
(a) मलेशिया (b) चीन
(c) जापान (d) पाकिस्तान

25. 1998 में आयोजित एशियाई खेलों में निम्नलिखित में से कौन-से खेल शामिल किए गए?
(a) बास्केट बॉल और वॉलिबॉल
(b) स्नूकर और बिलियर्ड्स
(c) स्क्वैश और टेनिस
(d) कबड्डी और खो-खो

26. भारत का खेल प्राधिकरण (स्पोर्ट्स ऑथोरिटी ऑफ़ इंडिया) किस वर्ष बनाया गया?
(a) 1983 (b) 1984
(c) 1985 (d) 1986

27. स्पार्टा में खेल-कूद के मैदान क्या कहलाते थे?
(a) पैडीट्राइब्स (b) क्रिप्टिया
(c) प्लाटैनिस्टाज (d) डेडास्केलियम

28. व्यायामशाला में "तेल" के उपयोग की कल्पना किसने की?
(a) एथेंसवासियों ने (b) स्पार्टावासियों ने
(c) रोमवासियों ने (d) इनमें से किसी ने नहीं

29. एथेंस में कैडेट कोर (छात्रसेना) के रूप में नामांकित होने वाले लड़के क्या कहलाते थे?
(a) क्रिप्टिया (b) एफिबाय
(c) पेडागॉग (d) इक्लेसिया

30. लोकव्यायामशाला, लाइसियम, का संबंध किससे था?
(a) रूसो (b) अरस्तू
(c) ज्यूसदेवता (d) इनमें किसी से नहीं

31. गेंद के शिक्षक जो पेडोट्राइब्स के संस्थानों के अधीन कार्य करते थे, क्या कहलाते थे?
(a) पैडोगॉग (b) एफिबाय
(c) स्फैरिस्टीज (d) स्पार्टन्स

32. प्राचीन ग्रीस में धनुर्विद्या के शिक्षक क्या कहे जाते थे?
(a) स्फैरिस्टीज (b) पैडोट्राइब्स
(c) इक्सेसिया (d) टॉक्सोटीज

33. प्राचीन ग्रीस में अंगमर्दक क्या कहलाते थे?
(a) टॉक्सोटीज (b) एलाइप्टे
(c) पैडोट्राइब्स (d) एफिबाय

34. मडबाथ (उष्णापंक में स्नान) कहां लोकप्रिय था?
(a) एथेंस (b) स्पार्टा
(c) रोम (d) इनमें से कहीं नहीं

35. "एथलीट" पद की उत्पत्ति कहां हुई?
(a) रोम (b) ग्रीस
(c) चीन (d) भारत

36. 'एथलीट' पद का अर्थ था–
(a) प्रतियोगिता (b) पुरस्कार
(c) शक्तिमान पुरूष (d) दास

37. ग्रीसवासी किस पर विशेष बल देते थे?
(a) व्यक्तिवाद (b) प्रकृतिवाद
(c) व्यवसायवाद (d) इनमें से कोई नहीं

38. ग्रीस में अपोलो देवता के पवित्र स्थल पर कौन–सा आदर्श–वाक्य लिखा हुआ है?
(a) मेडेन आगन
(b) साइटियस आल्टियस फोर्टियस
(c) सदा अग्रसर
(d) इनमें से कोई नहीं

39. निम्नलिखित खेलों में पॉसिडॅन देवता के सम्मान में कौन–सा खेल खेला गया?
(a) इस्थ्मीअन (b) नेमीअन
(c) पाइथिअन (d) प्लिम्पिक्स

40. ज्यूस देवता के सम्मान में कौन–से खेल खेले गए?
(a) पाइथिअन (b) नेमीअन
(c) इस्थ्मीअन (d) इनमें से कोई नहीं

41. अपोलो देवता के सम्मान में कौन–से खेल खेले जाते थे?
(a) नेमीन गेम्स (b) इस्थ्मीअन गेम्स
(c) पाइथिअन गेम्स (d) इनमें से कोई नहीं

42. किस सम्राट ने ओलिंपिक खेलों को प्रतिबंधित किया?
(a) अरस्तू (b) पॉसीडॅन
(c) थिओडोसिअस (d) इनमें से कोई नहीं

43. पाददौड़ के लिए ग्रीसवासियों द्वारा किस प्रकार के दौड़ पथ बनाए जाते थे?
(a) गोल पथ (b) सीधा पथ
(c) अण्डाकार पथ (d) पहाड़ी पथ

44. "पेंटाथ्लॅन" में 'पेंटा' और 'ऐथलॅन' के क्या अर्थ होते हैं?
(a) पांच और पुरस्कार (b) छह और पुष्प
(c) पांच और पत्ते (d) छह और व्यक्ति

45. "प्लेटो" ने किस खेल में दक्षता हासिल की?
(a) गोल्फ (b) मल्लयुद्ध
(c) जूडो (d) तैराकी

46. "लाइसियम" का संस्थापक कौन था?
(a) रूसो (b) अरस्तु
(c) गैलेन (d) प्लेटो

47. शारीरिक शिक्षा के सिद्धांत पहली बार किसके द्वारा निर्धारित किए गए?
(a) गैलेन (b) प्लेटो
(c) रूसो (d) अरस्तू

48. "पैलेस्ट्रा" और 'डिडास्केलियम' प्रसिद्ध थे–
(a) एथेंस में
(b) स्पार्टा में
(c) रोम में
(d) एथेंस और स्पार्टा दोनों में

49. प्राचीन रोम में "कॉलोसियम" किस लिए प्रसिद्ध था?
(a) घुड़दौड़
(b) जूडो
(c) तैराकी
(d) लोगों के मनोरंजनार्थ किसी व्यक्ति का अन्य व्यक्ति या पशु से होने वाले मल्लयुद्ध

50. निम्नलिखित में कौन ओलिंपिक छल्लों के रंगों के सही संयोग का द्योतक है?
(a) नीला, पीला, काला, हरा, लाल
(b) भूरा, नीला, पीला, काला, लाल
(c) बैंगनी, हरा, लाल, गुलाबी, पीला
(d) नीला, पीला, भूरा, हरा, बैंगनी

51. निम्नलिखित किस वर्ष में ओलिंपिक खेल विश्वयुद्ध के कारण नहीं आयोजित किए गए?
(a) 1948 (b) 1952
(c) 1940 (d) 1968

52. किस ओलिंपिक खेल–कूद में ओलिंपिक ध्वज का उपयोग पहली बार किया गया?
(a) 1896, एथेंस (b) 1920, ऐंटवर्प
(c) 1996, अटलांटा (d) उपर्युक्त में कोई नहीं

53. भारत में ओलिंपिक खेलों को प्रारम्भ करने का श्रेय किसे जाता है?

(*a*) पंडित जवाहर लाल नेहरू

(*b*) सर दोराबजी टाटा

(*c*) बी. पी. कूबर्टिन

(*d*) महाराजा यादवेंद्र सिंह

54. प्राचीन ओलंपिक खेलों में विजेताओं को क्या पुरस्कार दिए जाते थे?

(*a*) सिक्के

(*b*) टोपियां

(*c*) काऊ (जंगली जैतून) के पत्तों के ताज

(*d*) पदकें

55. 1896 में प्रथम ओलिंपिक खेलों का उद्घाटन किसने किया?

(*a*) ग्रीस के किंगजॉर्ज II ने

(*b*) ग्रीस के किंगजॉर्ज I ने

(*c*) श्रीमती मार्गरेट थैचर ने

(*d*) बी. पी. कूबर्टिन ने

56. किन ओलिंपिक खेलों में महिलाओं ने प्रथम बार भाग लिया?

(*a*) 1896, एथेंस (*b*) 1900, पेरिस

(*c*) 1920, ऐंटवर्प (*d*) इनमें किसी में नहीं

57. ओलिंपिक खेल-कूदों में आधुनिक पेंटाथलॅन (पांच खेलों वाली एक सम्मिलित खेल आइटम) में इवेन्ट्स (खेल-कूद कार्यक्रम ही प्रतियोगिताओं अथवा दौड़ों में एक) क्या हैं?

(*a*) अश्वारोहण, तलवारबाजी, शूटिंग (जानवरों या पक्षियों को गोली के निशाने बनाना), तैराकी, और गांवों की ओर दौड़

(*b*) शूटिंग, तैराकी, घुड़दौड़, असिक्रीड़ा और गांवों की ओर दौड़

(*c*) जेवलिन, चक्का, तारगोला, लंबीकूद और ऊंची कूद

(*d*) इनमें से कोई नहीं

58. ओलिंपिक खेल-कूदों में प्रत्येक इवेंट में कितनी प्रविष्टियों की अनुमति है?

(*a*) 2 (*b*) 3

(*c*) 4 (*d*) 5

59. अंतरिम ओलिंपिक खेलों का आयोजन कब किया गया?

(*a*) 1896 (*b*) 1906

(*c*) 1908 (*d*) 1916

60. प्राचीन ओलिंपिक खेलों में प्रवंचकों को क्या सजा दी जाती थी?

(*a*) उन्हें फांसी दे दी जाती थी

(*b*) उन्हें जल-समाधि दे दी जाती थी

(*c*) उन्हें हंटरों से पीटा जाता था

(*d*) उन्हें हवालात में बंद कर दिया जाता था

61. प्राचीन ओलिंपिक खेलों में किस रोमन राजा ने अधिकारियों को रिश्वत देकर पारितोषिक जीते?

(*a*) किंग जॉर्ज (*b*) थिओडोसियस

(*c*) किंग नीरो (*d*) अरस्तू

62. किस ओलिंपिक प्रतियोगिता में विजेताओं को सर्वप्रथम स्वर्ण पदक प्रदान किए गए?

(*a*) 1928, ऐंटीवर्प (*b*) 1908, लंदन

(*c*) 1900, पेरिस (*d*) 1896, एथेंस

63. आधुनिक ओलिंपिक खेलों के जनक, बी. पी. कूबर्टिन की मृत्यु किस वर्ष हुई?

(*a*) 1937 (*b*) 1938

(*c*) 1939 (*d*) 1940

64. 1986 में प्रथम आधुनिक ओलिंपिक खेलों में कितने देशों ने भाग लिया?

(*a*) 11 (*b*) 12

(*c*) 13 (*d*) 14

65. किस ओलिंपिक प्रतियोगिता में पहली बार ओलिंपिक शपथ दिलाई गई?

(*a*) 1896, एथेंस (*b*) 1900, पेरिस

(*c*) 1908, लंदन (*d*) 1920, ऐंटवर्प

66. निम्नलिखित में कौन ओलिंपिक खेलों का सर्वोच्च स्थल रहा है?

(*a*) अटलांटा (*b*) मेक्सिको

(*c*) पेरिस (*d*) लॉसएंजिल्स

67. ओलिंपिक आदर्श-वाक्य में "साइटियस" पद इंगित करता है–

(*a*) उच्चतर (*b*) द्रुततर

(*c*) अधिक बलशाली (*d*) इनमें सभी

68. ओलिंपिक खेलों में भारतीय टीमों की भागीदारी को नियंत्रित करने वाला निकाय है–

(a) ए. ए. एफ. आई.
(b) आई. सी. ओ.
(c) आई. ओ. ए.
(d) ओ. सी. ए.

69. किस नगर/राज्य ने शिक्षा के द्वारा योद्धाओं के प्रशिक्षण पर बल दिया?

(a) पेकिंग (b) स्पार्टा
(c) एथेंस (d) इन सभी ने

70. स्पार्टा की शिक्षा का उद्देश्य निम्नलिखित को पैदा करना था–

(a) बुद्धिजीवियों को (b) अच्छे नागरिकों को
(c) योद्धाओं को (d) इन सभी को

71. उस स्टेडियम का क्या नाम है जहां प्रथम आधुनिक ओलिंपिक खेल आयोजित किए गए?

(a) पैन एथेनिअक स्टेडियम, एथेंस
(b) ऐम्फी थिएटर
(c) कॉलसियम
(d) डेडास्केलियम

72. आई. ओ. ए. का गठन कब हुआ?

(a) 1925 (b) 1926
(c) 1927 (d) 1928

73. निम्नलिखित में कौन ओलिंपिक खेलों की समाप्ति की घोषणा करता है?

(a) चेयरमैन, आई. ओ. सी.
(b) प्रेज़िडेंट, आई. ओ. सी.
(c) सचिव, आई. ओ. सी.
(d) देश का प्रधानमंत्री

74. निम्नलिखित में किसको ओलिंपिक खेलों की मेजबानी दी जाती है?

(a) नगर को (b) देश को
(c) जिला को (d) राजधानी को

75. दिवसों की दृष्टि से कौन-सा ओलिंपिक आयोजन सर्वाधिक लंबा था?

(a) 1906 (b) 1908
(c) 1952 (d) 1956

76. प्राचीन ओलिंपिक खेलों में निम्नलिखित में कौन-से इवेंट्स पेंटाथलॉन में शामिल थे?

(a) धावन, कूद, चक्का, तैराकी, दंगल और रथ दौड़
(b) धावन, कूद, चक्का, तैराकी और रथ दौड़
(c) मुक्केबाजी, दंगल, धावन, कूद और तैराकी
(d) इनमें से कोई नहीं

77. ओलिंपिक खेलों में आधुनिक पेंटाथलॉन का सुझाव किसने दिया?

(a) जी. डी. सोंधी (b) बी. पी. कूबर्टिन
(c) जे. ए. समरंच (d) बिल क्लिंटन

78. आधुनिक ओलिंपिक खेलों के प्रतिपादक बी. पी. कूबर्टिन किस देश के वासी हैं?

(a) फ्रांस (b) इंग्लैंड
(c) संयुक्त राज्य अमेरिका (d) डेनमार्क

79. कौन-सा भारतीय कप्तान ओलिंपिक खेलों के दौरान पहली बार विजय स्तंभ पर चढ़ा?

(a) ध्यानचंद (b) जैपाल सिंह
(c) के.डी.सिंह 'बाबू' (d) कपिलदेव

80. भारत का राष्ट्रगान ओलिंपिक खेलों में पहली बार किस साल बजाया गया?

(a) 1948 (b) 1952
(c) 1928 (d) 1932

81. "मेसोमॉर्फी" (मध्यम गठित शरीर) की विशेषता है–

(a) रैखिकता और लंबाई
(b) शरीर की गोलाई
(c) मांसलता और ताकत
(d) उपर्युक्त में से किसी से भी इसका संबंध नहीं है

82. "कृशकाया आकार" है

(a) मांसपेशियां, हड्डियां और शरीर के अन्य वसारहित ऊतक
(b) शरीर के वसायुक्त ऊतक
(c) कुल काया भार
(d) उपर्युक्त में एक भी नहीं

83. "एंडोमॉर्फ" (गोल-मटोल मांसल व्यक्ति) की पहचान है–

(a) दुबला और आलसी (b) थुलथुला और मोटा
(c) मांसपेशीय और बलिष्ठ (d) इनमें कोई नहीं

84. ओलंपिक खेलों में हॉकी प्रतियोगिताएं पहली बार ऐस्ट्रोटर्फ (बनावटी सतह जो घास जैसी दिखलाई पड़ती है) पर कहां आयोजित की गई?
(*a*) लॉस एंजिल्स (*b*) मॉन्ट्रियल
(*c*) मास्को (*d*) सिओल

85. ओलंपिक आदर्श-वाक्य "साइटियस, आल्टियस, फोर्टियस" में आल्टियस का अर्थ है–
(*a*) द्रुततर (*b*) बलवंततर
(*c*) उच्चतर (*d*) गहनतर

86. ओलंपिक के आदर्श वाक्य साइटियस, अल्टियस, फोर्टियस (तेज दौड़ना, ऊंचा उठना और शक्ति का भरपूर प्रयास करना) का ईजाद किसने किया है?
(*a*) रूसो (*b*) अरस्तू
(*c*) प्लेटो (*d*) हेनरी डिडियन

87. विशेष ओलंपिक्स में प्रतिभागी कौन-कौन होते हैं?
(*a*) शारीरिक दृष्टि से विकारग्रस्त लोग
(*b*) मानसिक विकलता से ग्रस्त बच्चे और वयस्क लोग
(*c*) उपर्युक्त (*a*) और (*b*) दोनों
(*d*) अनुभवी लोग

88. ओलंपिक्स में विभिन्न इवेंट्स में जेसी ओवेंस द्वारा चार पदकों की जीत की बराबरी किसने की?
(*a*) मेरिअन जोंस (*b*) माइकेल जॉन्सन
(*c*) कार्ल लेविस (*d*) बेन जॉन्सन

89. अटलांटा ओलंपिक ने क्या चिह्नित किया?
(*a*) आधुनिक ओलंपिकों की शतवार्षिकी
(*b*) संयुक्त राज्य अमेरिका में प्रथम बार ओलंपिक खेल
(*c*) उत्तरी अमेरिका में ओलंपिक्स
(*d*) इनमें से कोई नहीं

90. "शारीरिक शिक्षा प्रत्येक नागरिक का मौलिक अधिकार है," यह निम्नलिखित किसमें शामिल है?
(*a*) विश्व स्वास्थ्य संगठन घोषणापत्र में
(*b*) एस. एन. आई. पी. ई. एस. के घोषणापत्र में
(*c*) मानव संसाधन विकास मंत्रालय के घोषणापत्र में
(*d*) यूनेस्को के घोषणापत्र में

91. निम्नलिखित ग्रीक खेलों में धावन और डॉजिंग (चकमा देने का खेल) किसमें शामिल हैं?
(*a*) ट्राइगॅन (*b*) हार्पास्टम
(*c*) लूडी (*d*) कॉटाबास

92. निम्नलिखित में कौन क्रेट्स्मर का कार्यावर्गीकरण है?
(*a*) डाइप्लास्टिक
(*b*) मेसोमॉर्फ (मध्यम गठित शरीर वाला व्यक्ति)
(*c*) एक्टोमॉर्फ (कृशकाय व्यक्ति)
(*d*) एंडोमॉर्फ (गोल-मटोल मांसल व्यक्ति)

93. शेल्डन द्वारा किया गया कायाप्रारूप वर्गीकरण क्या है?
(*a*) एंडोमॉर्फ (*b*) मेसोमॉर्फ
(*c*) एक्टोमॉर्फ (*d*) इनमें सभी

94. जर्मनी में टर्नवेरिन आंदोलन किसने आरंभ किया?
(*a*) लुडविग जॉन (*b*) जोहान बेसडो
(*c*) फ्रेडरिक गुट्स्मथ (*d*) इनमें से कोई नहीं

95. विद्यालय के स्वास्थ्य संबंधी कार्यक्रम में इनमें से कौन-सा संबंधित नहीं है:
(*a*) स्वास्थ्य शिक्षा
(*b*) स्वास्थ्य विज्ञान
(*c*) स्वास्थ्य रिकार्ड का रख-रखाव
(*d*) बीमारियों का इलाज

96. किस देश ने शारीरिक शिक्षा को स्वर्ण युग के रूप में महसूस किया?
(*a*) रोम (*b*) जर्मनी
(*c*) प्राचीन ग्रीस (*d*) संयुक्त राज्य अमेरिका

97. कौन-सा संगठन प्रत्येक देश में ओलिंपिक आंदोलन को नेतृत्व प्रदान करता है?
(*a*) एन. ओ. सी. (*b*) आई. ओ. सी.
(*c*) आई. एफ. सी. (*d*) एन. जी. बी.

98. ओलंपिक प्रतीक की रूपरेखा किसने तैयार की?
(*a*) पिअर्रे द कूबर्टिन (*b*) किंग जॉर्ज
(*c*) डिमेट्रियस विकेलस (*d*) हेनरी द बैले

99. ओलंपिक मशाल की अवधारणा किसकी थी?
(*a*) पिअर्रे द कूबर्टिन (*b*) थिओडोर लेवाल्ड
(*c*) सोंद्रे नॉर्डहाइम (*d*) स्टेन ग्रुबेम

100. किस ओलंपिक का पहली बार दूरदर्शन पर सीधा प्रसारण हुआ?
(*a*) बर्लिन, 1936 (*b*) लंदन, 1948
(*c*) हेल्सिंकी, 1952 (*d*) रोम, 1960

101. उपास्थि (कार्टिलेज), जो अस्थि सिराओं पर अधिक बल पड़ने से बचाव करती है, क्या कही जाती है?
(*a*) रेशेदार उपास्थि (*b*) पारभासी उपास्थि
(*c*) दांता (नॉच) (*d*) टॉसा

102. शरीर में लंबी हड्डियों का कार्य है–
(*a*) शक्ति प्रदान करना
(*b*) सुरक्षा प्रदान करना
(*c*) उत्तोलक के रूप में कार्य करना
(*d*) पेशियों की संलग्नता के लिए सतह प्रदान करना

103. टार्सलबोन (टखना और उसके ऊपरी भाग की हड्डी) का खास कार्य है–
(*a*) सुरक्षा
(*b*) शक्ति प्रदान करना
(*c*) उत्तोलक के रूप में कार्य करना
(*d*) इनमें से कोई नहीं

104. सिनोविअल ज्वायंट (एक ऐसी झिल्ली वाला जोड़ जो हड्डियों के बीच तरल पदार्थ रखती है और जिसके कारण वह जोड़ या ज्वायंट हिलता-डुलता है) का उदाहरण है–
(*a*) सीवन (*b*) घुटने का जोड़
(*c*) अन्तर-कशेरुकी चक्र (*d*) स्कंध-संधि

105. किस प्रकार की मांस पेशियां लंबी अवधि वाले कार्य में थकान से बचाती हैं?
(*a*) अंसच्छ पेशी
(*b*) तेज ऐंठनवाली
(*c*) मंद ऐंठन वाली
(*d*) '*a*' और '*b*' दोनों प्रकार की

106. जिन मांसपेशियों के कारण संधियां (जोड़ें) मुड़ पाती हैं उन्हें कहते हैं–
(*a*) आकुंचनी (*b*) प्रसार की
(*c*) अपवर्तनी (*d*) अभिवर्तनी

107. बल-उत्पादन लेकिन तंतु-प्रवर्धन का एक अन्य नाम यह भी है–
(*a*) उत्केंद्रीय संकुचन (*b*) संकेंद्रीय संकुचन
(*c*) समबल्य (*d*) सममितीय

108. "काइफोसिस" का एक अन्य नाम यह भी है–
(*a*) अवतल पृष्ठ (*b*) गोल पृष्ठ
(*c*) पार्श्व-पृष्ठ (*d*) पृष्ठ-वक्र

109. "कूबड़ापन" को यह भी कहा जाता है–
(*a*) पीठ दर्द (*b*) पार्श्व कुब्जता
(*c*) अग्रकुब्जता (*d*) काइफोसिस

110. मेरुदण्ड की तिरछी वक्रता को कहते हैं–
(*a*) संहतजानु (*b*) काइफोसिस
(*c*) पार्श्वकुब्जता (*d*) अग्रकुब्जता

111. मुक्त वायु अंतरिक्ष में प्रक्षेपित् पदार्थ के मार्ग को कहते हैं–
(*a*) चाल (*b*) असामान्य वक्रता
(*c*) वेग (*d*) परवलय

112. अवधि किसकी माप है?
(*a*) दूरी (*b*) विस्थापन
(*c*) बल (*d*) समय

113. "चाल" किसके माध्यम से सूचित होती है?
(*a*) केएम/सेक^2 (*b*) सी एम/घंटा
(*c*) न्यूटन (*d*) के एम/घंटा

114. गति के प्रथम नियम को यह भी कहा जाता है–
(*a*) क्रिया और प्रतिक्रिया का नियम
(*b*) ऊर्जा-संरक्षण का नियम
(*c*) जड़ता का नियम
(*d*) गतिमात्र के स्थानांतरण का नियम

115. यांत्रिकी भौतिकी की वह शाखा है जो विश्लेषण करती है उन पिंडों का–
(*a*) जो विरामावस्था में हैं
(*b*) जो गति में हैं
(*c*) (*a*) और (*b*) दोनों
(*d*) उपर्युक्त में से एक भी नहीं

116. बल के कारण का वर्णन करने वाली यांत्रिकी की शाखा है–
(*a*) बलगति विज्ञान (*b*) शुद्धगति विज्ञान
(*c*) जीव-यांत्रिकी (*d*) तरल यांत्रिकी

117. यांत्रिकी की वह शाखा जो उस बल की विवेचना करती है जो गति की स्थिति को पैदा करता या बदलता है, क्या कहलाती है?
(*a*) शुद्ध गति विज्ञान (*b*) सांख्यिकी
(*c*) जैवयांत्रिकी (*d*) बल गति विज्ञान

118. अन्तर-अस्थिपंजर में होते हैं–
(a) चर्मआवरण, बाल, नखें
(b) अस्थियां और उपास्थियां
(c) सिर्फ अस्थियां
(d) इनमें से कोई नहीं

119. बाह्य अस्थिपंजर में होते हैं–
(a) चर्म आवरण, बाल, नखें
(b) अस्थियां और उपास्थियां
(c) सिर्फ लंबी अस्थियां
(d) सिर्फ छोटी अस्थियां

120. जोड़ों का अध्ययन कहलाता है–
(a) संचलन विज्ञान (b) जीव विज्ञान
(c) मानव मिति (d) मानव विज्ञान

121. मानव शरीर में सबसे बड़ी हड्डी है–
(a) अंतर्जंघिका (b) ऊर्वस्थि
(c) बहिर्जंघिका (d) प्रगण्डिका

122. करमास्थियां (मेटाकार्पल्स) और अंगुल्यस्थियां (फैलेंजेज) किसके उदाहरण हैं?
(a) पृष्ठ-संधि (b) कोर-संधि
(c) स्थूलक-संधि (d) सर्पण-संधि

123. मणिबंध करमास्थि-संधि उदाहरण है–
(a) स्थूलक-संधि का
(b) कंदुका-खल्लिका-संधि का
(c) पृष्ठिका-संधि का
(d) सर्पण-संधि का

124. स्थूलक-संधि में कौन-सी गतियां संभव हैं?
(a) आकुंचन और विस्तारण
(b) सिर्फ परिसर्पण
(c) आकुंचन, विस्तारण, अपावर्तन, अभिवर्तन
(d) आकुंचन, विस्तारण, अपावर्तन, अभिवर्तन और परिसर्पण

125. निम्नलिखित में कौन एक-अक्षीय संधि का उदाहरण है?
(a) स्थूलकी संधि
(b) पृष्ठीय संधि
(c) कोर-संधि
(d) स्थूलकी और पृष्ठीय संधि दोनों

126. निम्नलिखित में कौन द्वि-अक्षीय संधि का उदाहरण है?
(a) कोर-संधि (b) धुराग्र
(c) (a) और (b) दोनों (d) इनमें कोई नहीं

127. अक्षीय (ऐक्सियल) अस्थिपंजर में अस्थियों की संख्या है
(a) 60 (b) 80
(c) 40 (d) 20

128. उपबंधी (अपेंडिकुलर) अस्थिपंजर में अस्थियों की संख्या है–
(a) 120 (b) 180
(c) 126 (d) 116

129. एक ओर से दूसरी ओर पार्श्विक रूप में गुजरती हुई कल्पित रेखा क्या कहलाती है?
(a) सममितार्धी (सैजिट्र्टल) अक्ष
(b) सममितार्धी तल
(c) सीधा खड़ा अक्ष
(d) पार्श्विक अक्ष

130. धड़ का तिरछा झुकाव किसके संचलन का उदाहरण है?
(a) सामने का स्तर और सममितार्धी अक्ष
(b) सममितार्धी स्तर और सममितार्धी अक्ष
(c) सामने का स्तर और अनुप्रस्थ अक्ष
(d) सममितार्धी स्तर और पर्श्विक अक्ष

131. धड़ का आगे का झुकाव किसके संचलन का उदाहरण है?
(a) सामने के स्तर में (b) अनुप्रस्थ स्तर में
(c) सममितार्धी स्तर में (d) अनुलंब अक्ष में

132. गुल्फ-संधि पर पद का आगे की ओर उर्ध्व संचालन है–
(a) समतलीय आकुंचन (b) पृष्ठीय आकुंचन
(c) विपरिवर्तन (d) बहिर्वतन

133. सिर को कंधे के दाएं अथवा बाएं झुकाना है–
(a) विस्तारण
(b) आकुंचन
(c) पार्श्विक आकुंचन
(d) पार्श्विक विस्तारण

134. न्यूटन का तीसरा गति नियम का एक अन्य नाम यह भी है–
(a) जड़ता का नियम
(b) क्रिया-प्रतिक्रिया का नियम
(c) संवेग का नियम
(d) गुरुत्वाकर्षण का नियम

135. मनुष्य की बांह में चालू उत्तोलक प्रणाली है–
(*a*) श्रेणी III (*b*) श्रेणी II
(*c*) श्रेणी I (*d*) इनमें से कोई नहीं

136. 'ऑस्टिऑलॉजी' किसका अध्ययन है?
(*a*) मांसपेशियों का (*b*) अस्थियों का
(*c*) जोड़ों का (*d*) स्नायुओं का

137. मांसपेशियों का अध्ययन कहलाता है–
(*a*) ऑस्ओिलॉजी (*b*) ऐंथ्रोपोलॉजी
(*c*) माइओलॉजी (*d*) ऐंथ्रोपोमेट्री

138. मानव खोपड़ी में अस्थियों की कुल संख्या है–
(*a*) 20 (*b*) 21
(*c*) 22 (*d*) 23

139. कलाई में कितनी कार्पल अस्थियां होती हैं?
(*a*) 6 (*b*) 7
(*c*) 8 (*d*) 9

140. मुक्केबाज की मांस पेशियां होती हैं–
(*a*) समलंबी
(*b*) स्टर्नो क्लाइडो एस्टायड
(*c*) उदरीय
(*d*) अंसच्छद (डेल्टायड)

141 "गर्दन का जोड़" उदाहरण है–
(*a*) धुराग्र संधि (*b*) कोर संधि
(*c*) पीठ का जोड़ (*d*) स्थूल की संधि

142. "समलंब" पेशियां सहायक होती हैं–
(*a*) गर्दन को पीछे धकेलने में
(*b*) घूंसा मारने में
(*c*) पैर को आगे उठाने में
(*d*) इनमें से किसी में नहीं

143. हवा में घूमती हुई गेंद में कार्य करने वाला बल कहलाता है–
(*a*) टेंसिलाफोर्स (*b*) मैग्नसफोर्स
(*c*) दाबक बल (*d*) संकोचक बल

144. मानव शरीर में सबसे छोटी हड्डी है–
(*a*) अंगुल्यस्थि (*b*) अधिगुल्फास्थि
(*c*) अनाम अस्थि (*d*) गुल्फास्थि

145. अस्थियों की रचना में निम्नलिखित में किसका प्रतिशत सर्वाधिक है?
(*a*) कैल्सियम सल्फेट (*b*) कैल्सियम फॉसफेट
(*c*) क्लोराइड (*d*) फ्लुऑराइड

146. कपाल में अस्थियों की कुल संख्या क्या है?
(*a*) 7 (*b*) 8
(*c*) 9 (*d*) 10

147. वक्षीय कशेरुकाएं बनी होती हैं–
(*a*) 7 अस्थियों की (*b*) 12 अस्थियों की
(*c*) 5 अस्थियों की (*d*) 8 अस्थियों की

148. सैक्रम (त्रिकास्थि) कशेरुकाएं बनी होती हैं–
(*a*) 5 अस्थियों की (*b*) 6 अस्थियों की
(*c*) 4 अस्थियों की (*d*) 3 अस्थियों की

149. कटि-कशेरुकाओं की संख्या है–
(*a*) 6 (*b*) 7
(*c*) 5 (*d*) 4

150. जो अस्थि उपास्थि के प्रतिस्थापन से बनती है, उसे कहते हैं–
(*a*) लंबी अस्थि (*b*) छोटी अस्थि
(*c*) तिलास्थि (*d*) प्रतिस्थापन-अस्थि

151. जो अस्थि संयोजक ऊतकों के रूपांतरण से बनती है, उसे कहते हैं–
(*a*) प्रतिस्थापन-अस्थि (*b*) निवेशी अस्थि
(*c*) तिलास्थि (*d*) समाट अस्थि

152. अस्थि-कोशिकाएं यह भी कहलाती हैं–
(*a*) ऑस्टिओब्लास्ट्स (अस्थिकोशिकाप्रसू)
(*b*) ऑस्टिओसाइटिज
(*c*) ऑस्टिओक्लास्ट्स (अस्थिभंजक)
(*d*) ऑस्टिओपोरोसिस

153. दाएं हाथ की अस्थियों के अस्थिभवन (ओसिफिकेशन) की तकनीक का उपयोग किसे निर्धारित करने के लिए किया जाता है?
(*a*) कद (*b*) उम्र
(*c*) वजन (*d*) संतुलन सामर्थ्य

154. घुटने के पीछे की मांसपेशी–
(*a*) घुटने को फैलाती है (*b*) घुटने को मोड़ती है
(*c*) कोहनी को फैलाती है (*d*) कोहनी को मोड़ती है

155. श्लेषकी संधियां हैं–
(*a*) किंचित् चलायमान

(b) स्वेच्छानुसार चलायमान
(c) (a) और (b) दोनों
(d) कोई भी नहीं

156. ऊर्ध्वाधर अक्ष गुजरता है–
(a) जमीन के अभिलंब (b) जमीन के अनुप्रस्थ
(c) (a) और (b) दोनों (d) उपर्युक्त में कोई नहीं

157. विज्ञान की किस शाखा में गुरुत्व का नियम गति के नियम का उदाहरण है?
(a) रसायनशास्त्र (b) भौतिकी
(c) यांत्रिकी (d) इन सभी में

158. सपाट पैर को इस नाम से भी जाना जाता है–
(a) प्लैंटर फैसाइटिस (b) पेसप्लैनस
(c) मोर्टन्‌संस्न्यूरामा (d) मेटाटार सेल जिआ

159. सममितीय संकुंचन में पेशी–
(a) छोटी हो जाती है
(b) लंबी हो जाती है
(c) न लंबी होती है, न छोटी
(d) छोटी भी होती है और लंबी भी

160. स्कैपुला (स्कंधास्थि) कहां अवस्थित है–
(a) पैर (b) नितम्ब
(c) ऊपरी पीठ (d) बांह

161. "लैटिसिमस डोर्सी" कहां होता है?
(a) पैर के निचले हिस्से में (b) जांघ में
(c) पीठ में (d) ऊपरी बांह में

162. लॉर्डोसिस (अग्रकुब्जता) का एक नाम यह भी है–
(a) गोल पृष्ठ (b) अवतल पृष्ठ
(c) पार्श्विक पृष्ठ (d) पृष्ठ वक्रता

163. परवलय है–
(a) मुक्तवायु में प्रक्षेपित किसी पदार्थ का मार्ग
(b) वायुप्रतिरोध से निर्मित किसी पदार्थ का मार्ग
(c) सीधे नीचे गिरते हुए किसी पदार्थ का मार्ग
(d) इनमें से कोई नहीं

164. विराम और गति जैसे पदों का अध्ययन किसमें होता है–
(a) जैव रसायन
(b) शरीर-रचना विज्ञान
(c) जैव यांत्रिकी
(d) इनमें किसी में नहीं

165. किस प्रकार के उत्तोलक में भार बल और आलंब के बीच में होता है?
(a) प्ररूप I (b) प्ररूप II
(c) प्ररूप III (d) इन सभी प्ररूपों में

166. गोलक और उलुखल-संधि के चारों ओर का संचलन है–
(a) आकुंचन और विस्तारण
(b) परिक्रमण और परिसर्पण
(c) अति-विस्तारण
(d) इनमें सभी

167. निम्नलिखित में कौन कोर-संधि का उदाहरण है?
(a) नितंब-संधि (b) कोहनी संधि
(c) टखना संधि (d) इनमें सभी

168. चक्र के विमोचन के समय–
(a) अभिकेंद्री बल अपकेंद्री बल से अधिक होता है
(b) अपकेंद्री बल अभिकेंद्री बल से अधिक होता है
(c) अभिकेंद्री बल और अपकेंद्री बल शून्य हो जाते हैं
(d) इनमें से कोई नहीं

169. स्टर्नम (उरोस्थि) कहां अवस्थित है?
(a) पाद (b) हथेली
(c) छाती (d) खोपड़ी

170. निम्नलिखित में कौन कंदुक-उलूखल-संधि (बॉल ऐंड सॉकेट ज्वाइंट) है–
(a) नितंब-संधि (b) स्कंध-संधि
(c) (a) और (b) दोनों (d) इनमें कोई नहीं

171. अपावर्तन (ऐब्डक्शन) में बाहु हिलती-डुलती है–
(a) शरीर की ओर (b) शरीर से दूर
(c) छाती के सामने (d) इनमें से कोई नहीं

172. किस प्रकार के उत्तोलक में बल भार और आलंब के बीच में होता है?
(a) प्ररूप I (b) प्ररूप II
(c) प्ररूप III (d) इन सभी प्ररूपों में

173. श्लेषक-संधि (सिनोवियलज्वायंट) है–
(a) किंचित् जंगम (b) स्वच्छंद रूप से जंगम
(c) (a) और (b) दोनों (d) इनमें कोई नहीं

174. निम्नलिखित में कौन तंतुमय संधि है?
(*a*) खोपड़ी की संधियां
(*b*) उंगलियों की संधियां
(*c*) पसली की संधियां
(*d*) इनमें सभी

175. "अग्रवर्ती" और "पश्चवर्ती" पद किसके समानार्थक हैं?
(*a*) अग्रभाग के और पीछे के
(*b*) मौखिक और पृष्ठीय
(*c*) पार्श्विक और मध्यवर्ती
(*d*) उपर्युक्त में से कोई नहीं

176. अस्थियों का अध्ययन कहलाता है–
(*a*) ऑस्टिओपोरोसिस (अस्थिरंध्रता)
(*b*) ऑस्टिओक्लास्ट (अस्थिभंजक)
(*c*) ऑस्टिओलॉजी (अस्थि-विज्ञान)
(*d*) आर्थोलॉजी (संधि-विज्ञान)

177. अस्थियों के निर्माण में अन्तर्ग्रस्त अस्थि-कोशिकाएं क्या है?
(*a*) ऑस्टिओब्लास्ट्स (अस्थिकोशिकाप्रसू)
(*b*) ऑस्टिओक्लास्ट्स (अस्थिभंजक
(*c*) ऑस्टिओसाइटीज़
(*d*) उपर्युक्त में कोई नहीं

178. वक्ष का अस्थि पंजर किससे निर्मित होता है?
(*a*) उपास्थियों से
(*b*) अस्थियों से
(*c*) (*a*) और (*b*) दोनों से
(*d*) इनमें किसी से नहीं

179. निम्नलिखित में कौन पारस्परिक तंत्रिकाभरण की संधि है?
(*a*) धुराग्र-संधि (*b*) पृष्ठ-संधि
(*c*) स्थूलक-संधि (*d*) कोर-संधि

180. मणिबंध-संधि किसका उदाहरण है?
(*a*) धुराग्र-संधि
(*b*) स्थूलक-संधि
(*c*) कोर-संधि
(*d*) कंदुक-खल्लिका-संधि

181. शरीर के निम्नलिखित तलों में कौन उसे ऊपरी और निचले हिस्सों में बांटता है–
(*a*) सममितार्धी (*b*) अनुप्रस्थ
(*c*) सामने का (*d*) अनुलंब

182. मानव प्राणी के मणिबंध (कलाई) में कितनी अस्थियां होती हैं?
(*a*) 8 (*b*) 9
(*c*) 10 (*d*) 11

183. किस प्रकार की अस्थियां ताक़त प्रदान करने का काम करती हैं?
(*a*) लंबी अस्थियां (*b*) अनियमित अस्थियां
(*c*) सपाट अस्थियां (*d*) छोटी अस्थियां

184. अस्थिओं का घनत्व ज़्यादा होता है–
(*a*) पुरूषों में (*b*) महिलाओं में
(*c*) (*a*) और (*b*) दोनों में (*d*) किसी में नहीं

185. निम्नलिखित में कौन संधियों के संचलन को सीमित करने के लिए उत्तरदायी है?
(*a*) स्नायुरज्जु (*b*) अस्थिबंध
(*c*) (*a*) और (*b*) दोनों (*d*) मांसपेशी तंतुएं

186. "जाइगोमैटिक" बोन (गंडास्थि) कहां होता है?
(*a*) ऊपरी छोरों में (*b*) निचले छोरों में
(*c*) कशेरुकी स्तंभों में (*d*) खोपड़ी में

187. कोहनी में आकुंचन किसके द्वारा होता है?
(*a*) द्विशिर पेशियों द्वारा
(*b*) त्रिशिर पेशियों द्वारा
(*c*) (*a*) और (*b*) दोनों के द्वारा
(*d*) किसी के द्वारा नहीं

188. नितंब-संधि का सबसे मज़बूत अस्थि बंध है–
(*a*) जघन ऊर्वस्थि (*b*) शेषांत्र ऊर्वस्थि
(*c*) आसनास्थि-ऊर्वस्थि (*d*) इनमें कोई नहीं

189. किस प्रकार का उत्तोलक बाहु के उत्थापन में सर्वाधिक प्रभावकारी है?
(*a*) तृतीय श्रेणी का (*b*) द्वितीय श्रेणी का
(*c*) प्रथम श्रेणी का (*d*) कोई नहीं

190. बाहु के उत्थापन में कौन-सी मांसपेशी सम्मिलित है?
(*a*) अंसच्छद पेशी (*b*) द्विशिर पेशी
(*c*) त्रिशिर पेशी (*d*) चतुर्शिर पेशी

191. निम्नलिखित में किसे छोड़कर अस्थियां कोहनी की संधि बनाती हैं?
(a) स्कंधास्थि
(b) बहि: प्रकोष्ठिका (कोहनी से मणिबंध की छोटी हड्डी)
(c) अंत: प्रकोष्ठिका
(d) प्रगण्डिका

192. प्रबाहु (कोहनी से कलाई तक) की मुख्य अस्थियां हैं–
(a) प्रगण्डिका-ऊर्विका
(b) बहि: प्रकोष्ठिका-अंत: प्रकोष्ठिका
(c) बहि: प्रकोष्ठिका
(d) मणिबंध-अंगुल्यास्थियां

193. निम्नलिखित में कौन संधि का प्ररूप नहीं है?
(a) तंतुमय (b) अस्थिकृत
(c) उपास्थिसम (d) श्लेषक

194. संधियों का अध्ययन कहलाता है–
(a) ऑस्टिओलॉजी (b) आर्थ्रोलॉजी
(c) ऑर्नियॉलॉजी (d) डेंटोलॉजी

195. स्वच्छंद रूप से चलायमान संधियों का एक अन्य नाम यह भी है–
(a) साइनरथ्रोसिस (सहसंधि)
(b) एंफीआर्थोसिस
(c) डाइआर्थोसिस (द्विसंधि)
(d) तंतुमय

196. निम्नलिखित में कौन श्लेषक-संधि नहीं है?
(a) कोर-संधि (b) धुराग्र-संधि
(c) तन्तुमय-संधि (d) सर्पण-संधि

197. किस संधि की संरचना सिर्फ एक दिशा में झुकाव का अवसर देती है?
(a) धुराग्र-संधि
(b) कोर-संधि
(c) सर्पण-संधि
(d) कंदुक-खल्लिका-संधि

198. स्कंध-संधि किसका प्ररूप है?
(a) कंदुक-खल्लिका-संधि (b) कोर-संधि
(c) पृष्ठ-संधि (d) स्थूलक-संधि

199. जानुसंधि उदाहरण है–
(a) सर्पण-संधि (b) धुराग्र-संधि
(c) कोर-संधि (d) पृष्ठ-संधि

200. नितंब-संधि है–
(a) धुराग्र-संधि
(b) कोर-संधि
(c) पृष्ठ-संधि
(d) कंदुक-खल्लिका-संधि

201. प्रतिक्रिया का समय एक घटक है–
(a) शारीरिक स्वस्थता
(b) मोटर स्वस्थता
(c) स्वास्थ्य-संबद्ध शारीरिक तंदुरुस्ती
(d) इनमें कोई नहीं

202. जांच जो रिएक्शन टाइम (प्रतिक्रिया के समय) को मापती है वह है–
(a) स्टैंडिंग ब्रोडजंप (b) सारजेंटजंप्स
(c) शट्ल रन (d) स्टिक ड्रॉप टेस्ट

203. निम्नलिखित दशाएं किनके अतिरिक्त दाब से जुड़ी हैं?
(a) उच्चरक्तचाप (b) रक्ताल्पता
(c) मानसिक रोग (d) पेप्टिक अल्सर

204. अनुकूलन (संबंध प्रत्यावर्तन) का सिद्धांत किसने प्रस्तुत किया?
(a) अरस्तू (b) पावलोव
(c) गेस्टाल्ट (d) थॉर्नडाइक

205. अनुकूलन की मनोवैज्ञानिक प्रक्रिया जो अंतत: निष्पादन क्षमता को बढ़ाती है किस नाम से जानी जाती है?
(a) भार के अग्रगमन का सिद्धांत
(b) सातत्य का सिद्धांत
(c) विभेदीकरण का सिद्धांत
(d) इनमें कोई नहीं

206. आत्म-विश्लेषण द्वारा अपने व्यवहार के निरीक्षण को कहते हैं–
(a) विकासात्मक विधि (b) रोग-निदान विधि
(c) अन्तर्निरीक्षण विधि (d) रेटिंग स्केल विधि

207. मनोविज्ञान में ज्ञान-पक्ष अथवा अभिज्ञा को कहते हैं–
(a) भावपक्ष (b) संकल्प पक्ष
(c) बोध पक्ष (d) इनमें कोई नहीं

208. निम्नतर अथवा उच्चतर प्राणियों में व्यवहार के विशिष्ट रूप की जन्मजात प्रवृत्ति को कहते हैं–

(*a*) संवेग (*b*) भाव
(*c*) मूलप्रवृत्ति (*d*) भावना

209. खेल-कूद में संवेग के प्रशिक्षण की सर्वोत्तम विधि है–

(*a*) दमन (*b*) अनुप्रेषण
(*c*) निषेध (*d*) उदात्तीकरण

210. प्रोक्सिमो-डिस्टल (समीपस्थ-दूरस्थ) वर्धन का अर्थ है–

(*a*) सुषम्ना से बाहर की ओर विकास
(*b*) कोई एक रूप वर्धन और विकास नहीं
(*c*) सामान्य से विशेष का वर्धन
(*d*) मस्तक से शरीर के निचले हिस्सों तक वर्धन

211. शीर्ष-पुच्छीय (सेफालो-कॉडल) वर्धन का अर्थ है–

(*a*) सामान्य से विशेष का विकास
(*b*) कोई समरूप वर्धन और विकास नहीं
(*c*) वर्धन और विकास जन्म से मृत्यु की ओर अग्रसर होता है
(*d*) वर्धन मस्तक से नीचे की ओर होता है

212. खेल का अतिरिक्त ऊर्जा सिद्धांत का प्रतिपादन किसने किया?

(*a*) मैकडूगल (*b*) लाज़ारस
(*c*) कार्लग्रूस (*d*) थॉर्नडाइक

213. सीखने के नियम किसने प्रस्तुत किए?

(*a*) वाटसन (*b*) मैकडूगल
(*c*) कारलस (*d*) थॉर्नडाइक

214. सीखने का सिद्धांत किसने प्रस्तुत किया?

(*a*) थॉर्नडाइक (*b*) गेस्टाल्ट
(*c*) एच. सी. बक (*d*) जी. डी. सोंधी

215. उपलब्धि अभिप्रेरणा किसका समानार्थक है?

(*a*) सिर्फ बायोफीडबैक सिद्धांत का
(*b*) बायोफीडबैक सिद्धांत का
(*c*) न्यूरो-बायोफीडबैक सिद्धांत का
(*d*) इनमें किसी का नहीं

216. आरंभ में अपवर्धित निष्पादन किंतु क्रमिक विकास का संकेत किसके द्वारा मिलता है?

(*a*) नतोदर ग्राफ (*b*) उन्नतोदर ग्राफ
(*c*) नतोदर-उन्नतोदर (*d*) इनमें किसी से नहीं

217. आरंभ में संवर्द्धित निष्पादन लेकिन बाद में क्रमिक ह्रास का संकेत किससे मिलता है?

(*a*) नतोदर ग्राफ (*b*) उन्नतोदर ग्राफ
(*c*) (*a*) और (*b*) दोनों (*d*) इनमें किसी से नहीं

218. शिक्षण ग्राफ में आरंभिक अत्यधिक वृद्धि त्वरित प्रगति का संकेत है और उसका तकनीकी नाम है–

(*a*) ''एंडस्पर्ट'' (अंतिम झोंक)
(*b*) ''इनिशियलस्पर्ट'' (आरंभिक झोंक)
(*c*) संतृप्ति बिंदु
(*d*) उपर्युक्त में कोई नहीं

219. युवा बच्चों में किस प्रकार की अभिप्रेरणा लागू नहीं होती?

(*a*) मूलभूत अभिप्रेरणा (*b*) बाह्य अभिप्रेरणा
(*c*) उपलब्धि अभिप्रेरणा (*d*) इनमें कोई नहीं

220. सीखने का ''प्रयत्न और भूल'' सिद्धांत का प्रतिपादन किसने किया?

(*a*) न्यूटन (*b*) पावलोव
(*c*) थॉर्नडाइक (*d*) होमर

221. बचपन में व्यक्ति का व्यवहार किससे सर्वाधिक प्रभावित होता है?

(*a*) समुदाय (*b*) विद्यालय
(*c*) समकक्ष समूह (*d*) परिवार

222. खिलाड़ियों में कुंठा का कारण है–

(*a*) अपने निष्पादन का परिणाम
(*b*) आमतौर पर आकांक्षा और योग्यता के बेमेलस्तर के कारण
(*c*) अच्छे निष्पादन का परिणाम
(*d*) प्रतियोगी खेलों का स्वाभाविक नतीजा

223. 9 से 11 वर्षों तक संवर्धन और विकास की अवधि को कहते हैं–

(*a*) आरंभिक बचपन (*b*) परवर्त्ती बचपन
(*c*) वय: संधि (*d*) वयस्कता

224. खेल प्रतियोगिताओं में निम्नतर निष्पादन का कारण है–

(*a*) विफलता का भय (*b*) चिंता
(*c*) आक्रमण (*d*) अभिप्रेरणा

225. वैयक्तिक विभिन्नताओं का कारण है–
(*a*) पर्यावरणीय प्रभाव
(*b*) आनुवंशिकता का प्रभाव
(*c*) आनुवंशिकता और पर्यावरण दोनों का प्रभाव
(*d*) समुदाय का प्रभाव

226. ज्ञानात्मक शिक्षण का एक नाम यह भी है–
(*a*) मानसिक शिक्षण
(*b*) रागात्मक शिक्षण
(*c*) मोटर (स्वचालित) शिक्षण
(*d*) इनमें सभी

227. अन्तर्मुखी व्यक्ति अभिरुचि रखते हैं–
(*a*) अपने में
(*b*) दूसरों में
(*c*) अपने में तथा दूसरों में
(*d*) इनमें किसी में नहीं

228. किशोरावस्था में व्यक्ति का व्यवहार किससे प्रभावित होता है?
(*a*) परिवार (*b*) समकक्ष समूह
(*c*) विद्यालय (*d*) समाज

229. एकाग्रता संकीर्णतम मार्ग है–
(*a*) आक्रमण का (*b*) उद्‌बोधन का
(*c*) उत्प्रेरणा का (*d*) ध्यान का

230. सीखने का संबंध प्रत्यावर्तन (कंडिशंड रिफ्लेक्स) सिद्धांत के साथ किसका नाम जुड़ा है?
(*a*) जॉन डुई (*b*) अरस्तू
(*c*) रूसो (*d*) पावलोव

231. व्यक्तिगत फीडबैक किसके द्वारा सुविधाजनक बनता है?
(*a*) दूरदर्शन (*b*) टेपरिकार्डर
(*c*) गतिबोधक ज्ञान (*d*) उपर्युक्त सभी

232. समवर्ती फीडबैक नौसिखिया को दिया जाता है–
(*a*) कार्यशीलता के पश्चात्
(*b*) कार्यशीलता के दौरान
(*c*) कार्यशीलता के पूर्व
(*d*) उपर्युक्त में कोई नहीं

233. उपलब्धि उत्प्रेरणा का संबंध है–
(*a*) व्यक्ति की आवश्यकता से
(*b*) व्यक्ति के ज्ञान से
(*c*) व्यक्ति के अनुभव से
(*d*) व्यक्ति के रुझान से

234. टर्मिनल फीडबैक नौसिखिया को दी गई सूचना है–
(*a*) कार्यशीलता के पूर्व (*b*) कार्यशीलता के दौरान
(*c*) कार्यशीलता के पश्चात् (*d*) इनमें कोई नहीं

235. सीखने में प्रभाव का नियम किसने निरूपित किया?
(*a*) पावलोव (*b*) थॉर्नडाइक
(*c*) स्किनर (*d*) गेस्टाल्ट

236. किसकी आबादी का मनोवैज्ञानिक सामान्य तौर पर अध्ययन करते हैं?
(*a*) कुत्ते और बिल्लियों का
(*b*) बंदरों का
(*c*) जन-साधारण का
(*d*) कबूतरों और चूहों का

237. मनोविज्ञान आज किस रूप में परिभाषित किया जाता है?
(*a*) व्यवहार और मानसिक प्रक्रियाओं का
(*b*) मानवीय व्यवहार और मानसिक प्रक्रियाओं का
(*c*) मन का विज्ञान
(*d*) अभिप्रेरणा, संवेग, व्यक्तित्व, समंजन और असामान्यता

238. मनोविज्ञान का "जनक" किसे माना जाता है?
(*a*) सिग्मंड फ्रायड (*b*) इवान पावलोव
(*c*) जॉन बी. वाटसन (*d*) वुंड

239. किसी गेंद को कैच करने में आपका हाथ जानता है कि कब पकड़ना है क्योंकि–
(*a*) आपका परा-अनुसंवेदी तंत्रिका सक्रिय होता है
(*b*) अल्फातरंग आपके मस्तिष्क द्वारा पैदा की जा रही हैं
(*c*) सहभागी पेशियां मस्तिष्क से अपवाही संकेत पा रही हैं
(*d*) अभिवाही संकेत आपके हाथ को सूचना देते हैं कि गेंद संपर्क में आने ही को है

240. शरीर आपदा की स्थितियों के लिए "सामना करो या भागो" की स्थिति ग्रहण कर लेता है जब .... तंत्रिका तंत्र सक्रिय होता है।
(*a*) केन्द्रीय (*b*) कायिक
(*c*) अनुसंवेदी (*d*) परा-अनुसंवेदी

241. संवेग को परिभाषित करते हैं–
(a) भाव के रूप में
(b) क्षोभ के रूप में
(c) भविष्य की आशंका के रूप में
(d) उन्माद की स्थिति के रूप में

242. एक भरोसेमंद मनोवैज्ञानिक जांच का अर्थ है–
(a) माप की परिशुद्धता
(b) व्यवहार का पूर्वानुमान करना
(c) माप की सुसंगति
(d) उपर्युक्त में कोई नहीं

243. प्रथम बुद्धि जांच किसने विकसित की?
(a) बिनेट और साइमन
(b) पावलोव और वाटसन
(c) टर्मैन और मेरिल
(d) मासलोव और मैकडूगल

244. विकास की प्रक्रिया में "गैंग-एज" पद कब आते हैं?
(a) आरंभिक बचपन (b) वय: संधि
(c) शैशवावस्था (d) परवर्ती बचपन

245. ज्ञान (कॉग्निशन) का संबंध है–
(a) सीखने से (b) स्मृति से
(c) रचनात्मकता से (d) इनमें सभी से

246. इनमें कौन प्राथमिक प्रेरणा नहीं है?
(a) राग (b) क्षुधा
(c) यौन (d) तृषा

247. संस्थापित (क्लैसिकल) अनुकूलन की प्रक्रियाएं हैं–
(a) सामान्यीकरण (b) विभेदीकरण
(c) विलोपन (d) इनमें सभी

248. शारीरिक शिक्षा के छात्रों को मनोविज्ञान की शिक्षा दी जाती है, क्योंकि–
(a) इससे कार्यसाधकता बढ़ती है
(b) इसका संबंध व्यवहार से है
(c) यह सीखने में मदद करता है
(d) यह खिलाड़ियों को अभिप्रेरित करता है

249. मनौवैज्ञानिक जांच में प्रतिमान को परिभाषित किया जाता है–
(a) निष्पादन का अभिलेख
(b) किसी टीम का अनोखा निष्पादन
(c) टीम का औसत निष्पादन
(d) खिलाड़ी का सर्वोच्च निष्पादन

250. दाब (स्ट्रेस) का कौन-सा स्तर खिलाड़ियों के निष्पादन में वृद्धि लाता है?
(a) तीव्रीकृत (b) संयत
(c) अनुकूलतम (d) इनमें कोई नहीं

251. श्रेष्ठ खिलाड़ी प्राय: व्यक्तित्व की कुछ विशेषताओं से संपन्न होते हैं। उदाहरणार्थ–
(a) आक्रामकता (b) तंत्रिका रोगी
(c) द्वैधवृत्ति (d) वश्यता

252. मनो-यौन भावना का विकास कब होता है?
(a) परवर्ती बचपन (b) किशोरावस्था
(c) युवा उम्र (d) वयस्कता

253. उपलब्धि अभिप्रेरणा के अध्ययन से सबसे अधिक जुड़ा हुआ मनोवैज्ञानिक है–
(a) एक्सीलैंड (b) मासलोव
(c) ग्रूम (d) मैकग्रेगर

254. मानसिक वय की अवधारणा किसने प्रस्तुत की?
(a) स्टर्न (b) गाल्टन
(c) बिनेट (d) वाटसन

255. सी. एन. एस. से पेशियों की ओर जाने वाले आवेग कहे जाते हैं–
(a) अपवाही (b) अभिवाही
(c) संवेदना (d) उपर्युक्त सभी

256. ज्ञान का सरलतम रूप क्या है?
(a) अवधारणा (b) प्रत्यक्षीकरण
(c) संवेदना (d) मनोभाव

257. सुषम्ना का क्रियाशील विभाग है–
(a) दैहिक मोटर (b) दैहिक संवेदी
(c) आंत्रिक मोटर (d) इनमें कोई नहीं

258. प्रशिक्षण के परिणामस्वरूप परिभाषित अनुक्रिया को कहते हैं–
(a) अनुबंधित उद्दीपन (b) अननुबंधित प्रतिवर्त
(c) अनुबंधित प्रतिवर्त (d) संकल्पशक्ति

259. खेल-कूद का कार्य-निष्पादन किसका उप-परिणाम है?
(*a*) कुशलता (*b*) सोपपाधिक योग्यता
(*c*) सम्पूर्ण व्यक्तित्व (*d*) रणनीतिक योग्यता

260. प्रथम कायान्तरण किस उम्र के बीच होता है?
(*a*) 7-10 वर्ष (*b*) 3-5 वर्ष
(*c*) 11-14 वर्ष (*d*) 2-4 वर्ष

261. आत्म-शिक्षण को प्रोत्साहित करने की सर्वाधिक प्रभावी विधि है–
(*a*) प्रदर्शन विधि (*b*) व्याख्यान विधि
(*c*) निरीक्षण विधि (*d*) नियत कार्य विधि

262. शरीर और मन के संबंध का सिद्धांत सर्वप्रथम किसने प्रतिपादित किया?
(*a*) सुकरात (*b*) प्लेटो
(*c*) हिटलर (*d*) होमर

263. "मैं सोचता हूं, इसलिए मैं हूं", किसकी उक्ति है?
(*a*) देकार्त (*b*) प्लेटो
(*c*) अरस्तू (*d*) रूसो

264. "स्वस्थ शरीर में स्वस्थ मन", किसने कहा है?
(*a*) देकार्त (*b*) रूसो
(*c*) अरस्तू (*d*) प्लेटो

265. शिक्षण के आनुवंशिक कारक हैं–
(*a*) कद और वजन (*b*) शारीरिक संरचना
(*c*) शारीरिक गठन (*d*) उपर्युक्त सभी

266. स्वजनित प्रशिक्षण एक विधि है–
(*a*) शरीर में शिथिलन लाने की
(*b*) चिंता के स्तर को बढ़ाने की
(*c*) परिहार संलक्षण का सामना करने की
(*d*) इनमें कोई नहीं

267. दाब (स्ट्रेस) की स्थिति है–
(*a*) कार्यनिष्पादक के लिए लाभकर
(*b*) कार्यनिष्पादक के लिए हानिकर
(*c*) न तो (*a*) न (*b*)
(*d*) शक्ति बढ़ाने में सहायक

268. प्रतियोगिता खेल से संबद्ध हिंसा का मुख्य कारण है–
(*a*) प्रतियोगी खेल की प्रकृति ही ऐसी है
(*b*) समाज के अंदर सामाजिक तनाव
(*c*) सामाजिक पिछड़ापन
(*d*) प्रजातीय, धार्मिक अथवा राष्ट्रीय आधार पर दर्शकों की टीमों के साथ एकात्मकता

269. सीखने में व्यक्तिगत कारक हैं–
(*a*) आनुवंशिक कारक (*b*) उपयुक्तता
(*c*) मनोवैज्ञानिक कारक (*d*) इनमें सभी

270. गेस्टाल्ट ने कौन-सा सिद्धांत प्रतिपादित किया है?
(*a*) प्रयत्न और भूल सिद्धांत
(*b*) अनुकूलन सिद्धांत
(*c*) सीखने का सिद्धांत
(*d*) इनमें कोई नहीं

271. फीडबैक विधि–
(*a*) सीखने वाले के लिए सहायक है
(*b*) सीखने वाले के लिए बाधक है
(*c*) न सहायक है, न बाधक
(*d*) इनमें कोई भी सही नहीं है

272. शारीरिक कुशलताओं को सीखने का संबंध किससे है?
(*a*) संज्ञानात्मक शिक्षण (*b*) रागात्मक शिक्षण
(*c*) मोटर लर्निंग (*d*) इनमें सभी

273. स्वाभाविक अभिप्रेरणा का एक नाम यह भी है–
(*a*) आंतरिक (*b*) स्वाग्रह
(*c*) आत्मसिद्धि (*d*) बाह्य

274. मानव मनोविज्ञान का अध्ययन सीमित है–
(*a*) व्यवहार तक (*b*) मन तक
(*c*) आत्मा तक (*d*) नातेदारी तक

275. निम्नलिखित में कौन सीखने का एक नियम है?
(*a*) तत्परता का नियम (*b*) अभ्यास का नियम
(*c*) प्रभाव का नियम (*d*) उपर्युक्त सभी

276. मानसिक विकास के अंतर्गत शामिल हैं–
(*a*) बाह्य एवं आंतरिक अवयव
(*b*) विवेचन और चिंतन
(*c*) आचारशास्त्रीय और नैतिक
(*d*) संवेगात्मक परिपक्वता

277. निम्नलिखित विधियों में किसके द्वारा संवेगात्मक ऊर्जा को वांछनीय माध्यम प्रदान किए जाते है?
(*a*) निषेध (*b*) उदात्तीकरण
(*c*) विरेचन (*d*) दमन

278. सीखने में प्रगति की दर घट जाती है और एक ऐसी सीमा पर पहुंच जाती है जिसके आगे जाना असंभव प्रतीत होता है। इसे कहते हैं–
(a) पठार (b) अभिरुचि भ्रंश
(c) ऊब (d) कठिन दौर

279. मनोविश्लेषण आधारित चिकित्सा किसने विकसित की?
(a) स्किनर (b) सिग्मंड फ्रायड
(c) प्लेटो (d) डार्विन

280. व्यक्तित्व मापन की विधियों का विवरण है–
(a) मूल्यनिर्धारण पैमाना
(b) अन्तर्वीक्षाएं और निरीक्षण
(c) पेपर और पेंसिल टेस्ट (कागज और कलम जांच)
(d) इनमें सभी

281. 'एरॉस' सूचित करता है–
(a) जीवन की मूल प्रवृत्तियां
(b) ऊर्जा
(c) आक्रामक एवं विनाशक लालसाएं
(d) इगो (अहम्) के विचार का निर्णायक

282. फ्रायड के मनोविश्लेषणात्मक सिद्धांत के अनुसार आंतरिकृत पिता हैं–
(a) इगो (अहम्) (b) सुपरइगो (पराहम्)
(c) अन्त: करण (d) इगो आइडियल

283. चेतना का कौन-सा स्तर वह सामग्री रखता है जिसे आसानी से बोधगम्य बनाया जा सकता है?
(a) अचेतन (b) चेतन
(c) पूर्वचेतन (अवचेतन) (d) चेतन और अवचेतन

284. वह संघर्ष जिसमें बालक माता के स्नेह-प्यार के लिए अपने पिता से प्रतिद्वन्द्विता महसूस करता है क्या कहलाता है?
(a) इडिपस कँप्लेक्स (b) इलेक्ट्रा कॉन्फ्लिक्ट
(c) उपरोक्त दोनों (d) इनमें से कोई नहीं

285. नेतृत्व की कौन-सी शैली टीम की पूरी जवाबदेही लेती है?
(a) अनुज्ञात्मक (b) स्वेच्छाचारी
(c) निदेशात्मक (d) प्रजातांत्रिक

286. दर्शकों द्वारा प्रोत्साहन है–
(a) सामाजिक प्रेरणा
(b) मौद्रिक प्रेरणा
(c) पारितोषिक प्रेरणा
(d) सामाजिक प्रतियोगी प्रेरणा

287. अभिप्रेरणा का संज्ञानात्मक मूल्यांकन सिद्धांत किसने प्रतिपादित किया?
(a) थॉर्नडाइक (b) कोहलर
(c) पावलोव (d) डेसी

288. दूसरे व्यक्ति को हानि पहुंचाने की नीयत से किए गए व्यवहार को कहते हैं–
(a) दबाव (b) तनाव
(c) आक्रमण (d) चिंता

289. फ्रायड के अनुसार व्यक्तित्व का विशिष्ट नैतिक भुजा है–
(a) इद (कामतत्त्व)
(b) इगो (अहम्)
(c) सुपर इगो (पराहम्)
(d) इगो और सुपर इगो दोनों

290. जो नेता निश्चयीकरण में पूरी छूट देता है और समूह के क्रियाकलाप में भागीदार नहीं बनता वह है–
(a) स्वेच्छाचारी (b) प्रजातांत्रिक
(c) अहस्तक्षेपी (d) इनमें कोई नहीं

291. दबाव (स्ट्रेस) है–
(a) खिलाड़ी के लिए लाभकर
(b) उसकी क्षमताओं के लिए हानिकर
(c) स्थिति के अनुसार लाभकर और हानिकर दोनों
(d) इनमें कोई नहीं

292. मासलोव .... आवश्यकताओं को क्रम-परंपरा में निचले स्थान पर रखता है–
(a) सम्मान संबंधी
(b) सरो-सामान का स्वामित्व संबंधी
(c) सुरक्षा संबंधी
(d) शारीरिक

293. मासलोव आवश्यकताओं की क्रमबद्धता के शिखर पर कौन-सी आवश्यकता को रखता है?
(a) आत्मसिद्धि

(*b*) सम्मान

(*c*) सरो-सामान का स्वामित्व

(*d*) सुरक्षा

294. ई. आर. सी. सिद्धांत किसने दिया?

(*a*) मासलोव (*b*) एल्डरफर

(*c*) युंग (*d*) मैक्लेलन

295. एल्डरफर का सिद्धांत आवश्यकताओं को तीन श्रेणियों में बांटता है। इनमें सर्वाधिक महत्त्वपूर्ण है–

(*a*) वर्धन संबंधी आवश्यकताएं

(*b*) संबद्धता की आवश्यकताएं

(*c*) अस्तित्व की आवश्यकताएं

(*d*) इनमें कोई नहीं

296. निम्नलिखित में कौन अन्तर्भूत अभिप्रेरणा है?

(*a*) वेतन (*b*) प्रोन्नति

(*c*) फीडबैक (*d*) खेल की अभिरुचि

297. अभिप्रेरणा का द्विकारक सिद्धांत किसने दिया है?

(*a*) मासलोव (*b*) युंग

(*c*) एल्डरफर (*d*) हर्ज़बर्ग

298. अभिप्रेरणा का पुनर्बलन (रीइनफोर्समेंट) सिद्धांत किसने प्रस्तुत किया?

(*a*) युंग (*b*) हर्ज़बर्ग

(*c*) स्किनर (*d*) मासलोव

299. सीखने का कौन-सा नियम बतलाता है कि बहुधा दुहराई जाने वाली बातें सबसे अधिक याद रहती हैं?

(*a*) तत्परता का नियम (*b*) अभ्यास का नियम

(*c*) प्रभाव का नियम (*d*) अभिनवता का नियम

300. प्रथम होने की स्थिति मज़बूत, प्राय: अनुपयोगी, छाप छोड़ती है। यह है–

(*a*) प्रमुखता का नियम (*b*) तीव्रता का नियम

(*c*) अभिनवता का नियम (*d*) प्रभाव का नियम

301. ''संगठन प्रमुख रूप से वे व्यवस्थाएं करने से संबंधित है, जिससे सम्पूर्ण शैक्षिक कार्यक्रम का उद्देश्य व्यवहारिक रूप से प्राप्त हो सके।'' निम्न किसका कथन है:–

(*a*) डिमॉक (*b*) जे. के. सीयर्स

(*c*) आर्थर बी. मोहिल्मैन (*d*) उपरोक्त कोई नहीं

302. ''व्यक्तियों में से किसी समूह की किसी समान उद्देश्य की प्राप्ति के लिए की गयी समान क्रियाएं ही संगठन के अन्तर्गत आती हैं। जब व्यक्ति पारस्परिक सम्बंध बनाने में संलग्न होते हैं तथा किसी समान उद्देश्य की प्राप्ति के लिए सहयोगात्मक व नियमित व्यवहार अपनाते हैं तभी संगठन का प्रादुर्भाव होता है।''

(*a*) एस. एस. मुखर्जी (*b*) रोमनी

(*c*) जे.डी. बटलर (*d*) जे. बी. सीयर्स

303. ''संगठन का सम्बंध उन गतिविधियों से हैं जिनके द्वारा अपेक्षित लक्ष्यों की प्राप्ति हेतु किसी ऊँचे या संरचना का निर्माण किया जाता है।'' किसके विचार हैं:–

(*a*) बैवस्टर शब्द कोश

(*b*) जे.डी. बटलर

(*c*) एनसाईक्लोपीडिया ऑफ एजुकेशनल रिसर्च

(*d*) उपरोक्त कोई नहीं

304. ''संगठन कार्य करने की एक मशीन है। यह विशेषता व्यक्तियों, सामग्री, विचारों, प्रत्ययों, प्रतीकों, नियमों व कानूनों अथवा अकसर इनके सम्मिश्रण से निर्मित होता है।'' निम्न कथन है।

(*a*) डिमॉक (*b*) रोमनी

(*c*) जे.बी. सीयर्स (*d*) आर्थर बी. मोहिल्मैन

305. ''संगठन का सम्बंध संरचना तथा मानव सम्बंध, दोनों से है।'' निम्न किसका कथन है:–

(*a*) रोमनी (*b*) डिमॉक

(*c*) जे. डी. बटलर (*d*) उपरोक्त कोई नहीं

306. 'Administration' शब्द की उत्पत्ति लैटिन भाषा के निम्न शब्द से हुई है:–

(*a*) Administrator (*b*) Administer

(*c*) Minister (*d*) उपरोक्त कोई नहीं

307. सर्वप्रथम प्रशासन शब्द का निश्चित स्वरूप व अर्थ का निर्धारण जर्मनी तथा आस्ट्रिया में विकसित निम्न विचारधारा ने किया:–

(*a*) कमर्शियल विचारधारा (*b*) दार्शनिक विचाराधारा

(*c*) प्रोसे विचारधारा (*d*) उपरोक्त कोई नहीं

308. ''पर्यवेक्षण शिक्षक के शिक्षण कार्य के नियम और शिक्षण सेवा में सुधार लाने से सम्बन्धित है।'' निम्न किसका कथन है।

(a) जे. डी. बटलर (b) ब्राऊन
(c) बर्टर (d) रोमनी

309. "पर्यवेक्षण शिक्षकों के कार्य को उत्तम बनाने में सहायता करता है।" निम्न किसका कथन है:-
(a) रोमनी (b) ब्राउन
(c) जे. डी. नैग (d) उपरोक्त कोई नहीं

310. संगठनकर्ता/पर्यवेक्षक की निम्न विशेषता है।
(a) नेतृत्व का गुण (b) व्यावसायिक योग्यता
(c) तकनीकी ज्ञान (d) उपरोक्त सभी

311. शारीरिक शिक्षा की शिक्षण एवं प्रशिक्षण की विधियां निम्न में से है–
(a) व्याख्यान विधि (b) अनुकरण विधि
(c) प्रदर्शन विधि (d) उपरोक्त सभी

312. शारीरिक शिक्षा में पाठ योजना कितने प्रकार की होती है–
(a) एक (b) दो
(c) तीन (d) चार

313. निम्न कमाण्ड का एक प्रकार है:-
(a) प्रतिक्रियात्मक कमाण्ड
(b) लयात्मक कमाण्ड
(c) प्रदर्शन कमाण्ड
(d) उपरोक्त सभी

314. एकल या युगल खेलों के टूर्नामेंट आयोजित कराने के लिए निम्न टूर्नामेंट उपयुक्त रहता है–
(a) चैलेंज या सीढीनुमा टूर्नामेंट
(b) नॉक आऊट टूर्नामेंट
(c) पिरामिड टूर्नामेंट
(d) उपरोक्त कोई नहीं

315. राष्ट्रीय शारीरिक दक्षता अभियान की स्थापना निम्न वर्ष में की गई–
(a) 1950 (b) 1964
(c) 1960 (d) 1962

316. शारीरिक शिक्षा के कार्यक्रम आयोजन का सिद्धांत निम्न है:-
(a) लोकतांत्रिक विधि
(b) उद्देश्यों के अनुरूप
(c) विद्यार्थियों की रूचि के अनुरूप
(d) उपरोक्त सभी

317. शारीरिक शिक्षा के लिए समय तालिका बनाते समय निम्न तत्व का ध्यान रखना चाहिए–
(a) प्राप्त उपकरण (b) मौसम के अनुसार
(c) प्राप्त मैदान एवं स्टाफ (d) उपरोक्त सभी

318. "शिक्षा प्रशासन का मुख्य उद्देश्य मानवीय सम्बंधों की स्थापना है ताकि विभिन्न प्रकार के मनुष्य आपस में मिल कर समुचित रूप से कार्य कर सके।" निम्न किसका कथन है–
(a) वॉटसन (b) जे. डी. बटलर
(c) डा. श्री नाथ मुखर्जी (d) ड्रैकर

319. "प्रशासन किसी भी कार्यक्रम को सही तरीके से करना या उसका आयोजन करना है जिसके कारण अध्ययन एवं अध्यापन दोनों ही क्रियाएं उत्तम एवं सुचारू रूप से चलती रहे।" निम्न किसका कथन है–
(a) एच. एल. हैजिस (b) रोमनी
(c) रफनर (d) ड्रैकर

320. "उद्देश्यों की पूर्ति के लिए प्रशासन मानवीय व्यवहार का मार्गदर्शन करता है। संगठन चाहे किसी भी प्रकार का क्यों न हो किन्तु इसके उद्देश्य पूर्ति के लिए मनुष्य का व्यवहार ही जिम्मेदार होता है।" किसका कथन है–
(a) फाक्सन (b) वॉटसन
(c) रफनर (d) ड्रेकर

321. "शैक्षिक प्रशासन एक सेवा कार्य है जिसके द्वारा शैक्षिक प्रक्रिया के उद्देश्यों की प्राप्ति प्रभावशाली ढंग से की जा सकती है।" निम्न कथन है–
(a) रफनर (b) बटलर
(c) फॉक्स विश व रफनर (d) उपरोक्त कोई नहीं

322. "जिन्के" नामक विद्वान ने प्रशासन को किस रूप में व्यक्त किया है–
(a) इकोनामी (b) व्यवस्थापन
(c) नीति (d) उपरोक्त सभी

323. प्रोसे नामक विद्वान ने प्रशासन को निम्न रूप से लिया है–
(a) नीति (b) इकोनॉमी
(c) व्यवस्थापन (d) उपरोक्त कोई नहीं

324. निम्न प्रशासन का एक प्रकार है–
(*a*) तानाशाही (*b*) मुक्त प्रशासन
(*c*) कुशासन (*d*) उपरोक्त सभी

325. प्रशासन में कठोर नियंत्रण व दमनात्मक तरीकों का प्रयोग निम्न प्रशासन के अन्तर्गत आता है–
(*a*) मुक्त प्रशासन (*b*) तानाशाही
(*c*) कुशासन (*d*) उपरोक्त सभी

326. निम्न प्रशासन में नियम व कानूनों की विशेष परवाह नहीं की जाती है–
(*a*) अशासन (*b*) लोकतांत्रिक प्रशासन
(*c*) मुक्त प्रशासन (*d*) उपरोक्त सभी

327. अवसरों की समानता तथा व्यक्तिगत विभिन्नताओं को महत्त्व निम्न प्रशासन में दिया जाता है–
(*a*) लोकतांत्रिक प्रशासन (*b*) अशासन
(*c*) मुक्त प्रशासन (*d*) उपरोक्त सभी

328. निम्न कारक प्रशासन के स्वरूप को निर्धारित तथा प्रभावित करता है–
(*a*) सांस्कृतिक कारक (*b*) ऐतिहासिक कारक
(*c*) राजनैतिक कारक (*d*) उपरोक्त सभी

329. भारत में निरीक्षण पद्धति कब प्रारंभ की गई–
(*a*) 1882 ई. (*b*) 1854 ई.
(*c*) 1858 ई. (*d*) 1884 ई.

330. "पर्यवेक्षण उत्तम शिक्षण अधिगम परिस्थितियों की विकास में एक सहायता है।" निम्न किसका कथन है–
(*a*) डब्ल्यू. किम्बल (*b*) बटलर
(*c*) रोमनी (*d*) उपरोक्त कोई नहीं

331. "पर्यवेक्षण जो वर्तमान समय में एक ऐसी प्रक्रिया के रूप में भी माना जाता है जिसका उद्देश्य सम्पूर्ण शिक्षण अधिगम परिस्थिति का कारक सुधार करना है।" किसका कथन है–
(*a*) जे. डी. बटलर (*b*) रोमनी
(*c*) विलियम ए. यीगर (*d*) बर्टन

332. "पर्यवेक्षण एक कुशल तकनीकी सैवा है जो उन दशाओं का अध्ययन करने तथा उनमें उन्नति करने से सम्बंधित होती है, जो सीखने तथा छात्र विकास के चहुँ ओर व्याप्त होती है।" निम्न किसका कथन है–
(*a*) रोमनी
(*b*) बारए बर्टन तथा ब्रुकरन
(*c*) बटलर
(*d*) उपरोक्त कोई नहीं

333. एक परिनिरीक्षक में निम्न गुण होता है–
(*a*) उदारता (*b*) उत्तम चरित्र
(*c*) रचनात्मक नेतृत्व (*d*) उपरोक्त सभी

334. "संस्थागत नियोजन उन क्रार्यक्रमों का जोड़ है जिनके संस्था द्वारा अपनी अनुभूत आवश्यकताओं तथा निज के उपलब्ध एवं भविष्य में उपलब्ध संस्थानों के आधार पर तैयार किया जाता है।" निम्न किसका कथन है–
(*a*) एम. बी. बुच
(*b*) जे. डी. बटलर
(*c*) रोमनी
(*d*) उपरोक्त में से कोई नहीं

335. उत्तम कार्यक्रम नियोजन की निम्न विशेषता है–
(*a*) विशिष्टता (*b*) सहयोगात्मक
(*c*) लचकीलापन (*d*) उपरोक्त कोई नहीं

336. पाठ्यक्रम सहगामी क्रियाओं का महत्त्व निम्न है–
(*a*) पाठ्यक्रम में प्रगति
(*b*) खाली समय का सदुपयोग
(*c*) सामाजिक विकास
(*d*) उपरोक्त सभी

337. "बालकों द्वारा विद्यालय में प्रगति करने पर जो उनमें व्यवहारिक परिवर्तन होते हैं उनके विषय में सूचना एकत्रित करके एवं उनकी व्याख्या करने की प्रक्रिया ही मूल्यांकन है।" निम्न कथन किसका है–
(*a*) क्विलन और हन्ना (*b*) रोमनी
(*c*) जे. डब्ल्यू. राइटस्टोन (*d*) उपरोक्त कोई नहीं

338. आयु के आधार पर निम्न शिविर का विभाजन नहीं है–
(*a*) बाल शिविर (*b*) वार्षिक शिविर
(*c*) वृद्ध शिविर (*d*) किशोर शिविर

339. ई. के. फ्रेक्टवैल ने माध्यमिक विद्यालय में प्रचलित पाठ्यक्रम सहगामी क्रियाओं के निम्न प्रकार बताये हैं–
(*a*) आठ (*b*) सात
(*c*) पाँच (*d*) छः

340. एडगर जी. जान्सटन तथा रालैंड सी. फान्स ने पाठ्यक्रम सहगामी क्रियाओं के प्रकार बताये हैं–
(*a*) नौ (*b*) आठ
(*c*) सात (*d*) छः

341. शिक्षार्थियों से सम्बन्धित मनोविज्ञान का सबसे अधिक महत्वपूर्ण अनुप्रयोग निम्नलिखित में से किस में है?
(*a*) प्रौढ़ शिक्षा
(*b*) स्त्री शिक्षा
(*c*) पिछड़े बालकों की शिक्षा
(*d*) बाल शिक्षा

342. समुदाय में मनोवैज्ञानिक तत्व निम्नलिखित में से कौन-सा है?
(*a*) भू भाग (*b*) मानव समूह
(*c*) सामुदायिक भावना (*d*) विशिष्ट नाम

343. विद्यालयों में सामुदायिक भावना का प्रमुख तत्व निम्नलिखित में से कौन-सा है?
(*a*) हम भावना (*b*) योगदान की भावना
(*c*) आश्रितता की भावना (*d*) उपरोक्त कोई नहीं

344. बाल मनोविज्ञान आपको मदद करता है–
(*a*) बालक की अभिरुचि के बारे में
(*b*) उनकी चेतना एवं उप-चेतना व्यवहार के बारे में
(*c*) उनकी जागृति के बारे में
(*d*) उपर्युक्त सभी

345. अधिगम का सबसे महत्त्वपूर्ण कारक है–
(*a*) योग्य शिक्षक (*b*) सीखने की क्षमता
(*c*) जिज्ञासा (*d*) अच्छी याददाश्त

346. विद्यार्थी का सबसे महत्वपूर्ण पाठ्यक्रम है जो–
(*a*) उनके विकास में मदद करता है
(*b*) समाज की आवश्यकता की पूर्ति करता है
(*c*) उनके स्तर के अनुकूल हो
(*d*) उपर्युक्त सभी

347. प्रश्नोत्तर की तकनीकी के द्वारा–
(*a*) शिक्षक विद्यार्थी की समझदारी के बारे में पता लगा लेता है
(*b*) आप ऐसी कक्षा को पढ़ाते हैं, जिसमें रुचि हो
(*c*) विद्यार्थी भी प्रश्नों के पूछने का तरीका सीखते हैं
(*d*) उपर्युक्त सभी

348. शिक्षा के उद्देश्य का निर्णय कौन लेता है?
(*a*) विद्यार्थी (*b*) पाठ्यक्रम
(*d*) शिक्षक (*d*) अभिभावक

349. शिक्षाविद् विद्यालय की तुलना बगीचा से करते हैं, उनके अनुसार–
(*a*) उनकी चिंतनशक्ति का विकास होना चाहिए
(*b*) उन्हें प्रकृति को देखने का मौका मिलता है
(*c*) उनकी देखभाल बगीचे के छोटे पौधों की तरह की जाती है
(*d*) छोटे पौधों की देखभाल करनी चाहिए

350. सृजनात्मक कार्यशैली के द्वारा सीखना विद्यार्थी को मदद करता है–
(*a*) उनकी शारीरिक ऊर्जा का विकास
(*b*) संकोच दूर किया जाता है
(*c*) उनको कठिन कार्य करने की क्षमता प्रदान करता है
(*d*) उन्हें स्वतंत्र बनाता है

351. निम्नलिखित में कौन कारक है जो शिक्षक को शिक्षण कार्य में रुचि प्रदान करता है?
(*a*) शिक्षक का व्यक्तित्व
(*b*) विद्यार्थी की सहकारिता
(*c*) शिक्षण सामग्री का प्रयोग
(*d*) अनुशासन का अनुकूलन

352. निम्नलिखित में कौन-सी समस्या है जो शारीरिक रूप से विकलांग बच्चों को ठीक स्थिति में बैठाकर शिक्षण प्रदान करने में बाधक है?
(*a*) विशिष्ट वाहन
(*b*) अनियमितता
(*c*) पाठ्यवस्तु की तैयारी में
(*d*) (*a*) और (*b*)

353. अभिभावकों को बच्चों की मासिक रिपोर्ट प्रदान करने से क्या लाभ मिलता है?
(*a*) कुछ नहीं, क्योंकि अभिभावक उसे नहीं देखते हैं
(*b*) यह हानिकारक है, क्योंकि इससे शिक्षक एवं अभिभावक के बीच के संबंध में खटास आ जाती है
(*c*) सचेष्ट रहना चाहिए
(*d*) शिक्षक बच्चों की प्रगति के प्रति उत्तरदायी रहते हैं

354. यदि एक विज्ञान का शिक्षक प्रयोग कराता है, लेकिन बच्चों को अच्छी तरह यह समझ नहीं आती है तब विज्ञान शिक्षक को चाहिए–

(*a*) विद्यार्थी से कहे कि टेक्स्ट बुक को सावधानीपूर्वक अध्ययन करें

(*b*) विद्यार्थी को कहे कि यह प्रयोग सफलतापूर्वक नहीं हुआ है। इसलिए सभी एक साथ मिलकर गलतियाँ निकालो

(*c*) विद्यार्थी से नहीं कहें कि यह प्रयोग असफल हुआ, उसे पुनः दुबारा करवाएँ

(*d*) विद्यार्थी को घर पर पाठ पढ़ने के लिए कहें एवं प्रयोग दुबारा करें

355. निम्नलिखित में कौन-सा तरीका प्रश्न पूछने में अच्छी तरह का है?

(*a*) शिक्षकों को प्रश्नों को दोबारा बोलना चाहिए ताकि सभी विद्यार्थी प्रश्न को सुन सकें

(*b*) प्रश्न पूछने के बाद विद्यार्थी को सोचने का मौका देना चाहिए

(*c*) पुनः संबंधित प्रश्नों को पूछना चाहिए

(*d*) उपर्युक्त सभी

356. नक्शा बताने से पहले शिक्षक को व्याख्या करनी चाहिए–

(*a*) रंगों का मतलब

(*b*) रेखा के महत्व के बारे में

(*c*) नक्शा के स्केल के बारे में

(*d*) दिशा-निर्देश के बारे में पढ़ाना चाहिए।

357. प्राथमिक कक्षा के विद्यार्थियों को मातृभाषा में पढ़ना बेहतर है क्योंकि–

(*a*) विद्यार्थी प्राकृतिक वातावरण में अध्ययन करते हैं

(*b*) नौकरी प्राप्त करने की संभावना बढ़ जाती है

(*c*) बच्चों का मानसिक विकास अच्छा होता है

(*d*) इनमें से कोई नहीं

358. प्रश्न होना चाहिए–

(*a*) मुख्य बिंदु पर आधारित

(*b*) सभी बच्चों को संबोधित करते हुए पूछा जाना चाहिए

(*c*) श्यामपट्ट पर लिखा नहीं होना चाहिए

(*d*) उपर्युक्त सभी

359. शैक्षिक भ्रमण के संदर्भ में आपकी अपेक्षा बच्चों के प्रति होनी चाहिए–

(*a*) बच्चों को प्रत्येक चीज को सही ढंग से निरीक्षण करना चाहिए एवं उसके बारे में प्रश्न पूछना चाहिए

(*b*) बच्चों को बिना प्रश्न पूछे सभी चीजों की जानकारी प्राप्त करनी चाहिए

(*c*) बच्चों को आनंद का अनुभव करना चाहिए, साथ में शिक्षकों को भी

(*d*) यदि बच्चे को कोई भी प्रश्न पूछने की इच्छा हो, जो उसकी डायरी में न लिखा हुआ हो

360. यदि आप अपने विद्यार्थियों को विद्यालय के बगीचे में काम करने के लिए कहते हैं तो–

(*a*) उसे अभ्यास करना चाहिए, करके सीखने का

(*b*) उसे करके सीखने का मौका देना चाहिए

(*c*) समूह में काम करने की आदत का विकास करके

(*d*) उपर्युक्त सभी

361. किस प्रकार के बच्चों को शिक्षक की बात का ध्यान देना चाहिए?

(*a*) अंतर्मुखी

(*b*) मंद गति से सीखने वाला

(*c*) मानसिक एवं शारीरिक रूप से कमजोर बच्चे

(*d*) उपर्युक्त सभी

362. पाठ समाप्त होने के बाद–

(*a*) शिक्षक को श्यामपट्ट साफ कर देना चाहिए

(*b*) श्यामपट्ट को ज्यों का त्यों छोड़ देना चाहिए

(*c*) विद्यार्थी को श्यामपट्ट साफ कर देना चाहिए

(*d*) उपर्युक्त में कोई एक

363. निम्नलिखित में कौन-सा कथन है जो हमारे संविधान में मुफ्त एवं अनिवार्य शिक्षा के लिए उपर्युक्त है–

(*a*) सभी विद्यार्थियों के लिए

(*b*) सभी विद्यार्थी जिसकी उम्र 14 वर्ष तक है

(*c*) सभी विद्यार्थी एवं वयस्क

(*d*) सभी नागरिकों के लिए

364. गणित पढ़ाने के लिए निम्नलिखित में कौन-सा पीरियड उपयुक्त है?

(*a*) अंतिम

(*b*) द्वितीय

(*c*) कोई पीरियड जो अर्द्धअवकाश के बाद हो

(*d*) कोई भी पीरियड

365. प्राथमिक शिक्षा सभी के लिए मुफ्त एवं अनिवार्य कर देनी चाहिए क्योंकि–
(a) बच्चों की साक्षरता में वृद्धि होगी
(b) देश की साक्षरता दर बढ़ जाएगी
(c) ग्रामीण क्षेत्र की साक्षरता की दर बढ़ जाएगी
(d) उपर्युक्त सभी

366. क्या आप दिए गए कथन से सहमत हैं?
''छोटा बच्चा मानसिक रूप से अपरिपक्व होता है एवं असहाय, इसलिए उसे स्वतंत्रता नहीं प्रदान करनी चाहिए, नहीं तो उनका भविष्य बर्बाद हो जाएगा।''–
(a) नहीं
(b) हाँ
(c) हाँ, पूर्ण रूप से
(d) नहीं, अगर स्वतंत्रता न दी जाए तो उसका भविष्य खतरे में पड़ जाएगा

367. विद्यालय भवन होना चाहिए–
(a) एक मंजिल का
(b) खेल के लिए खुला स्थान
(c) सघन स्थान से दूर
(d) उपर्युक्त सभी

368. भाषा सीखने का सबसे अच्छा तरीका है–
(c) टेक्स्ट बुक को पढ़कर
(b) सहायक किताब पढ़कर
(c) समाचार पत्र पढ़कर
(d) वाद-विवाद द्वारा

369. यदि आप विषयवस्तु पूर्ण नहीं कर पाते हैं, तब–
(a) बच्चों को बचे हुए पाठ अपने से पूर्ण करना चाहिए
(b) कुछ पाठ बच्चों के अनुनय-विनय के आधार पर पढ़ाना चाहिए
(c) अतिरिक्त कक्षा लेकर पाठ-वस्तु को पूर्ण करना चाहिए
(d) कुछ नहीं करना चाहिए

370. सुबह का सामूहिक संगोष्ठी एवं प्रार्थना विद्यालय के लिए अनिवार्य है क्योंकि–
(a) विद्यार्थी को एक-दूसरे से मिलने का मौका मिलता है
(b) प्रधानाचार्य एवं शिक्षकों द्वारा मुख्य निर्देश प्रदान किया जाता है
(c) कतार में खड़े रहने एवं समय पर विद्यालय आने के महत्व का ज्ञान होता है
(d) विद्यार्थियों की उपस्थिति का निर्धारण होता है

371. आजकल किस प्रकार का विद्यालय आवासीय विद्यालय के रूप में जाना जाता है?
(a) मदरसा (b) मकान
(c) गुरुकुल (d) आश्रम

372. निम्नलिखित में किसने स्त्री शिक्षा में सुधार की बात कही है?
(a) महात्मा गाँधी (b) अरविन्दो
(c) विवेकानन्द (d) रवीन्द्र नाथ टैगोर

373. निम्नलिखित में किस अवस्था में सबसे ज्यादा समस्या उत्पन्न होती है?
(a) उच्च शिक्षा (b) प्राथमिक शिक्षा
(c) माध्यमिक शिक्षा (d) उपर्युक्त सभी

374. वही शिक्षक समाज में आदर के पात्र होते हैं जो–
(a) अपने कार्य को सही ढंग से करते हैं
(b) आदर्श जीवन का अनुसरण करते हैं
(c) पढ़ाने में सक्षम होते हैं
(d) उपर्युक्त सभी

375. शिक्षक बनने के लिए शिक्षक प्रशिक्षण क्यों जरूरी है?
(a) प्रशिक्षण शिक्षक बनने के लिए अनिवार्य है
(b) यह शिक्षक को एक पहचान प्रदान करता है
(c) यह शिक्षा के आधारभूत सिद्धांत प्रदान करता है
(d) यह शिक्षक को अभिरुचि प्रदान करता है

376. शिक्षक विधि बनाता है–
(a) शिक्षा को रुचिपूर्ण
(b) विद्यार्थी विषयवस्तु को सही ढंग से समझ पाता है
(c) विद्यार्थी को दूसरा पूर्ण लाभ मिलता है
(d) उपर्युक्त सभी

377. यदि कोई विद्यार्थी बहुत तीव्र बुद्धि वाला है तो आप उसके साथ कैसा अनुभव करते हैं?
(a) प्रसन्नता अनुभव करते हैं
(b) उसे अधिक गृहकार्य नहीं देते हैं
(c) अधिक सफलता के लिए उत्प्रेरित करते हैं
(d) उसके अभिभावक को सूचित करेंगे

378. विद्यार्थी को उत्प्रेरित करने के लिए आप क्या करेंगे?
(*a*) पाठ को रुचिकर बनाएँगे
(*b*) दृश्य-श्रव्य सामग्री का उपयोग करेंगे
(*c*) विद्यार्थी के साथ सहयोग की भावना रखेंगे
(*d*) उपर्युक्त सभी

379. कौन-सा राज्य है जिसकी साक्षरता दर सबसे अधिक है?
(*a*) तमिलनाडु (*b*) बंगाल
(*c*) पंजाब (*d*) केरल

380. बच्चे का प्रथम गुरु होता है–
(*a*) उसकी आंतरिक सोच (*b*) शिक्षक
(*c*) उसके अभिभावक (*d*) वातावरण

381. ज्ञान, अनुभव एवं शोध के अतिरिक्त और कौन-सा गुण शिक्षक को शिक्षण के लिए चाहिए?
(*a*) अभिरुचि (*b*) शिष्यों के प्रति झुकाव
(*c*) आदर्शवाद (*d*) उपर्युक्त सभी

382. शिक्षक अभिरुचि का अर्थ है–
(*a*) शिक्षक बनने की इच्छा
(*b*) शिक्षण में समर्पण
(*c*) सभी तरह के गुण जो शिक्षक में होने चाहिए
(*d*) इनमें से कोई नहीं

383. शिक्षक की भर्ती के लिए शिक्षण अभिरुचि की जाँच आवश्यक है क्योंकि–
(*a*) एक व्यक्ति जो उच्च शिक्षा प्राप्त करता है उससे यह पता नहीं चलता है कि वह एक अच्छा शिक्षक हो सकता है
(*b*) यह पता लगाना होता है कि वह व्यक्ति एक सफल शिक्षक हो सकता है अथवा नहीं
(*c*) इससे यह जानकारी मिलती है कि वह शिक्षा से संबंधित समस्या का समाधान कर सकता है
(*d*) क्योंकि कोई भी जो बी. टी. या बी. एड. कर चुका हो, वह सफल शिक्षक बन सकता है या नहीं

384. निम्नलिखित में कौन-सा उद्देश्य गलत है?
(*a*) अच्छा शिक्षक पक्षपाती होता है
(*b*) अच्छा शिक्षक उत्प्रेरित करता है
(*c*) अच्छा शिक्षक पूर्व नियोजित होता है
(*d*) अच्छा शिक्षक एक निर्देशक होता है

385. निम्नलिखित कथन से आपको क्या समझना चाहिए?
''शिक्षक को साधनपूर्ण होना चाहिए।''
(*a*) उन्हें इतना धन प्रदान किया जाना चाहिए कि ट्यूशन की जरूरत ही नहीं पड़े
(*b*) उनकी पहुँच उच्च अधिकारियों तक होनी चाहिए जो उन्हें हानि न पहुँचाए
(*c*) उनके पास इतना ज्ञान होना चाहिए कि समस्या का समाधान आसानी से कर सके
(*d*) उन्हें आदरणीय होना चाहिए

386. शिक्षक को प्रश्नों की पुनरावृति नहीं करनी चाहिए क्योंकि–
(*a*) बच्चे घबरा जाते हैं
(*b*) उनकी सोच छिप जाती है
(*c*) बच्चे लापरवाह हो जाते हैं एवं प्रश्न के मतलब को ठीक से समझ नहीं पाते हैं
(*d*) उपर्युक्त सभी

387. निम्नलिखित में कौन-सा तरीका है जिसके द्वारा पूर्व ज्ञान की भी प्राप्ति विद्यार्थी को मिल जाती है?
(*a*) प्रत्यक्ष से अप्रत्यक्ष की ओर
(*b*) विशिष्ट से सामान्य की ओर
(*c*) ज्ञात से अज्ञात की ओर
(*d*) विश्लेषण से संश्लेषण की ओर

388. शिक्षण सामग्री का उपयोग–
(*a*) उतना ही करना चाहिए जितनी जरूरत हो
(*b*) पाठ को विकसित करने के लिए
(*c*) सृजनशीलता के साधारण के लिए
(*d*) उपर्युक्त सभी

389. यदि भाषा, व्याकरण या कथन में गलती हो तो–
(*a*) गलती को चिह्नित कर देना चाहिए
(*b*) गलती में सुधार करवा देना चाहिए
(*c*) वाक्य को शुद्ध कर देना चाहिए
(*d*) सही उत्तर लिख देना चाहिए

390. दृश्य सामग्री जो कक्षा में उपयोग किया जाए उसे होना चाहिए–
(*a*) कक्षा में तैयार किया गया हो
(*b*) पाठ योजना में अंकित किया हुआ
(*c*) उपयोग किया जाए जब विद्यार्थी उत्सुक हो
(*d*) पाठ के प्रारंभ में उपयोग किया जाए

391. खेल विधि का विशिष्ट लक्ष्य है–
(a) खेल के द्वारा अध्ययन करना
(b) यहाँ अध्ययन से मतलब है
(c) मुफ्त अध्ययन जो खेल के द्वारा होता है
(d) शिक्षा बिना खेल के पूर्ण नहीं होती है

392. शिक्षा के क्षेत्र में फ्रोवेल का योगदान है–
(a) किंडरगार्टन विधि में (b) मान्टेशरी विधि में
(c) प्रोजेक्ट विधि में (d) डाल्टन विधि में

393. मैकाले के द्वारा शिक्षा नीति कब पारित की गई?
(a) 1882 (b) 1835
(c) 1885 (d) 1909

394. छात्रों में सूक्ष्म-शिक्षण के महत्व को आप कैसे पैदा करेंगे?
(a) छात्रों को उस विधि द्वारा पढ़ाकर
(b) सूक्ष्म-शिक्षण के महत्व पर गोष्ठी कराने से
(c) सूक्ष्म-शिक्षण पर भाषण देकर
(d) प्रशिक्षण में स्वयं छात्र-अध्यापक सूक्ष्म-शिक्षण विधि से शिक्षण देकर

395. शिक्षा की दिशा कौन निर्धारित करता है?
(a) छात्र (b) शिक्षक
(c) पाठ्यक्रम (d) अभिभावक

396. छात्रों के काम का उचित मूल्यांकन करने के लिए निरंतर आंतरिक मूल्यांकन होना चाहिए, क्योंकि–
(a) इससे छात्रों को परीक्षा देने का अनुभव होगा
(b) इससे समय का सदुपयोग होगा
(c) इससे वह सालभर पढ़ने के लिए प्रेरित होते रहेंगे

397. बच्चों का उच्चारण सुधारने के लिए आप क्या करेंगे?
(a) उनसे शुद्ध उच्चारण दोहराने के लिए कहेंगे
(b) उनको शुद्ध उच्चारण करके सुनाएँगे
(c) शब्द को टुकड़ों में बाँटकर श्यामपट्ट पर लिख देंगे
(d) उपरोक्त सभी

398. कक्षा में छात्रों को नक्शे का अध्ययन करने का पहला पाठ पढ़ाते समय उन्हें सबसे पहले क्या सिखाया जाए?
(a) नक्शे का पैमाना समझाना
(b) नक्शे में दिशा का ज्ञान करना
(c) नक्शे में दिए गए रंगों का अर्थ बताना
(d) नक्शे पर खींची लाइनों के बारे में बताना

399. आपकी क्या राय है?
(a) स्कूलों में छुट्टियाँ घटा दी जाएँ
(b) अध्यापकों को खाली पीरियड न दिया जाए
(c) रविवार की छुट्टी समाप्त कर दी जाए
(d) प्रतिदिन पढ़ाई (स्कूल) का समय बढ़ा दिया जाए

400. प्राथमिक स्तर पर छात्रों को मातृभाषा में पढ़ाना बेहतर होता है क्योंकि इससे–
(a) बच्चों की पढ़ाई स्वाभाविक वातावरण में होती है
(b) बच्चों में आत्मविश्वास बढ़ता है
(c) बच्चों की बुद्धि का तेजी से विकास होता है
(d) आगे चलकर उच्च शिक्षा ग्रहण करने और नौकरी मिलने की संभावना बढ़ जाती है

401. वानस्पतिक प्रोटीन में सर्वाधिक प्रोटीन निम्न में पाया जाता है:–
(a) सोयाबीन (b) मूंगफली
(c) पत्तेदार सब्जियां (d) उपरोक्त कोई नहीं

402. शरीर में काम आने वाले विभिन्न पाचक रसों तथा हार्मोन्स का निर्माण करने में निम्न सर्वाधिक सहायक है:–
(a) विटामिन (b) प्रोटीन
(c) खनिज लवण (d) उपरोक्त कोई नहीं

403. क्वाशियोरकर तथा मेरेस्मश नामक रोग बच्चों में निम्न की कमी से पैदा हो जाते हैं।
(a) विटामिन (b) कार्बोहाइड्रेट
(c) प्रोटीन (d) उपरोक्त कोई नहीं

404. वसा के पाचन में अनियमितता होने पर कौन-सा रोग पैदा हो जाता है:–
(a) मेरेस्मश (b) क्वाशियोरकर
(c) बेरी-बेरी (d) किटोसिस

405. पर्वतारोही व्यक्तियों के भोजन में सर्वाधिक आवश्यकता निम्न की होती है:–
(a) कार्बोहाइड्रेट (b) खनिज लवण
(c) विटामिन (d) उपरोक्त कोई नहीं

406. दूध में कार्बोहाइड्रेट की मात्रा निम्न होती है:–
(a) 8 प्रतिशत (b) 4 प्रतिशत
(c) 9 प्रतिशत (d) 12 प्रतिशत

407. निम्न में से कार्बोहाइड्रेट की अधिक मात्रा किसमें होती है:–

(a) चावल (b) शहद
(c) चना (d) गुड़

408. 1 ग्राम कार्बोहाइड्रेट से करीब निम्न ऊर्जा की प्राप्ति होती है:–

(a) 6.1 कैलोरी (b) 8.2 कैलोरी
(c) 4.1 कैलोरी (d) 5.1 कैलोरी

409. ओबेसिटी नामक बीमारी निम्न की अधिक मात्रा लेने से होती है:–

(a) प्रोटीन (b) विटामिन
(c) खनिज लवण (d) वसा

410. शरीर को सबसे अधिक ऊर्जा की प्राप्ति निम्न से होती है:–

(a) वसा (b) प्रोटीन
(c) विटामिन (d) उपरोक्त कोई नहीं

411. रक्त को लाल रंग प्रदान करने वाले हीमोग्लोबिन के निर्माण में निम्न सर्वाधिक सहायता करता है:-

(a) आयोडीन (b) लोहा
(c) फास्फोरस (d) खनिज लवण

412. थाइराक्सिन नामक हॉरमोन का निर्माण निम्न में से कौन करता है:–

(a) लोहा (b) फॉस्फोरस
(c) आयोडीन (d) खनिज लवण

413. विभिन्न पाचक एन्जाइमों के निर्माण में निम्न महत्वपूर्ण कार्य करता है:–

(a) खनिज लवण (b) फॉस्फोरस
(c) आयोडीन (d) लोहा

414. दाँतों तथा अस्थियों के निर्माण में निम्न महत्वपूर्ण भूमिका निभाता है:–

(a) आयोडीन
(b) कैल्शियम तथा फॉस्फोरस
(c) लोहा
(d) उपरोक्त कोई नहीं

415. रिकेट्स नामक रोग निम्न में से किसकी कमी से हो जाता है:–

(a) आयोडीन (b) खनिज लवण
(c) फॉस्फोरस (d) कैल्शियम

416. कैल्शियम प्राप्ति का सबसे प्रमुख स्रोत निम्न है:–

(a) गुड़ (b) शक्कर
(c) दूध (d) कैल्शियम

417. कैल्शियम का कितना प्रतिशत भाग दाँतों तथा अस्थियों में पाया जाता है:–

(a) 25 प्रतिशत (b) 30 प्रतिशत
(c) 18 प्रतिशत (d) 20 प्रतिशत

418. रक्त को शीघ्र जमाने में सर्वाधिक सहायक है:–

(a) लोहा (b) आयोडीन
(c) फॉस्फोरस (d) कैल्शियम

419. जल नियंत्रण में मुख्य भूमिका निभाता है:-

(a) सोडियम (b) फॉस्फोरस
(c) आयोडीन (d) उपरोक्त कोई नहीं

420. तंत्रिकाओं को सुचारू रूप से कार्य करने में सर्वाधिक मदद करता है:–

(a) सोडियम (b) पोटाशियम
(c) फॉस्फोरस (d) उपरोक्त कोई नहीं

421. लाल रक्त कणों के निर्माण में सर्वाधिक सहायक है:–

(a) मैग्नीशियम (b) पोटाशियम
(c) लोहा (d) उपरोक्त कोई नहीं

422. प्रौढ़ावस्था में कैल्शियम के अभाव में निम्न रोग हो जाता है:–

(a) रिकेट्स (b) बेरी-बेरी
(c) मेरेस्मश (d) ऑस्ट्रोमलेशिया

423. एक स्वस्थ व्यक्ति का हृदय एक मिनट में धड़कता है:–

(a) 70 बार (b) 72 बार
(c) 78 बार (d) 80 बार

424. एक स्वस्थ व्यक्ति में सोडियम की लगभग मात्रा होती हैं:–

(a) 100 ग्राम (b) 120 ग्राम
(c) 130 ग्राम (d) 90 ग्राम

425. किसकी कमी से शरीर का निश्चित अम्लीय क्षारीय माध्यम में संतुलन नहीं रह पाता है?

(a) सोडियम (b) मैग्नीशियम
(c) पोटाशियम (d) उपरोक्त कोई नहीं

426. मानव शरीर में आयोडीन की सर्वाधिक मात्रा निम्न जगह पर पाई जाती है?
(a) थायराइड ग्रन्थियों में (b) पिट्यूटरी ग्रन्थियों में
(c) दोनों में (d) उपरोक्त कोई नहीं

427. विभिन्न उत्तकों में कोशिकाओं को परस्पर बांधे रखने में सर्वाधिक सहायक है:–
(a) विटामिन A (b) विटामिन C
(c) विटामिन D (d) उपरोक्त कोई नहीं

428. मादक पदार्थों के सेवन से शरीर का निम्न अंग प्रभावित होता है:–
(a) मस्तिष्क (b) यकृत
(c) वृक्क (d) उपरोक्त सभी

429. निम्न में से सबसे कम मादक पदार्थ है:–
(a) चाय (b) अफीम
(c) ड्रग्स (d) शराब

430. तपेदिक रोग उत्पन्न करने में निम्न जीवाणु सहायक होता है:-
(a) कोकस (b) बैसीलस
(c) स्पाइरिलम (d) उपरोक्त कोई नहीं

431. त्वचा के रोग, फोड़े-फुन्सी आदि को पैदा करने में निम्न जीवाणु जिम्मेदार है:–
(a) कोकस (b) बैसीलस
(c) स्पाइरिलम (d) उपरोक्त कोई नहीं

432. हैजा रोग फैलाने में निम्न जीवाणु सहायक होता है:–
(a) कोकस (b) बैसीलस
(c) विब्रिओ (d) उपरोक्त सभी

433. गर्म देशों में पेचिस व मलेरिया को फैलाने में निम्न जीवाणु सहायक है:–
(a) विब्रिओ (b) बैसीलस
(c) कोकस (d) प्रोटोजोआ

434. बी.सी.जी. का टीका बच्चों में निम्न अवधि में लगाया जाता है:–
(a) 0-3 माह (b) 0-4 माह
(c) 0-6 माह (d) उपरोक्त कोई नहीं

435. एम.एस.आर. का इंजेक्शन निम्न माह में लगता है:–
(a) 10 माह (b) 15 माह
(c) 12 माह (d) 20 माह

436. रोगाणु नष्ट करने के लिए निम्न विधि को अपनाया जा सकता है:–
(a) भौतिक विसंक्रामक (b) प्राकृतिक विसंक्रामक
(c) रासायनिक विसंक्रामक (d) उपरोक्त सभी

437. वायु द्वारा फैलने वाला रोग निम्न है:–
(a) चेचक (b) खसरा
(c) तपेदिक (d) उपरोक्त सभी

438. जल द्वारा फैलने वाला रोग निम्न है:–
(a) हैजा (b) टाइफाइड
(c) अतिसार (d) उपरोक्त सभी

439. "स्वास्थ्य जीवन का वह गुण है जो व्यक्ति को लम्बे समय तक जीवनयापन के योग्य बनाता है।" निम्न कथन है:–
(a) जे. एफ. विलियम्स (b) अरस्तु
(c) डब्ल्यू. एच. ओ. (d) उपरोक्त कोई नहीं

440. "स्वास्थ्य केवल रोग अथवा दुर्बलता की अनुपस्थिति को नहीं बल्कि सम्पूर्ण शारीरिक, मानसिक तथा सामाजिक खुशहाली की स्थिति को कहते हैं।" निम्न कथन है:–
(a) जे. एफ. विलियम्स (b) जान लॉक
(c) डब्ल्यू.एच.ओ. (d) उपरोक्त कोई नहीं

441. फुफ्फुस धमनी में निम्न रक्त होता है:–
(a) शुद्ध रक्त
(b) अशुद्ध रक्त
(c) उपरोक्त दोनों
(d) उपरोक्त में से कोई नहीं

442. कौन-सा विटामिन गर्म होने पर नष्ट हो जाता है?
(a) विटामिन B (b) विटामिन A
(c) विटामिन D (d) विटामिन B_6

443. मोटापा किसकी अधिकता के कारण होता है?
(a) वसा ऊतक (b) शर्करा
(c) प्रोटीन (d) संयोजी ऊतक

444. विषाणु द्वारा कौन-सा रोग फैलता है?
(a) कुष्ठ रोग (b) दमा
(c) चेचक (d) प्लेग

445. मानव शरीर की सबसे बड़ी ग्रंथि कौन-सी होती है?
(a) गुर्दे (b) थायराइड
(c) जठर ग्रंथि (d) यकृत

446. मानव शरीर में वसा किसमें संग्रहित रहता है?
(a) चर्बी में (b) मांसपेशियों में
(c) प्लीहा में (d) हड्डियों में

447. विटामिन 'सी' का मुख्य स्रोत क्या है?
(a) दालें (b) दूध
(c) घी (d) कच्चे व ताजे फल

448. हृदय गति अचानक बंद हो जाने पर सबसे पहले क्या करना चाहिए?
(a) कृत्रिम श्वास देना चाहिए
(b) डॉक्टर को बुलाकर उचित उपचार की तैयारी करनी चाहिए
(c) मरीज को तख्त पर पैर ऊँचे करके लेटा देना चाहिए
(d) कार्डियक मसाज देना चाहिए

449. सॉक वैक्सीन का प्रयोग किस रोग से बचाव के लिए किया जाता है?
(a) टी. बी. (b) चेचक
(c) खसरा (d) पोलियो

450. एलिसा नामक परीक्षण किस रोग से निदान के लिए किया जाता है?
(a) हेपेटाइटिस (b) टी. बी.
(c) एड्स (d) डिप्थीरिया

451. शरीर में आयोडीन की कमी से कौन-सा रोग हो जाता है:–
(a) एनीमिया (b) सूखा
(c) घेघा (d) स्कर्वी

452. पित्त रस का क्या कार्य है?
(a) भोजन को तरल बनाना
(b) भोजन में चर्बी उत्पन्न करना
(c) भोजन को पचाना
(d) भोजन को सांचना

453. मानव शरीर का तापमान कितना होता है?
(a) 370 से. (b) 400 से.
(c) 320 से. (d) 270 से.

454. कैंसर की रोकथाम करने वाली नई दवा 'इंटर फरान' मनुष्य के किस भाग में बनती है?
(a) प्लाज्मा
(b) आर. बी. सी (लाल रक्त कणिकाएं)
(c) डब्ल्यू. बी. सी (श्वेत रक्त कणिकाएं)
(d) प्लीहा

455. सामान्य स्वास्थ्य वाले व्यक्ति को प्रतिदिन कितनी ऊर्जा की आवश्यकता होती है?
(a) 2500 कैलोरी की (b) 1800 कैलोरी की
(c) 2000 कैलोरी की (d) 3000 कैलोरी की

456. अफीम किससे प्राप्त की जाती है?
(a) पोस्ता से (b) रूई से
(c) हैम्प से (d) नारियल से

457. दिल का दौरा पड़ने पर तत्काल क्या करना चाहिए?
(a) सीने को मलना चाहिए
(b) पीठ को थपथपाना चाहिए
(c) एड्रीनलोन का टीका देना चाहिए
(d) मुंह से मुंह में सांस फूंकना चाहिए

458. मानव त्वचा का क्या कार्य होता है?
(a) ज्ञानेन्द्रियां के रूप में कार्य करना
(b) शरीर के तापमान को नियंत्रित करना
(c) ज्ञानेन्द्रिय में रोगाणुओं के प्रवेश को रोककर उसकी रक्षा करना
(d) उपरोक्त सभी

459. निम्नांकित में से कौन-सा शरीर का उत्सर्जक अंग है?
(a) गुर्दे और फेफड़े
(b) हृदय
(c) उपरोक्त में से कोई नहीं
(d) उपरोक्त दोनों

460. रक्त का थक्का बनाने में कौन-सा विटामिन मदद करता है?
(a) A (b) K
(c) D (d) E

461. शरीर रूपी इंजन में कौन-सा अंग पम्प का कार्य करता हैं?
(a) हृदय (b) यकृत
(c) अग्नाशय (d) फेफड़े

462. रुधिर शोधन का कार्य किस अंग द्वारा किया जाता है?
(a) यकृत (b) वृक्क
(c) धमनियाँ (d) हृदय

463. अशुद्ध रुधिर को हृदय तक पहुँचाने वाली नलिकाएँ कहलाती हैं-
(a) धमनी (b) शिराएँ
(c) नलिकाएँ (d) नसें

464. हृदय से शुद्ध रुधिर को लाने वाली नलिकाएँ कहलाती हैं-
(a) धमनी (b) शिराएँ
(c) नलिकाएँ (d) फुफ्फुस

465. रक्त में अनुमानतः कितना पानी होता है?
(a) 10 प्रतिशत (b) 40 प्रतिशत
(c) 60 प्रतिशत (d) 90 प्रतिशत

466. सामान्यतः स्त्रियों के हृदय का भार कितना होता है?
(a) 250 ग्राम (b) 220 ग्राम
(c) 300 ग्राम (d) 325 ग्राम

467. सामान्यतः पुरुषों के हृदय का भार कितना होता है?
(a) 220 ग्राम (b) 275 ग्राम
(c) 300 ग्राम (d) 325 ग्राम

468. मानव शरीर द्वारा गृहित 75 प्रतिशत ऑक्सीजन का उपयोग कौन सा अंग करता है?
(a) फेफड़े (b) हृदय
(c) यकृत (d) वृक्क

469. मनुष्य का हृदय एक मिनट में कितनी बार स्पंदन करता है?
(a) 16 (b) 20
(c) 37 (d) 72

470. निम्नलिखित में से कौन-सा तत्व रक्त में विद्यमान नहीं होता है?
(a) प्लाज्मा (b) लाल रक्त कणिकाएँ
(c) श्वेत रक्त कणिकाएँ (d) ग्लाइकोजन

471. रक्त को जमने में सहायता करती है?
(a) प्लाज्मा (b) लाल रक्त कणिकाएँ
(c) श्वेत रक्त कणिकाएँ (d) इनमें से कोई नहीं

472. लाल रक्त कणिकाओं का लाल रंग होता है-
(a) विकिरण के कारण
(b) ऑक्सीजन के कारण
(c) हिमोग्लोबिन के कारण
(d) गोल होने के कारण

473. लाल रक्त कणिकाओं का निर्माण मुख्यतः होता है?
(a) यकृत में (b) फेफड़ों में
(c) हृदय में (d) अस्थि मज्जा में

474. लाल रक्त कणिकाओं (R.B.C.) का प्रमुख कार्य है-
(a) ऑक्सीजन ढोना
(b) तापमान नियन्त्रित करना
(c) रोगों से बचाव
(d) रक्त का थक्का जमाना

475. श्वेत रक्त कणिकाओं (W.B.C.) का प्रमुख कार्य है-
(a) रक्त का थक्का जमाना
(b) रोगों से बचाव
(c) तापमान नियन्त्रण
(d) ऑक्सीजन ढोना

476. छोटी आंत की लम्बाई लगभग होती है-
(a) 15 फुट (b) 18 फुट
(c) 22 फुट (d) 25 फुट

477. हाइड्रोक्लोरिक अम्ल और रैनिन नामक रस भोजन में विलय होते हैं-
(a) यकृत से (b) आमाशय से
(c) छोटी आंत से (d) लार ग्रंथियों से

478. पित्त रस का निर्माण कहाँ होता है?
(a) आमाशय (b) छोटी आंत
(c) यकृत (d) मुख

479. यकृत का भार कितना होता है?
(a) 1½ किग्रा. (b) 2 किग्रा.
(c) 2½ (d) 3 किग्रा.

480. मनुष्य एक मिनट में कितनी बार श्वास लेता है?
(a) 10-12 बार (b) 12-14 बार
(c) 14-16 बार (d) 16-20 बार

481. मस्तिष्कीय तन्त्रिकाओं के कितने जोड़े होते हैं?
(a) 10 (b) 12
(c) 31 (d) 44

482. मेरु तन्त्रिकाओं के कितने जोड़े होते हैं?
(*a*) 21 (*b*) 26
(*c*) 31 (*d*) 44

483. मस्तिष्क भार लगभग होता है-
(*a*) 40 औंस (*b*) 41 औंस
(*c*) 44 औंस (*d*) 27 औंस

484. स्त्री गर्भाशय अपने सामान्य आयाम और आकार से कितना अधिक विस्तार पा सकता है?
(*a*) 100 गुणा (*b*) 400 गुणा
(*c*) 700 गुणा (*d*) 900 गुणा

485. शरीर की सभी ग्रन्थियों का संचालन और निर्देशन किस ग्रन्थि द्वारा होता है?
(*a*) पीयूष ग्रन्थि
(*b*) थाइराइड ग्रन्थि
(*c*) थाइमस ग्रन्थि
(*d*) अधिवृक्क ग्रन्थि

486. आयोडीन की कमी से कौन-सी ग्रन्थि बढ़ जाती है?
(*a*) पीयूष ग्रन्थि
(*b*) थाइराइड ग्रन्थि
(*c*) थाइमस ग्रन्थि
(*d*) पीनियल ग्रन्थि

487. युवावस्था के लिए उत्तरदायी ग्रन्थि कौन-सी होती है?
(*a*) थाइमस (*b*) पीनियल
(*c*) पीयूष (*d*) थाइराइड

488. एड्रिनिलिन नामक हारमोन किस ग्रन्थि से स्रावित होता है?
(*a*) थाइमस (*b*) पीनियल
(*c*) पीयूष (*d*) अधिवृक्क

489. 'इन्सुलिन' नामक हारमोन किस ग्रन्थि से स्रावित होता है?
(*a*) पैन्क्रियास (*b*) अधिवृक्क
(*c*) पीनियल (*d*) पीयूष

490. इन्सुलिन की कमी से कौन-सा रोग हो जाता है?
(*a*) एनीमिया (*b*) बेरी-बेरी
(*c*) गलगण्ड (*d*) मधुमेह

491. थकान के समय मांसपेशियों में जमा हो जाता है?
(*a*) दुग्धाम्ल (*b*) इन्सुलिन
(*c*) अपशिष्ट जल (*d*) ऑक्सीजन

492. थकान के समय यकृत और मांसपेशियों में किसकी कमी हो जाती है?
(*a*) ग्लाइकोजन (*b*) ऑक्सीजन
(*c*) ऊर्जा (*d*) उपर्युक्त सभी

493. सामान्य पुरुषों के फेफड़ों का भार कितना होता है?
(*a*) 1100 ग्राम (*b*) 900 ग्राम
(*c*) 950 ग्राम (*d*) 1250 ग्राम

494. सामान्यत: महिलाओं के फेफड़ों का भार कितना होता है-
(*a*) 1100 ग्राम (*b*) 900 ग्राम
(*c*) 950 ग्राम (*d*) 800 ग्राम

495. मानव शरीर में कितने प्रकार के अमीनो अम्ल पाए जाते हैं?
(*a*) 10 (*b*) 22
(*c*) 11 (*d*) 15

496. एक बार सांस लेने की प्रक्रिया कितने सेकण्ड में पूरी होती है-
(*a*) 3 सेकण्ड (*b*) 4 सेकण्ड
(*c*) 5 सेकण्ड (*d*) 8 सेकण्ड

497. रुधिर प्रतिदिन मानव कोशिकाओं को कितनी ऑक्सीजन देता है?
(*a*) 250 लिटर (*b*) 400-450 लिटर
(*c*) 350 लिटर (*d*) 200 लिटर

498. मनुष्य के हृदय एवं फेफड़ों की आवाज सुनने के लिए डॉक्टर किस यन्त्र का प्रयोग करते हैं?
(*a*) स्टेथेस्कोप (*b*) स्टेनोस्कोप
(*c*) स्ट्रोकोस्कोप (*d*) हाइड्रोमीटर

499. मनुष्य के हृदय को एक बार धड़कने में कितना समय लगता है?
(*a*) 0.4 सेकण्ड (*b*) 0.5 सेकण्ड
(*c*) 0.8 सेकण्ड (*d*) 1 सेकण्ड

500. प्रजनन सम्बन्धी सूचनाएँ एकट्ठी होती हैं-
(*a*) आर. एन. ए. (R.N.A.) में
(*b*) डी. एन. ए. (D.N.A.) में
(*c*) तन्त्रिका तन्त्र में
(*d*) इनमें से कोई नहीं

501. खेल ट्रेनिंग एक योजनाबद्ध एवं नियंत्रित प्रक्रिया है जिसके माध्यम से लक्ष्यों की प्राप्ति होती है। यह कथन किसके शब्दों में हैं:-

(*a*) मैटवीमेव (*b*) मार्टिन
(*c*) जी. मैक्स (*d*) उपरोक्त कोई नहीं

502. "खेल ट्रेनिंग खिलाड़ी की तैयारी का मौलिक स्वरूप है" यह कथन है:–

(*a*) मैटवीमेव (*b*) मार्टिन
(*c*) जैक्सन (*d*) पावलोव

503. "खिलाड़ी का आधार एवं नींव प्रदान करने लिए सामान्य गामक योग्यताओं/गुणों का विकास सामान्य अनुकूलन कहलाता है।" यह सिद्धांत कौन-सा है:–

(*a*) असामान्य अनुकूलन (*b*) सामान्य अनुकूलन
(*c*) विशिष्ट अनुकूलन (*d*) उपरोक्त कोई नहीं

504. "खेल ट्रेनिंग के गामक गुणों एवं योग्यताओं का विकास, चाल शक्ति और तकनीकी कौशल के दृष्टिकोण के साथ किया जाता है, यह सिद्धांत कौन-सा है:

(*a*) विशिष्ट अनुकूलन (*b*) सामान्य अनुकूलन
(*c*) असामान्य अनुकूलन (*d*) उपरोक्त कोई नहीं

505. खेल ट्रेनिंग का उद्देश्य प्रतियोगिताओं में उच्च स्तर प्रदर्शन प्राप्त करना होता है एवं खेल ट्रेनिंग की प्रक्रिया लम्बी अवधि तक चलने वाली एवं प्रदर्शन युक्त होती है तथा कहलाती है:–

(*a*) वैज्ञानिक ट्रेनिंग
(*b*) खेल प्रतियोगिता प्रदर्शन
(*c*) योजनाबद्ध एवं क्रमबद्ध प्रक्रिया
(*d*) उपरोक्त कोई नहीं

506. खेल एवं खेल प्रतियोगिता में उच्च स्तर प्रदर्शन प्राप्त करने की खेल ट्रेनिंग एक योजनाबद्ध एवं क्रमबद्ध प्रक्रिया है, क्या कहलाती है?

(*a*) खेल प्रतियोगिता प्रदर्शन
(*b*) योजनाबद्ध एवं क्रमबद्ध प्रक्रिया
(*c*) वैज्ञानिक ट्रेनिंग
(*d*) उपरोक्त कोई नहीं

507. 12 महीने से वर्षों तक की ट्रेनिंग क्या कहलाती है?

(*a*) मीजो चक्र (*b*) मैक्रोचक्र
(*c*) माइक्रोचक्र (*d*) उपरोक्त कोई नहीं

508. मासिक ट्रेनिंग या 3-7 सप्ताह तक की ट्रेनिंग क्या कहलाती है?

(*a*) मैक्रोचक्र (*b*) मीजो चक्र
(*c*) माइक्रोचक्र (*d*) उपरोक्त कोई नहीं

509 साप्ताहिक ट्रेनिंग या 5-7 दिन तक की ट्रेनिंग क्या कहलाती है?

(*a*) माइक्रोचक्र (*b*) मीजो चक्र
(*c*) मैक्रोचक्र (*d*) उपरोक्त कोई नहीं

510. पाँच गामक योग्यताओं का योग जो कि क्रमश: ताकत, चाल, सहनशीलता, लचीलापन एवं समन्वय योग्यता है, क्या कहलाती है?

(*a*) शारीरिक दक्षता (*b*) तकनीकी कौशल
(*c*) युक्तिपूर्ण क्षमता (*d*) उपरोक्त कोई नहीं

511. खिलाड़ी के खेल प्रदर्शन का विकास खेलों की गामक क्रियाओं या गतियों के माध्यम से ही सम्भव है। यह प्रक्रिया क्या कहलाती है?

(*a*) शारीरिक दक्षता (*b*) तकनीकी कौशल
(*c*) युक्तिपूर्ण क्षमता (*d*) उपरोक्त कोई नहीं

512. कुछ तत्व क्रमश: प्रतियोगिता नियमों का ज्ञान, युक्ति पूर्ण कौशल एवं युक्तिपूर्ण योग्यता है यह प्रक्रिया क्या कहलाती है?

(*a*) शारीरिक दक्षता
(*b*) युक्तिपूर्ण क्षमता
(*c*) तकनीकी कौशल
(*d*) उपरोक्त कोई नहीं

513. खिलाड़ी का खेल प्रदर्शन कुछ सीमा तक उपरोक्त तीन कारकों के साथ-साथ शरीर रचना एवं शरीर की योग्यता पर निर्भर करना है, यह प्रक्रिया क्या कहलाती है?

(*a*) शारीरिक दक्षता
(*b*) तकनीकी कौशल
(*c*) शिक्षा/व्यक्तित्व का विकास
(*d*) उपरोक्त कोई नहीं

514. खेल ट्रेनिंग का मुख्य कार्य खिलाड़ी के सम्पूर्ण व्यक्तित्व का विकास करना है। यह प्रक्रिया क्या कहलाती है?

(*a*) खिलाड़ी के शारीरिक ट्रेनिंग के क्षेत्र में कार्य
(*b*) खिलाड़ी की तकनीक एवं युक्तिपूर्ण ट्रेनिंग के क्षेत्र कार्य

(c) खिलाड़ी की मनोवैज्ञानिक ट्रेनिंग के क्षेत्र में कार्य
(d) उपरोक्त कोई नहीं

515. खेल ट्रेनिंग की सफलता के लिए यह आवश्यक है कि खिलाड़ी की दिनचर्या नियमित की जाये। यह प्रक्रिया कौन सी है:–
(a) खिलाड़ी की मनोवैज्ञानिक ट्रेनिंग के क्षेत्र में कार्य
(b) दैनिक दिनचर्या नियंत्रण
(c) खिलाड़ी की तकनीक एवं युक्तिपूर्ण ट्रेनिंग के क्षेत्र में कार्य
(d) उपरोक्त कोई नहीं

516. खेल ट्रेनिंग प्रशिक्षक के द्वारा योजनाबद्ध नियमित तथा मूल्यांकित किया जाता है। यह सिद्धांत कौन-सा है:-
(a) दैनिक दिनचर्या नियंत्रण
(b) खिलाड़ी के शारीरिक प्रशिक्षण के क्षेत्र में कार्य
(c) खेल प्रशिक्षण मूल्यांकन
(d) उपरोक्त कोई नहीं

517. नौसिखिया एवं एडवान्स खिलाड़ियों की प्रशिक्षण में विभिन्न वैज्ञानिक विधियों एवं सिद्धांतों का उपयोग किया जाता है। यह कौन-सी प्रशिक्षण कहलाती है:–
(a) वैज्ञानिक प्रशिक्षण
(b) खेल प्रतियोगिता प्रदर्शन
(c) योजनाबद्ध एवं क्रमबद्ध प्रक्रिया
(d) उपरोक्त कोई नहीं

518. खेल प्रशिक्षण का मूल्यांकन, योजनाबद्धता, क्रमबद्धता एवं अनुप्रयोग, प्रशिक्षक/खेल शिक्षक एवं खेल विशेषज्ञ द्वारा किया जाता है, यह प्रक्रिया कहलाती है:–
(a) खेल प्रतियोगिता प्रदर्शन
(b) योजनाबद्ध एवं क्रमबद्ध प्रक्रिया
(c) खेल प्रशिक्षक नेता के रूप में
(d) उपरोक्त कोई नहीं

519 प्रत्येक खिलाड़ी को खेल प्रशिक्षण के दौरान या अवधि में अपने दैनिक क्रियाकलापों पर नियंत्रण करना आवश्यक होता है, कहलाता है:–
(a) शैक्षणिक प्रक्रिया
(b) परिपक्वता की प्रक्रिया
(c) दैनिक क्रियाकलापों पर नियंत्रण की प्रक्रिया
(d) उपरोक्त कोई नहीं

520. व्यक्तित्व का विकास खिलाड़ी को उच्च स्तर प्रदर्शन तक पहुँचाने में सहायक होता है। यह प्रक्रिया कौन-सी है:-
(a) दैनिक क्रियाकलापों पर नियंत्रण की प्रक्रिया
(b) शैक्षणिक प्रक्रिया
(c) परिपक्वता की प्रक्रिया
(d) उपरोक्त कोई नहीं

521. वैज्ञानिक सर्वेक्षण, अनुप्रयोग, विश्लेषण एवं संश्लेषण की प्रक्रिया जिस प्रशिक्षण की मुख्य विशेषतायें हैं, वह कौन-सी प्रक्रिया कहलाती है:-
(a) परिपक्वता की प्रक्रिया
(b) शैक्षणिक की प्रक्रिया
(c) दैनिक क्रियाकलापों पर नियंत्रण की प्रक्रिया
(d) उपरोक्त कोई नहीं

522. खेल प्रशिक्षण में साधनों तथा विधियों की खोज खेल प्रदर्शन में परिपक्वता विकास की सतत प्रक्रिया है, यह प्रक्रिया कौन-सी है:–
(a) शैक्षणिक प्रक्रिया
(b) दैनिक क्रियाकलापों पर नियंत्रण की प्रक्रिया
(c) परिपक्वता की प्रक्रिया
(d) उपरोक्त कोई नहीं

523. खेल प्रशिक्षण एक शैक्षणिक प्रक्रिया है जिसके माध्यम से खिलाड़ी के व्यक्तित्व का विकास किया जाता है। यह कौन-सी प्रक्रिया है:–
(a) शैक्षणिक प्रक्रिया
(b) परिपक्वता की प्रक्रिया
(c) दैनिक क्रियाकलापों पर नियंत्रण की प्रक्रिया
(d) उपरोक्त कोई नहीं

524. उद्देश्यों की पूर्ति के लिए खिलाड़ी को विभिन्न विधियों एवं साधनों के माध्यम से खेल प्रशिक्षण दी जाती है। यह प्रक्रिया क्या कहलाती है:-
(a) शैक्षणिक प्रक्रिया
(b) परिपक्वता की प्रक्रिया
(c) दैनिक क्रियाकलापों पर नियंत्रण की प्रक्रिया
(d) उपरोक्त कोई नहीं

525. खेल प्रशिक्षण की ये विधियां एवं साधन स्थायी प्रकृति के नहीं है बल्कि परिवर्तनशील होते हैं, यह प्रक्रिया क्या कहलाती है:–

(a) शैक्षणिक प्रक्रिया
(b) परिपक्वता की प्रक्रिया
(c) दैनिक क्रियाकलापों पर नियंत्रण की प्रक्रिया
(d) उपरोक्त कोई नहीं

526. कभी-कभी खिलाड़ी को अपनी निहित क्षमताओं का पूर्ण ज्ञान नहीं होता है जिसके कारण वह अपने उद्देश्यों एवं लक्ष्यों की प्राप्ति में सफल नहीं हो पाता है। यह प्रक्रिया क्या कहलाती है:–
(a) शैक्षणिक की प्रक्रिया
(b) परिपक्वता की प्रक्रिया
(c) निहित क्षमताओं का विकास एवं उपयोग की प्रक्रिया
(d) उपरोक्त कोई नहीं

527. खिलाड़ी अपनी मनोवैज्ञानिक दशा, शरीर कार्य की दशा, क्षमता, योग्यताओं आदि को नहीं बना पाता है। यह प्रक्रिया क्या कहलाती है:-
(a) निहित क्षमताओं का विकास एवं उपयोग की प्रक्रिया
(b) शैक्षणिक प्रक्रिया
(c) परिपक्वता की प्रक्रिया
(d) उपरोक्त कोई नहीं

528. खिलाड़ी को स्वयं की योग्यताओं को परिचित कराकर एवं विकास करके खेल प्रदर्शन को सर्वश्रेष्ठ बनाने में योगदान प्रदान करे। यह प्रक्रिया क्या कहलाती है:-
(a) शैक्षणिक प्रक्रिया
(b) परिपक्वता की प्रक्रिया
(c) निहित क्षमताओं का विकास एवं उपयोग की प्रक्रिया
(d) उपरोक्त कोई नहीं

529. खेल प्रशिक्षण की मुख्य विशेषताएं कितने प्रकार की होती है–
(a) 05 (b) 02
(c) 01 (d) उपरोक्त कोई नहीं

530. जनरल थ्योरी एण्ड मेथड आफ ट्रेनिंग पर एक पुस्तक का प्रकाशन किया गया था इसके लेखक कौन थे:-
(a) मार्सल हुक (b) चार्ल्स विलियम
(c) हैरे वैज्ञानिक (d) उपरोक्त कोई नहीं

531. जनरल थ्योरी एण्ड मेथड आफ ट्रेनिंग पर एक पुस्तक लिखी गयी है। यह कौन से सन् में प्रतिपादित की गयी थी:-
(a) 1980 ई. (b) 1957 ई.
(c) 1978 ई. (d) उपरोक्त कोई नहीं

532. खेल प्रशिक्षण के 11 सिद्धातों को प्रतिपादित किसने किया था:–
(a) विलियम हार्वे (b) मार्सल हॉट
(c) बेनरफील्ड और स्क्रोटर (d) उपरोक्त कोई नहीं

533. खेल प्रशिक्षण के 11 सिद्धातों को कौन से सन् में प्रतिपादित किया गया था:–
(a) 1970 ई. (b) 1979 ई.
(c) 1980 ई. (d) उपरोक्त कोई नहीं

534. बेनरफील्ड और स्क्रोटर ने खेल प्रशिक्षण के कितने सिद्धांत प्रतिपादित किये थे:–
(a) 5 (b) 6
(c) 11 (d) उपरोक्त कोई नहीं

535. खेल प्रशिक्षण के छह सिद्धांतों को प्रतिपादन करने वाले व्यक्ति कौन थे:-
(a) बेनरफील्ड (b) मैटवीयेव
(c) स्क्रोटर (d) उपरोक्त कोई नहीं

536. खेल प्रशिक्षण के छह सिद्धांतों को कौन से सन् में स्थापित किया गया था:-
(a) 1980 ई. (b) 1979 ई.
(c) 1970 ई. (d) उपरोक्त कोई नहीं

537. मैटवीयेव ने खेल प्रशिक्षण के कितने सिद्धांत प्रतिपादित किये थे:-
(a) 05 (b) 07
(c) 06 (d) उपरोक्त कोई नहीं

538. खेल प्रशिक्षण के दस सिद्धांतों को किसने प्रतिपादित किये थे:-
(a) बेनरफील्ड (b) स्क्रोटर
(c) लेट जैटर (d) उपरोक्त कोई नहीं

539 खेल प्रशिक्षण के दस सिद्धांतों को कौन से सन् में प्रतिपादित किया गया था:-
(a) 1979 ई. (b) 1978 ई.
(c) 1985 ई. (d) उपरोक्त कोई नहीं

540 लेट जैटर ने खेल प्रशिक्षण के कितने सिद्धांत प्रतिपादित किये थे:–

(a) 05 (b) 09
(c) 10 (d) उपरोक्त कोई नहीं

541. खेल प्रशिक्षण के सात सिद्धांतों को किसने प्रतिपादित किया था:-
(a) बेनरफील्ड (b) हैरे वैज्ञानिक
(c) लेट जैटर (d) उपरोक्त कोई नहीं

542. खेल प्रशिक्षण के सात सिद्धांतों को कौन से सन् में प्रतिपादित किया गया था:-
(a) 1970 ई. (b) 1975 ई.
(c) 1979 ई. (d) उपरोक्त कोई नहीं

543. हैरे वैज्ञानिक ने सन् (1979) में खेल प्रशिक्षण के कितने सिद्धांत प्रतिपादित किये थे:-
(a) 05 (b) 07
(c) 08 (d) उपरोक्त कोई नहीं

544. डिक ने सन् 1979 ई. में खेल प्रशिक्षण के कितने सिद्धांत प्रतिपादित किये थे:-
(a) 04 (b) 08
(c) 03 (d) उपरोक्त कोई नहीं

545. खेल प्रशिक्षण (1979) के तीन सिद्धांतों को किसने प्रतिपादित किया था:-
(a) मैटवीयेव (b) स्क्रोटर
(c) डिक (d) उपरोक्त कोई नहीं

546. डिक ने खेल प्रशिक्षण के तीन सिद्धांतों को कौन-से सन् में प्रतिपादित किया था:-
(a) 1975 ई. (b) 1979 ई.
(c) 1980 ई. (d) उपरोक्त कोई नहीं

547. किसी भी खिलाड़ी की खेल प्रशिक्षण बिना किसी अवकाश या अन्तराल के पूरे वर्ष लगातार या निरंतर चलती रहनी चाहिए यह सिद्धांत क्या कहलाता है:-
(a) भार प्रगतिशीलता का सिद्धांत
(b) लगातारता का सिद्धांत
(c) क्रियाशीलता का सिद्धांत
(d) उपरोक्त कोई नहीं

548. खेल प्रशिक्षण एक निरंतर प्रक्रिया है जो एक महीने से दूसरे महीने भर वर्ष से वर्ष भर तक लगातार की जाती है, यह कौन-सा सिद्धांत कहलाता है:-
(a) क्रियाशीलता का सिद्धांत
(b) भार प्रगतिशीलता का सिद्धांत
(c) लगातारता का सिद्धांत
(d) उपरोक्त कोई नहीं

549 दो प्रशिक्षण कालों के मध्य अन्तराल न तो बहुत अधिक हो और न ही बहुत कम हो, यह सिद्धांत क्या कहलाता है:-
(a) स्पष्टता का सिद्धांत
(b) चक्रीयता का सिद्धांत
(c) लगातारता का सिद्धांत
(d) उपरोक्त कोई नहीं

550 खिलाड़ी के प्रदर्शन में सुधार के लिये क्रम में प्रशिक्षण भार को बढ़ाना चाहिए। यह सिद्धांत क्या कहलाता है:-
(a) स्पष्टता का सिद्धांत
(b) भार की प्रगतिशीलता का सिद्धांत
(c) चक्रीयता का सिद्धांत
(d) उपरोक्त कोई नहीं

551. जैसे-जैसे खिलाड़ी की प्रदर्शन क्षमता बढ़े ठीक उस क्रम में प्रशिक्षण भार को बढ़ाते रहना चाहिए। यह सिद्धांत क्या कहलाता है:-
(a) स्पष्टता का सिद्धांत
(b) भार की प्रगतिशीलता का सिद्धांत
(c) चक्रीयता का सिद्धांत
(d) उपरोक्त कोई नहीं

552. खिलाड़ी के मानव शरीर अंग भार अनुकूलन के पश्चा प्रशिक्षण भार के उच्च स्तर मांग को प्रारम्भ करते है यह सिद्धांत क्या कहलाता है:-
(a) स्पष्टता का सिद्धांत
(b) चक्रीयता का सिद्धांत
(c) भार प्रगतिशीलता का सिद्धांत
(d) उपरोक्त कोई नहीं

553. प्रशिक्षण भार की दो विधियों से धीरे-धीरे क्रमबद्ध रू से बढ़ाया जा सकता है। निम्न किसके अन्तर्गत आ है:-
(a) स्पष्टता का सिद्धांत
(b) चक्रीयता का सिद्धांत
(c) भार प्रगतिशीलता का सिद्धांत
(d) उपरोक्त कोई नहीं

554. खिलाड़ी की प्रदर्शन क्षमता को बढ़ाने के लिए प्रशिक्षण भार दिया जाता है। यह कौन-सी विधि कहलाती है:–

(a) अन्तराल विधि (b) मध्यान्तराल विधि
(c) रेखीय विधि (d) उपरोक्त कोई नहीं

555. प्रशिक्षण भार को कुछ समय या काल में दिया जाता है। यह कौन-सी विधि होती है:–

(a) रेखीय विधि (b) अन्तराल विधि
(c) मध्यान्तराल विधि (d) उपरोक्त कोई नहीं

556. प्रशिक्षण भार को सभी प्रदर्शन कारकों के लिए बढ़ाना चाहिए जिससे कि उन सब गामक क्षमताओं का विकास पूर्ण रूप से हो सके। यह कौन-सी विधि होती है:-

(a) अन्तराल विधि (b) रेखीय विधि
(c) सूक्ष्मन्तराल विधि (d) उपरोक्त कोई नहीं

557. इस आधुनिक युग में प्रतिस्पर्धात्मक खेल, खिलाड़ी के प्रदर्शन से जुड़े और खेलों में प्रदर्शन की व्यक्तिगत क्षमता उसकी व्यक्तिगत क्षमता पर निर्भर करती है। यह कौन-सा सिद्धांत कहलाता है:–

(a) क्रमबद्ध एवं योजनाबद्ध का सिद्धांत
(b) सामान्य एवं विशिष्ट तैयारी का सिद्धांत
(c) व्यक्तिगत विभिन्नता का सिद्धांत
(d) उपरोक्त कोई नहीं

558. किसी भी खिलाड़ी की खेल प्रदर्शन क्षमता को बढ़ाने के लिए आवश्यक है कि उस खिलाड़ी की व्यक्तिगत क्षमताओं का विकास किया जाये, यह कौन-सा सिद्धांत कहलाता है:–

(a) क्रमबद्ध एवं योजनाबद्ध का सिद्धांत
(b) व्यक्तिगत विभिन्नता का सिद्धांत
(c) सामान्य एवं विशिष्ट तैयारी का सिद्धांत
(d) उपरोक्त कोई नहीं

559. व्यक्ति के व्यक्तिगत प्रदर्शन को देखकर व्यक्तिगत विभिन्नता के आधार पर खिलाड़ी के लिए प्रशिक्षण कार्यक्रम तैयार किया जाये। यह कौन-सा सिद्धान्त कहलाता है:-

(a) स्पष्टता का सिद्धांत
(b) चक्रीयता का सिद्धांत
(c) व्यक्तिगत विभिन्नता का सिद्धांत
(d) उपरोक्त कोई नहीं

560. प्रशिक्षण कार्यक्रम को पूरे समूह के लिए एक स्थान पर तैयार करना पड़ता है। यह कौन-सी अवस्था कहलाती है:-

(a) नौसिखिया अवस्था (b) एडवान्स अवस्था
(c) स्पष्टता अवस्था (d) उपरोक्त कोई नहीं

561. व्यक्तिगत प्रदर्शन एक व्यक्तिगत प्रक्रिया है जिसमें व्यक्तिगत कमी को देखकर उसे दूर किया जाये और खिलाड़ी की प्रदर्शन क्षमता को बढ़ाया जाता है। यह कौन-सी अवस्था कहलाती है:-

(a) एडवान्स अवस्था (b) नौसिखिया अवस्था
(c) स्पष्टता अवस्था (d) उपरोक्त कोई नहीं

562. ट्रेनर व्यक्तिगत रूप से खिलाड़ियों की व्यक्तिगत विभिन्नताओं को देखकर अधिक ध्यान दे सकता है। यह कौन-सी अवस्था कहलाती है:-

(a) एडवान्स अवस्था (b) नौसिखिया अवस्था
(c) स्पष्टता अवस्था (d) उपरोक्त कोई नहीं

563. खिलाड़ी में शक्ति की कमी को शक्ति के विकास और तकनीक में कमी को तकनीकी प्रशिक्षण के द्वारा दूर किया जा सकता है। यह कौन-सी अवस्था होती है:–

(a) नौसिखिया अवस्था (b) एडवान्स अवस्था
(c) स्पष्टता अवस्था (d) उपरोक्त कोई नहीं

564. खिलाड़ी के लक्ष्यों को निर्धारित करते हुए और प्रदर्शन की रचना का निर्माण करते हुए कार्यक्रम की योजना को तैयार करना चाहिए। यह कौन-सा सिद्धांत कहलाता है:–

(a) अस्पष्टता का सिद्धांत
(b) अवलोकन का सिद्धांत
(c) क्रमबद्ध एवं स्पष्टता का सिद्धांत
(d) उपरोक्त कोई नहीं

565. प्रशिक्षण के विकास के दृष्टिकोण से निर्मित हो और योजना इसी के अनुसार तैयार की जाये। यह कौन-सी प्रशिक्षण कहलाती है:-

(a) गामक योग्यतायें शारीरिक दक्षता के सभी घटक
(b) दीर्घकालीन प्रशिक्षण
(c) मध्यकालीन प्रशिक्षण
(d) उपरोक्त कोई नहीं

566. किसी भी खिलाड़ी में खेल प्रदर्शन विकास के लिए सामान्य दक्षता के कारक और तकनीकी एवं युक्तिपूर्ण विकास अति आवश्यक हैं। यह कौन-सा सिद्धांत कहलाता है:-

(*a*) स्पष्टता का सिद्धांत
(*b*) चक्रीयता का सिद्धांत
(*c*) सामान्य एवं विशिष्ट तैयारी का सिद्धांत
(*d*) उपरोक्त कोई नहीं

567. सामान्य तैयारी खेल प्रदर्शन के लिए आधार का निर्माण करती है। यह कौन-सा सिद्धांत कहलाता है:-

(*a*) स्पष्टता का सिद्धांत
(*b*) सामान्य एवं विशिष्ट तैयारी का सिद्धांत
(*c*) चक्रीयता का सिद्धांत
(*d*) उपरोक्त कोई नहीं

568. किसी भी खिलाड़ी के उच्च प्रदर्शन स्तर के लिए सामान्य दक्षता एवं तकनीकी एवं युक्तिपूर्ण दोनों ही कारक विशेष रूप से महत्वपूर्ण होते हैं। यह कौन-सा सिद्धांत कहलाता है:-

(*a*) स्पष्टता का सिद्धांत
(*b*) चक्रीयता का सिद्धांत
(*c*) सामान्य एवं विशिष्ट तैयारी का सिद्धांत
(*d*) उपरोक्त कोई नहीं

569. विशिष्ट तैयारी के माध्यम से भी पुन: अंगों एवं यंत्रों की क्षमताओं का विकास तकनीक एवं युक्तिपूर्ण प्रशिक्षण के दौरान किया जाता है। यह कौन-सा सिद्धांत कहलाता है:-

(*a*) स्पष्टता का सिद्धांत
(*b*) चक्रीयता का सिद्धांत
(*c*) सामान्य एवं विशिष्ट तैयारी का सिद्धांत
(*d*) उपरोक्त कोई नहीं

570. शक्ति, चाल, सहनशीलता, समन्वय योग्यता गामक योग्यताओं के किस सिद्धांत को प्रतिपादित करती है:-

(*a*) चक्रीयता का सिद्धांत
(*b*) स्पष्टता का सिद्धांत
(*c*) सामान्य एवं विशिष्ट तैयारी का सिद्धांत
(*d*) उपरोक्त कोई नहीं

571. प्रशिक्षक द्वारा खिलाड़ी को खेल की तकनीक एवं युक्ति का ज्ञान स्पष्ट रूप से कराया जाता है। यह कौन-सा सिद्धांत कहलाता है:-

(*a*) चक्रीयता का सिद्धांत
(*b*) स्पष्टता का सिद्धांत
(*c*) सामान्य एवं विशिष्ट तैयारी का सिद्धांत
(*d*) उपरोक्त कोई नहीं

572. खिलाड़ी को किसी भी खेल की तकनीक, युक्ति या इससे सम्बंधित तथ्य का स्पष्ट रूप से ज्ञान करना। यह कौन-सा सिद्धांत कहलाता है:-

(*a*) चक्रीयता का सिद्धांत
(*b*) सामान्य एवं विशिष्ट तैयारी का सिद्धांत
(*c*) स्पष्टता का सिद्धांत
(*d*) उपरोक्त कोई नहीं

573. खिलाड़ी प्रक्रिया के सभी तथ्यों से अवगत होना चाहिए यह कौन-सा सिद्धांत कहलाता है:-

(*a*) चक्रीयता का सिद्धांत
(*b*) सामान्य एवं विशिष्ट तैयारी का सिद्धांत
(*c*) क्रियाशील सहभागिता का सिद्धांत
(*d*) उपरोक्त कोई नहीं

574. प्रशिक्षक को खिलाड़ी की रूचि व्यवहार और प्रदर्शन में बढ़ोत्तरी आदि का मूल्यांकन करना चाहिए। यह कौन-सा सिद्धांत कहलाता है:-

(*a*) स्पष्टता का सिद्धांत
(*b*) क्रियाशील सहभागिता का सिद्धांत
(*c*) चक्रीयता का सिद्धांत
(*d*) उपरोक्त कोई नहीं

575. खिलाड़ी क्रियाशील नहीं होते हैं तो उसके प्रदर्शन का मूल्यांकन एवं विश्लेषण करना भी आवश्यक नहीं है, यह कौन-सा सिद्धांत कहलाता है:-

(*a*) स्पष्टता का सिद्धांत
(*b*) चक्रीयता का सिद्धांत
(*c*) क्रियाशील सहभागिता का सिद्धांत
(*d*) उपरोक्त कोई नहीं

576. प्रशिक्षक ही खिलाड़ी को क्रियाशील सहभागिता के लिए तैयार करेगा। यह कौन-सा सिद्धांत कहलाता है:-

(*a*) स्पष्टता का सिद्धांत

(b) क्रियाशील सहभागिता का सिद्धांत
(c) चक्रीयता का सिद्धांत
(d) उपरोक्त कोई नहीं

577. खेल एवं खेल प्रतियोगिताओं में खिलाड़ी के उच्च प्रदर्शन स्तर के लिए प्रशिक्षण चक्रों में प्रशिक्षण विभाजित करके दिया जाता है। यह कौन-सा सिद्धांत कहलाता है:-
(a) स्पष्टता का सिद्धांत
(b) क्रियाशील सहभागिता का सिद्धांत
(c) चक्रीयता का सिद्धांत
(d) उपरोक्त कोई नहीं

578. प्रशिक्षण चक्रीयता को कितने प्रशिक्षण चक्रों में विभाजित करते हैं:-
(a) 04 (b) 02
(c) 03 (d) उपरोक्त कोई नहीं

579. चक्रों का मुख्य उद्देश्य क्रमबद्ध प्रशिक्षण और प्रशिक्षण के साधनों का सही उपयोग करना होता है। यह क्या कहलाता है:-
(a) मीजो चक्र (b) मेक्रो चक्र
(c) माइक्रो चक्र (d) उपरोक्त कोई नहीं

580 मेक्रो चक्र का दूसरा नाम क्या है:-
(a) चार्ल्स चक्र (b) फैडरिन चक्र
(c) अवधिकालीनता (d) उपरोक्त कोई नहीं

581. मेक्रोचक्र की अवधिकालीनता की कितनी अवस्थायें होती हैं:
(a) 05 (b) 04
(c) 03 (d) उपरोक्त कोई नहीं

582. तैयारी काल अवस्था किस चक्र की होती है:-
(a) मीजो चक्र (b) मेक्रोचक्र
(c) माइक्रो चक्र (d) उपरोक्त कोई नहीं

583. प्रशिक्षण के आयतन को अधिक तेजी से एवं अधिकतम बढ़ाया जाता है। यह कौन-सी अवस्था होती है:-
(a) प्रतियोगिता काल (b) तैयारी काल
(c) विश्राम काल (d) उपरोक्त कोई नहीं

584. जैसे-जैसे तैयारी काल समाप्त होता है वैसे-वैसे उपरोक्त क्रम में तीव्रता को तेजी से बढ़ाते हैं। यह कौन-सी अवस्था का कथन है:-
(a) विश्राम काल (b) प्रतियोगिता काल
(c) तैयारी काल (d) उपरोक्त कोई नहीं

585. प्रतियोगिता काल अवस्था किस चक्र की होती है:-
(a) मीजो चक्र (b) मेक्रो चक्र
(c) तैयारी काल (d) उपरोक्त कोई नहीं

586. अवधिकालीनता में प्रशिक्षण तीव्रता को अधिकतम रखते हैं और आयतन को घटाते हैं। यह कौन सी अवस्था होती है:-
(a) विश्राम काल (b) तैयारी काल
(c) प्रतियोगिता काल (d) उपरोक्त कोई नहीं

587. विश्राम काल अवस्था किस चक्र की होती है:-
(a) रथ चक्र (b) मेक्रो चक्र
(c) वेल काल (d) उपरोक्त कोई नहीं

588. प्रतियोगिता के दौरान खिलाड़ी के शिखर प्रदर्शन को व्यवस्थित, नियंत्रित और नियमित किया जा सकता है। यह कौन-सी अवस्था होती है:-
(a) तैयारी काल (b) विश्राम काल
(c) प्रतियोगिता काल (d) उपरोक्त कोई नहीं

589 प्रशिक्षण काल तीन सप्ताह से छह सप्ताह तक का होता है। यह कौन-सा चक्र कहलाता है:-
(a) मीजो चक्र (b) मेक्रो चक्र
(c) माइक्रो चक्र (d) उपरोक्त कोई नहीं

590 प्रशिक्षण काल में खिलाड़ी के कौशल अभ्यास के दो वास्तविक उद्देश्य किसने प्रतिपादित किए थे:-
(a) चार्ल्स (b) डार्विन
(c) मेटवीयेव (d) उपरोक्त कोई नहीं

591. तैयारी काल में सहनशीलता और विकास के साथ-साथ प्रदर्शन के कारकों को बनाये रखना होता है। यह कथन किसके शब्दों में है:-
(a) चार्ल्स (b) मेटवीयेव
(c) डार्विन (d) उपरोक्त कोई नहीं

592. ''प्रदर्शन के अन्य कारकों को ज्यों की त्यों बनाये रखने के साथ-साथ खिलाड़ी में व्यक्तित्व का विकास किया जाता है।'' यह कथन किसके शब्दों में है:-
(a) चार्ल्स (b) डार्विन
(c) मेटवीयेव (d) उपरोक्त कोई नहीं

593. प्रशिक्षण चक्र का समय पाँच से दस दिन का होता है। यह कौन-सा चक्र होता है:–

(*a*) मेक्रो चक्र (*b*) माइक्रो चक्र
(*c*) मीजो चक्र (*d*) उपरोक्त कोई नहीं

594. माइक्रो चक्र का दूसरा नाम क्या है:–

(*a*) साप्ताहिक प्रशिक्षण चक्र
(*b*) मिजो चक्र
(*c*) मेक्रो चक्र
(*d*) उपरोक्त कोई नहीं

595. अल्पकालीन प्रशिक्षण योजना किसे कहते हैं:–

(*a*) मीजो चक्र (*b*) माइक्रो चक्र
(*c*) मेक्रो चक्र (*d*) उपरोक्त कोई नहीं

596. माइक्रो चक्र योजना किस सन् में स्थापित हुई थी:–

(*a*) 1986 ई. (*b*) 1929 ई.
(*c*) 1926 ई. (*d*) उपरोक्त कोई नहीं

597. ''खेल प्रशिक्षण का मुख्य लक्ष्य अच्छे परिणाम प्राप्त करना होता है, अच्छा प्रदर्शन दिखाना होता है।'' यह कथन कौन-से सिद्धांत को प्रकट करता है:–

(*a*) स्पष्टता का सिद्धांत
(*b*) चक्रीयता का सिद्धांत
(*c*) परिणाम प्राप्ति का सिद्धांत
(*d*) उपरोक्त कोई नहीं

598. ''परिणामों को लम्बे समय तक बनाये रखने के लिए कुछ विशिष्ट उद्देश्य एवं सिद्धांतों को निर्धारित करना'' यह कथन किस सिद्धांत का है:–

(*a*) स्पष्टता का सिद्धांत
(*b*) परिणाम प्राप्ति का सिद्धांत
(*c*) चक्रीयता का सिद्धांत
(*d*) उपरोक्त कोई नहीं

599. हड्डियों में खनिज लवण की प्रतिशतता निम्न होती है:–

(*a*) 25 प्रतिशत (*b*) 45 प्रतिशत
(*c*) 30 प्रतिशत (*d*) 65 प्रतिशत

600. हड्डियों में पानी की प्रतिशतता निम्न होती है:-

(*a*) 25 प्रतिशत (*b*) 45 प्रतिशत
(*c*) 30 प्रतिशत (*d*) 65 प्रतिशत

601. भारत पहली बार किस वर्ष विश्व कप क्रिकेट का विजेता बना था?

(*a*) 1980 (*b*) 1983
(*c*) 1982 (*d*) 1986

602. अर्जुन अटवाल किस खेल से संबंधित है?

(*a*) क्रिकेट (*b*) भारोत्तोलन
(*c*) गोल्फ (*d*) निशानेबाजी

603. मोहन बागान, ईस्ट बंगाल तथा मोहम्मद स्पोर्टिंग क्लब किस खेल से संबंधित हैं?

(*a*) हॉकी (*b*) फुटबॉल
(*c*) क्रिकेट (*d*) पोलो

604. नीरज चौपड़ा का नाम किस खेल के साथ जुड़ा हुआ है ?

(*a*) क्रिकेट (*b*) खो-खो
(*c*) भाला फेंक (*d*) बैडमिंटन

605. वॉलीबाल मैच के लिए टीम में न्यूनतम कितने खिलाड़ी आवश्यक हैं ?

(*a*) 10 (*b*) 6
(*c*) 8 (*d*) 12

606. पुरुषों के लिए वॉलीबाल खेल में जाली (नेट) की ऊंचाई कितनी होती है ?

(*a*) 2.50 मीटर (*b*) 2.24 मीटर
(*c*) 2.43 मीटर (*d*) 2.34 मीटर

607. 'विज्जी ट्राफी' का संबंध किस खेल से है ?

(*a*) गोल्फ (*b*) क्रिकेट
(*c*) हॉकी (*d*) फुटबॉल

608. डूरंड कप किस खेल से संबंधित है ?

(*a*) क्रिक्रेट (*b*) टेबिल टेनिस
(*c*) हॉकी (*d*) फुटबॉल

609. असंगत जोड़ी (a pair which is not properly matched) को ढूंढ़ो—

(*a*) डियागो माराडोना (Diego Maradona) – हॉकी
(*b*) गैरी कास्पारोव (Gary Casparov) – चैस
(*c*) पीट सम्प्रास (Pete Sampras) – टेनिस
(*d*) रोनाल्डो (Ronaldo) – फुटबॉल

610. 'द्रोणाचार्य' पुरस्कार दिया जाता है—

(*a*) खेलों में श्रेष्ठ प्रदर्शन के लिए

(b) फिल्मों में श्रेष्ठ कार्य के लिए
(c) वीरता के लिए
(d) खेल प्रशिक्षकों के लिए

611. 'बुल्स आई' किस खेल से संबंधित है ?
(a) हॉकी (b) पोलो
(c) टेनिस (d) निशानेबाजी

612. केनन शब्द किस खेल से संबंधित है ?
(a) बैडमिन्टन (b) बिलियर्ड्स
(c) ब्रिज (d) क्रोपेट

613. ओलंपिक खेलों के ध्वज को सर्वप्रथम किस ओलंपिक में फहराया गया था?
(a) सिडनी (b) एंटवर्प
(c) लंदन (d) सियोल

614. डेविस कप का संबंध किससे है ?
(a) फुटबॉल (b) बैडमिन्टन
(c) क्रिकेट (d) लॉन टेनिस

615. क्रिकेट में प्रत्येक विकेट की लम्बाई होती है—
(a) 2 फीट (b) 2.5 फीट
(c) 28 इंच (d) 32 इंच

616. 'पेनल्टी किक' किस खेल से संबंधित है ?
(a) बास्केटबाल (b) वॉलीबाल
(c) फुटबॉल (d) हॉकी

617. भारतीय खिलाड़ी चिरंजीव मिल्खा सिंह निम्नलिखित में से किस खेल से संबंधित हैं?
(a) बॉक्सिंग (b) शतरंज
(c) गोल्फ (d) शूटिंग

618. सुमेल कीजिए—

सूची–I	सूची–II
(a) डेविस कप	1. क्रिकेट
(b) प्रुडेन्सियल कप	2. हॉकी
(c) डूरण्ड कप	3. फुटबॉल
(d) लेडी रतन टाटा ट्रॉफी	4. लॉन टेनिस

कूट :

	(a)	(b)	(c)	(d)
(a)	4	2	1	3
(b)	4	1	3	2
(c)	4	1	2	3
(d)	4	2	3	1

619. 'ध्यानचंद स्टेडियम' निम्नलिखित में से किस नगर में स्थित है ?
(a) कानपुर (b) गोरखपुर
(c) लखनऊ (d) प्रयागराज

620. जहांगीर खान और जानशेर खान किस खेल से संबंधित हैं ?
(a) फुटबॉल से (b) क्रिकेट से
(c) पोलो से (d) स्क्वैश से

621. रोजर फेडरर का संबंध किस खेल से है?
(a) बैडमिंटन (b) हॉकी
(c) टेनिस (d) क्रिकेट

622. सुमेलित कीजिए—

(a) देवधर ट्रॉफी	1. क्रिकेट
(b) डेविस कप	2. टेनिस
(c) डूरण्ड कप	3. फुटबॉल

	(a)	(b)	(c)
(a)	1	3	2
(b)	3	1	2
(c)	3	2	1
(d)	1	2	3

623. स्वेथलिंग कप किस खेल से संबंधित है ?
(a) गोल्फ (b) बिलियर्ड
(c) टेबुल टेनिस (d) लॉन टेनिस

624. एशेज (Ashes) शब्द किस खेल से संबंधित माना जाता है ?
(a) क्रिकेट (b) हॉकी
(c) फुटबॉल (d) बास्केटबॉल

625. थॉमस कप (Thomas Cup) किस खेल से संबंधित है ?
(a) टेबिल टेनिस (b) बैडमिंटन (पुरुष)
(c) फुटबॉल (d) क्रिकेट

626. निम्नलिखित में से कौन-सा सुमेलित नहीं है ?
(a) विम्बल्डन - लॉन टेनिस
(b) प्रकाश पादुकोन - बैडमिंटन
(c) सन्तोष ट्राफी - फुटबॉल
(d) बछेन्द्री पाल - तीरंदाजी

627. निम्न में से किसे शताब्दी का सर्वश्रेष्ठ फुटबॉल खिलाड़ी चुना गया है ?
(a) पेले (b) माराडोना
(c) रिवाल्डो (d) इनमें से कोई नहीं

628. ओलम्पिक पदक जीतने वाली प्रथम महिला थी-
(a) फ्लो जो (ऐथलेटिक्स) (b) चार्लट कपूर (टेनिस)
(c) मेरी लीला रो (d) जेनिफर क्रोमस

629. 'टी' शब्द किस खेल से संबंधित है ?
(a) गोल्फ (b) टेबिल टेनिस
(c) पोलो (d) हॉकी

630. 'लेडी रतन टाटा ट्रॉफी' किस खेल से संबंधित है ?
(a) फुटबॉल (b) हॉकी
(c) बास्केटबॉल (d) वॉलीबॉल

631. ओलम्पिक ध्वज प्रथम बार किस ओलंपिक में फहराया गया?
(a) 1904 पेरिस (b) 1908 लंदन
(c) 1912 स्टॉकहोम (d) 1920 एंटवर्प

632. हॉकी के खेल में 'गोलपोस्टों' के बीच कितनी दूरी होती है ?
(a) 2.98 मीटर (b) 3.12 मीटर
(c) 3.66 मीटर (d) 4 मीटर

633. शब्द स्टिक (Stick) किस खेल से संबंधित है ?
(a) हॉकी से (b) क्रिकेट से
(c) पोलो से (d) तीरंदाजी से

634. निम्नलिखित खेल और सम्बद्ध-पद का कौन सा युग्म सही नहीं है ?

	खेल	सम्बद्ध पद
(a)	कुश्ती	हाफ मेल्सन
(b)	बाक्सिग	बेंच प्रेस
(c)	गोल्फ	डोरमी
(d)	वॉलीबाल	स्मैश

635. निम्न में से किस खेल में ''फ्री-थ्रो'' दिया जाता है।
(a) वॉलीबॉल (b) बास्केटबॉल
(c) बैडमिन्टन (d) क्रिकेट

636. 'उबेर कप' किस खेल से संबंधित है ?
(a) हॉकी (b) बैडमिण्टन
(c) क्रिकेट (d) गोल्फ

637. चैम्पियन ट्राफी का संबंध किससे है ?
(a) हॉकी (b) क्रिकेट
(c) पोलो (d) फुटबॉल

638. कनाडा का राष्ट्रीय खेल क्या है ?
(a) बेसबॉल (b) हॉकी
(c) बर्फ पर हॉकी (d) फुटबॉल

639. 'ड्यूस' शब्द किस खेल से संबंधित है ?
(a) बिलियर्ड्स (b) हॉकी
(c) टेनिस (d) ब्रिज

640. 'ऐस' (Ace) शब्द निम्नलिखित किस खेल से जुड़ा है ?
(a) लॉन टेनिस से (b) क्रिकेट से
(c) हॉकी से (d) टेबिल टेनिस से

641. 'पिवॉट' शब्द संबंधित है ?
(a) वालीबॉल से (b) बास्केटबॉल से
(c) टेबल टेनिस से (d) गोल्फ से

642. रग्बी में कितने खिलाड़ी होते हैं ?
(a) 9 (b) 11
(c) 13 (d) 15

643. स्पेन का राष्ट्रीय खेल है—
(a) हॉकी (b) आइस हॉकी
(c) बुल फाइटिंग (d) बॉक्सिग

644. 'नॉक आउट' किस खेल से संबंधित है ?
(a) चैस (b) बॉक्सिग
(c) फुटबॉल (d) हॉकी

645. वाटर पोलो में प्रत्येक पक्ष में कितने खिलाड़ी होते हैं ?
(a) पांच (b) आठ
(c) सात (d) दस

646. निम्नलिखित में से कौन-सा युग्म सुमेलित नहीं है ?
(a) गली - क्रिकेट (b) पास - फुटबॉल
(c) इनफ्रिंजमेंट - हॉकी (d) लव - स्क्वॉश

647. सुब्रतो कप किस खेल से संबंधित है ?
(a) हॉकी (b) फुटबॉल
(c) क्रिकेट (d) गोल्फ

648. सुमेल कीजिए—

सूची–I	सूची–II
(*a*) बेंसन एंड हेजेस कप	1. हॉकी
(*b*) फीफा कप	2. क्रिकेट
(*c*) अजलान शाह कप	3. फुटबॉल
(*d*) डेविस कप	4. टेनिस

कूट :

	(*a*)	(*b*)	(*c*)	(*d*)
(*a*)	2	3	4	1
(*b*)	3	2	1	4
(*c*)	2	3	1	4
(*d*)	3	2	4	1

649. गुरु हनुमान किस खेल से संबंधित रहे थे ?
(*a*) हॉकी (*b*) कुश्ती
(*c*) फुटबॉल (*d*) कबड्डी

650. पुरुषों की बैडमिंटन प्रतियोगिता की ट्रॉफी है—
(*a*) डेविस कप (*b*) डूरंड कप
(*c*) थॉमस कप (*d*) उबेर कप

651. क्रिकेट में बीसवीं सदी का आखिरी विश्व कप किसने जीता ?
(*a*) पाकिस्तान (*b*) भारत
(*c*) इंगलैंड (*d*) आस्ट्रेलिया

652. 'गुगली' शब्द का प्रयोग किस खेल में किया जाता है ?
(*a*) हॉकी (*b*) फुटबॉल
(*c*) क्रिकेट (*d*) टेबल टेनिस

653. मर्डेका कप किससे जुड़ा है ?
(*a*) हॉकी (*b*) फुटबॉल
(*c*) क्रिकेट (*d*) लॉन टेनिस

654. Cannon, Cue, Pot ये तीन शब्द किस खेल से संबंधित हैं ?
(*a*) केवल बिलियर्ड
(*b*) केवल गोल्फ
(*c*) बिलियर्ड और गोल्फ दोनों
(*d*) बिलियर्ड, गोल्फ और शूटिंग

655. निम्नलिखित में से कौन–सा बिलियर्ड से संबंधित नहीं है ?
(*a*) विलियंस जोन्स (*b*) माइकेल फरेरा
(*c*) गीत सेठी (*d*) प्रकाश पादूकोन

656. फुटबॉल के साथ निम्नलिखित में से कौन–सा नाम जुड़ा है ?
(*a*) थॉमस कप (*b*) डेविस कप
(*c*) रंजीत ट्रॉफी (*d*) डुरंड कप

657. भारत की पहली महिला जिसने शतरंज का गैंडमास्टर का खिताब जीता, वह है—
(*a*) विजय लक्ष्मी पंडित (*b*) कर्नम मल्लेश्वरी
(*c*) मीनाक्षी (*d*) इनमें से कोई नहीं

658. क्रिकेट में भूमि से स्टंप की ऊंचाई कितनी होती है ?
(*a*) 30 इंच (*b*) 27 इंच
(*c*) 25 इंच (*d*) 32 इंच

659. निम्नलिखित में से किस खेल की प्रत्येक पक्ष की टीम में 11 खिलाड़ी नहीं होते ?
(*a*) क्रिकेट (*b*) हॉकी
(*c*) फुटबाल (*d*) खो–खो

660. सुमेलित कीजिए—

सूची–I	सूची–II
(*a*) सर डोनाल्ड ब्रेडमैन्	1. ब्राजील
(*b*) पेले	2. इण्डोनेशिया
(*c*) मार्टिना नवरातिलोवा	3. आस्ट्रेलिया
(*d*) सुसी सुसांति	4. संयुक्त राज्य अमरीका

कूट :

	(*a*)	(*b*)	(*c*)	(*d*)
(*a*)	3	1	2	4
(*b*)	3	1	4	2
(*c*)	1	3	4	2
(*d*)	1	3	2	4

661. वॉलीबाल में प्रत्येक पक्ष में कितने खिलाड़ी होते हैं ?
(*a*) 1 या 2 (*b*) 5
(*c*) 6 (*d*) 7

662. एशियाई खेल सर्वप्रथम किस वर्ष आयोजित किए गए ?
(*a*) 1950 (*b*) 1951
(*c*) 1952 (*d*) 1953

663. चायनामैन किस खेल से संबंधित है ?
(*a*) बैडमिंटन (*b*) फुटबाल
(*c*) क्रिकेट (*d*) लॉन टेनिस

664. 'आगा खां कप' किस खेल से संबद्ध है ?

(*a*) फुटबॉल (*b*) हॉकी
(*c*) बास्केटबॉल (*d*) वॉलीबाल

665. फीफा (FIFA) के संदर्भ में सही कथन का चयन करें—

(*a*) यह हॉकी से संबंधित सर्वोच्च अंतर्राष्ट्रीय संस्था है
(*b*) यह टेनिस से संबंधित सर्वोच्च अंतर्राष्ट्रीय संस्था है
(*c*) यह फुटबॉल से संबंधित सर्वोच्च अंतर्राष्ट्रीय संस्था है
(*d*) इनमें से कोई नहीं

उत्तरमाला

1	**2**	**3**	**4**	**5**	**6**	**7**	**8**	**9**	**10**
(*b*)	(*b*)	(*a*)	(*a*)	(*b*)	(*b*)	(*b*)	(*b*)	(*a*)	(*c*)
11	**12**	**13**	**14**	**15**	**16**	**17**	**18**	**19**	**20**
(*c*)	(*b*)	(*a*)	(*a*)	(*d*)	(*b*)	(*c*)	(*a*)	(*c*)	(*a*)
21	**22**	**23**	**24**	**25**	**26**	**27**	**28**	**29**	**30**
(*b*)	(*a*)	(*c*)	(*a*)	(*b*)	(*b*)	(*c*)	(*c*)	(*b*)	(*b*)
31	**32**	**33**	**34**	**35**	**36**	**37**	**38**	**39**	**40**
(*c*)	(*d*)	(*b*)	(*a*)	(*b*)	(*a*)	(*a*)	(*a*)	(*a*)	(*b*)
41	**42**	**43**	**44**	**45**	**46**	**47**	**48**	**49**	**50**
(*c*)	(*c*)	(*b*)	(*c*)	(*b*)	(*b*)	(*a*)	(*a*)	(*d*)	(*a*)
51	**52**	**53**	**54**	**55**	**56**	**57**	**58**	**59**	**60**
(*c*)	(*b*)	(*b*)	(*c*)	(*b*)	(*b*)	(*a*)	(*b*)	(*b*)	(*c*)
61	**62**	**63**	**64**	**65**	**66**	**67**	**68**	**69**	**70**
(*c*)	(*b*)	(*a*)	(*c*)	(*b*)	(*b*)	(*b*)	(*c*)	(*c*)	(*c*)
71	**72**	**73**	**74**	**75**	**76**	**77**	**78**	**79**	**80**
(*a*)	(*c*)	(*b*)	(*a*)	(*b*)	(*a*)	(*b*)	(*a*)	(*b*)	(*a*)
81	**82**	**83**	**84**	**85**	**86**	**87**	**88**	**89**	**90**
(*c*)	(*a*)	(*b*)	(*b*)	(*c*)	(*d*)	(*b*)	(*c*)	(*a*)	(*d*)
91	**92**	**93**	**94**	**95**	**96**	**97**	**98**	**99**	**100**
(*a*)	(*a*)	(*d*)	(*a*)	(*d*)	(*c*)	(*a*)	(*a*)	(*b*)	(*a*)
101	**102**	**103**	**104**	**105**	**106**	**107**	**108**	**109**	**110**
(*b*)	(*b*)	(*d*)	(*b*)	(*c*)	(*a*)	(*a*)	(*b*)	(*d*)	(*c*)
111	**112**	**113**	**114**	**115**	**116**	**117**	**118**	**119**	**120**
(*d*)	(*d*)	(*d*)	(*c*)	(*b*)	(*b*)	(*d*)	(*b*)	(*a*)	(*d*)
121	**122**	**123**	**124**	**125**	**126**	**127**	**128**	**129**	**130**
(*b*)	(*c*)	(*c*)	(*d*)	(*d*)	(*c*)	(*b*)	(*c*)	(*d*)	(*a*)
131	**132**	**133**	**134**	**135**	**136**	**137**	**138**	**139**	**140**
(*c*)	(*b*)	(*c*)	(*c*)	(*a*)	(*b*)	(*c*)	(*c*)	(*c*)	(*d*)
141	**142**	**143**	**144**	**145**	**146**	**147**	**148**	**149**	**150**
(*a*)	(*a*)	(*b*)	(*d*)	(*b*)	(*b*)	(*b*)	(*a*)	(*c*)	(*d*)
151	**152**	**153**	**154**	**155**	**156**	**157**	**158**	**159**	**160**
(*b*)	(*b*)	(*b*)	(*b*)	(*b*)	(*a*)	(*c*)	(*b*)	(*a*)	(*c*)
161	**162**	**163**	**164**	**165**	**166**	**167**	**168**	**169**	**170**
(*c*)	(*b*)	(*a*)	(*c*)	(*b*)	(*d*)	(*b*)	(*b*)	(*c*)	(*c*)
171	**172**	**173**	**174**	**175**	**176**	**177**	**178**	**179**	**180**
(*b*)	(*d*)	(*b*)	(*a*)	(*b*)	(*c*)	(*a*)	(*c*)	(*b*)	(*c*)
181	**182**	**183**	**184**	**185**	**186**	**187**	**188**	**189**	**190**
(*c*)	(*b*)	(*a*)	(*a*)	(*b*)	(*d*)	(*c*)	(*b*)	(*a*)	(*a*)
191	**192**	**193**	**194**	**195**	**196**	**197**	**198**	**199**	**200**
(*a*)	(*b*)	(*b*)	(*b*)	(*c*)	(*c*)	(*b*)	(*a*)	(*c*)	(*d*)

201	202	203	204	205	206	207	208	209	210
(b)	*(d)*	*(b)*	*(b)*	*(a)*	*(c)*	*(c)*	*(c)*	*(d)*	*(a)*
211	**212**	**213**	**214**	**215**	**216**	**217**	**218**	**219**	**220**
(d)	*(d)*	*(d)*	*(a)*	*(a)*	*(a)*	*(b)*	*(b)*	*(a)*	*(c)*
221	**222**	**223**	**224**	**225**	**226**	**227**	**228**	**229**	**230**
(d)	*(b)*	*(b)*	*(b)*	*(b)*	*(a)*	*(a)*	*(b)*	*(d)*	*(d)*
231	**232**	**233**	**234**	**235**	**236**	**237**	**238**	**239**	**240**
(c)	*(b)*	*(a)*	*(c)*	*(b)*	*(d)*	*(a)*	*(a)*	*(c)*	*(c)*
241	**242**	**243**	**244**	**245**	**246**	**247**	**248**	**249**	**250**
(b)	*(c)*	*(a)*	*(b)*	*(d)*	*(a)*	*(d)*	*(b)*	*(c)*	*(c)*
251	**252**	**253**	**254**	**255**	**256**	**257**	**258**	**259**	**260**
(a)	*(b)*	*(a)*	*(c)*	*(a)*	*(c)*	*(b)*	*(c)*	*(c)*	*(a)*
261	**262**	**263**	**264**	**265**	**266**	**267**	**268**	**269**	**270**
(c)	*(b)*	*(a)*	*(d)*	*(d)*	*(a)*	*(b)*	*(d)*	*(d)*	*(c)*
271	**272**	**273**	**274**	**275**	**276**	**277**	**278**	**279**	**280**
(a)	*(c)*	*(a)*	*(a)*	*(d)*	*(b)*	*(c)*	*(a)*	*(b)*	*(d)*
281	**282**	**283**	**284**	**285**	**286**	**287**	**288**	**289**	**290**
(a)	*(b)*	*(c)*	*(a)*	*(c)*	*(a)*	*(d)*	*(c)*	*(c)*	*(c)*
291	**292**	**293**	**294**	**295**	**296**	**297**	**298**	**299**	**300**
(c)	*(d)*	*(a)*	*(b)*	*(c)*	*(d)*	*(d)*	*(c)*	*(b)*	*(a)*
301	**302**	**303**	**304**	**305**	**306**	**307**	**308**	**309**	**310**
(b)	*(a)*	*(c)*	*(d)*	*(b)*	*(c)*	*(a)*	*(c)*	*(d)*	*(d)*
311	**312**	**313**	**314**	**315**	**316**	**317**	**318**	**319**	**320**
(d)	*(b)*	*(d)*	*(a)*	*(c)*	*(d)*	*(d)*	*(c)*	*(a)*	*(b)*
321	**322**	**323**	**324**	**325**	**326**	**327**	**328**	**329**	**330**
(c)	*(b)*	*(a)*	*(d)*	*(b)*	*(c)*	*(a)*	*(d)*	*(b)*	*(a)*
331	**332**	**333**	**334**	**335**	**336**	**337**	**338**	**339**	**340**
(c)	*(b)*	*(d)*	*(a)*	*(d)*	*(d)*	*(a)*	*(b)*	*(d)*	*(a)*
341	**342**	**343**	**344**	**345**	**346**	**347**	**348**	**349**	**350**
(c)	*(c)*	*(a)*	*(d)*	*(c)*	*(d)*	*(d)*	*(b)*	*(c)*	*(c)*
351	**352**	**353**	**354**	**355**	**356**	**357**	**358**	**359**	**360**
(b)	*(d)*	*(d)*	*(d)*	*(d)*	*(d)*	*(a)*	*(d)*	*(a)*	*(d)*
361	**362**	**363**	**364**	**365**	**366**	**367**	**368**	**369**	**370**
(d)	*(a)*	*(b)*	*(b)*	*(d)*	*(d)*	*(d)*	*(a)*	*(c)*	*(b)*
371	**372**	**373**	**374**	**375**	**376**	**377**	**378**	**379**	**380**
(c)	*(a)*	*(b)*	*(d)*	*(c)*	*(d)*	*(c)*	*(d)*	*(d)*	*(c)*
381	**382**	**383**	**384**	**385**	**386**	**387**	**388**	**389**	**390**
(d)	*(b)*	*(c)*	*(c)*	*(c)*	*(d)*	*(c)*	*(d)*	*(b)*	*(d)*
391	**392**	**393**	**394**	**395**	**396**	**397**	**398**	**399**	**400**
(d)	*(a)*	*(b)*	*(d)*	*(c)*	*(d)*	*(d)*	*(b)*	*(a)*	*(a)*
401	**402**	**403**	**404**	**405**	**406**	**407**	**408**	**409**	**410**
(a)	*(b)*	*(c)*	*(d)*	*(a)*	*(b)*	*(d)*	*(c)*	*(d)*	*(a)*
411	**412**	**413**	**414**	**415**	**416**	**417**	**418**	**419**	**420**
(b)	*(c)*	*(a)*	*(b)*	*(d)*	*(c)*	*(c)*	*(d)*	*(a)*	*(b)*
421	**422**	**423**	**424**	**425**	**426**	**427**	**428**	**429**	**430**
(c)	*(d)*	*(b)*	*(b)*	*(c)*	*(a)*	*(b)*	*(d)*	*(a)*	*(b)*
431	**432**	**433**	**434**	**435**	**436**	**437**	**438**	**439**	**440**
(a)	*(c)*	*(d)*	*(a)*	*(b)*	*(d)*	*(d)*	*(d)*	*(a)*	*(b)*

441	442	443	444	445	446	447	448	449	450
(a)	*(c)*	*(a)*	*(d)*	*(d)*	*(a)*	*(d)*	*(d)*	*(d)*	*(c)*
451	**452**	**453**	**454**	**455**	**456**	**457**	**458**	**459**	**460**
(c)	*(c)*	*(a)*	*(c)*	*(d)*	*(a)*	*(d)*	*(d)*	*(a)*	*(b)*
461	**462**	**463**	**464**	**465**	**466**	**467**	**468**	**469**	**470**
(d)	*(c)*	*(b)*	*(a)*	*(c)*	*(d)*	*(b)*	*(a)*	*(c)*	*(d)*
471	**472**	**473**	**474**	**475**	**476**	**477**	**478**	**479**	**480**
(b)	*(a)*	*(c)*	*(a)*	*(d)*	*(a)*	*(b)*	*(a)*	*(a)*	*(d)*
481	**482**	**483**	**484**	**485**	**486**	**487**	**488**	**489**	**490**
(d)	*(a)*	*(b)*	*(c)*	*(a)*	*(b)*	*(c)*	*(a)*	*(c)*	*(b)*
491	**492**	**493**	**494**	**495**	**496**	**497**	**498**	**499**	**500**
(d)	*(d)*	*(a)*	*(b)*	*(c)*	*(d)*	*(d)*	*(b)*	*(c)*	*(d)*
501	**502**	**503**	**504**	**505**	**506**	**507**	**508**	**509**	**510**
(b)	*(a)*	*(b)*	*(a)*	*(b)*	*(b)*	*(b)*	*(b)*	*(a)*	*(b)*
511	**512**	**513**	**514**	**515**	**516**	**517**	**518**	**519**	**520**
(b)	*(b)*	*(c)*	*(c)*	*(b)*	*(c)*	*(a)*	*(c)*	*(c)*	*(b)*
521	**522**	**523**	**524**	**525**	**526**	**527**	**528**	**529**	**530**
(a)	*(c)*	*(a)*	*(b)*	*(b)*	*(c)*	*(a)*	*(c)*	*(c)*	*(c)*
531	**532**	**533**	**534**	**535**	**536**	**537**	**538**	**539**	**540**
(b)	*(c)*	*(b)*	*(c)*	*(b)*	*(b)*	*(b)*	*(c)*	*(b)*	*(c)*
541	**542**	**543**	**544**	**545**	**546**	**547**	**548**	**549**	**550**
(b)	*(c)*	*(b)*	*(c)*	*(c)*	*(b)*	*(b)*	*(c)*	*(c)*	*(b)*
551	**552**	**553**	**554**	**555**	**556**	**557**	**558**	**559**	**560**
(b)	*(c)*	*(c)*	*(c)*	*(b)*	*(a)*	*(c)*	*(b)*	*(c)*	*(a)*
561	**562**	**563**	**564**	**565**	**566**	**567**	**568**	**569**	**570**
(b)	*(a)*	*(a)*	*(d)*	*(b)*	*(c)*	*(b)*	*(c)*	*(c)*	*(b)*
571	**572**	**573**	**574**	**575**	**576**	**577**	**578**	**579**	**580**
(b)	*(c)*	*(c)*	*(b)*	*(c)*	*(b)*	*(c)*	*(d)*	*(b)*	*(c)*
581	**582**	**583**	**584**	**585**	**586**	**587**	**588**	**589**	**590**
(d)	*(b)*	*(b)*	*(c)*	*(b)*	*(c)*	*(d)*	*(b)*	*(a)*	*(c)*
591	**592**	**593**	**594**	**595**	**596**	**597**	**598**	**599**	**600**
(b)	*(c)*	*(b)*	*(c)*	*(a)*	*(d)*	*(c)*	*(b)*	*(b)*	*(a)*
601	**602**	**603**	**604**	**605**	**606**	**607**	**608**	**609**	**610**
(b)	*(c)*	*(b)*	*(c)*	*(b)*	*(c)*	*(b)*	*(d)*	*(a)*	*(d)*
611	**612**	**613**	**614**	**615**	**616**	**617**	**618**	**619**	**620**
(d)	*(b)*	*(b)*	*(d)*	*(c)*	*(c)*	*(c)*	*(b)*	*(c)*	*(d)*
621	**622**	**623**	**624**	**625**	**626**	**627**	**628**	**629**	**630**
(c)	*(d)*	*(c)*	*(a)*	*(b)*	*(d)*	*(a)*	*(b)*	*(a)*	*(b)*
631	**632**	**633**	**634**	**635**	**636**	**637**	**638**	**639**	**640**
(d)	*(c)*	*(a)*	*(b)*	*(b)*	*(b)*	*(a)*	*(c)*	*(c)*	*(a)*
641	**642**	**643**	**644**	**645**	**646**	**647**	**648**	**649**	**650**
(b)	*(d)*	*(c)*	*(b)*	*(c)*	*(d)*	*(b)*	*(c)*	*(b)*	*(c)*
651	**652**	**653**	**654**	**655**	**656**	**657**	**658**	**659**	**660**
(d)	*(c)*	*(d)*	*(a)*	*(d)*	*(d)*	*(a)*	*(b)*	*(d)*	*(b)*
661	**662**	**663**	**664**	**665**					
(c)	*(b)*	*(c)*	*(b)*	*(c)*					

❑❑❑

शारीरिक एवं स्वास्थ्य शिक्षा

खण्ड – A

1. शारीरिक शिक्षा की अवधारणा
2. शारीरिक शिक्षा का शरीर–क्रियात्मक आधार
3. शारीरिक शिक्षा का मनोवैज्ञानिक आधार
4. शारीरिक फिटनेस
5. क्रीड़ा प्रशिक्षण
6. शारीरिक शिक्षा के सामाजिक आधार

अध्याय

1

शारीरिक शिक्षा की अवधारणा

शारीरिक शिक्षा

मनुष्य जन्म से मृत्युपर्यन्त तक किसी न किसी रूप में शिक्षा ग्रहण करता रहता है। अर्थात् मानव जीवन का मूल आधार ही शिक्षा है। सामान्य शिक्षा में जीवन को परिष्कृत कर उसे सामाजिक आवश्यकताओं के अनुरूप ढाला जाता है। जिसके लिए विभिन्न तत्त्वों का प्रयोग किया जाता है। जैसे-जैसे विश्व की सभ्यताओं का विकास हुआ वैसे-वैसे ही शिक्षा से सम्बन्धित विभिन्न साधनों का आविष्कार हुआ। शिक्षा का प्रमुख उद्देश्य है व्यक्ति की सुसुप्त शक्तियों को जागृत कर उसे श्रेष्ठ बनाना। शिक्षा द्वारा व्यक्ति का सामाजिक, बौद्धिक, शारीरिक, मानसिक तथा आध्यात्मिक विकास होता है।

प्राचीन काल तथा आधुनिक काल के मनुष्यों तथा शिक्षा दोनों में काफी अन्तर पाया जाता है। प्राचीन काल में शिक्षा आश्रमों में दी जाती थी परन्तु अब विद्यालयों का निर्माण हो चुका है। आज का युग मशीनी युग है। आजकल प्रत्येक कार्य मशीनों द्वारा संभव है। अत: मनुष्य को अधिक शारीरिक श्रम की आवश्यकता नहीं पड़ती। अपितु व्यक्ति की मानसिक शक्ति का बहुतायत में प्रयोग होता है जिस कारण मनुष्य की मांसपेशियां शिथिल होती जा रही है।

सुन्दर बनने के लिए यह आवश्यक है कि व्यक्ति का शरीर सुन्दर तथा सुडौल हो। उसकी मानसिक शक्तियों के विकास के साथ-साथ उसका नैतिक विकास भी आवश्यक है। शिक्षा प्रणाली वही उत्तम कहलाती है जिसमें व्यक्ति के व्यक्तित्व का संतुलित विकास हो। वर्तमान शिक्षा प्रणाली में यह संतुलन प्राय: नहीं देखा जाता। आज की शिक्षा केवल पुस्तकीय ज्ञान पर ही आधारित है। आज ऐसी शिक्षा प्रणाली की आवश्यकता है जिससे बालक का सर्वांगीण विकास हो सके। इसमें मानसिक, सामाजिक, शारीरिक तथा संवेगात्मक विकास की ओर पूर्ण ध्यान दिया जाना चाहिए। इसलिए यह आवश्यक है कि बालक को सामान्य शिक्षा के साथ-साथ शारीरिक शिक्षा का भी ज्ञान प्राप्त करवाया जाए।

प्राचीन काल में शिक्षा का मुख्य उद्देश्य व्यक्ति का सर्वांगीण विकास करना था जिसमें शारीरिक विकास तथा स्वास्थ्य विकास भी सम्मिलित था। परन्तु आधुनिक युग में शारीरिक शिक्षा का अर्थ है 'शरीर की शिक्षा' शारीरिक शिक्षा के सम्बन्ध में कई धारणाएं प्रचलित हैं जैसे-

1. कई लोग दौड़, कूद, फेंक, हॉकी, फुटबाल आदि खेलों को शारीरिक शिक्षा समझते हैं। यह खेल केवल शारीरिक शिक्षा के कार्यक्रम के अन्तर्गत आते हैं। परन्तु यह खेल स्वयं शारीरिक शिक्षा नहीं हैं।
2. कई लोग पी.टी. (P.T.) को ही शारीरिक शिक्षा कहते हैं। पी.टी. फिजिकल ट्रेनिंग (Physical Training) की शार्ट फॉम है। फिजिकल ट्रेनिंग का शब्दार्थ शारीरिक प्रशिक्षण लिया जा सकता है। पी.टी. में कुछ व्यायामों की एक श्रृंखला बनाकर अभ्यास कराया जाता है। जिससे शरीर स्वस्थ, बलशाली और सहनशील बनता है। विशेषत: इस प्रकार के कार्यक्रम सेना तथा पुलिस केन्द्रों में प्रयोग किए जाते हैं जिससे सैनिकों को स्वस्थ रखा जा सके।
3. ड्रिल (Drill) को भी शारीरिक शिक्षा कहा जाता है। सेना में किसी भी क्रमबद्ध कार्य को ड्रिल कहा जाता है। यदि व्यक्तिगत व्यायामों को सामूहिक रूप से करवाया जाए तो उसे मास ड्रिल (Mass Drill) कहा जाता है।
4. कई लोग फिजिकल कल्चर (Physical Culture) को भी शारीरिक शिक्षा मानते हैं। फिजिकल कल्चर में भार उठाने की क्रियाएं की जाती हैं। 19 वीं शताब्दी में शारीरिक शिक्षा को फिजिकल कल्चर कहा जाता था।
5. कई लोग जिमनास्टिक को शारीरिक शिक्षा का नाम देते हैं। जिमनास्टिक में आपरेटर्स के सभी कार्य सम्मिलित होते हैं और यह शारीरिक शिक्षा कार्यक्रम में महत्वपूर्ण स्थान रखते हैं परन्तु यह स्वयं शारीरिक शिक्षा नहीं है। परन्तु यूरोपीय विचारधारा के प्रभाव के कारण इस शब्द का प्रयोग शारीरिक शिक्षा के पर्यायवाची शब्द के रूप में किया जाता है।

उपरोक्त सभी धारणाएं मिथ्या हैं। ये सभी शारीरिक शिक्षा के अंग हैं शारीरिक शिक्षा नहीं।

शारीरिक शिक्षा को यदि शरीर द्वारा शिक्षा (Education through the physical) कहा जाए तो अतिशयोक्ति नहीं होगी। शारीरिक शिक्षा के अर्थ को पूर्ण रूप से जानने के लिए हम नीचे शारीरिक शिक्षा की कुछ परिभाषाएं दे रहे हैं।

शारीरिक शिक्षा की परिभाषाएं

ब्राउनेल एवं हगमेन

"Physical Education is the accumulation of wholesome experiences through participation in large muscular activities that promote optimum growth and development."

जे. एफ. विलियम्स

"शारीरिक शिक्षा उन शारीरिक क्रियाकलापों को कहते हैं, जिनका चुनाव उनके प्रभाव की दृष्टि से किया जाता है।"

"Physical Education is the sum of the man's physical activities selected as to kind, and conducted as to out come."

आर. कैसिडी

"शारीरिक क्रियाओं पर केन्द्रित अनुभवों द्वारा जो परिवर्तन मानव में आते हैं, वे ही शारीरिक शिक्षा कहलाते हैं।"

"Physical Education is the sum of the changes in the individual caused by experiences centering in motor activity."

हैरी क्रो बक

"शारीरिक शिक्षा, शिक्षा के कार्यक्रम का वह भाग है, जिसमें शारीरिक कार्यक्रमों द्वारा सम्पूर्ण बच्चे की शिक्षा है। शरीरिक कार्यक्रम साधन हैं और उन्हें इस प्रकार चुनकर कराया जाता है कि इनका प्रभाव बच्चे के सम्पूर्ण जीवन पर पड़े, जिसमें शारीरिक, मानसिक, संवेगात्मक तथा नैतिक सभी अंग सम्मिलित हैं।"

"Physical Education is that part of the general education programme which is concerned with the growth, development and education of children through the medium of big muscle activities. It is education of the whole child by means of Physical activities. Physical activities are the tools. They are so selected and conducted as to influence every aspect of child's life, physically, mentally, emotionally and morally."

शारीरिक शिक्षा के ध्येय, उद्देश्य तथा लक्ष्य

वैसे तो ध्येय (Aim), उद्देश्य (Objective) तथा लक्ष्य (Goal) तीनों का एक ही अर्थ में प्रयोग किया जाता है, परन्तु वास्तव में इनके अर्थ भिन्न-भिन्न हैं। किसी को आदर्श मानकर उसके प्रति प्रयत्नशील रहना ध्येय (Aim) कहलाता है। ध्येय की प्राप्ति के लिए कार्य करना उद्देश्य (Objective) कहलाता है तथा ऐसा निश्चय जिसकी प्राप्ति से एक अथवा अधिक उद्देश्यों की प्राप्ति हो सकती है, लक्ष्य (Goal) कहलाता है।

शारीरिक शिक्षा का ध्येय

शारीरिक शिक्षा के ध्येय निम्नलिखित हैं–

1. मनुष्य के अनुभव को इस सीमा तक प्रभावित किया जाए कि वह अपनी योग्यता एवं पात्रतानुसार समाज में उचित स्थान ग्रहण कर सके।
2. मनुष्य अपनी आवश्यकताओं की पूर्ति करने में समर्थ बन सके।
3. मनुष्य स्वस्थ जीवन व्यतीत करे।
4. मनुष्य को मानसिक दृष्टि से प्रेरक तथा संतोषप्रद बनाना।
5. मनुष्य को सामाजिक दृष्टि से स्वस्थ बनाना।
6. मनुष्य को योग्य नागरिक बनाना।
7. मनुष्य को शारीरिक, मानसिक तथा संवेगात्मक दृष्टि से सक्षम बनाना।

जे.आर. शर्मन

"शारीरिक शिक्षा का ध्येय है कि मनुष्य के अनुभव को इस सीमा तक प्रभावित किया जाए कि वह अपनी योग्यता एवं पात्रतानुसार समाज में उचित स्थान ग्रहण कर सके, अपनी आवश्यकताओं को बढ़ा सके तथा उन्नत कर सके और इन्हें पूरा करने में समर्थ हो।"

"The aim of physical education is to influence the experiences of persons to the extent that each individual within the limits of his capacity may be helped to adjust successfully in society, to increase and improve his wants, and to develop the ability to satisfy his wants."

जे. एफ. विलियम

"शारीरिक शिक्षा का ध्येय व्यक्ति तथा समाज के लिए योग्य नेतृत्व, उपयुक्त साधन तथा पर्याप्त समय उपलब्ध कराना है, जिससे व्यक्ति तथा समाज ऐसी परिस्थितियों में भाग ले सके जो व्यक्ति तथा समाज के लिए शारीरिक दृष्टि से आनन्ददायक हो, मानसिक दृष्टि से प्रेरक तथा संतोषप्रद हो तथा सामाजिक दृष्टि से स्वस्थ हो"

"Physical Education should aim to provide the skilled leadership, adequate facilities and ample time for affording full opportunity for individuals and groups to participate in situations that are physically whole-some, mentally stimulating and satisfying and socially sound."

भारत सरकार के सलाहकार मण्डल

''शारीरिक शिक्षा का ध्येय प्रत्येक बच्चे को शारीरिक, मानसिक तथा संवेगात्मक दृष्टि से सक्षम बनाना होना चाहिए तथा उसमें ऐसे व्यक्तिगत तथा सामाजिक गुणों को विकसित किया जाना चाहिए जिससे वह समाज के अन्य सदस्यों के साथ सुखपूर्वक रह सके तथा एक अच्छा नागरिक बन सके।''

"The aim of Physical Education must be to make every child physically, mentally and emotionally fit and also to develop in him such personal and social qualities as will help him to live happily with others and build him up as good citizen."

शारीरिक शिक्षा के उद्देश्य

शारीरिक शिक्षा के उद्देश्य निम्नलिखित हैं-

1. शारीरिक शिक्षा द्वारा सुडौल व्यक्तित्व का विकास करना।
2. रोगों से मुक्ति प्राप्त करना।
3. नियमित रूप से व्यायाम और खेल को बढ़ावा देना ताकि बालक की मानसिक चिन्ता और दबाव को दूर किया जा सके।
4. स्वास्थ्य में निरन्तर सुधार करना।
5. सभी प्रकार के गुणों जैसे बुद्धिमता, आत्मविश्वास आदि का विकास करना।
6. सामाजिक गुणों जैसे मिल-जुल कर कार्य करना, आज्ञा का पालन करना सम्भव हो पाता है।
7. कार्यकुशलता का विकास करना।
8. शरीर का पूर्ण रूप से विकास करना।
9. नाड़ी मांसपेशी संस्थान का विकास करना ताकि दोनों संस्थानों के कार्य में समन्वय हो सके।
10. मनुष्य में संयम, साहस, सहयोग, नम्रता, शील, नेतृत्व शक्ति, अनुशासन, सहृदयता, सहयोग आदि नागरिकता के गुणों का विकास करना।
11. मनोरंजनात्मक कार्यों में भाग लेने की रुचि पैदा करना।
12. सामाजिक, आर्थिक एवं राजनैतिक क्षमता का विकास करना।
13. बालक को अतिरिक्त शक्ति को बाहर निकालने का उचित मार्ग प्रदान करना।
14. दैनिक जीवन की गतिविधियों को नियमित एवं निश्चित स्वरूप प्रदान करना।
15. शारीरिक शिक्षा में प्रदर्शन के प्रयत्न करना।

शारीरिक शिक्षा के लक्ष्य

शारीरिक शिक्षा के लक्ष्य निम्नलिखित हैं-

1. बच्चों को रोग मुक्त रखना।
2. बच्चों में स्पोर्टसमैन स्प्रिट (Sportsman Spirit) पैदा करना।
3. नागरिकता के आवश्यक गुणों का विकास करना।
4. बच्चों की रुचि के अनुसार ही खेल तथा अन्य कार्यक्रमों का प्रावधान करना।
5. बच्चों के शरीर को सुडौल तथा सुन्दर बनाना।
6. व्यक्तित्व का निर्माण करना।
7. शरीर की भौतिक क्रियाओं पर नियन्त्रण रखना सिखाना।
8. परिवार का एक अच्छा सदस्य बनाना।
9. फालतू समय का सदुपयोग करना।

शारीरिक शिक्षा की आवश्यकता

वर्तमान युग में शिक्षा का आधार केवल पुस्तकों तक ही सीमित है। जिससे बच्चों का मानसिक, बौद्धिक तथा नैतिक विकास तो होता है परन्तु उसका शारीरिक विकास नहीं हो पाता। वैसे भी आज का युग मशीनी युग है जिसमें सभी कार्य मशीनों द्वारा संभव है। इन कार्यों में मानसिक श्रम तो अधिक लगता है। परन्तु शारीरिक श्रम नाममात्र का लगता है। जिससे मनुष्य की मांसपेशियां शिथिल होती जा रही है। मनुष्य प्रकृति से दूर होता जा रहा है।

शहरों की अपेक्षा गांव के मनुष्य अधिक चुस्त होते हैं कारण गांव में मशीनों का प्रयोग नहीं किया जाता, अपितु व्यक्ति अपना कार्य स्वयं करता है जिससे उसका शारीरिक विकास होता है। इन कारणों को देखते हुए शारीरिक शिक्षा की आवश्यकता और बढ़ जाती है। शारीरिक शिक्षा केवल शारीरिक विकास के लिए ही नहीं अपितु व्यक्ति के सामाजिक, मानसिक, बौद्धिक, नैतिक, संवेगात्मक तथा आध्यात्मिक विकास के लिए भी उपयोगी है। शारीरिक शिक्षा को सामान्य शिक्षा का ही अंग माना जा सकता है। नीचे हम शारीरिक शिक्षा की आवश्यकता से सम्बन्धित कुछ विचार दे रहे हैं-

श्री रामकृष्ण परमहंस

दूध में भीगे नरम फूले हुए चावलों की भांति निर्बल बुद्धि वाला व्यक्ति किसी काम का नहीं होता है। वह कुछ भी प्राप्त

नहीं कर सकता परन्तु शक्तिशाली तथा पौरूषत्व रखने वाला व्यक्ति ही पराक्रमी कहलाता है। वह ही जीवन में सब कुछ कर सकता है सब कुछ प्राप्त कर सकता है।

रूसो

"स्वस्थ शरीर होने से ही, मन की कार्यविधि सुगम तथा सुनिश्चित होती है।"

स्वामी विवेकानन्द

"भारतवर्ष में आज भगवत् गीता की इतनी आवश्यकता नहीं है जितनी कि फुटबाल के मैदानों की है।"

हरवर्ट स्पैंसर

"व्यक्ति की पूर्ण अभिव्यक्ति के लिए शारीरिक, नैतिक और मानसिक क्रियाओं को करने की आवश्यकता होती है।"

उपरोक्त विचारों से यह बात स्पष्ट होती है कि शारीरिक शिक्षा की आवश्यकता को अनदेखा नहीं किया जा सकता। शारीरिक शिक्षा की आवश्यकता को निम्न प्रकार से आँका जा सकता है-

1. नवयुवकों को शारीरिक शिक्षा देना अति आवश्यक है ताकि देश को सुदृढ़ तथा शक्तिशाली बनाया जा सके।
2. वैज्ञानिक प्रगति होने के कारण व्यक्ति अपनी जरुरतों को पूरा करने के लिए मशीनों का सहारा लेता है जिससे उसका शारीरिक श्रम कम लगता है। अत: शारीरिक शिक्षा की आवश्यकता और बढ़ जाती है।
3. शारीरिक शिक्षा द्वारा बच्चों का शारीरिक तथा मानसिक विकास किया जा सकता है।
4. जिन अंगों का नियमित उपयोग नहीं होता शारीरिक व्यायाम द्वारा उनको शिथिल या क्षीण होने से बचाया जा सकता है।
5. शारीरिक शिक्षा द्वारा व्यक्ति को आत्मनिर्भर बनाया जा सकता है क्योंकि इस परिवर्तनशील समाज ने व्यक्ति को आत्मनिर्भरता से दूर कर दिया है।
6. शारीरिक व्यायामों द्वारा बच्चों के शारीरिक विकारों को दूर किया जा सकता है।
7. शारीरिक व्यायामों द्वारा शरीर को निरोगी रखा जा सकता है।
8. शारीरिक व्यायामों द्वारा व्यक्ति की शारीरिक क्षमता का विकास संभव है।
9. शारीरिक शिक्षा द्वारा व्यक्ति में नेतृत्व के गुणों का विकास किया जा सकता है।
10. शारीरिक शिक्षा द्वारा व्यक्ति में सहयोग, सहनशील, पारस्परिक मेल-जोल,धैर्य, अनुशासन, साहस आदि गुणों का विकास संभव है।
11. खाली समय में व्यक्ति को कार्य-व्यस्त रखने के लिए शारीरिक शिक्षा के कार्यक्रम की अत्यन्त आवश्यकता है।
12. मनुष्य के अच्छे व्यक्तित्व निर्माण के लिए शारीरिक शिक्षा अत्यन्त आवश्यक है।
13. शारीरिक शिक्षा द्वारा स्वास्थ्य उत्तम रहता है।
14. शारीरिक शिक्षा द्वारा मनुष्य का मनोवैज्ञानिक सन्तुलन बना रहता है।
15. शारीरिक शिक्षा आत्मा और शरीर को ही नहीं बल्कि सम्पूर्ण मनुष्य को प्रशिक्षित करती है।

शिक्षा तथा शारीरिक शिक्षा का सम्बन्ध

मनुष्य जन्म से लेकर मृत्यु पर्यन्त तक शिक्षा द्वारा सीखता है। मानव जीवन का मूल आधार ही शिक्षा है। शिक्षा ग्रहण करने का चलन प्राचीन काल से चला आ रहा है। प्राचीन काल में मुनष्य गुरुकुल में रहकर शिक्षा ग्रहण करता था। अब वह स्कूल तथा कॉलेजों में जाकर शिक्षा ग्रहण करता है। शिक्षा का अर्थ केवल इतना ही नहीं है कि स्कूल में जाकर विभिन्न विषयों का अध्ययन किया जाए। कई बार विभिन्न विषयों का ज्ञान प्राप्त करने के बाद भी व्यक्ति अशिक्षित रहता है। 'शिक्षा' मनुष्य की सर्वांगीण विकास प्रक्रिया का नाम है। मनुष्य अपने जीवन की सभी विकास अवस्थाओं (बाल्यावस्था, किशोरावस्था, वृद्धावस्था) में शिक्षा ग्रहण करता है। शिक्षा द्वारा मनुष्य का शारीरिक, मानसिक, बौद्धिक तथा सामाजिक विकास होता है। शिक्षा द्वारा मनुष्य की आन्तरिक शक्तियों तथा गुणों का विकास होता है। वही व्यक्ति शिक्षित माना जा सकता है जिसमें सभी गुणों का विकास पूर्ण रूप से हो। बच्चा पैदा होने के साथ ही अपने माता-पिता, भाई-बहन, परिवार जन तथा आस-पास रहने वाले लोगों से कुछ ना कुछ सीखता है। यह भी एक प्रकार की शिक्षा ही है। शिक्षा द्वारा ही व्यक्ति अपने रहन-सहन, आचार-विचार तथा व्यवहार में परिवर्तन लाता है।

शिक्षा एवं शारीरिक शिक्षा का गहरा सम्बन्ध है। अधिशिक्षा द्वारा खिलाड़ियों का सम्पूर्ण विकास किया जाता है। अधिशिक्षा शिक्षा के उद्देश्यों को पूर्ण करती है। अधिशिक्षा को शिक्षा का माध्यम कहा गया है। इसमें निम्नलिखित बातों का उल्लेख है-

1. स्वास्थ्य (Health)
2. नागरिकता (Citizenship)
3. आत्म विकास (Self Development)

4. मानसिक विकास (Mental Development)
5. व्यावसायिक क्षमता (Professional Efficiency)
6. सामाजिक विकास (Social Development)
7. नेतृत्व (Leadership)
8. खाली समय का सदुपयोग (Use of Leisure Time)

इनका विवरण निम्नलिखित है–

1. **स्वास्थ्यः** शिक्षा, शारीरिक शिक्षा तथा अधिशिक्षा के कार्यक्रमों को सफल बनाने के लिए जरुरी है कि व्यक्ति एवं खिलाड़ियों के स्वास्थ्य का ध्यान रखा जाए। एक स्वस्थ व्यक्ति एवं खिलाड़ी ही विभिन्न क्रियाओं में भाग ले सकता है तथा उनमें सफलता पा सकता है। इसके लिए शिक्षक स्वास्थ्य शिक्षा का सहारा लेता है। अत: शिक्षक को शिक्षा का ज्ञान होना आवश्यक है क्योंकि स्वास्थ्य शिक्षा, शिक्षा का ही अंग है।

2. **नागरिकताः** शिक्षक का कार्य खिलाड़ियों में अच्छे गुणों का विकास करना है। जिससे खिलाड़ी कौशलों को अच्छी प्रकार सीख सके। अच्छे गुणों वाला व्यक्ति ही अच्छा नागरिक बन सकता है। अधिशिक्षा द्वारा खिलाड़ियों के कौशलों का विकास कर उन्हें अच्छा नागरिक बनाया जाता है।

3. **आत्म विकासः** अपने आप को विकास की ओर ले जाने के लिए आवश्यक है कि खिलाड़ी को अपनी कमजोरियों तथा दोषों का ज्ञान हो। उसे अपनी शारीरिक एवं मानसिक स्थिति का ज्ञान होना चाहिए। अपना आत्म निरीक्षण कर खिलाड़ी आत्म विकास की ओर अग्रसर होता है।

4. **मानसिक विकासः** खेल के कौशलों को भली-भांति सीखने तथा उनमें सफलता प्राप्त करने के लिए खिलाड़ी का मानसिक विकास जरूरी है। यदि खिलाड़ी की मानसिक स्थिति सन्तुलित है तो वह प्रत्येक स्थिति का सामना संयम द्वारा कर सकता है। अधिशिक्षा द्वारा खिलाड़ी का मानसिक विकास किया जाता है।

5. **व्यावसायिक क्षमताः** प्रत्येक व्यक्ति को अपने जीवन यापन के लिए किसी ना किसी व्यवसाय की आवश्यकता होती है। शिक्षा द्वारा व्यक्ति अपने व्यवसाय का निर्माण कर सकता है। व्यक्ति जिस व्यवसाय को अपनाता है उसे ईमानदारी से निभाना चाहिए। शारीरिक शिक्षा द्वारा खिलाड़ी खेल में प्रवीणता हासिल कर अपनी व्यवसाय क्षमता को बढ़ाता है।

6. **सामाजिक विकासः** मनुष्य एक सामाजिक प्राणी है। समाज में रह कर ही वह अपने कर्त्तव्यों का निर्वाह करता है। वह अपने आसपास के वातावरण से बहुत कुछ ग्रहण करता है। व्यक्ति के विकास पर सामाजिक वातावरण का बहुत प्रभाव पड़ता है। सामाजिक विकास के लिए जरुरी है कि व्यक्ति में सामाजिक भावना हो। शिक्षा, शारीरिक शिक्षा तथा अधिशिक्षा द्वारा व्यक्ति की सामाजिक भावना का विकास किया जाता है।

7. **नेतृत्वः** प्रतियोगिता एवं शिक्षण कार्यक्रम में प्रत्येक व्यक्ति को नेतृत्व करने का अवसर मिलता है। अधिशिक्षक का कर्त्तव्य है कि वह प्रत्येक खिलाड़ी में सही नेतृत्व भावना का विकास करे। एक अच्छा खिलाड़ी बनने के लिए आवश्यक है कि खिलाड़ी सही ढंग से नेतृत्व करे। सही ढंग से नेतृत्व करने पर प्रशिक्षण कार्यक्रम को सफल बनाया जा सकता है। शिक्षा द्वारा उचित नेतृत्व करना सिखाया जाता है।

8. **खाली समय का सदुपयोगः** आज के इस मशीनी युग में जहां सभी काम स्वचालित मशीनों द्वारा सम्भव हैं, मनुष्य के पास काफी खाली समय निकल आता है। इस खाली समय का सदुपयोग व्यक्ति भिन्न-भिन्न प्रकार से करता है। कई लोग इस खाली समय में रोचक तथा मनोरंजनात्मक खेल खेलते हैं। मनुष्य को यह पता नहीं होता कि इन खेलों में वह योग्यता तथा कुशलता भी प्राप्त कर सकता है। अधिशिक्षा द्वारा उनके कौशलों, योग्यताओं तथा क्षमताओं का विकास सम्भव है।

शारीरिक शिक्षा का महत्व

शारीरिक शिक्षा शरीर के सर्वांगीण विकास की शिक्षा है। सुन्दर स्वास्थ्य सुन्दर मन का प्रतीक है। सुन्दर मन से सुन्दर बुद्धि का निर्माण होता हैं इस प्रकार शारीरिक शिक्षा जीवन के लिए काफी महत्वपूर्ण शिक्षा है। शारीरिक शिक्षा के महत्व को निम्नानुसार स्पष्ट किया जा सकता है–

1. प्राकृतिक विकास में सहयोगी।
2. अनुशासन की वृद्धि।
3. देश प्रेम की भावना का विकास।
4. शारीरिक सौन्दर्य में निखार।
5. मानसिक एवं नैतिक दृढ़ता में वृद्धि।
6. चारित्रिक गुणों का विकास।
7. समय का सदुपयोग।

वर्तमान भारतीय शिक्षा व्यवस्था में शारीरिक शिक्षा का स्थान

भारत सरकार ने शारीरिक शिक्षा और खेलों को बढ़ावा देने के संबंध में कई आयोग गठित किये जैसे कोठारी आयोग, कुंजरू आयोग आदि। इसी के अनुसार शारीरिक शिक्षा के प्रोत्साहन के लिए ग्वालियर में एल.एन.सी.पी.ई. खोला गया जबकि प्रतियोगी खेलों के बढ़ावे के लिए एन.आई.एस.पटियाला में खोली गयी। बाद में केंद्र सरकार द्वारा प्रायोजित योजनाएं जैसे राष्ट्रीय अनुशासन योजना, राष्ट्रीय फिटनेस कोर, शारीरिक फिटनेस अभियान आदि भी अस्तित्व में आयीं और समाप्त हो गईं।

नयी दिल्ली में 1982 के एशियाई खेलों के तुरंत बाद भारत सरकार ने फिजीकल एजुकेशन कालेज ग्वालियर और स्पोर्टस इंस्टीच्युट पटियाला को मिलाकर भारतीय खेल प्राधिकरण की स्थापना की जिसका मकसद अच्छे शारीरिक शिक्षाविद् और प्रशिक्षक पैदा करना था।

भारतीय खेल प्राधिकरण ने प्रोत्साहन के लिए 17 विभिन्न योजनाएं शुरू की। एल.एन.सी.पी.ई. ग्वालियर, एल.एन.सी.पी.ई. त्रिवेन्द्रम, एन.एस.एन.आई.एस. पटियाला से योजनाओं को हटा दिया गया, जिन उद्देश्यों को लेकर इन संस्थानों की स्थापना हुई थी उन्हें पूरी तरह भूला दिया गया था। उन श्रेष्ठ खिलाड़ियों पर ही सारा ध्यान केन्द्रित कर दिया गया जो ओलम्पिक, एशियाड और अन्य अन्तर्राष्ट्रीय मुकाबलों में पदक ला सकते थे। कल्पना और योजनाओं के कार्यान्वयन में कमियों के कारण अव्यवस्था पैदा हो गई। 1982 से पहले हमने जो उपलब्धियां हासिल की थीं वे भी दरकिनार हो गई।

शारीरिक शिक्षा का क्षेत्र अन्धकारमय है। राजनीतिज्ञों/व्यापारियों द्वारा सैंकड़ों निजी संस्थान चलाये जा रहे हैं जिन्हें कुकुरमुत्ते की दुकानों की संज्ञा दी जा सकती है। ये संस्थाएँ थर्ड क्लास शिक्षाविद् पैदा कर रही हैं।

एल.एन.सी.पी.ई. ग्वालियर, एल.एन.सी.पी. ई. त्रिवेन्द्रम, एच.वी.पी. मंडले अमरावती, पंजाब गवर्नमेंट कालेज आफ फिजीकल एजुकेशन पटियाला और कुछ विश्वविद्यालयों में चलाये जा रहे शारीरिक शिक्षा विभाग जैसे पंजाब विश्वविद्यालय चंडीगढ़, गुरु नानक देव विश्वविद्यालय अमृतसर आदि ही अपवाद के तौर पर कुछ ऐसी संस्थाएं हैं जिनका अच्छे शिक्षाविद् पैदा करने के क्षेत्र में नाम है।

सवा अरब से ज्यादा की आबादी के लिए हमें लाखों प्रशिक्षित, योग्यताधारी शारीरिक शिक्षा प्राध्यापकों और खेल समर्थकों की जरूरत है जो शारीरिक शिक्षा कार्यक्रमों को विभिन्न स्तरों पर, विशेषत: शिक्षण संस्थाओं को चलायें।

अध्याय

2

शारीरिक शिक्षा का शरीर क्रियात्मक आधार

शरीर-क्रिया विज्ञान

शरीर-क्रिया विज्ञान (फिजियालोजी) का अर्थ है शरीर की प्रक्रियाओं का अध्ययन। इसके अन्तर्गत हम अध्ययन करते हैं कि किस प्रकार हमारे अंग, प्रक्रियाएं, टिशू, कोशिकाएं, तथा कोशिकाओं के भीतर अणु कार्य करते हैं तथा हमारे भीतरी पर्यावरण को संतुलित बनाये रखने के लिए इन सभी प्रक्रियाओं को कैसे इकट्ठा रखा जाता है।

शरीर-क्रिया विज्ञान (फिजियोलोजी) मानव शरीर के संचालन का अध्ययन है। शरीर क्रिया-वैज्ञानिक जीवित वस्तुओं के विशिष्ट गुणों का अध्ययन करते हैं। उनका अध्ययन अंगों की मूल इकाई, कोशिका से लेकर पेचीदा अँगों तथा अंगों की प्रक्रियाओं का अध्ययन करना है जिसके अन्तर्गत दिमाग तथा श्वास-प्रक्रिया आदि शामिल हैं।

शरीर-क्रिया विज्ञान के अन्तर्गत हम विभिन्न अंगों का अध्ययन करते हैं अथवा प्रक्रियाओं के विशेष अंगों का भी अध्ययन करते हैं जिस पर वे संयुक्त रूप से एक विशेष प्रक्रिया का संचालन करते हैं। उदाहरण के तौर पर हमारे शरीर में भोजन के पाचन में हार्मोन की क्रिया तथा पेट, जिगर तथा पैंक्रियाज के फलस्वरूप बनने वाले रसायन का अध्ययन शामिल है। साथ ही, मांस-पेशियों (मसल) में सिकुड़ स्नायुओं द्वारा उत्पन्न संदेश से है जो रासायनिक-प्रक्रिया का परिणाम है तथा जो मांस-पेशियों को पहुंचाया जाता है। यदि हम यह अध्ययन करते हैं कि शरीर किस प्रकार से सामान्य रूप से कार्य करता है, तब हमें इस बात की जानकारी प्राप्त हो सकती है जब अंग असामान्य रूप से कार्य करते हैं तथा उसके क्या परिणाम होते हैं इससे हम अपने शरीर की देखभाल कर सकते हैं।

अर्थ

फिजियोलोजी वह विज्ञान है जिसका सम्बन्ध मानव शरीर के संचालन के अध्ययन से है।

व्यायाम शरीर-क्रिया विज्ञान से अभिप्राय है अध्ययन करना कि किस प्रकार शरीर के ढांचे तथा प्रक्रिया में बदलाव आ जाता है जब व्यायाम करते हैं? -एक्सरसाईज फिजियालोजी

स्पोर्टस फिजियोलोजी व्यायाम शरीर क्रिया विज्ञान से लिया गया शब्द है। यह एकसरसाईज फिजियोलोजी सम्बन्धी धारणा पर लागू होता है जिससे धावक (एथलीट) को प्रशिक्षण दिया जाता है ताकि धावक की खेलकूद की प्रस्तुति में वृद्धि हो सके।

मानव शरीर में 650 से अधिक व्यक्तिगत मांस-पेशियां होती है जो मनुष्य के ढांचे से जुड़ी होती हैं। ये मांस-पेशियां शरीर को गतिशील तथा हरकत के योग्य बनाने वाली शक्ति प्रदान करती है। ये मांस-पेशियां शरीर के वजन का कुल 40 प्रतिशत होती हैं। हड्डियां अथवा मांस-पेशियों से जुड़ने वाली मांस पेशियों के सिरों को आरम्भ स्थल अथवा मेल स्थान कहा जाता है। उत्पत्ति-स्थान ही हड्डी का जोड़ स्थल है जिसके साथ मांस -पेशियां जुड़ी हुई है। जोड़ का स्थान ही हड्डी के साथ जुड़ने का स्थान है जिससे मांसपेशियां हरकत करती हैं। सामान्य तौर पर, मांस-पेशियां हड्डी के साथ मजबूत रेशेदार पदार्थ के साथ जुड़े रहते हैं जिन्हें टैंडन कहा जाता है। यह (टेंडन) एक अथवा-अधिक जोड़ों के बीच पुल अथवा जोड़ का काम करते हैं तथा मांस-पेशी के सिकुड़ने के परिणामस्वरूप इन जोड़ों में गतिशीलता होती है। शरीर जब भी गतिशील होता है, वह मूलत: मांस-पेशियों के समूह के कारण होता है। व्यक्तिगत मांस-पेशियों के कारण हरकत सम्भव नहीं। मांस-पेशियों का यह समूह प्रत्येक हकरत को गति प्रदान करता है, यह शक्ति प्रदान करता है, चाहे वह सूई में धागा डालना हो, अथवा भारी वजन उठाना हो।

मांस-पेशियों का सिकुड़ना अथवा फैलना ही हड्डियों में गतिशीलता प्रदान करता है जैसे काम करना किसी वस्तु को उठाना अथवा भोजन को चबाना-ये सभी प्रक्रियायें आइसोटोनिक कन्ट्रेक्शन (Isotonic Contraction) कहलाती हैं। आइसा का

अर्थ है समान तथा टौनिक का अर्थ है टोन अथवा दबाव अथवा खिंचाव। आसोटोनिक कानट्रेक्शन का अर्थ है एक ही मांस पेशी में तनाव एक जैसा रहता है परन्तु उसकी लम्बाई में परिवर्तन आ जाता है जिससे गतिशीलता उत्पन्न हो जाती है अथवा काम करने के लिए प्रेरित करती है।

मांस-पेशियों का जो खिंचाव विरोधी शक्तियों को विपरीत-बल देता है, को आइसोमीट्रिक (Isometric) खिंचाव कहते हैं। आइसोमीट्रिक सिकुड़न प्रक्रिया में मांस-पेशियों की लम्बाई पूर्ववत रहती है परन्तु मांस-पेशियों में तनाव बढ़ जाता है। आप अपनी बाज़ू को दीवार के साथ धकेल कर आइसोमीट्रिक सिकुड़न को महसूस कर सकते हैं। इस अवस्था में आप बाजू की मांसपेशियों में बढ़े हुए तनाव को भी अनुभव कर सकते हैं। आइसोमीट्रिक सिकुड़न से मांस-पेशियां सख्त हो जाती हैं, परन्तु वे न तो कोई गति उत्पन्न करते हैं, न ही कोई कार्य करती हैं।

मांस पेशियों के प्रकार

मांस-पेशी प्रक्रिया शरीर को गतिशीलता तथा सहारा प्रदान करती है। पेशी-टिशू **तीन** प्रकार के होते हैं: स्कैलेटल (Skeletal), मुलायम (Smooth) तथा हृदय सम्बन्धी (Cardiac)। ये सभी अपनी-अपनी क्रियाशीलता के अनुसार भिन्न-भिन्न आकार वाले हैं। हड्डियों की पेशियां करोन प्रकार की पेशियां हैं जो शारीरिक भागों तथा अंगों को हिलाने डुलाने के काम में आती हैं। हमवार पेशियां भीतरी अंगों में होती हैं जबकि हृदय सम्बन्धी पेशियां केवल दिल के भीतर ही होती हैं। पेशियां के फिलामेंट सारे शरीर में प्रोटोप्लाज्म की गतिशीलता के लिए उत्तरदायी हैं, क्योंकि वे पेशियों में विद्यमान होते हैं।

इस प्रकार, मानव शरीर में पेशियों को निम्न ढंग से बांटा जा सकता है:-

1. स्केलेटल पेशियां (Skeletal Muscles)
2. समतल पेशियां (Smooth Muscles)
3. दिल सम्बन्धी पेशियां (Cardial Muscles)

अस्थिर पिंजर से जुड़ी पेशियां: ये पेशियां हड्डियों के साथ जुड़ी हुई होती हैं। वे बाजुओं, टांगों अंगुलियों, तथा अस्थि पिंजर के विभिन्न भागों का भी संचालन करती हैं। इन्हें वालंटरी पेशियां अथवा स्वयं-चालित पेशियां भी कहा जाता है। इन पेशियों की बनावट करने वाले तंतु हल्के तथा गहरे रंग की एक दूसरे को क्रास करती हैं जिन्हें धारीदार कहा जाता है।

अस्थि पिंजर पेशियां शरीर के अलग-अलग भागों में गति स्वयंमेव करने में उत्तरदायी हैं। अस्थि पिंजर पेशियों को धारीदार पेशियां भी कहा जाता है क्योंकि इसकी बनावट धारियों जैसे दिखाई देती है। पेशी के प्रत्येक तंतु की बनावट एब्रायोनिक पेशी तंतु (Embryonic Muscle Cell) अथवा मायोब्लास्टस के द्वारा बहु-अणुवात्मक ढांचे के रूप में बदल जाती हैं जिसे सिंकाइटीयम कहा जाता है। यह सिंकाइटीयम एक सरकोलेमा (Sarcolemma) से घिरा होता है। यह सरकोलेमा एक नाभि वाला सैल के प्लाज्मा रेशों जैसा होता है। एक स्टेरटिड पेशी तंतु 1000 अथवा अधिक महीन रेशों (myatribrits) से बना होता है, जो रेशी सारकोमीट नामक इकाई से निर्मित होते हैं। सारकोमीट जैड रेखाओं से जुड़े रहते हैं जो अत्यंत पतले ढांचे होते हैं जो मायोफिबरिल पर एक दूसरे के ऊपर बढ़े होते हैं। मायोफिबरिल के भीतर एकटिन के रेशे मायोसिन के गहरे रेशों से अदल-बदल करते हैं।

पेशी के सिकुड़ने की क्रिया को सलाइडिंग फिलामैंट सिद्धांत (Sliding Filament Theory) कहा जाता है। हैनसन तथा हकसले ने यह सुझाव दिया था कि इस सिद्धान्त के अनुसार एकटिन तथा मायोसिन फिलामैंट के मध्य पुलों का लगातार बनना तथा टूटना जैड पंक्तियों को निकट लाता है। स्कैलेटल पेशियों में सिकुड़ने अथवा ढीले पड़ने की क्रिया के लिए ए.टी.पी.की जल विश्लेषण प्रक्रिया (hydrolysis) की लगातार जरूरत पड़ती है। व्यक्ति की मृत्यु होने से ए.टी.पी. उसके शरीर से गायब हो जाता है। इसके गायब होने से पेशियों में सिकुड़ने तथा ढीले होने की क्षमता समाप्त होती है तथा वे सख्त हो जाती हैं जिस अवस्था को रिगर मौरटिस (rigor mortis) कहा जाता है।

स्कैलेटल पेशी अथवा पिंजरे की पेशी मोटर न्यूरोल से संकेत मिलने पर सिकुड़ती है। पेशियों के सिकुड़ने की प्रक्रिया के अध्ययन पर यह तथ्य सामने आया है कि मोटे फिलामैंटस (मायसिन फिलामैंटस) का 'सिर' अपने आप को पतले फिलामैंट (actin filament) के साथ जोड़ लेता है तथा मध्य भाग की ओर खींचता है। दूसरी ओर ढीली पेशियों में माइसिन फिलामैंट अपने आपको एकटिन फिलामेंटस के साथ नहीं जोड़ सकते क्योंकि दोनों को जोड़ने वाले स्थान प्रोटीन के एक फिलामेंट जिसे ट्रोपोमायसिन (tropomyosin) कहा जाता है अवरुद्ध हो जाते हैं। प्रोटीन का यह गोलाकार रूप जिसे ट्रोपोनिन (troponin) भी कहा जाता है एकटिन, कैल्शियम तथा रेशेदार प्रोटीन ट्रोपोमाइसिन को जोड़ता है। ट्रोपोनिन तथा

ट्रोरौपोमाइसिन प्राय: एक्टन की जोड़ने-वाली जगह को अवरुद्ध कर देते हैं। इससे माइसिन के पास एकटन उपलब्ध न होने से उन्हें जोड़ा नहीं जा सकता। माइसिन के लिए एकटन फिलामैंटस को जोड़ने का एक ही मार्ग है यदि जुड़ने वाले स्थान नंगे हों अर्थात् ढके हुए न हों।

स्नायु पेशियां उन स्थानों के साथ जुड़ी हुई हैं जिन्हें मोटर इंड प्लेट (motor end plate) कहा जाता है। स्नायुओं द्वारा भेजे जाने वाले संकेतों जो मोटर इंड प्लेटस के समूह को भेजे जाते हैं उन्हें मोटर इकाई कहा जाता है। वे पेशियों की कोशिकाएं के साइटोप्लाज्म में कैल्शियम छोड़ते हैं कैल्शियम एकटन-ट्रौपोनिन- ट्रोपोमाइसिन समूह के साथ मिलने से ऐसी प्रक्रिया उत्पन्न करता है जिससे जुड़ने वाले स्थान को उघाड़ देता हैं। इससे मायोसिन फिलामैंटस एकटन फिलामैंट के साथ जोड़ने में सक्षम हो जाते हैं। इसके परिणामस्वरूप पेशियों में सिकुड़ने की प्रक्रिया आरम्भ हो जाती है।

समतल पेशियों के विपरीत (जहां पेशियों के सिकुड़ने का आधार गैर ध्रुवीकरण पर आधारित है) सीधे तथा धारीदार पेशियां का प्रत्युत्तर या तो बहुत अधिक होता है अथवा बिल्कुल कम। सिकुड़ने की शक्ति रेशों के उद्‌दीपन की संख्या के अनुपात से ही होगी।

शरीर के अंगों की गति के लिए जिम्मेदार स्कैलेटल पेशियों को उनकी प्रक्रिया के अनुसार वर्गीकृत किया जा सकता है। वे जो जोड़ों को बंद करते हैं उन्हें फ्लैकसर्ज (flexors) कहा जा सकता है। इसके विपरीत जो पेशियां जोड़ों को खुलने के लिए उकसाती हैं उन्हें एक्सटेंसरज (Extensors) कहा जाता है। इन पेशियों के कारण जोड़ फैलता है। उदाहरण के लिए बाजू की बईसेप (bicyps) को फ्लैकसर (flexors) तथा कंधे से कोहनी तक ट्राईसेप पेशियों को एकटेंसर कहा जा सकता है। एडकटर्ज पेशियां (Adductors muscles) वे हैं, जो शरीर के अंग को शरीर की ओर मोड़ती हैं जबकि एबडक्टर्ज (Abductors) वे हैं जो अंगों को शरीर से दूर मोड़ सकती हैं।

फ्लैकसर तथा एकटैंसर पेशियां गतिशील हड्डी के जिस स्थान पर जुड़ती हैं, उन्हें इनसरसन (Insertion) कहा जाता है। एक स्थान पर स्थिर हड्डी के ऊपर जिस जगह पर पेशी जुड़ती है उसे निकास (origin) कहा जाता है। स्वयं चालित स्कैलेटल पेशियां या तो हड्डियों के साथ सीधे जुड़ी हुई हैं अथवा आपस में जुड़े रहने वाले टिशुओं की सहायता से हड्डियों के साथ जुड़ी रहती हैं जिन्हें टैंडनज कहा जाता है। गतिशील जोड़ों को इकट्ठा रखने में सुरक्षा की पर्त प्रदान करने वाले टिशू, जो पेशियों तथा टेंडनज को उन्हीं स्थानों पर ही बनाये रखते हैं, लिंगामैंट (स्नायु) कहा जाता है।

समतल पेशियां: ये पेशियां शरीर के भीतरी अंगों में होती हैं। समतल पेशियां धारीदार नहीं होतीं जो स्कैलेटल पेशियों में हल्के गहरे एक दूसरे के ऊपर चढ़ी हुई पेशियों की तरह बनी हुई हैं। ये पेशियां पेट तथा आंतड़ियों की दीवारों के भीतर होती हैं जो पाचन प्रक्रिया में भोजन को आगे सरकाती हैं। समतल पेशियां रक्त वाहनियों की चौड़ाई तथा खास मार्ग का भी नियंत्रण करती हैं। ऐसी अवस्था में समतल पेशियां स्वयंमेव (अपने-आप) सिकुड़ती तथा ढीली होती हैं। हम उन पर नियंत्रण नहीं करते; इसीलिए वे स्वयंसेवी (स्वयं चालित) पेशियां कहलाती हैं।

समतल पेशियां जो स्वयं चालित अथवा स्वयंसेवी स्नायु प्रक्रिया के नियन्त्रण में है, भीतरी अंगों के संचालन में सिकुड़ने की शक्ति प्रदान करती हैं। समतल पेशियां भोजन को पूरी पाचन प्रणाली के बीच ले जाने, समस्त रक्त-शिराओं में रक्त का बहाव संचालित करने तथा मसाने (Urinary bladder) में मूत्र को बाहर निकालने जैसे कार्यों के लिए जिम्मेदार होते हैं।

समतल पेशियां लम्बी तकली जैसे आकार की कोशिकाओं से बनी होती हैं। प्रत्येक कोशिका की एक ही नाभि (nucleus) होती है। इन पेशियों के टिशू आमतौर पर 'शीटों' के रूप में बिछे होते हैं। कोशिका का एक दूसरे के साथ बिजली सम्पर्क होता है। यह सम्पर्क गैप जंक्शन नामक ढांचों के माध्यम से होता है। गैप जंक्शन एक कोशिका की झिल्ली के भीतर उपजे 'कार्य सामर्थ्य' (action potential) को टिशू की शीट के अंदर सारी कोशिकाओं तक पहुंचाने का कार्य करती हैं। पेशियों में तनाव की सीमा इस बात पर निर्भर करती है कि कोशिका का अध्रुवीकरण कितना होता है।

हृदय की पेशियां: यह पेशी केवल हृदय (दिल) के भीतर ही होती है। इसमें स्कैलेटल पेशी तथा समतल पेशियों वाले सारे लक्षण होते हैं। यह स्कैलेटल पेशियों की तरह धारीदार होती हैं। परन्तु यह समतल पेशियों की तरह बिना थकावट महसूस किये स्वयंमेव लयात्मक ढंग से सिकुड़ती तथा खुलती रहती हैं। हृदय की पेशियां दिल को औसत रूप में एक मिनट में 72 बार धड़कने में सहायता करती है। यह धड़कन जीवन-पर्यन्त बिना किसी रुकावट के होती रहती है।

हृदय पेशियां, धारीदार पेशियां हैं जो सिर्फ दिल में ही होती हैं। दिल की धड़कन को कभी भी न सिकुड़ने वाली कोशिकाएं दिल के भीतर ही नियंत्रित करती हैं जिन्हें पुरकिंज फाइबर (Purkinje Fibres) कहा जाता है। इन कोशिकाओं में सिकुड़ने वाली कोई प्रोटीन नहीं होती बल्कि ये बिजली संचालन के ही काम आती हैं। दिल की धड़कन शरीर के दायें भाग में लगे पेसमेकर अथवा साइनोएट्रियल नोड (Sinatrial node) (एस. ए.) की बिजली जैसी प्रक्रिया से होती है। दिल की कोशिकाएं किस तरह लयात्मक ढंग से धड़कती हैं, इसका रहस्य आज तक किसी को पता नहीं चला, परन्तु जब दिल की कोशिकाओं की डाक्टरी पहचान (culture) के लिए मनुष्य की कोशिकाएं ली गई तब वे धड़कती रहीं। इतना ही नहीं अकेली कोशिका भी लयात्मक ढंग से अन्य पेशियों की कोशिकाओं से स्वतन्त्र तथा किसी बाहरी सहायता के बिना धड़कती रहीं।

साइनोएटरीयल नोड से परिकोष्ठि (atrium) के सभी भागों में एक बिजली की तरंग फैलती है जो एट्रीयोवेण्ट्रिकल जोड़ (atrioventricular node) तक जाती है। एट्रीयोवेंट्रिकल नोड दिल के विभाजन स्थल के निकट दो वैट्रिकल्ज में स्थित है। यहां यह तरंग दिल के सभी भागों में फैलती है तथा इसी प्रक्रिया में वहीं एकसाथ सिकुड़न भी पैदा करती है।

समांतर पेशियों की तरह दिल की पेशियां भी गैप जंक्शन के माध्यम से जुड़ी हुई हैं। यह वे ढांचे हैं जिनके अन्तर्गत बहुत छोटे-छोटे मुसाम (pores) होते हैं। जिनके बीच से बिजली तरंग तथा कैल्शियम एक कोशिका से दूसरी कोशिका तक पहुंचता है। यद्यपि दिल स्नायुओं के हस्तक्षेप के बिना धड़कता है, फिर भी एक मुख्य स्नायु दिल को जाती है जिसे दसवीं करेनियल स्नायु (Cranial Nerve) अथवा वेगस (vagus) कहा जाता है। वेगस स्नायु में अनुकंपी तथा स्वयं-चालित स्नायु प्रणाली की शाखाएं होती हैं। अनुकंपी प्रक्रिया हृदय गति की दर को बढ़ाती है जबकि स्वयं चालित उसकी गति को धीमी करती है। हृदय पेशी की असंख्य सूत्र कणिकाएं हैं जो वस्तुत: उसकी निरंतर गति से अपेक्षित हैं।

स्कैलेटल पेशियों की बनावट: स्कैलेटल पेशियां वे अंग हैं जो पिंजर के टिशू तथा स्नायुओं के जोड़ने वाले प्रमुख टिशुओं से निर्मित होते हैं। ये पेशियां अलग-अलग रूप, आकार तथा तंतुओं के प्रबन्ध में भी अलग-अलग होती हैं। कहीं यह छोटे-छोटे तंतुओं जैसे होती हैं तथा कहीं बहुत-बहुत मात्रा में बड़े आकार में। उदाहरण के लिए कानों के बीच की पेशियां बहुत सूक्ष्म धागे-जैसी नस होती हैं जबकि जांघ की पेशियां बहुत बड़ी बड़ी होती है। कुछ अस्थि पिंजर बनावट में बहुत तंग होती हैं तथा कुछ बहुत चौड़ी। कुछ लम्बी होती हैं, कुछ आकार में छोटी। कुछ त्रिभुज आकार की, कुछ तीखी, कुछ खुरदरी तथा कुछ बेतरतीब। कुछ चौड़ी चादरें बनाती हैं तथा अन्य भारी भरकम पिंड।

अलग-अलग पेशियों में तंतुओं का प्रबंधन अथवा समायोजन भी अलग-अलग होता है। कुछ पेशियों में तंतु लम्बी धुरी वाली पेशियों के समानांतर होते हैं जबकि अन्य में यह आपस में बहुत निकट (तंत्र) से जुड़े रहते हैं। पेशियों के निर्माण में तंतुओं की दिशा बहुत महत्त्वपूर्ण हैं क्योंकि इसका सम्बन्ध पेशियों की क्रियाशीलता से जुड़ा हुआ है।

स्कैलेटल पेशियों के कार्य

1. स्कैलेटल पेशियां उसी अवस्था में सिकुड़ती हैं जब उन्हें उत्तेजित किया जाता है। इन्हें उत्तेजित करने वाले प्राकृतिक ढंग, तथा स्नायु की भीतरी तरंगे हैं। बनावटी उत्तेजक, बिजली अथवा चोट हो सकते हैं।
2. स्कैलेटल पेशियां अलग-अलग ढंग से सिकुड़ती (contract) हैं जैसे कि आइसोटोनिक कन्ट्रेक्शन, आइसोमीट्रिक कन्ट्रेकशन, तथा टविच (twutch) कन्ट्रेकशन आदि।
3. स्कैलेटल पेशियां अपने-आप वर्गीकृत ताकत के अनुसार सिकुड़ती हैं।
4. स्कैलेटल पेशियां, जोड़ों के हिस्सों में खिंचाव पैदा करके हरकत सम्भव बनाती हैं।
5. शरीर के भागों को हिलाने डुलाने वाली पेशियां उस भाग के उपर नहीं होती बल्कि उसके निकट होती हैं।
6. हड्डियां लीवर के तौर पर कार्य करती हैं, तथा जोड़ इन लीवरों की धूरी होते हैं।

न्यूरॉन की संरचना

न्यूरॉन तंत्रिका तंत्र की एक रचनात्मक इकाई है जिसके द्वारा ऐच्छिक और अनैच्छिक दोनों प्रकार की क्रियायें की जाती हैं। इस तंत्र का मुख्य कार्य शरीर के विभिन्न भागों को तंत्रिकाओं (Nerves) द्वारा संदेश भेजने का काम किया जाता है। मुख्यत: इस तंत्र द्वारा सूचना मस्तिष्क को जाती है। प्रत्येक कोशिका के जीवद्रव्य में उत्तेजना नामक गुण पाया जाता है। परन्तु वे

कोशिकायें जो तंत्रिका तंत्र का निर्माण करती है उनमें ये गुण अधिक सीमा में पाये जाते हैं। उत्तेजित होने के पश्चात् उत्तेजनाओं को एक स्थान से दूसरे स्थान पर ले जाने की शक्ति इनमें अन्य कोशिकाओं की अपेक्षा अधिक होती है। इन ऊतक कोशिकाओं को तंत्रिका कोशिका या न्यूरॉन कहते हैं।

अध्ययन के दृष्टिकोण से तंत्रिका तंत्र को मुख्य रूप से तीन भागों में विभाजित किया जाता है:

1. संवेदी भाग (Sensory Portion)
2. केन्द्रीय भाग (Central Portion)
3. गतिवाही भाग (Motor Portion)

संवेदी भाग द्वारा उत्तेजना शरीर के विभिन्न क्षेत्रों से ग्रहण की जाती है- जैसे कि त्वचा के सतह से, दर्द, ठण्डा, गर्म और दाब आदि। इसी प्रकार शरीर के अन्य भाग नाक, आँख कान, जीभ, आदि द्वारा संवेदी तंत्रिका भाग को उत्तेजना प्राप्त होती है। इस तंत्रिका के केन्द्रीय भाग में सुषुम्ना (Spinal chord) और मस्तिष्क आदि भाग आते हैं। सुषुम्ना, खोपड़ी के आधार से द्वितीय कटी कशेरुक (Second Lumber vertibra) तक फैली रहती है जो कि मस्तिष्क तंत्रिका तंत्र का केन्द्रीय भाग है जिसे केन्द्रीय तंत्रिका तंत्र भी कहते हैं। इसका मुख्य कार्य आने वाली उत्तेजना को ग्रहण करके उसके अनुसार प्रतिक्रिया प्रदर्शित करना है। तंत्रिका तंत्र का तीसरा **गतिवाही भाग** केन्द्रीय तंत्रिका तंत्र से जुड़ा होता है और यहां मांसपेशियां आने वाले संकेतों को ग्रहण करके इच्छानुसार गति करती है।

तंत्रिका कोशिका

तंत्रिका तंत्र की मूल रचनात्मक और क्रियात्मक इकाई को न्यूरॉन या तंत्रिका कोशिका (Nerve cell) कहते हैं। तंत्रिका तंत्र और उसके भिन्न-भिन्न भागों में जो कार्य होते हैं वे वास्तव में तंत्रिका कोशिकाओं के ही कार्य हैं। अर्थात् तंत्रिका तंत्र, तंत्रिका कोशिका नामक इकाइयों से मिलकर बनता है। ये तंत्रिका कोशिका अन्य प्रकार की कोशिकाओं से कुछ-कुछ भिन्न पायी जाती हैं, परन्तु भौतिक रचना एक समान होती है। अन्य कोशिकाओं की तरह इनमें भी जीवद्रव्य और केन्द्र में एक केन्द्रक पाया जाता है। प्रत्येक तंत्रिका कोशिका दो भागों में विभक्त होती है। कोशिका और तंत्रिका तन्तु (Nerve fibre) तंत्रिका तंत्र की कोशिकाओं में यह विशेषता है कि कोशिका के दोनों ओर तंतु निकलते हैं। इनको (Bipolar) द्विध्रुवीय तंत्रिका कोशिका (Bipolar nerve cell) कहते हैं। कुछ कोशिकाओं में दो से अधिक तन्तु निकलते हैं जिन्हें बहु ध्रुवीय तंत्रिका कोशिका (Multi nerve cell) कहते हैं। इन तंतुओं में फिर शाखायें निकलती हैं जिसमें एक शाखा अधिक लम्बी और अन्य शाखायें छोटी है। लम्बी शाखा को अक्ष तन्तु (Axon) और छोटी शाखा को पार्श्व तन्तु (Dendrite) कहते हैं। न्यूरॉन की रचना देखने पर मालूम चलता है कि इस तंत्रिका कोशिका के मुख्य **तीन** भाग होते हैं:

1. **कोशिका कॉय :** यह न्यूरॉन या तंत्रिका कोशिका का मुख्य भाग है जिसे कोशिका कॉय या कोशिका पिण्ड भी कहते हैं। इस न्यूरॉन से दो प्रकार के तन्तु निकलते हैं। कोशिका कॉय में एक बड़ा गोल केन्द्रक होता है और अनेकों भूरे कण पाये जाते हैं। इस कणों को निसेल्स ग्रेन्यूल्स कहते हैं। ये कण राइबो न्यूक्लिक एसिड (Ribonucleic acid) के बने होते हैं। इनके द्वारा तंत्रिका कोशिका में नये कोशिका द्रव्य (Cytoplasm) का निर्माण होता है, और इनका सम्बन्ध प्रोटीन संश्लेषण से होता है। इस कोशिका पिण्ड में बारीक धागे के समान रचनाएं पाई जाती हैं जिन्हें न्यूरोफाइब्रिल्स कहते हैं, जो कि एक जाल का निर्माण करते हैं। इसके अलावा इसमें छड़ के आकार की रचना पाई जाती हैं जिसे माइट्रोकॉन्ड्रीया (Mitochondria) कहते हैं। इन रचनाओं के अलावा गोल्गी कॉय (Golgy body) भी पाई जाती है। कोशिका पिण्ड में बाहर की ओर निकले हुये कुछ उभार या तन्तु पाये जाते हैं। इन तन्तुओं को क्रमश: अक्ष तन्तु और पार्श्व तन्तु कहते हैं।
   न्यूरॉन विभिन्न आकारों में शरीर के विभिन्न भागों में पाये जाते हैं। मस्तिष्क में पाये जाने वाले न्यूरॉन का व्यास 54 μ (micron) और रीड़ रज्जू में पाये जाने वाले न्यूरॉन का व्यास 120 μ (micron) होता है। इनकी लम्बाई लगभग 90 से.मी. तक होती है।
2. **अक्ष तन्तु :** कोशिका पिण्ड के नीचे वाले भाग को अक्ष तन्तु कहते हैं। अक्ष तन्तु का प्रारंभ अक्ष तन्तु हिलौक (Axon hillock) से प्रारंभ होकर मांसपेशीय तन्तु तक जाता है। इसमें अंत कोशिकीय द्रव्य पाया जाता है जिसे एन्डोप्लाज्मा (Endoplasm) कहते हैं। इस अक्ष तन्तु में निसेल्स ग्रेनयूल्स नहीं पाये जाते हैं। इन अक्ष तन्तुओं से आवेग (Impulse) दूसरे न्यूरॉन के पार्श्व तन्तु में संचरित होता है। यह अक्ष तन्तु तंत्रिका कोशिका का सबसे लम्बा प्रवर्ध है तथा अन्य प्रवर्धों की अपेक्षा मोटा होता है। इसका दूसरा सिरा भी कई

शाखाओं में बंटा होता है। अक्ष तंतु पर कही-कहीं और भी शाखायें निकलती हैं, इन्हें पार्श्व शाखाओं (Collateral fibre) कहते हैं। कोई भी उद्दीपन (Stimulus) पहले पार्श्व तन्तु में आता है जहां से यह कोशिका से होता हुआ अक्ष तन्तु तक आगे बढ़ता है। पूरी तंत्रिका तंत्र इन्हीं तंत्रिका कोशिकाओं से बना होता है जो एक के पीछे एक मोती की माला के समान जुड़ी होती है। ये अक्ष तन्तु की अंतिम शाखायें, दूसरी कोशिका के पार्श्व तन्तु के बिल्कुल समीप पड़ी रहती है। तंत्रिका कोशिकाओं के बीच ऐसे सम्बन्ध को सूत्र-युग्मन (Synapse) कहते हैं। इलेक्ट्रान माइक्रोस्कोप में देखने से पता चलता है कि प्रत्येक अक्ष तन्तु के सिरे पर माइटोकॉन्ड्रियान से भरी एक फूली हुई रचना पाई जाती है जिसे टर्मिनल बटन और साईनेप्टीक नाब (Synaptic knob) कहते हैं। ये एक कोशिका से दूसरे तंत्रिका कोशिका में संदेश भेजने के लिए जिम्मेदार होते हैं। जब आवेग इस टर्मिनल बटन पर पहुंचता है तो उसमें से सूक्ष्म मात्रा में एसीटाईलकोलीन (Acetylecholine) नामक द्रव्य निकलता है।

अक्ष तन्तु के ऊपर एक या दो आवरण चढ़े रहते हैं इस आवरण (Sheath) चढ़े अक्ष तंन्तु को तंत्रिका तंतु कहते हैं। अक्ष तन्तु के चारों ओर एक प्रोटीन का बना कड़ा आवरण इस प्रकार चढ़ा होता है जेसे कालीन को लपेट दिया गया हो। इस आवरण को न्यूरीलेमा (Neurilema)कहते हैं। यह न्यूरीलेमा वास्तव में स्वान्त कोशिकाओं का कोशिकाद्रव (Schwann cells) है जिसमें बाहर की ओर कोशिका का केन्द्रक भी होता है। न्यूरीलेमा के लपेट के मध्य मज्जा (Myelin) की परत रहती है जिसे मायलीन शीथ कहते हैं। इस मज्जा की उपस्थिति के कारण तंत्रिका तन्तु सफेद एवं चमकीला दिखाई पड़ता है। दोनों प्रकार के तन्तुओं में कुछ दूरी के अंतर से न्यूरीलेमा नहीं होता है। इस स्थान पर एक स्वान्त कोशिका की समाप्ति और दूसरी का प्रारंभ होता है। इस स्थान पर मज्जा वृन्त (Medulated) भी नहीं होता अर्थात् मायलीन की परत जहां जहां से टूटी होती है, ऐसे स्थान को रेनवियर पर्व (Ranvier node) कहते हैं। तंत्रिका तन्तु का वह भाग जो दो रेनवियर पर्व के बीच होता है उसे अंत: पर्व कहते हैं। प्रत्येक पर्व (Node) में न्यूरीलेमा अंदर धंस जाती है और अक्ष तंतु के समीप आ जाती है। इस स्थान पर स्वान्त कोशिकाओं का द्रव्य एक पतली पट्टी बना लेता है जिसे सीमेंट डिस्क कहते हैं जो कि अक्ष तन्तु को चारों ओर से घेरे रहती है। मायलीन आवरण की उपस्थिति के कारण ही तन्तुओं को मज्जायुक्त तन्तु कहते हैं। लेकिन कुछ ऐसे तन्तु होते हैं जिनमें यह अन्त: स्थावरण (Medulated sheath) नहीं पाई जाती, ऐसे तन्तुओं को मज्जा रहित (Nonmedulated) तन्तु कहते हैं ये तन्तु क्रमश: सफेद और भूरे रंग के होते हैं।

3. **पार्श्व तन्तु** : कोशिका पिण्ड से एक या अधिक संख्या में छोटे-छोटे उभार पाये जाते हैं। जिन्हें डेन्ड्रान या पार्श्व तन्तु (Dendron) कहते हैं। ये डेन्ड्रान आगे चलकर छोटी-छोटी शाखाओं में विभक्त हो जाते हैं जिन्हें पार्श्व तन्तुक (Dendrites) कहते हैं। ये शाखायें दूसरी तंत्रिका कोशिकाओं जैसी छोटी शाखाओं के बहुत पास तक पहुंच जाती हैं परन्तु उनसे मिलती नहीं हैं। ये पेड़ की सघन टहनियों के समान फैली रहती हैं जिनके दो मुख्य कार्य हैं। ये स्नायु प्रवाहों को ग्रहण करती है तथा उन्हें कोशिका में ले जाती है। इस प्रकार अक्ष तन्तु कोशिका पिण्ड और पार्श्व तन्तु मिलकर तंत्रिका बण्डली की इकाई का निर्माण करती है जिसको न्यूरॉन कहते हैं।

तंत्रिका से तंत्रिका का युग्मन या अंत: ग्रन्थन

तंत्रिका से तंत्रिका का युग्मन के संबंध में कहा गया है "Synapse can be defined as the connection of an axon of one nerve to the cell body or dendrites of another' इस जंक्शन की आंतरिक और बाह्य रचना से पता चलता है कि यह जंक्शन या युग्मन दो तंत्रिका कोशिका (Neuron) के बीच का होता है। इन दोनों रचनाओं में प्राक: अंतग्रंथन न्यूरॉन (Presynaptic Neuron) का पश्च: अंतग्रंथन टर्मिनल (Postsynaptic Terminal)भाग और तंत्रिका कोशिका के कोशिका पिण्ड (Cytom) का पश्च: अंतग्रंथन का टर्मिनल भाग सम्मिलित होता है। इसमें दर्शाया गया है कि युग्मन अंतराल या अंतग्रंथन अंतराल (Synaptic gap or Cleft) दोनों अक्ष तंतु और कोशिका पिंड के बीच का स्थान है। अथार्त् दो न्यूरॉन के मध्य जो खाली स्थान होता है उसे अंत: ग्रंथन अंतराल कहते हैं। आवेगों का संचरण इसी भाग से एक तंत्रिका से दूसरे तंत्रिका भाग में एक रासायनिक संचरण पदार्थ

(Chemical transmitter Substance) के माध्यम से संचरित होता है। इस रासायनिक संचरण पदार्थ को एसिटाईलकोलीन कहते हैं। यह एसीटाईलकोलीन साइनेप्टिक वेसिकल्स (Vesicles) से निकलता है। यह पदार्थ सोडियम आयन को अंत:प्रवाह और पोटेशियम आयन को बाह्‍य प्रवाह के लिए प्रेरित करता है जिससे पश्च : अंतग्रंथन टर्मिनल विध्रुवीत हो जाता है और इस प्रकार आवेग अक्ष तंतु में फैल जाता है। ये प्राक : ग्रंथन टर्मिनल न्यूरॉन के पार्श्व तन्तु और कोशिका पिण्ड में छोटी–छोटी रचनाओं के समान काफी संख्या में होते हैं। ये युग्मन जो कि कोशिका और पार्श्व तन्तु में पाये जाते हैं इनका मुख्य कार्य अक्ष तन्तु द्वारा सूचना और संदेशों को ग्राही अंगों (Receptors organs) को भेजना होता है। अत: जब अंतग्रंथन (Synapse) उत्तेजित होता है तो यह आवेगों को ग्रहण करते हैं तथा अंतग्रंथन अंतराल द्वारा संदेशों को आगे भेज देते हैं। लेकिन यह भी ध्यान रहे कि कुछ प्राक: अंतग्रंथन टर्मिनल ऐसे भी होते हैं जो आवेगों के संचरण को रोकते हैं।

तंत्रिका आवेग, इनकी उत्पत्ति एवं प्रवर्धन

तंत्रिका आवेग : "तंत्रिका आवेग, वैद्युत ऊर्जा का रूप है जिसमें संवेदी और गतिवाही तन्तु द्वारा सूचना या संदेश एक स्थान से दूसरे स्थान पर, एक तन्तु से दूसरे तन्तु में संचरित होता है जो कि सम्बंधित भाग द्वारा ग्रहण कर लिया जाता है।"

एक तंत्रिका आवेग तन्तु के उद्‌दीपन बिन्दु पर एक प्रकार का वैद्युत है जो कि अक्ष तन्तु में सूचनाओं या तंत्रिका आवेगों को स्वयं फैलाता है। तंत्रिका आवेग से वास्तविक अर्थ है कि तंत्रिका आवेग उद्‌दीपक के प्रति अनुक्रिया में उत्पन्न होता है और तंत्रिकाओं में फैल जाता है।

तंत्रिका आवेगों का उत्पन्न होना (Generation of Nerve impulses): जब तंत्रिका तन्तु विरामावस्था में रहता है तो उस समय तंत्रिका झिल्ली (Nerve Membrane) के बाहर की ओर Na^+ (सोडियम आयन) की सान्द्रता बहुत अधिक होती है। तंत्रिका झिल्ली के अंदर ऋणात्मक आवेश और झिल्ली के बाहर धनात्मक आवेश रहता है। तंत्रिका तन्तु के अंत: और बाह्य भाग में विभवान्तर (Potential difference) को विरामीकला विभव (Resting Membrane Potential) कहते हैं।

तंत्रिका आवेगों का प्रवर्धन : जब उद्‌दीपन तंत्रिका में पहुंचता है तो तंत्रिका झिल्ली सोडियम आयन के लिए अधिक पारगम्यशील (Permeable) हो जाती है जिसके परिणामस्वरूप तंत्रिका का बाह्य भाग ऋणात्मक और अंत: भाग धनात्मक हो जाता है। तंत्रिका के इस ध्रुवण (Polarity) को क्रिया विभव (Action Potential) कहते हैं। यह प्रक्रिया उस समय तक जारी रहती है जब तक तंत्रिका तन्तु के आंतरिक भाग में क्रिया विभव पूर्ण रूप से न फैल जाये। कुछ तन्तुओं में मायलीन शीथी होने के कारण तंत्रिका का भाग वैद्युत क्षोभ (Electrical disturbance) से ग्रस्त रहता है। इसलिये तंत्रिका आवेग न तो उत्पन्न होगा और न ही तंत्रिका तन्तु के भाग में फैलेगा। इसलिये इसके स्थान पर तंत्रिका आवेग रैनवियर पर्व पर फैलेगा और एक पर्व से दूसरे पर्व द्वारा तंत्रिका के पूरे भाग में कूद जायेगा। इस क्रिया को Saltatory conduction कहते हैं।

तंत्रिका आवेगों का संचरण

न्यूरॉन का मुख्य कार्य कोशिका कला में वैद्युत विभव में परिवर्तन की सूचना देना और ग्राही अंगों से उत्तेजना की तरंगों को लाना होता है। ये ग्राही अंग मांसपेशीय ग्रन्थि केन्द्रीय तंत्रिका तंत्र आदि हो सकते हैं। पराधीय तंत्रिका तंत्र (Peripheral Nervous System) में दो प्रकार की तंत्रिकायें संवेदी और गतिवाही प्रकार की होती हैं। वे तंत्रिकायें जो आवेगों को केन्द्रीय तंत्रिका तंत्र की ओर ले जाती है, उन्हें एफरेंट या सेन्सरी न्यूरॉन (Afferent of Sensory Neuron) कहते हैं। तंत्रिकायें सूचनाओं को केन्द्रीय तंत्रिका तंत्र से बाहर की ओर ले जाती है उन्हें इफरेन्ट या गतिवाही न्यूरॉन कहते हैं। तंत्रिका के संचरण को निम्नलिखित शीर्षकों में अध्ययन करते हैं।

1. **विरामी कला विभव (Resting membrane Potential):** अक्ष तन्तु की दीवार में एक पतली प्लाज्मा की झिल्ली होती है जिसके भीतर एक्जोप्लाज्म (Exoplasm) नामक द्रव्य भरा रहता है और अक्ष तन्तु की इस झिल्ली में विध्रुवीयकरण की क्रिया होती है जिससे झिल्ली के भीतरी सतह में ऋणात्मक आवेश और बाहरी सतह में धनात्मक आवेश रहता है। तंत्रिका तन्तु के बाह्‍य भाग में इस विभव के अंतर को विरामी कला विभव कहते है। इस विभव को माइक्रो वोल्ट में मापा जाता है। इस विरामी कला में विभवान्तर का मान लगभग 0.06 वोल्ट से 0.09 वोल्ट रहता है। इस विरामी कला विभव में अंतर आवेशित आयनों के विभाजन में असमानता के कारण पाई जाती है। बाह्य

भाग में आयन की सान्द्रता अधिक होती है। शरीर क्रिया वैज्ञानिकों (Physiologist) द्वारा बताया गया कि Na^+ (सोडियम आयन) आवेश की सान्द्रता का मान तंत्रिका कोशिका कला के आंतरिक भाग के सापेक्ष बाह्य भाग में लगभग 10 गुना अधिक होता है तथा कोशिका कला के अंतः भाग में K^+ (पोटेशियम आयन) सान्द्रता का मान बाह्य भाग के सापेक्ष 30 गुना अधिक होता है, अर्थात् कहा जा सकता है कि बाहरी भाग में Na^+ (सोडियम आयन) सर्वाधिक महत्वपूर्ण होते हैं ओर आंतरिक भाग K^+ (पोटेशियम आयन) में महत्वपूर्ण होते हैं।

इस कला विभव की प्रक्रिया का गहन अध्ययन किया गया तथा पूर्व एवं वर्तमान में इसके सम्बन्ध में सैद्धांतिक व्याख्या दी गई लेकिन कोई भी व्याख्या संतोषजनक नहीं पाई गई और न ही संयुक्त रूप से मान्य पाई गयी। केवल एक व्याख्या को अधिक तर्कसंगत पाया गया जिसके अनुसार बताया गया कि तंत्रिका कोशिका की पारगम्यता (Permeability) की विभिन्नता के कारण कला के बाह्य और अंत भाग में आयनिक पदार्थों का विभाजन असमान होता है।

जब माइक्रो इलेक्ट्रान को अक्ष तन्तु के अन्तः सतह में रखा जाता है तो अक्ष तन्तु के अंतः भाग में बाह्य भाग के सापेक्ष लगभग 70 से 90 माइक्रोवोल्ट ऋणात्मक आवेश होता है। बाह्य भाग में सोडियम आयन, क्लोरीन तथा सूक्ष्म भाग में K^+ (पोटेशियम) आयनों की मात्रा होती है तथा अंतः भाग में उपरोक्त के सापेक्ष Na^+, Cl^-, K^+ आयनों की संख्या नियमित होती है। इसके अलावा अंतः भाग में ऋणावेशीय आयन (Aion) अतिरिक्त संख्या में होते हैं, ये एनायन, फास्फेट आयन, सल्फेट आयन और प्रोटीन आयन हो सकते हैं तथा ये मुक्त रूप से कोशिका कला में विसरित होने योग्य नहीं हैं। इसलिये ये आयन क्रियाशील रूप से कार्य नहीं करते हैं। अतः सोडियम और पोटेशियम आयन क्रियाशील होकर कार्य करते हैं तथा बाह्य भाग में सोडियम एवं अन्तः भाग में मैग्नीशियम इनकी सान्द्रता क्रमबद्धता के अनुसार होती है। इनके क्रियाशील परिवहन (Active Transport) शुद्ध विरामी कला विभव का मान औसतन-85 होता है जिसे विरामी विभव के नाम से जाना जाता है।

2. **क्रिया विभव** (Action potential) **:** जब कोई उद्दीपक तंत्रिका तन्तु के विशिष्ट बिन्दु पर पहुंचता है तो उसका वह भाग विध्रुवित हो जाता है क्योंकि कोशिका कला की पारगम्यता में कुछ क्षण के लिए परिवर्तन होता है तथा विध्रुवण प्रक्रिया में Na^+ आयन मुक्त रूप से कोशिका कला बाह्यभाग से अंतः भाग में प्रवेश करते हैं। इसके परिणाम स्वरूप ये Na^+ आयन ऋण आवेशित हो जाते हैं तथा आंतरिक धनात्मक विभव बढ़ जाता है। इस कला के बिन्दु में आंतरिक भाग में धनात्मक परिवर्तन और बाहरी भाग में ऋणात्मक परिवर्तन आ जाता है। तंत्रिका कोशिका कला के आंतरिक भाग में यह धनात्मक विभव उच्च शिखर तक पहुंच जाता है। इसे उच्च शिखर-विभव (Peak Potential of Spike Potential) भी कहते हैं। उस स्थान पर सोडियम आयन की पारगम्यता न्यूनतम हो जाती है। लेकिन कुछ क्षण में कोशिका कला का भाग पोटेशियम आयन के लिए पारगम्य हो जाता है तथा ये K^+ आयन बाहर आना शुरु हो जाते हैं, जिसके परिणाम स्वरूप आंतरिक धनात्मक विभव कम होना शुरु हो जाता है। जिस समय यह उच्च शिखर विभव तक पहुंचता है तो एक धारा का प्रवाह उत्तेजना रहित (Unstimulated) स्थिति से उत्तेजित स्थिति में होता है तथा इन स्थानों पर एक कार्य का रासायनिक परिवर्तन होता है। इसी कार्य के रासायनिक परिवर्तन को आवेग (Impulse) भी कहते हैं तथा ये आवेग, तंत्रिकाओं में एक स्थान से दूसरे स्थान को जाते रहते हैं।

उपरोक्त वर्णन से स्पष्ट है कि अचानक विरामी विभव विपरीत होकर धनात्मक हो जाता है तथा तुरंत वापिस हो जाता है। इसके बीच में लगभग .5 सेकेण्ड का समय लगता है। इस प्रक्रिया के परिणाम स्वरूप असामान्य अवस्थायें आती हैं जिन्हें क्रमशः (Negative after Potential & Positive after Potential) कहते हैं। इसका अर्थ यह है कि क्रिया विभव का यह स्थानीय परिपथ कुछ तंत्रिकाओं में 100 मीटर/ सेकेण्ड की चाल से अक्ष तन्तु की लम्बाई के साथ फैल जाती है।

तंत्रिका आवेग के पहुंचते ही आयनों में क्रिया प्रारंभ हो जाती है जिसके कारण कला में Na^+ आयनों का संचरण बढ़ने से अक्ष तन्तु के अंतः सतह में धनात्मक आयनों की संख्या का बढ़ना प्रारंभ हो जाता है जिसके कारण अक्ष तन्तु में क्रिया विभव उत्पन्न होता है।

धारा प्रवाह- धारा प्रवाह का अर्थ है कि कैलशियम आयन की उपस्थिति में साइनेप्टिक वेसल्स (Synaptic Vesseles) नामक रासायनिक संचरण पदार्थ के निकलने से तंत्रिका कोशिका में Na^+ आयन अंत: भाग में प्रवेश करते हैं जो कि वास्तव में कोशिका कला में क्रिया विभव को उत्पन्न करना प्रारंभ कर देते हैं तथा एसीटाईलकोलीन अपना कार्य करने के पश्चात् शीघ्र ही एसीटाईलकोलेनस्ट्रिरेज नामक विकर द्वारा हाइड्रोलाइज्ड हो जाता है तथा इसके साथ-साथ Na^+ आयन का प्रवेश भी रुक जाता है।

जब तंत्रिका उत्तेजित हो जाती है, तो तंत्रिका आवेशों का संचरण प्रारंभ हो जाता है तथा इस क्रिया में अधिक ऊर्जा का प्रयोग होता है तथा इस प्रक्रिया में अधिक ऑक्सीजन ग्रहण करके कार्बन डाइऑक्साइड (CO_2) को अधिक भाग में छोड़ा जाता है। इस तंत्रिका आवेगों के संचरण को अनुभवनात्मक प्रक्रिया (Undergonic process) भी कहते हैं।

3. **उछल कूद संवहन** (Salatary Conduction): मज्जारहित तंत्रिका तन्तु का प्रत्येक बिन्दु पर कार्य का रासायनिक परिवर्तन होता है। मायलिन युक्त तन्तु में स्थित कुछ इसके सापेक्ष विभिन्न होती है। इसमें मज्जाआवरण आयन परिवर्तन के लिए इन्सूलेशन का कार्य करती है। रेनवियर पर्व पर मायलीन आवरण नहीं होता है इसलिये आयनों में अदल-बदल इस रेनवियर पर्व पर संभव है इसमें आवेग एक पर्व से दूसरे पर्व द्वारा आगे बढ़ते हैं, इस प्रकार के तंत्रिका तन्तु में संचरण को उछलकूद संवहन कहते हैं। इसका मुख्य लाभ यह है कि इसमें तंत्रिका आवेग मज्जायुक्त तन्तु में उच्च चाल से चलते हैं जबकि मज्जारहित तन्तु में चाल उच्च नहीं होती है। अत: इस प्रकार मायलीन आवरण पुन: सभी तंत्रिका तन्तुओं में पाई जाती है जिसमें तंत्रिका आवेगों की संचरण की आवश्यकता बहुत तेज चाल से होती है।

तंत्रिका मांसपेशीय युग्मन

जब गतिवाही तंत्रिका के रचनात्मक भाग, मांसपेशी तन्तु में धंसे रहते हैं तो इस प्रकार के मिलान को तंत्रिका मांसपेशीय युग्मन कहते हैं।

(The anatomical feature (axon) of motor nerve, embedded into a muscles fibre, this type of union is called Neuromuscular junction or motor end plate or myoneural junction). एकल गतिवाही अक्ष तन्तु विभिन्न शाखाओं में विभक्त होकर, विभिन्न मांसपेशी तन्तुओं को उत्तेजित करने का काम करते हैं, प्रत्येक तंत्रिका मांसपेशीय युग्मन में इसी प्रकार का अनुक्रम पाया जाता है। जैसे ही अक्ष तन्तु की अंतिम शाखायें मांसपेशीय तन्तु कला के सम्पर्क में आती है तो अक्ष तन्तु की अंतिम शाखायें कुछ फैल जाती है।

मांसपेशीय तन्तु और अक्ष तन्तु के बीच एक खाली स्थान होता है, जो दोनों को एक दूसरे से अलग करता है। उस स्थान को अंत:ग्रंथन अंतराल कहते हैं। मांसपेशीय तन्तु की तली में विभिन्न परतों में उभार पाये जाते हैं जिसे पसच अंत: ग्रन्थन कला कहते हैं। अक्ष तन्तु की अंतिम शाखाओं में असंख्य रिक्तिकायें पाई जाती हैं जिन्हें (Vesicles of acetylecholine) कहते हैं। इसके अलावा इस अक्ष तन्तु में अन्य छोटी-छोटी रचनायें पाई जाती हैं जिन्हें माइटोकोन्ड्रिया कहते हैं। मांसपेशी कला की परतों के बीच में जो स्थान पाया जाता है उसे अंत: ग्रंथन गटर कहते हैं। तंत्रिका आवेग के अक्ष तन्तु के अंतिम भाग में पहुंचते ही एक प्रकार का रासायनिक पदार्थ स्त्रावित होता है जिसे एसीटाईलकोलीन (ACH) कहते हैं जिसके माध्यम से तंत्रिका आवेग अंत: ग्रंथन अंतराल से पार होकर मांसपेशी तंतु तक पहुंचते हैं। जैसे ही उद्दीपन मांसपेशी तन्तु में पहुंचता है वैसे ही मांसपेशी कला से एक प्रकार का विकर स्त्रावित होता है जिसे कोलीन स्टीरेज विकर कहते हैं। यह विकर शीघ्र ही एसीटाईलकोलीन नामक स्त्राव को अक्रियाशील कर देता है। कोलीनस्टेरेज नामक विकर मुख्यत: अंत:ग्रंथन कला के ऊपर स्थित रहता है। यह एसीटाईलकोलीन लगभग दो मिली सेकेण्ड मांसपेशी तन्तु की कला के सम्पर्क में रहकर मांसपेशी कोशिका कला और सारकोलेमा की पारगम्यता को परिवर्तित कर देता है। जैसा कि विदित है कि तंत्रिका से तंत्रिका युग्मन में आवेग संचरित होता है तो इसमें रुकावट क्रिया या प्रतिरोध क्रिया होती है। जबकि तंत्रिका मांसपेशीय युग्मन में उद्दीपन तंत्रिका से मांसपेशीय में साधारण रूप से संचारित होता है। तंत्रिका आवेग जैसे ही तंत्रिका मांसपेशीय जोड़ को पार करता है वैसे ही उत्पन्न उत्तेजना की तरंगें मांसपेशी तन्तु की लम्बाई से गुजरती है। जिस यंत्र द्वारा यह वैद्युत क्रिया का पता लगा है उसे इलेक्ट्रोमायोग्राफ कहते हैं जो कि उत्तेजना प्रक्रिया के परिणाम स्वरूप क्रिया विभव को मात्रात्मक माप के रूप में एक महत्वपूर्ण यंत्र (Tool) का कार्य करता है।

तंत्रिका आवेगों का संचरण तंत्रिका से मांसपेशियों में आवेग के संचरण को निम्नलिखित भागों में विभाजित कर अध्ययन करते हैं :

1. अक्ष तन्तु टर्मिनल द्वारा एसीटाईलकोलीन का स्त्रावण।
2. कोलीनस्ट्रेज विकर द्वारा उत्पन्न एसीटाईलकोलीन का विनाशीकरण।
3. एसीटाईलकोलीन का प्रभाव।
4. मांसपेशी तंतु की उत्तेजना और अंतिम प्लेट विभव।
5. तंत्रिका मांसपेशीय युग्मन् पर संचरण के लिए सुरक्षा।
6. तंत्रिका मांसपेशीय युग्मन को प्रभावित करने वाले अन्य कारक।

अक्ष तन्तु टर्मिनल द्वारा एसीटाईलकोलीन **स्त्रावण:** जैसे ही तंत्रिका आवेग तंत्रिका मांसपेशीय युग्मन पर पहुंचता है वैसे ही अक्ष तन्तु टर्मिनल द्वारा मांसपेशी तन्तु कला और टर्मिनल के बीच बना अंत: ग्रंथन अंतराल में अक्ष तन्तु टर्मिनल द्वारा लगभग एसीटाईलकोलीन के 300 सौ वैसिकल्स (Vesicles) का त्याग होता है जिसके परिणाम स्वरूप कैल्शियम आयन बाह्य कोशिकीय द्रव्य से टर्मिनल की कला में गति करना प्रारंभ का देता है तथा अक्ष तन्तु टर्मिनल की कलाएं क्रिया विभव द्वारा विध्रुवित हो जाते हैं। कैल्सियम आयन की अनुपस्थिति में और मैग्नीशियन आयन की उपस्थिति में एसीटाईलकोलीन का त्याग बहुत कम हो जाता है।

कोलीनस्ट्रेज विकर द्वारा उत्पन्न एसीटाईलकोलीन का विनाशीकरण - लगभग एक मिली सेकेण्ड के बाद अक्ष तन्तु टार्मिनल से एसीटाईलकोलीन का त्याग हो जाता है जिसका अधिकतम भाग अंत: ग्रंथन गटर द्वारा बाहर विसरित हो जाता है तथा मांसपेशीय तन्तु कला पर इसकी अधिक समय तक क्रिया नहीं रहती। वास्तव में बचा हुआ अवशेष उप तंत्रिकीय अंतराल और तंत्रिका टर्मिनल के बीच स्थित मौलिक पर्व में एसीटाईल कोलीनस्ट्रेज द्वारा नष्ट हो जाता है। बहुत थोड़े समय तक एसीटाईलकोलीन मांसपेशी कला के सम्पर्क में रहता है। (लगभग 1 मिली सेकेण्ड)। यह काल मांसपेशी तंन्तु को उत्तेजित करने के लिए पर्याप्त है। एसीटाईलकोलीन के तीव्र गति से नष्ट होना पुन: उत्तेजना से बचाता है।

एसीटाईलकोलीन का प्रभाव -यद्यपि सेकेण्ड के कुछ अंतिम छड़ में मांसपेशी कला और अंतिम प्लेट के बीच अंतराल में धनात्मक आयन के रूप में असंख्य परतों में बढ़ती है। इसके बढ़ने का मुख्य कारण एसीटाईलकोलीन के आयन नलिका द्वारा खुलने के कारण होता है। इन नलिकाओं में (Channels) प्रोटीन अणु और ट्रांसमेमब्रेन होती है जिसका अणुभार लगभग 2,40,000 एसीटाईलकोलीन चैनल्स का व्यास लगभग 0.65 मैनोमीटर होता है जिससे सोडियम, पोटेशियम, कैल्सियम धन आयन अधिक संख्या में गति कर सकते हैं। ऋणात्मक आयन इन चैनलों से संचरित नहीं होते क्योंकि चैनल की दीवारों में बहुत अधिक ऋणात्मक आवेश होता है। प्रायोगिक दृष्टिकोण से केवल चैनल द्वारा सोडियम आयनों का प्रवाह ही होता है।

मांसपेशीय तंतु की उत्तेजना और अंतिम प्लेट विभव- अचानक सोडियम आयन के मांसपेशीय तन्तु में प्रवेश से एसीटाईलकोलीन चैनल के खुलने के साथ-साथ अंतिम प्लेट के स्थानीय क्षेत्र में कला विभव धनात्मक दिशा में बढ़ना प्रारंभ हो जाता है जिसका मान लगभग 50 से 75 मि.ली वोल्ट होता है। इस विभव को अंतिम प्लेट विभव कहते हैं।

तंत्रिका आवेग के अक्ष तन्तु टर्मिनल में पहुंचते ही एसीटाईलकोलीन नामक द्रव्य सक्रिय होता है जिससे कि तंत्रिका आवेग गतिवाही अंतिम प्लेट में विसरित हो जाता है और साथ-साथ मांसपेशीय तंतु की कला सतह भी विध्रुवित हो जाती है जिसके पणिाम स्वरूप मांसपेशियों के तन्तु में संकुचन की प्रक्रिया प्रारंभ हो जाती है।

तंत्रिका मांसपेशीय युग्मन पर संचरण के लिए सुरक्षा कारक- प्रत्येक आवेग जो कि N.M.J. (Neuro Muscular Junction) तक पहुंचता है लगभग तीन या चार भाग अंतिम प्लेट धारा प्रवाह N.M.J. पर उत्पन्न करती है जो कि मांसपेशी तन्तु को उत्तेजित करने के लिए आवश्यक है इसलिये N.M.J. को सुरक्षा की बहुत आवश्यकता होती है। यदि तंत्रिका तन्तु के कृत्रिम उद्दीपन के लिए 100 ग्राम प्रति सेकेण्ड की दर से कुछ मिनटों तक रिक्तिकाओं Vesicles से ACH निकलता है यदि आवेग अधिक समय तक संचरित होगा तो मांसपेशीय तन्तु आवेग के संचरण के लिए सक्षम नहीं होती है। इसे तंत्रिका मांसपेशीय युग्मन की थकान कहते हैं।

तंत्रिका मांसपेशीय युग्मन को प्रभावित करने वाले अन्य कारक -तंत्रिका मांसपेशीय युग्मन में आवेगों के संचरण को प्रभावित करने वाला कुछ औषधियों को समूह है जिसके माध्यम से N.M.J. में आवेगों का संचरण रोका और उत्तेजित किया जा सकता है।

(अ) एन. एम.जे. पर संचरण को रोकने वाली दवायें:

औषधियों का वह समूह जिसे क्यूरेरीफार्म ड्रग के नाम

से जाना जाता है यह अंतिम प्लेट से मांसपेशियों में आवेग के स्थानांतरण की रोकथाम करता है। इसी प्रकार Detubocuraine नामक औषधि मांसपेशी कला को प्रभावित करते हैं जिसके कारण ACH चैनल्स की पारगम्यता नहीं बढ़ सकती है।

(ब) एन. एम. जे को उत्तेजित करने वाली दवायें: औषधियों का वह समूह जो कि N.M.J. को उत्तेजित करता है जिसमें निम्नलिखित औषधियाँ विशिष्ट रूप से जानी जाती हैं:

1. नियोस्टिगमाइन (Neostigmine)
2. फिजोसटिगमाइन (Physostigmine)
3. डाइसो प्रोप्राइल फ्लोरो फास्फेट (Disopropyle Fluorophosphate)

श्वसन प्रक्रिया

श्वसन एक ऐसी शारीरिक प्रक्रिया है जिसके द्वारा जीव जन्तु आस-पास के वातावरण से आक्सीजन लेते हैं तथा कार्बन-डाइऑक्साइड छोड़ते हैं। कार्बोहाइड्रेट और वसा जैसे ईधन तत्त्वों से निकलने वाली ऊर्जा को भी श्वसन कहते हैं। इस प्रक्रिया के उत्पाद कार्बन डाइक्साइड तथा जल है। इस प्रक्रिया को सांस लेने की शारीरिक क्रिया से अलग रखने के लिए कई बार कोशिकीय श्वसन भी कहते हैं। उत्तकों को आक्सीजन दी जाती है तथा कार्डियोवेस्कुलर तथा श्वसन तंत्र से संयुक्त कार्य द्वारा कार्बन-डाइऑक्साइड हटाई जाती है। थोरेसिक केविटी में उपरोक्त दो तंत्रों का आपस में गहरा सम्बन्ध है और इसके कार्य रूपों में इतनी समानता है कि इन्हें एक ही शीर्ष कार्डियोपल्मोनरी के नाम से जाना जाता है। फेफड़ों की किसी प्रकार की खराबी का सीधा असर दिल पर पड़ता है तथा दिल की खराबी का असर फेफड़ों पर पड़ता है। श्वसन तंत्र, उत्सर्जन तंत्र को सहयोग देता है तथा शरीर के अम्ल-आधार संतुलन को नियमित करता है। रक्त के pH में आए बदलावों से धड़कन और रक्त दबाव में स्वत: ही समायोजन होते रहते हैं। अत: श्वसन, कार्डियोवेसकुलर व उत्सर्जन तंत्र में नजदीकी शारीरिक सम्बन्ध है।

फेफड़ों में हवा का प्रवेश व बाहर निकलना, हवा और रक्त के मध्य गैसों की अदला बदली, रक्त में गैसों का आना-जाना तथा खून और उत्तकों के मध्य गैसों की अदला-बदली ही श्वसन होता है।

श्वसन के भेद

1. आन्तरिक श्वसन (Internal respiration) रक्त और कोशिकाओं के मध्य गैसों की अदला-बदली
2. बाह्य श्वसन (External respiration) रक्त और फेफड़ों के मध्य गैसों की अदला-बदली

श्वसन-तंत्र के कार्य

श्वसन तंत्र के मुख्य कार्य निम्नलिखित हैं-

- वायु और रक्त के बीच आक्सीजन और कार्बन-डाइऑक्साइड की अदला-बदली।
- रक्त pH का नियमन (अम्ल-क्षार संतुलन)
- ध्वनि उत्पन्न करना
- बू का पता लगाने वाले सेन्सरी रिसेप्टर के ऊपर हवा की हलचल
- कुछ सूक्ष्मजीवियों से बचाव

श्वसन तंत्र के अंग

श्वसन तंत्र के मुख्य अंग हैं- नाक, फेरेंक्स, लारेक्स, ट्रेकिया, ब्रोन्की तथा फेफड़े। ये अंग हवा अन्दर खींचते हैं, रक्त के साथ गैसों की अदला-बदली करते हैं तथा बदली हुई हवा को बाहर फेंकते हैं।

1. श्वसन तंत्र के वाहन विभाजन में वे रास्ते शामिल हैं जो ब्राकियोल में से नथुनों द्वारा हवा के आने जाने के लिए हैं।
2. श्वसन विभाजन में शामिल हैं- एलवियोली तथा दूसरे गैस अदला-बदली के क्षेत्र।
3. लारेक्स में से गुजरते हुए नाक का रास्ता ऊपरी-श्वसन ट्रैक्ट कहलाता है।
4. ट्रेकिया से फेफड़ों के क्षेत्र को निम्न श्वसन ट्रैक्ट कहते हैं।

1. नाक (Nose): नाक के कई कार्य हैं: अन्दर जाने वाली हवा को यह गर्म करता है, साफ करता है तथा आर्द्र बनाता है। यह बू की पहचान करता है, तथा आवाज को माडिफाई करने का रेजोनोटिंग (तरंगें पैदा करने वाला) चैम्बर है। बाह्य बाहर निकले हुए नाक को सहारा देने के लिए हड्डियों और कारटीलेज का एक ढांचा होता है। अन्दर का अर्ध-हिस्सा कारटीलेज से बना है। अन्दर के विस्तृत चैम्बर में

रक्षक बाल होते हैं जो बड़ी वस्तुओं को अन्दर जाने से रोकते हैं।

2. फारेंक्स (गला) (Pharynx): फारेंक्स या गला एक मांसपेशियों से बनी नलकी (फनल) है जो नथुने के अन्दर से लारेंक्स तक 13 सेमी (5 इंच) लम्बी है। फारेक्स में से हवा आगे बढ़ती है।

3. लारेंक्स (Larynx): लारेंक्स या ध्वनि यंत्र एक कारटीलेज का बना हुआ चैम्बर है। इसका मुख्य कार्य भोजन और द्रव को रास्ते से दूर रखना है, परन्तु आवाज निकालने का अतिरिक्त काम भी यह करता है। इसके मुख्य प्रवेश द्वार गलोटिस पर उत्तकों का एक समूह है जिसे एपिगलोटिस कहते हैं। निगलने की क्रिया के दौरान, लारेंक्स की विस्तृत मांसपेशियाँ इसे गलोटिस की तरफ कर देती हैं तथा एपिगलोटिस भोजन और पेय पदार्थ को भोजन नली की तरफ भेज देता है। भोजन और पेय पदार्थों को हवा जाने के रास्ते से दूर रखने में वेस्टिबुलर फोल्ड (तहें) बहुत योगदान देती हैं। लारेंक्स के ढांचे में नौ कारटीलेज हैं। इनके नाम हैं, एपिगलोटिक, थाईराइड व क्राईकोएड (सभी एकल) तथा आरिटीनाइड, कॉर्नीकुलेट तथा क्यूनीफार्म (सभी जोड़े)।

लारेंक्स की दीवारें मांसपेशियों से निर्मित होती हैं। गहरी इट्रीसिंक मांसपेशियां आवाज कॉर्ड को चलाती हैं। लारेंक्स को हाईओड हड्डी से जोड़ने वाले सुपरफिशयल इट्रीसिंक मांसपेशियां सूजन की दशा में लारेंक्स को ऊपर उठा देती है। लारेंक्स की भीतरी दीवार पर तहें होती हैं। सबसे ऊपरी जोड़ा वेस्टीबुलर तहों का होता है जिसे कृत्रिमें ध्वनि-यंत्र भी कहते हैं। कॉर्निकुलेट व आर्टिनाइड कारटीलेज को खींच कर इट्रींसिक मांसपेशियां ध्वनि कोर्ड को नियंत्रित करती हैं। हवा जैसे ही कोर्ड में से गुजरती है, और आवाज उत्पन्न होती है जब कोर्ड सख्ती से खींचे जाते हैं तथा कम आवाज पैदा होती है जब कोर्ड काफी विश्राम अवस्था में हों। कोर्ड के बीच से गुजरने वाली हवा से उस आवाज का लाऊड होने को दर्शाता है।

4. ट्रैकिया (Trachea): ट्रैकिया या विंड पाईप एक सख्त ट्यूब है जो 12 सेमी लम्बी है तथा अन्दर सांस लेते समय सिकुड़न से बचाने के लिए इसमें सी-आकार के कार्टिलेज रिंग (छल्ले) होते हैं। लारेंक्स और ट्रैकिया के अंदर एपीथिलियम (झिल्ली) की लाईन होती है जो म्यूकस में फंसी गन्दगी को बाहर निकालने के लिए म्यूकोसिलरी एसकलेटर प्रदान करती है।

5. फेफड़े (Lungs): अन्य स्थल पर रहने वाले जानवरों की तरह मनुष्य भी नथुनों और फेफड़ों से सांस लेता है। हवा रोधक थोरेसिक कोठरी में एक जोड़ी फेफड़े स्थित हैं, इसके आसपास कानवेक्स, मांसपेशीय तथा इलास्टिक शीट होती है जिसे डायाफ्रॉम कहते हैं। फेफड़ों द्वारा श्वसन प्रक्रिया को पलमोनरी श्वसन कहते हैं।

काम करने के लिहाज से, फेफड़े रबड़ के गुब्बारे से मिलते जुलते इलास्टिक थैले होते हैं। उनमें कोई मांसपेशी नहीं होती जिससे वे स्वतः फुल या सिकुड़ सकें। सांस लेते या छोड़ते समय पसलियों और डायाफ्राम के सिकुड़ने व विश्राम के कारण थोरेसिक गुदा में होने वाले दबावीय परिवर्तन का फेफड़ों पर प्रभाव पड़ता है।

प्रत्येक फेफड़ा एक कोन आकार का अंग है जिसका डायॉफ्राम पर टिका हुआ चौड़ा आधार अवतल होता है। फेफड़ा अपने हिलियम के जरिये ब्रोंकस, रक्त नलियां, लिम्फेटिक वेसल व स्नायु नलिकाएं प्राप्त करता है। बायां फेफड़ा दो तथा दायां फेफड़ा तीन लोबस में बंटा होता है।

ब्रांकियल ट्री (Bronchial Tree): ब्रांकियल ट्री अत्यधिक शाखाओं वाली वायु नलियों का वह तंत्र है जिसका प्रारम्भ प्राथमिक ब्रोंची से होता है जो ट्रैकिया के रास्ते फेफड़े में प्रवेश करती है। प्रत्येक प्राथमिक ब्रोंची माध्यमिक ब्रोंची में बदल जाती है जो फेफड़े के प्रत्येक लॉब में प्रवेश करती है। अगला उपविभाजन टरशरी ब्रोंची के रूप में होता है जो एक पृथक ब्रोंची पल्मोनरी परिशिष्ट प्रदान करती है। टरशरी ब्रोंची ब्रोंचिओल को जन्म देती है जिनमें कारटीलेज नहीं होता बल्कि उनकी दिवारों पर चिकनी मांसपेशियां होती हैं। प्रत्येक ब्रोंचिओल द्वारा वातानुकूलित भाग प्राथमिक लोबूयूल होता है। प्रत्येक ब्रोंचिओल 50-80 ट्रमिनल में विभक्त हो जाता है। प्रत्येक ट्रमिनल बोंचिओल छोटी-छोटी श्वसन ब्रोंचिओल को जन्म देती है जो एलवोलर डक्ट में विभक्त होती है तथा अन्त में एलवोलर सैकस (Sacs थैलों) में बदल जाती है। श्वसन ब्रोंचिओल, एलवोलर थैले तथा नलिकाएं एलवोलाई बड (कली) द्वारा बनती है।

एलवियोली (Alveoli): उच्च जीवन दर (मेटाबालिक रेट) तथा आक्सीजन की जरूरतों को पूरा करने हेतु प्रत्येक मानवीय फेफड़े के पास गैस की अदला-बदली के लिए बहुत अधिक धरातलीय क्षेत्रफल (80 वर्ग मीटर) होता है। एक एलवियोलस में अधिकतर एलवियोलर कोशिकाएं होती हैं जो इतनी पतली होती हैं ताकि गैसें उनमे से निकल सकें।

एलवियोली के ल्यूमन के बीचो बीच मेकराफेगस (धूल कोशिकाएं) होती हैं जो अंदर निगले गए पदार्थ के विरुद्ध प्रतिरोध की अन्तिम पंक्ति होती है। प्रत्येक एलवियोलस रक्त की महीन नलियों के गुच्छों से घिरी होती हैं। पलमोनरी सरकुलेशन में बहुत कम रक्तचाप होता है तथा एलवियोलाई को द्रव से भरे जाने से रोका जा सके। पानी के ओसमेटिक अपटेक से फिलटेरेशन हो नहीं पाता और एलवियोली शुष्क रहती है।

प्लूरी (Pleurae): प्रत्येक फेफड़े का धरातल विसरल प्लूरा से ढका होता है तथा छाती-गुहा पारिटल प्लूरा से ढकी होती है। दोनों के बीच में प्लूरल द्रव से भरी प्लूरल गुहा का विस्तृत स्थान होता है। प्लूरा और प्लूरल द्रव उस समय घर्षण को घटाते हैं जब छाती फूलती है, तथा प्रेशर ग्रेंडियट का निर्माण करते हैं तथा खण्ड बने होने के कारण इन्फेक्शन को रोकते हैं।

श्वसन की प्रक्रिया

अन्दर सांस लेना इन्सीपिरेशन तथा सांस छोड़ना एक्सपीरेशन कहलाता है। श्वसन कार्य को समझने के लिए भौतिक विज्ञान के कई गैस सम्बन्धी नियम सहायक हैं।

दबाव तथा बहाव (Pressure and Flow): श्वसन को नियमित करने वाले दबाव का नाम है वायुमण्डलीय (बेरोमीट्रिक) दबाव। हवा फेफड़ों में जाती है क्योंकि उनका आयतन बढ़ जाता है तथा इंट्रापल्मोनरी दबाव गिर जाता है। सांस छोड़ते समय, इंट्रापल्मोनरी दबाव वायुमण्डलीय दबाव से अधिक होता है तथा हवा फेफड़ों से बाहर चली जाती है।

सांस अन्दर लेना (Inspiration): फरेनिक स्नायुकोश नलियों द्वारा डायाफ्राम उत्प्रेरित होने पर फेफड़ों के आयतन में परिवर्तन आते हैं जिससे नीचे की तरफ सिकुड़न आती है तथा बाहरी इंटरकोस्टल मांसपेशियां पसलियों को उठान देती हैं। चेस्ट केविटी फूलती है तथा पेरीटल प्लूरा उससे चिपकी रहती है।

फेफड़ों के साथ सटी हुई विसरल प्यूलरा भी साथ चलती हैं क्योंकि उस पर इंटरप्लूरल दबाव पड़ता है। फेफड़ें फूलते हैं। एक अन्य बल, जों फेफड़ों को फुलाता है वह है अन्दर खींची गई हवा का गर्म होना। जैसे-जैसे अन्दर ली गई हवा गर्म होती है वह फेफड़ों को फूलने में सहायता करती हैं

सांस बाहर छोड़ना (Expiration): सांस अन्दर लेने में पेशीय कार्य की जरूरत पड़ती है तथा ए.टी.पी. और कैलोरी भी जलती हैं। बाहर सांस छोड़ना एक निष्क्रिया है। बाहरी अन्तर कोस्टल पेशियों और डायाफ्राम के रिलैक्स (विश्राम) करने के कारण बाहर सांस छोड़ने की प्रक्रिया सम्पन्न होती है ये दोनों इलास्टिक रिकायल (वापसी की स्थिति) के कारण मूल स्थिति में लौट आते हैं। जब ऐसा होता है तो बाहर की अपेक्षा फेफड़ों के अन्दर हवा का दबाव अधिक चली जाती है और गहरे उच्छवास के लिए आन्तरिक इँटरकॉस्टल पेशियां सिंकुड़ कर पसलियों को दबाती हैं।

हवा के बहाव का गतिरोध (Resistance to Airflow): एक कारक जो हवा दबाव को रोकता है वह है पल्मोनरी कम्पलायंस (अनुपालना) अर्थात् वह आसानी जिससे फेफड़े फूलते हैं। फेफडे सामान्यत: आसानी से फूलते हैं मगर हवा मार्ग अवरूद्ध होने या हानिकारक फेफड़ों की बीमारी के कारण इस अनुपालना में कमी आ सकती है। ब्रोंचिलोल के व्यास से भी हवा का बहाव प्रभावित होता है। जब सिकुड़ने के कारण ब्रोंचिओल का व्यास घटता है तब भी फेफड़ों की अनुपालना में कमी आती है। ब्रोंकोडाइलेशन के दौरान अनुपालन नार्मल हो जाती है।

एलव्योलर सरफेस टेंशन (Alveolar Surface Tension): सारी हवा जो फेफड़ों में घुसती है हवा की अदली बदली के लिए एलव्योली को उपलब्ध नहीं होती । मृत हवा वह हवा है जो रक्त के साथ गैसों की वाहन क्षेत्र में अदला बदली नहीं कर सकती। इस स्थान को एनाटमिक मृत स्थान कहते हैं। फिजियोलोजिक (कुल) मृत स्थान एनाटमिक मृत स्थानों तथा किसी पैथेलोजिकल मृत स्थान का योग है। निरोगी व्यक्तियों में एनाटमिक तथा फिजियोलाजिक मृत क्षेत्र एक से होते हैं। एलव्योलर वेंटिलेशन दर सही साक्षेप रूप से उत्तकों को आक्सीजन देने की शरीर की योग्यता का नाप देते हैं।

एलवयोलर वेंटिलेशन (Alveolar Ventilation): फेफड़ों में पहुंची हुई सारी हवा अलवीयोलस (alveolus) में गैस बदलाव के लिये नहीं पहुंचती। फेफड़ों में मृत हवा वह हवा होती है जो कि खून के साथ हवा का बदलाव नहीं करती। इसे anatomic dead space कहते हैं। Physiological dead space, anatomical dead space तथा pathological dead space का मिश्रण है। स्वस्थ लोगों में anatomical तथा physiological space का मिश्रण है। स्वस्थ लोगों में anatomical तथा Physiological dead space एक से होते हैं। Alveolar Ventilation की दर से हमें स्पष्ट पता चल सकता है कि शरीर की अपने टिश्यू (Tissue) तक आक्सीजन पहुंचाने की कितनी क्षमता है।

रक्त संचार तंत्र

रक्त मानव शरीर में बहने वाला जीवनदायी द्रव है। हम इसके बिना जिंदा नहीं रह पाते। शरीर की सभी कोशिकाओं को रक्त हमारा दिल देता है तथा उन्हें आक्सीजन और भोजन पहुँचाता है। इसके साथ ही रक्त कार्बन डाईआक्साइड तथा अन्य अवशोषक पदार्थ बाहर निकालता है।

यह रोगाणुओं से लड़ता है, हमारा तापमान ठीक रखता है, तथा शरीर के कई कार्यों को पूरा करने वाले रसायनों को पहुंचाता है। रक्त में ऐसे तत्त्व होते हैं जो टूटी रक्त नलियों का मार्ग रोकते हैं ताकि ज्यादा खून निकलने से हमारी मौत न हो जाए।

हमारे शरीर में खून की मात्रा इस पर निर्भर करती है कि हमारा आकार क्या है तथा हम कितनी ऊँचाई पर रहते हैं। 80 कि.ग्रा. वजन के एक वयस्क में लगभग 5 लीटर खून होता है, एक किशोर जिसका वजन 40 कि. ग्रा. है उसमें 2.5 लीटर खून होता है तथा 4 कि.ग्रा. के शिशु में 250 मि.ली. खून होता है। जो लोग ऊंचे स्थानों पर रहते हैं जहां आक्सीजन कम होती है, उनमें नीचे रहने वाले लोगों की अपेक्षा 2 लीटर ज्यादा खून होता है। यह अतिरिक्त रक्त शरीर की कोशिकाओं को अतिरिक्त आक्सीजन प्रदान करता है।

रक्त के कार्य

रक्त के मुख्य कार्य निम्नलिखित हैं:-

1. **आक्सीजन और कार्बन डाइआक्साइड का परिवहन**- श्वसन धरातलों जैसे फेफड़ों से आक्सीजन ले जाना तथा उन्हें उत्तकों तक पहुंचना अत: रक्त सांस की प्रक्रिया में योगदान देता है।
2. **भोजन ले जाना**- रक्त आंतों से घुलनशील भोजन (अर्थात् ग्लूकोज, एमिनो एसिड, पोली पेप्टाईड, विटामिन, वसा, खनिज तथा पानी) पहले जिगर (लिवर) के पास ले जाता है फिर शरीर के हर उस हिस्से में ले जाता है जहां कोशिकीय गतिविधियों के लिए उसकी आवश्यकता होती है।
3. **अवशेष पदार्थों का उत्सर्जन**-सभी कोशिकाएं ऐसे अवशेष पदार्थ बनाती हैं जो शरीर के लिए हानिकारक होते हैं तथा उन्हें जल्दी ही शरीर से बाहर निकालना आवश्यक है। रक्त ऐसे पदार्थों को गुर्दो, फेफड़ों, त्वचा और आंत तक लाता है ताकि वे हटाए जा सकें।
4. **जल संतुलन बनाना**- संचारित रक्त और उत्तकीय सायटोप्लाजम में पानी के लगातार आदान-प्रदान द्वारा रक्त शरीर में जल संतुलन बनाए रखता है।
5. **पी.एच. बनाए रखना**-रक्त की प्लाज्मा प्रोटीन बफर तंत्र का काम करती है तथा रक्त के पी.एच.में होने वाले परिवर्तन को रोकती है।
6. **रासायनिक समन्वयन**- एंडोक्राइन ग्रंथि नामक अंग हारमोन बनाते हैं तथा उन्हें सीधा रक्त में छोड़ते हैं। ये हारमोन सीधे प्लाज्मा में प्रवेश करते हैं तथा 'रासायनिक दूत' का काम करते हैं। जब एक हारमोन शरीर के हिस्से तक पहुंचता है तो यह उसके विकास तथा प्रजनन प्रक्रिया को नियमित करता है।
7. **शरीर के तापमान का नियमन**- सभी कोशिकीय गतिविधियों से उष्मा पैदा होती है परन्तु कुछ कोशिकाएं जैसे मांसपेशियां और ग्रंथियां दूसरे से अधिक उष्मा उत्पन्न करती हैं। यह ऊष्मा खून के प्रवाह में प्रवेश करती है तथा सारे शरीर में घूमती है। फालतू ऊष्मा त्वचा के रास्ते बाहर निकल जाती है। यदि हमारा रक्त इस ऊष्मा का संवितरण न करे तो कुछ हिस्सों में बहुत अधिक गर्मी हो सकती थी जबकि दूसरे पूरी तरह ठण्डे रह जाते। अत: रक्त संचार ऊष्मा को वितरण करके शरीर के तापमान को नियमित करता है।
8. **संक्रमण से बचाव**- हमारे प्रतिरोध तंत्र में सफेद रक्त कोशिकाएं बहुत महत्त्वपूर्ण योगदान देती है जिससे बीमारी फैलाने वाले पदार्थों से शरीर का बचाव होता है। जब ये हानिकारक पदार्थ शरीर पर हमला करते हैं ये सफेद रक्त कोशिकाएं जागृत हो जाती है तथा इन जीवाणुओं को मारती हैं। प्लाज्मा में कुछ प्रोटीन भी बीमारियों से लड़ने में हमारी मदद करती हैं।

9. **रक्त के थक्के बनना**-चोट के दौरान रक्त के नुकसान को रक्त रोकता है क्योंकि इसमें थक्के बनाने की क्षमता है।

10. **स्थिर वातावरण को बनाना व उसे बल देना**- शरीर की चुस्त कोशिकाओं के लिए रक्त स्थिर वातावरण की स्थापना पर बल देता है।

रक्त की संरचना

रक्त एक संयुक्त करने वाला उत्तक है जिसमें कोशिकाएं होती हैं जो पानी जैसे तरल जिसे प्लाज्मा कहते हैं उसमें तैरती हैं। इन कोशिकाओं को निर्मित तत्व कहते हैं क्योंकि इनका अलग-अलग विशेष आकार होता है।

इन निर्मित तत्त्वों जो इन कोशिकाओं से बनते हैं के नाम हैं-

(1) लाल रक्त कोशिकाएं (Red blood cells)

(2) सफेद रक्त कोशिकाएं तथा (White blood cells)

(3) प्लेटलेट्स (Platelets)

एक माइक्रोलीटर रक्त में लगभग 4 मिलियन से 6 मिलियन लाल रक्त कोशिकाएं, 5000 से 10000 सफेद रक्त कोशिकाएं तथा 1,50,000 से 5,00,000 तक प्लेटलेट्स होती है। लाल और सफेद कोशिकाओं को कण भी कहते हैं। रक्त का कुल आयतन लगभग 5 लीटर होता है।

प्लाज्मा (Plasma): प्लाज्मा स्ट्रॉ कलर का द्रव होता है जो रक्त का एक भाग होता है। यह कुल रक्त का 50 प्रतिशत से 60 प्रतिशत तक होता है। इसमें 90 प्रतिशत पानी तथा 9 प्रतिशत लटके हुए या घुले हुए पदार्थ होते हैं। इन पदार्थो में ऐसे प्रोटीन भी होते हैं जो थक्के बनाते हैं तथा संक्रमण से लड़ते हैं।

इनमें घुले हुए भोज्य पदार्थ तथा अवशिष्ट पदार्थ भी होते हैं। प्लाज्मा हारमोन्स का वाहक भी है जो विकास तथा अन्य शारीरिक गतिविधियों में सहायक है।

निर्मित तत्त्व (Formed Elements): निर्मित तत्त्व ऐसी कोशिकाएं हैं जैसे एरथ्रोसाईट (आर. बी.सी.) तथा ल्यूकोसाईट (डब्लू.बी.सी.) तथा कोशिकांए (प्लेटलेट्स)।

1. **लाल रक्त कोशिकाएं (Erythrocytes):** लाल रक्त कोशिकाएं जिन्हें एरथ्रोसाईट भी कहते हैं। शरीर के उत्तकों तक आक्सीजन पहुँचाती हैं तथा कार्बन-डाइऑक्साइड हटाती हैं। लाल रक्त कोशिका समतल, डिस्क की तरह होती है। यह किनारों की बजाए बीच में से पतली होती हैं। जैसे-रिंग डफनेट का आकार होता है जिसके मध्य में छेद न हो।

   लाल कण कोशिकाओं में मुख्यत: हीमोग्लोबिन होता है जो आक्सीजन ले जाने वाला प्रोटीन होता है तथा कोशिका को लाल रंग प्रदान करता है। कोशिका में रसायन विशेषकर एन्जाईम होते हैं। इन एन्जाईम से कोशिकाएं अपना कार्य प्रभावी ढंग से करती हैं। प्रत्येक लाल रक्त कोशिका के बाहर लचकदार झिल्ली होती है। यह झिल्ली इतनी लचकदार होती है कि ये कोशिकाएं किसी भी पतली रक्त नालिकाओं में घुस सकती है। इसके मध्य में नाभिका होती है जो कोशिकीय गतिविधियों को नियंत्रित करती है। वयस्क कोशिकाओं में नाभिका नहीं होता।

2. **सफेद रक्त कोशिकाएं:** सफेद रक्त कोशिकाएं जिन्हें ल्यूकोसाईट कहते हैं संक्रमण से तथा शरीर में घुसने वाले अन्य हानिकारक तत्त्वों से लड़ती हैं। ज्यादातर कोशिकाएं गोल तथा रंगहीन होती हैं। उनके भिन्न आकार तथा कई आकार की नाभिकाएं होती हैं। कुछ कोशिकाएं बैक्टीरियों को घेर कर उन्हें चट कर जाती है। दूसरी तरह की कोशिकाएं एंटीबाडिज बनाती हैं- ऐसे प्रोटीन जो बैक्ट्रीरिया, वायरस तथा अन्य हमलावारों को खत्म करते हैं जो शरीर में प्रवेश कर जाते हैं।

3. **प्लेटलेट्स:** प्लेटलेट्स जिन्हें थ्रोमबोसाईट भी कहते हैं। डिस्क के आकार के पदार्थ होते हैं जो खून बहने को रोकते हैं। वे महीन निर्मित तत्त्व हैं। जब कोई रक्त नलिका कट जाती है तो वे कटी हुई नलिका के किनारे से एक-दूसरे से जुड़ कर प्लग बनाते हैं। वे एक ऐसे रसायन छोड़ते हैं जो फिबरोजन के साथ क्रिया करते अन्य प्लाज्मा प्रोटीन बनाते हैं जिससे खून के थक्के बनते हैं।

खून के थक्के बनना

यदि खून के थक्के न जमें तो व्यक्ति का खून बहने पर उसकी मृत्यु हो सकती है। जब कोई रक्त नलिका क्षतिग्रस्त हो जाती है तो रक्त प्लेटलेट्स उसके किनारें से एक के बाद एक जम

जाती हैं तथा प्लग बनाती हैं। प्लाज्मा में ऐसे प्रोटीन होते हैं जो थक्के बनाते हैं। वे रक्त में निष्क्रिय घूमते हैं परन्तु जब कोई नलिका क्षतिग्रस्त होती है तो प्लेटलेट जुड़ कर प्लग बनाते हैं तथा ऐसे रसायन बनाते हैं जो थक्के बनाने वालों से क्रिया करते हैं।

तदुपरान्त प्लाज्मा प्रोटीन फिबरोजन को चिपचिपे फिबरिन में बदलते हैं। ये चिपचिपे फिबरिन एक-दूसरे से उलझ कर एक जाल बुनते हैं जो लाल रक्त कणों और प्लेटलेटस को खून बहने की जगह पर सील बन्द कर देते हैं। द्रव निकलता है तथा सख्त-प्लग एक थक्के का निर्माण होता है। इसे त्वचा की सतह का स्कैब कहते हैं।

कभी-कभी एक ऐसी नलिका में भी थक्के जमते हैं जो क्षतिग्रस्त नहीं होती। ऐसे थक्के (थ्रोमबस) उत्तकों तक खून की सप्लाई रोकते हैं तथा इन उतकों को आक्सीजन व भोजन नहीं मिल पाता।

अगर ऐसे क्लॉट किसी ऐसे धमनी को रोकता है जो दिल का पोषण करती है तो कारोनरी थ्रोमबोसिस हो सकता है जिसे दिल का दौरा कहते हैं। यदि क्लोट किसी दिमाग की धमनी को रोकता है तो स्ट्रोक हो सकता है।

रक्त में ऐसे पदार्थ हैं जो थक्कों का निर्माण करते हैं तथा उन्हें घोल भी सकते हैं। जब थक्के बनने तथा अवधि को रोकना हो तब क्लाट घोलने वाले तत्त्वों की गतिविधि बढ़ जाती है।

रक्त आपूर्ति बनाये रखना

स्वस्थ रक्त की उपयुक्त आपूर्ति के बिना हम जिन्दा नहीं रह सकते। हमारा शरीर रक्त की आपूर्ति ऐसे करता है-

1. रक्त घटकों के आयतन को नियमित करके
2. टूटे फूटे रक्त-घटकों को बदल कर
3. खून के बहने को रोक कर

1. रक्त घटकों के आयतन को नियमित करना (Regulating Volume of Blood Components): प्रत्येक रक्त घटक का आयतन शरीर की जरूरतों के अनुसार घटता बढ़ता रहता है। रक्त नलियों और कोशिकाओं के बीच प्लाज्मा की गतिविधि को प्लाज्मा प्रोटीन (एल्बूमिन) नियंत्रित करता है। रक्त नलिकाओं की दीवारों से केवल घुले हुए पदार्थ जैसे भोजन के कण ही प्लाज्मा से निकल पाते हैं परन्तु यदि एल्बूमिन (एसपियल प्रोटीन) की मात्रा सामान्य से घट जाए तथा प्लाज्मा उत्तकों में चली जाए तथा यदि एल्बूमिन की सांद्रता ऊंची होती तब उत्तकों में पानी प्लाज्मा में प्रवेश कर जाता है। शरीर को आक्सीजन कितनी चाहिए, लाल रक्त कोशिकाओं की संख्या उस पर निर्भर करती है। गुर्दे एक ऐसा हार्मोन बनाते हैं जिसे एरथ्रोपाऐटीन कहते हैं जो कोशिकाओं की संख्या के बढ़ने को प्रेरित करते हैं। जब उत्तकों को आक्सीजन की जरूरत होती है तब गुर्दे अधिक मात्रा में एरथ्रोपोएटीन बनाते हैं जिससे लाल रक्त कोशिकाओं का उत्पादन बढ़ जाता है। जब आक्सीजन की जरूरत बढ़ जाती हे तो एरथ्रोपोटीन का उत्पादन कम हो जाता है। कुछ बीमारियां भी लाल रक्त कोशिकाओं के उत्पादन को प्रभावित करती हैं।

कुछ अन्य हिमेटोपेटिक विकास घटक सफेद रक्त कोशिकाओं तथा प्लेटलेट्स की संख्या को नियंत्रित करते हैं जो शरीर की अवस्था के अनुसार घटती बढ़ती रहती है।

उदाहरण के लिए संक्रमण के दौरान रोगाणुओं से लड़ने वाली सफेद रक्त कोशिकाओं की संख्या बढ़ जाती है। वैसे ही बहुत अधिक रक्त स्राव से प्लेटलेट्स की संख्या बढ़ती है जो रक्त थक्के बनाने की योग्यता को बढ़ाते हैं।

2. टूटे फूटे रक्त घटकों को हटाना (Replacing Wornout Blood Components): प्रत्येक निर्मित तत्त्व विशेष अवधि तक जिन्दा रहता है अत: हमारे शरीर को इन टूटी-फूटी कोशिकाओं को बदलते रहना चाहिए। लाल रक्त कोशिकाएं 120 दिन जिंदा रहती है तथा प्लेटलेट्स 10 दिन। सफेद रक्त कोशिकाओं का जीवन कुछ घण्टों से लेकर कई वर्षों तक होता है।

लीवर (जिगर) और स्पलीन टूटी-फूटी लाल रक्त कोशिकाओं को रक्त-प्रवाह से हटाता है तथा उन्हें तोड़ता है। लीवर इन टूटी-फूटी लाल रक्त कोशिकाओं के रंगीन पदार्थ का प्रयोग करके पाचन द्रव बाईल बनाता है।

शरीर इन कोशिकाओं के लोहे को पुन: इस्तेमाल करके हीमोग्लोबिन बना कर नई लाल रक्त कोशिकाएं

बनाता है। टूटी-फूटी सफेद रक्त कोशिकाएं उन उत्तकों तक चली जाती है जहां उनकी मृत्यु होती है। छोटी-छोटी रक्त शिराओं को बन्द करने में प्लेटलेट खत्म हो जाती हैं।

रक्त के नए घटकों का निर्माण (Function of new Blood Components): मानवीय हड्डियों के केन्द्र मुलायम लाल या पीले रंग के पदार्थ मज्जा (मेरो) से भरे होते हैं, वयस्कों में लाल हड्डी मज्जा करोड़ों की संख्या में लाल रक्त कोशिकाएं एक सैकेण्ड में बनाती हैं। लाल मज्जा अधिकतर फ्लैट हड्डियों जैसे मेरूदण्ड, सर्टनम, पसलियां व खोपड़ी में पायी जाती हैं। सभी रक्त कोशिकाएं मज्जा में स्टेम सेल के रूप में शुरू होती है। बाद में वे विकसित होकर वयस्क प्रीकर्सर कोशिकाएं बनाती हैं जिससे बहुत संख्या में लाल रक्त कोशिकाएं, सफेद रक्त कोशिकाएं या प्लेटलेट बनती हैं।

3. **रक्त-स्राव को नियंत्रित करना (Controlling Bleeding):** जब रक्त शिरा घायल होती है तो उसके धरातल पर प्लेटलेट एक साथ चिपक कर प्लग बनाती हैं। प्लाज्मा में रक्तस्राव रोकने वाले पदार्थ प्रोटीन होते हैं। साधारणतया वे रक्त में सुसुप्त अवस्था में परिचालित रहते हैं। जब कोई रक्त की नलिका आहत होती है तो वहां चिपक कर प्लग बनाकर खून के बहने को रोकते हैं।

अध्याय

3

शारीरिक शिक्षा का मनोवैज्ञानिक आधार

मनोविज्ञान को अंग्रेजी में 'साइकलोजी' कहा जाता है। यह शब्द ग्रीक भाषा के दो शब्दों 'साइके' अर्थात् आत्मा तथा 'लोगस' अर्थात् विचार को मिलाकर बना है। इसलिए साइकलोजी का अर्थ है आत्मा द्वारा विचारों को प्रकट करना। यदि हम मनोविज्ञान शब्द को देखें तो यह भी दो शब्दों को मिलाकर बना है 'मन' तथा 'विज्ञान' अर्थात् मन का विज्ञान। मनोविज्ञान में व्यक्ति के सभी प्रकार के व्यवहार का अध्ययन किया जाता है। मनोविज्ञान ऐसा विज्ञान है जिसमें वातावरण की प्रेरणा से होने वाली मानसिक, शारीरिक तथा सामाजिक प्रतिक्रियाओं का क्रमबद्ध अध्ययन किया जाता है।

मनोविज्ञान को कई भागों में बाँटा जा सकता है। जैसे- बाल मनोविज्ञान, शिक्षा मनोविज्ञान आदि। शिक्षा मनोविज्ञान में मनोविज्ञान सिद्धान्तों को शिक्षा क्षेत्र में प्रयोग किया जाता है। शिक्षक के लिए शिक्षा- मनोविज्ञान की जानकारी अत्यन्त आवश्यक है। इससे उसे बालक को समझने का अवसर मिलता है और साथ ही साथ शिक्षक को अपने आपको भी समझने का अवसर मिलता है।

शारीरिक शिक्षा तथा मनोविज्ञान में सम्बन्ध

शारीरिक शिक्षण प्रदान करने के लिए जो पद्धति अपनाई जाती है उसका मूलभूत आधार मनोविज्ञान ही रहता है अत: शारीरिक शिक्षा का मनोविज्ञान से घनिष्ठ सम्बन्ध है इसलिए शारीरिक शिक्षा के अध्यापक को शिक्षा मनोविज्ञान के महत्वपूर्ण सिद्धान्तों का ज्ञान प्राप्त करना चाहिए।

मनोविज्ञान का शाब्दिक अर्थ है मन का विज्ञान इसलिए सबसे प्रथम मन क्या है इसको समझना जरुरी है। मन क्या है इस विषय में निश्चित रूप से बताना कठिन है। मन का कोई स्थूल रूप नहीं है वह आंखों से देखा नहीं जा सकता है और न स्पर्श ज्ञान से उसको जाना जा सकता है परन्तु उसके अस्तित्व को सभी स्वीकार करते हैं इस नगर में मेरा मन नहीं लगता, तुम्हारे मन में कुछ और है और तुम कहते कुछ और हो आदि वाक्यों में मन शब्द का प्रयोग उसके अस्तित्व को प्रमाणित करता है। परन्तु आज तक किसी ने इस कल्पना को मूर्त रूप नहीं दिया है। कुछ विद्वान् मन का स्थान पिनीयल (Pinaeal) ग्रन्थी में मानते हैं, कोई हृदय में तो कुछ आतों में भी मानते हैं। परन्तु इसके निश्चित स्थान के सम्बन्ध में अभी तक कुछ नहीं कहा जा सकता। अत: यह स्पष्ट है कि शरीर में 'मन' नाम का कोई अवयव नहीं है। (मस्तिष्क और मन का घनिष्ठ सम्बन्ध माना जाता है) डा. नन् ने इसे मिमि (Mneme) नाम दिया है।

क्रियाशीलता यह मन का गुण माना गया है और इसे डा. नन् ने हॉर्मी (Horme) नाम दिया है।

उपर्युक्त दोनों गुण एक दूसरे के पूरक हैं। इसलिए इन्हें भिन्न मानने की आवश्यकता प्रतीत नहीं होती। Horme is the activity of the mental structure. lt is the element of drive or urge इन दोनों गुणों के अतिरिक्त एक तीसरा गुण और माना गया है उसे संलग्न (Cohesion) अथवा association of ideas भी कहते हैं। मनो व्यापार में इन तीनों गुणों का बड़ा महत्त्व है। इन्हीं के द्वारा अनुभव, स्वभाव, बर्ताव व चरित्र आदि की अनुभूति होती है।

मन के सम्बन्ध में भारतीय दृष्टिकोण निम्न श्लोक में स्पष्ट किया गया है-

बुद्धि तुसारथी विद्धि मन: प्रग्रह मेवच।।

जीवात्मा रथ में यात्रा करने वाला स्वामी है। बुद्धि सारथी है। मन घोड़ों की लगाम है। इस मन रूपी लगाम द्वारा वह इन्द्रियों रूपी घोड़ों को अपने स्वाधीन रखता हैं विषय घोड़ों की गोचर भूमि है। इनमें मन को बुद्धि के नियंत्रण में रखा गया है। मस्तिष्क के उत्तेजित होने पर मन भी उत्तेजित होता है। प्रेरणा का सम्बन्ध मन से हैं। मन एक अदृश्य प्रेरक शक्ति है। बुद्धि साधन है। आध्यात्मिक ग्रन्थों में अन्त:करण का ही उल्लेख किया गया है। इन्द्रियों द्वारा अंत:करण ही विषयों को ग्रहण करता है। विविध कार्यों के आधार पर अंत:करण के ही

मन, बुद्धि, चित्त, अहंकार चारों की सृष्टि होती है। व्यवहार में अंत:करण के लिए मन व चित्त शब्दों का प्रयोग किया जाता है।

मन और मनो व्यापार की सूक्ष्म विवेचना मनोविज्ञान में की गई है। इसे अंग्रेजी में सायकॉलाजी कहते हैं। यह शब्द मूलत: ग्रीक भाषा का है। Psukhe-soul, mind यह व्युत्पत्ति है। इससे सॉयकॉलाजी का अर्थ आत्मविद्या या आत्मा का विज्ञान लिया जाता था परन्तु आगे चल कर इसका अर्थ मस्तिष्क का विज्ञान Science of mind हो गया। इसके दो भेद किये गये। व्यक्तिगत मनोविज्ञान और सामाजिक मनोविज्ञान। लेकिन कुछ समय बाद यह परिभाषा भी परिवर्तित हुई कारण कि मस्तिष्क के अध्ययन से ही मनुष्य के मानसिक जगत के सम्बन्ध में जाना नहीं जा सकता। अत: मनोविज्ञान को मस्तिष्क का विज्ञान मान कर 'चेतना का विज्ञान' के रूप में स्वीकार किया गया। इसलिए कि मनुष्य में जो चेतना है उसी से अनुप्राणित होकर ही वह सब काम करता है। मनोविज्ञान एक सक्रिय और जीवित वस्तु से सम्बन्ध रखता है इसलिए उसके अध्ययन में अधिक संभावनाएं और नवीनता है। लेकिन कुछ समय बाद विद्वानों ने मनोविज्ञान की परिभाषा में फिर परिवर्तन किया और वर्तमान समय में मनोविज्ञान की परिभाषा कुछ इस प्रकार से की जाने लगी–

मनोविज्ञान मनुष्य के व्यवहारों और बर्तावों के कारणों और दशाओं का वैज्ञानिक अध्ययन करता है। इस परिभाषा का आधार यह है कि मनुष्य में चेतना और अचेतन शक्तियां होती हैं। फिर वह कुछ आदतें बना लेता है तथा परिस्थिति और परम्परा के प्रभाव के कारण वह विशेष प्रकार का व्यवहार अथवा कार्य करता है। इस प्रकार विद्वानों ने मनोविज्ञान को मनुष्य के सभी प्रकार के व्यवहारों और कार्यों के वैज्ञानिक अध्ययन के रूप में स्वीकार किया।

परन्तु मनोविज्ञान के विद्वान् दो विचारधारा में विभाजित हैं।

1. बर्तावવादी (Behaviourist)
2. आदर्शवादी (ldealist)

व्यवहार और बर्ताव पक्ष के विद्वान् मन के अस्तित्व को स्वीकार ही नहीं करते और शरीर और मन के सम्बन्ध को भी नहीं मानते हैं। कारण कि उनकी राय में शरीर स्वचालित यन्त्र है। दूसरी विचारधारा को मानने वाले विद्वान् उपर्युक्त विचारधारा से सहमत नहीं है। उनका कहना है कि मनो व्यापार से ही हमें ज्ञान होता है। वे मन के अस्तित्व को स्वीकार करते हैं और प्रधानता देते हैं। परन्तु हम मध्यम वर्ग को स्वीकार करते हैं। यह बात सभी स्वीकार करते हैं कि शारीरिक घटनाओं का मन पर और मानसिक व्यापार का शरीर पर प्रभाव पड़ता है। इसलिए शरीर मन दोनों का अस्तित्व होना सिद्ध है। इन दोनों का घनिष्ठ सम्बन्ध है। मन की स्थिति स्वीकार करने से मज्जा संस्था का महत्व बढ़ जाता है। प्रेरणा मिलने के बाद अनुभव ही आगे चलकर संस्कारों में बदल जाते हैं। इन संस्कारों से स्वभाव और स्वभाव से बर्ताव व व्यवहार आदि का निर्माण होता है। इसलिए मन और शरीर का घनिष्ठ सम्बन्ध है इसी कारण से मनोविज्ञान और शरीर विज्ञान का अन्योन्याश्रय सम्बन्ध माना जाता है।

मांसपेशियों और नाड़ी मण्डल के कार्य से मनुष्य पर निरनिराले संस्कार होते हैं और वे अनेक प्रकार के व्यवहारों में बदल जाते हैं मांसपेशियों और नाड़ी मण्डल की कार्य क्षमता की तीव्रता पर संस्कारों की तीव्रता निर्भर है।

अंत:स्त्रावी ग्रन्थियों में शीर्ष ग्रन्थि और कण्ठ ग्रन्थि का महत्वपूर्ण स्थान है। इन ग्रन्थियों का स्त्राव उचित रूप से होना आवश्यक है। ग्रन्थियों के स्त्राव की अधिकता और कमी के आधार पर मनुष्य का स्वभाव बदलता है। कण्ठ ग्रन्थि का स्त्राव अधिक होने से मनुष्य भावनाशील होता है। शीर्ष ग्रन्थि के स्त्राव का प्रभाव शरीर और मन दोनों पर होता है इसका स्त्राव अधिक होने से शारीरिक विकास पर्याप्त रूप से होता है और कम होने से शरीर के अंगों की वृद्धि रुक जाती है। बहुत अधिक स्त्राव से मनुष्य चिड़चिड़ा और झगड़ालू स्वभाव का हो जाता है। बिल्कुल कम स्त्राव से उसमें निराशा, उदासी आदि दुर्बल भावनाएं पैदा हो जाती हैं।

क्रोध और भय मनोविकारों के उदय होने से अॅड्रीनलीन नामक ग्रन्थि का स्त्राव बढ़कर वह रक्त में मिलता है। फलस्वरूप यकृत प्रभावित होता है और मधुमेह रोग हो जाता है।

शरीर और मन का अविभाज्य सम्बन्ध है और इन दोनों की क्रियाशीलता से ही स्वस्थ और कार्यक्षम रह सकते हैं इसलिए मनोविज्ञान और शरीर विज्ञान के ज्ञान से ही बालक का सर्वांगीण विकास किया जा सकता है।

मूल प्रवृतियां

मूल प्रवृतियों का शिक्षा में महत्वपूर्ण स्थान है। इसी के ज्ञान से अध्यापक बालक की मनोवैज्ञानिक दशा और आवश्यकता

को समझ पाता है। वह इस प्रकार शिक्षा प्रदान करता है कि बालक उसमें रुचि लेता है। इसलिए कहा जाता है कि मूल प्रवृतियां शिक्षण का आधार है। शिक्षक के लिए यह जानना आवश्यक हो जाता है कि मूलप्रवृतियों का उदय कब होता है।

बालकों में स्वास्थ्यप्रद आदतों का निर्माण करने में मूल प्रवृतियों का प्रमुख हाथ है। अच्छी आदतों के समूह को चरित्र कहते हैं। जिस व्यक्ति की आदतें अच्छी होती हैं वह समाज में चरित्रवान् समझा जाता है और चरित्रवान् व्यक्ति सब स्थानों में आदर पाता है। मूल प्रवृतियां किसे कहते हैं इसके सम्बन्ध में अनेक विद्वानों के भिन्न-भिन्न विचार न देकर सर्वमान्य परिभाषा को ही यहां हम प्रस्तुत करते हैं।

प्रसिद्ध मनोवैज्ञानिक मैक्डूगल की परिभाषा

मूल प्रवृति वह जन्मजात प्रवृत्ति है जिसके कारण प्राणी किसी वस्तु विशेष को देखता है या उसकी ओर ध्यान देता है और उसकी उपस्थिति में विशेष प्रकार के भावों तथा क्रियात्मक प्रवृत्ति की अनुभूति करता है। जिसके परिणामस्वरूप वह उपस्थित वस्तु से सम्बन्धित एक प्रकार की क्रिया करने लगता है।

इन मूल प्रवृत्तियों का कार्य अपने आप ही होता रहता है। परन्तु बिना मस्तिष्क की आज्ञा के कार्य नहीं होता है उनके कार्य बुद्धिमानी के परिचायक होते हैं। यहां यह समझ लेना आवश्यक होगा कि मूल प्रवृत्तियां और सहज क्रियाओं के उदाहरण स्वरूप-छींकना, जम्हाई लेना आदि कार्य उपस्थित किये जा सकते हैं इसके विपरीत मूल प्रवृत्तियों द्वारा किये गये कार्यों में मस्तिष्क की आवश्यकता पड़ती है। सहज क्रिया में परिवर्तन करना अत्यन्त कठिन है। लेकिन मूल प्रवृत्ति में परिवर्तन उपस्थित किया जा सकता है। अत: इन भेदों के ज्ञान से सहज क्रिया और मूल प्रवृत्तियों का भेद स्पष्ट हो जाता है।

मनुष्य की मूल प्रवृत्तियां पशुओं की मूल प्रवृत्तियों से अधिक परिवर्तनशील हैं इसका कारण पशुओं में कम बुद्धि होती है। दीपक की लौ देखकर पतंगा उस पर जा गिरता है कारण कि उसमें बुद्धि की कमी रहती है इसलिए वह क्रिया बदल नहीं सकता।

मूल प्रवृत्ति उत्तेजित होने पर मनुष्य को उसकी तरफ ध्यान देना आवश्यक हो जाता है। किसी विशेष प्रवृत्ति के जागृत होने पर चेतना प्राप्त होती है। उसके द्वारा मन में संवेग पैदा होता है और उसके द्वारा प्रतिक्रिया होती है अर्थात् उस संवेग से सम्बन्धित क्रिया हो जाती है।

उदाहरणार्थः

(i) बिल्ली को चूहा दिखाई देने पर उसके मन में चेतना उत्पन्न होती है और शिकार की भावना पैदा होती है और इसकी प्रतिक्रिया स्वरूप बिल्ली चूहे को पकड़ने के लिए दौड़ती है।

(ii) भोजन ढूंढने की प्रवृत्ति है। इससे सम्बन्धित संवेग भूख है। ये संवेग (Emotions) बड़े महत्त्व के होते हैं। इन्हीं के द्वारा मूल प्रवृत्तियां संचालित होती हैं। मैक्डूगल के विचार से मूल प्रवृत्ति के द्वारा अनुभव होता है और संवेग उत्पन्न होता है। संवेग के समय शारीरिक परिवर्तन होता है। जब व्यक्ति संवेग से प्रभावित होता है तक उसमें शारीरिक परिवर्तन दिखलाई पड़ता है। यदि वह क्रोधित है तो उसका चेहरा लाल हो जाता है। यदि वह खुश है तो उसका चेहरा मुस्कुराता है। प्रत्येक मूल प्रवृत्ति से सम्बन्धित एक संवेग होता है। संवेग का क्षेत्र व्यापक है। संवेग का परिणाम समस्त वातावरण पर होता है। संवेग की अधिकता से शरीर की विशेष ग्रन्थियों का रस अधिक मात्रा में खर्च होता है और परिणामस्वरूप अनेक प्रकार की बीमारियां होती हैं। अनेक विद्वानों ने मूल प्रवृत्तियों की संख्या 14 मानी है। इस स्थान पर उनका संवेग सहित उल्लेख करना उचित समझते हैं।

मूल प्रवृत्ति	संवेग	प्रतिक्रिया
1. भोजन खोजना (Food Seeking)	भूख	भोजन प्राप्त करना
2. भागना (Escape)	भय	छिपकर रहना
3. युद्ध प्रवृत्ति	क्रोध	मारना, गर्जना
4. उत्सुकता	आश्चर्य	ध्यान से देखना
5. विधायकता	रचनात्मक	आनन्द निर्माण करना
6. संचय (Acquisitiveness)	स्वत्व	जमा करना
7. विकर्षण (Repulsin)	घृणा	फटकारना
8. संवेग (Appeal)	दु:ख	दया की याचना करना
9. पुत्र कामना (Parental instinct)	वात्सल्य	पेट से, छाती से लगाना
10. भोग (Mating)	काम	आकर्षित होना
11. सामूहिक जीवन (Gregariousness)	एकाकीपन	मिलना
12. आत्मगौरव (Self assertion)	आत्माभिमान	आत्म प्रदर्शन
13. दैन्य (Submission)	आत्महीनता	नीचे देखना, पीछे रहना
14. हंसना (Laughter)	प्रसन्नता	हँसना

शारीरिक शिक्षण से इन मूल प्रवृत्तियों का घनिष्ठ सम्बन्ध है। शारीरिक क्रियाओं द्वारा संवेगों के विकास में सहायता मिलती है। मूल प्रवृत्तियों द्वारा होने वाली प्रतिक्रियाओं के लिए शारीरिक शिक्षण से चेतना प्राप्त होती है, अर्थात् मूल प्रवृत्तियों को जागृत करने के लिए आवश्यक परिस्थिति का निर्माण किया जाता है।

लड़ने के प्रवृत्ति प्रत्येक प्राणी में पाई जाती है। संकट का सामना करना और अपनी रक्षा करने का प्रयत्न करने की प्रवृत्ति भी सब में पाई जाती है। इस प्रवृत्ति का विकास खेलों में किया जा सकता है। इस प्रवृत्ति के विकास के लिए कुश्ती, बॉक्सिंग, लाठी छूट, फरोगदा आदि के व्यायाम उपयोगी हैं। योग्य पद्धति और न्यास से खेल खेलने की आदत का निर्माण होता है।

जिज्ञासावृत्ति को जागृत करने के लिए विषय में नवीनता का होना जरुरी होता है। बालक नूतन प्रेमी होता है। शारीरिक शिक्षण के कार्यक्रम यथा- शिविर कार्य वनविहार आदि से इस प्रवृत्ति को जागृत किया जा सकता है और ज्ञान-दान का उद्देश्य पूरा किया जा सकता है। आत्म गौरव और दैन्य प्रवृत्तियों की प्रतिक्रियाएं उत्तम रूप से होंगी और उनका विकास शारीरिक शिक्षण द्वारा पर्याप्त मात्रा में हो सकेगा। कक्षा में दोनों प्रवृत्ति के बालक पाये जाते हैं। परन्तु कक्षा में इस ओर कम ध्यान दिया जाता है। इसके लिए उचित स्थान है खेल के मैदान।

इस स्थान पर दोनों प्रवृत्ति वाले बालकों का आसानी से पता लगाया जा सकता है। आत्मगौरव प्रवृत्ति वाला बालक हमेशा अपनी धाक दूसरों पर जमाने का प्रयत्न करता है। और अपने कार्यों में सब से आगे रहना चाहता है। वह नेतृत्व भी करता है। परन्तु इस प्रवृत्ति का विकास मर्यादा के बाहर होने से उसे हानि की संभावना रहती है। और वह जिद्दी, अपनी बात पर अड़ने वाला अर्थात् दुराग्रही हो जाता है। इसलिए बालकों को अनेक कार्यक्रमों द्वारा अनेक प्रकार के अनुभव हो जाने चाहिए जिससे वह इससे मानवी गुणों को प्राप्त कर सके। कबड्डी, बास्केट बाल आदि खेलों में ऐसे बालक योग्य नेतृत्व न कर सकें तो उससे वे निराश हो जाते हैं और उनकी शक्ति निर्माण में न लगकर नेतृत्व के लिए विध्वंशक कार्यों की तरफ प्रवृत्त होते हैं। इसके विपरीत ऐसे बालकों को सही रूप से उनकी दुर्बलताओं का अनुभव करा दिया जाए तो संभव है वह बालक अपने जीवन में सफल हो सकेगा।

दैन्य प्रवृत्त वाले बालकों में आत्मविश्वास का अभाव होता है और किसी कार्य में उससे योग्य बालकों को देखकर दैन्य भावनाओं की प्रतिक्रया के रूप में वह अपने को हीन, दुर्बल अनुभव करने लगता है और वह एकान्तप्रिय हो जाता है। परन्तु खेल के मैदान में ऐसे बालकों को सहानुभूति से प्रोत्साहन दिया जाए तो वह प्रगति कर सकता है इसलिए व्यायाम शिक्षक को चाहिए कि वह प्रत्येक बालक को योग्यता प्रदर्शन का अवसर दे। साधारण बालक भी अनुभव, अभ्यास और संस्कार से नायक बनने की क्षमता प्राप्त कर सकता है।

सफलता न मिलने पर बालक निराश हो जाता है, इसलिए प्रतियोगिताएं समान योग्यता वाले बालकों में ही की जाएं। बालकों की कार्य शक्ति व क्षमता के आधार पर दल बनाये जाएं और उन्हीं में खेल-कूद प्रतियोगिता का आयोजन करने से दुर्बल बालक भी अपने समकक्ष बालकों से निम्न कोटि के नहीं रहेंगे फलस्वरूप वे जीवन के प्रति आशावादी दृष्टिकोण को अपनाएंगे। बालकों को जैसे अनुभव उनके बाल जीवन में प्राप्त होते हैं, उनका पोषण ही वे बड़े होकर करते हैं इसलिए उन्हें अनेक प्रकार के अनुभव प्राप्त होने के अवसर दिये जाएं ताकि भावी जीवन में सफल बनकर सुखी समाज का निर्माण कर सकें।

खेल तथा खेल-सिद्धान्त

खेलना बालकों की स्वाभाविक प्रवृत्ति है। भूख को शांत करना जितना आवश्यक है उतना ही आवश्यक बालक के लिए खेलना है। बालक के शारीरिक और मानसिक विकास के लिए खेल एक मात्र अचूक साधन है। खेल में ही बालक के स्वभाव का भली-भांति से अध्ययन किया जा सकता है। बालक के शारीरिक और मानसिक आरोग्य का लक्षण ही खेल है। अनेक मनोविज्ञानवेत्ता खेल को ही यथार्थ बाल्य जीवन मानते हैं। स्कूल में बच्चे पर चाहे पुस्तकों का कितना ही बोझ क्यों ना हो परन्तु वह खेलने के लिए कोई न कोई बहाना एवं समय निकाल ही लेता है। जैसे-जैसे मनुष्य बड़ा होता है उसकी रुचि और इच्छा समाप्त नहीं होती बल्कि उनका रूप बदल जाता है। कई आन्तरिक खेलों में रुचि लेते हैं तो कई बाहरी खेलों में रुचि लेते हैं। खेल मानव को सुख तथा आनन्द की अनुभूति प्रदान करते हैं।

स्टर्न महाशय खेल को स्वयं नियंत्रित इच्छित क्रिया ही मानते हैं। मैक्डूगल महोदय ने सामान्य प्रवृत्तियों में सबसे अधिक महत्वपूर्ण क्रीड़ा प्रवृत्ति को माना है। वे खेल को सामान्य प्रवृत्ति के रूप में स्वीकार करते हैं। परन्तु अनेक विद्वान् खेल को सामान्य प्रवृत्ति के रूप में स्वीकार नहीं करते। खेल का आधार क्या है? बालक के शरीर में ऐसे कौन से तत्व हैं जो उसे खेल-कूद के लिए उत्तेजित करते हैं। इन प्रश्नों का उत्तर दिया है और सिद्धान्त निश्चित किये हैं। उनमें से मुख्य सिद्धान्तों का विचार करना आवश्यक है।

खेल की परिभाषाएं

हरलॉक 'अन्तिम परिणाम का विचार किये बिना कोई भी क्रिया जो उससे प्राप्त होने वाले आनन्द के लिए की जाती है, खेल है।

'Play relates to any activity engaged in for the enjoyment it gives, without consideration of the end result'

रॉस

'खेल एक आनन्दपूर्ण, स्वत: प्रस्फुटित एवं रचनात्मक क्रिया है जिसमें मनुष्य अपनी पूर्णतम अभिव्यक्ति प्राप्त करता है।

'Play is a joyful spontaneous creative activity in which man finds his violent expression'

खेल की विशेषताएं

1. खेल स्वाभाविक क्रिया है।
2. खेल के मूल में आनन्द एवं उल्लास प्राप्त होता है।
3. खेल आत्मप्रेरित क्रिया है।
4. खेल स्वयं के लिए सुखद क्रिया है।
5. खेल रचनात्मक प्रवृत्ति का स्वतन्त्र उदय है।
6. खेल ध्येय विहीन क्रिया है।
7. खेल प्राणियों की जन्मजात प्रवृत्ति है।
8. खेल एक प्रकार का मनोरंजन है।
9. खेल के व्यापारों से स्वयं को लाभ होता है।
10. खेल के संचालन के लिए किसी विशेष प्रशिक्षण की आवश्यकता नहीं होती।
11. खेल मानसिक एवं शारीरिक प्रक्रिया है।
12. खेल एक स्वतन्त्र प्रवृत्ति है जो सम्पूर्ण ध्यान को केन्द्रित कर देता है।

खेल पर आधारित शिक्षण विधियां

डाल्टन विधि

इस विधि की प्रतिपादक मिस हेलेन पार्कहर्स्ट हैं। इस विधि के अनुसार बालक अपना कार्य करने के लिए पूर्ण रूप से स्वतन्त्र होते थे। उन्हें एक कक्षा में बैठा कर शिक्षा नहीं दी जाती थी अपितु उनका कक्षा कार्य पूर्ण करना निर्धारित कर दिया जाता था। इससे बालक स्वतन्त्रता का अनुभव करता था।

बालचर विधि (Scouting Method)

लन्दन निवासी ऑक्सफोर्ड विश्वविद्यालय के रेखा गणित के प्रोफेसर तथा विश्व स्काउट संस्था के चीफ राबर्ट स्टीफेन्सन स्मिथ लार्ड वेडेन पावेल ने इस विधि का निर्माण किया।

यह विधि पूर्णत: विश्व विख्यात खेल पर आधारित है। यह विधि बहुत ही सरल है। इस विधि से बालकों को प्राकृतिक वातावरण में रखकर जीवन यापन की शिक्षा दी जाती है।

मान्टेसरी विधि (Montessori Method)

इस विधि की जन्मदाता मेरिया मान्टेसरी हैं। इस विधि में औरतें ही शिक्षण कार्य कर रही हैं। विभिन्न प्रकार के उपकरणों एवं शैक्षिक यन्त्रों की सहायता से वह बच्चों को खेल-खेल में शिक्षा प्रदान करती हैं।

ह्यरिस्टिक विधि (Heuristic Method)

इस विधि के प्रतिपादक आर्म्स स्ट्रांग हैं। इसमें बालकों को कुछ सीखने के लिए प्रोत्साहित किया जाता है। बालक स्वतन्त्र रूप से विभिन्न उपकरणों, शैक्षिक सामग्री एवं पुस्तकों की सहायता से स्वयं सीखता है।

किंडरगार्टन विधि (Kindergarten Method)

इस विधि के जन्मदाता फ्रोबेल हैं। इस विधि में बच्चों को भय और दबाव से मुक्त रखा जाता है। इस विधि में वह समूहों में कहानी सुनते हैं, समूहों में समय बिताते हैं, समूहों में गाना गाते हैं आदि। इस विधि को बाल उद्यान विधि भी कहा जाता है।

प्रोजेक्ट विधि (Project Method)

इसके जन्मदाता डब्लू, एच. किल्पैट्रिक हैं। यह विधि बहुत ही विचित्र है। इसमें बच्चों के सामने कुछ समस्याएं रख दी जाती हैं तथा बच्चे उनके समाधान के लिए अपने विचारों को लिखते हैं समस्याओं का समाधान करने में बच्चे स्वतन्त्र छोड़ दिये जाते हैं।

सीखना

मनुष्य का जन्म तथा मरण सार्वभौमिक है। मनुष्य जन्म से ही सीखना प्रारम्भ करता है और मृत्यु तक कुछ ना कुछ सीखता ही रहता है। कुछ सीखने के बाद मनुष्य इनको अनुभवों के आधार पर कार्यरूप देने का प्रयास करता है तथा इससे उसके व्यवहारों में परिवर्तन आता है। अनुभवों द्वारा व्यवहार में होने वाले इन परिवर्तनों को ही सीखना अथवा अधिगम करते हैं:

मनुष्य में भूख, प्यास तथा जीवन की अन्य चलनाएं तो होती हैं किन्तु उन्हें सन्तुष्ट करने का ढंग उसे नहीं आता। जैसे भूख की प्रवृत्ति जन्मजात है परन्तु विभिन्न व्यंजनों का स्वाद

सीखा जाता है। यदि मनुष्य सीखने योग्य न होते तो मानव जाति की बौद्धिक, सांस्कृतिक तथा वैज्ञानिक प्रगति असम्भव हो जाती।

वास्तव में सीखने की प्रक्रिया व्यक्ति की शक्ति और रुचि के कारण विकसित होती है। जन्म के बाद बालक बहुत कुछ सीखता है। बचपन में वह अपने माता-पिता से सीखता है तथा बड़ा होने पर वह अपने अनुभवों से सीखता है। वह दो प्रकार के प्रयास करता है- सरल तथा कठिन प्रयास। सीखने के अर्थ को स्पष्ट करने के लिए आगे कुछ परिभाषाएं दी जा रही हैं-

वुडवर्थ के अनुसार

'किसी भी ऐसी क्रिया को जो कि व्यक्ति के विकास में सहायक होती हैं और उसके वर्तमान व्यवसाय और अनुभवों में भिन्नता उत्पन्न करती है, सीखने की संज्ञा दी जा सकती है।'

Any activity can be called learning so far as it develops the individual and makes his later behaviour and experiences different from what they would otherwise have been'

क्रो एण्ड क्रो

'सीखना आदतों, ज्ञान और अभिवृत्तियों का अर्जन है।'

Learning is the acquisition of habits, knowledge and attitudes.

सीखने की विशेषताएं

1. सीखना अनुभवों की नवीन व्यवस्था है।
2. सीखना सार्वभौमिक है।
3. सीखना ही प्रगति और विकास है।
4. सीखना वातावरण एवं क्रियाशीलता की उपज है।
5. सीखना समायोजन है।
6. सीखने की क्रिया जीवन भर चलने वाली सतत प्रक्रिया है।
7. सीखना व्यवहार में परिवर्तन है।

सीखना एवं परिपक्वता

सीखना तथा परिपक्वता में गहरा सम्बन्ध है। ये दोनों एक ही सिक्के के दो पहलू हैं। दोनों का लक्ष्य एक ही है। एक दूसरे के बिना यह प्रभावहीन ही रहती हैं। सीखना तथा परिपक्वता ये दो मुख्य घटक हैं जो बालक के व्यवहार में परिवर्तन लाते हैं। परिपक्वता बालक की सीखने की प्रक्रिया को प्रभावित करती है। पूर्ण रूप से परिपक्व बालक बहुत जल्दी सीखते हैं तथा अपरिपक्व बालक सीखने में समय लगाते हैं। इन दोनों में पर्याप्त अन्तर पाया जाता है जो निम्न प्रकार से है।

शिक्षण चेतन प्रक्रिया है तथा परिपक्वता अचेतन प्रक्रिया है। परिपक्वता एक जन्मजात प्रक्रिया है यह किसी से ग्रहण नहीं की जाती। यह मानव की अन्तर्निहित शक्तियों से विकसित होती है। शिक्षण जीवन में अनुभवों से अर्जित की जाती है। यह मनुष्य की बाह्य प्रक्रिया है।

परिपक्वता का सम्बन्ध उन परिवर्तनों से होता है जोकि नैसर्गिक और सामान्य वृद्धि से जुड़े हुए होते हैं। अधिगम व्यक्ति में होने वाले उन परिवर्तनों से जुड़ा होता है जिसके लिए आवश्यक रूप से वंशानुक्रम की प्रक्रिया उत्तरदायी नहीं होती।

सीखने के लिए विशेष प्रयत्न करने पड़ते हैं परन्तु परिपक्वता मनुष्य में अपने अनुभवों के आधार पर आ जाती है।

सीखने की प्रक्रिया

सीखना मानसिक प्रक्रिया के अन्तर्गत आता है। सीखना एक निरन्तर प्रक्रिया है जिसमें व्यक्ति विभिन्न सोपानों (Steps) से गुजरता है। स्मिथ (Smith) के अनुसार-

'सीखने की प्रक्रिया में कोई अभिप्रेरक, कोई लक्ष्य तथा इस लक्ष्य को पाने के रास्ते में कोई बाधा अथवा कठिनाई उपस्थित रहती है जो सभी आवश्यक हैं।'

यदि हम स्मिथ महोदय के उपरोक्त कथन पर ध्यान दें तो उन्होंने सीखने की प्रक्रिया के पहले सोपान के लिए अभिप्रेरक की चर्चा की है। अभिप्रेरक एक ऐसा स्रोत है जिससे बच्चे को कुछ सीखने के लिए प्रेरित किया जाता है, उसमें व्यवहार शक्ति का संचार किया जाता है। अभिप्रेरणाओं को पूरा करने के लिए व्यक्ति प्रयत्नशील रहता है। जब तक उसकी मूलभूत आवश्यकताएं पूरी होती रहती हैं तब तक उसे नवीन ज्ञान का संचय नहीं करना पड़ता परन्तु आवश्यकताओं की पूर्ति न होने पर उसमें कुछ न कुछ सीखने की इच्छा जागृत होती है।

अपनी आवश्यकताओं की पूर्ति के लिए व्यक्ति संघर्ष करता है। अब वह अपने उद्देश्य एवं लक्ष्य निर्धारित करता है। इन उद्देश्यों और लक्ष्य की प्राप्ति के लिए उसे बहुत कुछ सीखना पड़ता है। सीखने के लिए लक्ष्य और उद्देश्यों का स्पष्ट होना बहुत आवश्यक है।

सीखने की प्रक्रिया में अब बारी आती है तीसरे सोपान की। इन लक्ष्य एवं उद्देश्यों की पूर्ति के लिए उसे कई

कठिनाइयों एवं बाधाओं का सामना करना पड़ता है। यदि ये कठिनाइयां एवं बाधाएं न हों तो व्यक्ति कुछ सीखने के लिए प्रेरित नहीं हो सकता। अत: सीखने की प्रक्रिया में इस तीसरे सोपान का बहुत महत्त्व है।

सीखने के वक्र

सीखने की प्रक्रिया एक जटिल मानसिक क्रिया है। सीखने की प्रक्रिया में प्रगति ज्ञात करने के लिए अधिकतम वक्र या सीखने के वक्र का उपयोग किया जाता है। इसके माध्यम से किसी व्यक्ति ने किसी को किस प्रकार सिखाया है उसके प्रयास एवं मूल आदि का प्रभाव स्पष्ट रूप से ग्राफ कागज पर अंकित हो जाता है। वक्रों को तीन रूपों में विभक्त किया जाता है।

ऋणात्मक प्रगति सूचक वक्र या उत्तरोत्तर वक्र

जब सीखने की प्रक्रिया में प्रारम्भ में सीखने की गति तीव्र हो और बाद में मन्द हो जाए तब इस प्रकार का वक्र बनता है। उदाहरणार्थ- एक फुटबाल को सीखने वाला प्रशिक्षार्थी आरम्भ में कुछ दिन कौशलों को शीघ्र सीखना आरम्भ करता है, पर थोड़े दिनों के बाद ही उसकी रुचि कम होने लगती है और प्रशिक्षण की गति वहीं रहते हुए भी अधिगम की गति कम हो जाती है।

धनात्मक प्रगति सूचक वक्र

सीखने की प्रक्रिया में यदि सीखने वाली प्रक्रिया से मिलती जुलती प्रक्रिया व्यक्ति पहले ही सीख चुका हो और फिर बाद में सीखने की प्रक्रिया तीव्र या तीव्रतम होती जाती है तब अवनतोदर वक्र बन जाता है। उदाहरणार्थ- एक लॉन टेनिस का खिलाड़ी टेबल टेनिस सीखने के लिए उत्सुक हो और यदि उसे दोनों खेलों के कौशलों में कुछ समानताएं महसूस होने लगे एवं शिक्षार्थी की सीखने की गति बढ़ती जाए तो शिक्षण वक्र धनात्मक बनेगा।

मिश्रित वक्र या अवनतोदर-उन्नतोदर वक्र

यदि सीखने की प्रक्रिया में शिक्षार्थी प्रारम्भ में सीखने की प्रक्रिया में एकदम नया हो और व्यक्ति की अपनी प्रकृति, वातावरण आदि कारक बीच-बीच में प्रभाव डालते हैं और उनका मिश्रित प्रभाव पड़ता है। यह वक्र अधिगम की प्रक्रिया में व्यवधान डालने वाले कारकों से लेकर पूर्ण अधिगमित होने की प्रक्रिया तक प्रभाव डालता है।

सीखने के वक्र की विशेषताएं

1. सीखने के वक्र में सीखने की अवस्था में कभी भी एक रूपता नहीं दिखलाई देती है। इससे यह ज्ञात होता है कि सीखने की प्रक्रिया की गति कभी तीव्र, कभी मंद होकर चलती रहती है।
2. सीखने के वक्र द्वारा प्रारम्भिक अवस्था में सीखने की गति में प्रगति दिखाई जाती है। यह गति कितनी भी धीमी अथवा तीव्र हो सकती है।
3. सीखने की एक अवस्था आ जाती है, जब सीखने वाला व्यक्ति और अधिक सीखने में असमर्थ हो जाता है। यह संतृप्तीकरण की अवस्था कहलाती है।
4. प्रारम्भिक और अन्तिम अवस्था के मध्य ऐसी अवस्था आती है जबकि सीखने का वक्र सीखने की गति में कोई भी उन्नति अथवा अवनति प्रदर्शित नहीं करता। यह स्थिर अवस्था होती है।

सीखने के वक्रों का शैक्षणिक महत्त्व

1. जो कुछ भी अध्यापक सिखा रहा है उसे ग्रहण कर विद्यार्थी कितनी प्रगति कर रहा है यह इन वक्रों से ज्ञात हो जाता है। अध्यापक उसी के अनुरूप ही अपनी शिक्षण विधियों, शिक्षण सामग्री तथा वातावरण में उचित परिवर्तन कर सकता है।
2. सीखने के वक्र में कई अस्वाभाविक उतार-चढ़ाव पाए जाते हैं जो विद्यार्थी के व्यक्तित्व तथा संवेगात्मक विशेषताओं की जानकारी देते हैं। इससे अध्यापक लाभ उठा कर विद्यार्थियों के व्यवहार में परिवर्तन ला सकता है।
3. इन वक्रों द्वारा अध्यापक को अपने विद्यार्थियों के सीखने सम्बन्धी व्यक्तिगत भेदों की जानकारी प्राप्त होती है।
4. इन वक्रों द्वारा विद्यार्थियों को भी अपनी प्रगति का ज्ञान होता है। इन वक्रों द्वारा वह अपना मूल्यांकन स्वयं करते हैं। यह वक्र उन्हें प्रतिस्पर्धा के क्षेत्र में प्रगति के लिए प्रेरित करते हैं।
5. विभिन्न प्रकार के प्रशिक्षण शिविरों या प्रशिक्षण कार्यक्रमों के मूल्यांकन के लिए अधिगम वक्र लाभदायक हो सकते हैं।
6. किसी नवीन प्रशिक्षण उपकरण या प्रशिक्षण विधि के

महत्त्व को जानने के लिए अधिगम वक्र प्रभावशाली होते हैं। उदाहरणार्थ- कुछ क्रीड़ा विशेषज्ञ क्रीड़ा की गति बढ़ाने एवं उसे अधिक रोमांचकारी बनाने के लिए किसी नई सामग्री का प्रयोग करना चाहते हैं तो सर्वप्रथम उसके प्रायोगिक परीक्षण हेतु अधिगम वक्र का प्रयोग करके सीखने की प्रगति को ज्ञात कर लेना उचित होगा। उसके उपरांत ही उस विधि को समष्टि पर रोपित किया जान चाहिए।

सम्बद्ध प्रत्यावर्तन का सिद्धान्त

सीखने की प्रक्रिया को समझने के लिए वाटसन और पेवलोव जैसे मनोवैज्ञानिकों ने कुत्ते, बिल्ली आदि कई जानवरों पर प्रयोग किए तथा सम्बद्ध प्रत्यावर्तन नामक सिद्धान्त को जन्म दिया।

पेलवेल द्वारा किया गया प्रयोग

उन्होंने एक कुत्ते को मेज के साथ बांध दिया तथा घण्टी बजाने के तुरन्त बाद खाना देने का निश्चय किया। कुत्ता जब खाना देखता तो स्वाभाविक रूप से ही उसके मुंह में लार आ जाती थी। कुत्ते की लार ग्रन्थियों का ऑपरेशन कर दिया गया था। लेकिन इसी क्रिया को बार-बार किया गया तो देखा गया कि जब-जब घण्टी बजती थी, तब-तब कुत्ते के मुंह से लार टपकती थी। घण्टी बजने के बाद खाना मिलने पर, घण्टी तथा खाने में पूर्ण सम्बन्ध स्थापित हो गया था। इस लार को कांच की नली में एकत्रित कर मापा गया।

अब आखिर में उसे भोजन न देकर केवल घण्टी की व्यवस्था की गई। इस अवस्था में भी कुत्ते के मुंह से लार टपकी जिसे कांच की नली में एकत्रित कर मापा गया। इस प्रयोग द्वारा यह निष्कर्ष निकाला गया कि भोजन सामग्री जैसे प्राकृतिक उद्दीपन के अभाव में घण्टी बजने जैसे कृत्रिम उद्दीपन के प्रभाव स्वरूप कुत्ते ने लार टपकाने जैसी स्वाभाविक अनुक्रिया की। जीव की सहज क्रिया का सम्बन्ध स्वाभाविक उत्तेजना से हो जाता है तो इसे सम्बन्ध प्रत्यावर्तन कहा जाता है।

वाटसन द्वारा किया गया प्रयोग

वाटसन नामक मनोवैज्ञानिक ने एक प्रयोग किया। उसने अपने 11 माह के पुत्र अलबर्ट को खेलने के लिए एक खरगोश दिया। बच्चे को वह खरगोश बहुत अच्छा लगा मुख्यत: उसके नरम-नरम बालों में हाथ फेरना उसे बहुत अच्छा लगा।

कुछ समय पश्चात् वाटसन ने एक प्रयोग किया कि जैसे ही बच्चा खरगोश के बालों को हाथ लगाता था वैसे ही डरावनी आवाज निकाली गई। जिसे सुनकर बच्चा हाथ पीछे हटा लेता था। इस क्रिया को बार-बार दोहराया गया। जिसके परिणाम स्वरूप बच्चा खरगोश को हाथ लगाने से डरने लगा। हाथ लगाते ही नहीं अब वह खरगोश को देखकर भी उससे डरने लगा वह उसे देखते ही दूर भागता था। इस तरह भय की अनुक्रिया खरगोश के साथ अनुबन्धित हो गई और इस अनुबन्धन के फलस्वरूप उसने खरगोश से डरना सीख लिया।

सूझ या अन्त:दृष्टि का सिद्धान्त

इस सिद्धान्त के प्रतिपादक गेस्टाल्वादी मनोवैज्ञानिक हैं। इन मनोवैज्ञानिकों में कोलहर, कोफ्फका, वर्देमीअर तथा लेविन के नाम प्रमुख हैं।

कोलहर के अनुसार शिक्षण अन्तर्दृष्टि अथवा बुद्धि के द्वारा ही सम्भव है न कि सम्बद्ध प्रत्यावर्तन भूल अथवा प्रयास के द्वारा। प्रत्येक शिक्षण में कोई उद्देश्य निहित होता है। जीव इन उद्देश्यों की पूर्ति के लिए विभिन्न परिस्थितियों का सामना करता है। निरन्तर प्रयास के बाद उसे परिस्थितियां समझ में आ जाती हैं तथा वह उसी के अनुसार अनुकूल कार्य करता है। कोलहर ने एक प्रयोग किया।

उसने सुल्लतान नामक वन मानुष को एक पिंजरे में बन्द कर दिया। उसे पिंजरे की छत पर केले लटका दिए गए। केले इस प्रकार लटकाए गए कि वह उसे उछल कर भी प्राप्त नहीं कर सकता था। पिंजरे में एक बक्सा रख दिया गया था। पहले तो वन मानुष ने उछल कर केले प्राप्त करने की कोशिश की परन्तु जब वह असफल रहा तो उसे एक विचार आया। उसने बक्से को केले के नीचे रख दिया फिर उस पर चढ़ कर छलांग लगाई तथा केले प्राप्त कर लिए।

अब पिंजरे की छत पर केले और ज्यादा ऊंचाई पर लगाए गए और पिंजरे में अब दो बक्से रख दिए गए। वन मानुष ने इस समस्या को पहले की तरह हल किया।

अब केलों को और अधिक ऊंचाई पर लटकाया गया तथा पिंजरे में एक डंडा रख दिया गया। वन मानुष ने पहले की तरह ही केले प्राप्त करने चाहे परन्तु वह इसमें सफल नहीं हुआ। तब उसे एक विचार आया। उसने डंडे की सहायता से केले प्राप्त किये।

एक और प्रयोग में कोलहर महोदय ने बिल्ली को एक पिंजरे में बन्द कर दिया तथा खाना पिंजरे के बाहर रख दिया।

बहुत प्रयास करने के बाद बिल्ली उस स्थान पर पहुंची जहां से पिंजरा खुलता था। प्रयास स्वरूप बिल्ली द्वारा पिंजरा खोल दिया गया और बिल्ली खाना पाने में सफल हो गई। इस प्रकार बिल्ली को पुन: बन्द किया गया तो अगले समय में बिल्ली को दरवाजा खोलने में कम समय लगा। अत: खाने की आवश्यकता के कारण और पूर्ति हेतु बिल्ली पिंजरे का दरवाजा खोलना सीख गई।

इन प्रयोगों के आधार पर कोलहंर ने यह निष्कर्ष निकाला कि सीखने का आधार जीव की आवश्यकता और उसकी पूर्ति है।

सीखने के नियम

सीखने की क्रिया द्वारा ही बालक की मूल प्रवृत्तियों में परिवर्तन होता है। यह परिवर्तन बालक को जीवन में सफल बनाता है। मानसिक शक्ति का विकास भी सीखने द्वारा होता है। साधारणत: सीखने की क्रिया का सम्बन्ध उचित प्रतिक्रिया से है। (Appropriate Response)। मूल प्रवृत्तियों द्वारा संचालित प्रतिक्रया को उचित प्रतिक्रिया का रूप देना ही 'सीखना' है।

अमेरिका के प्रसिद्ध मनोवैज्ञानिक थार्नडाइक महाशय ने सीखने के निम्नलिखित तीन नियम निश्चित किये हैं। ये नियम सभी प्रकार के सीखने में काम आते हैं।

1. तत्परता का नियम (Law of Readiness)
2 अभ्यास का नियम (Law of Exercise)
3. परिणाम का नियम (Law of Effect)

1. तत्परता का नियम

तत्परता के नियम के अनुसार बालक किसी कार्य को उस समय सीखता है जबकि उसके लिए मन में इच्छा हो। जिस काम में मन न लगे सीखने में कठिनाई होती है और बालक में जिस काम को सीखने की तीव्र इच्छा जागृत होती है वह काम उसे सरल प्रतीत होगा और उसे करने में आनन्द प्राप्त होगा तथा वह उस काम को सम्पन्न कर संतोष का अनुभव करेगा। अर्थात् बालक का मन तैयार हो जाता है। शारीरिक शिक्षा में इसका उपयोग करके सफलता प्राप्त की जा सकती है। बालक के तैयार होने पर वह उस कार्य में कुशलता प्राप्त करने के लिए प्रयत्न करता है और उसमें उसे यश मिलता है।

साधारणत: बालक स्वाभाविक रूप से शारीरिक शिक्षा की अनेक प्रवृत्तियों में भाग लेते हैं परन्तु वे किसी विशेष प्रकार की शारीरिक प्रवृत्ति जो कि अक्सर शारीरिक शिक्षा में सिखाई जाती है को पसन्द नहीं करते कारण कि उनमें सामर्थ्य शक्ति की कमी रहती है। शारीरिक शिक्षा के उद्देश्य के अनुसार प्रत्येक बालक को अनेक प्रकार की शारीरिक प्रवृत्तियों में संलग्न रखकर उसके खाली समय का सदुपयोग किया जाता है तथा उसकी सामर्थ्य शक्ति की वृद्धि की जाती है। अनेक प्रवृत्तियों में भाग लेने से बालक की शक्ति बढ़ती है और वह तत्परता से कार्य करता है। अत: तत्परता की स्थिति पैदा करने से कार्य सुगम हो जाता है और विद्यार्थी संतोष का अनुभव करता है। उदाहरणार्थ-एक बालक लम्बी कूद क्रीड़ा में भाग लेना चाहता है। उसमें सामर्थ्य शक्ति है। उसकी बलवती इच्छा के फलस्वरूप वह उसमें दत्तचित होकर लगता है और इसमें उसको सफलता भी मिलती है। इस समय अध्यापक को इसकी तत्परता से लाभ उठा कर पूर्णरूपेण कार्य में प्रवृत्त करना चाहिए।

2. अभ्यास का नियम

इस नियम को उपयोग और अनुपयोग का नियम भी कहते हैं। इस नियम के अनुसार किसी कार्य को बार-बार करके सीखा जाता है और वह निपुणता प्राप्त कर लेता है। अपनी योग्यता व दक्षता को जीवित रखने के लिए बार-बार उसका अभ्यास आवश्यक है। फुटबॉल अथवा बास्केट बॉल के उत्तम खिलाड़ी बहुत दिनों तक न खेलने पर उनकी इन खेलों के खेलने की कुशलता नष्ट हो जाती है।

यह स्पष्ट है कि बार-बार किसी कार्य को करने से वह सुगम हो जाता है और उसे करने में श्रम की आवश्यकता प्रतीत नहीं होती है जैसे कोई बालक बेसबाल को बल्ले से मारने की कला सीखना चाहता है तो वह लगातार अभ्यास से सीख सकता है।

3. परिणाम का नियम

इसे संतोष और असंतोष का नियम भी कहते हैं। इस नियम के अनुसार जिस कार्य के करने से बालक को संतोष अथवा सुख मिलता है तो उसकी इस ओर प्रवृत्ति प्रबल हो जाती है और जिससे उसे दु:ख अथवा असंतोष मिलता है उस ओर वह ध्यान नहीं देता अर्थात् उस कार्य को करना नहीं चाहता। उदाहरणार्थ-कोई बालक तैरना सीखना चाहता है और वह श्वास रोक कर पानी में प्रवेश करता है और अपने सर को पानी में डुबाता है ऐसा करने से उसे कष्ट होगा और वह इस कार्य को इस ढंग से करना नहीं चाहेगा। यदि वह अपने सर को पानी में न डुबाकर पानी के ऊपर ही रखे ताकि आसानी

से श्वास क्रिया चलती रहे। इसका परिणाम यह होगा कि उसको कष्ट नहीं होगा और संतोष होगा और इधर उसकी रुचि बढ़ेगी। इससे प्रमाणित होता है कि जिस क्रिया से उसे संतोष व सुख प्राप्त होगा उसे ही करेगा।

सार यह है कि साधारणतया सीखने की तत्परता, सतत् अभ्यास, संतोषप्रद परिणाम से इच्छित फल की प्राप्ति होती है। इसलिए अध्यापक को चाहिए कि वह कार्यक्रम निश्चित करते समय इस बात का ध्यान रखे कि वह बालकों के लिए संतोषप्रद हो और उनमें तत्परता की स्थिति पैदा की जाय। ऐसा न होने से प्रयत्न व परिश्रम व्यर्थ होगा।

सीखने के कार्य को सफल बनाने में लिए उपर्युक्त तीनों नियमों का प्रयोग प्रत्येक स्थिति में करना चाहिए। छात्र का तत्परता की स्थिति में न होने पर पूर्णरूपेण सीखने के कार्य को सफल बनाने के लिए उपर्युक्त तीनों नियमों का प्रयोग प्रत्येक स्थिति में करना चाहिए। तत्परता की स्थिति में छात्र न होने पर पूर्णरूपेण सफलता प्राप्त नहीं होती है और उचित ढंग से अभ्यास न करने पर आवश्यक परिणाम प्राप्त नहीं होता है। उत्तम फल की प्राप्ति के लिए प्रबल इच्छा और संतोषप्रद ढंग से निरन्तर अभ्यास आवश्यक है। थार्नडाईक का कथन है कि-

Ten minutes of practice with full zeal, when the worker is keen to do his best and when he is thrilled at every advance in his accomplishment may be worth an hour of work done merely to avoid disfavour or reproach or idly to pass away the time'.

दस मिनट पूरे जोश व उत्साह के साथ प्रबल हार्दिक इच्छा से प्रत्येक सोपान पर सफलता की भावना से किया हुआ कार्य का मूल्य लापरवाही से एक घण्टा भर किये हुए कार्य के बराबर है। इस कथन को क्रियात्मक रूप देने से इष्ट उद्देश्य की पूर्ति निश्चय हो सकती है।'

सीखने के सम्बन्ध में किल पेट्रिक महाशय ने अनेक प्रयोग करके इसे तीन भागों में विभाजित किया है:-

1. मुख्य सीखना (Primary)
2. सहवृत्ति सीखना (Concomitant)
3. सहयोगी (Associate)

प्रत्येक सीखने के कार्य को मुख्य कहते हैं। उदाहरणार्थ-एक बालक को बल्ले से गेंद को मारना (to bat) सीखना है। बल्ले से गेंद की कला एवं विभिन्न तन्त्रों (Technique) का ज्ञान कराना मुख्य कार्य कहलाता है। इसमें बालक के बल्ले से गेंद मारने के कौशल आदि में वृद्धि का ध्यान रहता है।

बल्ले के प्रयोग के समय बालक का ध्यान उसके लकड़ी के प्रकार, उसके आकार, वजन तथा रंग की ओर जाता है और संभव है कि बल्ले की लकड़ी का उत्पत्ति स्थान व उसकी कीमत आदि के सम्बन्ध में भी सोचता है। वह बल्ले के रंग और उसकी रचना के सम्बन्ध में भी सोचता है और उसके हृदय में इनको जानने की जिज्ञासा उत्पन्न होती है।

इन कल्पनाओं तथा विचारों से बल्ले के प्रयोग कौशल में कोई सहायता नहीं मिलती है पर इनसे बालक की ज्ञान वृद्धि होती है इसे सहवृत्ति सीखना (Concomitant learning) कहते हैं। बल्ले से गेंद को उछालने की कला सीखने की क्रिया के साथ-साथ बालक के मन पर सच बोलना, नियमों का पालन करना, शिक्षक के उपदेश आदि के जो संस्कार होते हैं इसे सहयोगी शिक्षण (Associate learning) कहते हैं। अनेक विद्वान् इस बात को एक स्वर से स्वीकार करते हैं कि बालक के सर्वांगीण विकास के लिए तीनों प्रकार का सीखना उपयोगी है। सहयोगी और सहजवृत्ति सीखना ही बालक के दृष्टिकोण एवं विचारों पर प्रभाव डालता है।। अत: यह मुख्य सीखने के समान ही लाभदायक है। अत: शारीरिक शिक्षा के अध्यापक को ऐसी पद्धति से शिक्षा देनी चाहिए जिससे मुख्य सीखने की क्रिया के साथ-साथ अनेक उपयोगी बातों एवं तथ्यों का ज्ञान हो सके। अध्यापक ऐसे अवसरों पर विद्यार्थी का ध्यान इष्ट उद्देश्य की ओर आकर्षित करें।

कभी-कभी शिक्षण पद्धति में परिवर्तन करके सीखने की उन्नति में प्रगति की ज़ा सकती है। इस कार्य में धैर्य की आवश्यकता है। अत: जल्दबाजी नहीं करनी चाहिए।

शारीरिक शिक्षा की अनेक प्रवृत्तियों को सीखने की उन्नति में स्थिर अवस्था आने का एक कारण यह भी है कि व्यक्ति की शारीरिक क्षमता पराकाष्ठा पर पहुंच जाती है। परन्तु शारीरिक शिक्षा के अध्यापक को इस ओर विशेष ध्यान नहीं देना चाहिए। यह काम तो उन शिक्षकों का है जो प्रेजेताओं (Champions) के कार्य में विकास चाहते हैं अत: शारीरिक शिक्षा के अध्यापक का शारीरिक क्षमता की पराकाष्ठा का सम्बन्ध नहीं है उसका उद्देश्य तो उसके समस्त छात्रों को अनेक शारीरिक प्रवृत्तियों में विदेश जाने वाले दल में स्थान मिल जायेगा तो उसके सीखने की उन्नति में प्रगति होगी। वह हार्दिक रुचि, लगन और शास्त्रीय विधि से अभ्यास करके उन्नति की ओर अग्रसर होगा। अनेक प्रयोगों द्वारा मनोवैज्ञानिकों ने देखा है कि हेतु की उपस्थिति सीखने में वेग उत्पन्न करती है। भाग लेने के लिए प्रवृत्त करना है और इन प्रवृत्तियों को सीखने की उन्नति में इतनी प्रगति करनी है जितनी उनके दैनिक जीवन के लिए उपयोगी है।

माना कि ऊंची कूद का शिक्षण दिया जा रहा है। बालक में रुचि व उत्साह है और वह तत्परता की स्थिति में है। उसे ऊंची कूद के तन्त्र (Technique) का ज्ञान भी प्राप्त है। इसका फल यह हुआ कि उसकी सीखने की उन्नति में प्रगति हुई वह निरंतर अभ्यास करके प्रगति करता जा रहा है। ग्राफ कागज पर उसकी उन्नति का चित्र अंकित करने पर चित्र में एक स्थान ऐसा आता है जहां रेखाएं उन्नति सूचक नहीं दिखाई देती हैं। अर्थात् बालक की उन्नति रुक जाती है। इस समय अध्यापक का कर्त्तव्य है कि पठार के कारणों को देखे और व्यक्ति के उत्साह व रुचि में वृत्त करे तथा हेतु परिवर्तन भी करे। यदि शिक्षण पद्धति दोषपूर्ण सिद्ध हुई हो तो उसमें भी आवश्यक परिवर्तन करे और यदि वातावरण कारणीभूत न हो तो उसमें सुधार अवश्य किया जाए।

ऐसा करने से वह स्थिर अवस्था से एक इंच ऊंचाई को पार करेगा फलस्वरूप उसमें उत्साह का संचार होगा और वह क्रमशः उन्नति करता जाएगा। इस प्रकार कुछ समय की स्थिरता के बाद फिर उन्नति आरम्भ हो जाती है इसे सीखने की तीसरी अवस्था कहते हैं।

सीखने के कार्य में पूर्णरूप से सफलता प्राप्त करने के लिए उसके कुछ सिद्धान्तों को अमल में लाना आवश्यक है। अनेक मनोविज्ञान के पंडितों ने कुछ सिद्धान्तों का निर्माण किया है उनका उपयोग करना हितकर है।

खिलाड़ी को उसकी प्रगति का ज्ञान कराना आवश्यक है

शारीरिक शिक्षा के अध्यापक को चाहिए कि वह प्रत्येक विद्यार्थी की प्रगति का हिसाब रखे। दौड़ क्रियाओं के शिक्षार्थियों को प्रतिदिन अभ्यास का हिसाब रखना असम्भव हो तो सप्ताह के अन्तिम दिन अर्थात् शनिवार को प्रत्येक खिलाड़ी का समय लिया जाए। इससे टीम के प्रत्येक खिलाड़ी को उसकी प्रगति का ज्ञान हो जायेगा और वह अपने एक सप्ताह के अभ्यास का मूल्यांकन कर सकेगा। उन्नति के क्रम को देखकर विद्यार्थी स्वयं अपनी पद्धति, अभ्यास व रहन-सहन के प्रति अपने अध्यापक से सलाह करके और योग्य मार्ग-दर्शन प्राप्त करके स्वयं अपनी प्रगति के लिए प्रयत्नशील रहेगा। अतः शिक्षण संस्थाओं में शारीरिक शिक्षा के शिक्षण की ऐसी व्यवस्था हो कि प्रत्येक प्रवृत्ति के प्रगति के क्रम का लेखा रखा जा सके और उस लेखे की जानकारी विद्यार्थी को मिल सके।

गामक-कौशल-अर्जन

मनोवैज्ञानिकों ने सीखने के कई ढंग खोजे हैं जिनमें मोटर लर्निंग (गामक कौशल) (motor learning) सबसे आसान है। आधुनिक जीवन में स्नायु गतिविधियों में उच्च स्तर की जरूरत पड़ती है। बोलते हुए, पढ़ते हुए, लिखते, डांस करते, तैरते या खेलते हुए- सबमें उच्च स्तर की स्नायु-गतिविधि शामिल है। मोटर कुशलता (Skill) विकास का स्तर बताती है कि लोग क्या पढ़ना और लिखना सीखते हैं, दौड़ते व कूदते हैं तथा अपने शरीर का संयमित विकास करते हैं। यह कुशलता शरीर की स्नायु-पेशीय वयस्कता पर ही निर्भर नहीं करती बल्कि वातावरण के अवसर विशेषकर उपकरणों की उपलब्धता, दूसरों को देखने व अनुसरण करने के अवसर तथा प्रयोग करने के अवसरों पर निर्भर करती है। यदि बच्चे को कुछ नया सीखने व करने के अवसर प्राप्त नहीं है या मां-बाप ज्यादा बचाव से उसकी गतिविधियां सीमित कर देते हैं तो बच्चों की नाड़ी कुशलता का पूर्ण विकास नहीं होता।

प्रभावी मोटर कुशलता (Effective Motor Skill) सिखलाई की कुछ शर्ते हैं जैसे- पेशीय शक्ति, बहुमुखी ऊर्जा, लचीलापन, एकाग्रचित, देखकर करने वाली गतिविधि तथा गतिविधि के चरणों की समझ। बहुत सी मोटर गतिविधियां सोची गई मोटर समस्याओं से सीधी जुड़ी होती हैं जैसे समन्वय, संतुलन, ताकत, दिशा-बोध आदि। इसके द्वारा ही सीखने का आधार निर्मित होता है। मोटर सिखलाई तब तक पूरी नहीं होती जब तक आदतें पूरी तरह स्थापित न हो जाएं तथा अच्छा प्रदर्शन न दें।

मोटर कुशलता सिखलाई शारीरिक शिक्षा अनुभव का महत्त्वपूर्ण हिस्सा है क्योंकि इससे साधारण स्नायु दक्षता तथा चुनी हुई कुशलताएं सीखने में सफलता मिलती है। शारीरिक शिक्षा व खेल में ऐसे कई अनुभव होते हैं जिससे बालक की मोटर कुशलताओं में विकास होता है। जो लोग खेलों में हिस्सा लेते हैं वे इन कुशलताओं को प्राप्त करने व विकसित करने में प्रयासरत रहते हैं। खेल के क्षेत्र में इन कुशलताओं को प्राप्त करना उनका लक्ष्य है। जहां मोटर कुशलताएं बन्द होती हैं तथा दूसरी गतिविधियां जैसे टाईप करना, सृजनशील लेखन या गोल्फ, शुरू होना स्थापित नहीं होती फिर भी गतिविधियों के पूरा प्रदर्शन में स्नायु-विकास बहुत आवश्यक है।

जैसे जुबानी कुशलता (Verbal skikll) तथा हाजिर जवाबी व्यक्तित्व को निखारती हैं वैसे ही स्नायु विकास से व्यक्ति

खुद को व्यक्त करता है। अच्छी चीजें साथ-साथ चलती हैं। अच्छी स्नायु कुशलता प्राप्त लोग ही उच्च बौद्धिक, शैक्षणिक, सामाजिक, वैचारिक व शारीरिक विकास को पाते हैं। इस उच्च योग्यता से संतोषजनक स्नायु कुशलताएं विकास पाती है। मोटर कुशलता सिखलाई में वयस्कता तथा तत्परता जागरुकता पैदा करती हैं। यह कई सिखलाई गतिविधियों पर निर्भर करता है प्रत्येक व्यक्ति में यह अलग होता है, पूर्ण स्नायविक विकास अभिव्यक्ति (expression) के लिए अति आवश्यक है।

पुरातन विधि जो अब भी प्रयोग की जाती है में अच्छे मॉडल की नकल की जाती है, प्रदर्शनकर्ता के साथ अपना प्रदर्शन का मिलान करते हैं, गलतियाँ नोट की जाती हैं तथा बार-बार कोशिशों से उन गलतियों को हटाया जाता है। सबसे महत्त्वपूर्ण बात जो स्नायु कुशलता के लिए आवश्यक है वह है गति, दूरी तथा वस्तु के आकार की सही पहचान। यदि उसे इसमें मुश्किल आती है तो यह सिखलाई मुश्किल हो जाती है। इस कुशलता की पहली सीढ़ी यही है कि दृश्य माध्यम द्वारा वस्तुओं की पहचान। वास्तव में कई लोग इस सिखलाई को दृश्य मोटर कुशलता सिखलाई (Perceptual Motor Skill Learning) भी कहते हैं। इसमें पूरा जोर इस बात पर दिया जाता है कि स्नायु तंत्र (Nervous system) पेशी तंत्र (Muscular system) को कुशल गतिविधि के लिए किस प्रकार नियंत्रित करता है क्योंकि सभी गतियां तभी पैदा होती हैं जब उन्हें मस्तिष्क से संदेश मिलता है।

मानसिक अभ्यास से मोटर कुशलता नहीं बढ़ती। इससे कुशलता की चिन्हों के माध्यम से रिहर्सल होती है जिसमें पेशीय गतिविधि नहीं होती । इन्द्रियों द्वारा मिली सूचनाओं का प्रबन्धन मोटर कुशलता सिखलाई में होता है जिसे पहले पहचाना और अलग रखा जाता है तथा चुनाव करके मस्तिष्क के विभिन्न स्तरों तक लाया जाता है। इस सूचना की पड़ताल होती है कि क्या यह ताजा तरीन है तथा अब या भविष्य में इस्तेमाल करने लायक है। ऐसी सूचना का विश्लेषण होता है तथा पुराने अनुभव के आधार पर इसे मस्तिष्क के अन्दर स्टोर करते हैं। यह स्टोर की गई सूचना फीडबैक का नियत स्रोत बनती है जो गलत स्नायु व्यवहार में एडजेस्ट व प्रतिक्रिया करने का काम करती है।

ज्ञान के आधार पर सिखलाई से मोटर कुशलता सिखलाई में अन्तर यह है कि क्यू (Cue) के जवाब में स्नायु जवाबों को दुरुस्त करने में समय और स्थान में तालमेल बिठाना पड़ता है। क्योंकि मोटर कुशलता सामाजिक और शारीरिक परिस्थिति में शरीर की एडजेस्टमेंट है, दो सेटों में यह एडजेस्टमेंट की जाती है। एक सेट वातावरण से आता है स्थान की दिशा और दूरी जहां हम टेनिस में बाल रखना चाहते हैं, नेट की ऊंचाई हमें सर्व की गई बाल कैसी है। दूसरा सेट है हमें शरीर से क्या संप्रेषण मिलता है। हम देखते हैं कि कैसा खेल रहे हैं, तथा कम करते हुए कैसा अनुभव हो रहा है। क्राऊल स्ट्रोक में दायीं व बाई भुजा की गति कैसी हुई या तैरते हुए टांगों की सीजर (Scissors) चाल कैसी थी। शुरू के सीखने वालों के लिए ये पेशीय सम्प्रेषण गलत चाल से बचने में मदद करते हैं। जब वह दक्ष हो जाता है तो ये पेशीय सम्प्रेषण (Muscular sensations) सीमांत होशोहवास में बदल जाते हैं। यह क्यू या क्यू की सीरिज का उत्तर है तथा कई गतियों को संगठित करता है, और समय का सूचक है।

मोटर सिखलाई न्यूरो मस्कुलर तंत्र के द्वारा होती है जैसे कि इसकी परिभाषा उद्देश्य प्राप्ति की दिशा में पेशीय गति के रूप में दी जाती है, अत: यह अनुभव और अभ्यास से निकली मोटर कुशलता में सदा के लिए आये परिवर्तन का सूचक है। जैसे बच्चा चढ़ना सीखता है तथा लगातार बदल रही गेम में एक बास्केट बाल खिलाड़ी अपनी रणनीतियां बदल कर खेलता है मोटर सिखलाई उतनी ही जटिल व बुनियादी है।

मोटर (गामक) कुशलता सिखलाई के सिद्धांत (Principles of Motor Skill Learning)

1. **स्नायुतंत्र का ज्ञान** (Knowledge of Nervous System)- सीखने वाले को स्नायुतंत्र का आरम्भिक ज्ञान व समझ होनी चाहिये। मोटर कुशलता की शुरुआत और जारी रहना स्नायुतंत्र की जटिल प्रक्रिया द्वारा नियंत्रित होता है। अर्थात् यह कुशलता के विकास की कुंजी है। अत: स्नायुतंत्र व उसके कार्य के सम्बंध में ज्ञान से सीखने वाले को अच्छी मोटर कुशलता प्राप्त होती है।
2. **परिपक्वता** (Maturity)- हम जानते हैं कि परिपक्वता वह वृद्धि है जो बिना किसी विशेष प्रशिक्षण, अभ्यास के होती है तथा व्यक्ति की मनोवैज्ञानिक वृद्धि भी इसके साथ जुड़ी होती है। मोटर कुशलता की प्रक्रिया में सुविधा लाने के लिए व्यक्ति की परिपक्वता के स्तर व उसी तरह की गतिविधियों का निर्धारण तय करना चाहिये।

प्राइमरी ग्रेड के छात्रों को टेनिस सिखाना बुद्धिमतापूर्ण नहीं होगा क्योंकि वे इसके हुनर को सीखने के लिए तत्पर नहीं होंगे।

3. **व्यक्तिगत भेद** (Individual differences)- कोई दो व्यक्ति सभी तरीकों में एक जैसे नहीं होते तथा यहां तक कि दो जुड़वां बच्चों में भी अनेक भेद होते हैं। इसी कारण सिखलाई के ढंग में भी फर्क हो जाते हैं। यदि मोटर कुशलता लानी है तो इन व्यक्तिगत भेदों को समझना पड़ेगा।
4. **सीखने की आवश्यकता** (Need to Learn)- दूसरी सिखलाई की तरह, मोटर कुशलता सिखलाई तभी प्रभावी बन सकती है यदि व्यक्ति उसे सीखने की जरूरत समझता है। तभी सिखलाई ज्यादा अर्थपूर्ण तथा महत्व प्रधान हो जाएगी। अनचाहे सीखने वाले को बलपूर्वक सिखाया नहीं जा सकता।
5. **उद्देश्यों के बारे में सूचना** (Information about Aims)- यदि उद्देश्य एकदम साफ हो तो सीखने की दर तेज होती है। छात्रों के मस्तिष्क में स्पष्ट चित्र होना चाहिये कि सफलतापूर्वक प्रदर्शन क्या है। यह और भी आवश्यक है कि उद्देश्य उनकी पहुंच के अन्दर हो क्योंकि यदि वे समझते हैं कि उन्हें उद्देश्य की पूर्ति न हुई तो बाद की तनाव अवसादपूर्ण स्थिति से हुनर सीखने की प्रेरणा कम हो जाएगी।
6. **हुनर का मेकेनिकल ज्ञान** (Mechanical Knowledge of Skills) - गति के नियम, गुरूत्व, लीवर का ज्ञान भी बच्चों को देना चाहिये जिससे मोटर कुशलता के बारे में सीख सकें। इससे वे कम से कम यत्न और अधिकतम दक्षता से कुशल हुनर सीख पाएंगे।
7. **मानसिक रिहर्सल** (Mental Rehearsal) - यह सर्व-विदित है कि अभ्यास से हुनर विकसित होता है फिर भी मानसिक रिहर्सल भी सिखलाई प्रक्रिया में बहुत मायने रखती है। किसी विचार के बिना (Motor Skill Act) सम्भव नहीं। उसे हुनर से पहले और बाद में स्नायु कार्य (Motor act) के बारे में सोचना चहिये। भूतपूर्व प्रदर्शनों के बारे में सोचने से वह वर्तमान प्रदर्शन को बदल सकता है।
8. **दुहराई** (Repetition) - सिर्फ मानसिक रिहर्सल प्रभावी नहीं होती। हुनर तभी दक्षतापूर्ण होता है जब बदल-बदल कर सावधानीपूर्वक प्रेक्टिस की जाए। मोटर कार्यकुशलता में इसका बहुत महत्त्व है। जब तक किसी हुनर का पूरी तरह अभ्यास न किया जाए वह याद नहीं रहती तथा अभ्यास से ही नर्वस तंत्र (Nervous System) में एक पैटर्न स्थापित हो जाता है। सिखलाई पूर्ण नहीं होती जब तक आदते पक्की न हों जो अच्छा व सफल प्रदर्शन कर सके। अभ्यास होगा तो लम्बे समय तक हम भूलते नहीं। यहां तैराकी का उदाहरण दिया जा सकता है, एक बार हम तैरना सीख जाएं तो सारी उम्र हम उसे भूल नहीं सकते।
9. **समग्रता में सीखना** (Learning as a Whole)- सिखलाई समग्रता में हो। जब हम टुकड़ों में सीखते हैं तथा एक ही बार उसका प्रदर्शन समय रूप से करते हैं तो अगले पिछले हिस्से उसमें हस्तक्षेप करते हैं। मगर कुछ जटिल हुनर टुकड़ों में ही प्रभावी ढंग से सीखे जा सकते हैं इसलिए उन्हें सुविधाजनक चरणों व अंशों में बांट लिया जाता है। फिर भी पूरी तरह हुनर सीखने से ही दक्षता आती है। यहां हम उदाहरण लेते हैं-हम किसी बच्चे को साईकल चलाना सिखाते हैं। हम इसे इकाई में विभक्त नहीं करते जैसे पहले संतुलन बनाना, फिर हैंडल पकड़ना फिर साईकल चलाना। बच्चे को पूरा कार्य एक साथ करना होता है।
10. **माडल की नकल** (Imitation of a Model)- मोटर कुशलता सिखलाई का कारगर ढंग है कि किसी माडल की नकल की जाए फिर अपने प्रदर्शन का मिलान उसके साथ करें और गलतियाँ नोट की जाएं तथा दुहराई में वे गलतियाँ हटाई जाएं। शिक्षक द्वारा दिये रिमार्क से गलतियाँ नहीं सुधरती जितनी कि अपनी तुलना दूसरे से करके कमियां दूर होती है। फिर भी इस तुलना में वह फर्क नजर नहीं आते जो कोई अन्य बता सकता है।
11. **गति, सही होना, ताल व समय पर होना** (Speed, Accuracy, Rhythm and Timings)- मोटर कुशलता में ये चारों अपना विशेष योगदान देते हैं। एक शारीरिक शिक्षा अध्यापक को चाहिये कि वह पता लगाए कि किस हुनर में शुरू में अधिक समय लगता है तथा किस में प्रवीणता की जरूरत होती है। गोल्फ या टेनिस हुनर में, गति में तेजी की जरूरत पड़ती है तथा प्रवीणता (accuracy) पर जोर देने से सीखने में बाधा होती है। गति और सही होना मोटर कार्यकुशलता में साथ-साथ नहीं चलते, धीमे प्रदर्शन ज्यादा सटीक व सही होते हैं।

लाल टाइमिंग (Timing) में सहायक है। एक बेसबाल स्विंग इन गुड फार्म अच्छी तालमय होती है परन्तु ठीक समयबद्ध न होने पर पूर्ण शक्ति के साथ बैट बॉल तक नहीं पहुंच पाएगा। असल में प्रवीणता, गति व ताल की तरफ ध्यान देने से हुनर के समय-बद्ध होने की गारंटी है।

12. **फीडबैक** (Feedback)-यह भी अत्यन्त आवश्यक है। सीखने वाले गलतियाँ तो करेंगे ही। यदि उन्हें फीडबैक के द्वारा ठीक न किया जाए तो वे उनकी आदत में शामिल हो जाएंगी जिन्हें बाद में ठीक करना सम्भव नहीं। अच्छे खिलाड़ियों के लिए भी फीडबैक बहुत सुधार करता है।

13. **स्वयं का मूल्यांकन** (Self Appraisal)- अपनी योग्यता का मूल्यांकन बहुत सुधार करता है जिस प्रकार वह अपने साम्र्थ्य को देखता है उसका (Sport Participation) ही नहीं बल्कि मोटर कुशलता पर भी अच्छा प्रभाव पड़ता है।

14. **वृद्धि** (Progression)- मोटर कुशलता की तरह आसान से जटिल कार्य की तरफ सीखते जाना ही मुख्य सिद्धांत है। जटिल कार्य छोटे-छोटे साधारण कार्यों के योग से बनते हैं। साधारण से जटिल कार्य की ओर जाते हुए मोटर कुशलता सिखलाई आसान, साधारण और आकर्षक बनती है।

15. **अभ्यास अवधि का अन्तराल** (Duration of practice period)-कौशल के अभ्यास को ध्यानपूर्वक बनाना चाहिये। जब ये अभ्यास अंतराल छोटे और लम्बे समय तक फैले होते हैं तो ज्यादा लाभप्रद होते हैं। लम्बे अभ्यास तभी रोचक होते हैं यदि एथलीट उन्हें प्रेरणाप्रद समझता है। छोड़ी हुई प्रेक्टिस या थोड़ा अभ्यास बहुत थकाने वाले हुनर होते हैं। ऐसी गतिविधियों को अधिक देर करने पर बोरियत व थकावट होती है। इसके इलावा थकावट भी सीखने की दर को बुरी तरह प्रभावित करती है।

16. **ट्रांस्फर प्रभाव का मूल्य** (Value of Transfer Effect)- हुनर की सिखलाई इस प्रकार नियोजित करनी चाहिये कि उसका एक हिस्सा (इकाई) दूसरे पर अच्छा प्रभाव डाले तथा उससे पोजिटिव स्थानान्तरण (Positive Transfer) हो। उदाहरण के लिए रेकेट वाली खेलों जैसे टेनिस, बेडमिंटन आदि में ऐसे ही होता है कि एक हिस्से में सीखी गई कला का दूसरे में पोजिटिव ट्रांस्फर होता है।

17. **संदर्भ व सेट करना** (Context and Setting)- जिस सेटिंग में खेल खेला जाना है वही उसके उपयोग से सिखलाई बेहतर होती है। यही नियम मोटर कुशलता सिखलाई में लागू होता है। अभ्यास सत्रों में सीखी गई कार्यकुशलताएं जब अन्य मैचों में उपयोग होती है तो हुनर में विकास होता है। यही कारण है कि टीम खेल में प्रेक्टिस के दौरान खिलाड़ियों विरोधियों के खेल की नकल करते हैं ताकि वे उनके स्टाईल से परिचित होकर अपने हुनर को विकसित कर सकें।

अभिप्रेरण (Motivation)

प्रेरणा मनोविज्ञान का सबसे उज्जवल तथा आवश्यक क्षेत्र है। सीखने पर प्रेरणा का बहुत अधिक प्रभाव पड़ता है। प्रेरणा के अभाव में सिखलाई शून्य या थोड़ा ही होगा। सीखने की प्रक्रिया में प्रेरणा के पर्याप्त स्तर से ऊर्जा प्रवाहित होता है। उदाहरणार्थ एक बच्चे को साईकल चलाना सीखते हुए देखें। वह कई बार नीचे गिरता है तथा इस प्रक्रिया में उसे खरोंच व जख्म लगते हैं। मगर वह सीखना छोड़ता नहीं। जब तक वह दक्षता प्राप्त नहीं कर लेता वह बार-बार उठकर कोशिश करता है। यह उसके अन्दर की अदम्य शक्ति या प्रेरक तत्त्व होता है जो उसे लगातार कोशिश करने के लिए प्रेरणा देता है जब तक वह कामयाब नहीं हो जाता। हम कह सकते हैं कि लड़का सीखने के लिए इतना प्रेरित था कि असफलता और चोटों के बावजूद आगे बढ़ता गया। इस विशेष तरीके से उसने ऐसा क्यूं किया। उसके व्यवहार का 'क्यूं और 'कैसे' प्रेरणा शब्द में छुपा हुआ है।

प्रेरणा शब्द लेटिन शब्द 'मोवियर' से लिया गया है जिसका अर्थ है 'बदलना' या 'चलना'। जब हम कहते हैं कि कोई व्यक्ति प्रेरित है तो उसका अर्थ है कि मंजिल पाने के लिए वह एक अंदरूनी प्रेरक तत्त्व या बल से प्रेरित है। हम कह सकते हैं कि प्रेरणा एक प्रक्रिया है जिसके द्वारा व्यक्ति अनुप्राणित होता है, उदीप्त होता है तथा विशेष दिशा की तरफ विशेष विधि से काम करने के लिए प्रेरित होता है।

'प्रेरणा' शब्द का अर्थ है वे प्रक्रियाएं या शर्तें जो मनोवैज्ञानिक या शारीरिक हो सकती है, समाहित या प्राप्त, आन्तरिक या बाह्य हो सकती हैं जो तय करती हैं कि व्यक्ति का स्वभाव किस प्रकार शुरू होता है, बरकरार रहता है, दिशा प्राप्त करता या खत्म होता है। एक व्यक्ति जिसमें प्रेरणा का स्तर बहुत

ऊंचा होगा, उसका प्रदर्शन बहुत अच्छा होगा तथा उनके मुकाबले बेहतर होगा जो प्रेरित नहीं या कम प्रेरित हुए हैं।

किसी विशिष्ट उद्देश्य को प्राप्त करने के लिए किसी विशेष समय में विशेष ढंग से काम करने के लिए व्यक्ति जब मजबूर होता है, उकसाया जाता है तथा ऊर्जावान होता है उसे प्रेरणा कहते हैं। जानबूझ कर तथा उद्देश्य पूर्ण कोशिश करना प्रेरणा कहलाता है। पी. टी. यंग के अनुसार, कार्य के लिए उकसाना, गतिविधि जारी रखने या कार्य को विशेष विधि से नियमित करने की प्रक्रिया प्रेरणा कहलाती है। अपने दैनिक जीवन में हम बहुत से प्रेरणात्मक शब्द जैसे इच्छा, कामना, उद्देश्य, उत्प्रेरक, प्रेरक बल आदि का प्रयोग करते हैं। ये प्रेरणात्मक शब्द व्यक्ति के स्वभाव को नियमित करते हैं मानवीय प्रेरणा बहुत जटिल है, उसे समझना कठिन है, उसकी पूर्व घोषणा, व्याख्या या नियंत्रित करना कठिन कार्य है।

प्रेरणा के विषय पर सोचने का अर्थ है कि असलियत में जानना कि आदमी जो करता है वह क्यूं करता है। हमें कई बार हैरानी होती है कि एक विशेष एथलीट अपने विशिष्ट प्रदर्शन स्तर से अच्छा या बहुत बुरा परिणाम कैसे देता है तथा लोग अपनी गतिविधियों का चुनाव किस प्रकार करते हैं। इस 'क्यूं' का उत्तर वैज्ञानिक खोज के आधार पर देने के लिए क्षेत्र ढूंढना पड़ता है जिसे प्रेरणा का मनोविज्ञान कहते हैं। इस क्षेत्र में हम वे कारक ढूंढते हैं जो गतिविधियां आरम्भ करवाते हैं तथा उस गतिविधि की दिशा में सहायक छोटे या बड़े स्तर के उद्देश्यों को निर्धारित करते हैं। यदि हम प्रभावी सीखने की स्थिति पैदा करना चाहते हैं तो हमें मानवीय स्वभाव के इस 'क्यूं' के बारे में जानना होगा। जरूरतों के प्रत्युतर में स्वभाव में बदलाव आता है। जब मौजूदा उत्तर जरूरतों को पूरा करने में असफल रहते हैं तो सिखलाई व व्यक्तित्व का विकास होना प्रारम्भ होता है जब बच्चे की इच्छाओं को समझना संभव हो जाता है तो उसके स्वभाव की पूर्व घोषणा भी की जा सकती है क्योंकि इच्छाएं ही वह गतिमान बल हैं जो स्वभाव को ऊर्जा देती है। यही वास्तविक प्रेरणा है जो बच्चे को कार्य करने के लिए बाधित करता है। हम किसी विशेष स्थिति में कैसे और क्यूँ व्यवहार करते हैं यह प्रेरणा के संदर्भ में समझा जा सकता है।

आवश्यकताएं (Needs)- जब हम प्रेरित स्वभाव के उद्भव का स्रोत तलाश करते हैं तो हमें बुनियादी जरूरत -जैसे बायलोजीकल व सामाजिक व मनोवैज्ञानिक से शुरू करना होगा। जरूरतें वे सामान्य मांगें या इच्छाएं हैं जो किसी के व्यवहार का आधार बनती हैं। एक विशेष जरूरत उस तीव्र बल को जन्म देती है जिस से व्यक्ति किसी विशेष ढंग से काम करने को प्रेरित होता है। यह जरूरत ही है जो व्यक्ति को उसकी गतिविधियों या उद्देश्यों तक लाती है तथा उसमें सन्तोष तथा जरूरत की पूर्ति का अहसास लाती है। मास्टर ने प्रेरणा का एक सिद्धांत दिया जिसमें उसने पांच जरूरी जरूरतों को लिखा है- मनोवैज्ञानिक, सुरक्षा, अपनापन और प्यार, इज्जत और आत्म वास्तविकता।

उद्देश्य (Motives)- विशेष उद्देश्य को प्राप्त करके अपनी जरूरतें पूरी करने के लिए व्यक्ति को मजबूर करने मनाने या प्रेरित करने के लिए ऊर्जावान बल या प्रतिबद्धता ही उद्देश्य की परिभाषा है। मनुष्य के स्वभाव को एकाग्र करने का आन्तरिक कारक उद्देश्य ही है। उद्देश्य स्थायी होते हैं और जब तक व्यक्ति उनसे सन्तुष्ट नहीं हो जाता वे उसे कार्यरत रखते हैं। वे न केवल उसे कार्यरत रखते है बल्कि वे विशिष्ट मंजिलों की तरफ उसके कार्यों को गतिवान रखते हैं

बच्चा हो या वयस्क, कुछ बुनियादी उद्देश्य या जरूरतें वे पूरा करने की कोशिश करते रहते हैं। जब तक मौजूदा स्वभाव या ज्ञान उन जरूरतों को पूरा करने में पर्याप्त होता है वे नया स्वभाव या ज्ञान पाने की चेष्टा नहीं करेंगे। जब हमारा मौजूदा ज्ञान व स्वभाव हमारे उद्देश्यों को पूरा नहीं करता तब हम अपने रूझानों, रुचियों और व्यक्तित्व को बदलने की चेष्टा करेंगे। कुछ नया सीखने के लिए सर्वप्रथम एक मंजिल हो जो हमें आकर्षित करे तथा दूसरा वहां कोई रुकावट हो जो हमें मंजिल प्राप्त करने से रोके। कारण साधारण सा है क्योंकि अगर हमारे रास्ते में रुकावटें नहीं होंगी तथा अपने प्राप्त स्वभाव और ज्ञान से हम सीधे उस मंजिल तक पहुंच जाएंगे तथा ऐसी स्थिति में हमें कुछ सीखने की जरूरत नहीं होगी। जो हमारे असंतुष्ट उद्देश्य स्थितियां पैदा करते हैं उन तक पहुंचने के लिए जरूरी होने पर ही हम अपने व्यवहार में परिवर्तन लाते हैं।

जब अधिकतम मानसिक गतिविधियां होंगी तभी प्रभावी सिखलाई हो पाती है जो बहुत बड़ी प्रेरणा से ही सम्भव है। हम एथलीटों को अच्छा साजोसामान, साफ सुथरा व रोशनीदार जिमनेजियम दे सकते हैं परन्तु अगर वे बिल्कुल सीखना नहीं चाहते तो उनकी सिखलाई धीमी होगी। हमें पता है जब उद्देश्यों की पूर्ति करनी होती है तभी आवश्यकता जन्म लेती है, हमें अपने प्रशिक्षण कार्यक्रम इस पर बनाने चाहियें ताकि वे एथलीटों के उद्देश्यों पर खरे उतरें। अपने-अपने उद्देश्य

के अनुसार हम सब काम या खेल चाहते हैं या उससे बचना चाहते हैं। हम सीधा सादा या जटिल कार्य अपने उद्‌देश्य की पूर्ति के लिए करते हैं। ये उद्‌देश्य ऐच्छिक व अनैच्छिक इच्छा व उद्वेग (Urges) से प्रेरित हो सकते हैं या लाभ (Incentive), मंजिल, लक्ष्यों या मूल्यों से प्रेरित हो सकते हैं। उद्‌देश्य कई प्रकार के हो सकते हैं उदाहरणार्थ, भूख, प्यास, वासना, मातृत्व, आक्रामक व लड़ाई की प्रवृत्ति, स्नेह, सफलता, पलायन (escape) की इच्छा, खेल की इच्छा, व्यक्तिगत तथा सामाजिक उद्‌देश्य आदि। कई कार्यों के पीछे एक उद्‌देश्य हो सकता है तथा एक ही कार्य के पीछे कई उद्‌देश्य हो सकते हैं।

संक्षेप में, प्रेरणा एक भावनात्मक सोच है, जो मानवीय व्यवहार के पीछे जटिल प्रक्रिया की सांसारिक परिभाषा देता है। यह महसूस नहीं की जा सकती बल्कि इससे आने वाले परिणाम देखे, नापे रिकार्ड किए व लेबल (label) किये जा सकते हैं। यह सीखने के उच्च पथ हैं तथा व्यक्ति व्यक्ति पर निर्भर करता है। प्रेरणा का अर्थ है कार्य व कोशिश न कि केवल साधन या वापसी। इसके स्तर व तीव्रता को देखना चाहिये, यह कमजोर, मध्यम या ताकतवर हो सकती है तथा सीखने के लिए जोश व ऊर्जा को यह प्रभावित करती है।

स्मरण रहे कि केवल प्रेरणा ही हमेशा अच्छी नहीं होती। हालांकि कुछ स्तर तक प्रेरणा होने पर सीखने में बढ़ोतरी हो सकती है परन्तु यह देखा गया है कि बहुत अधिक प्रेरणा होने पर सीखने की गुणवत्ता में गिरावट आती है। यह कितनी है इस पर निर्भर करता है कि गतिविधि की जटिलता कितनी है तथा भावनात्मक दबाव को सहन करने के लिए सीखने वाले की सहन शक्ति कितनी है। साधारणतया मध्यम दर्जे का प्रेरणा स्तर सीखने में अधिकतम प्रवीणता पैदा करता है। सामान्य बच्चों में भावनात्मक स्तर पर अव्यवस्थित (emotionally disturbed) बच्चों की अपेक्षा सहनशीलता के स्तर ऊंचे होते हैं। वैसे ही प्रचंड प्रेरणा से एक मन्द बालक आसानी से अव्यवस्थित (disturb) हो जाता है। देखा गया है कि अव्यवस्थित व मन्द बच्चों में अच्छे परिणाम लाने के लिए प्रेरणा के मध्यम स्तर सही हैं।

प्रेरणा की परिभाषाएं

प्रेरणा क्या है? कई प्रकार के ढंगों और स्थितियों से सम्बन्धित मनोवैज्ञानिक छानबीन का यह विस्तार क्षेत्र है। यह क्या है? इनका उपयुक्त उत्तर विभिन्न लेखकों द्वारा दी गई परिभाषा में हैं-

प्रेरणा के प्रकार: कोई गतिविधि सीखने के लिए उत्प्रेरित बल को प्रेरणा कहते हैं। यह बल अन्तर्मन से निकली हुई तीव्र उत्कंठा (inner urge) हो सकता है या किसी गतिविधि के प्रति प्रेरित किया गया जबरन बाहरी बल या आकर्षण हो सकता है।

अत: कह सकते हैं कि प्रेरणा के मुख्य स्रोत कुदरती या बनावटी हो सकते हैं तथा इन स्रोतों के आधार पर प्रेरणा को दो वर्गों में बांटा जा सकता है (i) आन्तरिक प्रेरणा तथा (ii) बाहरी प्रेरणा।

(i) आन्तरिक व अन्त:प्रेरणा (Intrinsic Motivation): आमतौर पर अन्त:प्रेरणा का अर्थ प्राकृतिक व प्रदत्त (inherent) प्रेरणा है। अन्दर की तीव्र उत्कंठा (urge) है, एक अंतर्मन की प्यास है या प्रदत्त शौक (inherent interest) है जिससे मजबूर होकर एथलीट गतिविधि शुरू करता है तथा बरकरार रखता है। इस तरह की कार्यवाही में एथलीट उस गतिविधि में अपने आप मशगूल (engage) रहता है। एथलीट आन्तरिक रूप से प्रेरित तब माना जाता है जब वह किसी गतिविधि से शुद्ध आनन्द व सन्तोष प्राप्त करता है। जब एथलीट अन्त: प्रेरणा पाते हैं तो वे उस कार्य को पूर्ण रूप से साधने की कोशिश में हुनरमन्द व दक्ष हो जाते हैं। ऐसे लोग प्रतिस्पर्धा का आनन्द एक्शन व जोश पूर्ण ढंग से लेते हैं अपनी योग्यता के चरण तक हुनर सीखते हैं तथा उसी समय लुत्फ उठाते हैं।

अन्त:प्रेरणा का दूसरा बुनियादी तथ्य यह है कि प्रेरित लोग अनिश्चित घटा कर वातावरण के साथ प्रभावी ढंग से निबटने के योग्य बन जाते हैं। अन्त:प्रेरणा की पूरी समझ में मनोवैज्ञानिक व शारीरिक उद्‌देश्य शामिल हैं। यह प्रेरणा सन्तुष्टि से आती है तथा व्यक्ति अपनी जरूरतों की पूर्ति करता है। व्यक्ति के कार्यों के बीच छुपी मनोवैज्ञानिक प्रक्रियाओं के संदर्भ में Edward Deci ने कहा है, 'अन्त: प्रेरणात्मक व्यवहार वह व्यवहार है जो वातावरण के साथ निबटते हुए व्यक्ति के समर्थ महसूस करने की जरूरत के व्यवहार से प्रेरित होता है। जितना अधिक-एथलीट अपने कार्यों को स्वनिर्मित (Self determined) या व्यक्तिगत सामर्थ्य के अहसास से भरा मानेगा अन्त:प्रेरणा का स्तर उतना ऊंचा होगा।

यदि कोई एथलीट महसूस करता है कि वह अन्त: रूप से प्रेरित है तो शायद वह अपने व्यवहार को पूरी तरह नियंत्रित कर रहा है। उसे अपनी गतिविधि से ही सन्तोष प्राप्त हो रहा है क्योंकि अपने कार्यों पर व्यक्तिगत काबू रखने की जरूरत

उसे महसूस हो रही होती हैं। शारीरिक शिक्षा शास्त्रियों को एथलीटों को ऐसा एहसास करवाना चाहिये जब वे स्वयं अभ्यास या ट्रेन कर रहे हों (या जब कोई बाहरी ईनाम न रखा गया हो) तब वे दूसरे के प्रोत्साहन की जरूरत के बिना अपनी कोशिशें जारी रख सकेंगे।

अभी हाल ही में खेल मनोवैज्ञानिकों ने अन्त:प्रेरणा को तीन उप-वर्गों में बांटा है (i) जानने की अन्त:प्रेरणा अर्थात् जानने या परखने की कोशिश व सन्तुष्टि व आनन्द के लिए एथलीट कार्यवाही में भाग लेते हैं। (ii) सफलता की ओर अन्त:प्रेरणा जहां हुनर के ऊपर अपनी दक्षता एथलीट दिखाते हैं तथा (iii) उत्प्रेरित होने का अनुभव जब मजा लेने या जोश के लिए कोई खेल में हिस्सा लेने की अन्त:प्रेरणा एथलीट लेता है।

(ii) बाह्य प्रेरणा (Extrinsic Motivation): जब एथलीट बाहरी खिंचाव, आकर्षण, बल या ईनाम आदि के कारण कोई गतिविधि शुरू करता है या बरकरार रखता है तो उसे बाह्य प्रेरणा कहते हैं। जब एथलीट यह सोच कर प्रदर्शन करता है कि कुछ अन्य उद्देश्य या ईनाम मिलेंगे तो वह बाह्य रूप से प्रेरित होता है। जब प्रेरणा बाहरी तत्त्वों जैसे पुरस्कार, ईनाम, सामाजिक सम्मान, रुतबा, नौकरी आदि से नियमित हो तो उसे बाह्य प्रेरणा कहते हैं।

यह सोचना ठीक है कि जब बच्चा बचपन के शुद्ध खेल से स्थानान्तरित होकर ज्यादा औपचारिक, सख्त व योजनाबद्ध खेल की तरफ बढ़ता है तो वह बाह्य बलों के नियंत्रण में आ जाता है अर्थात् उसके लिए बाह्य रूप से प्रेरित होने से बचना नामुमकिन हो जाता है। बाह्य ईनामों का कार्य क्षेत्र व प्रभाव बहुत व्यापक होता है कि (ट्राफी, ट्रैकसूट, सम्मान, इज्जत, शोहरत आदि) बालक उनसे प्रेरित होता है।

अन्त: बनाम बाह्य प्रेरणा (Intrinsic Versus Extrinsic Motivation)

खेल मनोवैज्ञानिक अब यह मानने लगे हैं कि असली जीवन में मनुष्य के जीवन पर अन्त: और बाह्य प्रेरणा का मिला जुला असर पड़ता है। यह महसूस किया गया है कि कई बार जानबूझ कर अन्त: प्रेरणा की जगह बाह्य प्रेरणा ले लेती है। यह गम्भीर समस्या है तथा जब ईनाम वगैरह नहीं मिलते तो एथलीट खेलना छोड़ जाते हैं। फिर भी एक अन्य विचार यह भी हो सकता है कि बाहरी ईनामों से अन्त:प्रेरणा बढ़ाई जा सकती है तथा प्रदर्शन की गुणवत्ता बढ़ सकती है।

यह सामान्यत: विश्वास किया जाता है कि अन्त: और बाह्य एकत्र रूप से मिला कर कुल प्रेरणा बढ़ाई जा सकती है (जितनी अधिक हो उतना अच्छा है) यदि कोई एथलीट आन्तरिक रूप से प्रेरित है (अर्थात् वह शुद्ध आनन्द के लिए खेल रहा है) तो अतिरिक्त पुरस्कार मिलने पर वह और भी प्रेरित हो जाएगा। यह विचार सबके लिए सही नहीं हो सकता। कई मामलों में अन्त: प्रेरणा को बाह्य से मिलाने पर वह कमजोर हो जाती है। असल बात तो यह है कि पुरस्कारों के प्रति एथलीट का दृष्टिकोण क्या है? उनके पीछे क्या संदेश है यह जानना जरूरी है। यदि उससे एथलीट का सामर्थ्य बढ़ कर उसे ठीक प्रकार का प्रोत्साहन व feedback मिले तो अन्त: प्रेरणा बढ़ती है परन्तु अगर इससे एथलीट का व्यवहार बदल जाए तो अन्त:प्रेरणा कमजोर हो जाती है। वास्तव में एथलीट की प्रेरणा कभी एक जैसी नहीं रहती।

प्रेरणा की गतिशीलता

1. **अपने एथलीट को जाने** - प्रत्येक एथलीट अलग-अलग पृष्ठभूमि, अनुभव तथा विभिन्न स्तर की परिपक्वता से आता है। खेल व खेल के वातावरण से जुड़े लोगों के प्रति उनके अलग रूझान व विचार होते हैं। प्रत्येक की अलग रूचियां व इच्छाएं होती हैं। जो बात को प्रेरित करती है दूसरे को नहीं। यह सब जानते हुए शिक्षक व कोच को एथलीट को सही व उपयुक्त ढंग से प्रेरित करना चाहिये।
2. **सृजनशील पाठ्यक्रम** - जब बच्चे प्राथमिक शिक्षा स्तर तक पहुंचते हैं उनमें बहुत सी बुनियादी हुनर जो खेल के लिए जरूरत हैं, विकसित हो चुके होते हैं। वे खेलने के लिए उत्सुक तथा शारीरिक रूप से चुस्त होते हैं। सृजनशील पाठ्यक्रम योजना से उनके शौक व हिस्सा लेने के मौकों को बढ़ावा देना चाहिये जिससे बच्चे प्रेरित हो सकें। वयस्क एथलीटों की रूचि बढ़ाना व प्रगति बरकरार रखने के लिए सृजनशील प्रशिक्षण कार्यक्रम मदद करता है।
3. **प्रेरित करने वाले शिक्षक** - जिस कोच ने स्वयं खेलों में हिस्सा लिया है वह दक्ष है तथा दक्षता को ज्यादा बारीकियों से दिखा व समझा सकता है तथा अगली प्रतियोगिता की योजना बना कर एथलीट को प्रेरित कर सकता है। ढंग और साजोसामान की बजाय उसका व्यक्तित्व ज्यादा असर कारक होता है। उसका व्यक्तित्व,

चरित्र, असर व शिक्षक या कोच बनने की तैयारी एथलीट पर बहुत प्रभाव डालती है तथा वे अध्यापक की नकल करते हैं, उसके रूझानों को जज्ब करते हैं तथा मूंड को समझते हैं।

4. **शुरु करने वालों को आजादी** - शुरूआती कोशिशों में नौजवानों, एथलीटों को प्रेरित करने के लिए उन्हें अच्छी आजादी दी जानी चाहिए। इस तरह उनके आनन्द में बढ़ोत्तरी होगी तथा अपने आप वे छोटी मोटी Adjustment व फेर बदल करके क्षमता के अनुसार अपना प्रदर्शन सुधारेंगे तथा बहुत कुछ अनुभव करेंगे। उनके मुख्य कार्य की इस स्टेज पर देख-रेख करनी चाहिये। यदि मदद की नीयत से सुधार किया जाए तथा कड़ी भर्त्सना से बचा जाए तो सुधार प्रेरणा देगा। इसके विपरीत शुरू के स्टेज पर नियमों की सख्त अनुपालना बच्चे को खेल से दूर कर सकती है।

5. **पूरे कार्य को सीखना** - अच्छी प्रेरणा के लिए शुरूआती सीखने वाले एथलीटों को पूर्ण कार्य में जुट जाना चाहिये। यदि बच्चे फुटबाल खेलना चाहते हैं तो उन्हें बिना किसी नियम या सिद्धांत के खेलने देना चाहिये। जब खेल उन्हें रुचिकर लगे तब उसके ब्यौरे तैयार करने चाहिये। सीखने के विभिन्न चरणबद्ध तरीकों से खेल को रुचिकर व चुनौती पूर्ण बनाते हुए उन्हें और तेज़ी से खेलने व जटिल बना देने से उनकी प्रगति में सुधार होगा।

6. **साजोसामान** - आधुनिक उच्च तकनीक युग में एथलीट को प्रदान किया जाने वाला साजोसामान बहुत उपयोगी होता है। आधुनिक यंत्र सही रख रखाव व आकर्षक साजोसामान न केवल सुन्दर दिखते हैं अपितु गतिविधि में हिस्से लेने के लिए प्रेरित करते हैं। इसके विपरीत पुराने घिसे पिटे व गलत ढंग से रखे हुए सामान से एथलीट का सारा जोश ठंडा पड़ सकता है।

7. **वातावरण सम्बन्धी कारक** - एथलीटों को दिया जाने वाला वातावरण भी उन्हें बहुत हद तक प्रेरित करता है। अच्छी रौशनी वाला, हवादार, सुसज्जित तथा अच्छे यंत्रों से युक्त जिमनेजियम या स्वीमिंग पुल को देखकर अनिच्छुक एथलीट भी वर्क आऊट के लिए तैयार हो जाएगा। वैसे ही, अच्छे ग्राऊंड, फील्ड व कोर्ट एथलीट को खेलने के लिए तैयार करते हैं। आजकल के खेल प्रतिस्पर्धा युग में अच्छा प्रेरक वातावरण अति आवश्यक है यदि हम सीखना चाहते हैं तथा आनन्द उठाना चाहते हैं।

8. **गतिविधि की विविधता तथा सुरूपता** - खेल में दोहराए जाने वाले अभ्यासों से बोरियत आती है। इस बोरियत को तोड़ने तथा प्रेरणा स्तर को बनाए रखने के लिए जरूरी है कि अभ्यास क्रम व वातावरण में तबदीली लाई जाए। इसे हॉवथोर्न प्रभाव कहते हैं। विविधा और सुरूपता देने से एथलीट नए कार्य को सुरूचिपूर्ण ढंग से करते हैं। इससे उन्हें न केवल ज्यादा आनन्द आता है बल्कि अलग स्थितियों से निबटने की क्षमता में जागरूकता बढ़ती है तथा यह बढ़ी हुई क्षमता उनके प्रेरणा स्तर को बढ़ाती है।

9. **अभ्यास की लम्बाई** - नौजवान एथलीटों की प्रेरणा के लिए अभ्यास की अवधि की ध्यानपूर्वक योजना बनाई जानी चाहिये। उनकी रुचि जगाने के लिए औपचारिक अभ्यास अपेक्षाकृत छोटा हो तथा शुरू खेलों की लीड-अप गेम्ज हो। इस चरण का मुख्य उद्देश्य उन्हें अनौपचारिक अभ्यास के लिए प्रेरित करना होता है। उच्च दक्षता प्राप्त बहुत से एथलीटों की सिखलाई स्वैच्छिक तथा अनौपचारिक अभ्यास की असीमित दोहराई है।

10. **उपयुक्त भूमिका निर्धारित करना** - इससे एथलीटों की खुद की क्षमता शक्ति आंकने में बढ़ोतरी होती है। अपनी भूमिका पर केन्द्रित होकर वह किसी हुनर पर प्रवीणता हासिल कर पाता है। इससे उसमें दायित्व भावना आती है तथा आत्मविश्वास में वृद्धि होती है। एथलीट जितना अधिक आत्मविश्वासी होता जाता है इससे उसकी प्रवीणता बढ़ती है तथा प्रेरणा स्तर बढ़ जाता है।

11. **प्रोत्साहन करने वाले तत्त्वों की पहचान** - यदि एथलीट सोचता है कि दिए गए खेल में उसे विशेष प्रकार का अनुभव उपलब्ध है तथा उसे यह अच्छा, आनन्ददायक व सन्तोषप्रद लगता है तो वह उस खेल को खेलने में आनन्द प्राप्त करेगा न कि कोई अन्य खेल खेलेगा। दूसरी ओर यदि उसकी अपेक्षाएं पूरी नहीं हुई हों या अनुभव तीक्ष्ण रहे हों तो वह उस खेल को छोड़ देगा तो यह देखना आवश्यक है एथलीट जिस खेल में शामिल होना चाहता है वह प्रेरणापूर्ण है या नहीं तथा उसकी प्रकृति व मांग क्या है। Alderman के अनुसार, खेल का प्रोत्साहन मूल्य (Incentive value) व्यक्ति द्वारा तय की जाती है जो उस गतिविधि में भाग लेने की प्रेरणा को तय करता है।

12. **लक्ष्य निर्धारण के स्तर** - हमें पता है कि प्रदर्शन के लिए लक्ष्य निर्धारण दक्षता की निशानी है जो प्रेरणा को धनात्मक रूप से प्रभावित करती है। अपनी योग्यता के अनुसार वास्तविक लक्ष्य निर्धारित किये जाने चाहिये। ज्यादा ऊंचे व ज्यादा नीचे लक्ष्य भी प्रेरणा पर बुरा प्रभाव डालते हैं। लक्ष्य कठिन हो मगर यथार्थपरक (realistic) हो, विशिष्ट व पूर्ण होने लायक हो। लक्ष्य निर्धारण ताकतवर प्रेरणात्मक तकनीक है यह एथलीट के प्रयत्नों व दृढ़ता को उत्साहित करती है।

13. **सुदृढ़ करना** - सुदृढ़ करना महत्त्वपूर्ण प्रेरणात्मक उपकरण है। भविष्य में होने वाले समान प्रभाव को कम या अधिक करने वाले खेल का अर्थ है सुदृढ़ करना।
अच्छा कार्य एथलीट को सूचित करता है कि वह सही है तथा उसे उस गतिविधि को करते रहने के लिए प्रोत्साहित करता है। ऋणात्मक सुदृढ़ता मूल्यहीन होती है क्योंकि यह दर्शाती है कि उसका स्वभाव गलत है तथा इससे सही स्वभाव के बारे में जानकारी भी नहीं मिलती। यह देखा गया है कि धनात्मक सुदृढ़ता का प्रेरणात्मक मूल्य बहुत अधिक है।

(क) धनात्मक सुदृढ़ता या ईनाम- बहुत समय से खिलाड़ियों को प्रोत्साहित करने के लिए ईनाम दिए जाते रहे हैं तथा अब भी बड़े पैमाने पर ऐसा किया जा रहा है, यह माना जाने लगा है कि पुरस्कार प्रेरणा को बढ़ाने के साथ-साथ सिखलाई और प्रदर्शन में सुधार लाते हैं। एथलीटों, में वे रुचि व जोश जगाते हैं। एथलीटों को प्रेरित करने के लिए पुरस्कार नियोजित ढंग से इस्तेमाल करना चाहिए। तीन प्रकार के पुरस्कार होते हैं (i) Symbolic Award जिसमें शामिल हैं प्रशंसा, ग्रेड, टीम क्रेस्ट (Team crests) Colours आदि (ii) Material Awards जैसे धन (money), trophies, उपहार (gifts) नौकरियां आदि or (iii) मनोवैज्ञानिक पुरस्कार जैसे अपनेपन की भावना (sense of belonging) व सफलता, सुधार का ज्ञान आदि। जब विशिष्ट व्यवहार के प्रदर्शन के साथ पुरस्कार जोड़े जाते हैं, उनका सूचनात्मक मूल्य बढ़ जाता है तथा वे एथलीट को प्रेरित करने में सहायक होते हैं।

(ख) ऋणात्मक सुदृढ़ता या दण्ड - कई बार दण्ड देकर भी एथलीट को प्रेरित किया जाता है हालांकि दण्ड से बचना चाहिये क्योंकि यह बुरे व्यवहार को थोड़ी देर के लिए दबाता है, दूर नहीं करता। फिर भी दण्ड इतना कठोर तो हो ही कि व्यवहार पर प्रभाव डाले तथा जब बुरा व्यवहार हो तब देना चाहिये अर्थात् लगातार देते रहना चाहिये। दण्ड जब ठीक प्रकार से प्रयोग किया जाए कुछ एथलीटों के लिए कुछ स्थितियों में प्रभावी हो सकता है। इसका नुकसान इससे लिए गए लाभों से कहीं अधिक होता है।

14. **प्रशंसा, तारीफ व भर्त्सना** - बहुत से लोग भूल जाते हैं कि प्रशंसा चाहे मुंह से की जाये या किसी और ढंग से प्रभावी होती है। यह एथलीटों को आगे सुधार करने में सहायक होती है। एथलीटों को प्रेरित करने के लिए एक शुभचिंतक व समय पर की गई तारीफ जैसे 'एक अच्छा काम' या पीठ पर थपकी उनके लिए आश्चर्यजनक प्रेरणा का काम करती है। उसी समय, बहुत ज्यादा तारीफ विशेषकर जब एथलीट इसके योग्य न हो, बुरा प्रभाव डालती है। भर्त्सना (Criticism) भी एथलीट को प्रेरित करती है यदि यह बड़ी गलती पर केन्द्रित हो तथा एथलीट से प्रदर्शन में फेर बदल करने की मांग करती हो। परन्तु हर छोटी गलती पर भर्त्सना करने से एथलीट के प्रेरणा स्तर को ठेस पहुंचती है। प्रभावी प्रशंसा या निंदा के लिए हमें एथलीट की आयु, लिंग व अन्य स्थितियां देखनी चाहिये।

15. **छात्रवृतियां** - एथलीटों को छात्रवृत्तियां देकर भी प्रोत्साहित किया जा सकता है। हालांकि एथलीट इन वजीफों को कैसे लेते हैं इससे प्रेरणा कम व अधिक हो सकती है। यदि वजीफे के पीछे नियंत्रण की भावना है (अर्थात् एथलीट को लगता है कि छात्रवृत्ति द्वारा उसके व्यवहार को नियंत्रित किया जा रहा है) तो इससे प्रेरणा कम होगी परन्तु यदि वजीफा के पीछे सूचना पक्ष है (अर्थात् इससे उसके सफल प्रदर्शन की सूचना एकत्र करते हैं) तो उससे प्रेरणा में वृद्धि होगी।

16. **प्रतिस्पर्धा**- प्रतिस्पर्धा जीवन को अर्थ व उमंग देता है, यह हमारी बुनियादी इच्छाओं व जरूरतों को पूरा कर सुधार करता है। खेल की प्रकृति ही प्रतिस्पर्धा की होती है। एथलीट एक या अधिक एथलीटों के विरुद्ध प्रतिस्पर्धा करता है या अपने स्तर या स्थायी अंकों को जीतने की कोशिश करता है विरोधी टीम की योग्यता जैसी है व जैसी एथलीट सोचता है, प्रतिस्पर्धा इस पर निर्भर है। अगर उनमें योग्यताएं बराबर है तो उनमें बराबर की

प्रतिस्पर्धा की भावनाएं जागेंगी। मेजिक जानसन जो विख्यात बास्केटबॉल खिलाड़ी है ने अपने रिटायरमेंट भाषण में कहा था कि लैरी बर्ड जो अन्य मशहूर खिलाड़ी हैं, से उनकी दुश्मनी उनके लिए क्या महत्त्व रखती थीं। उनमें प्रतिस्पर्धा होने के कारण उन्होंने लगातार विकास किया व अपने हुनर को निखारा। हम रोज लोगों को कहते सुनते हैं, प्रतिस्पर्धा ने हमारे बेहतर प्रदर्शन को लोगों के सामने रखा या 'प्रतिस्पर्धा करो और लक्ष्य और सफलता पाओ।' अत: प्रतिस्पर्धा की सुनियोजित व सही स्थितियां प्रदान करने से निखार आता है तथा प्रेरणा का स्तर बढ़ता है।

17. **सफलता तथा विफलता**– प्रतिस्पर्धा में सफलता विफलता अन्त: प्रेरणा को प्रभावित करती है। यह देखा गया है कि प्रेरणा के उच्च स्तर व्यक्तिगत समर्थता को मजबूत करते हैं। एक शिक्षक कक्षा में ऐसी स्थितियां उत्पन्न कर सकता है तथा मैदान में भी ऐसी स्थितियां पैदा की जा सकती हैं कि एथलीट को विजय और पराजय का स्वाद पता चल सके। ऐसे अभ्यास सत्रों का आयोजन किया जाए कि सामर्थ्य को अहसास हो तथा उच्च प्रेरणा प्राप्त की जा सके। सरल शब्दों में कहा जा सकता है सफलता, ऊंचे उद्देश्य से भी सफलता। एथलीट चाहे प्रतिस्पर्धा में हार जाए उसे प्रेरणा यह कह कर दी जा सकती है कि प्रतिस्पर्धा के परिणामों के बावजूद उसने बेहतर प्रदर्शन किया। कहा गया है, 'हार जीत बेमानी है परन्तु तुम कैसा खेले यह महत्त्वपूर्ण है।'

18. **फीडबैक** –उपयुक्त फीडबैक देने से भी प्रेरणा पर असर पड़ता है, प्रत्युत्तर (Feedback) मिलने पर एथलीट अपना प्रदर्शन प्रभावी तथा विवेकपूर्ण ढंग से पूरा करते हैं। यह फीडबैक एथलीट को ऐसी नापने की छड़ी प्रदान करते हैं जिससे वे अपनी प्रगति नापते हैं या अपनी कमियों का आंकलन करते हैं तथा अगर सही ढंग से प्रयोग किया जाए तो फीडबैक प्रेरणा को बहुत प्रभावित करता है।

19. **स्वयं का मूल्यांकन (Self Appraisal)**– आगामी दक्षता के लिए अपने आप अपना मूल्यांकन करना बहुत बेहतर कला है। यह जानना कि व्यक्ति कहां खड़ा है, उसकी सम्भावनाएं व योग्यताएं क्या हैं प्रभावी सिखलाई के मार्ग में यह पहला कदम है। उसी समय यदि एथलीट अपना कम मूल्यांकन करता है तो वह योग्यताएं पहचान नहीं पाएगा तथा अपनी अधिकतम शक्ति व प्रयत्न प्रयोग नहीं कर पाएगा। वह अधिक मेहनत नहीं करेगा तथा उद्देश्य पूर्ति के लिए सही प्रयत्न नहीं करेगा। उसी तरह उच्च मूल्यांकन भी कुप्रभाव डालता है तथा एथलीट बाद में मिली विफलता पर दुबारा प्रयत्न करने में कठिनाई महसूस करेगा। जब वह निष्पक्ष रूप से अपनी योग्यताओं और क्षमताओं का आंकलन करेगा तब वह ठीक प्रयत्न करने को प्रेरित होगा। अध्यापक व कोच को उसकी आंकलन में मदद करनी चाहिये। स्व-मूल्यांकन की प्रक्रिया एथलीट को सिखलाई व सीखने की विधियों का मिश्रण है तथा उसे अपने अनुभव से सीखने की विधि है न कि जो दूसरे बताते हों वह मान लेने से सिखा जाए।

20. **सामाजिक व्यवस्था/ दबाव** – नियोजित खेल व शारीरिक खेल कूद गतिविधियां दूसरों की उपस्थिति में की जाती हैं चाहे वे दर्शक हों, साथ के स्पर्धा वाले हों, कोच, टीम मेट या अधिकारी हैं। अब यह साबित हो चुका है कि दूसरों की उपस्थिति का प्रदर्शन व प्रेरणा स्तर पर बहुत प्रभाव पड़ता है। एथलीटों को सामाजिक ध्यान देकर तथा सामाजिक व्यवस्था में प्रतिस्पर्धाएं करवाकर हम प्रेरणात्मक स्तर को बढ़ा सकते हैं।

21. **संयुक्त जिम्मेदारी**– शायद सबसे प्रभावी तकनीक जो हाल में प्रेरणा को बढ़ाने के लिए प्रयुक्त होती है वह है सांझी जिम्मेवारी। साधारणतया बैठ कर तथा टीम के उद्देश्य व लक्ष्य पर बहस करके हम सांझी नीति या नतीजा निकालते हैं जिससे एथलीट को लक्ष्य का पूर्ण ज्ञान होता है तथा लक्ष्य के प्रति अपनी व्यक्तिगत प्रतिबद्धता का अहसास भी रहता है जिससे एथलीट की प्रेरणा बढ़ती है। उन्हें फैसलों में भाग लेने से उनमें व्यक्तिगत सफलता की भावना बढ़ती है। ग्रुप नीति (**Group dynamics**) ऐसे हुनर का विकास करने में सहायक है जिससे टीम इकट्ठा व हरफनमौला बल की तरह काम करे। तानाशाही व्यवहार एथलीट की प्रेरणा को नीचे लाता है।

22. **क्रम देना**– प्रदर्शन के आधार पर एथलीटों को क्रम संख्या देने से उनका प्रदर्शन बेहतर बनता है। उदाहरणार्थ जब टीमें प्रदर्शन स्तर के मुताबिक 'क' 'ख' 'ग' 'घ' क्रम देते हैं तो निचली टीम के सदस्य ऊपर उठने के लिए एड़ी-चोटी का जोर लगाएंगे उसी तरह 'क' टीम अपने आपको बरकरार रखने के लिए बहुत मेहनत करेगी।

23. **सफलता और उपलब्धियों का रिकार्ड** - एथलीट के लिए इससे अपार खुशी की अन्य बात नहीं होती कि उसका नाम नोटिस बोर्ड, बुलेटिन बोर्ड पर लिखा है जहां उसकी सफलताएं प्रदर्शित की गई हैं। उसके लिए ये क्षण बहुत गर्व वाले होते हैं। वह इससे भी बढ़िया प्रदर्शन के लिए प्रेरित होगा। यहां तक कि अन्य बच्चे भी यह सफलता हासिल करने व सम्मान लेने के लिए प्रेरित होंगे।

24. **संचार माध्यमों का योगदान** - एथलीटों को प्रेरित करने में जन संचार माध्यमों का बहुत योगदान है। उनके प्रशिक्षण सत्रों या प्रदर्शनों का टी. वी. प्रसारण व खबरें देने से उनके अभिमान, इज्जत व पहचान को चार चांद लग जाते हैं। उससे उनकी आत्म विश्वास व क्षमता ही नहीं बढ़ती बल्कि अन्य एथलीटों को सीखने व नकल करने का मौका मिलता है।

शारीरिक शिक्षा व खेलों में प्रेरणा का महत्व

शारीरिक शिक्षा व खेलकूद में प्रेरणा का योगदान बहुत अधिक है। यह सभी सफलताओं की कुंजी है चाहे वह खेल हो, शिक्षण हो, शोध हो या अन्य चुनौतीपूर्ण कार्य हो। एथलीट पर चीखने या पीठ थपथपाने या उसे प्रशंसा के बोल या तालियों की गड़गड़ाहट से अधिक प्रेरणा कार्य करती है।

प्रभावी प्रदर्शन के लिए प्रेरणा बहुत बड़ा गुण है। मुश्किल व चुनौती वाले काम करने के पीछे यही बल है। प्रतिस्पर्धा की ज्वाला एक आम प्रक्रिया है जो सभी व्यक्तियों में होती है। प्रभावी प्रदर्शन के लिए किस प्रकार की प्रेरणा चाहिये यह समझना आवश्यक है।

प्रभावी प्रदर्शन के लिए कई कारक सिद्ध हुए हैं जैसे- शारीरिक क्षमता, वातावरण, अनुकूलन का स्तर (**Degree of Conditioning**) व्यक्तिगत, योग्यता व प्रेरणा सभी का एथलीट के प्रदर्शन पर प्रभाव पड़ता है। अगर एक प्रभावी कारक चुनना हो तो हम कहेंगे कि निस्संदेह वह प्रेरणा ही है।

शहरी एथलीटों के बारे में पढ़ने से पता चलता है कि वे उच्च स्तर की प्रेरणा से ओत प्रोत होते हैं। उनमें एक विलक्षण, इच्छा, जरूरत व जोश होता है। अत: सफलता और प्रेरणा में बहुत गहरा सम्बंध है। एक ही रात में खेल-कूद में बेहतरीन प्रदर्शन नहीं दिखाया जा सकता। यह वर्षों की प्रेरित अभ्यासों का परिणाम होता है। यह खेल के मैदान में अगणित घंटों गुजारने के बाद होता है। इनमें मेहनत व पसीना लगता है, शारीरिक व मनोवैज्ञानिक सहनशक्ति लगती है। तथा समय की आवश्यकता होती है। एथलीट को कई समस्याओं का सामना करना पड़ता है जैसे- मनोवैज्ञानिक दबाव, थकावट, तनाव तथा मूड में गड़बड़ी (mood disturbances) यह संयम ही है जो अंत में फायदे देता है। अब यह स्थापित हो चुका है कि एक उच्च प्रेरित एथलीट ही अन्त तक जमा रहता है वही उसकी सफलता या विफलता तय करता है। सफल एथलीट अपने उच्च प्रेरणा स्तर के कारण तनाव से इस तरह निबटते हैं कि अलग स्थिति में उनका अधिकतम प्रदर्शन सामने आता है। वे कठिन क्षणों में उत्तेजित न हो कर अपने उत्तेजना स्तर को खेल से पहले संतुलन में रखते हैं जब कि दूसरे ऐसा नहीं कर पाते।

विख्यात खेल मनोवैज्ञानिक आर. एन. सिंगर ने प्रेरणा की उपयोगिता इस समीकरण में दिखाई है:

प्रदर्शन = सिखलाई + प्रेरणा

Performance = Learning + Motivation

अब यह स्पष्ट है कि प्रेरणा के बिना एथलीट प्रतिस्पर्धा या प्रैक्टिस में प्रभावी प्रदर्शन नहीं कर पाता। ऐसी ट्रेनिग के लिए मेहनत करते समय उसे ठीक प्रकार का प्रेरणा स्तर बनाए रखना होगा। कठिन व मुश्किल ट्रेनिंग कार्यक्रम को करते हुए भी प्रेरणा बहुत काम आती है।

प्रेरणा प्रदर्शन को ऊर्जा व दिशा देती है। मुश्किल लक्ष्य रखने तथा उन्हें पाने में वांछित ऊर्जा व लगन प्रेरणा ही देती है। अन्त: प्रेरणा से एथलीट ऐसे हुनरों पर प्रवीणता प्राप्त कर मुश्किल कार्यों को पूरा करते हैं तथा साथ ही प्रतिस्पर्धा के दौरान चुनौती भरी स्थितियों को खुशी-खुशी झेलते हैं। प्रदर्शन की बेहतरी के लिए उच्च प्रेरणा स्तर आवश्यक है। यह उच्च प्रेरणा स्तर प्रत्येक एथलीट के लिए अलग होता है तथा गतिविधि की प्रकृति पर निर्भर है।

एथलीट के प्रदर्शन पर प्रेरणात्मक ढंगों का प्रयोग प्रभाव दिखाता है। जो एथलीट पहले से प्रेरित हैं उन्हें भी प्रेरणा प्राप्त करने के लिए योजनाबद्ध कार्यक्रमों की आवश्यकता होती है। गतिविधि में स्वयं भाग लेना व गतिरोध दूर करना केवल प्रेरणात्मक तकनीकों द्वारा ही प्रेरित किया जा सकता है। प्रेरणा प्रशिक्षकों, कोच, शिक्षकों व शारीरिक शिक्षा कार्यक्रम प्रशासकों के लिए बहुत उपयोगी है।

मनोविज्ञान का अर्थ

मनुष्य और प्राणी लम्बे जैविक विकास के ही उत्पाद हैं। प्रकृति में इनके क्रियाकलाप बहुत ही जटिल और भीतर ही

भीतर निर्देशित हैं। प्राचीन काल से, दार्शनिकों ने यह जानने का प्रयास किया है कि मानव व अन्य प्राणी जो व्यवहार करते हैं वे ऐसा क्यों करते हैं।

अक्सर कहा जाता है कि मनोविज्ञान की उत्पत्ति यूनानी दार्शनिकों की देन है। **'मनोविज्ञान'** (Psychology) दो यूनानी शब्दों साइके (Psyche) और लोगोस (Logos) से बना है। **'साइके'** से अभिप्राय आत्मा या मन से है और 'लोगोस' का अर्थ है कि अर्थ बारे में बात करना या विज्ञान अथवा अंध्ययन। यूनानी दार्शनिकों का विश्वास था कि आत्मा ही विभिन्न मानसिक क्रियाकलापों जैसे- सीखना, सोचना, महसूस करना आदि के लिए उत्तरदायी है। यह समझा जाता था कि आत्मा ही जीव का सत या सारांश है, यही जीवन का कारण और सिद्धांत भी है। क्योंकि आत्मा का शरीर से सम्बन्ध और आत्मा के कार्यों को व्याख्यायित नहीं किया जा सकता, कुछ दार्शनिकों ने मनोविज्ञान को मन के एक विज्ञान के रूप में परिभाषित करने का प्रयास किया है।

1590 में रूडोल्फ गोएकल (Rudolf Goeckel) ने मन के अध्ययन के लिए पहली बार **मनोविज्ञान** शब्द का प्रयोग किया। 'मन' शब्द को स्पष्टत: परिभाषित नहीं किये जा सकने के कारण सवाल उठता है मन क्या है? इसका अध्ययन कैसे किया जा सकता है? और फलत: इस विचार को भी नकार दिया गया। शताब्दियों तक मनोविज्ञानिकों ने मानव क्रियाओं और विचारों को समझने का प्रयास किया और शरीर-आत्मा की द्विभाजन को सुलझाने का प्रयास किया। फ्रांसीसी दार्शनिक रेने डेस्टकार्टस (Rene Descartes) ने शरीर और मन को दो अलग-अलग ढांचे बताया जो एक-दूसरे को गहरे प्रभावित करते हैं।

18वीं सदी के मध्य में जर्मन वैज्ञानिकों मूलर और हैल्म्होज (Muller and Helmholtz) ने स्थापित किया कि शारीरिक प्रक्रिया पर आधारित मानसिक क्रियाकलापों का वैज्ञानिक तौर पर अध्ययन किया जा सकता है। सन् 1875 में विल्हेल्म वुंड ने संभवत: दुनिया की पहली मनोवैज्ञानिक प्रयोगशाला स्थापित की और मनोविज्ञान को चेतना के एक विज्ञान के रूप में परिभाषित किया। सन् 1879 में उन्होंने मनोविज्ञान की पहली प्रत्रिका भी प्रकाशित की। इसी समय के दौरान विलियम जेम्स ने भी मनोविज्ञान का विवरणात्मक और चेतना के रूप में व्याख्यायित किया। विलियम जेम्स और वुंड का कार्य दर्शन के एक अलग परिक्षेत्र के रूप में मनोविज्ञान की शुरुआत की। वुंड ने मानसिक प्रक्रियाओं जैसे-संवेदना, ज्ञान, प्रतिक्रिया समय आदि का मूल तत्त्वों में तोड़कर **'चेतना मन'** समझने का प्रयास किया और उनके अन्त: संबंधों का विश्लेषण आत्मनिरीक्षण के माध्यम से करने का प्रयास किया। इस दृष्टिकोण को ज्यादा समर्थन नहीं मिला और मन की उपचेतन और अवचेतन क्रियाओं के मामले में इसे खारिज कर दिया गया, और आत्मनिरीक्षण का तरीका भी अत्यधिक व्यक्तिपरक और अवैज्ञानिक प्रमाणित हुआ। ये समस्याएं जॉन वाटसन और उसके अनुयायियों ने मन को जानने के क्रम में व्यवहार के दृश्य पहलू पर तत्काल केंद्रित किया और मनोविज्ञान को 'व्यवहार का विज्ञान' के रूप में परिभाषित किया। विलियम मैक्डूगल ने अपनी पुस्तक, ''एन आउटलाइन आफ साइकोलोजी' में यह कहा है, **''मनोविज्ञान एक विज्ञान है जिसका उद्देश्य हमें जीव के व्यवहार को सम्पूर्णता से समझने और नियंत्रण करने से छोटा है।''** मनोविज्ञानिकों ने व्यक्ति के व्यवहार को ढालने में पर्यावरण के महत्त्व पर भी बल दिया है। यह व्यवहारवादी आंदोलन रूसी मनोवैज्ञानिक इवान पी, पावलोव से बहुत प्रभावित था और यह भी अनुभूत किया गया कि मानव व्यवहार को अनुकूलन द्वारा बदला भी जा सकता है। लगभग इसी के साथ गेस्टाल्ट आंदोलन भी चला। उनका विश्वास था कि व्यवहार का अध्ययन उद्दीपक और अनुक्रिया के रूप में अलग नहीं बल्कि एक संगठित पैटर्न पर किया जाना चाहिए। क्योंकि वाटसन द्वारा परिभाषित व्यवहार विज्ञान में व्यक्ति की मानसिक या मनोवैज्ञानिक प्रक्रिया को सम्मिलित नहीं किया गया, इसे भी अधूरा बताया गया।

1900 की शुरुआत में सिग्मंड फ्रायड (Sigmund Freud) ने अपनी मनोविश्लेषणवादी सोच के द्वारा मनोविज्ञान को नयी दिशा दी और कहा कि व्यक्ति के प्रत्यक्ष व्यवहार को 'अभिप्रेरणा की अवचेतन तरंगों' के बिना नहीं समझा जा सकता। मनोविश्लेषण इस सिद्धांत पर आधारित था कि व्यवहार का निर्धारण शक्तिशाली अन्त:शक्तियों, जिनमें से अधिकतर अवचेतन मन में दबी रह जाती है, से होता है।

अत: इससे स्पष्ट है कि मनोविज्ञान के अर्थ और अवधारणा ने लगातार अपना स्वरूप बदला है, जो कि इसकी दार्शनिक या वैज्ञानिक विचारधारा पर आश्रित है। व्यवहार को केंद्र बिंदु मानकर, मनोविज्ञान ने आज उस प्रत्येक चीज पर विचार करना मान लिया है जो प्रत्यक्ष अथवा अप्रत्यक्ष रूप से व्यवहार को समझने में योगदान देती है। मनोविज्ञान के आधुनिक दृष्टिकोण अधिक यथार्थवादी हैं जो व्यवहार के पहलुओं पर अधिक बल देते हैं और इसीलिए मानववादी मनोविज्ञान, व्यवहारवादी और

मनोविश्लेषणवाद के विकल्प के रूप में विकसित हुआ। मानवतावादी मनोवैज्ञानिक अब्राहम एच. मास्लों और कार्ल आर रोजर्स का मानना है कि व्यक्ति पर्यावरण से ही नहीं बल्कि उसके अपने मूल्यों और इच्छाओं से नियंत्रित है। मानवतावादी मनोविज्ञान का उद्देश्य लोगों को प्रभावी तरीके से अपने कार्य करने और विशेष संभावनाएं बनाये रखने में मदद देना है। मानवतावादी मनोविज्ञान अन्त:वैयक्तिक मनोविज्ञान के बाद आये ज्ञान की परिवर्तनीय स्थिति में हम क्या सोचते और कैसे महसूस करते हैं यह विषय अन्तर-वैयक्तिक मनोविज्ञान का ही विषय है। यह मानव की उच्च संज्ञानात्मक क्षमताओं और योग्यताओं को पर्यावरण में ढालने का अध्ययन करती है।

आधुनिक मनोविज्ञान ने उपरोक्त वर्णित कई सिद्धांत को समाविष्ट किया है। डेजीडेरटो, हाउसन और जैक्सन (Desiderato, Howieson and Jackson) के शब्दों में "आधुनिक मनोविज्ञान मनुष्य व प्राणियों के व्यवहार और मानसिक एवं मनोवैज्ञानिक प्रक्रियाओं जो व्यवहार या आचरण से जुड़ी है, का अन्वेषण है।" क्रुक्स और स्टेन (Crooks and Stein) ने मनोविज्ञान को इस प्रकार परिभाषित किया है, "मनोविज्ञान मनुष्य व अन्य प्राणियों के आचरण फिर भी, मानसिक प्रक्रियाओं का वैज्ञानिक अध्ययन है।" हालांकि मन और आचरण के अन्वेषण की तकनीक और व्यूह रचना पिछली शताब्दी में कुछ कृत्रिम व परिष्कृत हो गई है, और मनोविज्ञान के अर्थ और परिभाषा में कोई महत्वपूर्ण बदलाव नहीं आया। फलत: यह कहा जा सकता है कि मनोविज्ञान से अभिप्राय आचरण के क्रियाकलापों और अनुभवों के व्यवहारिक विज्ञान या वैज्ञानिक अध्ययन से है।

खेल मनोविज्ञान का अर्थ

मनोविज्ञान शब्द मानव व्यवहार से जुड़ा है और खेल मनोविज्ञान, मनोविज्ञान का एक उपवर्ग है जो खेल प्रतियोगिताओं में एथलीटों और टीमों के आचरण या व्यवहार से सम्बद्धित है। खेल मनोविज्ञान मनोविज्ञान की वह शाखा है, जो खेल के मैदान पर मानव व्यवहार से जुड़ी है, अभ्यास और प्रतियोगिता दोनों ही स्थितियों में, यह उसके प्रदर्शन में गुणात्मक सुधार लाती है। यह खेल परिवेश में मानव व्यवहार के मानसिक पहलू के अध्ययन पर बल देती है।

"खेल मनोविज्ञान सभी स्तरों पर खेलों और शारीरिक क्रियाकलापों के मनोविज्ञानिक सिद्धांतों का विनियोग है।"

खेल मनोविज्ञान खेल प्रशिक्षण कार्यक्रम का अहम् संघटक है और यह विभिन्न मनोवैज्ञानिक स्थितियों और विशेषताओं से सम्बन्ध रखती है, जो खेल प्रदर्शन को प्रभावित करती है। यह मनोविज्ञान का अनुप्रयोग है क्योंकि खिलाड़ियों को खेल के मैदान पर आने वाली समस्याएं बिल्कुल अनोखी, अलग, गूढ़ और जटिल होती हैं। इसलिए खेल मनोविज्ञान का मुख्य उद्देश्य एक खिलाड़ी के व्यवहार को समझना, उसे स्थितियों की मांग के अनुसार संशोधित करना और उत्कृष्टता के लिए उसे व्यवहार में लाना होता है। सिंगर (Singer) के अनुसार, **"खेल मनोविज्ञान, मनोविज्ञान की कई शाखाओं को समाहित किये हुए है जो खिलाड़ी के प्रदर्शन को समझने की हमारी योग्यता, इसे कैसे बेहतर बनाया जाए, और अभ्यास के कार्यक्रम से जुड़ी है।"**

क्रैट्टी के अनुसार, खेल मनोविज्ञान के मुख्य तीन उपवर्ग हैं-

1. **अनुभवात्मक खेल मनोविज्ञान-** इससे मनोविज्ञानिक उतार-चढ़ावों के बारे में शोध किया जाता है जो खिलाड़ी और उसके प्रदर्शन को प्रभावित करते हैं, वह भी मैदान के माध्यम से अनुभवात्मक अध्ययन से।
2. **शैक्षिक खेल मनोविज्ञान** - इस व्यापक उपवर्ग का मुख्य उद्देश्य प्रशिक्षकों, खिलाड़ियों व अन्यों को शिक्षित करना है जो खेलों से जुड़े हैं, विशेषत: खेल पर्यावरण वह भी खास्तौर पर खेल प्रदर्शन और खिलाड़ियों व टीमों के अन्तरवैयक्तिक प्रभाव के बारे में।
3. **क्लिनिकल खेल मनोविज्ञान** - यह खिलाड़ी के प्रदर्शन में सुधार के लिए मनोवैज्ञानिक हस्तक्षेप उपयोग में लाती है और खिलाड़ी को मनोवैज्ञानिक रूप से समस्याओं से बचाकर उसके प्रदर्शन को बेहतर भी बनाती है। हाल ही में एक उपवर्ग उभर कर सामने आया है : **विकासात्मक खेल मनोविज्ञान,** यह उन मनोवैज्ञानिक अस्थिरताओं (Variables) से सम्बन्ध रखता है जो विभिन्न आयुवर्गों के बच्चों और युवाओं पर विभिन्न प्रतियोगिताओं में अपना असर छोड़ती हैं।

सिंगर के शब्दों में, "खेल मनोविज्ञान शोध, कौंसलिंग/ क्लिनिकल, शैक्षणिक और व्यवहारात्मक/कार्यक्रमात्मक गतिविधियों को जो बोध, व्याख्या और व्यक्ति एवं समूह के चुनिंदा आचरण को प्रभावित करती है, जो उच्च स्तरीय खेलों, मनोरंजनात्मक क्रीड़ाओं, व्यायाम और अन्य उत्साही क्रियाकलापों से जुड़ी हैं, सभी को अपने में समाये हुए हैं।" खेल मनोविज्ञान

के द्वारा पूरी कोशिश की जाती है कि खिलाड़ी की शारीरिक व मानसिक क्षमताओं को ध्यान में रखते हुए उसके खेल के स्तर को किस तरह स्थिर रखा जाये और आगे बढ़ाया जाये। खेल मनोविज्ञान का भविष्य सुनहरा है और शारीरिक शिक्षा में यह और अधिक तरक्की करेगा।

खेल मनोविज्ञान का विकास

खेल मनोविज्ञान का ऐतिहासिक विकास यह संकेत करता है कि यह मनोविज्ञान के सामान्य सिद्धांतों की दक्षता हासिल करने की प्रक्रिया से शुरू हुई और धीरे-धीरे अन्य विशिष्ट क्षेत्रों में इसका उपयोग होने लगा। पहले-पहल अधिकांश अनुभवात्मक मनोवैज्ञानिकों ने मूवमेंट और हरकत एवं कार्य-शक्ति से सम्बन्धित घटकों पर ध्यान केंद्रित किया और अत: हरकत एवं-कार्यशक्ति (मोटर साइकोलाज़ी) का जन्म एक किस्म से खेल मनोविज्ञान के रूप में हुआ और इस प्रकार मूवमेंट मनोविज्ञान की नींव स्थापित हो सकी है। इसके परिणामस्वरूप हरकत एवं कार्यशक्ति सीखने के लिए प्रयोगशालाएं खुलीं जहां शारीरिक दक्षताओं को समझने और इन दक्षताओं को ग्रहण करने पर ध्यान केंद्रित किया गया। कोलमैन ग्रिफिथ (Coleman Griffith) को खेल मनोविज्ञान का पिता माना जाता है। उन्होंने पहली खेल मनोविज्ञान प्रयोगशाला संगठित और निर्देशित की जिसमें सीखने, साइको-मोटर दक्षता और व्यक्तित्व अस्थिरता पर विशेध ध्यान दिया गया था। तब से लेकर अब तक खेल मनोविज्ञान ने कभी पीछे मुड़कर नहीं देखा।

1920 और 1930 के दशक के दौरान खेल मनोविज्ञान को पूर्वी यूरोप में एक वैज्ञानिक क्षेत्र का दर्जा दिया गया। अन्तर्राष्ट्रीय खेल मनोविज्ञान सोसायटी की स्थापना 1960 के दशक के आरंभ में हुई, यह इस क्षेत्र का सबसे पुराना संगठन है। यह अच्छी तरह से कहा जा सकता है कि खेल मनोविज्ञान का क्षेत्र 1965 में रोम में पैदा हुआ, जहां रोम ओलम्पिक खेलों के बाद पहली अन्तर्राष्ट्रीय खेल मनोविज्ञान कांग्रेस बुलायी गयी। 1980 के दशक में खेल मनोविज्ञान बहुत लोकप्रिय हो गया और कई देशों में राष्ट्रीय सोसायटियों की स्थापना की गई।

खेल मनोवैज्ञानिक डानी लैंडर्स ने खेल मनोविज्ञान में हुई प्रगति को तीन पड़ावों में विभाजित किया है- पहला पड़ाव (1950-65) में शोध पर जोर दिया गया कि खिलाड़ी के व्यक्तित्व का खेल प्रदर्शन से क्या सम्बन्ध है। दूसरे पड़ाव (1966-76) में मनोविज्ञान के उस समय प्रचलित सिद्धांतों को ग्रहण करने और उनकी खेल व्यवस्था में परीक्षण करने पर जोर दिया गया। तीसरा पड़ाव (1976 से आज तक) खेलों से सीधे ली गई सूचनाओं और सिद्धांतों पर केंद्रित है और खेल प्रदर्शन में उत्कृष्टता लाने के लिए मनोवैज्ञानिक दक्षता और रणनीति को विकसित करने से सम्बन्धित है।

शारीरिक प्रदर्शन को प्रभावित करने वाले मनोवैज्ञानिक कारक

शारीरिक प्रदर्शन या खेल प्रदर्शन खिलाड़ी की दैहिक रूप से हृष्ट-पुष्टता पर लम्बे समय तक आश्रित नहीं रह सकता। यह अब सुस्थापित है कि कई ऐसे मनोवैज्ञानिक कारक हैं जो खेल प्रदर्शन को प्रभावित एवं सुधार सकते हैं। दैहिक अनुक्रिया संभावनाएं जहां खत्म होती हैं, वहीं से खिलाड़ी को मनोवैज्ञानिक प्रक्रिया उसे अपने लक्ष्य प्राप्ति के लिए मनोबल या ऊर्जा देती है, जो कि दैहिक रूप से असंभव होता है। यही कारण है कि आज मनोवैज्ञानिक प्रशिक्षण और अनुकूलन खेल प्रशिक्षण कार्यक्रम का एक हिस्सा बन गया है।

शारीरिक प्रदर्शन को प्रभावित करने वाले महत्वपूर्ण मनोवैज्ञानिक कारक इस प्रकार है:-

1. **खिलाड़ियों में व्यक्तिगत भिन्नता** - प्रत्येक खिलाड़ी का स्वरूप अपने आप में अनूठा होता है। खिलाड़ियों में कायिक/ दैहिक अन्तर होता है जैसे ऊंचाई, भार आदि में, उसी प्रकार मनोवैज्ञानिक अन्तर भी होता है। कुछ खिलाड़ी बहिर्मुखी होते हैं तो कुछ शर्मीले, अन्तर्मुखी होते हैं और वे अपनी ग्रहण शक्ति में भी भिन्न हो सकते हैं। कुछ खिलाड़ी जन्म से ही मनोवैज्ञानिक रूप से मजबूत होते हैं जबकि कुछ कमजोर मनोवृत्ति के होते हैं। जो खिलाड़ी कमजोर मनोवृत्ति के होते हैं वे अपना काम पूरा करने में नाकामयाब रहते हैं। अत: खेल प्रदर्शन में वैयक्तिक अन्तर एक अपरिहार्य संवृति है और शिक्षक/कोच को खिलाड़ियों की प्रकृति में इस नजरिये को परिष्कृत करना होता है।
2. **व्यक्तित्व** - मानव व्यक्तित्व चमत्कारिक रूप से एक जटिल ढांचा है, जो प्रेरणाओं, भावनाओं, आदतों और विचारों से बड़ी ही दक्षता के साथ, इस तर्ज पर बुना गया है कि बाहरी संसार के कर्षण और प्रोत्साहन के बीच यह संतुलन रखता है। यह उसके अस्तित्व की सम्पूर्णता है, और उसके शारीरिक, मानसिक, भावनात्मक और स्वभाव

की बनावट के लिये होती है। उसके अनुभव, अवधारणाएं, याददाश्त, कल्पना, संवेगों, आदतों, विचारों और अनुभूतियों से उसके व्यक्तित्व का निर्माण होता है। इसलिए व्यक्तित्व भेद अपरिहार्य है, दो व्यक्ति एक जैसे ही व्यक्तित्व वाले नहीं हो सकते। व्यक्तित्व विशेष ही खेल उत्कृष्टता का आधार है। यह आवश्यक है कि व्यक्तित्व के उन विशेषक की पहचान की जाये और उन्हें सिंचित किया जाये जो खेलों में प्रदर्शन को बढ़ा सकती है। व्यक्तित्व एक महत्त्वपूर्ण शारीरिक घटक है जो काफी हद तक खिलाड़ी के परिणामों का निर्धारण करता है।

3. **बुद्धिमता** - बुद्धि समस्त मानसिक क्षमता है या व्यक्ति की ऊर्जा है जो सोद्देश्य क्रिया करने, तर्क सहित सोचने और व्यक्ति को पर्यावरण से प्रभावी तरीके से निपटने में मदद देती है। बुद्धि सजगता, लक्ष्य निर्देशित और मूल्यों वाली होती है। यह एक योग्यता है जो कठिन, जटिल और कुछ नया और अलग सृजन की जिम्मेदारी अपने ऊपर ले लेती है। व्यक्ति की व्यक्तिगत समझ या बुद्धि शारीरिक प्रदर्शन में अहम् तथा प्रभावी भूमिका निभाती है। अधिक जटिल और अधिक विवृत क्रियाओं में अधिक बुद्धिमता की आवश्यकता होती है। क्योंकि खेल गतिविधियों में अधिक जटिल निपुण क्रियाएं सम्मिलित होती हैं। चूंकि सभी निपुण आचरण एक बुद्धिमतापूर्ण व्यवहार है, इसलिए खेल प्रदर्शन और बुद्धि में संबंध को नकारा नहीं जा सकता।

4. **मनोवृत्ति** - मनोवृत्ति विचारों और भावनाओं के बारे में होती है। मनोवृत्ति प्रायः व्यवहार की भविष्यवाणी करती है। मनोवृत्ति अनुक्रियाएं प्रकृति में विकासात्मक होती हैं। ये सीखने में बहुत ही महत्त्वपूर्ण हैं और विशेष वस्तु पर की जाने वाली क्रिया से सम्बन्धित पसंद-नापसंद को प्रतिभासित करती हैं। उदाहरण के लिए एक बच्चा कहता है, मैं दौड़ना पसंद करता हूं तो यह उसके दौड़ने के प्रति मनोवृत्ति को आभासित करता है और यदि एक बच्चा कहता है, मैं दौड़ना पसंद नहीं करता' तो यह दौड़ने के प्रति बच्चे की मनोवृत्ति को दर्शाता है। मनोवृत्ति में ज्ञान और विश्वास सम्मिलित रहता है। मनोवृत्तियां प्रत्यक्ष अनुभवों और अन्तः वैयक्तिक व्यवहार से ही विकसित होती हैं। सकारात्मक विश्वास और शारीरिक क्रियाकलापों से सम्बन्धित मूल्यों के परिणाम स्वरूप अच्छी और सकारात्मक मनोवृत्तियों का विकास होता है, और खिलाड़ी को बढ़िया प्रदर्शन के लिए सक्षम बनाती है।

5. **प्रेरणा** -प्रेरणा एक बल है, सहज प्रवृत्ति है जो उत्साहित व विवश करती है और किसी उद्देश्य या मकसद को प्राप्त करने के लिए विशेष समय में व्यक्ति को क्रिया या एक विशेष आचरण के लिए बल प्रदान करती है। प्रेरणा की अनुपस्थिति में सीखने का काम नहीं होगा अगर होगा भी तो बहुत थोड़ा और सीखे हुए क्रियाकलाप या निपुणता को हम जल्दी ही भूल जायेंगे। सक्षम शिक्षा प्राप्ति के लिए प्रेरणा पहली आवश्यकता है। प्रेरणा बाधाओं पर काबू पाने का मूल है जो अन्यथा प्रदर्शन को नकारात्मक तरीके से प्रभावित कर सकती है। पर्याप्त समुचित ध्यान, गहरी रुचि, सही मनोवृत्ति के बिना और प्रेरणा के अधिकतम परिणामात्मक स्तर के बगैर कई उच्च श्रेणी के खिलाड़ी भी अपने कार्य को ठीक ढंग से अंजाम देने में नाकाम रहते हैं। इसलिए अच्छे शारीरिक प्रदर्शन के लिए खिलाड़ी को प्रेरित करने के तरीके और माध्यम खोजना आवश्यक है।

6. **आक्रामकता** - आक्रामकता मानव आचरण का एक हिस्सा है और प्रत्येक व्यक्ति के जीवन के लिए आवश्यक है ताकि वह संघर्ष कर अच्छी उपलब्धियां हासिल कर सके। श्रेष्ठता के संघर्ष, आधिपत्य और खेलों में उत्कृष्टता में स्पष्टतः आक्रामकता सम्मिलित रहती है। खेलों में आक्रामकता किसी न किसी रूप में अपरिहार्य है और इससे बचा नहीं जा सकता। जब आक्रामकता विद्वेष या शत्रुता में बदल जाती है, तब स्थिति खतरनाक हो जाती है और यह समाज विरोधी आचरण कहलाता है। आक्रामकता एक खिलाड़ी के प्रदर्शन में मददगार हो सकती है क्योंकि यह ऐसी स्थिति पैदा कर देती है जिससे खिलाड़ी कड़े प्रयासों से टीम को सफलता दिलाता है। खिलाड़ियों की आक्रामकता को कम करने और नियंत्रित करने में मदद की जानी चाहिए ताकि वह खेल को शांति और श्रेष्ठ तरीके से पूरा कर सके। आक्रामकता का एक उपयुक्त स्तर, जैसा कि खेलों के नियमों के अनुसार इसकी इजाजत होती है दक्षता को सुधारने और प्रयासों में वृद्धि की ओर प्रवृत होना चाहिए और दूसरी ओर खेलों में आक्रामकता का उच्च या निम्न स्तर प्रदर्शन में बाधा डालता है।

7. **उत्तेजना और सक्रियता** - उत्तेजना शब्द शारीरिक, बौद्धिक ज्ञानात्मक प्रदर्शन की तैयारी के लिए घट-बढ़ रही डिग्री को प्रतिबिम्बित करता है। सक्रियता अल्प

अवधि के लिए ऊर्जा के संघन में बदलाव लाती है और व्यक्ति की ऊर्जा को संक्षिप्त समय के लिए उत्तेजना के निम्न स्तर से उपर हो जाता है। उत्तेजना और सक्रियता शारीरिक और अनुभूतिपरक है जो खिलाड़ियों के शारीरिक और मानसिक रूप से तैयार होने की डिग्री का संकेत देती है। सक्रियता और उत्तेजना के समुचित स्तर के साथ खिलाड़ी अच्छे की ओर प्रवृत होता है, अधिक स्पष्ट से विचार और आसान्न स्थितियों के सम्बन्ध में दूर तक केन्द्रित करता है। अति-उत्तेजित होना, और अति-सक्रियता खिलाड़ी के प्रदर्शन को घटा सकता है, यहां तक कि वह प्रदर्शन करने में बिल्कुल नाकाम भी रह सकता है। जहां तक सक्रियता और उत्तेजना के अधिकतम स्तर की प्रासंगिकता का सम्बन्ध है यह प्रदर्शन में निश्चित रूप से मददगार साबित होती है। इसलिए यह जानना बहुत आवश्यक है कि खिलाड़ी को अपना मकसद हासिल करने के लिए कौन सी ताकतें सक्रिय करती हैं।

8. **चिंता/ फिक्र**- चिंता से अभ्रिप्राय मन की अशांत भावात्मक प्रतिक्रिया उत्तेजना, हड़बड़ी और मन की अयथार्थ एवं अप्रिय अवस्था से है। चिंता/फिक्र किसी भी प्रतियोगी स्थिति के लिए आवश्यक तत्त्व है और चिंता के एक निश्चित स्तर के बिना, प्रतियोगी प्रदर्शन नहीं हो सकता। चिंता का न ही ज्यादा ऊंचा, न ही ज्यादा नीचा स्तर खेल प्रदर्शन के लिए सहायक होता है। चिंता का पर्याप्त स्तर अच्छे परिणाम देता है। जब तक खिलाड़ी दबावपूर्ण प्रतियोगी स्थितियों से अपनी उत्सुकता/फिक्र से निपटना नहीं सीखता, तब तक वह अपने लक्ष्य में सफल नहीं हो सकता।

9. **ध्यान एवं एकाग्रता** - ध्यान से अभिप्राय किसी एक ही वस्तु पर चेतना के संघटन से है। यह किसी वस्तु को प्राप्त करने की एक प्रक्रिया या मन में एक स्पष्ट सोच होती है। यह मानसिक सतर्कता और त्वरितता लाने में मदद करती है, और परिणामस्वरूप व्यक्ति सतर्क और सचेत हो जाता है और मानसिक और शारीरिक रूप से जितना संभव हो बेहतर करने का प्रयास करता है। खेल प्रतियोगिता के दौरान निपुणता/कार्य पर उच्च्व गुणात्मक ध्यान देने से प्रदर्शन पर महत्त्वपूर्ण प्रभाव पड़ता है। विभिन्न संज्ञानात्मक रणनीतियों और दक्षताओं का गहन प्रशिक्षण में कार्य पर अधिक ध्यान केंद्रित करने से क्षमता में वृद्धि हो सकती है, जिससे प्रदर्शन बेहतर होगा। ऐसे कई कारक हैं जो ध्यान व एकाग्रता को भंग और कम करते हैं, और परिणामस्वरूप प्रदर्शन अच्छा नहीं हो पाता।

10. **मानसिक कल्पना** - मानसिक योग्यता और मानसिक कल्पना खिलाड़ियों को उनकी मन:स्थितियों को ढालने में मदद देती है, और उस रास्ते को जो शारीरिक प्रयासों से पाया है, को भी ढालने में मदद करती है। इस तरह के मानसिक क्रियाकलाप खिलाड़ी को अपने प्रदर्शन में सुधार और दिये गये कार्य/दक्षता में सुस्पष्टता लाने में सक्षम बनाते हैं, और यह सब विचार और कल्पना से ही संभव है। महत्त्वपूर्ण प्रतियोगी स्थितियों में मनोबल बढ़ाने के लिए मानसिक कल्पना आवश्यक है ताकि लड़के की भावना से खिलाड़ी स्वयं को बेहतर तरीके से संगठित कर सके। प्रतियोगी स्थितियों का मानसिक अभ्यास निश्चित तौर पर खिलाड़ियों की भावनात्मक अवस्था को सुधारने में मदद देता है और शारीरिक प्रदर्शन को बढ़िया बनाता है। यह ऊर्जा के निर्बाध प्रवाह यानी जब और जितनी ऊर्जा की आवश्यकता है, में भी मदद करता है।

11. **सामूहिक सम्बद्धता**- एक खेल टीम में विभिन्न प्रकार के खिलाड़ी होते हैं, प्रत्येक की भिन्न अवस्थिति और बोध होता है और वक्त आने पर ये भिन्नताएं ही टीम के खेल प्रदर्शन में खलल डालती हैं। यदि टीम का हर सदस्य अपनी व्यक्तिगत मनोस्थितियों और योग्यताओं को टीम के प्रयासों में शामिल कर दे तो ज्यादा बेहतर परिणाम आयेंगे। टीम की सफलता अपने भीतर के समायोजन/तालमेल पर निर्भर करती है, जैसे कि टीम कितनी निकंटता से और साथ होने की कितनी भावना से काम करती है। टीम के सदस्यों के मनोवैज्ञानिक रूप से एक साथ होने का परिणाम प्रदर्शन पर भी प्रतिबिम्बित होता है। समूह सक्रियता और प्रदर्शन इसीलिए परस्पर प्रभावशाली है, और टीम के साथ वैयक्तिक सम्बन्ध की स्थिरता भी इससे प्रभावित होती है। यह पाया गया है कि समूह में बेहतर सम्बद्धता, सामान्यत: अच्छे प्रदर्शन की ओर प्रवृत होती है।

व्यक्तित्व (Personality)

आम व्यक्ति के लिए व्यक्तित्व का अर्थ व्यक्ति के बाहरी स्वरूप, आदतें, पहनावे के ढंग, प्रसिद्धि, आचार-विचार व अन्य गुणों से है। हम अक्सर व्यक्ति को अच्छी टिप्पणी देकर कहते हैं, 'क्या शानदार व्यक्तित्व (Personality) हैं तथा जब अपनी अच्छी राय व्यक्त नहीं करते तब कहते हैं, 'उसका व्यक्तित्व (Personality) अच्छा नहीं है।' या 'उसका व्यक्तित्व बुरा है।' आम व्यक्ति की व्यक्तित्व के बारे में संकल्पना मनोवैज्ञानिकों से अलग है। मनोवैज्ञानिक व्यक्तित्व को बाह्य व्यवहार या बाहरी स्वरूप नहीं मानते परन्तु वे मानते हैं कि व्यक्तित्व इनके अलावा कुछ और भी है।

व्यक्तित्व शब्द लेटिन शब्द परसोना (Persona) से लिया गया है जिसका अर्थ है मुखौटा (mask)। पुराने समय में ग्रीक में थियेटर में काम करते हुए अभिनेता अपनी पहचान छुपाने के लिए मुखौटे पहनते थे। बाद में Persona शब्द इस अर्थ में प्रयुक्त होने लगा कि व्यक्ति दूसरों को कैसा दिखता है न कि वह खुद वास्तव में कौन है। नाटक में अभिनेता को अपने पात्र की तरह दिखना पड़ता है न कि वह खुद क्या है। कार्ल जुंग (Karl Jung) के अनुसार Persona आदमी का बाहरी आवरण होता है, सामाजिक सभ्यता की मांगों के उत्तर में व्यक्ति द्वारा पहने जाने वाला मुखौटा है। अत: व्यक्तित्व का यही अर्थ निकाला गया कि व्यक्ति दूसरों पर क्या प्रभाव छोड़ता है। मानवीय व्यक्तित्व एक जटिल संरचना है जो उद्देश्यों, भावनाओं, इच्छाओं, आदतों, विचारों का एक संतुलन है तथा इनसे ओतप्रोत है। यह अस्तित्व का कुल जोड़ है जिसमें भौतिक, मानसिक, सामाजिक, भावनात्मक तथा बौद्धिक पहलू शामिल हैं। एक व्यक्ति के व्यक्तित्व से उसकी कल्पना, रुझान, विचार, इच्छाएं, कामनाएं, आदतें, मूल्य, रुचियां तथा विचारों का पता चलता है तथा उसकी समझदारी, उसकी achievement, प्रेरणा, तालमेल का पता चलता है।

व्यक्तित्व Biological तथा सांस्कृतिक धरोहर heritage का प्रतिफलन (Product) है। बच्चा जैविक धरोहर लेकर पैदा होता है मगर सांस्कृतिक वातावरण उसके व्यक्तित्व को आकार देता है। व्यक्तित्व वह तरीका है जिसके द्वारा व्यक्ति खुद को वातावरण के साथ तालमेल बिठाता है तथा प्रतिक्रिया व्यक्त करता है। अत: यह जीव विज्ञान और संस्कृति का सम्मिश्रण है।

हम में से प्रत्येक की अनुपम व्यवस्था है जो हमारे व्यवहार और विचारों को दर्शाती है। व्यक्तित्व ही व्यक्ति को सबसे अलग दिखाता है। यह कई गुणों से निर्मित होता है। ये बाहरी लक्षण होते हैं तथा गतिशील बल होते हैं जो कई तरीकों से संघर्षरत हैं। यह विभिन्न गुणों का संगठन मात्र है। इसी संघर्ष का नतीजा है कि दो व्यक्तियों का व्यक्तित्व एक जैसा नहीं होता। बल्कि व्यक्तित्व अनुपम होता है।

अपने व्यवहार द्वारा मनोवैज्ञानिक संरचना का व्यक्तित्व द्वारा पता चलता है। असल में व्यक्ति के कुल व्यवहार की क्वालिटी व्यक्तित्व बताता है। व्यक्तित्व में पैतृक व अनुभव द्वारा अर्जित गुणों का प्रकटीकरण होता है। यह उसके response pattern का नमूना है जिससे वह वातावरण में खुद को ढालता है तथा आस-पास की दुनिया को जवाब देता है तथा Behaviour Pattern को दर्शाता है कि वह विभिन्न स्थितियों में भिन्न-भिन्न तरह से व्यवहार करता है। अच्छे व्यक्तित्व की सही परिभाषा कर पाना कठिन है मगर खुद अपने द्वारा स्वीकृति, दूसरों द्वारा स्वीकृति, काम में दक्षता, अपने अन्दर के द्वंद्वों (Conflicts) से मुक्ति अच्छे व्यक्तित्व की मुख्य पहचान है।

व्यक्तित्व की परिभाषाएं

व्यक्तित्व मनोविज्ञान का रोचक क्षेत्र है। यह मुश्किल विषय है – एक ऐसा जिसने पुराने तथा समकालीन शोध को चुनौती दी है। व्यक्तित्व की एक सांझी परिभाषा मानना कठिन है तथा विभिन्न लेखकों ने इसकी अलग-अलग परिभाषाएं दी हैं।

व्यक्तित्व आपसी व्यवहार तंत्र की बहुमुखी संस्था है जो हम सब में मौजूद होती है जब हम जीव विज्ञान के शिशु से वयस्क उस माहौल में बनते हैं जब हम व्यक्ति और संस्कृति के उत्पाद के रूप में जाने जाते हैं। – Norman Cannon

व्यक्तित्व लोगों के मूल्यों व रुझानों और गुणों का कुल जोड़ है तथा वह जोड़ हमेशा बहुमुखी संस्था होता है। – Ulrich

व्यक्तित्व दूसरे लोगों पर दिखाई देने वाला तथा व्यवहार का प्रभाव होता है और ये उसके अस्तित्व के विशिष्ट चिन्हों द्वारा प्रकट होता है। – Carl Pearson

अध्याय

4 शारीरिक फिटनेस

आज अच्छा दिखने, अच्छा महसूस करने और जीवित रहने पर जोर दिया जा रहा है। मजे की बात यह है कि वैज्ञानिक प्रमाण हमें यह बताते हैं कि फिटनेस और व्यायाम ही इन आदर्शों को प्राप्त करने की कुंजी है। चलना-फिरना एक चुनौती बन गया है क्योंकि आज हमारे दैनिक जीवन में शारीरिक क्रिया-कलापों का स्थान कम हो गया। बहुत कम काम ही ऐसे रह गए हैं जिनमें शारीरिक उपयोग की आवश्यकता पड़ती है। हम एक यांत्रिकी से चलता-फिरता समाज हो गए, और अपने आस-पास हम पेशी की बजाय मशीनों पर ज्यादा भरोसा करने लगे हैं। इसके अतिरिक्त, हम अधिक लोगों (बच्चों समेत) के पालक राष्ट्र बन गए हैं, जो अपना खाली समय बिल्कुल अपनी सुविधानुसार बिताते हैं। परिणामस्वरूप, आंकड़े बताते हैं कि मोटापा और अन्य समस्याएं (उच्च रक्तचाप, मधुमेह, दिल का दौरा आदि) लगातार बढ़ रही है। लेकिन आंकड़े यह भी दिखाते हैं कि इसकी रोकथाम के उपचार असरदार हैं इसलिए हमें तब तक इन्तजार नहीं करना चाहिए जब तक कि हमारा डॉक्टर हमें अल्टीमेटम नहीं दे देता। प्रत्येक व्यक्ति को अभी से सक्रियता के साथ पहल करनी चाहिए।

शारीरिक फिटनेस कार्यक्रम के बारे में निर्णय लेने को हल्के से नहीं लेना चाहिए। इसे आजीवन समय और प्रयासों की प्रतिबद्धता की आवश्यकता होती है। कसरत/व्यायाम को भी ऐसी अनिवार्य आदत बना लें जिसके बारे में कोई सवाल न उठे, जैसे नहाना और ब्रश करना आदि। जब तक आपको फिटनेस के लाभ और फिटनेस न होने के जोखिमों का पता नहीं होगा, तब तक आप सफल नहीं हो सकते। धैर्य आवश्यक है। बहुत जल्द अधिक करने का प्रयास न करें और तब तक इसे न छोड़ें तब तक कि सुधरी हुई फिटनेस को आप अनुभव नहीं कर लें। आपने जो सालों में खोया है उसे आप कुछ दिनों या सप्ताहों में पुनः प्राप्त नहीं कर सकते, लेकिन आप इसे वापस पा सकते हैं यदि आप दृढ़प्रतिज्ञ हैं और यह पुरस्कार अमूल्य है।

इस अनुभाग में आप व्यक्तिगत शारीरिक फिटनेस कार्यक्रम को शुरू करने और उसे बनाये रखने के बारे में आधारभूत जानकारी हासिल करेंगे। यह दिशा-निर्देश एक औसत स्वस्थ वयस्क के लिए मद्देनजर है। यह आपको बताता है कि आपके लक्ष्य क्या होने चाहिए और कैसे हों, कितनी देर में और कितनी कठिन कसरत से आप उन्हें हासिल कर सकते हैं। इसमें वह जानकारी भी सम्मिलित है जो आपके काम को आसान, सुरक्षित और अधिक संतोषप्रद बनाती है। बांकी तो आपके ऊपर निर्भर करता है।

शारीरिक स्वस्थता (फिटनेस) की परिभाषाएं

शारीरिक फिटनेस मानव शरीर के लिए ठीक उसी तरह है जिस तरह इंजन के लिए बढ़िया-सुर (फाइन टयूनिंग)। यह हमें अपनी प्रछन्न शक्ति को प्रदर्शित करने में सक्षम बनाती है। फिटनेस को उस हालत के रूप में भी वर्णित किया जा सकता है जो हमें देखने, अनुभूत करने और हमारे लिए अच्छा करने में मदद दे। इससे भी अधिक यह, ''रोजाना के कार्यों'' को उत्साह और सतर्कता से सम्पन्न करने, फुर्सत के समय के क्रिया-कलापों और आपात् समय की आवश्यकताओं से निपटने के लिए ऊर्जा को बचाने की योग्यता है। यह उन स्थितियों में सहनशीलता,, बर्दाश्तगी, दबाव सह सकने की योग्यता है जहां एक अनफिट व्यक्ति यह सब जारी नहीं रख सकता और यह अच्छे स्वास्थ्य और अच्छे जीवन का आधार है।''

परिभाषाएं

''शारीरिक फिटनेस व्यक्ति की अवयव क्षमता से संबद्ध है जिसमें हम अपने रोजाना के सामान्य कार्य बिना थके या थकान के संपन्न करते हैं और अचानक आने वाली किसी आपात स्थिति से निपटने के लिए पर्याप्त बल और ऊर्जा सुरक्षित रखते हैं।''

–*निक्सन (Nixon)*

''फिटनेस वह स्थिति है जो व्यक्ति द्वारा किए जा सकने वाले कार्यों की डिग्री को लक्षित करे। फिटनेस व्यक्तिगत मामला है। यह प्रत्येक व्यक्ति को उसकी अन्त: शक्ति के साथ अत्यधिक प्रभावी तरीके से क्रियान्वित करने की योग्यता प्रदान करती है। कार्य करने की क्षमता/योग्यता फिटनेस के शारीरिक, मानसिक, भावनात्मक और सामाजिक तत्वों पर निर्भर करती है, ये सभी एक दूसरे से जुड़े हैं और परस्पर अन्योन्याश्रित हैं।''

-किरचनेर (Kirchner)

शारीरिक फिटनेस में हृदय और फेफड़ों तथा शरीर पेशियों का प्रदर्शन सम्मिलित होता है। और अपने शरीर से हम क्या करते हैं, हम अपने मन से क्या कर सकते हैं, पर भी प्रभाव पड़ता है। फिटनेस हमारे गुणों को भी कुछ हद तक प्रभावित करती है जैसे मानसिक सतर्कता और भावनात्मक स्थिरता।

जैसे ही आप अपना फिटनेस कार्यक्रम शुरू करते हैं, यह अवश्य याद रखें कि फिटनेस व्यक्तिगत गुण है और यह हर व्यक्ति में अलग-अलग होता है। यह आयु, लिंग, वंशानुगत, वैयक्तिक आदतों, व्यायाम और खाने आदि से भी प्रभावित होता है। आप पहले तीन घटकों के बिना कुछ नहीं कर सकते। हालांकि यह आपके बूते की बात है कि आप अन्य घटकों को आवश्यकतानुसार बदल और सुधार सकते हैं।

शारीरिक स्वस्थता (फिटनेस) के घटक

व्यायाम वैज्ञानिकों ने उन दस घटकों की पहचान की है जिनसे फिटनेस की परिभाषा बनती है। ये 10 घटक इस प्रकार हैं:

1. **ताकत**- उस सीमा तक जहां विरोध के बावजूद पेशियों को सिकुड़ने तथा संकुचित होने की क्रिया से ताकत अथवा बल पैदा कर सकें। (किसी व्यक्ति या वस्तु को पकड़े या थामे रहना)
2. **शक्ति**- ज्यों ही कोई विस्फोटक क्रिया होती हो, तत्काल पेशी को अधिक सिकुड़ने की क्षमता (कूदना या स्प्रिंट स्टार्टिंग)
3. **गति**- अवयवों की द्रुत गति से क्रिया, चाहे वह धावक की टांग हो अथवा गोला फैंकने वाले खिलाड़ी की बाजू।
4. **संतुलन**- शरीर की स्थिति को नियंत्रित करने की योग्यता, यह खड़ी अवस्था हो या क्रियात्मक अवस्था हो (जिमनास्टिक क्रियाएं)।
5. **फुर्ती**- विस्फोटक शक्ति क्रियाओं की श्रृंखला विपरीत दिशा में तेजी से संपन्न करने की योग्यता ही फुर्ती है (टेढ़ा-मेढ़ा दौड़ना या तीखी क्रियाएं)
6. **लचीलापन**- अत्यधिक टिशुओं द्वारा बाधा डाले बिना गति की विस्तारित सीमा को हासिल करने की योग्यता।
7. **सीमित पेशी सहनशीलता**- दीर्घीकृत कार्य को एकल पेशी योग्यता से संपन्न करना (नौका विहार या साइकिलिंग)
8. **हृदय संवहनीय सहनशीलता**- हृदय की काम कर रही पेशियों को रक्त प्रवाहित करने की और इसे उपयोग में लाने की सक्षमता (लंबी दूरी की दौड़ें)
9. **शक्ति सहनशीलता**- समय-समय पर पेशियों को अत्यधिक संकुचित करने की योग्यता (जैसे बास्केटबाल के खेल में निरंतर विस्फोटक प्रतिघात मिलते रहना।)
10. **तालमेल**- उपरोक्त सूचीबद्ध घटकों को संघटित करने की योग्यता ताकि क्रियाओं को प्रभावशाली तरीके से हासिल किया जा सके।

शारीरिक फिटनेस को उपरोक्त घटकों, तत्वों या भागों में विभाजित करके बड़ी आसानी से समझा जा सकता है। इन सब घटकों में निम्नोक्त चार घटक फिटनेस के मूल आधार हैं।

1. **सहनशक्ति**- टिशुओं को ऑक्सीजन और पोषक तत्व प्रदान करना और लंबे समय से अविच्छित रूप से जमा अवशिष्ट को हटाना। लंबी दूरी की दौड़ें और तैराकी ऐसे तरीके हैं जो इस घटक को मूल्यांकित करते हैं।
2. **शक्ति**- संक्षिप्त समय के लिए पेशी की ताकत लगाने की क्षमता। शरीर के ऊपरी भाग की ताकत, उदाहरण के लिए भारोत्तोलन जैसी विभिन्न कसरतों से नापी जा सकती है।
3. **गति**- अवयवों की क्रियाओं में तीव्रता, चाहे यह एक धावक की टांग हो या एक गोला फैंकने वाले की बाजू हो।
4. **लचीलापन**- जोड़ों को हिलाने की क्षमता और पेशियों का उनकी पूरी गति से उपयोग करना।

शारीरिक स्वरूप को भी स्वास्थ्य का एक घटक माना जाता है। जैसे कृषकाय/दुबला (मांस पेशी, हड्डी, जैव ऊत्तक और अंग) और वृह्दकाय/मोटा। मोटापे से दुबला होना फिटनेस की ओर ही संकेत करता है और सही चुनी गई कसरत आपका मोटापा कम करती है और पेशीपुंज को बढ़ाती या बनाए रखती है।

शारीरिक फिटनस के लाभ/फायदे

कसरत या फिटनेस केवल ओलम्पिक जाने की उम्मीद रखने या सुपर मॉडल्स के लिए ही जरूरी नहीं है। वास्तव में, इसे शुरू करने के लिए आप कभी अनफिट नहीं हैं, छोटे या बूढ़े नहीं हैं। बिना किसी आयु, लिंग या जीवन की भूमिका के बंधन के आप नियमित शारीरिक क्रिया-कलाप कसरत से लाभ उठा सकते हैं। यदि आप प्रतिबद्ध हैं, तो कसरत के साथ संतुलित भोजन आपको अच्छा जीवन जीने में मददगार साबित होगा और यह आपके असाध्य बीमारियों अक्षमताओं और असामयिक मौत से भी बचायेगा।

शारीरिक फिटनेस के कुछ लाभ/फायदे इस प्रकार हैं-

उन्नत स्वास्थ्य

- दिल और फेफड़ों की कार्यक्षमता बढ़ना।
- कोलेस्ट्रोल का स्तर घटता है।
- पेशी ताकत बढ़ती है।
- रक्तचाप घटता है।
- कई मुख्य बीमारियों का जोखिम कम होता है जैसे मधुमेह और दिल के रोग
- वजन घटता है।

तंदरुस्ती में सुधार

- अधिक ऊर्जा
- कम दबाव
- अच्छी नींद आना
- दबावों के जूझने की योग्यता का उन्नत होना।
- मानसिक कुशाग्रता बढ़ती है।

उन्नत रूप रंग

- वजन घटता है।
- पेशी शक्ति
- उन्नत मुद्रा

सामाजिक जीवन का बढ़ना

- आत्म-प्रतिरूप का उन्नत होना।
- नये मित्र बनने के अवसर बढ़ते हैं।
- किसी क्रिया-कलाप में मित्रों या पारिवारिक सदस्यों के साथ हिस्सेदारी के अवसर बढ़ते हैं।

दम खम (स्टेमिना) बढ़ना

- उर्वरता बढ़ती है।
- शारीरिक क्षमताएं बढ़ती हैं।
- चोट कम आती है।
- छोटी-मोटी बीमारियों से लड़ने की प्रतिरक्षण क्षमता उत्पन्न होती है।

शारीरिक फिटनेस का विकास

चार मूल घटकों जैसे- सहनशक्ति, ताकत, गति और लचीलापन में सुधार लाकर कोई भी व्यक्ति शारीरिक फिटनेस विकसित कर सकता है। इन घटको को विभिन्न प्रशिक्षण तरीकों द्वारा भी विकसित किया जा सकता है जो इस प्रकार हैं।

सहनशक्ति

सहनशक्ति प्रशिक्षण का लक्ष्य किसी भी स्पर्धा की मांग को पूरा करने के लिए ऊर्जा उत्पादन व्यवस्था के विकास से है। सहनशक्ति को लगातार और अन्तराल के बाद दौड़ने द्वारा भी विकसित किया जा सकता है।

ऊर्जा उत्पादन व्यवस्था

मानव शरीर में भोजन से प्राप्त ऊर्जा एडेनोसिन ट्राइफास्फेट (ए. टी.पी.) बनाने में प्रयुक्त होती है। यह रासायनिक संघटक मांसपेशियों के संकुचन के लिए ऊर्जा की आपूर्ति करता है। चूंकि पेशियों में ए.टी.पी. बहुत कम मात्रा में संकेंद्रित होती है; इसलिए पेशियों के सिकुड़ने-फैलने की प्रक्रिया के दौरान भी ए. टी.पी. निरंतर पैदा होता रहता है। लगातार अभ्यास/कसरत करने से ए.टी.पी. की खपत भी बढ़ जाती है यदि साथ-साथ उसी दर से इसका उपयोग हो।

सहनशक्ति के प्रकार

(1) एरोबिक सहनशक्ति (2) एनएरोबिक सहनशक्ति
(3) गति सहनशक्ति (4) शक्ति सहनशक्ति

एरोबिक सहनशक्ति का एक अच्छा आधार सभी स्पर्धाओं का मूल है।

शारीरिक फिटनेस को प्रभावित करने वाले कारक

1. **उम्र (Age):** शारीरिक फिटनेस के ऊपर प्रभाव डालने वाला प्रमुख तत्व उम्र है। प्रौढ़ता को आमतौर पर कालक्रमिक, अस्थि पिंजर और देह की उम्र के आधार पर परिभाषित किया जाता है। जीवन काल को मुख्य रूप से पांच हिस्सों में बांटा जाता है- शिशुकाल, बचपन, किशोर, जवानी और बुढ़ापा। बच्चों एवं किशोरों को जवानी या प्रौढ़ता का छोटा रूप नहीं माना जाना

चाहिए। उम्र, शारीरिक विकास के हर चरण/पड़ाव का रूप अनूठा होता है। बच्चों या किशोरों की शारीरिक तंदरुस्ती दैहिक और शारीरिक प्रदर्शन उनकी हड्डियों, पेशियों, नसों और अन्य अंगों के विकास पर निर्भर करती है। जैसे-जैसे बच्चे का आकार बढ़ता जाता है, उसके कार्य करने का सामर्थ्य और शारीरिक फिटनेस में भी सुधार आता जाता है।

बच्चा शारीरिक और दैहिक क्रियाओं में वयस्कों से भिन्न होता है और फिटनेस का कार्यक्रम तैयार करते समय तथ्य को नजरअंदाज नहीं किया जाना चाहिए। अभ्यास और प्रशिक्षण बच्चे की शारीरिक फिटनेस को सुधार देते हैं। आमतौर पर बच्चे, बड़ों द्वारा किये जाने वाले अभ्यास के मुताबिक अपने आप को ढालने में समर्थ हो जाते हैं, पर उन पर बड़ों वाली कसरत का कार्यक्रम थोपा नहीं जाना चाहिए। बच्चों एवं किशोरों के ट्रेनिंग कार्यक्रम उनकी उम्र के मुताबिक ही तैयार किये जाने चाहिए और ऐसा करने से उनकी देह शरीर रचना से जुड़े तत्वों को खास ध्यान में रखा जाना चाहिए।

अध्ययन यह दर्शाते हैं कि मनुष्य जैसे-जैसे उम्र में बड़े होते जाते हैं, उनके क्रियाकलाप घटते जाते हैं इसका असर उनकी शारीरिक फिटनेश पर पड़ता है। जो बूढ़े व्यक्ति अभ्यास-कसरत के मामले में नियमित होते हैं, उनमें बुढ़ापे से जुड़ी तबदीलियां कम ही नजर आती है। कुल मिलाकर एक बात स्पष्ट है कि हर व्यक्ति पर एक जैसा फिटनेस कार्यक्रम नहीं थोपा जाना चाहिए। यह कार्यक्रम हर व्यक्ति के लिए अलग होना चाहिए।

2. **लिंग (Sex):** किशोर अवस्था में पहुंचने से पहले लड़के-लड़कियां कद, वजन, गोलाई, हड्डियों की चौड़ाई और शारीरिक बनावट में एक दूसरे से बहुत ज्यादा भिन्न नहीं होते। लेकिन प्रौढ़ता के आने पर उनके बीच शारीरिक भिन्नताएं उभर कर सामने आने लगती हैं। यह शारीरिक दैहिक-रचनात्मक एवं मनोवैज्ञानिक विभिन्नताएं या असमानताएं स्त्री-पुरुषों की शारीरिक फिटनेस को भी प्रभावित करती हैं। इसी तरह लिंग से जुड़ी असमानताओं के आधार पर दोनों वर्गों के लिए शारीरिक फिटनेस से अलग-अलग कार्यक्रम तैयार किये जाने चाहिए। कसरत की किस्म, इसका समय एवं आवृत्ति पुरुषों व स्त्रियों के लिए अलग-अलग होनी चाहिए।

3. **शारीरिक बनावट (Body Composition):** शारीरिक बनावट पतले शारीरिक पिंड और इसके ऊपर जमा चर्बी का अनुपात है। मोटापे को शरीर की उस फालतू चर्बी के रूप में परिभाषित किया जाता है जो हृदय रोग होने की संभावनाओं को बढ़ाता है। पुरुषों में शारीरिक चर्बी 12 और 17 प्रतिशत और स्त्रियों में 18 से 22 प्रतिशत तक होनी चाहिए। शारीरिक चर्बी कुछ शारीरिक कार्यों के लिए जरूरी भी है। कई शरीरों में उत्पत्ति से जुड़े कारणों की वजह से चर्बी नहीं चढ़ती जबकि कइयों पर चर्बी बहुत जल्दी चढ़ जाती हैं।

शरीर या देह की मुख्य तौर पर तीन किस्में हैं-

एंडोमोर्फ- जिसका विशेष लक्षण जिस्म का देह का बड़े ब्लाक जैसा होना है।

मेसोमोर्फ- वह देह जिसकी बनावट मजबूत, पेशियों वाली होती है। ऐसा मनुष्य देखने में भी हृष्ट-पुष्ट लगता है।

एक्टोमोर्फ- वह देह है जो कमजोर या मरियल जैसी दिखती है और जिस्म में मांस भी बहुत कम होता है।

देह की बनावट के अध्ययनों से यह तथ्य सामने आया है कि एथलीटों के शरीर आमतौर पर उनके द्वारा चुनी गयी विशिष्ट खेल के मुताबिक ही लक्षण और बनावट रूप ले लेते हैं। उदाहरण के तौर पर, फील्ड स्पर्धाओं में भाग लेने वाले एथलीटों में पतली किस्म के टिशुओं की बहुतायत होती है और शारीरिक चर्बी भी बहुत होती है। वह देखने में भी मोटे-तगड़े लगते हैं। दूसरी ओर लम्बी दौड़ें दौड़ने वालों की देह पतली होती है और चर्बी भी नजर नहीं आती। आजकल तो देह की बनावट को फिटनेस का अहम अंग माना जाता है क्योंकि बनावट, तंदरुस्ती के विकास में बहुत महत्वपूर्ण भूमिका निभाती है। कुल मिलाकर एथलीटों को यदि वजन ग्रहण करना है तो पेशियों की मजबूती के रूप में करना चाहिए। क्षमता प्रशिक्षण पेशियों के पिंड के बल को असरदार ढंग से बढ़ाती है। परिणामस्वरूप शारीरिक वजन तथा शारीरिक मोटापे का नियमित रूप से निरीक्षण करना चाहिए तथा उसी के अनुरूप प्रशिक्षण कार्य का विकास करना चाहिए।

4. खुराक/आहार (Diet): शारीरिक फिटनेस स्तर को बनाये रखने के लिए खुराक या आहार महत्त्वपूर्ण भूमिका अदा करती है। जैसा कि पहले ही दर्शाया जा चुका है कि वजन या भार को नियंत्रित रखने के लिए यह जरूरी है कि ऊर्जा ग्रहण (खुराक) करने और ऊर्जा खपत करने के बीच संतुलन हो। यदि हम उतनी ही खुराक लेते हैं जितनी कि हमारे शरीर को जरूरत है तो वजन अधिक घटे या बढ़ेगा नहीं। अगर शारीरिक जरूरत से अधिक आहार लेंगे तो हमारे शरीर पर चर्बी चढ़ना स्वाभाविक ही है। इसी तरह यदि हम ग्रहण की गई ऊर्जा (आहार) से अधिक ऊर्जा खर्च करते हैं तो हमारे जिस्म पर चढ़ी चर्बी का ढलना और खर्च होना यकीनी हो जाता है। खुराक की आवश्यकता अभ्यास की किस्म और व्यक्ति के शारीरिक ढांचे के मुताबिक अलग-अलग होती है। जोरदार अभ्यास करने वाले एथलीट के लिए अच्छी खुराक की आवश्यकता है जबकि दिमागी काम करने या कम शारीरिक क्रियाकलाप काम करने वाले व्यक्ति को कम खुराक दी जानी चाहिए। शारीरिक फिटनेस का कार्यक्रम बनाते समय आहार की आवश्यकता पर पूरा ध्यान दिया जाना चाहिए।

5. आहार एवं क्रिया/ कार्रवाई (Diet and activity): क्या आपको पता है कि एक किलोग्राम वजन घटाने के लिए आपको 3500 कैलोरी नष्ट करने की जरूरत है? यदि आपका वजन ज्यादा है तो नित्य जितनी कैलोरी खुराक के रूप में ग्रहण करते हैं, करते रहें, पर शारीरिक क्रिया कलाप बढ़ाना आपके लिए अच्छा साबित हो सकता है। हां, यदि कैलोरी ग्रहण करने की मात्रा घटा दी जाये और काम या शारीरिक क्रियाकलापों की मात्रा बढ़ा दी जाये तो आपको और भी फायदा हो सकता है। नीचे दर्शाया गया चार्ट यह बताता है कि साधारण कार्यों द्वारा हम प्रति घंटा कितनी कैलोरी खर्च करते हैं। यहां यह वर्णनीय है कि कैलोरी शारीरिक वजन के अनुपात के मुताबिक ही खर्च या नष्ट होती है। नोट- चार्ट में दर्शाये आंकड़ें औसतन हैं, पक्के नहीं।

कुछ शारीरिक क्रियाकलापों द्वारा प्रति घंटा खपत होने वाली कैलोरी की मात्रा

साइकिलिंग	6 मील प्रति घंटा	240 कैलोरी
साइकिलिंग	12 मील प्रति घंटा	410 कैलोरी
जौगिंग	5.5 मील प्रति घंटा	740 कैलोरी
जौगिंग	7 मील प्रति घंटा	920 कैलोरी
रस्सी कूदना	–	750 कैलोरी
एक ही स्थान पर दौड़ना	–	650 कैलोरी
दौड़ना	10 मील प्रति घंटा	1280 कैलोरी
क्रास कंट्री	–	700 कैलोरी
तैराकी	25 गज प्रति मिनट	275 कैलोरी
टेनिस	–	400 कैलोरी
चलना	2 मील प्रति घंटा	240 कैलोरी

ऊर्जा निर्माण तथा पुनःस्थापन

किसी भी कार्य को करते समय शरीर के अन्दर होने वाली सभी क्रियाएं जैसे- मांसपेशियों में संकुचन, शरीर के अंगों में हलचल, अन्य आन्तरिक प्रक्रिया आदि को सम्पन्न करने में जिस तत्त्व का अत्यधिक योगदान होता है उसको ऊर्जा के नाम से सम्बोधित किया जाता है। विश्राम की अवस्था में शरीर द्वारा कुल ऊर्जा का उपयोग लगभग 1.3 cal/min होता है और इसमें से केवल 20 प्रतिशत ऊर्जा (0.26 cal/min) मांसपेशियों द्वारा प्रयोग किया जाता है जो कि अनुपातिक दृष्टिकोण से अत्यधिक कम प्रतीत होता है। क्योंकि मांसपेशियों में शरीर का लगभग आधा वजन विद्यमान रहता है। लेकिन वास्तविकता तो यह है कि शरीर के अन्दर जितनी भी ऊर्जा खर्च होती है उसमें से 1/5 भाग के माध्यम से मांसपेशियां अपना गुजारा करती हैं।

व्यक्ति जब तेजी से व्यायाम करता है तो मांसपेशियों का अधिकांश मात्रा में प्रयोग करता है और ऐसी स्थिति में मांसपेशियों में विद्यमान ऊर्जा एक या दो मिनट में समाप्त हो जाती है, परन्तु ऐसी स्थिति में ऊर्जा उपयोग विषय की अवधारणा विश्रामावस्था की तुलना में पूर्णतया परिवर्तित हो जाती है। व्यायाम की ऐसी अवस्था में सम्भवत: व्यक्ति 35 kel/min ऊर्जा का प्रयोग करता है और इस सम्पूर्ण ऊर्जा मात्रा की 90 प्रतिशत ऊर्जा मांसपेशियों द्वारा प्रयोग में लायी जाती है। इस प्रकार से स्पष्ट दिखाई पड़ता है कि जब व्यक्ति तेजी से व्यायाम करता है उस समय 32 kel/min ऊर्जा का केवल मांसपेशियों द्वारा उपयोग किया जाता है जो कि विश्रामावस्था

की तुलना में 120 गुणा अधिक है। व्यायाम के समय तो शरीर की सम्पूर्ण मांसपेशियां कार्य करती हैं, लेकिन कुछ मांसपेशियों का प्रयोग अधिक होता है जिन मांसपेशियों का प्रयोग अधिक होता है उन मांसपेशियों द्वारा विश्रामावस्था की तुलना में 200 गुणा अधिक ऊर्जा का प्रयोग किया जाता है।

मांसपेशियों के ऊर्जा प्रयोग में जो असाधारण परिवर्तन का अवलोकन इन दो अवस्था (विश्राम और व्यायाम) के दौरान होता है उससे यह प्रतीत होता है कि या तो मांसपेशियां अपने पास ऊर्जा बड़ी मात्रा में संग्रहित करने की योग्यता रखती हैं, जो व्यायाम की अवस्था में शीघ्रता से प्रयोग में लायी जाती होगी अथवा इसके अन्दर ऐसी योग्यता विद्यमान है जिससे आवश्यकता पड़ने पर शीघ्रता पूर्वक वह अपने आप ऊर्जा का निर्माण स्वयं कर लेती हो।

ऊर्जा का मापन

कार्य करने की योग्यता को ऊर्जा कहा जाता है। शक्ति के द्वारा एक विशेष समय तक कार्य किया जाता है। लेकिन ऊर्जा के द्वारा इस कार्य के अन्दर परिवर्तन किया जा सकता है। यद्यपि ऊर्जा के अनेक प्रकार हैं, जैसे–यान्त्रिकी ऊर्जा, विद्युत ऊर्जा, रासायनिक ऊर्जा आदि जो कि कुछ विशिष्ट परिस्थितियों में आपस में रूपान्तरित हो सकती हैं किन्तु ऊर्जा के बारे में ऐसा कहा जाता है कि वह न तो निर्माण की जा सकती है और न नष्ट की जा सकती है।

वैसे तो ऊर्जा के अनेक प्रकार हैं लेकिन इसका अवलोकन दो अवस्था में किया जा सकता है।

1. स्थितिज ऊर्जा (Potential Energy)
2. गतिज ऊर्जा (Kinetic Energy)

स्थितिज ऊर्जा वह ऊर्जा का स्वरूप है जिसमें कि ऊर्जा किसी विशिष्ट व्यवस्था के अन्दर संचित की जाती है अथवा शारीरिक आंतरिक बनावट के कारण संचित रूप में रहती है। लेकिन जब ऐसी संचित ऊर्जा को मुक्त किया जाता है अथवा उसके द्वारा किसी क्रिया या स्थिति में परिवर्तन होता है और कोई नवीन कार्य सम्पन्न होता है तो उस कार्य को सम्पन्न करने वाले स्वरूप को गतिज ऊर्जा (Kinetic Energy) कहते हैं। मांसपेशियों में संकुचन उत्पन्न करने वाली ऊर्जा को रासायनिक ऊर्जा से संबोधित किया जाता है। इस प्रकार की रासायनिक ऊर्जा मांसपेशियों के अन्दर एक परमाणु के स्वरूप में विद्यमान रहती हैं जो कि परमाणुओं के भीतर ही रूपान्तरित होकर अपना गतिज रूप प्रकट करती है जिसके कारण मांसपेशियो में संकुचन बल का निर्माण होता है। जिस विशेष प्रकार के रासायनिक परमाणु उपयोग के द्वारा मांसपेशियों में संकुचन बल शीघ्रता पूर्वक ऊर्जा स्रोतों के रूप में होता है उसे रासायनिक भाषा में एडिनोसिन ट्राय फास्फेट (ATP) कहा जाता है। कभी-कभी इसको उच्च ऊर्जा धारक फास्फेट परमाणु (High Energy Phosphate Molecules) कहते हैं। वास्तव में यह एडिनोसिन फास्फेट तीन परमाणु का एक समूह होता है इस समूह का अन्तिम परमाणु जब इस समूह से अलग होता है उस समय स्थितिज रासायनिक ऊर्जा का रूपान्तर प्रचंड गतिज ऊर्जा में होता है। इस ऊर्जा की मात्रा लगभग 7.6 k cal/min ATP के समान होता है। इसके द्वारा मांसपेशियों में संकुचन बल पैदा किया जाता है। फास्फेट के अन्दर अन्य परमाणुओं के अलग होने पर रासायनिक क्रिया में परिवर्तन होने से अन्य घटकों का उत्पादन होता है, जैसे-एडिनोसिन डाय फास्फेट (ADP), इनआरगैनिक फास्फेट (Inorganic Phosphate)।

एटीपी के विभक्तिकरण में एटिपेस नामक तत्त्व किणत्व (Enzyme) का कार्य करता है। जीवित पेशियों में होने वाली सभी रासायनिक क्रियायें इस प्रकार के किणत्व (Enzyme) द्वारा उत्प्रेरित (Catalysed) की जाती हैं। किणत्वों के माध्यम से रासायनिक प्रक्रिया की गति बढ़ाने एवं उन पर नियन्त्रण रखने में सहायता प्राप्त होती है। किणत्व (Enzyme) की प्रक्रिया में प्रत्यक्ष रूप से भाग लेने के पश्चात् भी इन पर कोई प्रभाव नहीं पड़ता है। प्राय: प्रत्येक रासायनिक क्रिया को लगने वाला किणत्व (Enzyme) स्वतन्त्र होता है। इस प्रकार से एटिपेस नामक यह किणत्व (Enzyme) ऐटीपी के विभक्तिकरण की रासायनिक प्रक्रिया में ही केवल उपयोग हेतु काम आता है।

मांसपेशियों में संकुचन के दौरान आवश्यक ऊर्जा निर्माण करने के लिए एटीपी का विभक्तिकरण जिस विशिष्ट एटीपेस नामक किणत्व (Enzyme) से होता है उसका अवलोकन मांसपेशियों के मायोसिन (Myosin) नामक प्रमुख संकोची प्रथिन के ऊपर किया जा सकता है। मांसपेशियों में इस एटीपी का संचय कम होता है जो कि कुछ ही सैकेण्डों में समाप्त हो जाता है। ऐसी अवस्था में एटीपी का पुन: निर्माण होता है।

एटीपी पुन: निर्माण

मांसपेशियों को रक्त अथवा किसी अन्य ऊतकों द्वारा एटीपी नहीं प्राप्त होता है। बल्कि इन मांसपेशियों में ऐसे किणत्वों (Enzymes) का समावेश होता है जो कि स्वयं एटीपी का

पुनः निर्माण करने में पूर्णतया सक्षम होते हैं। एटीपी का पुनः निर्माण एडीपी और विमुक्त पी के संयोग से होता है।

ADP= Energy = ATP

एडीपी से एटीपी बनाने की प्रक्रिया को फास्फरिलेशन (Phosphorylation) कहते हैं। यह विशेष प्रक्रिया मांसपेशियों के भीतर सूक्ष्म तन्तुओं के निकट माइटोकॉड्रिया (Mitochondria) नामक रचना में चलती है। इस रचना में परमाणुओं की एक श्रृंखला होती है जिसे रेसप्रेटरी सिस्टम (Respiratory System) अथवा इलेक्ट्रान ट्रांसपोर्ट सिस्टम (Electron Transport System) कहते हैं। इसी श्रृंखला के माध्यम से हाइड्रोजन अणु का वहन किया जाता है। श्रृंखला के एक परमाणु से हाइड्रोजन का अुण दूसरे परमाणु को स्थानान्तरित किया जाता है। इस प्रक्रिया को आक्सीडेशन कहा जाता है। इस प्रकार के हाइड्रोजन अणु के स्थानान्तरण के समय रासायनिक ऊर्जा का निर्माण होता है और इसी ऊर्जा का उपयोग फास्फोरिलेशन (Phosphorylation) की प्रक्रिया में एडीपी का रूपान्तर एटीपी में करने के लिए होता है। इस प्रकार H_2 अणु इस श्रृंखला के अन्तिम परमाणु तक पहुंचने के पश्चात् वह अणु O_2 के साथ मिलकर जल बिन्दु (H_2O) तैयार करता है। लेकिन जब O_2 इस श्रृंखला में नहीं प्राप्त हो पाता तब इस श्रृंखला से H_2 बाहर नहीं निकल पाता जिसके परिणामस्वरूप एटीपी का पुणः निर्माण कार्य रुक जाता है। परन्तु जब श्वसनीय श्रृंखला (Respiratory Chain) के परमाणुओं से गुजरता हुआ H_2 अणु अन्त में O_2 से मिलकर श्रृंखला से बाहर निकलता है तो इस सम्पूर्ण प्रक्रिया में एटीपी का पुनः निर्माण होता है जिसे (Oxidative Phosphorylation) कहते हैं। सम्भवतः एटीपी के विश्लेषण के लिए प्राणवायु की आवश्यकता नहीं होती है। निरोषजन (Anaerobic) अवस्था में एटीपी और पीसी का विश्लेषण होता है। किन्तु इसके संश्लेषण के लिए O_2 की आवश्यकता रहती है।

एटीपी, पीसी का संचय मांसपेशियों में अत्यधिक कम मात्रा में रहता है। उदाहरणार्थ-यदि खिलाड़ी एक सौ मीटर की दौड़ अपनी पूर्ण गति से दौड़ता है तो दौड़ के अन्त तक सम्भवतः यह संचय समाप्त हो जाता है। अर्थात् इसकी उपयोगिता शीघ्रातिशीघ्र ऊर्जा प्राप्त करने में है, मात्रा अथवा राशि में नहीं है।

निरोषजन शर्करा विश्लेषण (Anaerobic Glycolysis)

एटीपी संश्लेषण के लिए शरीर में एक और व्यवस्था में जिसे निरोषन शर्करा विश्लेषण (Anaerobic Glycolysis) कहते हैं। प्राणवायु की त्रुटि में इस पद्धति का उपयोग होता है। इस व्यवस्था के अन्तर्गत मांसपेशियों में स्थित शर्कराजन (Glycogen) को उपयोग में लाया जाता है।

एरोबिक सहनशक्ति

एरोबिक या वातापेक्षी का अर्थ है -ऑक्सीजन के साथ।' एरोबिक कार्य के दौरान शरीर उस स्तर तक काम करता है जहां उसकी शरीर के लिए ऑक्सीजन और ईंधन अन्तर्ग्रहण की आवश्यकता पूरी होती हो। और अवशिष्ट पदार्थ केवल कार्बन-डाईऑक्साइड और पानी रहता है। ये पसीने और सांस द्वारा बाहर निकलते रहते हैं।

एरोबिक सहनशक्ति को आगे उपवर्गों में इस प्रकार विभाजित किया जा सकता है:

- शार्ट (लघु) एरोबिक-2 से 8 मिनट तक (लैक्टिक/ एरोबिक)
- मीडियम/मध्यम एरोबिक-8 से 30 मिनट तक (मुख्य एरोबिक)
- दीर्घ एरोबिक-30 मिनट से ज्यादा (एरोबिक) एरोबिक सहनशक्ति को इनके उपयोग द्वारा भी विकसित किया जा सकता है।
- दौड़ने की अवधि से अधिकतम ऑक्सीजन ग्रहण क्षमता में सुधार आता है (वी. ओ. 2 मैक्स)
- हृदय को एक संवहनीय पम्प के तौर पर सुधारने के लिए अन्तराल सहित प्रशिक्षण।

इसे विभिन्न एरोबिक क्रिया-कलापों या कसरतों के माध्यम से प्राप्त किया जा सकता है।

एरोबिक व्यायाम क्या है?

अमेरिकन कॉलेज ऑफ स्पोर्टस मेडिसन (ए.सी.एस.एम.) ने एरोबिक व्यायाम को इस प्रकार परिभाषित किया है, "ऐसे क्रिया-कलाप जिनमें बड़े पेशी समूह का उपयोग हो, उसे निरंतर बनाए रखा जा सके और यह लयात्मक प्रकृति का हो।" यह एक प्रकार का व्यायाम है जो हृदय व फेफड़ों पर अधिक भार डालती है और उनके कड़ा परिश्रम करने का कारण बनता है। आज एरोबिक व्यायाम के पीछे यही महत्वपूर्ण विचार है, उठो और कूदना शुरू कर दो। आज ऐसे कई क्रियाकलाप हैं जिन्हें चुना जा सकता है, चाहे वह नई

क्रिया-कलाप हो या पुरानी, इसका ध्यान न करो। बस ऐसे क्रिया-कलाप को चुन लो जो आपको मजेदार लगे और जिसे करते समय आपके दिल की धड़कन लंबे समय तक लगातार तेज चलती रहे।

एरोबिक व्यायाम के प्रकार

(1) एरोबिक नृत्य	(2) फिटनेस के लिए सैर
(3) रस्सी कूदना	(4) दौड़ना
(5) सीढ़ियां चढ़ना	(6) तैरना
(7) साइकलिंग	(8) क्रास कंट्री दौड़

एनएरोबिक सहनशक्ति

एनएरोबिक ये अभिप्राय 'ऑक्सीजन के बिना' से है। एनएरोबिक कार्य के दौरान, शरीर इतना कड़ा परिश्रम करता है कि ऑक्सीजन और ईंधन की मांग आपूर्ति के मुकाबले बढ़ जाती है और तब पेशियां ईंधन के सुरक्षित भंडार पर ही निर्भर करती है। ऐसे मामले में बेकार पदार्थ एकत्र हो जाते हैं, जिनमें से एक मुख्य होता है लैक्टिक एसिड। पेशियां, ऑक्सीजन की अपनी भूख के कारण, शरीर की ऑक्सीजन ऋण की स्थिति में ले जाती है। शरीर का भंडारित ईंधन शीघ्रता से बाहर आता है और क्रिया-कलाप पीड़ा के साथ बदं हो जाता है। क्रियाकलाप को तब तक बहाल नहीं किया जा सकता जब तक कि लैक्टिक एसिड को हटा न दिया जाए और ऑक्सीजन ऋण दोबारा वापस न आ जाए। सौभाग्य से शरीर सीमित क्रिया कलाप ही फिर से बहाल कर पाता है, बावजूद इसके कि ऑक्सीजन कर्ज की एक छोटी सी मात्रा को ही वापस लौटा पाता है। चूंकि लैक्टिक एसिड ही पैदा होता है इसलिए इस पथ के लिए लैक्टिक एनएरोबिक ऊर्जा पथ नाम दिया जाना ज्यादा ठीक है। एलैक्टिक एनएरोबिक पथ ही एक ऐसा पथ है जिसमें शरीर लैक्टिक एसिड को उत्पादित किए बिना एनएरोबिकल काम करता है। यह पथ केवल उतनी देर ही ईंधन छोड़ता है जितना कि पेशियों में वास्तव में भंडारित होता है, अधिकतम उपलब्धि अनुमानतः 4 सैकेंड है।

एनएरोबिक सहनशक्ति को उपवर्गों में विभाजित किया जा सकता है:

- लघु एनएरोबिक-25 सैकेंड से कम (मुख्यतः अलेक्टिक)
- मध्यम एनएरोबिक-25 से 60 सैकेंड (मुख्यतः लेक्टिक)
- दीर्घ एनएरोबिक-60 से 120 सैकेंड (लेक्टिक + एरोबिक)

बहुत अधिक ताकत मांगने वाले कार्यों को बार-बार करने और उनके बीच में सीमित अन्तराल देकर अपनी शक्ति पुनः प्राप्त करने के लिए अनएरोबिक सहनशक्ति विकसित करने में सहायक होता है।

गति सहनशक्ति

गति सहनशक्ति को सहनशक्ति संबंधी पेशी संकुचन में तालमेल विकसित करने के उपयोग में लाया जाता है। आवर्तन तरीका कई बार उपयोग में लाया जाता है, प्रत्येक सेट में आवर्तन की कम संख्या और 60 प्रतिशत से 120 प्रतिशत तक की रेसिंग दूरी में 85 प्रतिशत से ज्यादा सघनता होती है। प्रतियोगिता और ट्रायल टाइम द्वारा गति सहनशक्ति को विकसित किया जा सकता है।

ताकत सहनशक्ति

ताकत सहनशक्ति का उपयोग तितिक्षा के वातावरण में खिलाड़ी द्वारा अपनी पेशियों की क्षमता को बनाए रखने और संकुचन बल को विकसित करने में होता है। सभी खिलाड़ियों में ताकत सहनशक्ति के एक मूल स्तर की आवश्यकता होती है। जिन क्रिया-कलापों से ताकत सहनशक्ति बढ़ती है उनमें- सर्कट, ट्रेनिंग, फार्टलेक, हिल रनिंग आदि शामिल है।

मोटर फिटनेस (गामक स्वस्थता)

खेल प्रशिक्षण, शारीरिक अनुकूलन स्वस्थता के विशेषज्ञ और खिलाड़ी सभी का ध्यान शारीरिक प्रशिक्षण की वास्तविक प्रक्रिया और उससे होने वाले शारीरिक विज्ञान के रूपांतर की ओर ही केंद्रित है जिनसे खिलाड़ियों की खेल स्पर्धाओं में सामान्य और विशेष शारीरिक स्वस्थताओं में, प्रदर्शन की क्षमता के सुधार में सहायता मिलती है। अनुसंधानकर्ताओं और खेल-कूद वैज्ञानिकों ने शारीरिक प्रशिक्षण पर प्रशिक्षण के विशेष घटकों के प्रभाव को जानने के लिए बहुत परिश्रम किया है। व्यायाम और खेल-कूद विज्ञान का एक अन्य क्षेत्र जो समान रूप से महत्वपूर्ण है और जिस पर खिलाड़ियों और प्रशिक्षकों का कम ध्यान गया है और जिसे अनुसंधानकर्ताओं ने उपेक्षित रखा है, डी ट्रेनिंग और ऑफ सीजन अनुकूलन कार्यक्रम से संबंधित है। दूसरे शब्दों में एक खिलाड़ी के 'ऑफ सीजन' में बिना प्रशिक्षण या निष्क्रिय रहने से शारीरिक स्वस्थता/प्रेरक स्वस्थता के विभिन्न घटकों पर होने वाले

प्रभावों की जानकारी होना आवश्यक है। यह जानना आवश्यक है कि उच्चतर स्तर तक शारीरिक रूप से अनुकूलित खिलाड़ी पर जो अपने प्रदर्शन क्षमता के उत्कर्ष पर पहुंच चुके हैं, उनके लिए निर्धारित आवश्यक दैनिक प्रशिक्षण कार्यक्रम अचानक बंद कर दिए जाने या उनमें अवरोध के कारण, या प्रतिस्पर्धा अवधि समाप्त होने पर, जब वह पूर्ण रूप से निष्क्रिय (ऑफ सीजन) में चले जाते हैं, इस निष्क्रियता का क्या प्रभाव होता है। प्रशिक्षण अवकाश या 'ऑफ सीजन' के कारण निष्क्रियता उच्च स्तर तक प्रशिक्षित और अनुकूलित खिलाड़ियों को कैसे प्रभावित करती है?

डी ट्रेनिंग का अर्थ है प्रशिक्षण से अवकाश या अवरोध जो कई कारणों, जैसे गंभीर चोट बीमारी, दुर्घटना या खेल सीजन के समाप्त होने, से हो सकता है। कारण कुछ भी हो इसका परिणाम प्रशिक्षण में रुकावट (अवरोध) या स्पर्धा के पश्चात् पूर्ण निष्क्रियता ही होती है। शारीरिक प्रशिक्षण के विभिन्न घटकों, जैसे क्षमता, शक्ति, मांस पेशियों की सहन शक्ति (क्षमता), गति क्षमता, लचक, हृदय व धमनियों की सहन क्षमता तथा शरीर की संरचना, पर डी-ट्रेनिंग के प्रभाव जानने से पहले इसकी आधारभूत धारणाओं, अर्थ परिभाषाओं को स्पष्ट रूप से जानना आवश्यक है।

मोटर फिटनेस के घटक

1. **मांसपेशियों की क्षमता:** खेल-कूद की सभी गतिविधियों में सफलता के लिए बुनियादी घटक है, मांसपेशियों की क्षमता। इसका अर्थ है किसी मांसपेशी अथवा मांसपेशी समूह द्वारा किसी प्रतिरोध के विरुद्ध क्षमता शक्ति से निष्पादित शक्ति या तनाव। इसे किसी एक विशेष क्षण में एक बार में अधिकतम वजन उठाने की क्षमता से नापा जा सकता है।

   किसी मांसपेशी या इनके समूल की शक्ति/क्षमता मांसपेशी के आकार और उसकी गुणवत्ता पर निर्भर करती है। मांसपेशियों के आकार और प्रकार (गुणों) में वृद्धि शरीर की सामान्य वृद्धि, पोषक खाद्य पदार्थों और व्यायाम की मात्रा के अनुरूप होती है। विभिन्न मांसपेशियों में निहित शक्ति की मात्रा उस मांसपेशी द्वारा साधारण दैनिक आवश्यकता से अतिरिक्त की जाने वाली गतिविधि और उस द्वारा किए जाने वाले काम के प्रकार पर निर्भर करती है। शारीरिक विज्ञान के अनुसार किसी मांस-पेशी की क्षमता शक्ति में वृद्धि तभी होगी यदि इसे अपनी सामान्य क्षमता से अधिक कार्य करने की आवश्यकता पड़ती है। इसे अति भार/कार्य का सिद्धान्त कहा जाता है। यदि व्यायाम में अतिरिक्त परिश्रम या तीव्रता सम्मिलित न की जाए तो मांसपेशियों की क्षमता में वृद्धि नहीं होती अपितु यह पूर्व स्तर पर मात्र बनी रहती है। इसके अतिरिक्त क्षमता में यह वृद्धि केवल उसी मांसपेशी या मांसपेशियों में होती है जो किसी विशेष गतिविधि में प्रयोग होती है।

2. **शक्ति/क्षमता:** क्षमता/शक्ति का अर्थ है शरीर द्वारा मांसपेशियों के संकुचन से कम से कम समय में अधिकाधिक ताकत के निस्तारण की योग्यता। ताकत का तात्पर्य है विस्फोटक गति, अर्थात् कम से कम समय में अधिकतम गति से अधिकाधिक शक्ति का निकलना। ऐसा समझा जाता है कि ताकत मुख्य रूप से गति और क्षमता पर निर्भर करती है। कूदने-दूर तक पहुंचाने के लिए किक करने, दूर तक फैंकने, किसी वस्तु या विरोधी पर प्रहार करने, तीव्र गति से प्रारंभ या गति के अचानक विकास, बाल को बास्केट में गेंद डालने (डंक), मुक्केबाजी में नाक-आउट प्रहार आदि गतिविधियों के सफल प्रदर्शन के लिए ताकत शक्ति सबसे महत्वपूर्ण घटक है। इसमें मांसपेशियों की क्षमता बढ़ा कर वृद्धि की जा सकती है।

3. **मांसपेशियों की सहन क्षमता:** मांसपेशियों की सहन क्षमता/शक्ति का अर्थ है किसी मांसपेशी या इसके समूह की किसी प्रतिरोधी के विरुद्ध निरंतर संकुचन या लंबे अंतराल तक बिना किसी असुविधा के संकुचन की क्रिया को बनाए रखने और तीव्रता से पूर्वस्थिति में आने की योग्यता क्षमता। यह क्षमता सही प्रकार और परिणाम के व्यायाम से प्राप्त की जा सकती है जिससे शरीर में कार्यशील महीन रक्त वाहिनियों में वृद्धि करने में सहायता मिलती है जो मांसपेशियों को रक्त की भी आपूर्ति करती है। यह सभी नसें पूर्ण रूप से नई नहीं होती। अपितु तब तक अप्रयुक्त और निष्क्रिय (प्रसुप्त) रहती हैं जब तक ऑक्सीजन की बढ़ी हुई मांग के दबाव में यह खुल नहीं जाती और प्रयुक्त नहीं होने लगती। पुश-अप, पुल-अप और सैट-अप जैसे व्यायाम मांसपेशियों की क्षमता में वृद्धि करते हैं और साथ ही इस क्षमता को मापने का ढंग भी प्रदान करते हैं। क्षमता बनाए रखने की आवश्यकता से अधिक बार/निरंतर भार उठाने से मांस पेशियों की सहन क्षमता में वृद्धि होती है। शारीरिक प्रशिक्षण का यह घटक मांस पेशियों की क्षमता से सीधे रूप में संबद्ध है।

4. **गति:** एक ही प्रकार की गतिविधि को निरंतर दोहराने की तीव्रता को गति कहते है। किसी व्यक्ति की कम परिणाम की दूरियों, जैसे 50 और 100 मीटर आदि, तीव्रता से पूरी करने की क्षमता/योग्यता को भी गति कहा जा सकता है। अधिक गति वाले खिलाड़ियों/व्यक्तियों में प्रतिक्रिया समय भी प्राय: उच्च श्रेणी का होता है।

5. **फुर्ती:** फुर्ती किसी व्यक्ति की पूरी या लगभग पूरी गति पर चलते हुए दिशा परिवर्तन की क्षमता को कहा जाता है। विशेष रूप से किसी व्यक्ति की तत्काल (जितना संभव हो सके) दिशा परिवर्तन, या शरीर की अवस्था को परिवर्तित करने और पुन: शारीरिक नियंत्रण हासिल करने के पश्चात् किसी नई गतिविधि को जारी रखने को क्षमता/योग्यता को गति कहते हैं। फुर्ती मुख्य गति, शक्ति, संतुलन और सामंजस्य पर निर्भर करती है। इसका निर्माण अभ्यास और चालन में आत्म विश्वास पैदा करके किया जा सकता है। फुर्ती अर्जित करने का महत्व केवल उन्हीं खेलों की सफलता के लिए नहीं है जिनमें तीव्र गति से परिवर्तन अथवा वस्तुओं और प्रतियोगी प्रतिद्वन्द्वी को झांसा देने की आवश्यकता होती है जैसे जिम्नास्टिक, फुटबाल, बास्केट बॉल, हॉकी, जूडो इत्यादि अपितु इसका महत्व खेल की स्थिति के बाहर सुरक्षा की दृष्टि से भी है। अत: फुर्ती बढ़ाने के लिए दैनिक व्यायाम की क्रियाओं में चलने/रुकने और शरीर की दिशा में गति में रहते हुए परिवर्तन की क्रियाएं सम्मिलित करनी चाहिए।

6. **लचक: लचक के दो प्रकार हैं-**

निष्क्रिय स्थिरावस्था की लचक: निष्क्रिय अवस्था की लोच/लचक का अर्थ है एक ज्वाइंट के इर्द-गिर्द चाल की सीमा। इसे फ्लैक्सोमीटर नामक यंत्र की सहायता से अधिकतम विश्वसनीयता से मापा जा सकता है।

सक्रिय अवस्था की लचक: सक्रिय अवस्था की लचक का अर्थ है किसी जोड़ का किसी चाल/गति के प्रति/विरुद्ध प्रतिरोध। दूसरे शब्दों में इसका संबंध उस शक्ति से है जो किसी चाल/गति का, किसी सीमा क्षेत्र की अपेक्षा, किसी भी सीमा तक प्रतिरोध करती है। इस प्रकार की लचक को मापना अधिक कठिन होता है अत: शारीरिक ज्ञान और खेल-कूद में इस पर अधिक ध्यान नहीं दिया गया है।

आमतौर पर लचक मांस पेशियों, स्नायु और पेशी बंधनों का ऐसा गुण है जिसकी सहायता से शरीर के जोड़ सभी प्रकार की हरकत सुविधापूर्वक कर सकते हैं। ऐसे जोड़ों में जिनका विभिन्न प्रकार की गतियों द्वारा नियमित व्यायाम किया जाता है, बिना व्यायाम के जोड़ों की अपेक्षा अधिक लचीलापन दिखाई देता है। लचीलेपन/लचक की क्षमता किसी जोड़ के विस्तार और झुकाव की सीमा/क्षमता और इससे संबंधित शारीरिक क्रियाओं जैसे-झुकना, पहुंचना, मरोड़ना और मुड़ना आदि क्रियाओं की क्षमता का निर्धारण करती है। किसी जोड़ की लचक की मात्रा/क्षमता का निर्धारण सर्वप्रथम उस जोड़ के प्रकार और फिर स्नायु और उस जोड़ की मांसपेशियों द्वारा किया जाता है। किसी जोड़ की लचक का संबंध मात्र उस जोड़ से ही है। कोई व्यक्ति अपने कंधे के जोड़ लचक का अच्छा प्रदर्शन करने में सक्षम हो सकता है, हो सकता है उसके घुटनों के जोड़ इतने लचकदार न हों। फिर भी शरीर की अस्थि संरचना और स्नायु की दशा की सीमाओं में किसी भी जोड़ की चाल की सीमा और क्षेत्र में मांस पेशियों में विस्तार करने वाले व्यायाम की सहायता से वृद्धि की जा सकती है।

मुख्य रूप से लोच या लचक के लिए दो प्रकार के व्यायाम है सक्रिय व्यायाम तथा निष्क्रिय व्यायाम।

सक्रिय व्यायाम: सक्रिय (स्ट्रैचिंग) का प्रदर्शन आम तौर पर उछलने और झटकेदार क्रियाओं में होता है। इसे कई बार प्राक्षेपिक (बैलिस्टक) स्ट्रैचिंग भी कहा जाता है।

निष्क्रिय व्यायाम: निष्क्रिय स्ट्रैचिंग किसी मांस पेशी को उसकी सामान्य सीमा से बढ़ी हुई अवस्था में अधिक देर तक रोके रखने में प्रदर्शित होती है। शरीर की लचक बढ़ाने और बनाए रखने में धीमी और निष्क्रिय स्ट्रैचिंग सबसे उत्तम विधि है। वास्तव में ऐंठन, व्यायाम के पश्चात् होने वाली वेदना/सूजन और पिंडली की मांसपेशियों में होने वाली वेदना से निष्क्रिय स्ट्रैचिंग द्वारा लाभ हो सकता है। यह सर्वविदित है कि पिडंली की अनुपचार्य वेदना का उपचार पिडंली के साधारण रूप से तानने के व्यायाम द्वारा किया जा सकता है।

विद्यार्थियों और पाठकों के लिए यह जानना महत्वपूर्ण है कि सक्रिय स्ट्रैचिंग भी प्राक्षेपिक/गतिशील प्रवृत्ति के कारण कई बार इसका विपरीत प्रभाव भी हो सकता है। किसी मांसपेशी को उसकी सामान्य सीमा/क्षमता से अधिक अचानक तानने पर मांस पेशी में एक सुरक्षा

प्रक्रिया होती है जिसके फलस्वरूप मांसपेशी में तनाव के स्थान पर सिकुड़न आ जाती है। इसलिए शरीर को गर्म करने के व्यायाम (वार्मिंग) अप के लिए उछलने, उचकने और झटकेदार व्यायाम क्रियाओं का अनुमोदन नहीं किया जाता।

बच्चों में उच्च स्तर की लचक उन्हें न केवल कुछ क्रियाओं को उत्कृष्ट तरीके से करने में सहायक होती है, बल्कि यह भार वहन करने वाले जोड़ों पर अचानक लगे झटके और प्रहार के विरुद्ध सुरक्षा भी प्रदान करती है। घुटने और टखने के जोड़ों पर सामान्य क्रियाओं में इस प्रकार झटके लगने की बड़ी संभावना रहती है।

लचक के अधिकतम स्तर का निर्धारण करने के लिए कोई प्रमाणित वैज्ञानिक विधि नहीं है। लचक किसी भी व्यक्ति के निजी क्रिया कलाप के स्तर पर निर्भर करती है। **ब्यूरेटन इस संबंध में सही टिप्पणी की है-**

''शरीर का लचीलापन/लचक शारीरिक संरचना विज्ञान और शारीरिक क्रिया विज्ञान की क्रियाओं की युवावस्था का सूचक है जो शालीनता का एक महत्वपूर्ण गुण है। जिन लोगों की मांसपेशियां कठोर (जिनमें विस्तार/लचक का गुण हो) होती है, वह भद्दे लगते हैं।''

7. हृदय और धमनियों की सहनशीलता (क्षमता): इसका अर्थ है किसी व्यक्ति द्वारा लंबे समय तक सर्वाधिक संतोषजनक स्थिति में कार्य करने की क्षमता। इस प्रकार कार्य करने की क्षमता कार्यरत मांसपेशियों की ऑक्सीजन आपूर्ति की क्षमता पर निर्भर करती है। शरीर जितनी अधिक मात्रा में ऑक्सीजन ग्रहण करने और प्रयोग करने के योग्य होगा उतना ही अधिक कार्य करने में समर्थ होगा। हृदय और धमनियों की क्षमता का उच्च स्तर प्राप्त करने के लिए आवश्यक है कि हृदय, रक्त प्रवाह प्रणाली और श्वास प्रणाली सुचारु रूप से कार्य करने में सक्षम हों। हृदय-धमनियों की सहन क्षमता को दूसरे शब्दों में हृदय और श्वसन स्वस्थता भी कहा जा सकता है। हृदय-श्वसन स्वस्थता का अर्थ है हृदय और फेफड़ों की क्रियात्मक दक्षता। क्रियात्मक दक्षता का अर्थ है हृदय, धमनियों और फेफड़ों की शरीर की ऑक्सीजन की आवश्यकताओं को पूरा करने की क्षमता। यहां यह वर्णन करना तर्कसंगत है कि चलने, कूदने, लंबी दौड़, तैराकी, साइकिल चलाना, बास्केट बॉल, फुटबॉल आदि खेल जिनमें धड़ और टांगों की मांसपेशियों का व्यायाम होता है, हृदय धमनी/हृदय और श्वसन प्रणाली की सहन क्षमता प्राप्त करने का सर्वाधिक उपयुक्त साधन है।

अध्याय

5

खेल प्रशिक्षण

प्रशिक्षण या ट्रेनिंग

ट्रेनिंग का अर्थ होता है खिलाड़ियों की शारीरिक क्षमता में वृद्धि करना ताकि वह कम से कम समय में भी अच्छे से अच्छा प्रदर्शन कर सके। ट्रेनिंग द्वारा खिलाड़ियों के खेलने के स्तर को सुधारा जा सकता है। सही ढंग से दी जाने वाली ट्रेनिंग से खिलाड़ियों में आत्मविश्वास की भावना उत्पन्न होती है।

आज-कल खिलाड़ियों को ट्रेनिंग देने के लिए भी कई वैज्ञानिक तरीकों का प्रयोग किया जाता है। जिससे खिलाड़ी की स्वयं की कार्य करने की शक्ति को बढ़ाया जा सकता है। हर खेल के लिए ट्रेनिंग भी अलग-अलग होती है। ट्रेनिंग चाहे जैसी भी हो उसका मुख्य उद्देश्य खिलाड़ियों के शरीर में ऊर्जा को बढ़ाना और उसे खत्म न होने देना है।

आमतौर पर ट्रेनिंग देते समय इस बात को ध्यान में रखा जाता है कि खिलाड़ियों के शरीर को कैसे गरम रखा जा सकता है। इसके लिए खिलाड़ियों को धीमी गति से दौड़ाया जाता है जिससे उसके शारीरिक तापमान को बढ़ाया जा सके। फिर शरीर खींचने वाली और शरीर मोड़ने वाली कसरत करवाई जाती है। इस प्रकार की कसरतों द्वारा खिलाड़ी के शरीर के जोड़ों में लचीलापन आ जाता है और वह कठिन से कठिन अभ्यास को भी आसानी से कर सकता है।

वजन उठाने वाले खेलों में दी जाने वाली ट्रेनिंग के कुछ फायदे भी हो सकते हैं और नुकसान भी। वजन उठाने वाली ट्रेनिंग में खिलाड़ियों को अलग-अलग ढंग से वजन उठवाया जाता है जिससे उनकी मांसपेशियों पर जोर पड़े और वह भारी वजन को उठाने में सक्षम हो। इस ट्रेनिंग का नुकसान यह होता है कि बार-बार भारी वजन उठाने से खिलाड़ियों की मांसपेशियों के आकार में परिवर्तन होने लगता है और उनमें खिंचाव की संभावना बनी रहती है। इसलिए प्रशिक्षक को इस बात का ध्यान रखना चाहिए कि खिलाड़ियों को ट्रेनिंग के दौरान किसी तरह की कोई परेशानी न हो और पुनरावृत्ति को समय अन्तराल पर करवाया जाना चाहिए।

दम-खम ट्रेनिंग

खेलों में दम-खम का अर्थ होता है खिलाड़ियों की शारीरिक क्षम्ता को लम्बी अवधि तक बनाए रखना। दम-खम को बढ़ाने का तात्पर्य यह होता है कि मांसपेशियों का बढ़ना, शरीर में रक्त-संचार को बढ़ाना, शरीर में ग्लोकोजन की मात्रा को बढ़ाना आदि। परन्तु इस बात को ध्यान में रखना चाहिए कि हृदय की गति एक निश्चित अनुपात तक ही बढ़ाई जा सकती है, उसे न तो मनुष्य द्वारा रोका जा सकता है और न ही बदला जा सकता है। हर एथलीट को अपनी श्वास की गति पर काबू पाना चाहिए। एथलीट को इस बात को हमेशा ध्यान में रखना चाहिए कि वह कितने कदम दौड़ने के बाद श्वास लेगा और कितने कदम दौड़ने के बाद श्वास छोड़ेगा। दम-खम ट्रेनिंग देते समय निम्नलिखित बातों को ध्यान में रखा जाना चाहिए-

1. खिलाड़ियों को दम-खम बनाए रखने के लिए सबसे पहले धीरे-धीरे अभ्यास करवाया जाना चाहिए। बिना किसी अभ्यास के एकदम तेजी से साथ किए व्यायामों से मांसपेशियों पर बुरा प्रभाव पड़ सकता है और खिलाड़ियों को प्रतियोगिता के समय कठिनाई होगी।
2. खिलाड़ियों को ट्रेनिंग देते समय इस बात को भी ध्यान में रखना चाहिए कि एक ही समय में बिना अन्तराल के अभ्यास नहीं करवाया जाना चाहिए। अभ्यास करते हुए खिलाड़ियों की शारीरिक क्षमता और मानसिक क्षमता दोनों पर असर पड़ता है। इसलिए ट्रेनिंग इस तरह की हो जिसमें खिलाड़ियों को रूक-रूक कर अभ्यास करवाया जाए। क्योंकि कई बार ऐसा भी होता है कि अभ्यास को दोहराना

पड़ता है। इसलिए स्टॉप वाच का भी प्रयोग करना चाहिए।

3. पिरामिड ट्रेनिंग में खिलाड़ियों को अभ्यास करवाते वक्त विश्राम को ध्यान में रखा जाता है क्योंकि इस प्रकार की ट्रेनिंग में खिलाड़ियों की समय और गति दोनों को बढ़ाना पड़ता है जिससे खिलाड़ियों को थकान महसूस होती है। इस ट्रेनिंग में खिलाड़ियों को पूरा दम-खम लगाकर दौड़ना पड़ता है।

अत: यदि खिलाड़ी अपने शरीर में दम-खम को बनाए रखना चाहता है तो उसे सही ढंग से और निश्चित समय अन्तराल के बीच अभ्यास करना चाहिए। ऐसा करने से उसे चोटें भी कम लगेगी और उसके खेल-स्तर में भी सुधार लाया जा सकेगा। प्रतियोगिताओं के दौरान अच्छा प्रदर्शन करने के लिए यह जरूरी है कि सही ढंग से ट्रेनिंग ली जाए।

'ट्रेनिंग शैड्यूल (प्रशिक्षण अवधिकरण)

जब किसी खिलाड़ी या खिलाड़ियों के समूह को निश्चित खेल के लिए निश्चित समयानुसार ट्रेनिंग या खेल अभ्यास कराया जाता है तो वह उस खिलाड़ी का "ट्रेनिंग शैड्यूल" कहलाता है।

संबंधित खेल क्रिया में दी जाने वाली ट्रेनिंग को उसके बनाये गये ट्रेनिंग शैड्यूल के अनुसार ही चलती है। अर्थात् उस खेल के ट्रेनिंग शैड्यूल का ही ध्यान में रखा जाना आवश्यक होता है। ट्रेनिंग शैड्यूल बनाते समय विभिन्न सिद्धांतों का ध्यान रखना आवश्यक होता है क्योंकि यह कई सिद्धांतों पर आधारित होता है तथा यदि इन सिद्धांतों की अनदेखी कर दी जाए तो ट्रेनिंग शैड्यूल स्वत: ही अपना महत्व खो देगा।

'ट्रेनिंग शैड्यूल के सिद्धांत'

किसी भी ट्रेनिंग शैड्यूल को बनाते समय उसके सफल क्रियान्वय हेतु विभिन्न सिद्धांतों को विशेष रूप से ध्यान में रखा जाना चाहिए:

1. ट्रेनिंग शैड्यूल का उद्देश्य
2. आयु समूह
3. सेक्स अन्तर
4. वातावरण
5. पर्याप्त सुविधाएं
6. आर्थिक स्थिति
7. खेल अनुसार
8. ट्रेनिंग शैड्यूल का मौसम
9. कोच एवं प्रशिक्षणार्थियों की संख्या
10. ट्रेनिंग शैड्यूल के कुल कार्य दिवस
11. खिलाड़ी का संबंधित खेल का पूर्व अनुभव।

उपरोक्त सभी विधाओं को यदि ध्यान में रखा जाए तो एक सफल ट्रेनिंग शैड्यूल बनाया जा सकता है। सबसे पहले तो ट्रेनिंग शैड्यूल बनाने वाले कोच को यह पता होना चाहिए कि वह खेल प्रतियोगिता के लिए यह शैड्यूल बना रहा है, वह जिला स्तर, राज्य स्तर, राष्ट्रीय स्तर या अन्तर्राष्ट्रीय स्तर का है आदि का ध्यान रखना अत्यंत जरूरी होती है। कोच को सदैव ट्रेनिंग शैड्यूल का उद्देश्य ध्यान में रखकर चलना चाहिए। उद्देश्य को ध्यान रखकर ही पूरे शैड्यूल की रूपरेखा तैयार करनी चाहिए। शैड्यूल कितने दिनों का है? ट्रेनिंग लेने वाले खिलाड़ियों की संख्या कितनी है? उनकी आयु सेक्स तथा खेल का पूर्वानुभव कितना है? आदि का भी ट्रेनिंग शैड्यूल बनाते समय ध्यान रखना पड़ता है।

इसके अतिरिक्त ट्रेनिंग शैड्यूल के दौरान पर्याप्त सुविधाएं, आर्थिक स्थिति, वातावरण-गर्मी, सर्दी, वर्षा ऋतु आदि का भी ध्यान रखना चाहिए।

ट्रेनिंग शैड्यूल (प्रशिक्षण अवधिकरण) कैसे तैयार किए जाएं?

1. ट्रेनिंग या कोचिंग के कुल दिनों की संख्या,
2. कुल दिनों में से ट्रेनिंग वाले दिनों की संख्या,
3. ट्रेनिंग दिये जाने वाला कुल समय।

ट्रेनिंग शैड्यूल बनाते समय निम्न बातों को भी ध्यान में रखा जाना चाहिए :

1. अधिकांश प्रात: काल का समय प्रारंभ में खिलाड़ी व एथलीट की कंडीशन करने के लिए तथा बाद में नये कौशल तथा प्रयुक्तियां सीखने के लिए तथा दोपहर के बाद का समय स्पीड वर्क करने, खेल खेलने व अन्य फ्रैंड मुकाबले के लिए उपयोग में लाया जा सकता है।

2. ट्रेनिंग शैड्यूल में एक घण्टे का ज्ञानात्मक पीरियड भी शामिल करना चाहिए, जिसमें मैदान आयोजन, खेलों के नियम, तकनीक आदि के विषय में बताया जाये।

3. ट्रेनिंग शैड्यूल के दौरान खेल प्रतियोगिताओं को निम्न आधार पर चुनना चाहिए :

(i) समान स्तर के खिलाड़ी अथवा ग्रुप के साथ।

(ii) अपने से ऊंचे स्तर के खिलाड़ी अथवा ग्रुप के साथ।

(iii) अपने से कम स्तर के खिलाड़ी अथवा टीम के साथ।

(iv) बराबर वाले खिलाड़ी या टीम के साथ।

4. जिले स्तर के शैड्यूल में ढाई घंटे सुबह शाम ट्रेनिंग दी जानी चाहिए। राज्य स्तर या उससे ऊपर के स्तर पर सुबह शाम तीन-तीन घंटे की ट्रेनिंग दी जानी चाहिए।

'ट्रेनिंग की प्रदर्शन को प्रभावित करने वाले कारक'

एक खिलाड़ी/एथलीट के प्रदर्शन को प्रभावित करने वाले निम्न कारक हैं तथा कोच को इन सभी कारकों का ज्ञान होना चाहिए ताकि वह इनको दूर करने के लिए अपने ट्रेनिंग शैड्यूल को उसी तरह का बना सके। निम्न कारक एक खिलाड़ी के प्रदर्शन को प्रभावित करते हैं :

1. परिणाम,
2. फिजिकल कम्पोनेंटस,
   (i) Character of Spectators.
3. टेक्नीकल-टेक्टीकल कारक,
   (i) Neuro-Muscular Co-ordination.
   (ii) Intelligency.
4. एनाटॉमीकल कारक,
   (i) Height, *(ii)* Body Weight.
5. बाहरी या अन्य कारक,
   (i) उपकरण,
   (ii) प्रकाश,
   (iii) स्टेडियम,
   (iv) मौसम,
   (v) रेफरी, जज,
   (vi) दर्शक,
   (vii) आहार,
   (viii) पोशाक,
   (ix) विरोधी हर बार एक तरह का होना।
6. मनोवैज्ञानिक कारक
   (i) हौसला,
   (ii) जीतने की भावना न होना,
   (iii) दर्द सहने की क्षमता का कम होना,
   (iv) विरोधी को अधिक ताकतवर समझना,
   (v) आत्मविश्वास की कमी।

इसके अतिरिक्त मनोवैज्ञानिक कारकों को निम्न ढंग से भी व्यक्त कर सकते हैं :

(i) खेल से पहले-प्रतियोगिता का डर,

(ii) खेल के दौरान-बार बार कोच को देखना,

(iii) खेल के बाद-जीतने के पश्चात घमंड नहीं, हारने पर हौसला रखना।

उपरोक्त सभी कारक एक खिलाड़ी/एथलीट के प्रदर्शन को प्रभावित करने की क्षमता रखते हैं।

खेल प्रशिक्षण

हार्रे ने कहा है कि खेल प्रशिक्षण, वैज्ञानिक ज्ञान पर आधारित, खेलकूद में उत्कृष्टता प्राप्त करने की एक शैक्षणिक प्रक्रिया है जो मनो-शारीरिक प्रदर्शन योग्यता और प्रदर्शन की तैयारी पर सुव्यवस्थित प्रभाव के द्वारा खिलाड़ियों का उच्च से उच्चतम स्तर के प्रदर्शन के लिए मार्गदर्शन पर लक्षित है। खेल प्रशिक्षण की अपेक्षाओं से सक्रिय और सचेतन पारस्परिक प्रभाव से एक खिलाड़ी के व्यक्तित्व का विकास सभ्य समाज के मानदंडों के अनुरूप होता है।

खेल प्रशिक्षण के लक्ष्य

खेल प्रशिक्षण के अर्थ और परिभाषाओं के आधार पर खेल प्रशिक्षण का उद्देश्य एक खिलाड़ी का खेल प्रदर्शन, विशेषकर खेल प्रतिस्पर्धाओं में प्रदर्शन में तीव्र सुधार लाना है। जो मुख्य रूप से उसकी शारीरिक, मानसिक, बौद्धिक और तकनीकी क्षमताओं और योग्यताओं पर आधारित होता है। दूसरे शब्दों में प्रतियोगी खेलों में खेल प्रशिक्षण का उद्देश्य प्रतिस्पर्धाओं में खिलाड़ियों को उच्चतम संभव खेल प्रदर्शन प्राप्त करने के लिए तैयार करना है।

खेल प्रशिक्षण के उद्देश्य

प्रतियोगी खेलों में खेल प्रशिक्षण के लक्ष्यों को ध्यान में रखते हुए, लक्ष्य तक पहुंचने के लिए प्रशिक्षण के निम्नलिखित उद्देश्य निश्चित किए जा सकते हैं—

1. **व्यक्तित्व का विकास:** खेल प्रशिक्षण का एक मुख्य उद्देश्य खिलाड़ी के व्यक्तित्व का चतुर्मुखी विकास है क्योंकि खेल प्रतिस्पर्धाओं में उच्चतम संभव प्रदर्शन प्राप्त करने में एक अच्छे व्यक्तित्व का बहुत महत्व है। व्यक्तित्व की कई विशेषताएं जैसे- संचालन, निश्चय, संकल्प, आत्मविश्वास, नेतृत्व, भावनात्मक परिपक्वता, प्रशिक्षित होने का गुण/क्षमता, विवेक और मानसिक दृढ़ता आदि का विकास खेल प्रशिक्षण और शिक्षा द्वारा किया जा सकता है। ये सभी घटक खिलाड़ी के चतुर्मुखी विकास और खेल प्रतियोगिताओं में उच्चतर प्रदर्शन में महत्वपूर्ण स्थान रखते हैं।

2. **शारीरिक तन्दरुस्ती स्वस्थता का विकास:** खेल प्रशिक्षण का अगला महत्वपूर्ण उद्देश्य खिलाड़ी की शारीरिक स्वस्थता के स्तर का विकास है। शारीरिक स्वस्थता मुख्यत: शक्ति, गति, सहनशक्ति, लचक और अन्य समन्वयकारी योग्यताओं से होती है। यह योग्यताएं उच्च स्तर के खेल प्रदर्शन के लिए पूर्वपेक्षित होती हैं। खेल प्रशिक्षण विशेष खेल गतिविधि या खेल के लिए आवश्यक स्वस्थता के विकास पर केन्द्रित होना चाहिए। स्वस्थता के वांछनीय स्तर और इसके घटकों का विकास कई वर्षों के सुनियोजित प्रशिक्षण से होता है। इसके लिए खिलाड़ियों/प्रशिक्षार्थियों के खेल प्रशिक्षण में विभिन्न प्रकार के शारीरिक व्यायाम और प्रशिक्षण विधियों की आवश्यकता होती है।

3. **निपुणता/तकनीक का विकास:** खेल प्रशिक्षण का एक अन्य अनिवार्य उद्देश्य विशेष प्रकार की खेल या गतिविधि, जिसमें खिलाड़ी अपना प्रदर्शन करना चाहता है, के लिए प्रवीणता और तकनीकी विकास है। अच्छा हुनर या अच्छी तकनीक खिलाडी के लिए अपनी शारीरिक योग्यताओं और ताकत/कौशल का संयमित और सर्वश्रेष्ठ प्रयोग करने में सहायक होते हैं।

   खिलाड़ी किसी हुनर या तकनीक को सीखते हैं और फिर उस पर अपने खेल या गतिविधि के अनुरूप परिस्थितियों में निपुणता प्राप्त करते हैं। जैसे-जैसे खिलाड़ी अपनी शारीरिक स्वस्थता का स्तर सुधारता है वैसे-वैसे उसे अपने कौशल (हुनर) और तकनीक में भी सुधार लाना चाहिए। इस प्रकार खेल प्रशिक्षण के दोनों पक्ष अर्थात शारीरिक स्वस्थता का विकास और हुनर या तकनीक का विकास साथ-साथ चलना चाहिए।

4. **कौशल/निपुणता का विकास:** राष्ट्रीय और अंतर्राष्ट्रीय स्तर पर कठिन प्रतिस्पर्धा होने के कारण कौशल/निपुणता/हुनर का महत्व धीरे-धीरे बढ़ रहा है। इसलिए प्रत्येक प्रशिक्षण कार्यक्रम विशेषकर उच्च स्तर के प्रशिक्षण में अन्य घटकों के साथ-साथ कौशल प्रशिक्षण को सम्मिलित करना महत्वपूर्ण हो गया है। क्योंकि खिलाड़ी को वे सभी कौशल और योग्यताएं हासिल करना चाहिए जो उसे खेलों या विशेष गतिविधि को जीतने में सहायक हो।

5. **मानसिक विकास:** मानसिक विकास खेल प्रशिक्षण का एक महत्वपूर्ण और अभिन्न अंग है। आज-कल, उच्च स्तर की प्रतिस्पर्धा के समय में खिलाड़ियों की मानसिक क्षमताओं पर बहुत दबाव रहता है। वे बाहरी और भीतरी दोनों प्रकार से अत्यंत तनाव और दबाव में रहते हैं। अच्छा प्रदर्शन करने के लिए आवश्यक है कि खिलाड़ी खेल प्रशिक्षण और प्रतिस्पर्धा की अवधि में अपने बारे में सोचने और करने की स्थिति में हों। खेल प्रशिक्षण का एक महत्वपूर्ण उद्देश्य खिलाड़ी की बौद्धिक क्षमताओं का विकास और उन्हें प्रशिक्षित करना इसका प्रशिक्षण और प्रतिस्पर्धा में अनूठे ढंग से प्रयोग करना सीखना है।

खेल प्रशिक्षण की विशेषताएं

खेल प्रशिक्षण की मुख्य विशेषताएं हैं

1. **खेल प्रशिक्षण प्रदर्शन लक्षित होता है :** खेल प्रशिक्षण सदा प्रदर्शन लक्षित होता है क्योंकि इसका उद्देश्य किसी खेल प्रतियोगिता में उच्च प्रदर्शन प्राप्त करना होता है। खेल प्रशिक्षण की प्रत्येक प्रक्रिया खेल प्रदर्शन में सुधार लाती है चाहे वह शारीरिक या मानसिक तैयारी हो अथवा कौशल/तकनीक का विकास या कौशल/प्रवीणता और मानसिक प्रशिक्षण।

2. **खेल प्रशिक्षण एक व्यक्तिगत मामला :** खेल प्रदर्शन विभिन्न घटकों का परिणाम होता है जो विभिन्न लोगों में विभिन्न प्रकार/स्तर के होते हैं। इसलिए खेल प्रशिक्षण काफी हद तक व्यक्तिगत मामला है। परन्तु इसका यह अर्थ नहीं है कि खेल प्रशिक्षण सामूहिक नहीं होना चाहिए। बल्कि खेल प्रशिक्षण का भावनात्मक आधार प्रदान करके प्रदर्शन क्षमता को संगठित/संचालित करने के उद्देश्य से सामूहिक होना आवश्यक है। सामूहिक

प्रशिक्षण कम खर्च/किफायती होता है और सामूहिक शिक्षा का एक महत्वपूर्ण घटक है। खेल प्रशिक्षण में प्रशिक्षण की मात्रा (Training Load) और पुनरावृत्ति (Frequency) का निर्धारण करते समय अलग-अलग घटकों को उचित महत्त्व देना आवश्यक है।

3. **खेल प्रशिक्षण नियोजित और सुव्यवस्थित होता है:** किसी प्रतिस्पर्धा में उच्च स्तर का प्रदर्शन करने के लिए खेल प्रशिक्षण सदैव नियोजित और सुव्यवस्थित होता है। उपयुक्त नियोजन अर्थात् लंबी अवधि के लिए, मध्यवर्ती और अल्पावधि के लिए नियोजन और सुव्यवस्थित प्रक्रिया के बिना किसी खेल/गतिविधि में वांछित परिणाम प्राप्त नहीं किए जा सकते। हुनर या तकनीक का विकास किए बिना कोई खिलाड़ी किसी खेल/गतिविधि के कौशल/निपुणता के पक्ष में उत्कृष्टता प्राप्त नहीं कर सकता। अत: खेल प्रशिक्षण उत्कृष्ट प्रदर्शन हासिल करने के लिए एक नियोजित और वैज्ञानिक प्रक्रिया है।

4. **खेल प्रशिक्षण वैज्ञानिक प्रक्रिया है:** आजकल खेल प्रशिक्षण एक उच्च स्तर की वैज्ञानिक प्रक्रिया है जो ठोस वैज्ञानिक सिद्धांतों पर आधारित है। यह प्राकृतिक और सामाजिक विज्ञान में हुई प्रगति पर भी आधारित है। विज्ञान के इन विषयों के ज्ञान को इस प्रक्रिया में उच्चतम स्तर के प्रदर्शन को प्राप्त करने के लिए प्रयोग किया जाता है। इस प्रकार खेल प्रशिक्षण अपने आप में एक विज्ञान बन जाता है जिसका आज के खेल-कूद में बहुत महत्त्व है।

5. **खेल प्रशिक्षण शैक्षणिक प्रक्रिया है:** वास्तव में खेल प्रशिक्षण एक सुनियोजित और सुव्यवस्थित शैक्षणिक प्रक्रिया है जिसके माध्यम से खिलाड़ियों को विभिन्न प्रकार की प्रशिक्षण विधियों, प्रशिक्षण प्रक्रियाओं, नियमों और अधिनियमों और उसकी योग्यताओं और क्षमताओं की शिक्षा दी जाती है। खेल प्रशिक्षण एक शैक्षणिक प्रक्रिया है जिसमें विभिन्न साधनों और तरीकों के प्रयोग से खिलाड़ियों के व्यक्तित्व का चतुर्मुखी विकास किया जाता है। खेल-कूद के उपयुक्त व्यक्तित्व का विकास किए बिना उपयुक्त प्रशिक्षण और उच्च प्रदर्शन संभव नहीं है।

6. **खेल प्रशिक्षण में प्रशिक्षक एक मार्गदर्शक/अगुआ:** खेल प्रशिक्षण की एक और विशिष्टता प्रशिक्षक का एक अगुआ के रूप में होना है। मार्गदर्शक के रूप में प्रशिक्षक का कार्य में खेल प्रशिक्षण के सभी पहलू/पक्ष और प्रकार शामिल होते हैं। प्रशिक्षक प्रशिक्षण में हर पक्ष, नियोजन, कार्यान्वयन और मूल्यांकन आदि को नियंत्रित करता है। खेल प्रशिक्षण में प्रशिक्षक खिलाड़ियों के प्रशिक्षण कार्यक्रम का सही अनुसरण करने में सहायता करता है और प्रशिक्षण और प्रदर्शन के विभिन्न पक्षों पर उनसे प्रभावी रूप में बातचीत करता है।

7. **खिलाड़ियों की क्षमता का विकास और उपयोग:** खेल प्रशिक्षण का एक मुख्य कार्य खिलाड़ियों की क्षमता और योग्यताओं का विकास करना और उन क्षमताओं का उपयोग करना है। कई बार खिलाड़ियों को अपनी प्रदर्शन क्षमता की सीमा का ज्ञान नहीं होता। छुपी हुई क्षमताओं को प्रशिक्षण के द्वारा बाहर निकाला जाता है और खिलाड़ियों को इन संचित क्षमताओं की शिक्षा दी जाती है। खेल प्रशिक्षण के द्वारा खिलाड़ी अपने प्रदर्शन की कई ऊंचाईयों को छूता है और अपने लिए और उँचे लक्ष्य स्थापित करता है।

8. **खेल प्रशिक्षण एक नियंत्रित प्रक्रिया है :** खेल प्रशिक्षण की यह एक अनूठी विशेषता है कि इसका प्रत्येक तत्व पूरी तरह नियंत्रित होता है। खेल प्रशिक्षण में खिलाड़ी को बहुत अनुशासित, कर्तव्यनिष्ठ और प्रशिक्षण के सभी पक्षों के प्रतिबद्ध होना होता है ताकि वह अच्छे प्रदर्शन के लिए इसका पूरा लाभ उठा सके। उसका प्रशिक्षण सूक्ष्म, मध्यम और वृहत् प्रशिक्षण सत्रों के माध्यम से पूरी तरह प्रबंधित होता है।

खेल प्रशिक्षण और अनुकूलन के सिद्धांत

खेल प्रशिक्षण और अनुकूलन के मौलिक सिद्धांत निम्नानुसार है:

1. **अतिभार का सिद्धांत:** किसी व्यक्ति की योग्यताओं में प्रगति/सुधार खेल प्रशिक्षण का एक अग्रणी सिद्धांत है। अतिभार का अर्थ है कि स्वस्थता में हुई प्रगति के साथ-साथ प्रशिक्षण में और कड़ाई/उग्रता लाई जाती है जो खिलाड़ी की स्वस्थता की वर्तमान स्थिति के लिए चुनौती होती है। उग्रता से थकावट होती है जैसे-जैसे उग्रता समाप्त होती है स्वास्थ्य लाभ होने लगता है। यदि प्रशिक्षण की उग्रता आदर्श स्तर की है (अधिकतम सीमा,

जिसका ज्ञान नहीं है से कुछ कम) तो प्रशिक्षार्थी पुनर्लाभ के बाद उग्रता बढ़ाए जाने से पूर्व की तुलना में अधिक स्वस्थ होगा।

2. **व्यक्तिगतता/विशेषता का सिद्धांतः** जिस प्रकार संसार में दो व्यक्ति एक समान नहीं होते उसी प्रकार प्रत्येक प्रशिक्षार्थी या खिलाड़ी प्रशिक्षण के तरीके या प्रणाली पर एक सी प्रतिक्रिया न व्यक्त करके अलग-अलग ढंग से प्रतिक्रिया देते हैं। आयु और लिंग भेद भी प्रशिक्षण कार्यक्रम को प्रभावित करते हैं।

   व्यक्तिगता के सिद्धांत के अनुसार प्रशिक्षण कार्यक्रम प्रशिक्षार्थी की निजी योग्यता, आवश्यकताओं और क्षमता के अनुरूप तैयार किया जाना चाहिए। इसलिए किसी दूसरे प्रशिक्षार्थी के कार्यक्रम की नकल नहीं करनी चाहिए। किसी प्रशिक्षार्थी के लिए प्रशिक्षण कार्यक्रम तैयार करते समय प्रशिक्षक को उसकी शारीरिक, शारीरिक-क्रिया विज्ञान और मानसिक बनावट, उसकी आयु, खेलों का अनुभव, दक्षता कम स्तर, पूर्व और वर्तमान प्रदर्शन, प्रशिक्षण की उग्रता की क्षमता, पुनर्लाभ की अवधि, शरीर के गठन और लिंग भेद का ध्यान रखना चाहिए। प्रशिक्षण कार्यक्रम तभी प्रभावी और सफल होगा यदि इसका उस खिलाड़ी द्वारा, जिसके लिए यह रचा गया है, अनुसरण किया जाता है।

3. **प्रगतिशील विकास का सिद्धांतः** प्रगतिशील विकास का अर्थ है शरीर की साधारण गति संबंधी हुनर और स्वस्थता का विकास जो कि प्रशिक्षण वर्ष के प्रारंभिक लक्ष्य होते हैं। यदि प्रारंभिक स्थिति में अधिक संतुलित साधारण विकास होता है तो बाद की अवस्था में प्रदर्शन के महत्त्वपूर्ण स्तर प्राप्त किए जा सकते हैं।

   बच्चे और छोटे (प्रारम्भिक/अवर) खिलाड़ियों को प्रशिक्षण देने में इस सिद्धांत पर अधिक बल देना चाहिए क्योंकि खेल प्रशिक्षण का सुनियोजित विचारधारा का यह प्रथम चरण है।

   प्रगति के आशय से खेल प्रशिक्षण में गतिविधि की गहनता, बारम्बारता और अवधि में वृद्धि समयोपरान्त एक घाती होने के स्थान पर चरणों में होनी चाहिए।

4. **विशिष्टता का सिद्धांतः** विशिष्टता के सिद्धांत के अनुसार प्रशिक्षण की उग्रता/गहनता प्रशिक्षण के प्रभाव का निर्धारण करती है। प्रशिक्षण वांछित प्रभाव के अनुसार विशिष्ट होना चाहिए। प्रशिक्षण कार्यक्रम एक विशेष रूप से तैयार किया जाना चाहिए ताकि यह विशेष खेल या गतिविधि की विशिष्ट भागों को पूरा कर सके। प्रशिक्षण की मात्रा प्रशिक्षण की गहनता और पुनर्लाभ के अनुसार विशिष्ट होनी चाहिए। गहनता का अर्थ है प्रशिक्षण की मात्रा की कड़ाई या उत्तमता।

5. **विशेषज्ञता का सिद्धांतः** इस सिद्धांत का अभिप्राय उन प्रशिक्षण कार्यक्रमों से है जो किसी विशेष गतिविधि या खेल के लिए वांछित तकनीक और योग्यताओं का विकास करते हैं। एक धावक को गति और सहन क्षमता के तत्वों की आवश्यकता होती है। इसलिए उसे दौड़ने की ऐसी तकनीक का विकास करना चाहिए जिसमें दौड़ी जाने वाली दूरी के लिए दौड़ने का उत्कृष्ट तरीका अपनाया जाए।

   फेंकने वाले खिलाड़ियों (Thrower) को शरीर के विशिष्ट भागों में ताकत की आवश्यकता है जिस प्रकार प्रत्येक फेंकने की गतिविधि के लिए विशेष प्रकार की गति के हुनर की आवश्यकता होती है। ये सभी गुण और तत्त्व विशिष्ट प्रशिक्षण कार्यक्रमों और विशिष्ट प्रशिक्षण अभ्यास द्वारा विकसित किए जाते हैं।

6. **निरंतरता का सिद्धांतः** इस सिद्धांत का अभिप्राय है प्रशिक्षण की निरतंरता। निरतंरता के अभाव में प्रशिक्षण का प्रभाव समाप्त हो जाता है और अनुकूलन या स्वस्थता का स्तर अभ्यास में कड़ाई/उग्रता के न होने से गिर जाता है। यदि खेल प्रशिक्षण चुनौती पूर्ण नहीं बनाया जाता तो स्वस्थता का स्तर स्थिर हो जाता है। यदि खेल प्रशिक्षण बंद कर दिया जाता है तो स्वस्थता का स्तर धीरे-धीरे कम होने लगता है जब तक कि यह दैनिक साधारण गतिविधियों के लिए आवश्यक स्तर तक नहीं पहुंच जाता।

   प्रशिक्षार्थी/खिलाड़ी की सामान्य और विशिष्ट स्वस्थता में प्रगति के लिए प्रशिक्षण की मात्रा में वृद्धि होती रहनी चाहिए। यदि यह मात्रा समान रहती है तो स्वस्थता का स्तर कुछ समय के लिए बढ़ता है और फिर गिरना आरंभ हो जाता है। इसलिए प्रदर्शन में सुधार के लिए प्रगतिशील अतिभार (प्रशिक्षण की मात्रा में वृद्धि) होनी चाहिए।

7. **सक्रिय सहभागिता का सिद्धांतः** सक्रिय सहभागिता के सिद्धांत का अभिप्राय है कि खेल प्रशिक्षण के अच्छे परिणामों के लिए प्रशिक्षार्थी को स्वेच्छा से इस प्रक्रिया में सक्रिय भाग लेना चाहिए। खेल प्रशिक्षण प्रशिक्षार्थी और प्रशिक्षक के बीच एक दो तरफा प्रक्रिया है। प्रशिक्षार्थी को चाहिए कि वह अपने प्रशिक्षण कार्यक्रम के उद्देश्यों को भली-भांति समझे। प्रशिक्षण कार्यक्रम का नियमित मूल्यांकन होना चाहिए। प्रशिक्षार्थी को निष्क्रिय भागीदारी नहीं होना चाहिए और उसे प्रशिक्षक के निर्देशों का पालन करना चाहिए। उत्कृष्ट प्रशिक्षण प्रभाव के लिए खिलाड़ी को चाहिए कि वह प्रशिक्षक के साथ कार्य करते हुए उत्तम प्रकार की सूचना उसे दें।
8. **विविधता का सिद्धांतः** खेल प्रशिक्षण कार्यक्रम नियत अवधि के क्रम या चक्र के माध्यम से बनाए जाते हैं। साधारणतया इसकी तीन समयावधियां (Periods) होती है। बृहत चक्र, मध्यम चक्र और सूक्ष्म चक्र (Macrocycle, Mesocycle and Microcycle) बृहत चक्र बड़ा या लंबा चक्र होता है जो 4 से 12 मास या इससे भी अधिक अवधि का हो सकता है। मध्यम चक्र मध्यवर्ती या मध्यम अवधि का होता है और यह साप्ताहिक हो सकता है। सूक्ष्म चक्र छोटा/अल्पावधि का होता है और 3 से 10 दिन का हो सकता है।

शारीरिक प्रशिक्षण के प्रभाव

शारीरिक व्यायामों का प्रभाव शारीरिक कार्य की प्रकृति के अनुसार पड़ता है अर्थात् लंबे काल के लिए या छोटी अवधि के लिए तथा तीव्रता पर भी निर्भर है।

अल्पकालीन व्यायाम – एक किलो कैलोरी प्रति मिनट की दर से 30 मिनट के लिए किया गया व्यायाम।

दीर्घकालीन व्यायाम (प्रशिक्षण प्रभाव) – एक किलो कैलोरी प्रति मिनट की दर से प्रति 30 मिनट रोजाना हफ्ते में 5 दिन लगातार एक महीने तक किया गया व्यायाम।

हवा में तथा हवा के बिना किये गये शारीरिक व्यायाम मानव शरीर पर अलग-अलग प्रभाव डालते हैं। दूसरे शब्दों में व्यायाम का उद्देश्य व लक्ष्य ही शरीर पर प्रभाव निर्धारित करता है। यहां हम हवा में तथा हवा के बिना सहन-शक्ति का विकास तथा शारीरिक प्रशिक्षण के कारण शारीरिक तंत्रों में आए परिवर्तनों का जिक्र करेंगे।

ऐरोबिक (ऑक्सीजन के साथ) सहन शक्ति- इसका मुख्य लक्षण है कि बड़ी मांसपेशियों का समूह में लंबे समय के लिए मध्यम खिंचाव होता है जिसके दौरान अधिकतम कार्डिया-रेसीरेटरी समायोजन जरूरी है। जैसे-तैरना, बाइसकिल चलाना तथा लंबी दौड़। क्योंकि ऐरोबिक सहनशक्ति का अर्थ है कि दिल, वैस्कुलर सिस्टम और फेफड़े की काम करने वाले उत्तकों को ऑक्सीजन तथा पोषक तत्त्व उपलब्ध करवाने की क्षमता तथा मेटाबालिज्म के अपशिष्ट पदार्थों को बाहर निकालना, यह स्पष्ट है कि एरोबिक सहन शक्ति प्रशिक्षण का मुख्य उद्देश्य तीनों तंत्रों की क्षमता और कार्य-शक्ति को सुधारना व बढ़ाना है ताकि कोशिकाओं को ज्यादा मात्रा में ऑक्सीजन दी जा सके।

अनारोबिक (बिना ऑक्सीजन) सहन-शक्ति- इस प्रक्रिया में ऐसी गतिविधियों से तेज खिंचाव होते हैं जिनमें बहुत शक्ति की जरूरत होती है क्योंकि इसमें ATP-CP तथा ग्लाइकोलिसिस तंत्रों का क्षरण होता है जो ऐरोबिक मेटाबोलिज्म नहीं प्रदान कर पाती। इनमें ये खेल-कूद गतिविधियां शामिल हैं- बास्केट बाल में स्टाप एंड गो स्प्रिंटस, टेनिस, सॉकर, फील्ड हॉकी, फुटबाल, ट्रैक में स्प्रिंट इवेन्ट्स तथा तैराकी और साइकिल चलाने में भी, वेट लिफ्टिंग, बाक्सिंग तथा कुश्ती। अनारोबिक सहनशक्ति प्रशिक्षण का मुख्य उद्देश्य ATP-CP तथा ग्लाइकोलिसिस शक्ति तंत्रों का पूरा विकास करना है क्योंकि अनारोबिक सहन शक्ति गतिविधियों के लिए ये बेहद आवश्यक हैं।

ऐरोबिक तथा अनारोबिक शारीरिक व्यायामों के कारण शारीरिक परिवर्तन तथा प्रभाव

सबसे पहले एनारोबिक सहनशक्ति व्यायाम के साथ होने वाले शारीरिक विज्ञान के परिवर्तन वर्णन किए जाएंगे क्योंकि इनमें मुख्यतः कोशिकीय प्रभाव शामिल हैं। ऐनारोबिक परिवर्तनों में ATP-CP तथा लेक्टिक एसिड शक्ति तंत्र शामिल हैं।

ऐनारोबिक सहनशक्ति परिवर्तन

1. ATP-CP तंत्र की क्षमता में वृद्धि। इसका मुख्य कारण यह है कि प्रशिक्षण के बाद मांसपेशियों में पाए जाने वाला ATP तथा CP ज्यादा जमा होता है।
2. AT-CP तंत्र में एन्जाइम गतिविधि का स्तर बढ़ जाना। इस एन्जाइम को Creatine Kinase कहते हैं तथा यह CP के

ऑक्सीकरण के लिए उत्तरदायी होता है जब यह टूटता है तब ATP के पुन: Synthesis के लिए शक्ति छोड़ता है।

3. कई ग्लाइकोलिटिक एन्जाइम की गतिविधियों के स्तर में वृद्धि के कारण ग्लाइकोलिटिक क्षमता में वृद्धि हो जाती है। एन्जाइम की गतिविधियों में वृद्धि के कारण ग्लाइकोजन विघटित होकर लैक्टिक अम्ल में तेजी से और ज्यादा मात्रा में परिवर्तित हो जाती है। इससे लैक्टिक अम्ल शक्ति तंत्र से ज्यादा ATP शक्ति बनती है।

ऐरोबिक सहनशक्ति परिवर्तन

दीर्घकालीन व्यायाम व ऐरोबिक सहनशक्ति व्यायाम के कारण निम्नलिखित शारीरिक विज्ञान संबंधी परिवर्तन होते हैं:

1. हृदय गति तथा हृदय का आकार दीर्घकालीन व्यायाम के कारण हृदय की वेन्ट्रीकुलर केविटी का आकार बढ़ जाता है जिसका अर्थ है कि आराम के दौरान यह ज्यादा रक्त जमा कर सकता है। इस स्थिति को धीमी आराम युक्त हृदय गति कहते हैं।
2. हृदय के आकार में बढ़ोत्तरी होने के कारण स्ट्रोक आयतन तथा कार्डिक आऊटपुट बढ़ जाता है।
3. अगर व्यायाम करना बंद कर दिया जाए तो हृदय गति रिकवरी अवधि को बेहतर बनाता है। व्यक्ति को जितना बढ़िया प्रशिक्षण दिया जाए उतनी तेजी से उसकी हृदय गति पूर्व स्तर पर आ जाती है।
4. **रक्तचाप**- व्यायाम के बाद की ब्लड-प्रेशर रिकवरी प्रक्रिया बेहतर बन जाती है। लंबी अवधि व्यायाम में हिस्सा लेकर उच्च तेजी उच्च रक्तचाप वाले व्यक्ति अपना विश्राम रक्तचाप घटा सकते हैं।
5. गतिशील मांसपेशियों, जिसमें दूसरे अंग शामिल हैं, को रक्त का वितरण ठीक प्रकार होता है। ज्यादा ऑक्सीजन लेकर कार्यशील मांसपेशियों में घटे हुए रक्त संचार की कमी पूरी हो जाती है।
6. **रक्त**- पूर्ण रक्त आयतन तथा हीमोग्लोबिन बढ़ जाता है। गर्मी के प्रसार (Heat dissipation) में अतिरिक्त रक्त आयतन का महत्त्वपूर्ण योगदान है क्योंकि रक्त शरीर के अंदर के हिस्सों में गर्मी लाकर बाहर के हिस्सों में छितराता रहता है। अतिरिक्त हीमोग्लोबिन संचार तंत्र (Circulatory System) की क्षमता बढ़ा देता है ताकि वह गतिशील मांसपेशियों से तथा उन तक तत्त्व को ले जा सके इससे रक्त की लाल रक्त कणिकाओं (Red Blood Cells) में वृद्धि होती है तथा रक्त के गाढ़ेपन को बढ़ाता है और ऑक्सीजन ले जाने की क्षमता बढ़ती है जो कार्यशक्ति में वृद्धि करती है।
7. **रक्त-नलिकाओं में वृद्धि**- लंबी अवधि की शारीरिक खिंचाव कसरतों से रक्त नलिकाओं की संख्या बढ़ती है तथा खिंची हुई मांसपेशी व फेफड़ों में रक्त नलिकाओं का उपयोग बढ़ता है। कुल रक्त नलिकाओं में वृद्धि के कारण रक्त और उत्तक कोशिकाओं में, तथा फेफड़ों और रक्त के बीच आदान-प्रदान बहुत प्रभावी ढंग से होता है। अत: उत्तक-कोशिकाओं और रक्त तथा फेफड़ों और रक्त के बीच गैसों तथा अन्य उप पदार्थों का आदान-प्रदान बहुत अधिक होने लगता है।
8. **लेक्टिक एसिड**-दीर्घकालीन शारीरिक व्यायाम से लेक्टिक अम्ल के स्तर में गिरावट आती है। ऐसा शायद ग्लाइकोजन तथा फैटी अम्लों के अधिक आक्सीकरण के कारण होता है।
9. **मस्तिष्क मांसपेशीय कार्यशक्ति में बढ़ोतरी**- मस्तिष्कीय मांसपेशीय कार्यशक्ति में विकास होता है ऐसा कई कारकों के कारण होता है–
   (1) मस्तिष्क संकेतों का तेज प्रेषण।
   (2) प्रतिरोधी मांसपेशियों द्वारा कम गतिरोध।
   (3) कम नष्ट होने वाला (भाग न लेने वाला) वेग।
   (4) मांसपेशियों में कम फैटी अम्ल तथा
   (5) मांसपेशी फाइबर की सिकुड़न प्रक्रिया में कार्य शक्ति की बढ़ोत्तरी।
10. **सुस्त व तेज रफ्तार टविच फाइबर**-शारीरिक व्यायाम मांसपेशी फाइबर के आकार और क्षमता में वृद्धि कर सकते हैं परन्तु मांसपेशियों में सुस्त व तेज रफ्तार टविच फाइबर में वैसे परिवर्तन नहीं लाते।
11. **मायोग्लोबिन**-सरकोप्लाज्म में मायोग्लोबिन की सांद्रता में वृद्धि हो जाती है। ऐसे मायोग्लोबिन में आक्सीजन से क्रिया करने की क्षमता होती है तथा ये मांसपेशियों में आक्सीजन जमा करते हैं। जब कोशिकाओं के अन्दर आक्सीजन टेंशन एक निश्चित स्तर से नीचे आ जाती है तो माइटोकोंड्रिया को जमा की गई आक्सीजन देकर यह कार्डियो- रेसपीरेटरी सहनशक्ति का योगदान करता है। इसका एक कार्य यह भी है कि यह उच्च मांसपेशीय गतिविधि के दौरान कोशिकाओं के भीतर आक्सीजन की तीव्र सप्लाई करता है।

12. **कार्बोहाइड्रेट तथा वसा का आक्सीकरण**- कार्बोहाइड्रेट (ग्लोइकोजन) तथा वसा को आक्सीडाईज करने से कंकाल मांसपेशियों की क्षमता में वृद्धि होती है।
13. **प्रतिशत शारीरिक वसा में कमी तथा क्षीन शारीरिक वजन में बढ़ोतरी**-यह पाया गया है कि नियमित लम्बी अवधि तक व्यायाम करने से रक्त में कोलेस्ट्रोल कम होता है तथा ट्राई ग्लाईसिराईड स्तर को नीचा करता हैं।

प्रशिक्षण के ढंग

यह सत्य है कि दूसरे कारकों के अलावा, किसी व्यक्ति का किसी खेल में प्रदर्शन उसकी शारीरिक, संरचनात्मक व मनोवैज्ञानिक कारकों पर निर्भर करता है। लोग शारीरिक क्षमताओं, मानसिक क्षमताओं तथा संरचनात्मक क्षमताओं, मनोवैज्ञानिक योग्यताओं तथा व्यक्तित्व के गुणों में अलग-अलग होते हैं। लोग न केवल दूसरों से ही भिन्न नहीं होते अपितु वे स्वयं में भी एक योग्यता व दूसरी योग्यता में भिन्न-भिन्न होते हैं।

व्यायाम-शारीरिक संरचना विशेषज्ञ, खेल विज्ञानी, शारीरिक शिक्षा प्रदान करने वाले व खेल प्रशिक्षण विशेषज्ञ कई ढंग तथा तरीके सुझाते हैं जिनसे इन मानवीय योग्यताओं व क्षमताओं में वृद्धि की जा सके। विभिन्न प्रयोगों के आधार पर व्यक्ति की शारीरिक क्षमताओं में वृद्धि करने के नये ढंग सुझाए गए है। कहा जाता है मनुष्य की क्षमताएं असीम होती हैं तथा यह तब सच लगता है जब हम विश्व स्तर के खिलाड़ी व एथलीटों का अभूतपूर्व प्रदर्शन देखते हैं। ऐसे प्रदर्शन का आधार व्यक्ति की सोच तथा शारीरिक फिटनेस होता है।

शारीरिक फिटनेस प्रोग्राम लेने का फैसला हल्के ढंग से नहीं लेना चाहिए। इसके लिए समय और शक्ति लगाने की उम्रभर की प्रतिबद्धता चाहिए। व्यायाम इस तरह हो कि आप बिना कोई प्रश्न किये उसे करें जैसे हम नहाते हैं या अपने दांत साफ करते हैं। जब तक आपको चुस्त-दुरुस्त होने के फायदे नहीं पता या अनफिट होने के खतरे नहीं मालूम, आप सफल नहीं हो सकते।

सब्र अति आवश्यक है। कम समय में बहुत कुछ नहीं करना चाहिए तथा जब तक फिटनेस या स्थिति में सुधार के इनामों को अनुभव करने का मौका नहीं मिल जाता तब तक मैदान नहीं छोड़ना चाहिए। कुछ दिनों या एक हफ्ते में तंदरुस्ती आप पुनः प्राप्त नहीं कर सकते परन्तु आप तभी प्राप्त कर सकते हैं जब आप उपयुक्त ढंग के प्रशिक्षण से विधिवत ट्रेनिंग लें।

विशिष्ट प्रशिक्षण द्वारा गामकगुणों का विकास

गामक गुणों के बुनियादी घटकों जैसे- सहनशक्ति, ताकत, गति व लचक के विकास से शारीरिक फिटनेस की वृद्धि की जा सकती है। यह निम्नलिखित ट्रेनिंग ढंगों द्वारा विकसित की जा सकती हैं परन्तु हमें घटकों/कारकों की बुनियादी बातें भी पता होनी चाहिए।

1. सहनशक्ति

खेल की मांग की पूर्ति के लिए ऊर्जा उत्पादन ढांचे का विकास करना ही सहनशक्ति प्रशिक्षण का उद्देश्य है। सहनशक्ति लगातार व अन्तराल के साथ दौड़ने से विकसित की जा सकती है।

सहनशक्ति के प्रकार

इसके निम्नलिखित प्रकार हैं :

(क) एनीरोबिक सहनशीलताः एनीरोबिक का अर्थ है 'ऑक्सीजन के बिना'। एनीरोबिक कार्य में अधिकतम जोर लगता है तथा शरीर इस तेजी से काम करता है कि ऑक्सीजन की मांग उसकी आपूर्ति से अधिक होती है तथा मांसपेशियों में स्टोर किये गए ईंधन पर निर्भर करना पड़ता है। इनमें बेकार का पदार्थ, लैक्टिक एसिड बनता है। मांसपेशियों के ऑक्सीजन की भूखी होने के कारण शरीर में 'ऑक्सीजन की कमी' हो जाती है। शरीर में जमा ईंधन जल्दी चुक जाता है तथा गतिविधि दुखदायी बन कर रूक जाती है। गतिविधि तब तक नहीं शुरू हो सकती जब तक ऑक्सीजन की कमी पूरी न की जाए या लैक्टिक एसिड को हटाया न जाए। हालांकि कमी पूरी भी हो जाए तब भी शरीर सीमित गतिविधि ही कर सकता है। क्योंकि पथ में लेक्टिक एसिड बनता है तो इस पथ को लैक्टिक एनीरोबिक ऊर्जा पथ कहा जाएगा। यह पथ वह है जहां शरीर एनीरोबिक तरह से काम करता है परन्तु लैक्टिक एसिड नहीं बनता। यह पथ तब तक वजूद में रहता है जब तक मांसपेशियों में स्टोर किया गया ईंधन खत्म नहीं होता तथा अधिकतम जोर लगाने के लिए लगभग सेकेंड तक ईंधन काम करता है।

एनीरोबिक सहनशीलता को विकसित करने के लिए सीमित रिकवरी के साथ अपेक्षाकृत उच्च तीव्रता वाले काम दोहराई ढंगों का प्रयोग करते हुए किया जा सकता है।

(ख) एरोबिक सहनशीलता: एरोबिक सहनशीलता का स्वस्थ आधार ही सभी खेलों के लिए आधारभूत है। एरोबिक का अर्थ है 'ऑक्सीजन के साथ'। एरोबिक कार्य के दौरान शरीर उस स्तर पर काम करता है जब शरीर में ऑक्सीजन तथा ईंधन की मांग आपूर्ति जितनी हो। बेकार पदार्थ केवल कार्बन डाइऑक्साइड व पानी बनते हैं। पसीने व बाहर सांस छोड़ने से ये पदार्थ बाहर चले जाते हैं। एरोबिक सहनशीलता का विकास लगातार दौड़ते (अवधि रन) जिससे ऑक्सीजन लेने की मात्रा (वी और मैक्स) बढ़ती हैं तथा अन्तराल प्रशिक्षण से होता है जिसमें मांसल पम्प की तरह दिल की क्षमता बढ़ाई जाती है।

(ग) गति सहनशीलता: मांसपेशियों की सिकुड़न को धैर्य की स्थिति में विकसित करने के लिए गति सहनशीलता का प्रयोग होता है। अधिक सेटों से दोहराव पद्धति प्रयोग होती है, इसमें प्रति सेट कम दोहराव तथा दौड़ की दूरी का 60% से 120% की तय दूरी से 85% अधिक तीव्रता लाई जाती हैं। गति सहनशीलता के विकास में प्रतिस्पर्धा तथा टाईम ट्रायल भी उपयोग किये जा सकते हैं।

(घ) ताकत की सहनशीलता: सहनशीलता के दौरान एथलीट की अपनी मांसपेशियों की सिकुड़न बल को बरकरार रखने की क्षमता को विकसित करने के लिए ताकत सहनशीलता प्रयुक्त होती है। सभी एथलीटों को ताकत सहनशीलता का एक आधारभूत स्तर विकसित करना चाहिए। ताकत सहनशीलता को बढ़ाने की गतिविधियां हैं–वजन प्रशिक्षण, सर्कट ट्रेनिंग, फारटलेक, हिल रनिंग आदि।

लगातार प्रशिक्षण पद्धति

जर्मनी के डाक्टर व कोच डा. अर्नेस्ट वेनआकेन ने यह पद्धति निकाली व प्रसिद्ध की। उनका काम 1920 में शुरू हुआ परन्तु उसे लोगों का समर्थन बाद में मिला। यह 1960 के बाद काफी मशहूर हुई। जैसे कि नाम से पता चलता है यह ट्रेनिंग बिना अन्तराल के लगातार चलती है। यह उच्च तीव्रता, मध्यम तथा निम्न ट्रेनिंग जिसमें समय बढ़ाया जाता है, घटती बढ़ती है अर्थात् लम्बा, धीमा या एल.एस.डी. प्रशिक्षण है। लम्बी दूरी में चाल थोड़ी रफ्तार से कम रहती है हालांकि यह प्रतिस्पर्धा दूरी तथा ट्रेनिंग रन की दूरी पर निर्भर करती है। एथलीट को असुविधाजनक या तनावपूर्ण किये बिना काम के बढ़े स्तर पर एथलीट के धैर्य प्रशिक्षण के लिए यह प्रभावी है। एक फायदा इसका यह भी है कि प्रतिस्पर्धा दौड़ने वाला प्रतिस्पर्धा के पास एक निश्चित चाल से पहुंचता है। शारीरिक रचना विज्ञान के अनुसार भी लगातार एक-सी ही गति से दौड़ना बहुत दक्ष तरीका हो सकता है जिससे दौड़ने वाला अपना समय पूरी तरह नियंत्रित कर सकता है। अत: इस प्रकार की ट्रेनिंग से वास्तविक प्रतिस्पर्धा के लिए खुद को तैयार करने में बहुत सहायता मिलती है। यह सुझाव दिया गया कि कम गति के अन्तरालों जैसे एल.एस. डी. को अवधि के बाद शुरू किया जाए जैसे हफ्ते में दो बार जिससे एथलीट को थकान, तीव्रता व लगातार प्रशिक्षण से आराम मिलेगा।

एल.एस.डी. प्रशिक्षण जॉगर के धैर्य अनुकूलन के बहुत उपयोगी होती है जो जॉगर स्वास्थ्य संबंधी कारणों से एक स्थिति में रहना चाहता है तथा वह एथलीट जो टीम स्पोर्टस में हिस्सा लेना चाहता है तथा जो आफ सीजन में भी धैर्य अनुकूलन को बरकरार रखना चाहता है। अधेड़ या बूढ़ी उम्र का एथलीट जो शारीरिक फिटनेस को बरकरार रख रहा है या कोशिश कर रहा है यह तरीका भी मेडीकल दृष्टिकोण से न्यायसंगत है। बूढ़े हो रहे लोगों में तीव्र व्यायाम बहुत घातक हो सकता है तथा ब्रस्ट किस्म की गतिविधि उन्हें नहीं करनी चाहिए।

अन्तराल प्रशिक्षण पद्धति

जर्मनी की फ्रीबर्ग विश्वविद्यालय के प्रोफेसर बोल्देमोर ग्रशलर तथा उनके एथलीट जिन्होंने डॉ. हेंस रेनडाल, शारीरिक शिक्षा वैज्ञानिक के साथ तथा अन्यों के साथ काम किया, ने इस पद्धति को मशहूर किया।

ग्रशलर का सबसे बड़ा योगदान यह है कि उसने कार्डियोवेस्कूलर अनुकूलन की उपयोगिता को समझा तथा अपनी ट्रेनिंग स्कीम में कार्डियोवेस्कूलर फिटनेस को अधिक बढ़ाना जरूरी समझा। अर्थात उसका कहना है कि मजबूत टांगें ही केवल महान दौड़ने वाला नहीं बनातीं। उसने ऐसा तंत्र ढूंढा जिसमें दिल के स्ट्रोक आयतन को बढ़े तथा जिससे टांगों को खून व ऑक्सीजन भेजने की क्षमता बढ़े। रेनडाल की मदद से उसने आन्तरिक प्रशिक्षण की खोज की–जिसमें थोड़ी दूरी के लिए तीव्र दौड़ जिसकी बहुत दुहराई हो।

इस तंत्र का नाम 'अन्तराल' से पड़ा है जिसका अर्थ है तेज दौड़ के बीच आराम की अवधि। वे इसे बहुत महत्वपूर्ण मानते थे तथा वर्क आऊट में अन्तराल को ध्यान से नियंत्रित

करते थे। यह मानते थे कि दिल अनुकूलित करता है तथा अन्तराल में मजबूत हो जाता है तथा अगली दोहराई से पहले वे एथलीट को तब तक आज्ञा नहीं देते जब तक उसके दिल की धड़कन 120 बीट प्रति मिनट न लौट आए। पिछली दोहराई 90 सेकेंड के अन्दर अगर ऐसा नहीं होता तो दिल पर बोझ अधिक है जिससे थकावट व सुस्ती होती है न कि प्रशिक्षण में अच्छे प्रभाव सामने आएंगे। इसमें तेज रिकवरी की तीव्र गतिविधियों के छोटे पल आते हैं जो मूल गतिविधि से कम तीव्र होते हैं।

अन्तराल प्रशिक्षण के उद्देश्य

अन्तराल प्रशिक्षण के उद्देश्य हैं–

- अनोरोबिक प्रदर्शन का विकास एवं गति
- भागने की स्थिति के अनुसार शरीर का अनुकूलन जिससे गति की दर तथा मांसपेशियों में लेक्टेट का ऊंचा स्तर
- लगातार भागने के मुकाबले में सम्पूर्ण काम को कम शारीरिक तनाव से पूरा करना।

तीन तरह की अन्तराल प्रशिक्षण हैं जिनमें भागने वाले को दिये गये समय या दूरी में दौड़ना होता है। पहली प्रकार है फार्ट लेक लगातार दौड़ के दौरान तेज गति बरकरार रखनी होती है। निश्चित समय में दौड़ने वाला कम गति से तेज गति पर आ जाता है जब वह समय या दूरी प्राप्त कर ली जाती है तो दौड़ने वाला पुरानी ट्रेनिंग स्पीड पर आ जाता है, पूरी दौड़ में ये कम–ज्यादा गतियां दोहराई जाती हैं। दूसरे प्रकार के अन्तराल दिये गये समय या दूरी के लिए दौड़ को दोहराते हैं। ये अन्तराल गति या दूरी के लिहाज से अलग होते हैं जिनमें हिल वर्क शामिल हैं। अन्तराल के तीसरे प्रकार में–औपचारिक अन्तराल में विशेष लक्ष्य समय में दी गई दूरी को ट्रैक पर तय करना होता है।

अन्तराल के लाभ

अन्तराल प्रशिक्षण से शरीर के दो ऊर्जा उत्पन्न करने वाले तंत्र–एरोबिक तथा अनोरोबिक का पूरा इस्तेमाल होता है। एरोबिक तंत्र वह है जो ऊर्जा को मीलों सैर करने या दौड़ने की आज्ञा देता है, जो ऑक्सीजन का उपयोग शरीर के सभी स्रोतों से कार्बोहाईड्रेट को ऊर्जा में बदलने में करता है। अनोरोबिक तंत्र में इसके विपरीत, कार्बोहाइड्रेट (ग्लाइकोजन के रूप में) जो मांसपेशियों में स्टोर है उनसे ऊर्जा लेकर दौड़ने, कूदने, या भारी वजन उठाने में उपयोग की जाती है। इस तंत्र में ऑक्सीजन नहीं चाहिए तथा यह थोड़े समय के लिए ऊर्जा देने में काबिल भी नर्ज तथा इसका अतिरिक्त उत्पादन, लैक्टिक एसिड उसे थकाने वाली जलन के अनुभव जो मांसपेशियों में बाद में होता है, के लिए उत्तरदायी है जैसे मान लो हमने कई सीढ़ियां भागते हुए चढ़ी हैं।

अन्तराल के आधारभूत तत्व

जलती हुई मांसपेशियां महसूस किये बिना ही अन्तराल प्रशिक्षण द्वारा आप एनीरोबिक गतिविधियों के लाभ उठा सकते हैं। आधारभूत रूप में, इसमें दो मिनट चलना है, दो मिनट दौड़ना है तथा सारे कार्य में अपना ढंग बदलना है। इसकी तीव्रता (या कमी) इस बात पर निर्भर करती है कि आप क्या महसूस करते हैं तथा क्या प्राप्त करना चाहते हैं। यही अन्तरालों की लम्बाई के बारे में सच है। उदाहरण के लिए यदि आपकी आदत है 30 मिनट में प्रतिदिन 2 मील चलते हैं तो इस गति को (कैलोरी जलाने के लिए भी) कुछ मिनट की रफ्तार से बढ़ाकर पुनः उसी गति पर आ सकते है। इसमें एक नुक्ता यह है कि स्वयं को बताएं कि आप एक निश्चित गति, नीली कार से कोने के हरे घर तक तथा फिर हरे घर से अगले टेलिफोन के खम्भे तक पैदल चलेंगे।

जब आप यह अन्तराल प्रशिक्षण शुरू करें तो यह आप पर निर्भर करता है कि किसी विशेष वर्क आऊट में आप कैसे महसूस करते हैं यह आप पर निर्भर है कि आप में कितनी स्फूर्ति या ताक़त है। यह उस बोरियत को दूर करती है कि प्रत्येक दिन वही चीज करते रहो।

इससे पहले आप अन्तराल प्रशिक्षण लें, कुछ उदाहरण समझ लें–

- अन्तराल दौड़ से पहले लगातार दौड़ने की अवधि में भी समय लगाएं।
- सत्र के विभिन्न तत्वों को जांचे तथा देखें कि वे एथलीट के कार्य क्षेत्र के बीच ही हैं–

क. अन्तराल जितना अधिक होगा उतना ही प्रभावी होगा।

ख. चाल सुविधाजनक हो तथा वह एथलीट के दिल की धड़कन एम.एच.आर के निर्धारित प्रतिशत तक बढ़े।

ग. दोहराइयों की संख्या से एथलीट की दशा और उम्र का पता चलना चाहिए।

घ. आराम के अन्तराल में एथलीट को जॉग करना चाहिए तथा दिल की धड़कन को 100-110 बी.पी.एम. ले आना चाहिए।

- उपरोक्त घटकों में से किसी को बदल कर प्रगति लाई जा सकती है फिर भी कोच को चाहिए कि एक समय में वह एक घटक को ही बदले।
- सभी परिवर्तन धीमी प्रकृति के हों तथा कुछ समय लें।
- यह सुनिश्चित कर लें जिस सतह पर दौड़ना हो वह फ्लैट और चिकनी हो। अन्तराल प्रशिक्षण साधारणतया ट्रेक पर किया जाता है हालांकि यह अच्छी किस्म के घास वाले खेल के मैदान में किया जाता है। सड़कें उपयुक्त सतह नहीं है।

सर्कट प्रशिक्षण

सर्कट प्रशिक्षण का विकास आर. ई. मारगन तथा जी.टी. एडमसन ने 1953 में लीड्स विश्वविद्यालय लंदन में किया था। इसमें प्रशिक्षण के सभी कारकों का उपयोग होता है। सर्कटट्रेनिंग द्वारा ताकत, शक्ति, मांसपेशियों की सहनशक्ति, गति, न्यूरोमस्कुलर समन्वय, लचक तथा कार्डोवस्कुलर धैर्य का विकास होता है।

सर्कट प्रशिक्षण एक औपचारिक ढंग की ट्रेनिंग है जिसमें एथलीट चुने हुए कसरतें/गतिविधियां एक क्रम या सर्कट में करता है। ये सर्कट एक जिमनेजियम, व्यायाम कक्षा या बाहर कोर्ट या मैदान में खड़े किये जा सकते हैं। साधारणतया एक सर्कट में 6 से 10 तक स्टेशन होते हैं। एथलीट जल्दी से एक स्टेशन में एक विशिष्ट व्यायाम पूरा करता है फिर दूसरे स्टेशन तक जाता है। लक्ष्य यह है कि सर्कट में तेजी से पार होना है तथा प्रदर्शन को बेहतर बनाना है चाहे वह कुल समय को घटा कर या काम को बढ़ा कर या दोनों को। सर्कट ट्रेनिंग के पूरे क्षेत्र में ये स्टेशन फैले होते हैं। इन स्टेशनों के मध्य जितनी अधिक दूरी होगी तो व्यक्ति एक से दूसरे स्टेशन तक दौड़ेगा तो उसकी अधिक परिमाप में कार्डोवेस्कुलर अनुकूलन होगा।

सर्कट ट्रेनिंग के फायदे

सर्कट ट्रेनिंग के बहुत से लाभ हैं जो ये हैं–

1. इसमें प्रशिक्षण के बहुत से घटक शामिल हैं अत: सम्पूर्ण फिटनेस पर जोर दिया जाता है।
2. यह एथलीट के लिए रोचक ट्रेनिंग माहौल प्रदान करता है जिसमें निर्धारित समय तथा स्तर है ताकि एथलीट को विकास करने की प्रेरणा मिले।
3. ये सर्कट किसी व्यक्ति विशेष की जरूरतों के मुताबिक बदले जा सकते हैं।
4. ये व्यक्ति के समय की पाबन्दियों के बीच घटाये बढ़ाए जा सकते हैं।
5. थोड़ी लागत पर यह अधिक लोगों को आवास स्थान दे सकता है।
6. सर्कट ट्रेनिंग में सभी गतिविधियों का विकास निहित है।

चाल तथा शक्ति व धैर्य के विकास में सर्कट ट्रेनिंग एक उत्तम तरीका है। सर्कट ट्रेनिंग फारमेट में 6 से 10 शक्ति–व्यायाम हैं जो एक दूसरे के बाद पूरे किये जाते हैं। प्रत्येक व्यायाम की विशेष दोहराइयां या नियत समय है जिसके बाद दूसरा व्यायाम करना है। व्यायाम प्रत्येक सर्कट के अंदर करना होता है जिनके बीच संक्षिप्त समयानुसार आराम की अवधियां होती हैं तथा प्रत्येक सर्कट को लम्बे आराम के पीरीयड द्वारा विभाजित किया गया है। सर्कट को ट्रेनिंग सत्र के दौरान 2 से 6 में बांटा गया है जो आपके प्रशिक्षण स्तर (शुरुआती, बीच वाला या अन्तिम चरण) आपके ट्रेनिंग पीरीयड (तैयारी या प्रतियोगिता) तथा ट्रेनिंग के उद्देश्य पर निर्भर करता है।

सर्कट ट्रेनिंग की योजना

उपलब्ध उपकरण से संभावित व्यायाम को जांचें, 6 से 10 व्यायामों के 3 से 4 सर्कट कागज पर पहचान कर लें। हर सर्कट में यह सुनिश्चित कर लें कि कोई भी दो लगातार व्यायामों में उसी मांसपेशी ग्रुप का व्यायाम न हो अर्थात प्रेस अप के बाद पुल अप न हो। आसान जोगिंग व खिंचाव व्यायामों से वार्म अप करें तथा वार्म डाऊन के लिए इन्हें दोहराएं।

व्यायाम: सर्कट व्यायामों के निम्नलिखित उदाहरण हैं–

1. बाजू–प्रेस अप, बेंच डिप, पुल अप
2. पेट–सिट अप (निचला पेट), स्टोमक क्रंच (निचला पेट)
3. निम्न पीठ–बैक एक्सटेंशन चेस्ट रेज
4. टांगें–स्कवेट जम्प, कम्पस जम्प, एस्ट्राइड जम्प, स्टेप अप।

5. भुजाएं तथा टांगे–बरपीस, ट्रेड मिल्स, स्कवैटथ्रस्ट, स्किपिंग
6. व्यायाम– प्रेस अप्स–सिट अप्स (घुटने मोड़कर फर्श पर पांव)–बैक एक्सटेंशन (छाती उठाते हुए)–स्कवैट जम्प (आगे की ओर)–स्टोमक क्रंच–ट्रेड मिल्स
7. व्यायाम– बरपीस–सिट अप्स (घुटने मोड़कर फर्श पर पांव) प्रेस अप्स. बैक एक्सटेंशन (छाती उठाते हुए)–स्कवेट जम्प (आगे की ओर)–बैंच डिप्स–स्टोमक क्रंच–ट्रेडमिल्स अवधि–हरेक व्यायाम पर 30 सेकेंड जिसमें हरेक व्यायाम के बीच 30 सेकेंड की रिकवरी 3 सेट जिसमें हरेक सेट के बीच 2 मिनट की रिकवरी।

फार्टलेक प्रशिक्षण ढंग

फार्टलेक शब्द स्वीडन से आया है जो 'स्पीड प्ले' से लिया गया है और जो दूरी के धावकों द्वारा वर्षों से इस्तेमाल होता रहा है। फार्टलेक एक प्रकार का सड़क दौर या क्रासकंट्री दौड़ है जिसमें दौड़ने वाला अकेला होता है तथा उसकी गति घटती-बढ़ती रहती है। यह एक विकसित प्रशिक्षण पद्धति है जो अनुभवी दौड़ने वाला अन्तराल प्रशिक्षण के तौर पर प्रयोग करता है तथा अनारोबिक थ्रेशहोल्ड को बढ़ाता है। फिर भी एक सामान्य दौड़ने वाला भी फार्टलेक प्रशिक्षण से लाभ उठा सकता है जिससे (उसके प्रशिक्षण कार्यक्रम में) विविधता तथा जागरुकता आ जाती है।

फार्टलेक अन्तराल प्रशिक्षण के अनुरूप ही है जिसमें छोटी तेज दौड़ के साथ धीरे दौड़ना या जागिंग रिकवरी अन्तराल बारी बारी से आता है। हालांकि फार्टलेक में दौड़ सड़क या पार्कलैंड या वुश ट्रेक पर होती है तथा किसी प्रकार का पूर्व निर्धारित कार्यक्रम नहीं होता परन्तु एथलीट अपने अन्तराल की लम्बाई या गति अपने वर्कलोड के अहसास के अनुसार घटाता बढ़ाता है। इसका एक फायदा यह है कि धावक अपनी गति को महसूस कर उसका शारीरिक प्रत्युत्तर देता है जिससे उसमें जागरुकता तथा गति नापने की दक्षता आती है। वह इस बारे में भी स्वतंत्र है कि गति के साथ प्रयोग करे तथा गति में बदलाव को अनुभव करे।

बुनियादी तौर पर यह कला अग्रणी दौड़ने वालों के लिए है क्योंकि वांछित वर्कलोड के लिए यह ईमानदारी की मांग करती है तथा साथ में परिपक्वता भी चाहिए जिसमें गति या अन्तराल की लम्बाई अधिक न चली जाए। इन गुणों के होते फार्टलैग दूरी के धावकों के प्रशिक्षण कार्यक्रमों का अनुपम हिस्सा है।

साधारण दौड़ने वाले के लिए फार्टलेक ढंग का हल्का रूप लाभप्रद हो सकता है विशेष कर रोड पर भागने वाले के लिए जो विविध दूरियों पर प्रशिक्षण लेता है तथा जिसकी गति स्थिर हो तथा जिसने कोई विशेष गति प्रशिक्षण न किया हो।

आप इस ढंग से ज्यादा जागरुकता प्राप्त कर सकते हैं। ऐसा तब संभव है जब अलग-अलग गतियों पर दौड़ते हुये आप दौड़ को अनुभव करते हैं। इससे पहले आपकी आसान सांस में अन्तर आए आप गति कितनी प्राप्त करेंगे? धीरे होने पर आपकी सामान्य सांस या अन्य गतिविधियां साधारण हो जाएंगी? जब आप गति बढ़ाते हैं तो पगों की लम्बाई क्या होगी?

खिलाड़ियों के लिए फार्टलेक

खिलाड़ियों के लिए सत्र में न केवल दौड़ शामिल हो अपितु जोगिंग व पैदल चलना भी हो ताकि खेल की मांग पूरी हो सके। यूं तो कोई भी फुटबाल खिलाड़ी मैच के 90 मिनटों में दौड़ता नहीं रहता, फिर भी उसकी गति घटती बढ़ती रहती है। वैसे ही काम की दिशा हमेशा सीधी रहती है यह ट्रैक पर भागने वाले के लिए उपयोगी हो सकती है क्योंकि उसे ट्रैक पर तेजी से भागना होता है परन्तु खेलने वालों को आगे, पीछे या इधर उधर दौड़ना होता है। यह सब इसलिए बताने योग्य है जब ट्रेनिंग सत्र उसी ढंग का हो जैसा अनुभव मैच के दौरान होता है। याद रहे यदि आप खिलाड़ी हैं तो आपको अच्छा दौड़ने वाले का प्रशिक्षण नहीं दिया जा सकता आप को खेल के लिए ही बेहतर प्रशिक्षण मिल सकता है। अतः दौड़ने वाले को शटल की तरह आगे पीछे नहीं होना चाहिए परन्तु दिशा भी बदलनी होगी या स्लालोम की नकल करनी पड़ेगी। यहीं पर कल्पना का अंश अपना योगदान देता है।

2. ताकत

आम परिभाषा यह है, 'गतिरोध के सम्मुख बल लगाने की क्षमता ताकत कहलाती है।' तेज दौड़ने वाले के लिए ब्लाक को चीरने के लिए जो ताकत चाहिए वह उससे भिन्न है जो एक वेट लिफ्टर को 200 किलोग्राम बारवेल उठाने के लिए चाहिए। इससे पता चलता है कि शक्ति कई प्रकार की होती है।

ताकत के प्रकार

ताकत निम्नलिखित प्रकार की होती है–

1. अधिकतम ताकत–एकल अधिकतम खिंचाव में जो बड़ी से बड़ी ताकत संभव है।

2. विस्फोटक ताकत–तेज खिंचाव के साथ प्रतिरोध को हटाने की क्षमता।
3. सहनशक्ति की ताकत–बल को कई गुणा बढ़ाकर प्रदर्शन करने की क्षमता।

मांसपेशियां मजबूत कैसे बनती हैं

मांसपेशी मजबूत बनाती है परन्तु जब उसे सामान्य कार्य से अधिक काम में लगाए तो वह बोझ से दब जाती है। यह बोझ तब बढ़ाया जाता है जब हम बढ़ाएं–

1. व्यायाम में दोहराव की संख्या
2. व्यायाम में सेट की संख्या
3. तीव्रता–घटा हुआ रिकवरी समय

ताकत का विकास

1. अधिकतम ताकत
- वजन ट्रेनिंग से बढ़ाई जा सकती है

2. विस्फोटक ताकत बढ़ती हैं–
- अनुकूलित व्यायामों से
- मेडिसन बॉल व्यायामों से
- पल्योमिरिक व्यायामों से
- वेट ट्रेनिंग से

3. सहनशक्ति की ताकत बढ़ाई जा सकती है–
- सर्कट ट्रेनिंग से
- डंबबैल व्यायाम से
- वेट ट्रेनिंग से
- पहाड़ी पर दौड़ने से।

वजन उठाने का प्रशिक्षण

यह सर्व विदित है कि सभी खेलों व शारीरिक गतिविधियों में वजन उठाने का प्रशिक्षण केन्द्रीय भूमिका निभाता है। यह ढंग धावकों को साधारण रूप से अनुकूलित करने तथा विशेष रूप से उनकी मांसल ताकत व धैर्य निर्माण में सहायक है। विभिन्न खेलों में इस ढंग की महत्ता ध्यान में रखते हुए वजन उठाने के प्रशिक्षण को इस अनुभाग में वर्णित किया गया है।

वजन उठाने का प्रशिक्षण क्या है?

यह उस व्यायाम करने का नाम है जिन मांसपेशियों की ताकत तथा धैर्य बढ़ाने के लिए प्रतिरोध का उपयोग किया जाता है। इस प्रशिक्षण में ऐसे वजन इस्तेमाल होते हैं जैसे डंबबैल, बारबैल, पुली मशीन या साधारण रूप गतिरोध के रूप में अपने शरीर का वजन भी इस्तेमाल किया जा सकता है।

वजन उठाने के प्रशिक्षण के लिए उपकरण

इसमें विभिन्न उपकरण इस्तेमाल होते हैं। इनमें डंबबैल ज्यादा प्रसिद्ध है। ठीक ढंग से इस्तेमाल करने पर डंबबैल द्वारा शरीर की बहुत सी मांसपेशियों को ताकतवर बनाया जा सकता है। इसके आश्चर्यजनक फायदे हैं। वजन उठाने के प्रशिक्षणों में पुली ढंग सब से कम हानि रहित हैं। जोड़ों पर कुछ खिंचाव के धक्के पड़ते हैं तथा मशीनें डिस्ट्रेक्शन सिद्धांत पर काम करती है।

अतीत में स्प्रिंग का इस्तेमाल बहुत प्रसिद्ध था। विभिन्न प्रकार की छाती फुलाने, पकड़ मजबूत करने के लिए जैसे बुल–वर्कर आदि आइसोमीट्रिक व्यायाम प्रदान करते थे। आइसोमीट्रिक अतीत में बहुत मशहूर था। खोजों से सिद्ध हुआ है आइसोमीट्रिक व्यायाम हालांकि शक्ति बढ़ाने के लिए अच्छे हैं परन्तु वे ब्लड प्रेशर को बढ़ाते हैं तथा हानिकारक सिद्ध होते हैं।

सुसज्जित जिमनेजियम में वजन उठाने के प्रशिक्षण में हाइड्रोलिक मशीनें प्रयोग की जाती हैं। यहां चोट की संभावना बहुत ही कम रहती है चाहे कोई व्यक्ति मांसपेशियों के कुछ समूहों को ज्यादा प्रशिक्षित करे या उन्हें शक्तिवर्धन के लिए प्रयोग करे' हाइड्रोलिक मशीनें इसलिए बहुत उपयोगी हैं क्योंकि एंटागोनिस्टिक मांसपेशियों की उसी उपकरण पर कसरत की जा सकती है उदाहरणार्थ जो मशीन बाइसेप मांसपेशियों को ट्रेनिंग देती है वही ट्राइसेप मांसपेशियों को प्रशिक्षण देती है। इन मशीनों की एक हानि है कि ये महंगी हैं।

वजन प्रशिक्षण रेत के बोरे, वेट कफ व इलास्टिक बैंड जो बाहर ले जाने में सुविधाजनक हो से भी किया जा सकता है।

शक्ति प्रशिक्षण अपने शरीर के वजन को इस्तेमाल करके भी किया जा सकता है जो आसान और सुविधाजनक है परन्तु ज्यादा वजन वाले व्यक्तियों को इस ढंग से मांसपेशियों व जोड़ों को चोट पहुंच सकती है क्योंकि ज्यादा वजन से शरीर पर भार अधिक पड़ सकता है।

बचाव

जब कोई व्यक्ति किसी प्रकार का वजन प्रशिक्षण कर रहा है तो उसे वार्म अप करना चाहिए तथा मांसपेशियों को खिंचाव देना चाहिए। हमेशा हल्के वजन से शुरू करके धीरे–धीरे वजन का परिमाण बढ़ाते चले जाना चाहिए। थोड़ा शांत होकर वर्क आऊट के बाद मांसपेशियों में खिंचाव डालना चाहिए। यदि बहुत अधिक वजन उठाया तो दो वर्क आऊट सत्र के बीच 48 घंटों का आराम का सुझाव दिया जाता है ताकि मांसपेशियों को बनने में पर्याप्त आराम मिल सके।

वजन प्रशिक्षण के दस स्वर्णिम नियम

1. व्यायाम करते समय मांसपेशियों पर ध्यान केन्द्रित रखें। जिस मांसपेशी समूह पर व्यायाम कर रहे हों उस पर पूरी मानसिक एकाग्रता से नज़र रखें।
2. व्यायाम के दौरान अच्छा ताल बनाए रखें। लिफ्ट धीरे से 2 सेकेंड (पाजिटिव स्ट्रोक) तथा पुरानी दशा में जाने के लिए 4 सेकेंड (नेगेटिव स्ट्रोक) करें।
3. अधिकतर व्यायामों के दौरान घुटने व कुहनियों को नरम रखें जिसका अर्थ है कि चोट से बचाने के लिए घुटने व कुहनी को कभी पूरा न खोलें।
4. पाजिटिव स्ट्रोक व थकावट के दौरान सांस बाहर फेंके तथा नेगेटिव स्ट्रोक के दौरान सांस अन्दर लें।
5. हल्के वजन से शुरू करके धीरे-धीरे वजन बढ़ाते रहें। हमेशा थोड़े वजन से शुरुआत करें।
6. बड़ी मांसपेशियों से शुरू करके छोटी की तरफ आएं। कर्ल से पहले बेंच प्रेस करें।
7. दो सेटों के बीच 30 से 60 सेकेंड तक आराम करें तथा फिर नया सेट शुरू करें।
8. वर्क आऊट के बीच 48 घंटे तक आराम करें जिससे मांसपेशियों को आराम मिले।
9. सही ढंग के प्रशिक्षण व प्रोग्राम बनाने के लिए किसी व्यवसायिक की सहायता लें।
10. वर्क आऊट से पहले वार्म अप और स्ट्रेच करें तथा वजन प्रशिक्षण के बाद आराम करें।

अच्छा प्रदर्शन कई कारकों पर निर्भर करता है। यह दक्षकला कौशल, गति में बढ़त तथा सामान्य धैर्य पर आधारित बढ़ते हुए प्रतियोगिता रूप में रुचि, हरफनमौला शक्ति तथा सामान्य गतिशीलता पर निर्भर करता है। हरफनमौला शक्ति सर्कट ट्रेनिंग द्वारा ठीक प्रकार से प्राप्त की जा सकती है तथा उसके बाद शक्ति प्रशिक्षण द्वारा विकास होता है। शक्ति बढ़ाने के लिए वजन उठाने का प्रशिक्षण बहुधा प्रयोग होता है तथा यह सर्व प्रचलित भी है।

कौन-कौन सी वजन प्रशिक्षण कसरतें?

जिस प्रकार की शक्ति की आवश्यकता हो व्यायाम वैसे ही विशेष रूपेण होना चाहिए तथा किसी विशेष खेल की मांगों से संबंधित होना चाहिए। कोच को खेल विशेष से सम्बद्ध मांसपेशियों की मुख्य गतिविधियों तथा हिलने-डुलने के पैटर्न तथा वांछित शक्ति के प्रकार के बारे में ज्ञान होना चाहिए। उसी तरह के व्यायाम चुनने चाहिए जिन से चाहा हुआ विकास हो सके। हालांकि विशेषता जरूरी है फिर भी हर सत्र में सामान्य प्रकृति के व्यायाम शामिल किए जाएं जैसे- पावर क्लीन, बेंच प्रेस, बैक स्कवेट, सिट अप, शोल्डर पास, चेस्ट प्रेस, लैट पुल डाऊन, लोअर बैक एक्सटेंशन, ट्राइसेप प्रेस, कॉफ रेज, बाइसेप कर्ल, लेग कर्ल, लेग एक्सटेंशन आदि। ये सामान्य व्यायाम संतुलित विकास करते है तथा मजबूत आधार प्रदान करते हैं जिन पर विशेष व्यायाम आधारित होता हैं।

कितना व्यायाम करें

इस्तेमाल किया गया वजन उस अधिकतम वजन का प्रतिशत हो जो एक बार उठाया जा सकता है जिसे साधारणतया एक दोहराव अधिकतम (1 आर.एम.) कहते हैं। दोहराव की अधिकतम सीमा थकान से पहले क्या हो वह इस बात को प्रतिबंधित करती है कि एक अतिरिक्त दोहराव को पूरा करना वजन इस्तेमाल करने का गुणक होता है जिसे दोहराव अधिकतम (2 आर.एम.) कहते हैं जो व्यायाम की तीव्रता को दर्शाता है। एक वेट लोड जो तीसरे दोहराव पर थकान पैदा करता है उसे थ्री दोहराव अधिकतम (3 आर एम) कहते हैं तथा यह आर एम के लिए उठाए जा सकने वाले वजन का लगभग 85% होता है।

कितनी संख्या?

शक्ति प्रशिक्षण प्रोग्राम को बनाते समय थकान तक की जाने वाली दोहराव की संख्या की बहुत उपयोगिता है। 4-6 आर. एम. तक कार्य करने से अधिकतम शक्ति प्राप्त की जा सकती है। इसे 12-20 आर.एम. तक बढ़ाने पर मांसपेशियों के धैर्य तथा वजन में बढ़ोतरी होती है।

8-12 आर.एम. जो हफ्ते में तीन दिन किया जाए वह सामान्य शक्ति प्रशिक्षण कार्यक्रम है। यह अभी भी बहस का विषय है कि सेटों की उपयुक्त संख्या मांसपेशियों की शक्ति बढ़ाती है। अध्ययनों से पता चला है कि एक सेट की अपेक्षा बहुत से सेटों के कार्यक्रमों से प्राप्त शक्ति में कोई खास अन्तर नहीं है।

शक्ति की खोज में बहुत अधिक वजन उठाने के लिए सेटों के बीच 3-5 मिनट के आराम का अन्तराल होना चाहिए परन्तु यदि शक्ति की धैर्य परीक्षा लक्ष्य है तो आराम कम लेना चाहिये। बहुधा धावक प्रतिस्पर्धाएं तेज और बहु आयामी होती हैं तथा इसलिए एथलीट के शक्ति कार्य में गुणवत्ता दिखाई देनी चाहिए।

कितनी बार

यह शरीर की रिकवरी से संबंधित है क्योंकि शरीर शक्ति प्रशिक्षण के बाद अच्छा आराम मांगता है। 'रूल आफ थम्ब' के लिए सत्र के बीच में 48 घण्टों का अन्तराल हो। यदि प्रशिक्षण बहुत कड़ा हो तो हर सत्र के बाद वजन उठाने का वह स्तर नहीं रहता तथा हर सत्र के बाद उठाए गए वजन में हर सप्ताह अन्तर रहेगा (उदाहरणार्थ-उच्च, निम्न तथा मीडियम स्तर)।

वजन रखने वाले कक्ष में सुरक्षा

शक्ति प्रशिक्षण तब तक सुरक्षित है जब तक उसे जांच और नियंत्रण में रखा जाए। कोच या अध्यापक को यह निश्चित कर लेना चाहिए कि धावक द्वारा इस्तेमाल किये जा रहे वजन प्रशिक्षण कक्ष में सुरक्षित हो तथा उन पर लागू होने वाले सुरक्षा नियमों के बारे में एथलीट जागरुक हैं। सुरक्षा और निपुणता के लिए वजन प्रशिक्षण का पूरा निरीक्षण होना चाहिए।

विस्फोटक शक्ति का विकास

बहुत से खेलों विशेषकर जिनमें विस्फोटक शक्ति की आवश्यकता होती है उनमें शक्ति व ताकत उत्पन्न करना बहुत महत्वपूर्ण निवेश है। मेडिसन गेंद ट्रेनिंग जिसके साथ वजन प्रशिक्षण तथा सर्कट ट्रेनिंग मिली है वे शक्ति और ताकत पैदा करने में सहायक हैं। कुछ मेडिसन गेंद व्यायाम विस्फोटक गतिविधियां विकसित करने में प्लयोमिट्रिक प्रशिक्षण प्रोग्राम के हिस्से के रूप में उपयुक्त है। मेडिसन गेंद प्रशिक्षण योग्यता, उम्र, विकास और खेल सभी स्तरों पर उपयुक्त हैं। इसे और प्रभावी बनाने के लिए इसमें वे व्यायाम शामिल किए जाएं जो खेल गतिविधि के पैटर्न से मेल खाते हों।

पल्योमिट्रिक प्रशिक्षण

सभी खेल गतिविधियों में अलग अलग परिमाप में पाए जाने वाले घटक गति और शक्ति फिटनेस के महत्वपूर्ण हिस्से हैं। आम भाषा में गति और ताकत का समन्वय शक्ति कहलाता है। कई वर्षों से प्रदर्शन को विकसित करने के लिए कोच और एथलीट अपनी शक्ति बढ़ाते हैं। इस सदी में उछलना, वांऊडिंग तथा हॉपिंग व्यायामों के प्रयोग से एथलीट अपना प्रदर्शन बढ़ाते थे। हाल में विशिष्ट प्रशिक्षण के द्वारा ताकत व विस्फोटक शक्ति बढ़ाने को पल्योमिट्रिक नाम दिया गया है। इस शब्द की उत्पति कहीं से भी हुई हो मगर यह शब्द प्रशिक्षण के उस ढंग को परिभाषित करता है जो व्यक्ति की विस्फोटक प्रतिक्रिया बढ़ाते हैं तथा इसके लिए तेज इसेंट्रिक सिकुड़न के द्वारा शक्तिशाली मांसपेशीय खिंचाव पैदा किया जाता है।

टांग द्वारा पल्योमिट्रिक बाऊंडस ड्रिल कैसे करें

- व्यायाम के शुरू में जॉग करें।
- बायें पैर से धकेल कर टांग आगे लाएं घुटना झुका रहे तथा जांघ फर्श के समानान्तर रहे।
- उसी समय दायीं भुजा के साथ आगे बढ़ें जैसे बायीं टांग आगे दायीं टांग पीछे मुड़े तथा पुश आफ तक पीछे निकली रहे।
- इस स्थिति में कुछ देर रुकें तथा फिर बायें पैर पर खड़े हों।
- दायीं टांग फारवर्ड बेंट स्थिति में आगे ड्राइव हो, बायीं बाजू आगे आए तथा बांयी टांग पीछे रहे।
- हरेक कदम लम्बा लें तथा ज्यादा से ज्यादा जगह कवर करने की चेष्टा करें।
- पैर के सोल पर खड़े हों (फ्लेट फुट), टांग की मांसपेशियों के लचीलेपन के कारण ऊर्जा को एकत्र होने दे, फिर पुनः तेजी से चलें।
- पैर के स्पर्श समय को कम से कम रखें।

कितना

- 30 से 40 मीटर से ऊपर एक से तीन सेट।
- प्रत्येक सेट के बीच पूर्ण रिकवरी करें।
- बाऊडिंग की गुणवत्ता उसकी संख्या से अधिक महत्वपूर्ण है।

बाधाकूद ड्रिल कैसे करें

- सीमा के पार आगे कूदें तथा दोनों पैर साथ रखें।
- यह चाल नितम्बों और घुटनों की हो।
- शरीर सीधा रखें तथा घुटनों को दोनों तरफ इधर-उधर न होने दें।
- दोनों घुटने छाती से सटाएं।
- संतुलन बनाने तथा ऊंचाई हासिल करने हेतु दोहरी भुजा स्विंग का प्रयोग करें।
- पैरों की बॉल पर खड़े हो, टांगों की मांसपेशियों के लचीले हिस्सों में ऊर्जा इक्ट्ठी होने दें तथा पुनः उछाल लें।
- रुकावटों के बीच पैरों के नीचे स्पर्श करने वाले समय को न्यूनतम करें।

कितना करें

- 6 से 8 रुकावटें प्रयोग करते हुए 1 से 3 सेट करें।
- प्रत्येक सेट के बीच पूर्ण रिकवरी करें।
- रुकावटें एक लाईन में रखें तथा उनके बीच दूरी आपकी क्षमता के अनुसार हो।
- रुकावटों की ऊंचाई 12-36 ईंच के बीच हो।
- रुकावट उछाल की गुणवत्ता उनकी संख्या से अधिक महत्वपूर्ण है।

एकल टांग उछाल ड्रिल कैसे करें

- एक टांग पर खड़े हों।
- जिस पर खड़े हो उसी पर अगली तरफ छलांग लगाएं तथा उसी टांग पर रुकें।
- छलांग की लम्बाई बढ़ाने के लिए विपरीत टांग का बल प्रयोग करें परन्तु प्रत्येक छलांग में ऊंची छलांग का लक्ष्य रखें।
- पैरों के बॉल पर रुकें, टांगों की मांसपेशियों के लचीले हिस्सों में ऊर्जा इक्ट्ठी होने दें तथा पुनः उछाल लें।
- पैरों के नीचे स्पर्श समय को न्यूनतम रखें।
- शरीर सीधा तथा ऊंचा रहे।
- दोनों टांगों से यह ड्रिल करें।
- शुरू करने वाले सीधी टांग के एक्शन का प्रयोग परन्तु बेहतरीन धावकों को चाहिए कि वे छलांग के दौरान एड़ी को नितम्बों की तरफ खींचें।

कितना करें

- 30 से 40 मीटर तक 1 से 3 सेट।
- प्रत्येक सेट के बीच पूर्ण रिकवरी करें।
- बाऊंडिंग की गुणवत्ता उसकी संख्या से ज्यादा महत्वपूर्ण है।

बॉक्स जम्प ड्रिल कैसे करें

- बॉक्सों की लाईन की अन्तिम छोर पर पैर कन्धे के बराबर खोल कर बैठे होने की स्थिति में आएं।
- हाथ सिर के पीछे रखें।
- बॉक्स पर कूदें तथा पैरों की बॉल पर बैठक वाली स्थिति में खड़े हों।
- बैठने वाली स्थिति में रहते हुए बॉक्स से फर्श पर कूदें तथा उसी स्थिति में पैरों की बॉल पर खड़े हों।
- पुनः बॉक्स पर जम्प करें तथा दोहराएं।
- फर्श पर पैर के स्पर्श समय को न्यूनतम रखें।

कितना करें

- 6 से 8 बॉक्स प्रयोग करते हुए 1 से 3 सेट करें।
- हरेक सेट के बीच पूर्ण रिकवरी करें।
- बॉक्स की ऊंचाई 30 से 80 से.मी. के बीच हो।
- बॉक्स जम्प की गुणवत्ता उसकी संख्या से ज्यादा महत्वपूर्ण है।

गहराई की छलांगें ड्रिल कैसे करें

- सामने के किनारे के पास टखने रख बॉक्स पर खड़े हों।
- बॉक्स से नीचे उतरें तथा दोनों पैरों की बॉल पर उतरें।
- उतरने की पहचान रखें तथा पुनः उछल कर जल्दी से बॉक्स पर चढ़ें।
- फर्श पर पैर के स्पर्श समय को न्यूनतम रखें।

कितना करें

- 6 से 8 बॉक्स प्रयोग करते हुए 1 से 3 सेट।
- प्रत्येक सेट के बीच पूर्ण रिकवरी करें।
- बॉक्स की ऊंचाई 30-80 सेमी के बीच हो।
- गहरी छलांग की गुणवत्ता उसकी संख्या से अधिक जरूरी है।

टॅक जम्प-ड्रिल कैसे करें

- खड़े होकर आरंभ करें।
- जम्प करें तथा जैसे ही घुटने छाती तक आएं उन्हें पकड़ें।
- पैरों की बॉल पर रुकते हुए शुरू की स्थिति में लौटें।
- जहां खड़े हो उसे समझें तथा तेजी से उछलें।
- फर्श पर पैरों के स्पर्श के समय को कम करने की चेष्टा करें।

कितना कुछ

- 1 से 3 सेट।
- प्रत्येक सेट के बीच पूर्ण रिकवरी करें।
- 5 से 10 दोहराव 1 सेट।
- टॅक जम्प की गुणवत्ता उसकी संख्या से अधिक आवश्यक है।

टू लैग्ड हॉप या बन्नी हॉपड्रिल कैसे करें

- कन्धे जितनी चौड़ी टांगों पर खड़े हों।
- नीचे की बैठने की मुद्रा में होकर जितना दूर जम्प कर सकते हैं, करें।
- दोनों पैरों की गेंद पर टिक जाएं।
- शरीर को सीधा रखें तथा तेजी से ऊपर उछलने की कोशिश करें।
- फर्श पर पैर स्पर्श करने के अन्तराल समय को न्यूनतम करें।
- तेज दोहरी बाजू उछाल का प्रयोग करें तथा जमीन पर छलांग को छोटा करें।

कितना कुछ

- 1 से 3 सेट।
- हरेक सेट के बीच पूर्ण रिकवरी करें।
- 5 से 10 दोहराव/सेट।
- बन्नी हॉप की गुणवत्ता उनकी संख्या से अधिक महत्वपूर्ण है।

भुजा पल्योमीट्रिक्स

चेस्ट पास ड्रिल कैसे करें

- ड्रिल में एक साथी की जरूरत है।
- एक-दूसरे के सामने खड़े हों, पैर कन्धे जितने चौड़े व घुटने थोड़े मुड़े हुए।
- कुहनियां निकली हुई, मेडिसन बॉल को छाती तक दोनों हाथों से पकड़ें।
- बॉल को साथी को दें, छाती को धकेलते हुए जिससे अन्ततः बाजू सीधे हो जाएं।
- साथी बॉल पकड़ कर छाती तक ले जाए तथा तब आपको दे।
- कैच को समझने की चेष्ट करें, तथा जितनी जल्दी संभव हो लौटाएं।
- पकड़ने के समय को न्यूनतम करने की कोशिश करें।

कितना करें

- 1 से 3 सेट।
- सेट के बीच रिकवरी पूर्णरूप से करें।
- 10 से 20 दोहराव/सेट।
- चेस्ट पास की गुणवत्ता उनकी संख्या से ज्यादा आवश्यक है।

इन्कलाईन पुश अप गहरा जम्प ड्रिल कैसे करें

- तीन से चार ईंच ऊंचे दो मैट कन्धे जितने चौड़े रखें।
- जब पुश अप अवस्था में हो तो पैरों को कन्धों तक उठाने के लिए ऊंचा बॉक्स हो।
- फर्श को देखें जैसे आप पुश अप करने जा रहे हों, पैर बॉक्स पर रहें तथा हाथ मैट्स के बीच में रहें।
- हाथों से ग्राऊंड से उठ कर हर मैट पर एक हाथ रखे नीचे आएं।
- दोनों हाथों से मैट को धकेलें तथा आरंभिक अवस्था में आ जाएं।
- पकड़ने के समय को न्यूनतम रखने की चेष्टा करें।

कितना करें

- 1 से 3 सेट।
- सेट की बीच पूर्ण रिकवरी करें।
- 10 से 20 दोहराव/सेट।
- पुश-अप की गुणवत्ता उनकी संख्या से ज्यादा जरूरी है।

पॉवर ड्राप ड्रिल कैसे करें

- ड्रिल में एक साथी चाहिए।
- बाजू बाहर करके फर्श पर पीठ के बल लेटें।
- बॉक्स पर खड़ा बाजू खोलकर साथी मेडिसन बॉल पकड़े।
- साथी मेडिसन बॉल अप के हाथों में गिराए।
- कुहनी मोड़ कर बॉल पकड़े।
- बॉल को छाती तक आने दें।
- बाजू बढ़ा कर बॉल को साथी के पास धकेलें।
- पकड़ने के समय को न्यूनतम रखें।

कितना करें

- 1 से 3 सेट।
- सेट के बीच पूर्ण रिकवरी करें।
- 10 से 20 दोहराव/सेट।
- वर्टिकल टॉस की गुणवत्ता उनकी संख्या से ज्यादा जरूरी है।

झुकी हुई छाती से पॉस करना ड्रिल कैसे करें-

- साथी के साथ एक-दूसरे के सामने बैठें।

- 45° कोण पर पीछे झुकें, पेट को कस कर रखें।
- कोहनियां बाहर रखते हुए दोनों हाथों से मेडिसन बॉल को छाती तक पकड़ें।
- बाजू सीधे रखते हुए छाती से बॉल को अपने साथी की तरफ धकेलें।
- आपका साथी गेंद पकड़ता है तथा छाती तक लाता है इससे पहले वह आपको पुनः दे।
- कैच को पकड़ने की कोशिश करें तथा गेंद जितना जल्दी हो सके वापिस करें।
- कैच टाइम को न्यूनतम करें।

कितना कुछ

- 1 से 3 सेट।
- प्रत्येक सेट के बीच पूर्ण रिकवरी करें।
- 10 से 20 दोहराव/सेट।
- चैस्ट पास की गुणवत्ता उनकी संख्या से अधिक आवश्यक है।

वर्टिकल टॉस ड्रिल कैसे करें

- ड्रिल में एक साथी होना चाहिए।
- बॉक्स के सामने पीठ करके बैठें, टांगें खुली व सीधी।
- दूसरा व्यक्ति बॉक्स पर आप के ऊपर मेडिसन बॉल पकड़े खड़ा हो।
- आपका साथी आपके हाथों में मेडिसन बॉल फेंकें।
- कुहनी मोड़ कर मेडिसन बॉल पकड़ कर बॉक्स पर बैठे साथी की तरफ वापस फेंके।
- पकड़ने के समय को न्यूनतम करें।

कितना कुछ

- 1 से 3 सेट।
- प्रत्येक सेट के बीच पूर्ण रिकवरी करें।
- 10 से 20 दोहराव/सेट।
- वर्टिकल टॉस की गुणवत्ता उसकी संख्या से अधिक आवश्यक है।

वार्म-अप

पल्योमिट्रिक ट्रेनिंग से पहले पूर्ण वार्म-अप आवश्यक है। जागिंग, स्ट्रेचिंग (स्टेटिक व बालास्टिक) स्ट्राइडिंग तथा सामान्य हिलडुल की तरफ ध्यान देना चाहिए। विशेषकर योजनाबद्ध पल्योमिट्रिक सत्र में जिसमें जोड़ संलिप्त हों। हर सत्र के बाद वार्म-डाऊन करें।

कहां करें और क्या पहनें

बाऊंडिंग व्यायामों के लिए घास और रेसिलेंट सतहों का प्रयोग करें। सीमेंट के फर्श को न चुनें क्योंकि वे शकुन नहीं प्रदान करते। अच्छे कुशन वाले जूते चुनें जो स्थिर हों तथा असर को सहन कर सकें। सभी एथलीटों को पल्योमिट्रिक प्रशिक्षण में लगने से पहले सामान्य ओर्थोपीडिक स्क्रीनिंग करवा लेना चाहिए। ऐसी संभावित चोटों से बचने के लिए ढांचे तथा बैठने की समस्याओं को विशेष ध्यान देना चाहिए।

3. गति

चाहे दौड़ने वाले की टांग हो या शॉट पुट करने वाले की भुजा, गति तेजी से हाथ पैर की चाल का नाम है। गति प्रत्येक खेल का जरूरी हिस्सा है तथा इसे इनमें से एक या दो के मिश्रण से दर्शाया जा सकता है।

- अधिकतम गति
- विस्फोटक शक्ति (ताकत)
- शक्ति की सहनशीलता

गति को प्रभावित करने वाले कारक

गति को एथलीट की गतिशीलता, विशेष शक्ति, शक्ति की सहनशीलता तथा कला कौशल प्रभावित करते हैं।

गति का विकास

दौड़ने की कला को कम गति से शुरू करके धीरे-धीरे गति बढ़ानी चाहिए। उद्दीपन, हर्ष और सही टकराव के क्रम से मोटर नर्व (न्यूरोन) तथा उसे भेजने वाले मांसपेशियों के ग्रुप उच्च फ्रिक्वेंसी गतिविधियां होने में कारण बनते हैं। पूरी प्रक्रिया पूरी तरह साफ नहीं है तथा मांसपेशियों और मोटर यूनिटों का सही समय पर विशिष्ट समन्वय तेज गति देकर सही पैटर्नों का निर्माण करता है। लचक और सही वार्म अप से कदमों की लम्बाई व फ्रिक्वेंसी प्रभावित होती है। कदमों की लम्बाई मांसपेशियों की ताकत बढ़ाकर ताकत, शक्ति, धैर्य तथा भागने की कला कौशल से विकसित होती है।

गति का विकास अत्यधिक विशिष्ट है तथा उसे पाने के लिए हमें सुनिश्चित करना चाहिए कि

- सारा साल लचक को विकसित तथा बरकरार रखा जाए।
- ताकत व गति समानान्तर रूप से विकसित हों।
- उच्च गति स्तर पर करने से पहले दक्षता विकास कला को पहले सीखा जाए रिहर्सल की जाए तथा दक्ष बनाया जाए।
- थोड़े अंतराल के लिए उच्च गति का उपयोग करके गति प्रशिक्षण को विकसित करें। इससे सही न्यूरोमस्कुलर पथ का उपयोग होकर ऊर्जा को स्रोतों का उपयोग होगा।

गति कार्य को कब करें

स्मरण रहे की भागने की गति को विकसित करना जटिल प्रक्रिया है जो दिमाग और स्नायु तंत्र से नियंत्रित होती है। दौड़ने वाले को तेज दौड़ने में टांगों की मांसपेशियां तेजी से सिकुड़नी चाहिए तथा दिमाग और स्नायुतंत्र को भी इन तेज गतिविधियों को नियंत्रित करना चाहिए यदि आप सारा वर्ष कुछ गति प्रशिक्षण जारी रखेंगे तो दिमाग तथा स्नायुतंत्र तेज महसूस करना नहीं भूलेगा तथा नियंत्रण पैटर्न को बाद में दुबारा याद करने की उसे जरूरत महसूस नहीं होगी।

ट्रेनिंग सप्ताह स्पीड वर्क को आराम के बाद या हल्की ट्रेनिंग के बाद करें। यह वार्म-अप के बाद किया जाए तथा प्रशिक्षण के बाद इसकी तीव्रता कम कर दें।

गति विकास के सिद्धांत

विकसित गति के सामान्य सिद्धांत निम्नलिखित हैं–

- अपनी गतिविधि का जायजा उद्देश्य चुनें तब ऐसी गति से दौड़ें जो आपके लक्ष्य से थोड़े वर्क अन्तराल से वास्तव में तेज हो।
- अपनी निर्धारित गति पर न्यूरोमस्कुलर समन्वय, हौसला बढ़ाने के लिए लक्ष्य की दर पर प्रशिक्षण करें। शुरू में लम्बी रिकवरी का प्रयोग करें परन्तु जैसे ही आप फिट और तेज होते जाएं काम के मध्यान्तर के बीच रिकवरी पीरियड को छोटा करें जिससे आपका प्रशिक्षण ज्यादा विशेष बने तथा दौड़ के लिए वास्तविक बने। जितने आप समर्थ हैं उतने लम्बे वर्क अन्तराल की तरफ चलते रहें।
- एरोबिक क्षमता पर वर्क करें। कैलोरी जलाने तथा गति के सैशन से वापसी लाने के लिए आसान कदमों से दौड़ें।
- गति की रेंज में बृद्धि लाने के लिए अपने आप में लचीलापन लाएं (नितम्बों पर गति की रेंज से गति बढ़ेगी) तथा चोट लगने से बचाव भी होगा।

गति के कार्यक्रम

छोटी दूरी (10-15 मीटर) के गति संवेग स्पोर्ट गतिविधियों जैसे-फुटबाल, बास्केट बाल, बेस बाल, क्रिकेट, फील्ड हॉकी आदि के लिए जरूरत स्तर तथा खिलाड़ियों के प्रशिक्षण दशा के अनुसार गतिवर्धन प्रोग्राम बनाया जा सकता है।

4. लचीलापन

लचीलापन वह योग्यता है जिससे एक संयुक्त कार्य को गति के रेंज से किया जाता है। किसी भी चाल में दो तरह की मांसपेशियां काम करती हैं–

1. प्रोटोगानिस्टिक मांसपेशियां जिन से चाल संभव है।
2. चाल के विपरीत तथा लचीलेपन का परिणाम तय करने वाली एंटोगनिस्टिक मांसपेशियां

लचीलेपन का प्रशिक्षण

एंटोगनिस्टिक मांसपेशियों की लचक की सीमा बढ़ाने के लिए लचीलेपन का प्रशिक्षण दिया जाता है।

एथलीट में गति की सीमा में वृद्धि करने तथा तकनीकी विकास पर चोट से बचाने के लिए लचीलापन बहुत महत्वपूर्ण योगदान देता है।

लचीलीदार कसरतें

स्ट्रेच करने के विभिन्न ढंगों को इन ग्रुपों में रखा जा सकता है- स्टेटिक, बलास्टिक व असिसिटड/स्टेटिक तथा बलास्टिक व्यायामों में एथलीट का अपनी चालों पर नियन्त्रण बना रहता है। असिसिटड वर्ग में चाल अपने साथी (बाहरी सहायता) द्वारा नियंत्रित रहती है।

पुनरावृति विधि

इनका अभिप्राय उन अभ्यासों से हैं जो प्रशिक्षण सत्र के दौरान प्रतियोगिता की मांग को देखते हुए बार बार दुहराई जाती है। ट्रेनिंग-वर्ष के उद्देश्य व ध्येय या प्रदर्शन के वास्तविक स्तर

पर तीव्रता के गुण हिलने-जुलने के नियम, बारम्बारता, बेंग पर निर्भर करते हैं। संपूर्ण रिकवरी के लिए जहां तक संभव हो छुट्टी का प्रावधान होना चाहिए।

एक विशेष खेलकूद (Event) के लिए सहनशक्ति की क्षमता पूरी तरह से प्रतियोगिता और ट्रायल द्वारा विकसित की जानी चाहिए। इसका अर्थ यह हुआ कि एथलीट को पूरी तरह प्रतियोगिता दूरी पर ध्यान केन्द्रित करना चाहिए। कारकों को इस प्रकार समायोजित करना चाहिए कि शारीरिक विज्ञान व मनोविज्ञान के प्रभाव तथा बारम्बारता और तकनीक प्रतियोगिता शर्तों के साथ सुरूचिपूर्ण मेल खाएं कला तथा दूसरी सामान्य शर्तों का प्रशिक्षण भी आवश्यक है।

नोट- बहुत आवश्यक विधियों जैसे लगातार/अवधि विधि, इंटरवल विधि, पुनरावृति विधि तथा प्रतियोगी वट्रायल विधि के समृद्धिभाजन के लिए कोई सीधी रेंक प्रणाली नहीं अपनानी चाहिए। नियम के अनुसार यदि एक विधि या Variant पूरी तरह प्रत्येक विधि के साथ लगाया जाता है तो यह सहनशक्ति के अधिकतम विकास के लिए काफी नहीं है क्योंकि हर विधि व अकेलो Variant की विशेष शारीरिक विज्ञान संबंधी, जैव विज्ञान व मनोवैज्ञानिक प्रतिक्रिया होती है। प्रशिक्षण की मुख्य विधियों तथा इनके विभिन्न कारक के कला पूर्ण संयोजन से जटिल व बहु आयामी अनुकूलताएं प्राप्त की जा सकती हैं। प्रतियोगिता खेलकूद की जरूरतें क्या है तथा सहनशक्ति प्रशिक्षण अवधि के उद्देश्य व इरादे क्या है यह इस बात पर निर्भर करता है कि अपनाई गई विधियां कौन सी है तथा उनका योगदान क्या रहेगा। एकल्प प्रशिक्षण सत्र के दौरान विशेष कार्यों को निपटाने के साथ-साथ व्यक्ति के प्रशिक्षण संबंधी तनावों पर भी विचार कर लेना चाहिए।

खेल के आधारभूत कौशलों का प्रशिक्षण एवं उनमें निपुणता

खेल के कौशल तथा युक्तियां सिखलाकर श्रेष्ठ खिलाड़ी बनाना प्रत्येक प्रशिक्षक का मुख्य कार्य है। किसी भी खेल के कौशल एवं युक्तियां सिखलाते समय उनका योग्य निर्देशन तथा विश्लेषण बहुत आवश्यक है। प्रशिक्षक का निर्देशन तथा विश्लेषण जितना आदर्श व क्षतिरहित होगा, खिलाड़ियों का सीखना उतना ही सरल होता है तथा उनसे इतनी ही कम भूलें होगी। खेलों के कौशल 'क्रियात्मक' रूप के ज्यादा होते हैं, इसको केवल 'ज्ञानात्मक' की बातें बताने से ही नहीं सीखा जा सकता। खेलों के कौशलों की शिक्षा वर्ग खण्ड की अपेक्षा मैदान पर ही प्रभावपूर्ण ढंग से दी जा सकती है इससे किसी भी खेल के कौशलों को योग्य रूप से सिखलाने के लिए उनका योग्य निर्देशन बहुत जरूरी है। इसी प्रकार प्रशिक्षक को कौशलों का योग्य विश्लेषण करना भी आना चाहिए।

आज के प्रशिक्षण में तकनीकी आ गई है। भौतिक शास्त्र तथा बायोमेकेनिकल जैसे विषयों की मदद से खेल कौशलों का योग्य विश्लेषण करके उनके पीछे छुपे वैज्ञानिक कारणों को भी ढूंढ निकालना चाहिए तथा प्रशिक्षण के दौरान उनका इस तरह से उपयोग करना चाहिए कि खिलाड़ी को अधिकतम लाभ मिल सके। यदि आयु अथवा अन्य कारणों से प्रशिक्षक, कौशलों का आदर्श निदर्शन न दे सके तो कुशल खिलाड़ी, चित्र, मॉडल, फिल्म आदि की मदद ले लेनी चाहिए। अपने कौशलों का प्रशिक्षण तथा निपुणता को प्रभावपूर्ण बनाने के लिए प्रशिक्षक को 'दृश्य-श्रव्य साधनों' का जितना हो सके उतना अधिक उपयोग करना चाहिए।

खेल के आधारभूत कौशलों का प्रशिक्षण एवं उनमें निपुणता करने में निम्न बातों का विशेष तौर पर ध्यान रखा जाना चाहिए-

1. **उद्देश्य :** किसी भी खेल के कौशलों का प्रशिक्षण एवं उनमें निपुणता लाने से पूर्व जितनी ज्यादा तैयारी करते हैं, उतनी ही अधिक उन्हें अपने कार्य आवश्यक हैं तथा इसी प्रकार निदर्शन एवं विश्लेषण का उद्देश्य भी। जैसाकि 'एक चित्र हजार शब्दों से ज्यादा प्रभावकारी होता है। इससे प्रशिक्षक का निर्देशन जितना प्रभावकारी होगा, खिलाड़ीगण उतनी सरलता से कौशलों को सीख सकेंगे। निर्देशन जितना अधिक क्षतिरहित होगा खिलाड़ीगण उतनी ही कम गलतियां करेंगे। इस तरह प्रशिक्षक अपने प्रशिक्षण को काफी प्रभावकारी बना सकता है तथा सीखने सिखलाने की प्रक्रिया को सरल बना सकता है।
2. **तैयारी :** जो प्रशिक्षक खेलों के कौशलों को निर्देशन तथा विश्लेषण करने से पूर्व जितनी ज्यादा तैयारी करते हैं, उतनी ही अधिक उन्हें अपने कार्य में सफलता प्राप्त होती है। प्रत्येक खेल के खेलने के ढंग तथा उनके कौशल भिन्न प्रकार के होते हैं, इससे उसकी तैयारी उसी प्रकार से करनी चाहिए। पूर्व तैयारी करने से प्रशिक्षक का आत्म-विश्वास भी बढ़ता है तथा उसका प्रशिक्षण अधिक प्रभावकारी बन जाता है। प्रशिक्षक को बहुत से प्रश्न जैसे कि वह कौन-सी पोशाक पहने? कहां से वह स्वयं कौशल का निदर्शन करे? दृश्य-श्रव्य साधनों का उपयोग

करना हो तो कब, कहां और कैसे उपयोग करे? आदि प्रश्नों का पहले से ही विचार कर लेना चाहिए तथा उसी के अनुरूप पूर्व तैयारी करनी चाहिए। इस प्रकार तैयारी जितनी अधिक प्रभावकारी होगी प्रशिक्षक का निर्देशन तथा विश्लेषण उतना ही अधिक प्रभावकारी होगा।

3. **पद्धतियां :** ज्यादातर पद्धतियां शिक्षा, मनोविज्ञान आदि के सिद्धांतों पर आधारित होती हैं। उनके उपयोग से केवल प्रशिक्षण ही प्रभावपूर्ण नहीं बनता बल्कि साथ-साथ समय, शक्ति तथा धन का बचाव भी होता है। खेल के कौशलों के निर्देशन के लिए विभिन्न पद्धतियां जैसे कि अखण्ड पद्धति, खण्ड पद्धति, पुनरावर्तन पद्धति आदि का उपयोग किया जा सकता है। प्रशिक्षणार्थियों की आयु जाति तथा समझशक्ति को ध्यान में रखकर भी पद्धति पसंद करनी चाहिए। इसी प्रकार मैदान, साधन तथा अन्य सुविधाओं को ध्यान में रखकर शिक्षण पद्धतियों का उपयोग करना चाहिए। यदि कोई कौशल कठिन हो तो उसमें विराम डालकर तथा जरूरत पड़े तो उसको पुनरावर्तित करके भी 'सिखलाने के सिद्धांतों' का ध्यान रखा जाना चाहिए। समय-समय पर सीखे हुए कौशलों का पुनरावर्तन भी करते रहना चाहिए।

4. **परीक्षण कार्य :** कौशलों को सिखलाने के पश्चात् खिलाड़ीगण उन्हें कितने प्रभावपूर्ण ढंग से कर सकते हैं, इसका भी परीक्षण करते रहना चाहिए। प्रशिक्षक का नमूना अथवा प्रदर्शन चाहे जितना उच्च प्रकार का हो परन्तु जो खिलाड़ीगण उसका योग्य अनुकरण न करें अथवा उनके कौशलों को करने में क्षतियां मालूम पड़े तो प्रशिक्षक को उन क्षतियों के कारण ढूंढने चाहिए तथा उनको किस प्रकार से ठीक किया जा सकता है उसके उपाय भी ढूंढने चाहिए। कुछ प्रशिक्षक अपना कर्त्तव्य केवल क्षतियों को ढूंढने तक ही सीमित रखते हैं तथा उन क्षतियों को ठीक करने की तरफ कम ध्यान देते हैं। प्रशिक्षण का काफी सूक्ष्म निरीक्षण होना चाहिए जिस जगह तथा क्यों भूल कर रहा है? इसका 'हल' निकालने के लिए प्रशिक्षक को सूक्ष्म निरीक्षण, संबंधित खेल का गहन ज्ञान तथा अनुभव की विशेष आवश्यकता होती है। कितने ही बार खिलाड़ी स्वयं अकेला कौशल को काफी अच्छे प्रकार से कर सकता हो, परन्तु दूसरे खिलाड़ियों के साथ करने में भूल करता है तो उसका सूक्ष्म निरीक्षण करना चाहिए तथा उसे सुधारने का भरपूर प्रयत्न करना चाहिए। जिन खेलों में खिलाड़ी की स्थिति के अनुसार कुछ विशेष कौशल हों तो उनका अलग से निर्देशन, विश्लेषण, शिक्षण तथा अभ्यास करना चाहिए। उदाहरण के लिए फुटबॉल, गोलकीपर के हाथ भी सशक्त हो तथा वह अपने हाथों का उपयोग कुशलतापूर्वक गेंद को पकड़ने, फैंकने, मारने, लुढ़काने आदि में कर सकते हैं। यह अत्यन्त आवश्यक है, जबकि अन्य खिलाड़ी तो गेंद को हाथ से छू भी नहीं सकते। इससे प्रशिक्षक का परीक्षण कार्य काफी प्रभावपूर्ण होना चाहिए।

5. **महत्त्व :** किसी भी खेल का आधार उसके कौशल होते हैं। यदि खेल पर प्रभुत्व प्राप्त करना हो तो उस खेल के कौशलों पर प्रभुत्व प्राप्त करना अति आवश्यक है तथा इन कौशलों को सीखने के लिए एवं प्रभुत्व प्राप्त करने के लिए प्रभावपूर्ण निर्देशन तथा विश्लेषण का बहुत महत्त्व है। इस तरह देखा जाए तो खेलों के स्तर को सुधारने में निर्देशन तथा विश्लेषण की विशेष भूमिका है। यह केवल समय, शक्ति तथा धन का ही बचाव नहीं करते अपितु क्षतिरहित कौशल सीखने में भी मदद करते हैं। इनमें प्रशिक्षण कार्य सरल एवं प्रभावपूर्ण बनता है। अतः निर्विवाद है कि जो प्रशिक्षक अपने खेल के कौशलों को ठीक प्रकार से निर्देशन तथा विश्लेषण कर सकते हैं, वो उतने की सरल एवं प्रभावपूर्ण ढंग से अपने खिलाड़ियों को कौशल सिखला सकते हैं।

6. **भूल सुधार :** खेल कौशलों में सही भूलों को ढूंढना कोई सरल काम नहीं है। एक अनुभवी एवं तालीम प्राप्त प्रशिक्षक ही प्रत्येक खिलाड़ी की सही भूल को ढूंढ सकता है। भूल सुधारने के लिए उन्हें ढंग निकालने में सूक्ष्म निरीक्षण का विशेष महत्त्व है। प्रशिक्षक केवल भूलों का निर्देशन करे इतना ही काफी नहीं है बल्कि उनको किस प्रकार सुधारा जा सकता है। इसका योग्य मार्ग दर्शन देना भी अत्यन्त आवश्यक है। भूल कहां हो रही है? क्यों हो रही है? आदि बातों को ढूंढ कर उसके अनुरूप ही सुधार करना चाहिए। इस बात का भी ध्यान रखना चाहिए कि भूल का कारण खिलाड़ी स्वयं है अथवा कोई अन्य कारण है। सुधार भी उसी प्रकार करना चाहिए।

यदि कोई प्रशिक्षक उपरोक्त बातों का ध्यान रखे तो वह अपने निर्देशन को काफी प्रभावपूर्ण बना सकता है। आदर्श

निदर्शन तथा वैज्ञानिक विश्लेषण करना प्रत्येक प्रशिक्षक को आना चाहिए जिससे वह अपने प्रशिक्षण को प्रभावपूर्ण बना सके और इस प्रकार खिलाड़ियों का समय तथा शक्ति का बचाव कर सके। संबंधित खेल में खिलाड़ियों का रस बना रहे, इसके लिए भी निर्देशन तथा विश्लेषण उपयोगी है। आदर्श तथा प्रभावकारी निदर्शन देने के लिए प्रशिक्षक में आवश्यक शारीरिक क्षमता भी होनी चाहिए। संबंधित खेल का स्तर सुधारने में भी कौशलों के योग्य निर्देशन तथा विश्लेषण की विशेष भूमिका को भूलाया नहीं जा सकता।

प्रशिक्षण योजनाएं

प्रशिक्षण योजनाएं तब तक सफल एवं उपयोगी सिद्ध नहीं हो सकती जब तक कि प्रस्तुत किए जाने वाले विषय वस्तु को बुद्धिमानी से आयोजित एवं नियंत्रित न किया जाए। कक्षा प्रबंध के सामान्य सिद्धांतों और विभिन्न शिक्षण विधियों के संबंध में विस्तृत चर्चा की जा चुकी है। इन सिद्धांतों और विधियों को ध्यान में रखते हुए शारीरिक शिक्षा में विषय वस्तु को सरल, रोचक और व्यवहारिक रूप से प्रस्तुत करने के लिए लिखित पाठ योजना किया जाता है। लिखित पाठ्य योजना शिक्षक का विषय वस्तु को बेहतर ढंग से व्यवहारिक रूप से प्रस्तुत करने में सहायता प्रदान करती है। लिखित पाठ्य योजना शिक्षक को उसके विचारों को संगठित करने में सहायता मिलती है। पाठ्य योजना से शिक्षक शिक्षण से संबंधित आवश्यक बातों को नहीं भूलता, इसकी सहायता से शिक्षण से संबंधित आवश्यक सामग्रियां एवं उपकरणों की उपलब्धि को सुनिश्चित बनाया जा सकता है और शिक्षण प्रगति, भविष्य की योजनाएं और मूल्यांकन भी किया जा सकता है।

पाठ्य योजना का निर्माण कक्षा के कुछ समय पूर्व किया जाना चाहिए इसका अर्थ यह नहीं लगाया जाना चाहिए कि कक्षा के प्रारंभ होने से कुछ समय पूर्व इसका निर्माण किया जाए। शिक्षक को जो विषय वस्तु को कक्षा के सम्मुख प्रस्तुत करना है उसकी लिखित पाठ योजना का निर्माण कम से कम कक्षा के एक दिन पूर्व कर लेना चाहिए। एक शिक्षक को पाठ योजना का निर्माण करते समय निम्न बातों को ध्यान में रखना चाहिए:

1. पाठ्य योजना छात्रों की तात्कालिक शैक्षणिक और शैक्षणिक स्थतियों का ध्यान रखना।
2. शिक्षक को जब तक संभव हो विषय वस्तु के संबंध में विशिष्ट जानकारी देना चाहिए।
3. पाठ्य योजना कक्षा एवं छात्रों की उम्र के अनुरूप होनी चाहिए।
4. पाठ योजना का निर्माण करते समय शिक्षक को व्यक्तिगत विभिन्नताओं को ध्यान में रखना चाहिए।
5. पाठ्य योजना के लक्ष्य और उद्देश्य स्पष्ट एवं छात्रों के लिए सार्थक होना चाहिए।
6. पाठ्य योजना के पूर्व निर्धारित लक्ष्य एवं उद्देश्यों को प्राप्त करने के लिए आवश्यक उपकरणों का पर्याप्त प्रबंध होना चाहिए।
7. पाठ्य योजना छात्रों के पूर्ण ज्ञान पर आधारित होनी चाहिए।
8. पाठ्य योजना का निर्माण इस प्रकार से किया जाना चाहिए कि भूत, वर्तमान और भविष्य के बीच एक कड़ी स्थापित हो सके।
9. यदि पाठ्य योजना व्यावहारिक रूप से प्रस्तुत किया जा रहा है तो पाठ योजना के आरंभ में उष्मीकरण व्यायाम अवश्य कराना चाहिए। तत्पश्चात शिक्षण इकाई के आधार पर सामान्य एवं विशिष्ट उपभोगकरण करना चाहिए। इससे शिक्षक और छात्रों को शारीरिक और मानसिक रूप से तैयार होने में सहायता मिलती है और शिक्षण के दौरान चोट लगने की संभावनाएं भी कम हो जाती है।
10. पाठ्य योजना में शामिल विषय वस्तु और शिक्षण प्रक्रिया दोनों ही प्रगतिशील सिद्धांत पर आधारित होना चाहिए।
11. शिक्षक को स्वयं एवं छात्रों के लिए हमेशा यथार्थवादी लक्ष्य निर्धारित करना चाहिए।
12. शिक्षण पाठ्य योजना के निर्माण की योजना बनाते समय शिक्षक को यह निश्चित करना चाहिए कि पाठ्य योजना में उन्हीं शिक्षण ईकाइयों को शामिल किया जाए जो बच्चों के व्यक्तित्व का सर्वांगीण विकास में सहायक हो।
13. विषय-वस्तु और शिक्षण प्रक्रिया प्रगति के सिद्धांत पर आधारित होना चाहिए।

पाठ्य योजना का महत्त्व

शारीरिक शिक्षा एक व्यवहारिक शिक्षा है जिसमें छात्र शारीरिक और मानसिक रूप से संलग्न होकर क्रिया को सीखता है। शिक्षा के क्षेत्र में अन्य कोई शिक्षा शारीरिक शिक्षा के जैसी नहीं है जिसमें छात्रों को सीखने के लिए व्यवहारिक रूप से शारीरिक क्रियाएं करनी पड़ती है। इसी कारण शारीरिक शिक्षा की विभिन्न क्रियाओं की पाठ योजना बनाते समय शिक्षक को

अत्यधिक सावधानी की आवश्यकता पड़ती है। संपूर्ण शिक्षण प्रक्रिया का आयोजन कुशल निर्देशन के अन्तर्गत होना चाहिए जिससे छात्र-शिक्षण प्रक्रिया से स्वास्थ्य, कौशल, और अच्छा प्रदर्शन जैसे लाभ प्राप्त हो सकें।

यदि पाठ्य योजना निर्माण की रूप रेखा उचित रूप से बनाई जाए तो शिक्षण सुगमतापूर्वक आगे बढ़ता है। अनुचित एवं दिशाविहीन पाठ्य योजना से शिक्षण क्रिया बेहतर ढंग से संपन्न नहीं की जा सकती हैं।

पाठ्य योजना के महत्व को निम्नलिखित के माध्यम से समझा जा सकता है:

1. पाठ्य योजना में शिक्षक पाठयसामग्री का एक निर्धारित भाग निश्चित करता है जितना वह उपलब्ध समय में पढ़ सकता है। वह इस बात का निर्धारण पूर्व में ही कर लेता है कि एक पीरियड में उसे कितना शिक्षण कार्य कराना है।
2. पाठ्य योजना से शिक्षक को शिक्षण प्रवाहपूर्ण और प्रभावशाली रूप से प्रस्तुत करने में सहायता मिलती है।
3. उचित पाठ्य योजना के अन्तर्गत शिक्षण कार्य करते समय शिक्षक मुख्य विषय से भटकता नहीं हैं।
4. निश्चित पाठ्य योजना से शिक्षक छात्रों पर कुशलतापूर्वक नियंत्रण करने में सक्षम होता है। और शिक्षण कार्य के दौरान उत्पन्न समस्याओं को बेहतर ढंग से हल कर सकता है।
5. पाठ्य-योजना शिक्षक के लिए एक मार्गदर्शिका का कार्य करती है।
6. पाठ्य योजना की सहायता से शिक्षक अपने वर्तमान पाठ को पूर्व पाठ से जोड़ते हुए उत्तरोत्तर विकास की ओर ले जा सकता है।
7. शिक्षण से पूर्व संबंधित विषय में पाठ्ययोजना का निर्माण कर लेने से शिक्षक को आवश्यक शिक्षण-सामग्री और उपकरणों की समय पर व्यवस्था करने में आसानी हो जाती है।
8. पाठ्य-योजना शिक्षक में आत्म विश्वास उत्पन्न करती है और छात्रों की शंकाओं का समाधान कर सन्तुष्ट करने के योग्य बनाती हैं।
9. पाठ्य-योजना के माध्यम से शिक्षक विषय-वस्तु से संबंधित सभी आवश्यक एवं मुख्य बातों को पूर्ण रूप से समझ कर कक्षा में जाता है। इस पूर्ण तैयारी के कारण ही वह उचित शिक्षण वातावरण के निर्माण करने में सक्षम होता है।
10. पाठ्य योजना के कारण शिक्षक में चिंतन प्रवृत्ति का विकास होता है। जिसके फलस्वरूप शिक्षक का विषय के संबंध में ज्ञान हमेशा नया और ताजा बना रहता है।
11. पाठ्य योजना द्वारा शिक्षक सम्पूर्ण पाठ्यक्रम को उचित भागों में बांटकर उसे समय पर सदा समाप्त कर सकता है।
12. पाठ-योजना शिक्षण को सफलता की ओर ले जाती है और यह सफलता छात्र एवं शिक्षक दोनों को संतोष प्रदान करती है।
13. पाठ्य योजना शिक्षक को अपनी शिक्षण योग्यता और कार्यप्रगति के मूल्यांकन में सहायता प्रदान करती है।

पाठ्य योजना के सिद्धांत

शारीरिक शिक्षा में विभिन्न प्रकार के खेल एवं क्रियाएं होती हैं जिनको सिखाने के लिए अलग-अलग कुछ निश्चित बुनियादी सिद्धांत है जो सभी के लिए सामान्य है :

ये सिद्धांत निम्नलिखित है :

1. **उष्मीयकरण:** किसी भी प्रकार की शारीरिक क्रिया को करने से पूर्व छात्र को शारीरिक एवं मानसिक रूप से तैयार करना अत्यंत आवश्यक होता है। इसलिए जटिल क्रियाओं को करने से पूर्व छात्रों को विभिन्न सामान्य उष्मीयकरण क्रियाओं को करवाना चाहिए। इससे छात्रों के नाड़ी मांसपेशीय समन्वय का विकास होता है जिसके परिणामस्वरूप खेल की जटिल क्रियाओं को सीखते समय चोट लगने की संभावनाएं कम हो जाती है।
2. **मानव शरीर का सामान्य विकास:** शारीरिक शिक्षा एक गतिविधि शिक्षा है जिसमें क्रियाओं को उनके वास्तविक स्वरूप में करके ही सीखी जाती है। क्रियाओं को सीखने एवं उसमें विशेषता प्राप्त करने के लिए छात्रों के शरीर का सामान्य विकास करना अत्यंत आवश्यक है। शरीर का सामान्य विकास सामान्य प्रकार की क्रियाओं को करने के लिए सहायक तो होता ही है। इसके साथ-साथ विशिष्ट प्रकार की क्रियाओं को करने के लिए आधार भी बनाता है अत: मानव शरीर का सामान्य विकास के लिए शरीर के सभी अंगों को पर्याप्त व्यायाम देना चाहिए।
3. **उम्र एवं लिंग:** विभिन्न शारीरिक क्रियाएं छात्रों की उम्र एवं लिंग को ध्यान में रखकर चुनी जानी चाहिए। प्राथमिक स्तर के छात्र एवं छात्राओं को दी जाने वाली क्रियाओं और माध्यमिक स्तर के छात्र को दी जाने वाली क्रियाओं में स्पष्ट अन्तर होना चाहिए क्योंकि दोनों की

आवश्यकताएं अलग-अलग होती है। इसके अतिरिक्त एक ही स्तर के छात्र एवं छात्राओं को दी जाने वाली क्रियाओं में भी अन्तर होना चाहिए। छात्राओं को छात्रों के जैसे अधिक कर्मठ क्रियाएं लम्बी अवधि तक नहीं कराना चाहिए। अतः पाठ-योजना बनाते समय छात्रों की उम्र एवं लिंग के अन्तर को अवश्य सामने रखना चाहिए।

4. **उत्तरोत्तर प्रगति:** पाठ्य-योजना के आरंभ में ही कठिन व्यायाम करना छात्रों के लिए असंभव होता है। इसलिए शिक्षक या छात्र को यह सलाह दी जाती है कि पाठ्ययोजना के शुरुआती दौर में क्रियाएं आसान होनी चाहिए और तत्पश्चात उत्तरोत्तर प्रगति के आधार पर क्रियाओं को कठिनाई की ओर ले जाना चाहिए। यह शारीरिक विकास के लिए आवश्यक है कि उत्तरोत्तर प्रगति सिद्धांत को ध्यान में रखकर क्रियाओं को एक निश्चित क्रम करने में किसी प्रकार की कोई कठिनाई न हो। सामान्यतः उत्तरोत्तर प्रगति के आधार पर एक निश्चित क्रम में क्रियाओं को करने से कठिन क्रियाएं करना छात्रों के लिए सुगम हो जाता है।

5. **क्रियाओं का अभ्यास:** बिना क्रियाओं के अभ्यास के क्रियाओं में विशेषज्ञता नहीं प्राप्त की जा सकती है और एक बार की गई क्रिया का कोई विकासात्मक महत्व भी नहीं होता है। इसलिए शरीर का पर्याप्त विकास करने के लिए और क्रियाओं में विशेषज्ञता प्राप्त करने के लिए क्रियाओं की प्रकृति के आधार पर एक निश्चित समय तक क्रियाओं का बार-बार लगातार अभ्यास कराया जाना चाहिए।

6. **पाठ्य की निरन्तरता:** पाठ्य योजना के अन्तर्गत सिखाई जाने वाली क्रिया को निरन्तर रूप में कराया जाना चाहिए इससे छात्रों पर अच्छा प्रभाव पड़ता है और क्रियाओं से अधिक लाभ मिलता है। पाठ्य योजना के लिए छात्रों का एक बार उष्मीयकरण होने पर निरन्तर क्रिया करते रहना सुगम होता है और क्रिया में कुशलता प्राप्त करना आसान हो जाता है यदि पाठ की निरन्तरता में किसी कारणवश बार-बार अवरोध आता है तो छात्रों के लिए क्रिया को उत्साहपूर्वक करना कठिन हो जाता है। अतः पाठ्य-योजना के दौरान इस प्रकार की व्यवस्था करनी चाहिए। इससे क्रिया को निरन्तरता पर प्रतिकूल प्रभाव न पड़े और छात्र क्रिया को जारी रख सके।

7. **सामान्य स्थिति में लाना:** पाठ योजना के पश्चात विभिन्न सामान्य व्यायामों द्वारा छात्रों को सामान्य स्थिति में लाना चाहिए। जिस प्रकार क्रिया के शुरू में उष्मीयकरण आवश्यक है ठीक उसी तरह क्रिया के समाप्त होने के पश्चात छात्रों को सामान्य स्थिति में लाना आवश्यक है। सामान्य स्थिति में लाने के लिए छात्रों को लम्बी सांस लेना, धीरे-धीरे दौड़ना और हल्के व्यायाम आदि कराना चाहिए। इससे छात्र सामान्य स्थिति में तो आता ही है और साथ ही साथ अगले दिन के कार्यों के लिए तैयार होता है।

पाठ्य-योजना के प्रकार

शारीरिक शिक्षा में पाठ्य-योजना दो प्रकार के होते हैं:

1. सामान्य पाठ्य-योजना:

एक सामान्य पाठ्य-योजना को निम्नलिखित 5 भागों में बांट सकते हैं :

1. एकत्रीकरण एवं उपस्थिति लेना
2. प्रारंभिक (उष्मीयकरण) क्रियाएं

पाठ्ययोजना के इस भाग से वास्तविक शिक्षण प्रारंभ होता है अतः यह आकर्षण एवं उत्साहवर्धक होना चाहिए। इसमें छात्रों को "उष्मीयकरण" करने के लिए सामान्य व्यायाम करवाये जाते हैं ताकि उन्हें कठिन एवं कर्मठ क्रियाएं करने के लिए शारीरिक एवं मानसिक रूप से तैयार किया जा सके।

उष्मीयकरण प्रक्रिया औपचारिक जैसे-धीरे-धीरे दौड़ना, व्यायाम स्ट्राइंड उछलने कूदने वाले व्यायाम, बेन्डिग व्यायाम और स्ट्रेचिंग व्यायाम करवाये जाते हैं। ये व्यायाम पहले धीमी गति से प्रारंभ की जानी चाहिए और फिर धीरे-धीरे लय के साथ व्यायाम की तीव्रता बढ़ाते जाना चाहिए। पाठ्य-योजना में प्रारंभिक क्रियाओं की अवधि 5 से 7 मिनट तक होती है। प्रारंभिक क्रियाओं (उष्मीयकरण) को कराते समय निम्न कारकों को ध्यान में रखना चाहिए :

1. सिखायी जाने वाली क्रिया का प्रकार
2. मौसम की स्थिति
3. पूर्व में सीखी गई क्रियाएं
4. छात्रों की प्रवृत्ति
5. खेल मैदानों की स्थिति
6. मुख्य शैक्षणिक भाग

प्रारंभिक क्रियाएं की तीव्रता इतनी अधिक नहीं होना चाहिए कि छात्रों में थकान उत्पन्न हो जाए। थकान होने की

दशा में छात्र पाठ्य-योजना के मुख्य शैक्षणिक भाग में आलस का अनुभव करेगा। अत: इस प्रकार की प्रतिकूल स्थितियों से बचने के लिए पाठ्य-योजना के प्रारंभिक भाग में छात्रों को उष्मीयकरण के लिए निम्नलिखित क्रियाओं का सुझाव दिया जाता है :

1. चलना, धीरे-धीरे दौड़ना, दौड़ना, एक पैर से कूदना, खींचना, धकेलना, लुढ़कना, ऊपर छलांग मारना, फैंकना, घुमना पलटना, स्ट्रेचिंग आदि।
2. स्वतंत्र एवं संरचना मार्चिंग, मार्चिंग के दौरान तालियां बजाना, फैन्सी मार्चिंग आदि।
3. मिश्रित क्रियाएं जैसे बाधाओं के ऊपर से उछलना एवं दौड़ना एक पैर से विभिन्न आकृतियों जैसे त्रिभुजाकार, गोलाकार के ऊपर से उछलना और कूदना।
4. जम्पिंग जैक, बच्चों के खेल, पैर फैलाकर कूदना, सी-सॉ, सरल कुश्ती।
5. आवाज की नकल करना, विभिन्न प्रकार के पशु एवं पक्षियों के समान क्रिया करना, ट्रेन हवाईजहाज, कार, साईकिल, स्कूटर आदि की नकल करना।
6. उपकरण के साथ और बिना उपकरण के रिले।
7. माईनर खेल चेसिंग खेलें।

इन विभिन्न प्रकार की प्रारंभिक क्रियाओं में से पाठ योजना के लिए क्रिया का चुनाव छात्रों के प्रकार, पाठ के उद्देश्य, और समय की आवश्यकता के आधार पर किया जाता है। जहां तक पाठ में कितनी प्रारंभिक क्रियाएं रखी जाने का प्रश्न है, यह पाठ्य-योजना के कुल समय पर निर्भर करता है।

3. मुख्य शैक्षणिक भाग: यह पाठ्य-योजना का सबसे महत्वपूर्ण भाग है। इसके दो भाग होते है :

अ. औपचारिक क्रियाएं: औपचारिक क्रियाएं विकासात्मक प्रकृति की होती है। इन्हीं के द्वारा बच्चे शारीरिक नियंत्रण, संतुलन तथा स्फूर्ति का विकास कैसे किया जाए सीखते हैं। इन क्रियाओं से छात्रों की ध्यान शक्ति, मांसपेशियों को सुदृढ़, और उनकी अनुक्रिया क्षमता आदि विकसित की जा सकती है। इसके अतिरिक्त ये क्रियाएं सम्पूर्ण विद्यालय से अवांछनीय प्रभाव को दूर करने में सहायक होती है। इन क्रियाओं को कराते समय शरीर एवं मन की तत्परता, क्रिया की गति एवं नियमपूर्वक कार्य करने पर अधिक जोर दिया जाता है। औपचारिक क्रियाएं कराने के लिए आदेश विधि का उपयोग किया जाता है। इनमें निम्न क्रियाएं सम्मिलित होती है:

1. विभिन्न समूह के लिए अलग-अलग शारीरिक प्रशिक्षण (व्यायाम)
2. ड्रिल एवं मार्चिंग
3. डिप्स, स्केवट और सूर्यनमस्कार

औपचारिक क्रियाएं 5 से 10 मिनट पाठ्य-योजना के आवश्यकतानुसार करानी चाहिए। पाठ्य-योजना में औपचारिक प्रक्रिया विकास प्रक्रिया को शुरू करती है और इसका मुख्य लक्ष्य छात्रों की गामक क्षमता को विकसित कर उनके शारीरिक स्वास्थ्य को सुधारना होता है।

ब. विशिष्ट क्रियाएं: विशिष्ट क्रियाएं चाहे वो औपचारिक हो या अनौपचारिक उनमें कुछ नवीनता होनी चाहिए। ये क्रियाएं बच्चों का शारीरिक विकास तो करती ही है इसके साथ ही साथ क्रियाओं में रुचि बनाए रखने के लिए लम्बे समय तक उच्च स्तर की प्रेरणा का कार्य भी करती है। विशिष्ट क्रियाएं 10 से 15 मिनट तक सिखायी जानी चाहिए। क्रियाओं की जटिलताओं और उसके स्वरूप को समझते हुए इतनी क्रियाएं कराने से छात्र क्रियाओं के क्रम भूलने लगते हैं और नियमपूर्वक कार्य करने में असमर्थ होते हैं।

शारीरिक शिक्षा में निम्नलिखित विशिष्ट क्रियाएं होती है जो छात्रों के शारीरिक अंगों, गामक क्षमताओं, शारीरिक स्वास्थ्य, कौशल और अन्य कई चीजों का विकास करती है।

1. हल्के उपकरण से व्यायाम
   डम्बलस इंडियन क्लब, बॉन्डस, बॉल, प्रतिरूप, लेझियम, लाठी आदि।
2. मार्चिंग संरचना
   मास मार्चिंग, फैन्सी मार्चिंग आदि।
3. भारी उपकरणों से व्यायाम
   जिम्नास्टिक व्यायाम जैसे- पैरलल बार, रोमन रिंग, होरिजेन्टल बार, अनइवन बार, पामेल्ड हार्स, रस्सी की सीढ़ियों, फ्लोर एक्सरसाइज आदि।
4. पैरामिडज, स्टण्टज, मलखम्भ आदि।
5. बड़े खेलों की बुनियादी कुशलताएं।
   बास्केटबाल, फुटबाल, क्रिकेट, वालीबाल, टेनिस आदि।
6. एथलेटिक्स

7. द्वन्द्वात्मक खेल
   बाक्सिंग, जुडों, कुश्ती आदि।
8. लयबद्ध क्रियाएं, एरोबिक्स, लोक नृत्य आदि।
9. परीक्षण क्रियाएं
   शारीरिक स्वास्थ्य परीक्षण, आक्सिक एवं अनाक्सिक स्वास्थ्य परीक्षण, शारीरिक दक्षता परीक्षण, गामक क्षमता परीक्षण आदि।

4. मनोरंजनात्मक क्रियाएं: यह पाठ्य-योजना का अत्यंत आनन्ददायक भाग होता है, जिसमें लीडअप क्रियाएं या लघु खेलें होती हैं। पाठ्य-योजना में मनोरंजनात्मक क्रियाएं दो उद्देश्यों के लिए करायी जाती है :

1. मुख्य शैक्षणिक इकाई का अनुसरण करना।
2. सक्रिय मनोरंजन

पाठ्य-योजना में यह वो समय होता है जब छात्र विभिन्न मनोरंजनात्मक क्रियाओं या खेलों के माध्यम से अपनी आन्तरिक भावना को प्रदर्शित करता है। सामान्यत: वह योजना में 10 से 12 मिनट मनोरंजनात्मक क्रियाओं को दिया जाना चाहिए। कुछ शारीरिक शिक्षा शास्त्रियों का मानना है कि अगर पाठ्य-योजना में बच्चे भाग ले रहे हैं तो मनोरंजनात्मक क्रियाओं का समय सम्पूर्ण पाठ्य योजना समय का 50 प्रतिशत होना चाहिए क्योंकि बच्चे औपचारिक शिक्षण में अधिक देर तक ध्यान नहीं दे पाते हैं।

कुछ मनोरंजनात्मक क्रियाएं निम्नलिखित हैं:

1. लघु खेलों
   खड़ी खो, इनआउट, चेसिंग खेल आदि।
2. लीडअप खेल
   विभिन्न बुनियादी खेल कौशल आधारित खेल
3. रिले खेल
4. कौशल ड्रिल
   बॉल पास ड्रिल, ड्रिबल ड्रिल
5. लयबद्ध क्रियाएं

पुन: एकत्रीकरण एवं विसर्जन: प्रत्येक पाठ की समाप्ति प्रभावशाली ढंग से होनी चाहिए। पाठ योजना में किसी भी प्रकार की क्रिया क्यों न हो उसके अन्त में सभी छात्रों को एक स्थान पर कदवार एक पंक्ति में एकत्रित कर कक्षा का विसर्जन किया जाना चाहिए। एकत्रीकरण एवं विसर्जन में आदेश विधि का उपयोग होता है और इसका समय 2 से 3 मिनट तक होना चाहिए।

2. विशिष्ट पाठ्य-योजना:

विभिन्न व्यक्तिगत और समूह खेलों आदि को सिखाने के लिए विशिष्ट पाठ्य-योजना को बनाने की आवश्यकता होती है। जहां सामान्य पाठ्य-योजना का लक्ष्य सामान्य शारीरिक विकास करना होता है वही दूसरी ओर विशिष्ट पाठ्य-योजना का लक्ष्य बुनियादी और उच्च कौशल का शिक्षण और प्रशिक्षण, विभिन्न विशिष्ट शारीरिक स्वास्थ्य घटकों का विकास और व्यूह रचनाओं को सिखाना होता है।

इसके अतिरिक्त इन दोनों की शिक्षण विधियों में भी अन्तर होता है। सामान्य पाठ्य-योजना में शिक्षण सामान्य होती है जबकि विशिष्ट पाठ्य-योजना में शिक्षण व्यक्तिगत विशिष्ट होती है। अगर विशिष्ट पाठ्य-योजना को कोचिंग पाठ्य-योजना कहा जाए तो गलत नहीं होगा।

एक विशिष्ट पाठ्य-योजना के निम्नलिखित भाग होते हैं:

1. एकत्रीकरण एवं उपस्थिति लेना: पाठ्य-योजना से संबंधित क्रिया के लिए छात्र विशेष वेश-भूषा में शिक्षक के सामने कदवार एक पंक्ति में एकत्रित होते हैं। एकत्रित होने के पश्चात कक्षा में शामिल कुछ छात्रों की संख्या जानने के लिए शिक्षक को छात्र के नाम या रोल नं. के आधार पर हाजरी लगानी चाहिए। हाजरी के पश्चात शिक्षक को पाठ योजना के अन्तर्गत कराये जाने वाले कार्य के संबंध में संक्षिप्त जानकारी छात्रों को देनी चाहिए। इससे छात्र शिक्षण कार्य के लिए शारीरिक एवं मानसिक रूप से तैयार हो जाते हैं।

2. उष्मीयकरण: विशिष्ट पाठयोजना में उष्मीयकरण दो प्रकार से करायी जाती है :

(क) सामान्य उष्मीयकरण: सामान्य उष्मीयकरण के द्वारा छात्रों को दृढ़ या कठिन क्रियाओं को करने के लिए तैयार किया जाता है।

(ख) विशिष्ट उष्मीयकरण: विशिष्ट उष्मीयकरण के अन्तर्गत छात्रों को सिखाएं जाने वाले कौशल से मिलते जुलते विशिष्ट व्यायाम कराये जाते हैं। जिसका मुख्य उद्देश्य उन मांसपेशियों के समूह को तैयार करना जो कि पाठयोजना में विशेष रूप सीमाएं और कराएं जाने वाले कौशल का कार्य में सम्मिलित होते हैं अर्थात विशिष्ट कौशल या कार्य

से संबंधित विशेष मांसपेशियों के समूह तैयार करना विशिष्ट उष्मीय कहलाता है। खेल वैज्ञानिकों का मानना है कि विशिष्ट क्रियाओं को सीखने के लिए विशिष्ट उष्मीयकरण अत्यंत आवश्यक है। उदाहरण के लिए तैराकी में अगर स्ट्रोक्स सीखना है तो पानी के अन्दर विभिन्न विशिष्ट उष्मीकरण करना आवश्यक है। इसी तरह जिम्नास्टिक फुटबाल, क्रिकेट आदि खेलों के कौशलों को सीखने के लिए संबंधित विशिष्ट उष्मीयकरण करना चाहिए। विशिष्ट उष्मीयकरण के अन्तर्गत जो व्यायाम किए जाते हैं वो सिखाएं जाने वाले वास्तविक खेल कौशल से काफी निकट होते हैं। इसलिए जब कभी भी विशिष्ट पाठ-योजना आयोजन किया जा रहा हो तो सामान्य उष्मीयकरण के पश्चात विशिष्ट उष्मीयकरण पर अधिक बल एवं समय दिया जाना चाहिए।

विशिष्ट उष्मीयकरण के निम्नलिखित लाभ हैं:

1. यह छात्रों की विशिष्ट शारीरिक स्वास्थ्य का विकास करती है।
2. यह तंत्रिका मांसपेशी समन्वय का विकास करती है। परिणामस्वरूप छात्र जटिल क्रियाओं को करने में समर्थ होता है।
3. यह छात्रों के दिमाग पर मनोवैज्ञानिक प्रभाव डालता है। विशिष्ट उष्मीयकरण प्रक्रिया के पश्चात छात्र अपने आप को किसी भी प्रकार की प्रतियोगिता के लिए तैयार पाता है।
4. विशिष्ट उष्मीयकरण के पश्चात चोट लगने की संभावना कम हो जाती है।

3. मुख्य शैक्षणिक भाग: विशिष्ट पाठ-योजना के मुख्य शैक्षणिक भाग को दो भागों में बांट सकते हैं :

(a) **बुनियादी कौशल को सिखाना:** बुनियादी व्यक्तिगत एवं सामूहिक खेलों के बुनियादी कौशलों के शिक्षण सिद्धांतों की संपूर्ण व्याख्या पूर्व के अध्यायों में की जा चुकी है। किन्तु फिर भी जब विशिष्ट पाठ-योजना का निर्माण किया जा रहा हो तो शिक्षक को निम्न प्रमुख बातों को ध्यान में रखना चाहिए:

1. सिखाएं जाने वाले कौशल का सम्पूर्ण एवं प्रभावशाली प्रदर्शन करना चाहिए।
2. कौशल की यांत्रिकी वर्णन करते समय तीन मुख्य बातों पर अधिक बल देना चाहिए :
   - स्टान्स
   - एक्सीक्युशन
   - फालोअप
3. बुनियादी कौशल को छोटे भागों में विभक्त कर सिखाना चाहिए।

(b) **बुनियादी कुशलताओं का अभ्यास:** बुनियादी कौशल का सम्पूर्ण प्रदर्शन और उसके अलग-अलग भागों का विस्तृत वर्णन के पश्चात अब समय है छात्रों का व्यक्तिगत या समूह में कौशल का अभ्यास करने का। जब छात्र व्यक्तिगत या समूह में कौशल का अभ्यास कर रहा हो उस समय शिक्षक को निम्न बातों का ध्यान देना चाहिए:

1. अभ्यास के दौरान शिक्षक को प्रत्येक छात्रों के पास जाकर निरीक्षण एवं मार्गदर्शन करना चाहिए।
2. कौशल अभ्यास में हो रही त्रुटियों को तुरन्त सुधार करना चाहिए और आवश्यक हो तो कौशल का पुनः प्रदर्शन एवं वर्णन करना चाहिए।
3. जहां तक संभव हो छात्रों को अभ्यास के लिए अधिक समय देना चाहिए।
4. कौशल अभ्यास में रुचि लाने के लिए विभिन्न ड्रिलों का उपयोग करना चाहिए।
5. छात्रों के कौशल अभ्यास के दौरान बेहतर प्रदर्शन के लिए प्रेरित करते रहना चाहिए।

4. लीड-अप क्रिया: लीड-अप क्रिया का मुख्य उद्देश्य बुनियादी कौशल को सीखने में सहायता प्रदान करना है। अर्थात लीड-अप क्रिया में कौशल से संबंधित विशेष ड्रिल करवायी जाती है। सामान्य रूप से लीड-अप क्रिया खेल या कौशल ड्रिल का एक ही स्वरूप है जिसमें मनोरंजन के साथ-साथ प्रतियोगिता भी होती है। लीड-अप क्रिया के दौरान छात्रों को अनौपचारिक रूप से स्वतंत्र क्रिया करने का अवसर देना चाहिए। लीड-अप क्रिया लगातार कौशल अभ्यास से उत्पन्न नीरसता को समाप्त कर कौशल को बेहतर ढंग से सीखने एवं प्रदर्शन करने के लिए प्रेरित करती है।

5. **सम्पूर्ण खेलः** लम्बे समय तक व्यक्तिगत कौशल अभ्यास धीरे-धीरे छात्रों में नीरसता उत्पन्न करती है जबकि सम्पूर्ण खेल के द्वारा सीखी गई बुनियादी कौशलों का वास्तविक स्थितियों में प्रयोग करने की स्वतंत्रता मिलती है। प्राकृतिक रूप से बच्चे कौशल के व्यक्तिगत अभ्यास की अपेक्षा सम्पूर्ण खेल में भाग लेना अधिक पसन्द करते हैं। सम्पूर्ण खेल का आशय यह नहीं है कि खेल का उसके वास्तविक स्वरूप में आयोजन किया जाए। कौशल अभ्यास के दृष्टिकोण से संबंधित खेल के वास्तविक स्वरूप को थोड़ा बदल देना चाहिए। जैसे-खेल मैदान को छोटा करना, खिलाड़ियों की संख्या कम करना, समय कम करना, खेल के दौरान कुछ निश्चित कौशलों का ही प्रयोग करने की छूट देना आदि। वैसे तो विशिष्ट पाठ योजनाओं में सामान्य पाठ योजना का विशेष मनोरंजनात्मक भाग नहीं होता है। फिर लीड अप क्रिया और सम्पूर्ण खेल का आयोजन इस प्रकार से करना चाहिए जिससे छात्र कुछ मनोरंजन अवश्य प्राप्त कर सके और इसके द्वारा छात्र के कौशल प्रदर्शन का मूल्यांकन भी हो जाता है।

6. **विचार-विमर्श के लिए एकत्रीकरणः** पाठ योजना के समाप्त होनें के पश्चात सभी छात्रों को पुनः एक स्थान पर एकत्रित होने के लिए कहा जाता है और जो कुछ भी सिखाया गया है उस पर विचार विमर्श कर छात्रों की शंकाओं का समाधान किया जाता है। विचार विमर्श से छात्रों ने पाठ योजना से कितना सीखा है।

7. **विसर्जनः** विचार-विमर्श के पश्चात शिक्षक सभी छात्रों को एक स्थान पर कदवार एक पंक्ति में एकत्रित कर आवश्यक निर्देश देने के पश्चात कला का विसर्जन कर दिया जाता है।

अध्याय

6 शारीरिक शिक्षा के सामाजिक आधार

मनुष्य एक सामाजिक प्राणी है। आवश्यकताओं की पूर्ति के लिए उसे दूसरों पर निर्भर रहना पड़ता है। अपने विवेक तथा कौशल्य के बल पर मनुष्य ने परिवर्तनशील पर्यावरण में अपने आपको व्यवस्थित करने, जीवन में एक क्रम उत्पन्न करने तथा अन्य प्राणियों पर अपनी श्रेष्ठता स्थापित करने के योग्य बनाया है। मनुष्य तथा उसके सामाजिक व्यवहार का निर्माण सामाजिक रीति तथा संस्कृति द्वारा होता है।

आज मनुष्य के लिये एकाकी जीवन जीना कठिन ही नहीं असम्भव भी है। समाज से दूर रहकर अपना अस्तित्व बनाये रखना कठिन है क्योंकि दु:ख- सुख में उसे बन्धु-बान्धवों की आवश्यकता पड़ती है। इसलिए समाज के अभाव में मनुष्य केवल एक असभ्य प्राणी है।

बट्रैन्ड के मतानुसार 'समाज एक ऐसी पहचान रखने वाले व्यक्तियों का समूह है जो एक सुर-ताल होकर जीवन यापन करने के लिए सुसंगठित हैं'। समाज विज्ञान पारस्परिक मानवी सम्बन्धों से संबद्ध तथ्यों, नियमों तथा सिद्धान्तों का अध्ययन है। जैसे पानी की एक बूंद से सागर को एक अस्तित्व तथा आकार प्राप्त होता है वैसे ही प्रत्येक व्यक्ति का समाज की संरचना में महत्वपूर्ण योग है।

समाज में रहकर ही मनुष्य अपने व्यक्तित्व का निर्माण करता है। अत: यह आवश्यक है कि शारीरिक शिक्षा के कार्यक्रम में व्यायाम के साथ-साथ व्यक्ति को ऐसे सामाजिक अनुभव दिए जाएं जिससे उसके सुन्दर व्यक्तित्व का निर्माण हो सके।

सामाजिक मूल्य तथा शारीरिक शिक्षा

व्यक्ति में विद्यमान जन्मजात गुण उसकी पहचान, समरूपता आदि को दर्शाते हैं। जन्मजात गुणों को बदला नहीं जा सकता किन्तु समाज ऐसी स्थितियां अवश्य उत्पन्न कर देता है जिनमें प्रत्येक व्यक्ति जीवन यापन के लिए अनिवार्य कुछ सामाजिक कौशल्य मूल्य तथा गुण अर्जित कर अपनी असभाव्यता को विकसित करता है। सामाजिक मूल्य का निर्माण महापुरुषों द्वारा संगठित प्रणाली के माध्यम से मनुष्य के अनुभव, अवबोध तथा विवेक के आधार पर होता है। मनुष्य इन मूल्यों को शिक्षा द्वारा ग्रहण करता है। सामाजिक मूल्य बहुत ही मूल्यवान होते हैं जिनका संरक्षण करना समाज के प्रत्येक सदस्य का कर्तव्य है। मैत्री, बन्धुता, सहयोग, अनुशासन, कर्तव्य परायणता, खिलाड़ी भावना, निष्ठा आदि गुण सामाजिक मूल्यों से विकसित होते हैं।

शारीरिक शिक्षा केवल शिक्षा का ही अंग नहीं अपितु एक ऐसा साधन है जिसके द्वारा सामाजिक सम्बन्धों को विकसित किया जाता है। शारीरिक शिक्षा की समूह क्रीड़ाओं द्वारा व्यक्ति में निष्ठा, आत्म विश्वास, प्रतिस्पर्धा आदि गुणों का विकास होता है। मनुष्य के सामाजिक चरित्र का विकास खेल के क्षेत्र में ही होता है।

व्यायाम के कार्यक्रम ऐसे होने चाहिए जिनमें शैक्षिक अनुभव के साथ-साथ मानव तथा सामाजिक मूल्यों को संरक्षण प्रदान हो तथा शारीरिक शिक्षा के उद्देश्यों की पूर्ति हो। शारीरिक शिक्षा के शिक्षकों को कार्यक्रम ऐसे वातावरण में आयोजित करने चाहिए जो सामाजिक दृष्टि से अनुकूल हों। यदि समाज सन्तुष्ट होगा तभी मनुष्य की 'सामाजिक दृढ़ता' सुनिश्चित हो सकती है।

शारीरिक शिक्षा द्वारा चरित्र निर्माण

लोग व्यक्तित्व तथा चरित्र को समान मानते हैं। परन्तु यह सत्य नहीं है। व्यक्तित्व कुछ हद तक वंशानुक्रम होता है और चरित्र का निर्माण किया जाता है। व्यक्तित्व एक निष्पक्ष अवधारणा तथा वस्तुनिष्ठ संज्ञा है जबकि चरित्र नैतिकता के अभाव में एक तत्वहीन परिकल्पना है मनुष्य के चरित्र को विशेष रूप से प्रभावित करने में सामाजिक वातावरण का बहुत बड़ा हाथ होता है।

अच्छे चरित्र की नींव बाल्यावस्था में ही रखी जाती है। प्रत्येक बालक अपने चरित्र का निर्माण स्वयं करता है। शारीरिक शिक्षा में बालक व्यक्तिगत अथवा समूह प्रणाली के द्वारा कौशल्य अभ्यास तथा अन्तर्क्रिया द्वारा चरित्र के गुणों को अर्जित करता है। अव्यायामी व्यक्ति की तुलना में खिलाड़ियों में चरित्र के अनेक गुणों जैसे स्पष्टवादिता, सत्यवादिता, निष्पक्षता, निष्ठा, चरित्रात्मकता, निष्कपटता आदि गुण पाए गए हैं।

स्कूलों में शारीरिक शिक्षा द्वारा विद्यार्थियों में सहनशीलता, सहकारिता, साहस, निष्पक्षता, न्याय-भावना आदि गुणों का विकास किया जाता है। क्रीड़ा प्रक्रियाओं द्वारा अच्छे चरित्र के निर्माण में शारीरिक शिक्षा का महत्वपूर्ण योगदान रहा है। विलियम्ज के अनुसार 'क्रीड़ांगन तथा व्यायाम स्थल ऐसी अनुसंधान शालायें हैं जिसमें निष्कपट रहो, निष्पक्ष रहो अथवा एक समान रहो जैसे मानकों को वैयक्तिक तथा आत्मनिष्ठ नैसर्गिक प्रणोदों के सम्मुख चित्रित होते हुए देखा जा सकता है।

सामाजिक व्यवहार पर सामाजिक संस्थानों का प्रभाव

समाज की सभ्यता, रीति, संस्कृति तथा सामाजिक संस्थाएँ मनुष्य के सामाजिक व्यवहार को विशेष रूप से प्रभावित करती हैं। मनुष्य अपने जीवन में अनेक प्रकार के अनुभव प्राप्त करता है। कुछ अपने परिवार से तथा कुछ समाज से प्राप्त करता हैं। कुछ अनुभव उसे शिक्षा सम्बन्धी कार्यक्रमों से प्राप्त होते हों। अत: शारीरिक शिक्षा के कार्यक्रम ऐसे बनाए जाएं जो भारतीय परम्परा तथा सभ्यता के प्रतीक हों और उनसे ऐसे व्यक्तित्व का निर्माण हो जो सर्वथा भारतीय हो।

जैसा कि हम पहले बता चुके हैं कि समय परिवर्तन के साथ कई राजनैतिक परिवर्तन भी हुए हैं। इन सभी परिवर्तनों में सबसे अधिक प्रभाव पाश्चात्य विचारधारा का पड़ा है। शिक्षा-प्रणाली पर भी पाश्चात्य विचारधारा का विशेष प्रभाव पड़ा है। पहले गुरू कुल में शिक्षा प्रदान की जाती थी अब विद्यालयों तथा महाविद्यालयों में सबको समान रूप से शिक्षा प्राप्त करने का अधिकार है। सभी को अपनी भावनाओं को प्रकट करने के अवसर प्रदान किए जाते हैं। भावनाओं को व्यक्त करने के लिए खेल, संगीत, कला, नाटक आदि के कार्यक्रम उत्तम साधन हैं। परन्तु इनमें भाग लेने वाले विद्यार्थी पढ़ाई में रुचि कम रखते हैं। अत: शारीरिक शिक्षा का कार्यक्रम इस प्रकार बनाना चाहिए जिससे खेल भावनाओं को नियन्त्रित किया जाए और जो व्यक्ति के नैतिक तथा मानसिक विकास पर बुरा प्रभाव न डाले। शारीरिक शिक्षा के कार्यक्रम को केवल शारीरिक व्यायाम न समझ कर इसे भारतीय संस्कृति तथा सभ्यता की एक प्रभावशाली शक्ति समझना चाहिए।

शारीरिक शिक्षा के कार्यक्रमों में खेलों को महत्वपूर्ण स्थान देना चहिए। जिससे खिलाड़ी अपनी भावनाओं को पूर्ण रूप से व्यक्त कर सके। जिससे उनका मानसिक सन्तुलन बना रहता है। उसका व्यक्तित्व गम्भीर बनता है तथा उसमें नागरिकता के गुणों का विकास होता है।

यह पूर्ण रूप से सिद्ध हो चुका है कि शिक्षा द्वारा व्यक्ति का मानसिक, शारीरिक, सामाजिक, बौद्धिक, नैतिक अर्थात् सर्वांगीण विकास होता है। परन्तु कुछ लोग खेलों को अच्छा नहीं समझते। उनकी दृष्टि में खाली समय में पढ़ना अधिक महत्वपूर्ण है। उनका मानना है कि 'पढ़ोगे लिखोगे बनोगे नवाब, खेलोगे, कूदोगे बनोगे खराब' यह धारणा सर्वथा मिथ्या है। शारीरिक शिक्षक को इस विरोधपूर्ण वातावरण में अपने कार्यक्रम द्वारा यह सिद्ध करना चाहिए कि शिक्षा का अर्थ व्यक्तित्व का पूर्ण विकास है जिसमें शारीरिक शिक्षा की महत्वपूर्ण भूमिका है। शारीरिक शिक्षा तथा इससे सम्बन्धित क्षेत्रों को केन्द्रीय सरकार तथा राज्य सरकारें भी विशेष प्रोत्साहन दे रही हैं।

आधुनिक युग की प्रदूषित प्रकृति में व्यक्ति का स्वास्थ्य दिन-प्रतिदिन गिरता ही जा रहा है। मनुष्य प्रकृति से दूर होता जा रहा है। कहा गया है कि स्वस्थ शरीर में स्वस्थ मन का वास होता है और एक स्वस्थ व्यक्ति ही अच्छा नागरिक बन सकता है। शारीरिक शिक्षा द्वारा मनुष्य के स्वास्थ्य को सुधारा जा सकता है। ऐसी स्थिति में शारीरिक शिक्षा को महत्वपूर्ण कार्य करना चाहिए, जिससे स्वस्थ समाज का निर्माण किया जा सके।

उपरोक्त बातों से निम्नलिखित निष्कर्ष निकाले जा सकते हैं–

1. शारीरिक शिक्षा से सभी को समृद्ध सामाजिक अन्तर्क्रिया तथा अनुभव के पर्याप्त अवसर मिलने चाहिए।
2. शारीरिक शिक्षा को स्वस्थ परम्पराओं का पनपने तथा पारम्परिक किन्तु प्रगामी प्रणालियों को शक्तिशाली बनाने का प्रयत्न करना चाहिए।
3. आधुनिक समाज को आवश्यकताओं तथा प्रक्रिया के परिवर्तित परिदृश्य में शारीरिक शिक्षा की पारम्परिक

प्रणालियों की सार्थकता की पूर्ण जांच-परख होनी चाहिए।

4. शारीरिक शिक्षा को नैतिक परिवर्तन का साधन बनना चाहिए।
5. खेल क्षेत्र अच्छी नागरिकता के प्रशिक्षण-स्थल बनने चाहिए।
6. खेल क्षेत्रों को एक प्रकार का जीवन-संघर्ष क्षेत्र मानना चाहिए जहां से न केवल अभिजात खिलाड़ी प्रत्युत श्रेष्ठ चरित्र भी उभरने चाहिए।
7. शारीरिक शिक्षा को प्रत्येक नागरिक के मन में प्रजातन्त्र, इसके मूल्यों तत्वज्ञान तथा इसके क्रिया कलापों के प्रति आस्था तथा श्रद्धा को परिपुष्ट करना चाहिए।
8. शारीरिक शिक्षा को विविध गतिविधियों में प्रतिस्पर्धाओं के अवसर जुटाने चाहिए ताकि प्रत्येक नागरिक को कुछ न कुछ उपलब्धि प्राप्त करने के अवसर प्राप्त हो सके।
9. शारीरिक शिक्षा कार्यक्रमों को जीवन के कटुसत्यों तथा वास्तविकताओं का सामना करने के लिए तैयार करना चाहिए।
10. प्रक्रिया पाठ्यक्रम बनाते समय विकलांग व्यक्तियों के लिए उपयुक्त गतिविधियों का प्रावधान अवश्य करना चाहिए।
11. शारीरिक शिक्षा के कार्यक्रमों में शिविरों का आयोजन भी करना चाहिए ताकि विद्यार्थियों में परिश्रम के प्रति निष्ठा, आज्ञाकारिता, सहयोग आदि गुणों का विकास हो सके।

मानव की सांस्कृतिक परम्परा के रूप में खेल

हजारों वर्षों से खेलें व स्पोर्टस आदमी की जिन्दगी का हिस्सा रही है। चाहे वह उसके जीवन की जरूरत थी अर्थात् भोजन व आवास के लिए शिकार करना, वन्य जन्तुओं व अन्य दुश्मनों से बचना या आमोद प्रमोद के लिए (for pleasure) खेलें व्यक्ति के लिए अपरिहार्य (Indispensable) बनी रहीं और उसकी संस्कृति का हिस्सा बन गई हैं। ये लोगों को मिलाती हैं तथा राष्ट्रीय व अन्तर्राष्ट्रीय एकता पर गहरा असर डालती हैं।

खेल व स्पोर्टस मनुष्य की सांस्कृतिक धरोहर के रूप में

यद्यपि खेलों के उद्गम के बारे में इतिहास मौन है परन्तु यह पक्के तौर पर कहा जा सकता है कि आदि मानव के जीवन का मुख्य हिस्सा भी खेल-कूद ही था। उसके लिए यह जीवन की आधारभूत जरूरत थी क्योंकि उसका अस्तित्व इसी पर टिका हुआ था। शिकार करना, मछली पकड़ना तथा मिजाईल फैंकना आदि पर उसका जीवन टिका हुआ था। धीरे-धीरे ये गतिविधियां खेल से भी अधिक आवश्यक बनती गई तथा कबीले की संस्कृति का हिस्सा बन गई। सभ्यता के विकास और पतन के साथ खेलें जिन्दा रहीं और वे संस्कृति की धरोहर के रूप में एक पीढ़ी से दूसरी पीढ़ी में चली गईं। आजकल खेलें व स्पोर्टस विश्व संस्कृति बन गई हैं।

क्रोइबर (Kroeber) के अनुसार, संक्षेप में, सांस्कृतिक सच्चाई हमेशा ऐतिहासिक सच्चाई रहती है तथा इसकी बहुत शीघ्र समझ जो हम ग्रहण कर सकते हैं वह ऐतिहासिक है। इसलिए इतिहास के पथ पर चलना हमारे लिए जरूरी हो ताकि हम खेलों व स्पोर्टस की दुनिया भर में जड़ें तलाश करें।

पुरातन काल में शारीरिक शिक्षा

किसी भी विद्या को जानने के लिए आवश्यक है कि उसकी पृष्ठभूमि को अच्छी तरह से जाना जाए तभी उस विद्या के बारे में अधिक ज्ञान प्राप्त किया जा सकता है। शारीरिक शिक्षा के ज्ञान के लिए इसके इतिहास को जानना भी बहुत आवश्यक है। इतिहास की जानकारी से न केवल प्राचीन विचारधारा की ही जानकारी मिलती है अपितु पूर्व अनुभवों के आधार पर वर्तमान तथा भविष्य के कार्यक्रम निश्चित करने में एक महत्वपूर्ण आधार मिलता है।

पूर्व ऐतिहासिक काल में शिक्षा और शारीरिक शिक्षा का कोई निश्चित मापदण्ड नहीं था। अनुभव ही उनका निर्धारण मूल्य था। मानव का शारीरिक कार्यक्रम आवश्यकता पर निर्भर था और उसके लिए शारीरिक मेहनत करनी पड़ती थी। इस काल में शारीरिक श्रम ज्यादा होने के कारण से लोग तन्दुरुस्त थे और बलशाली थे। इनके शरीर के सभी अंग शक्तिशाली थे क्योंकि इनके रोजाना के श्रम में धनुष बाण और दूसरे शस्त्र बनाना, लकड़ी काटना, बोझ उठाना मुख्य थे। भोजन के लिए शिकार करना मुख्य था। तब की विद्याओं में मल्लयुद्ध व दौड़ मुख्य थे और तैरना दैनिक था।

बहुत समय तक असभ्यता में रहने के बाद सभ्यता का विकास होने पर शैक्षिक व शारीरिक कार्यक्रमों में भारी बदलाव आया है। इनमें मुख्य भारत, चीन, मिश्र, ग्रीस तथा रोम हैं। जिनका उल्लेख नीचे किया जा रहा है।

सभ्यता का विकास तथा सभ्यता के विकास के कारण शिक्षा तथा शारीरिक शिक्षा के कार्यक्रमों का विकास प्रथम कहां हुआ। इसमें भी विचारकों के मतभेद हैं। कुछ के अनुसार वह स्थान मेसोपोटेमिया है तो कुछ कहते हैं मिश्र।

रोम में शारीरिक शिक्षा

रोम एक आर्य जाति की शाखा है जिसकी उत्पत्ति होमर काल में हुई। यह जाति इटली में टाईबर नदी के किनारे थी। रोम के लोग स्वस्थ तथा हृष्ट-पुष्ट थे। रोम में स्कूलों का अभाव था जिसके कारण बच्चों को प्रारम्भिक शिक्षा परिवार का मुखिया दिया करता था। इस काल में बच्चों के अन्दर देश-भक्ति, साहस, धर्म-परायणता, सहनशीलता आदि गुणों का विकास किया जाता था।

रोम में युद्ध के देवता मार्स (Mars) के नाम पर एक क्षेत्र का नाम रखा गया जिसे केम्पस मारीशस कहा जाता था। इस क्षेत्र में बच्चों को सैनिक प्रशिक्षण दिया जाता था। जिसके अन्तर्गत उन्हें तैरना, घुड़सवारी, शस्त्र चलाना, दौड़ना, कूदना तथा मल्लयुद्ध आदि सिखाए जाते थे। इस कारण रोम के सैनिक हृष्ट-पुष्ट थे। ईसवी पूर्व 31 तक इन्होंने यूरोप के कई प्रदेशों पर अपना साम्राज्य स्थापित कर लिया। रोम पर इस विजय के निम्नलिखित प्रभाव पड़े-

1. रोम के लोगों को पराजित देशों की व्यवस्था करने के लिए रोम से बाहर जाना पड़ा।
2. पराजित देशों में से कई देशों की सभ्यता रोम से अच्छी थी। इन सभ्यताओं ने रोम के लोगों को प्रभावित किया।
3. विजय प्राप्ति के साथ-साथ धन की अत्यधिक प्राप्ति हुई। विदेशों से सस्ता अनाज आने लगा। परिणामस्वरूप रोम के किसानों ने खेती करना छोड़ दिया। अब रोम धनवान तो था परन्तु बेकार भी हो गया।

अब रोम को स्कूलों की आवश्यकता होने लगी। उसने ग्रीस की शिक्षा को अपनाया। उसने शारीरिक शिक्षा की ओर ध्यान नहीं दिया, परन्तु वहां शारीरिक शिक्षा से सम्बन्धित कुछ संस्थाएं थीं जो सरकस कहलाती थीं। यहां ऐसे खेलों के प्रदर्शन होते थे, जो भाग लेने वालों और कभी-कभी दर्शकों के लिए प्राणघातक सिद्ध होते थे। जैसे-रथ दौड़, पशुओं और मनुष्यों के युद्ध जिनका निर्णय किसी एक की मृत्यु पर होता था।

प्रथम शताब्दी ईस्वी में नीरों ने एक जिमनेशियम का निर्माण किया। जिसमें 'निरोनियन' खेल खेले जाते थे, परन्तु रोम के लोगों ने उसमें अपनी रुचि नहीं दिखाई।

रोमन साम्राज्य का पतन तथा प्रभाव

रोम ने जब यूरोप के कई प्रदेशों पर अपना साम्राज्य स्थापित कर लिया तो वह अत्यधिक धन का स्वामी बन गया। जिस कारण रोम में विलासिता ने घर कर लिया। इस अवसर का लाभ उठाते हुए उत्तर से असभ्य टियूटोनिक (Tuetonic) जातियों ने रोम पर आक्रमण करना शुरू किया। परिणामस्वरूप रोम साम्राज्य तथा वहां की सभ्यता का पतन आरम्भ हो गया इन आक्रमणों से एक लाभ यह हुआ कि यूरोप को हृष्ट-पुष्ट जातिया मिलीं। जिन्होंने नई सभ्यता का निर्माण किया।

यूनान में शारीरिक शिक्षा

ग्रीस (यूनान) की शारीरिक शिक्षा का इतिहास निम्न विभागों में बांटा जा सकता है-

1. प्रारम्भिक काल।
2. स्पार्टा तथा एथेन्स की शारीरिक शिक्षा
3. पेनहेलनिक खेल।

प्रारम्भिक काल

प्राचीन काल के खण्डहरों से यह अनुमान लगाया जा सकता है कि इस काल में ग्रीस (युनान) के लोग नाटे तथा श्यामवर्ण के होते थे। वह शिक्षित थे तथा इनका राज्य शक्तिशाली था। शारीरिक विकास के लिए विभिन्न कार्यक्रमों का आयोजन किया जाता था। जैस-स्त्रियों के धार्मिक नृत्य, पुरुषों के लिए तैराकी, शिकार, मल्ल युद्ध आदि।

ईस्वी से लगभग एक हजार वर्ष पूर्व ग्रीस में लम्बे तथा गौर वर्ण के लोगों का आगमन हुआ। उस काल में अन्धे कवि होमर ने 'इलियड तथा ओडैसी' नामक दो महाकाव्यों की रचना को जिनमें कवि ने उस समय के समाज का चित्र प्रस्तुत किया है। इन दोनों महाकाव्यों के अध्ययन से पता चलता है कि इस काल में खेल तथा एथलैटिक्स को विशेष स्थान प्राप्त था। विशेष अवसरों पर खेल तथा एथलैटिक्स प्रतियोगिताओं का आयोजन किया जाता था।

पेट्रोप्लस नामक योद्धा की मृत्यु तथा अन्तिम संस्कार के अवसर पर अन्य कार्यक्रमों के साथ पेट्रोप्लस के मित्र ऐचलस

ने खेल प्रतियोगिताओं का आयोजन किया जिसमें दौड़, रथ दौड़, मल्लयुद्ध जैसी प्रतियोगिताओं को सम्मिलित किया गया। इन प्रतियोगिताओं में जीतने वालों को विचित्र प्रकार के पुरस्कार दिए जाते थे। जैसे-

प्रथम पुरस्कार- एक निपुण स्त्री तथा एक तिपाई।

द्वितीय पुरस्कार- 6 वर्ष की घोड़ी

तृतीय पुरस्कार- एक कढ़ाई।

चतुर्थ पुरस्कार- दो सोने के सिक्के।

पांचवां पुरस्कार- दो हाथ वाला बर्तन।

'ओडेसी' महाकाव्य में कई खेलों का वर्णन है जैसे-मल्लयुद्ध, बॉक्सिंग आदि। इस महाकाव्य में ओडेसिया के भ्रमण का भी वर्णन है। ओडेसिया की अनुपस्थिति में कई व्यक्ति पेनेलोप जो कि ओडेसियस की पत्नी थीं, को खुश करने के लिए विभिन्न प्रकार के शक्ति प्रदर्शन करते थे जिनमें भार उठाना तथा भाला फेंकना प्रमुख हैं। ओडेसी में कई प्रकार के नृत्यों का भी उल्लेख किया गया हैं, जिससे यह पता चलता है कि ग्रीस के लोग खेलों के साथ-साथ नृत्य में भी रुचि रखते थे।

जर्मनी में शारीरिक शिक्षा

जर्मनी में शारीरिक शिक्षा के क्षेत्र में श्री बेसडा, श्री गटस्मथ तथा श्री फ्रेड्रिक लुडविक जॉन ने उत्कृष्ट प्रयत्न किए। जैना के युद्ध के बाद जॉन को वर्लिन में एक शिक्षक का कार्य करने का अवसर मिला। जॉन ने अनेक कार्यक्रमों का आयोजन किया जिनमें से वन पर्यटन तथा स्वास्थ्यप्रद कार्यक्रम प्रमुख हैं। जॉन के कार्यक्रम राष्ट्र-भावना से प्रेरित थे तथा इनका लक्ष्य सभी जर्मन-भाषी राज्यों को मिलाकर एक जर्मन देश की स्थापना करना था। जॉन बच्चों को कहानियां सुना तथा पूर्वजों के आदर्शों का वर्णन कर जर्मनी की एकता का भाव उत्पन्न करते थे। इनका कार्यक्रमों के लिए नगर से बाहर एक स्थान चुना गया जिसे 'हैसन हाईड' कहा जाता था।

जॉन के कार्यक्रम में भाग लेने वालों को विशेष प्रकार के अनुशासन का पालन करना होता था। जॉन के अनुसार विशेष प्रकार का भोजन लेना, बच्चों के लिए आदर्श स्थापित करना तथा उच्च कोटि का चरित्र रखना आवश्यक था।

जॉन ने एक संस्था की स्थापना की जिसे टर्नवेरीन अथवा जर्मन जिमनास्टिक सोसाइटी कहा जाता था। 1813 में जॉन की अनुपस्थिति में इस संस्था का कार्यभार ऐजलन ने सम्भाला। उस काल के शारीरिक शिक्षा विशेषज्ञों ने जॉन का विरोध किया। उनका मत था कि जॉन के कार्यक्रम मनोविज्ञान तथा शरीर रचना के आधार पर नहीं थे।

जर्मन जिमनास्टिक सोसाइटी संस्था सर्वप्रिय थी क्योंकि वह जर्मन राष्ट्रवादी संस्था थी। नेपोलियन के विरोध के लिए जब यूरोप के सभी साम्राज्य एकत्रित हो रहे थे, तो जर्मन भाषी लोगों का यह संगठन सब राजाओं को अच्छा लगा। इस काल में इस संस्था के एक सदस्य, कार्ल सेन्ड ने एक प्रसिद्ध कवि की हत्या कर दी। अत: 1819 में जॉन को जेल दे दी गई तथा उनकी संस्था पर प्रतिबंध लगा दिया गया। 1825 में जॉन को छोड़ दिया गया परन्तु उन पर यह प्रतिबन्ध लगा दिया गया कि वह किसी स्कूल अथवा यूनिवर्सिटी के निकट नहीं जा सकते। तत्पश्चात् जॉन ने इस संस्था में कोई रूचि नहीं दिखाई।

1840 में फ्रैड्रिक विलियम- चतुर्थ ने प्रशिया के शासन का कार्यभार सम्भाला। उन्होंने जॉन की संस्था पर लगे सभी प्रतिबन्धों को हटा कर जॉन को सम्मानित किया साथ ही स्कूलों में शारीरिक शिक्षा तथा जिमनास्टिक आवश्यक घोषित कर दी। इसके बाद भी जॉन ने इस क्षेत्र में कोई रूचि नहीं दिखाई।

जर्मनी की शैक्षणिक संस्थाओं में शारीरिक शिक्षा

एडाल्फ स्पीस ने जर्मनी के स्कूलों में शारीरिक शिक्षा तथा जिमनास्टिक को विशेष स्थान दिलवाया। स्पीस ने जिमनास्टिक पर कुछ पुस्तकें भी लिखीं। स्पीस के विचार में शारीरिक शिक्षा शिक्षा का महत्वपूर्ण अंग है अत:-

1. अन्य विषयों की तरह शारीरिक शिक्षा को भी विशेष महत्व दिया जाना चाहिए।
2. प्रत्येक स्कूल में अथवा उसके आस-पास जिमनेजियम तथा खेलने का पर्याप्त क्षेत्र होना चाहिए।
3. स्कूलों में जिमनास्टिक के लिए अवधि निश्चित की जानी चाहिए।
4. बच्चों की आयु तथा लिंग के आधार पर उन्हें व्यायाम कराए जाने चाहिए।
5. लड़कियों को लड़कों की अपेक्षा हल्के व्यायाम करवाने चाहिए।
6. बच्चों को उनके कार्यों के आधार पर अंक देने चाहिए।

स्पीस के अनुसार शारीरिक शिक्षा द्वारा बच्चे का शारीरिक ही नहीं अपितु मानसिक, सामाजिक तथा नैतिक विकास भी

होता है। इन्होंने बालक तथा बालिकाओं दोनों के लिए शारीरिक शिक्षा तथा जिमनास्टिक के कार्यक्रमों का आयोजन किया।

स्वीडन में शारीरिक शिक्षा

स्वीडन की शारीरिक शिक्षा सैनिक आवश्यकताओं के कारण प्रारम्भ होकर शैक्षणिक शारीरिक शिक्षा में परिवर्तित हुई और इसका लक्ष्य समाज कल्याण था।

परहैनरिक लिंग (Perhenric Ling) को स्वीडिश शारीरिक शिक्षा प्रणाली का जन्मदाता माना जाता है। विद्यार्थीकाल से ही इनकी रुचि शारीरिक शिक्षा, जिमनास्टिक्स तथा फैंनसिंग में थी। शारीरिक शिक्षा कार्यक्रमों के अभ्यास से उनकी बाजुओं का विकार ठीक हो गया। परिणामस्वरूप उन्होंने शारीरिक शिक्षा द्वारा शारीरिक विकारों को दूर करने के लिए सुधारात्मक व्यायाम (Curative Gymnastic) आरम्भ किए।

ई0 1804 में श्री लिंग स्वीडन के लुन्ड विश्वविद्यालय में फेन्सिंग शिक्षक के रूप में नियुक्त किए गए। श्री लिंग का मानना था कि शारीरिक शिक्षा का प्रशिक्षण देने के लिए जरुरी है कि शिक्षक को शरीर रचना का ज्ञान हो। इसलिए उन्होंने शरीर रचना तथा शरीर व्यवहार का अध्ययन आरम्भ किया। इस अध्ययन के कारण उन्होंने शरीर की एकता तथा शरीर तथा मन के बीच समन्वय का सिद्धान्त प्रतिपादित किया। श्री लिंग ने शारीरिक शिक्षा के कार्यक्रमों का आयोजन शरीर रचना के आधार पर किया। उनका मानना था कि-

1. शरीर पर होने वाले प्रभाव के आधार पर ही व्यायाम निश्चित किए जाने चाहिए।

2. शारीरिक शिक्षा का कार्यक्रम दुर्बल व्यक्ति के लिए भी उतना ही आवश्यक है जितना कि हृष्ट-पुष्ट व्यक्ति के लिए।

3. शारीरिक शिक्षक को प्रत्येक व्यायाम के उद्देश्य की जानकारी होनी चाहिए तथा प्रत्येक व्यायाम का उद्देश्य शारीरिक पूर्णता की ओर होना चाहिए।

4. एक समूह के लिए व्यायाम निश्चित करने के बजाय प्रत्येक व्यक्ति की शारीरिक आवश्यकता के अनुसार ही व्यायाम निश्चित करने चाहिए।

श्री लिंग ने स्वीडन के नागरिकों को स्वस्थ बनाने के लिए शारीरिक शिक्षा की एक राष्ट्रीय शाला बनाने की योजना बनाई। स्वीडन सरकार ने इस योजना को सहमति दी तथा 1814 में स्टाकहोम में एक इंस्टीच्यूट की स्थापना की। इस इंस्टीच्यूट में शारीरिक शिक्षकों को सैनिकों को प्रशिक्षण देने के लिए तैयार किया जाने लगा। शिक्षकों के लिए हैन्डबुक ऑफ जिमनास्टिक नामक पुस्तक भी लिखी गई।

1839 में श्री लिंग मृत्यु को प्राप्त हुए। श्री लिंग के बाद केन्द्रीय संस्थान के संचालक के रूप में श्री एल.जी. ब्रेन्टिंग को नियुक्त किया गया। अब शारीरिक शिक्षा के कार्यक्रमों में समाज कल्याण की ओर भी ध्यान दिया जाने लगा। जिसके लिए सुधारक व्यायाम तथा शालेय शारीरिक शिक्षा कार्यक्रम पर ध्यान केन्द्रित किया गया। 1860 में रायल सेन्ट्रल इंस्टीच्यूट ऑफ जिमनास्टिक का पुनर्गठन किया गया। इसमें तीन अलग-अलग विभाग बनाए गए-

1. शिक्षा सम्बन्धी
2. चिकित्सा सम्बन्धी
3. सेना सम्बन्धी

स्वीडिश शारीरिक शिक्षा पद्धति ने स्कूल तथा सेना के कार्यक्रम को मिलाकर इसे स्कूल के कार्यक्रम के लिए उपयुक्त बना दिया है। यह पद्धति शरीर रचना के आधार पर बनाई गई है इसलिए इसे बच्चों के लिए उपयोगी माना जाता है। आज स्वीडन के सभी स्कूलों में शारीरिक शिक्षा अनिवार्य हैं।

डेनमार्क में शारीरिक शिक्षा

फ्रेंस नाचेगाल ने डेनमार्क में शारीरिक शिक्षा का प्रचार किया। इन्होंने शारीरिक शिक्षा के कई कार्यक्रमों का आयोजन किया। यह कार्यक्रम डेनमार्क की राजनैतिक अवस्था, सैनिक आवश्यकता तथा देशभक्तों के विचारों पर आधारित थे। विद्यार्थी काल में नाचेगाल अच्छे जिमनास्ट थे।

नाचेगाल ने सर्वप्रथम विश्वविद्यालय विद्यार्थी क्लब में जिमनास्टिक शिक्षक का पद सम्भाला। तत्पश्चात् एक प्राकृतिक शाला में शारीरिक शिक्षक का पद सम्भाला। उन्होंने 1779 ई. में कोपनहेगेन में अपना जिमनाजियम खोला जो बहुत लोकप्रिय हुआ। 1804 में डेनमार्क सरकार ने सैनिक प्रशिक्षण के लिए इन्हें सैनिक जिमनास्टिक संस्थान का संचालक नियुक्त किया। धीरे-धीरे इस संस्थान में सैनिकों के साथ-साथ नागरिकों को भी जिमनास्टिक अभ्यास के लिए अनुमति दे दी गई। कुछ समय उपरान्त शासन की ओर से यह आदेश दिए गए कि प्राथमिक शालाओं में जिमनास्टिक के लिए शिक्षक रखे जाएं तथा आवश्यक सामग्री उपलब्ध करवाई जाए। इस कार्यक्रम को पूर्ण रूप देने के लिए अधिक से अधिक शारीरिक शिक्षकों की आवश्यकता थी। इसके लिए शारीरिक शिक्षा तथा

जिमनास्टिक सिखाने के लिए सभी शिक्षक प्रशिक्षण संस्थाओं में प्रशिक्षण आरम्भ किया गया और श्री नाचेगाल को पूरे देश का शारीरिक शिक्षा संचालक नियुक्त किया गया।

शिक्षक प्रशिक्षण संस्थाओं तथा सैनिक जिमनास्टिक संस्थान के प्रशिक्षणार्थियों को अभ्यास के लिए शालाओं में भेजा जाने लगा। इस प्रकार शालाओं में शारीरिक शिक्षा तथा जिमनास्टिक का प्रसार होने लगा। तत्पश्चात् कन्या शालाओं में भी शारीरिक शिक्षा की आवश्यकता महसूस की गई। जिसके लिए सैनिक संस्थान में महिला शिक्षकों के लिए प्रशिक्षण की व्यवस्था की गई।

19वीं शताब्दी के अंत तक डेनमार्क में शारीरिक शिक्षा सैनिक आवश्यकताओं पर आधारित थी। तत्पश्चात् स्वीडन में प्रचलित लिंग शारीरिक शिक्षा प्रणाली अपनाई गई। परिणाम स्वरूप शैक्षणिक शारीरिक शिक्षा का विकास नहीं हुआ। इस कमी को पूरा करने के लिए एक समिति का गठन किया गया। इस समिति ने डेनमार्क की शालाओं के लिए शारीरिक शिक्षा कार्यक्रम बनाया साथ ही शिक्षकों के उपयोग के लिए हैण्डबुक ऑफ जिमनास्टिक नामक पुस्तक की रचना की। 1909 में शैक्षणिक शारीरिक शिक्षा तथा जिमनास्टिक्स के लिए कोपनहैगेन विश्वविद्यालय में एक विभाग खोला गया।

डेनमार्क में शारीरिक शिक्षा का विकास हुआ और साथ ही क्रीड़ा क्षेत्रों का अभाव भी सामने आया। जिसको पूरा करने के लिए कोपनहैगेन प्लेग्राऊन्ड एसोसिएशन की स्थापना की गई। इस संस्था द्वारा सरकार ने खेलों की व्यवस्था, क्रीड़ा क्षेत्रों तथा खेलों के लिए आवश्यक सामग्री उपलब्ध करवाई।

'स्केन्डेनेवियम देशों' में 'पीपल्स स्कूल', फोक स्कूल' अथवा 'जनता स्कूल' नामक संस्थाओं का प्रचलन है। इन संस्थाओं में ऐसे व्यक्ति शिक्षा ग्रहण करते हैं जिनकी आयु 18 वर्ष से अधिक है अथवा उन्हें अपने व्यवसाय संचालन के लिए शिक्षा की आवश्यकता है। इन संस्थाओं में शिक्षा के साथ-साथ खेल तथा जिमनास्टिक के अभ्यास की भी व्यवस्था है।

डेनमार्क की शारीरिक शिक्षा के क्षेत्र में श्री नेल्सबख का नाम मुख्य हैं जो कि ओलरूप शाला के जिमनास्टिक संचालक हैं। इनका मानना है कि शारीरिक शिक्षा द्वारा व्यक्ति के शारीरिक विकारों को दूर किया जा सकता है। अतः शारीरिक शिक्षा के कार्यक्रम ऐसे बनाए जाने चाहिए। जिससे व्यक्ति का शरीर सुन्दर व सुडौल बन सके। श्री बख ने शारीरिक शिक्षा व्यायामों का एक समूह तैयार किया जिसे 'प्रिमीटिक जिमनास्टिक' अथवा मौलिक व्यायाम कहा जाता है। इस व्यायाम से शरीर की बड़ी मांसपेशियों को व्यायाम दिया जाता है। यह व्यायाम ताल से करवाए जाते हैं।

रूस में शारीरिक शिक्षा

इस देश के इतिहास को दो भागों में बांटा जा सकता है-

1. साम्राज्यशाही काल- 1917 से पूर्व।
2. साम्यवादी काल- 1917 के बाद।

साम्राज्यशाही काल में रूस में जार राजाओं का शासन था। पूरा देश बड़ी-बड़ी जागीरों में बंटा हुआ था। जिनका प्रमुख जागीरदार होता था। इन जागीरों की प्रजा जागीरदारों के आधीन थी। उनकी दशा अत्यन्त दयनीय थी। ये लोग जो भी कमाते थे जागीरदारों को देना पड़ता था। इस काल में शिक्षा तथा शारीरिक शिक्षा का प्रावधान नहीं था। जागीरदार मनोरंजन के नाम पर घुड़सवारी, आखेट तथा युद्ध के कौशल सीखते थे।

सन् 1917 में प्रथम महायुद्ध के बाद यहां साम्यवादी विचारधारा का प्रवेश हुआ। साम्यवादी रूस में प्रत्येक कार्य के लिए उद्देश्य निश्चित किए गए तथा उन उद्देश्यों की पूर्ति के लिए योजनाबद्ध कार्यक्रम रखे गए। सोवियत रूस में शिक्षा का मुख्य उद्देश्य नागरिकों में देश भक्ति की भावना पैदा करना था। प्रत्येक नागरिक के लिए 7 से 10 वर्ष की आयु तक शिक्षा अनिवार्य की गई। शारीरिक शिक्षा भी सभी के लिए अनिवार्य की गई।

इस काल में शारीरिक शिक्षा का मुख्य उद्देश्य प्रत्येक नागरिक को स्वस्थ बनाना था। शैक्षणिक संस्थानों में प्रत्येक कक्षा के लिए सप्ताह में दो या तीन बार 45 मिनट की अवधि के लिए शारीरिक शिक्षा के कार्यक्रम रखे जाते हैं। इस काल में औपचारिक व्यायाम करवाए जाते थे। स्कूल समय के बाद अतिरिक्त खेल, नृत्य तथा एथलैटिक्स के अभ्यास के लिए छोटे-छोटे समूह बनाए जाते हैं। राष्ट्रीय पर्वों तथा विशेष उत्सवों पर खेलों के उत्सवों का आयोजन किया जाता है। स्कूलों के आलावा श्रमिकों की संस्थाएं साम्यवादी दल तथा सरकार के तत्त्वावधान में श्रमिकों के लिए अलग से शारीरिक शिक्षा तथा मनोरंजन के कार्यक्रम रखे जाते हैं जिनमें विश्राम केन्द्र, व्यायाम शालाएं, कैम्प, तरणताल आदि सम्मिलित हैं।

रूस में खेलों में जिमनास्टिक, बॉस्केट बॉल, वॉलीवाल, एथलैटिक्स, फुटबॉल, नाव चलाना, साइकिल चलाना, हॉकी, स्केटिंग, पर्यटन आदि प्रमुख हैं। ऑल यूनियन कमेटी ऑफ

फिजिकल कल्चर एण्ड स्पोर्ट्स नामक संस्था द्वारा खेलों को नियन्त्रण किया जाता है। इस संस्था में शारीरिक शिक्षा तथा खेलों के शिक्षकों को प्रशिक्षण दिया जाता है। शिक्षकों द्वारा परीक्षा पास करने पर उन्हें 'मास्टर्स ऑफ स्पोर्ट्स' की उपाधि दी जाती है।

इन कार्यक्रमों से सोवियत रूस के नागरिकों के स्वास्थ्य में विशेष सुधार हुआ है। जिसके कारण ये देश 'ऑलम्पिक खेलों' में सबसे आगे हैं। रूस में प्रत्येक नागरिक की शारीरिक क्षमता अच्छी है जिस कारण रूस ने प्रत्येक क्षेत्र में उन्नति की है। आज रूस संसार के पहले दो देशों में माना जाता है।

नेतृत्व (Leadership)

लोगों में विश्वास और उत्साह बनाने की योग्यता ही नेतृत्व कहलाती है तथा यह उनमें एक इच्छा जागृत करती है कि वे चाहते हैं कि उनका नेतृत्व हो। एक सफल नेता में दूरदृष्टि, प्रेरक तत्त्व पहल करने की योग्यता, आत्मविश्वास तथा व्यक्तिगत ईमानदारी होनी चाहिये। दूसरे शब्दों में वांछित सांझे उद्देश्य की प्राप्ति के लिए एक दूसरे को सहयोग देने के लिए लोगों को प्रेरित करने के कार्य को नेतृत्व कहते हैं। समाज में बहुत कम लोग यह काम कर पाते हैं।

नेतृत्व की परिभाषाएं

कुछ विख्यात लेखकों, प्रवीण लोगों तथा विभिन्न संगठनों व्यवसायों, प्रबन्ध इकाइयों तथा प्रतिष्ठानों के अनुभवी अध्यक्षों द्वारा नेतृत्व की कई परिभाषाएं दी गई हैं जो निम्नलिखित हैं–

'नेतृत्व उन कार्यों की पहल का नाम है जिनसे लोगों में आपसी बातचीत की प्रक्रिया शुरू होती है जिसका उद्देश्य आपसी समस्याओं का निपटान करना होता है।

'किसी विशेष समय में विशेष परिस्थिति में लोगों पर प्रभाव छोड़ने की प्रक्रिया नेतृत्व कहलाती है जिनमें जिस प्रकार का नेतृत्व, मिलता है लोगों को संगठन/समूह के उद्देश्य संतोषजनक ढंग से प्राप्त करने के लिए स्वेच्छा से प्रेरणा मिलती है।'

नेतृत्व की उपर वर्णित परिभाषाओं में इस बात पर जोर दिया गया है कि व्यक्ति की नेतृत्व क्षमता इस योग्यता में है कि वह समूह के यत्नों को योजनाबद्ध ढंग से इस प्रकार दिशा निर्देशित करता है कि समूह/संस्थान/संगठन का साझा उद्देश्य पूरा हो सके। अतः यह कहा जा सकता है कि नेतृत्व में वह प्रभाव छुपा हुआ है जिससे प्रेरणा पाकर अधीनस्थ लोग तथा अनुयायी अपने उद्देश्यों की पूर्ति के लिए पूरी शक्ति से काम करते हैं।

नेतृत्व एक कला है क्योंकि यह सभी के सामर्थ्य की बात नहीं है कि वे लोगों को अपना अनुगामी बना सके। यह एक विज्ञान भी है क्योंकि इसमें योजनाबद्ध ढंग से नेतृत्व का विकास तथा वृद्धि की जाती है। नेतृत्व को सही मायनों में एक उपहार (gift) माना जाता है क्योंकि इसमें आन्तरिक दैवी गुणों की आवश्यकता होती है।

नेतृत्व एक परिवर्तनशील प्रक्रिया है जो समूह के सदस्यों की जरूरतों को पूरा करती रहती है। लोगों की एक दूसरे से वैचारिक टकराव से ही नेतृत्व उभरता है। सही नेतृत्व के बिना कोई समाज या संगठन विकास के पथ पर अग्रसर नहीं हो सकता। नेतृत्व के बिना कोई घर, सम्प्रदाय, संस्थान, संस्था, व्यवसाय तथा कोई देश अपना कार्य नहीं कर सकता। अतः नेता ही अगुवाई करता है, मानने योग्य सुझाव देता है, सही मार्ग दिखाता है, दूसरे लोगों के लिए आदर्श होता है, हुक्म देता है जिसकी लोग अनुपालना तथा आदर करते हैं। सभी दशाओं में जो कुछ नेता करता है वह उसकी अपेक्षा दूसरे लोगों को ज्यादा प्रभावित करता है। अपने अनुयायियों के सहयोग के बिना कोई भी नेता अपनी प्रभावपूर्ण स्थिति में नहीं रह पाएगा तथा लम्बे समय तक अपनी प्रतिष्ठा नहीं बना पाएगा। वह कुछ समय के लिए तानाशाह बनकर नेता बना रहेगा मगर उसका भविष्य चौपट हो जाएगा। अतः नेता को तानाशाही रवैया नहीं अपनाना चाहिये।

नेतृत्व की प्रकृति तथा गुण

ऊपर दी गई नेतृत्व की परिभाषाओं का विश्लेषण करने पर नेतृत्व की प्रकृति व गुणों का पता चलता है, जो इस प्रकार है–

1. नेतृत्व एक व्यक्तिगत गुण है।
2. यह तब होता है जब अनुयायी हो। इससे यही निष्कर्ष निकलता है कि जब अनुयायी न हो तब नेतृत्व का अस्तित्व भी नहीं होता।
3. लोगों की अनुगामी चलने की रजामन्दी के कारण ही कोई व्यक्ति नेता बेनता है।
4. प्रभावित करने की प्रक्रिया ही नेतृत्व कहलाती है। इसका

अर्थ है कि एक अच्छा नेता अपने अधीनस्थों के व्यवहार, रूझान तथा विश्वासों को प्रभावित करता है।

5. सांझे उद्देश्यों की पूर्ति के लिए ही नेतृत्व अस्तित्व में आता है।
6. नेतृत्व का अर्थ है कि सभी स्थितियों में सम्पूर्ण जिम्मेवारी उठाने के लिए तैयार रहना।
7. नेतृत्व का कार्य है कि वह संगठन/समूह के उद्देश्यों की पूर्ति के लिए अनुयायियों को प्रेरित करने की दिशा में प्रयासरत रहे।
8. विभिन्न परिस्थितियों में नेतृत्व के ढंग भी बदलते रहते हैं।
9. नेतृत्व तानाशाही तथा प्रबंधन का पर्याय नहीं है।

नेतृत्व की आवश्यकता

शारीरिक शिक्षा ही अपवाद नहीं है जिसमें उच्च क्वालिटी के नेतृत्व की आवश्यकता पड़ती है क्योंकि नेतृत्व व्यवसाय का दर्पण है तथा यह व्यवसाय की प्रकृति और आकांक्षाओं को दर्शाता है। इसका अर्थ यह है कि एक व्यवसाय के रूप में तब तक प्रगति नहीं कर सकता जब तक इसे उच्च कोटि का महत्त्वाकांक्षी नेतृत्व न मिले। शारीरिक शिक्षा का भविष्य इस पर निर्भर करता है कि इसे किस प्रकार तथा किस कोटि का नेतृत्व मिलता है। अतः इसका अर्थ यही निकलता है कि शारीरिक शिक्षाविदों की नैतिक जिम्मेवारी है कि वे व्यवसायिक नैतिकता बनाए रखे अर्थात् अपने आकार/मूल्य व कीमत को बढ़ाएं, आस-पास परिस्थितियों को सुधारें, इस व्यवसाय को आकर्षित बनाएं ताकि यह इतना योग्य बने कि लोग इसे अपना सकें। इसके नेतृत्व के कंधों पर अन्य मुख्य जिम्मेवारी यह है कि वे दृढ़ नीतियां व प्रयोग विधियां बनाएं ताकि इस व्यवसाय का अकादमिक व व्यवसायिक स्तर ऊंचा उठ सके। नेतृत्व की गुणवत्ता इस बात से जानी जा सकती है कि इसमें भाग लेने वाले या विद्यार्थियों को विशेषकर तथा समान रूप से समाज को कितनी सन्तुष्टि देता है।

नेता के गुण

किसी भी क्षेत्र में प्रगति इस बात पर निर्भर करती है कि इसमें व्यवसायिक नेतृत्व की गुणवत्ता कितनी है। जब नेता अपने व्यवसाय को विकसित करता है तो वह प्रत्यक्ष या परोक्ष रूप से खुद को बढ़ावा दे रहा होता है। प्रत्यक्ष रूप से उसका कद बढ़ता है तथा सामाजिक पहचान मिलती है। परोक्ष रूप में कार्य द्वारा उसे व्यवसाय का लाभ मिलता है। नेतृत्व ऐसा गुण नहीं है जो लोगों पर थोपा जा सके। व्यक्ति किसी घटना के कारण ही नेता नहीं बन जाता। नेतृत्व का भार उसी व्यक्ति के कंधों पर आता है जिसमें व्यक्तिगत गुण हों, अनुभव व प्रशिक्षण की पृष्ठभूमि हो क्योंकि इससे व्यवसायिक समर्थता में वृद्धि होती है। एक बात तो निश्चित है कि अपने विशेष गुणों के कारण ही एक नेता आम व्यक्ति से भिन्न नजर आता है। साधारणतया वे गुण जो एक व्यक्ति को नेता बनाते हैं वे हैं–आत्मविश्वास, बुद्धिमत्ता, साहस, इच्छा शक्ति व संकल्प, दूरदृष्टि, मानसिक स्फूर्ति, तर्कशक्ति तथा फैसला लेने की शक्ति नैतिकता का आचार-विचार, अनुशासन तथा परिवर्तनशीलता लेने की शक्ति नैतिकता का आचार-विचार, अनुशासन तथा परिवर्तनशीलता। इसका अर्थ है कि शारीरिक शिक्षा का सफल अध्यापक अथवा नेता बनने के लिए बहुत से गुण होने चाहिये। हालांकि नेता में असंख्य गुण होते हैं फिर भी लीडरशिप (Leadership) शब्द में महान् सफल नेताओं के कई गुण छुपे हुए हैं।

शब्द Leadership के प्रत्येक अक्षर को इस प्रकार वर्णित किया जा सकता है –

एल (L) : वफादारी (Loyality)

ई (E) : जोश, दृढ़ता, आकर्षक व्यक्तित्व (Enthusiasm, Endurance, Engaging Personality)

ए (A) : स्फूर्ति, सामंजस्य, गतिविधियां जोड़ने की क्षमता (Alertness, Adjustment, Ability to Coordinate Activities)

डी (D) : अनुशासन, कर्त्तव्यपरायणता, निर्भरता, दूसरों की मदद करने की इच्छा (Discipline, Dutifulness, Dependability, Desire to help other)

ई (E) : चुस्ती, तत्परता (Energetic, Earnestness)

आर (R) : विश्वसनीयता, सही सोच और सही विवेक (Reliability, Right thinking & right judgement)

एस (S) : वफादारी, दया, आत्म-नियंत्रण, त्याग, सुपर मोटर योग्यता (Sincerity, Sympathy, Self-control, sacrifice, Super motor capacity)

एच (H) : स्वास्थ्य, ईमानदारी, हास्य (Health, Honesty, Humour)

आई (I) : बुद्धिमत्ता, उद्योगी, निष्पक्षता, पढ़ाने में रूचि (Intelligence, Industriousness, Impartiality, Interest in Teaching)

पी (P) : सब्र, दृढ़ता, व्यक्तित्व, शारीरिक हुनर, लोक सम्पर्क (Patience, Perseverance, Personality, Physical skill, Public relations)

उपरोक्त गुणों के अतिरिक्त कुछ अन्य गुण भी हैं जो नेतृत्व की लोकप्रियता को मजबूती प्रदान करते हैं। वे गुण हैं–

बच्चे की वृद्धि और विकास का ज्ञान, नैतिक चरित्र, लेखन और मौखिक भाषा में प्रवीणता, हुनर, मैत्री भाव, सहनशीलता, तथा अच्छा बर्ताव।

संक्षेप में, क्योंकि शारीरिक शिक्षा एक गतिशील विषय है तो शारीरिक शिक्षा के अध्यापकों को भी गतिशील होना चाहिए। उनमें इतनी योग्यता हो कि वे सैद्धांतिकरण (theorize) कर सके, विश्लेषण (analyse) कर सके, संगठन (organise) कर सके, Improvise, depatise, सामंजस्य (Harmonise) निरीक्षण (Supervise) तथा जरूरत पड़ने पर समझौता (Compromise) कर सके। ऐसे गुण होने पर उनमें इतनी योग्यता आ जाएगी कि वे सिखलाने और प्रतियोगिता वाली स्थितियों में व्यक्तियों से निबट सकें, समाज में उनकी इज्जत और प्रतिष्ठा बना सकें तथा इस व्यवसाय की किस्मत को आकार दे सकें।

शारीरिक शिक्षा एवं क्रीड़ा में नेतृत्व प्रशिक्षण

ऐतिहासिक दृष्टि से, 1896 में ओलम्पिक खेलों के पुनर्जागरण के कारण शारीरिक शिक्षा तथा खेलों को नए अर्थ मिले हैं। वास्तव में आधुनिक ऐथलेटिक व खेलों का प्रशिक्षण 1850 में शुरू हुआ तथा नई सदी के अन्त तक की अवधि को शौकिया प्रक्रिया समझा गया। खेल-कूद प्रतियोगिताओं में खिलाड़ियों या एथलीटों को प्रशिक्षण देने के लिए तब व्यवसायिक सक्षम कोच या शारीरिक शिक्षा अध्यापक नहीं होते थे। शारीरिक विज्ञान व मनोविज्ञान प्रशिक्षण के लिए आजकल खेल-कूद वैज्ञानिक उपलब्ध हैं। स्पीरीडन लूई द्वारा प्रथम आधुनिक ओलम्पिक में हैरत अंगेज सहनशीलता (Endurance) का प्रदर्शन मैराथन दौड़ में हुआ तो इसे पूर्व नियोजित प्रशिक्षण कार्यक्रम का नतीजा न मानकर मनुष्य में प्राकृतिक गुण का प्रदर्शन समझा गया। सन् 1900-1920 के बीच की अवधि को अल्प-व्यवसायिक प्रक्रिया (Semi-Professional Approach) कहा जाता है। इस अवधि के दौरान एथलीट तथा प्रशिक्षक नियोजित प्रशिक्षण के प्रति जागरूक हो गए थे। वास्तविक व्यवसायिक प्रक्रिया 1920 के बाद शुरू हुई जब व्यवसायिक प्रशिक्षक तथा नियोजित शारीरिक शिक्षक मैदान में उतरे। उससे पहले एथलीट प्रशिक्षण की कार्यविधियां तथा प्रक्रियाएं विज्ञान प्रयोगशाला में चर्चा का विषय नहीं बनती थी। अर्जित अनुभव ही एथलीट और प्रशिक्षक को मार्ग दिखाता था। खेल-कूद के प्रशिक्षण के लिए वैज्ञानिक सोच के विकास का कार्यकाल 1940 में शुरू हुआ तथा 1960 तक प्रशिक्षण की नीतियों व प्रयोगों तथा ढंग व विधियों में महत्त्वपूर्ण सुधार हुए। 1960-1980 की अवधि के दौरान विभिन्न खेलों व स्पोर्ट्स में नए ढंग जोड़ने के लिए बहुत-सा शोध कार्य किया गया। इससे व्यक्ति की प्रदर्शन क्षमता ही नहीं बढ़ी अपितु खेल-कूद को शैक्षिक संस्थाओं में विषय के रूप में मान्यता भी मिली।

आधुनिक समाज में नेतृत्व पर बहुत बल दिया जाता है। व्यक्ति के व्यक्तित्व का बुनियादी गुण नेतृत्व होता है। समाज को लगातार नेता की जरूरत रहती है क्योंकि एक अच्छे नेता के नेतृत्व में ही देश प्रगति करता है। व्यवसायिक नेतृत्व की गुणवत्ता पर ही किसी क्षेत्र में प्रगति निर्भर करती है। संगठन के व्यवहार का प्रेरक कारक नेतृत्व को माना जाता है। नेतृत्व प्राप्त करने के साधन हैं - सर्वोच्च शक्ति, सर्वोच्च कला, सर्वोच्च बुद्धिमत्ता, सर्वोच्च ज्ञान, सर्वोच्च इच्छा शक्ति या इसमें कोई या सभी।

नेतृत्व के दोहरे अर्थ हैं - इसका शब्दकोश अर्थ दो शब्दों - नेतृत्व करना। (To-lead) में दर्शाता है-

क. "सबसे आगे रहना, समय से पूर्व चलना तथा प्रसिद्ध होना

ख. दूसरों का मार्ग-दर्शन करना, संगठन का मुखिया होना, नियन्त्रण हाथ में लेना।"

व्यक्तिगत नेतृत्व समूह के नेतृत्व से अलग है। व्यक्तिगत नेतृत्व के गुण मनुष्य में जन्मजात होते हैं परन्तु समूह-नेतृत्व वह समाज में सीखता है।

शारीरिक शिक्षा में प्रगति उसे मिलने वाले नेतृत्व की गुणवत्ता पर निर्भर करती है। नेतृत्व आंशिक रूप से सीखा गया गुण है। इसमें तुक्के से ही तरक्की नहीं मिलती परन्तु एक

अच्छे नेता के नेतृत्व में सभी सम्बन्धित व्यक्ति के शुभ यत्नों द्वारा प्रगति हासिल की जा सकती है। नेता का बुनियादी कार्य है अपने अनुयायियों को प्रेरणा देना तथा उत्साहित करना।

व्यवसाय के रूप में शारीरिक शिक्षा

इरासमस Erasmus ने कहा था, 'मैं मानता हूं कि आपका कार्य मेहनत की मांग करता है परन्तु मैं इस बात से इनकार करता हूं कि यह कार्य त्रासद या खेदजनक है। स्कूल में अध्यापक बनना राजा बनने से भी बड़ा कार्य है। मूर्खों की दृष्टि में यह हीन कार्य है परन्तु वास्तव में यह सभी व्यवसायों से उच्च व्यवसाय है।'

दोरोथी वेस्टले लिब्सन (Dorohthy Westley Libson) के अनुसार प्रत्येक क्षेत्र को व्यवसाय कहा जा सकता है यदि उसमें ये गुण हों -

1. लोगों को सेवा प्रदान की जाए।
2. व्यवसाय में वैज्ञानिक ज्ञान व तकनीकी हुनर का समावेश हो।
3. अति विशिष्ट तथा सामान्य तौर पर औपचारिक तैयारी की जरूरत हो।
4. व्यवसाय के सदस्यों द्वारा व्यवहारिक प्रवेश के लिए मानकों का नियमन होना।
5. अभ्यास करने वालों को विस्तृत व्यवसायिक समूहों में गठित करना ताकि वे व्यवहार और नैतिक मूल्यों का उच्च मानक रख सकें।

अब्राहम फ्लेक्सनर (Abraham Flexner) ने व्यवसाय के लिए निम्नलिखित कसौटियों का सुझाव दिया है, ''यह चरित्र में सीखा जाए तथा उद्देश्य में निश्चित हो, इसमें तकनीक शामिल हो, संगठित तथा अति विशिष्ट शिक्षा साधनों द्वारा प्रशिक्षण की क्षमता रखता हो तथा भाईचारे के आधार पर संगठित हो जिसमें आंतरिक प्रेरणा के उपरोक्त तत्त्व हो।'' इन कसौटियों में शिक्षण के गुण व प्रक्रियाएं शामिल हैं तथा अच्छे व्यवसायी के लिए जरूरी तत्त्व भी शामिल हैं।

पूरी तरह विकसित व्यवसाय की निम्नलिखित कसौटियों पर जांच की जा सकती है-

1. **समय के साथ कदम (Pace with times)**- क्या शारीरिक शिक्षा शास्त्री ज्ञान व हुनर प्राप्त करने में समय के साथ रहते हैं?
2. **कार्यकुशलता (Workmanship)**- क्या वे अपने प्रदर्शन तथा सेवाओं में कार्यकुशल है?
3. **सम्बद्धता (Relevance)**- क्या शारीरिक शास्त्र, शास्त्रियों द्वारा दिए गए योगदान व सेवाएं समाज के ढांचे की समस्याएं व जरूरतों से सम्बद्ध है?
4. **बनावट (Structure)**- क्या शारीरिक शिक्षा की गतिविधियां तथा धारणाएं ठीक प्रकार से संगठित तथा अनुशासित है?
5. **ढंग (Approach)**- क्या वे अपने व्यवसाय के प्रति ईमानदारी, सही और समर्पित हैं?

व्यवसायिक दृष्टि से शारीरिक शिक्षा के अध्यापक को निम्नलिखित गतिविधियां करनी चाहिये-

1. उसे व्यवसायिक साहित्य नियमित रूप से पढ़ना चाहिये
2. उसे स्थानीय, राज्य, राष्ट्रीय व अन्तर्राष्ट्रीय स्तर की व्यवसायिक संगठनों का सदस्य बनना चाहिये।
3. उसे व्यवसायिक मीटिंग, कान्फ्रेंस तथा सभाओं में भागीदारी लेनी चाहिये।
4. समिति में रहकर तथा लेख व प्रकाशित सामग्री द्वारा अपने व्यवसायिक समूहों को सेवाएं प्रदान करें।
5. उसे शोध करने चाहिये जिससे शारीरिक शिक्षा के सिद्धांतों और व्यवहारिक पक्ष के संगठित व वास्तविक आंकड़ों को सही योगदान मिले।
6. शोधकर्ताओं की शोध-परियोजनाओं (Research Project) का मार्गदर्शन व निरीक्षण करना तथा उन्हें पत्रिकाओं व पुस्तकों में प्रकाशित करवाना व कान्फ्रेंस व सेमिनारों में पेश करना।
7. व्यापक पाठ्यक्रम (Extension Course), पत्राचार कार्य आदि द्वारा व्यवसायिक विकास जारी रखना।

नि:संदेह वर्तमान शारीरिक शिक्षा को गर्व से एक योग्य व्यवसाय माना जाता है। किसी व्यवसाय की शक्ति और कमजोरियों के परीक्षण को जांचने के आधार की ध्यानपूर्ण जांच करने पर पाया जाता है कि अभी बहुत कुछ करना शेष है। शायद, अन्य कारकों के अतिरिक्त, मुख्य व्यवसायिक कमजोरियां अभी भी मौजूद हैं जिनका अभी ध्यान रखना जरूरी है।

ये त्रुटियां इस प्रकार हैं-

1. किसी व्यवसायिक प्रशिक्षण तथा कार्यक्रम की राष्ट्रीय नीति का अभाव है। अगर इस प्रकार का कुछ अस्तित्व में है भी तो वह भी गड्डमड्ड है।
2. व्यवसायिक संगठनों को पर्याप्त सामग्री, नैतिक, वित्तीय व कानूनी सहायता उपलब्ध नहीं है।
3. प्रशिक्षण, शोध तथा विस्तार कार्यक्रमों के मामले में व्यवसायिक संगठनों और शिक्षा-संस्थानों में तालमेल नहीं है।
4. खेल-कूद संस्थाएं फेडरेशन, नेशनल एसोसियेशन आन फिजिकल एजूकेशन, खेल-कूद मनोविज्ञान आदि जैसी व्यवसायिक संस्थाएं गैर तकनीकी व्यक्तियों द्वारा संचालित की जा रही हैं।
5. स्कूलों में एक सुदृढ़ शारीरिक शिक्षा कार्यक्रम की या तो कमी है या उसका गलत उपयोग किया जाता है।

उपरोक्त कमियों को दूर तभी किया जा सकता है अगर इस क्षेत्र की अगुवाई समर्थ, शिक्षित तथा सुदृढ़ हो। नेतृत्व के लिए आगे बढ़ने में तभी मुश्किलें खड़ी होती हैं अगर व्यवसायियों के द्वारा आंतरिक रूप से बहुत-सी समस्याएं स्वयं खड़ी की जाएं। यह रूझान सभी व्यवसायों में व्याप्त है तथा शारीरिक शिक्षा इसका कोई अपवाद नहीं है। एक तथ्य यह भी है कि शारीरिक शिक्षा का सही रूप लोगों के सामने उजागर नहीं हुआ है तभी इसे प्रशंसा की बजाय भर्त्सना सहनी पड़ती है। लोगों का शारीरिक शिक्षा के प्रति नकारात्मक नजरिया बदलने के लिए शारीरिक शिक्षा के अध्यापक को अच्छी प्रकार से शिक्षित होना चाहिये तथा सभी स्तरों पर शारीरिक शिक्षा के व्यवहार को दुरूस्त करने के लिए व्यवसायिक रूप से अपने अन्दर सामर्थ्य जुटाना चाहिये। किसी भी पूर्ण विकसित व्यवसाय की तरह, शारीरिक शिक्षा की भी कई श्रेणियां हैं जिनकी देखभाल करनी पड़गी। उदाहरणार्थ विषयों के सिद्धांत तथा विभिन्न खेलों और स्पोर्टस के अभ्यास, शिक्षण और प्रशिक्षण, कोचिंग, शोध कार्य आदि। इस भाग को समझने में लोग गलती कर जाते हैं। केवल भली प्रकार शिक्षित तथा अच्छा प्रशिक्षण प्राप्त नेतृत्व करने वाले ही लोगों के मन से ये शक, त्रुटियां व कमजोरियां दूर कर सकते हैं। तथा लोगों को जागरूक बना सकते हैं कि मानवीय विकास के लिए केवल यही रास्ता है।

शारीरिक शिक्षा शास्त्री के लिए व्यवसायिक योग्यताएं और व्यवसायिक गुण

विश्व में समय की मांग और बदलते परिदृश्य में शारीरिक शिक्षा के अध्यापकों की व्यवसायिक योग्यताओं तथा प्रशिक्षण के तरीकों में बदलाव आए हैं। कितने दुख की बात है कि भारत में शारीरिक शिक्षा का भाग्य कोई व्यवसायिक संस्था तय नहीं करती बल्कि उसका फैसला कुछ विशिष्ट दक्ष लोगों की सलाह पर सरकार द्वारा बनाए गई समितियां, परिषद् व कमीशन करते हैं।

इस दिशा में नियुक्त सभी समितियां व आयोगों का वर्णन संभव नहीं होगा परन्तु यह वर्णन करना संभव है कि जब भी सवैंधानिक तौर पर कहा गया कि व्यवसायिक अध्यापकों में गुण हों वे इस प्रकार वर्णित किए गए।

1. एक शारीरिक शिक्षा अध्यापक में वैसी ही शैक्षिक योग्यताएं होनी चाहिए जैसी स्कूल/कॉलेज में किसी अन्य शैक्षिक अध्यापक की होती है।
2. जो स्नातकोत्तर कक्षाओं को पढ़ाते हैं उनके पास पी.एच.डी. डिग्री होनी चाहिए।
3. इसमें संदेह नहीं कि शारीरिक शिक्षा का अध्यापक किसी संस्थान की सभी खेलों और स्पोर्टस की देखभाल/निरीक्षण कर सकता है परन्तु यह ज्यादा सही होगा अगर वह कम से कम एक खेल में विशिष्टता प्राप्त करे।
4. कोचिंग का कार्यभार सम्भालने से पहले अध्यापक व कोच को किसी मान्यता प्राप्त संस्था से या डिप्लोमा या सम्भव हो कोचिंग की डिग्री लेनी चाहिए। आज-कल यह बात महसूस की जा रही है कि शिक्षित व सफल कोच बनने के लिए व्यक्ति की शारीरिक शिक्षा की पृष्ठभूमि होनी चाहिए।
5. शारीरिक शिक्षा के अध्यापक को फिजियोथेरेपी का ज्ञान होना चाहिये ताकि वह कुछ हद तक छात्रों व खिलाड़ियों की आसन सम्बन्धी विसंगतियों (Postural deformities) को दूर कर सके।
6. शारीरिक शिक्षा के प्रोग्राम व उद्देश्य लागू करने व प्राप्त करने हेतु अपने सहयोगियों से सहयोग लेने की योग्यता होनी चाहिये।
7. जैसा कि इस व्यवसाय की मांग है, उसमें स्वतन्त्र रूप से शोध कार्य करने की योग्यता होनी चाहिये ताकि अपने

ध्येय को पूरा करने के लिए अपनी जानकारी का प्रयोग कर सके।

8. अपने व्यवसाय के लिए बोलने व लिखने की प्रतिभा उसमें होनी चाहिए। उसका योगदान सराहनीय होगा अगर वह अंग्रेजी या स्थानीय भाषा में कुछ पुस्तकें, लेखें, पत्रिका आदि लिख सके क्योंकि साहित्य ही किसी व्यवसाय की रीढ़ की हड्डी होती है।
9. राज्य/राष्ट्रीय/अन्तर्राष्ट्रीय कांफ्रेंस व सेमीनारों में उसे हिस्सा लेना चाहिए ताकि अपने योजनाओं व नीतियों के परिणामों की विवेचना कर सके।
10. किसी खेल में उसका प्रदर्शन या उपलब्धि उच्च स्तर की होनी चाहिए ताकि वह विद्यार्थियों को प्रेरित कर सकें तथा प्रदर्शन, तनाव, चिन्ता, बेचैनी, प्रेरणा के बारे में उसका लेखन उत्कृष्ट हो।
11. उसमे एक अच्छे नेता के गुण होने चाहिए ताकि व्यवसाय में उपलब्धि व योगदान के लिए जिन्दगी के सभी क्षेत्रों में से लोगों को वह अपने साथ ले जा सके।

शारीरिक शिक्षा एक गतिशील क्षेत्र है। अत: शारीरिक शिक्षा के अध्यापक को भी गतिशील होना चाहिए। अगर वह कर्म द्वारा ऐसे गुण अर्जित नहीं करता तो अपने व्यवसाय को आगे बढ़ाने में उसे बहुत कठिनाईयों का सामना करना पड़ेगा। केवल शैक्षिक व व्यवसायिक योग्यताएं मददगार नहीं होती वांछित परिणामों को प्राप्त करने के लिए व्यक्तिगत गुण भी महत्त्वपूर्ण हैं।

शारीरिक शिक्षा में नेतृत्व की आवश्यकता

शारीरिक शिक्षा में नेतृत्व की बहुत आवश्यकता रहती है। शारीरिक शिक्षा में नेता का सर्वोच्च गुण आत्म-विश्वास होता है। यही सभी गतिविधियों का आधार है। अगर व्यक्ति में आत्म-विश्वास नहीं है तो वह किसी भी गतिविधि में खेलों में सही रूप से प्रदर्शन नहीं कर सकता उदाहरण के लिए-ऐथलेटिक्स में थ्रोईंग व जम्पिंग तथा जिमनास्टिक में हैंड स्प्रिंग।

खेलों और स्पोंटस में पक्का इरादा बहुत आवश्यक है। पक्का इरादा अपने अन्दर से आता है। व्यक्ति में अतिरिक्त बोझ उठाने की क्षमता होनी चाहिए, यह तभी सम्भव है जब उसमें पक्का इरादा हो। शारीरिक शिक्षा में यदि नेता कोई गतिविधि स्वयं करने की क्षमता रखता है तभी वह छात्रों से वह गतिविधि करवा पाएगा।

शारीरिक शिक्षा में नेता दूरदर्शी, कल्पनाशील और काफी चुस्त होता है। केवल चुस्त मन ही दूसरों की भलाई के बारे में सोच सकता है। खिलाड़ियों की चुस्ती के कारण टीम मैच जीतता है। नेता में इतनी योग्यता होनी चाहिए कि ठीक ढंग से तर्क दे सके तथा तेजी से फैसले ले सकें, अपने मन में प्रत्येक स्थिति को ठीक प्रकार समझ सकने के कारण ही वह अपने प्रतिद्वंद्वी पर हमला कर सकता है तथा कठिन स्थिति पर काबू पा सकता है।

शारीरिक शिक्षा में खिलाड़ी का साहस ही उसे इस योग्य बनाता है कि वह प्रतिद्वंद्वी के अवांछित व्यवहार के सामने झुके तथा उसे सहन करे। सही गतिविधि चुनने की दिशा में केवल सच्चाई व साहस ही खिलाड़ी को रास्ता दिखाते हैं।

शारीरिक शिक्षा द्वारा नेता के कुछ अन्य गुणों का हमें पता चलता है, उदाहरणार्थ उसे चुस्त, दोस्ताना तथा अच्छे स्वभाव का होना चाहिए। उसे अपने अनुयायियों की बातें सहन करनी चाहिए, उसका नैतिक चरित्र साथी खिलाड़ियों के लिए एक उदाहरण होना चाहिए।

शारीरिक शिक्षा में नेतृत्व की उपयोगिता

शारीरिक शिक्षा में नेतृत्व की बहुत उपयोगिता है ताकि वह खेल के मैदान में ग्रुप टीम की अगुवाई व नियंत्रण कर सके। इसमें इतनी योग्यता हो कि अपनी शारीरिक कमियां ढूँढने में वह विद्यार्थियों की मदद कर सके। खेल के मैदान में विभिन्न उद्योग (Complex) को समझाने में मनोविज्ञान द्वारा वह विद्यार्थियों की मदद कर सकता है। उसे आसन सम्बन्धी त्रुटियां (Postural defects) तथा उनका समाधान पता होता है। उसे सामान्य रूप से शारीरिक गतिविधियों को पूर्ण ज्ञान होना चाहिए तथा कुछ खेलों पर पूर्ण अधिकार होना चाहिए। फैसला लेने की क्षमता व अनुशासन की समझ तथा आत्म-विश्वास विकसित करना चाहिए। शारीरिक शिक्षा में एक अच्छा नेता टीमों को प्रतिस्पर्धा के लिए एक स्थान से दूसरे स्थान पर ले जाता है। वे विभिन्न टीमों व समूह के अभ्यास मैच करवाते हैं। सभी खिलाड़ियों की टीम का नेतृत्व करने का मौका मिलता है। टीमों को पिकनिक व अन्य सैर पर लेकर आनन्द लेते हैं। छोटे ग्रुप में स्पोर्टस मीट (Sports meet) तथा स्कूल स्तर पर आयोजन कर उसे आत्म-विश्वास मिलता है।

शारीरिक शिक्षा में जनसम्पर्क की आवश्यकता

वर्तमान समय में आधुनिक शिक्षा के क्षेत्र में शारीरिक शिक्षा को भी महत्वपूर्ण स्थान प्रदान किया गया है। विशेषज्ञों का ऐसा मत है कि शारीरिक शिक्षा के बिना बच्चों की शिक्षा अपूर्ण रह जाती है। क्योंकि शारीरिक शिक्षा के बिना बच्चों का सर्वांगीण विकास नहीं हो पाता है। यही कारण है कि आजकल प्रत्येक शिक्षण संस्थाऐं अपने वार्षिक कार्यक्रमों में अन्य विषयों के साथ-साथ शारीरिक क्रियाओं को भी उचित मात्रा में स्थान देती है वर्तमान समय में शारीरिक शिक्षा का क्षेत्र सीमित नहीं है। बल्कि इससे निरन्तर चलने वाली क्रिया के रूप में लिया जाता है। शारीरिक शिक्षा में जनसम्पर्क क्यों आवश्यक है इसको नीचे लिखे निम्न आधारों के माध्यम से स्पष्ट किया गया है।

1. **जनता को कार्यक्रम के बारे में सूचना देना :** जनसम्पर्क के माध्यम से ही शारीरिक शिक्षा का शिक्षक सामान्य जनता को अपने विद्यालय के अन्दर होने वाले विभिन्न प्रकार के खेलों एवं शारीरिक क्रिया-कलापों के बारे में सही समय से सूचना प्रदान करता है कि इस वर्ष हमारे विद्यालय के अन्दर अमुक समय में विभिन्न प्रतियोगिताओं का आयोजन किया जायेगा। शारीरिक शिक्षा के पाठ्यक्रम में शामिल नवीन क्रिया-कलापों के बारे में सूचना जनसंपर्क के माध्यम से प्रदान किया जाता है।

   यदि जनसंपर्क का प्रयोग एक शारीरिक शिक्षा का अध्यापक नहीं करता है तो विद्यालय के अन्दर आयोजित होने वाली क्रिया-कलापों में सामान्य जनमानस की सही समय से पहुँचने की संभावना काफी कम होती है।

2. **जनता में रुचि का निर्माण करना:** जनसंपर्क के माध्यम से ही एक शारीरिक शिक्षा का शिक्षक अपने विद्यालय के अन्दर होने वाले विभिन्न कार्यक्रमों की सूचना सामान्य जनता तक पहुँचाता है तो जनता में भी क्रियाकलाप को देखने के लिए एक रुचि का निर्माण होता है। इस प्रकार से यह स्पष्ट दिखाई देता है कि जनसंपर्क के द्वारा ही सामान्य जनता में रुचि का निर्माण किया जा सकता है। बिना जनसंपर्क के रुचि का निर्माण शारीरिक शिक्षा के शिक्षक के बस के बाहर है। क्योंकि एक विद्यालय के अन्दर कई शिक्षक होते हैं लेकिन शारीरिक शिक्षा का शिक्षक अकेले होता है ऐसे में वह अकेला विद्यालय के शारीरिक शिक्षा के कार्यक्रमों में व्यस्त रहता है।

3. **विभिन्न प्रकार के संगठनों का निर्माण:** शारीरिक शिक्षा का शिक्षक जनसम्पर्क के माध्यम से जब खेल-कूद का प्रचार एवं प्रसार करता है तो उसके नियन्त्रण के लिए विभिन्न प्रकार के संगठनों का निर्माण किया जाता है। इन संगठनों के अन्दर विभिन्न खेलों से सम्बन्धित क्लब आते हैं जो कि समय-समय पर विभिन्न प्रकार की प्रतियोगिताओं का आयोजन करते हैं। इन संगठनों के माध्यम से एक शारीरिक शिक्षा का शिक्षक अपने जनसंपर्क को काफी बढ़ाता है। इन संघटनों की स्थापना न किया जाय तो किसी भी खेल का बड़े पैमाने पर आयोजन करना कठिन होगा।

4. **बच्चों के सर्वांगीण विकास के लिए सहायक:** जनसम्पर्क के माध्यम से सामान्य जनता को विद्यालय के अन्दर होने वाली क्रियाकलापों के सम्बन्ध में पूर्व जानकारी मिल जाती है। जब भी विद्यालय के अन्दर कोई कार्यक्रम आयोजित किया जाता है तो सामान्य जनता भी पर्याप्त संख्या में कार्यक्रम देखने के लिए आती है एवं उन्हीं के बच्चे उनके सामने विभिन्न प्रकार के शारीरिक क्रिया-कलाप करते हैं जिनके कारण बालकों में एक अलग प्रकार के व्यक्तित्व का विकास होता है जो कि बालक के भविष्य में एक अमूल्य वस्तु के रूप में काम आता है। यदि जन-सम्पर्क का सही प्रकार से प्रयोग किया जाय तो बच्चे के सर्वांगीण विकास की पूर्ण सम्भावना होती है।

शारीरिक एवं स्वास्थ्य शिक्षा

खण्ड – B

अध्याय

7

खेलों का इतिहास

विभिन्न क्रीड़ा-प्रक्रियाओं का यांत्रिक विश्लेषण

मनोरंजन का मानव जीवन में बहुत ही प्रमुख स्थान होता है। स्वस्थ मनोरंजन हमारे जीवन के लिए परम आवश्यक है। इसके अभाव में जीवन नीरस हो जाता है। स्वास्थ्य मनोरंजन द्वारा हमारा जीवन उल्लास और उत्साह से भरा रहता है। स्वस्थ मनोरंजन वही है जो हमारे मन को खुशी दे, हमारे स्वास्थ्य में सुधार लाए और हमारे नैतिक विकास में भी सहायक हो। क्रीड़ा अथवा खेल स्वस्थ मनोरंजन का सबसे अच्छा साधन है।

शिक्षा के जैसा ही खेल का भी जीवन में महत्त्व है चूँकि खेल से स्वस्थ मनोरंजन होता है। अत: क्रीड़ा को हमारी शिक्षा व्यवस्था का अभिन्न और अनिवार्य अंग बनाया जाना चाहिए। ज्ञान और कला के पाठ्यक्रम के साथ-साथ खेल के पाठ्यक्रम का भी समावेश विद्यार्थियों के सर्वांगीण विकास में सहायक होता है। प्रसिद्ध मनोवैज्ञानिकों ने खेल को एक सामान्य जन्मजात प्रवृत्ति माना है।

सर टी. पी. नन (Nunn) के मतानुसार "खेल रचनात्मक क्रियाओं की व्यापक अभिव्यक्ति है।"

वैलेण्टाइन (Velentine) के मतानुसार "खेल कार्य में एक प्रकार का मनोरंजन है।"

स्टर्न (Stern) के मतानुसार "खेल एक ऐच्छिक आत्मनियन्त्रित क्रिया है।"

ग्लूक (Glueck) के मतानुसार "खेल वह है, जो कुछ हम करते हैं। हम अपनी इच्छानुसार करने के लिए स्वतन्त्र होते हैं।"

खेल के सन्दर्भ में **थॉमसन** के विचार हैं- "खेल कुछ प्रवृत्ति जन्य क्रियाओं को करने की प्रवृत्ति है।

क्रो एवं **क्रो** (Crow and Crow) के मतानुसार- "खेल की उस क्रिया के रूप में परिभाषा की जा सकती है। जिसमें एक व्यक्ति उस समय व्यस्त होता है, जब वह उस कार्य को करने के लिए स्वतन्त्र होता है, जिसे वह करना चाहता है।"

उक्त विचारकों ने खेल के अर्थ को विभिन्न रूपों में प्रकट किया है। अत: थोड़े में खेल एक ऐच्छिक, स्वतन्त्र, मूल प्रवृत्ति जन्य, आत्मनियन्त्रित एवं उल्लास देने वाली एवं हमारी रचनात्मक क्रियाओं को अभिव्यक्त करने वाली प्रणाली है।

खेल का वर्गीकरण

शैशवावस्था से प्रौढ़ावस्था तक बालक के कृत्रिम विकास में उसको भिन्न-भिन्न तरह के खेल खेलते देखा जा सकता है। सभी अवस्थाओं के खेलों को मानव व्यवहार का एक अंग ही माना जा सकता है। कुछ प्रमुख बालोपयोगी खेल निम्नलिखित हैं-

1. **रचनात्मक खेल:** रचनात्मक खेल व्यक्तिगत और सामूहिक दोनों ही प्रकार के होते हैं। बचपन में लड़के एवं लड़कियां मिलकर घरौंदे बनाते हैं, गुड्डे गुड़िया का ब्याह रचाते हैं। भोजन बनाते हैं तथा अनेक वयस्कों वाले खेल खेलते हैं। ये सभी क्रियाएँ बालकों के मन में उठने वाले रचनात्मक भावों की होती है। रचनात्मक खेलों में बालक के मन में कुछ नया करने की जिज्ञासा भी बहुत प्रबल होती है। जैसे-मिट्टी के घर, पहाड़, या नई-नई आकृतियाँ बनाना और फिर उन्हें अच्छे से अच्छा रूप देना। स्टर्न के अनुसार लड़कों में आविष्कार की प्रवृत्ति तथा लड़कियों में अनुकरण की प्रवृत्ति अधिक दिखलाई पड़ती है।
2. **लड़ाई खेल-** यह खेल दो समूहों के बीच खेला जाता है। इसमें विरोधी दल को हराना मूल उद्‌देश्य होता है। इस प्रकार के खेलों में टीम भावना की प्रधानता रहती है। लड़ाई के खेलों के अन्तर्गत-हॉकी, क्रिकेट, फुटबाल आदि टीमों के खेल, बैडमिण्टन, टेनिस आदि व्यक्तियों के खेल, कुश्ती, मुक्केबाजी आदि लड़ाई के खेल होते हैं। इस प्रकार के खेलों का निर्णय हार-जीत के आधार पर ही होता है।

3. **परीक्षणात्मक खेल**- इस प्रकार के खेलों में शिशु और बालक वस्तुओं को उलटते, पलटते, तोड़ते, फोड़तें देखे जाते हैं और उनके विषय में जानकारी प्राप्त करना चाहते हैं। इन खेलों का आधार जिज्ञासा की प्रवृत्ति होती है। इस प्रकार के खेल वैयक्तिक रूप से खेले जाते हैं।

4. **बौद्धिकता खेल**- ये खेल वैयक्तिक और सामूहिक दोनों प्रकार के हो सकते हैं। आधुनिक सभ्य समाजों में बहुत से लोग शतरंज जैसे खेल भी खेलते हैं जिनमें बुद्धि का विशेष रूप से प्रयोग करना होता है। बालकों में शब्द निर्माण तथा पहेलियाँ हल करना जैसे खेलों को भी इसी श्रेणी में रखा जाता है।

5. **गतिशीलता खेल**- ये खेल वैयक्तिक और सामूहिक दोनों प्रकार के हो सकते हैं। ये खेल शरीर की गति का विकास करते हैं। इन खेलों में शैशवावस्था और बाल्यवस्था में हाथ-पैरों को हिलाना, दौड़ना, घूमना, उछलना, कूदना, मुँह से तरह-तरह की आवाजें निकालना आदि विभिन्न अंगों के संचालन सम्बन्धी खेल आते हैं। इस प्रकार के खेल बालक के विकास की स्वाभाविक क्रिया है। जिसमें बाधा डालने से उसका विकास अवरूद्ध होता है। शिशु में दो वर्ष की अवस्था तक इसी प्रकार के खेलों का बाहुल्य रहता है।

खेल को प्रभावित करने वाले कारक

खेल पर प्रभाव डालने वाले कारक निम्नलिखित हैं-

1. **वातावरणीय विभिन्नताः** खेलों पर सबसे ज्यादा असर वातावरण का होता है। वातावरण में मौसम, समय, स्थान, साथी और परम्पराऐं शामिल हैं। इनके परिवर्तन से खेलों के रूपों में अन्तर पड़ जाता है जैसे-गाँव और नगरों में, गर्म एवं ठण्डे प्रदेशों में, पहाड़ी स्थान और समुद्र के किनारे बालकों के खेलों में स्पष्ट अन्तर देखा जा सकता है।

2. **आयुः** उम्र खेल को प्रभावित करने वाला एक विशेष कारक है। जैसे-जैसे बालक की आयु बढ़ती जाती है वैसे-वैसे उसके खेल आसान से जटिल और अव्यस्थित से संगठित होते जाते हैं। आयु बढ़ने के साथ-साथ बालक की रुचि बौद्धिक खेलों की ओर बढ़ने लगती है तथा वह सामूहिक रूप से खेलना पसन्द करता है।

3. **लिंग-भेदः** अलग-अलग अध्ययनों द्वारा यह पता लगाया गया है कि शैशवावस्था और बाल्यावस्था में लड़के एवं लड़कियाँ लगभग एक से ही खेल खेलते हैं। 5-6 वर्ष की अवस्था में कभी-कभी फर्क दिखाई देता है। जैसे-लड़कियाँ गुड्डे-गुड़िया का खेल आरम्भ करती हैं तो लड़के-बैट-बॉल का। परन्तु मुख्य अन्तर 8-10 वर्ष की आयु के बाद दिखलाई पड़ता है। भारतीय समाज में तो यह अन्तर पारिवारिक वातावरण के कारण भी देखने को मिलता है। इसलिए लड़कियाँ घर में रहकर ही खेलना पसन्द करती हैं। जबकि लड़के तैरना, घुड़सवारी, क्रिकेट, हॉकी आदि। लेकिन वर्तमान में ऐसा नहीं है लड़कियाँ भी सभी खेलों में भाग लेकर आगे बढ़ रही हैं।

4. **मानसिक-अनेक**- बुद्धि की विभिन्नता का भी खेलों पर प्रभाव देखा जा सकता है। विभिन्नता बार प्रतिभावान, सामान्य बुद्धि और मन्द-बुद्धि बालक एक से ही खेल खेलते देखे जा सकते हैं। लेकिन बुद्धि की अपेक्षा रुचि हमारे खेलों को अधिक प्रभावित करती है। यदि विद्यालयों में अध्ययन किया जाता है तो शिक्षार्थियों में ज्यादातर प्रखर बुद्धि वाले बालक खेलों में कम और पढ़ने-लिखने में अधिक समय देते हैं।

खेल : मनोवैज्ञानिक सिद्धान्त

खेल की प्रवृत्ति बालकों, में व्यस्कों में यहाँ तक कि प्रौढ़ों में भी पाई जाती है। बच्चे क्यों खेलते हैं? वे क्यों खेलना चाहते हैं? आदि प्रश्नों का उत्तर पाने का प्रयत्न विभिन्न मनोवैज्ञानिकों द्वारा किया गया है। लेकिन खेलों में मनोवैज्ञानिक आधार को लेकर विचारकों में मतैक्य नहीं हैं। विभिन्न विचारकों ने खेल की व्याख्या अलग-अलग सिद्धान्तों से की है। इन सिद्धान्तों पर दृष्टि डालने से खेल मनोवैज्ञानिक तत्त्व स्पष्ट होते हैं। खेल के प्रमुख मनोवैज्ञानिक सिद्धान्त निम्नलिखित हैं-

1. **खेल के पूर्व अभिनय का सिद्धान्तः** इस सिद्धान्त के प्रतिपादक कार्ल ग्रुस हैं। अनेक प्राणियों के खेलों का सूक्ष्म अध्ययन करके कार्ल ग्रूस इस निष्कर्ष पर पहुँचा कि खेल के द्वारा प्राणी वयस्क प्रकार के अभ्यास करते हैं। बच्चों में भावी वयस्क जीवन की तैयारी करने की आन्तरिक प्रवृत्ति होती है। उदाहरणार्थ- बिल्ली का बच्चा गेंद के पीछे उसी तरह दौड़ता तथा उसे काटता है जैसे कि वयस्क अवस्था में वह चूहों के प्रति करता देखा

जाता है। इसी प्रकार हिरन के बच्चे चौकड़ियाँ भरते हैं। मनुष्यों के शिशुओं में भी यही बात दिखलाई पड़ती है। लड़कियाँ गुड़ियों से खेलती हैं, घर बनाती हैं गुड्डे-गुड़ियों का विवाह करती हैं और इसी प्रकार स्त्री सुलभ कार्यों को करती है। दूसरी ओर लड़का प्रोफेसर, डॉक्टर, इंजीनियर या दुकानदार आदि का अभिनय करके खेल के द्वारा अपने भावी जीवन का पूर्व अभिनय कर लेते हैं।

यद्यपि मनोवैज्ञानिकों द्वारा इस सिद्धान्त के आन्तरिक सत्य को स्वीकारा गया है लेकिन वे यह बात स्वीकार नहीं करते कि बालक खेल द्वारा जाने-अनजाने अपने वयस्क जीवन की तैयारी करता है।

2. **खेल पुनरावृत्ति का सिद्धान्तः** मानव जाति ने हजारों सालों के अपने विकास के क्रम में जो कुछ ग्रहण किया है वे गुण बच्चों में सूक्ष्म-संस्कार के रूप में मौजूद होते हैं। बच्चे अपने विभिन्न खेलों के द्वारा इन्हीं संस्कारों को दुहराते है। यह पुनरावृत्ति प्रकृति का स्वभाव है। यह सिद्धान्त पुराने संस्कारों की बात करता है। इस सिद्धान्त के प्रतिपादक जी स्टनले हॉल के अनुसार- एक बालक अपने खेलों द्वारा अपने पूर्वजों के उन सभी कार्यों को दोहराता है। जो वे आदि काल से करते चले आ रहे हैं। जैसे-वृक्ष पर चढ़ना नदी में पत्थर फेंकना, शिकार करना, मछली पालना आदि।

   आधुनिक समय में इस सिद्धान्त को अस्वीकार कर दिया गया है। क्योंकि आधुनिक मनोवैज्ञानिक यह नहीं मानते कि मानव जाति द्वारा अर्जित गुण शिशुओं में संस्कार रूप में उपस्थित होते हैं।

3. **खेल के अतिरिक्त शक्ति का सिद्धान्तः** बालकों में अपनी दिनचर्या के कामों से उनकी शक्ति का पूरा प्रयोग नहीं हो पाता है। अतः वे अपनी अतिरिक्त शक्ति को खर्च करने के लिए खेल खेलते हैं। जर्मनी के प्रसिद्ध कवि **शिलर** के अनुसार- "खेल हमारी अतिरिक्त शक्ति की अभिव्यक्ति का माध्यम हैं।" इस सिद्धान्त का समर्थन **हर्बर्ट स्पेन्सर** ने भी किया है। इसीलिए इस सिद्धान्त को 'शिलर-स्पेन्सर सिद्धान्त' की संज्ञा दी गई।

   प्रौढ़ व्यक्तियों में अधिकतर दिन भर कठोर परिश्रम करने वाले लोग खेल नहीं खेलते क्योंकि उनमें खेल के लिए अतिरिक्त शक्ति नहीं बचती। दूसरी ओर जो लोग बैठे रहने का या आराम से होने वाले व्यवसाय करते हैं, उन्हें खेल की आवश्यकता अनुभव होती है। इस प्रकार इस सिद्धान्त के अनुसार खेल व्यक्ति के लिए एक सुरक्षा वाल्व के समान हैं। इसके द्वारा उसका अतिरिक्त समय निकल जाता है।

   आज के समय में सिद्धान्त को स्वीकार नहीं किया जाता है। इसके मुख्य तीन कारण हैं-

   (क) बीमार बालक में ज्यादा शक्ति नहीं होती फिर भी वह खेलता है।

   (ख) विकास की विभिन्न अवस्थाओं में बालक की खेल सम्बन्धी रुचियाँ बदल जाती हैं।

   (ग) बहुत से खेलों से अतिरिक्त शक्ति मिलती है न कि कम होती है।

4. **परिष्कार का सिद्धान्तः** Catharisis शब्द यूनानी दार्शनिक, **अरस्तू** की एक पुस्तक से लिया गया है। इसका मतलब है 'परिष्कार' या 'शुद्धि'। अरस्तू ने ग्रीक दुखान्त नाटकों के प्रभाव का वर्णन करने में Catharsis अर्थात् 'रेचन' शब्द का प्रयोग किया है। इसका अर्थ है शुद्ध करना। इस सिद्धान्त को 'रेचक सिद्धान्त' भी कहा जाता है। जिस प्रकार कुछ औषधियाँ शरीर से दूषित पदार्थों को निकालकर शरीर को शुद्ध कर देती हैं। उसी प्रकार दुखान्त नाटक मनुष्य के दबे हुए संवेगों को निकालकर मनुष्य की आत्मा को शुद्ध करते हैं।

5. **खेल के पुनः शक्ति-प्राप्ति सिद्धान्तः** इस सिद्धान्त का प्रतिपादन **जी.टी. डब्ल्यू पैट्रिक** ने किया है। उनके मतानुसार खेल मनोरंजन के लिए खेले जाते हैं और मनोरंजन से व्यक्ति की थकावट दूर होती है तथा उसे खोई हुई शक्ति फिर से प्राप्त होती है। इसीलिए दिन भर के कार्य से थके हुए व्यक्ति भी शाम को खेलों के द्वारा मनोरंजन करते हुए देखे जाते हैं। शायद इसीलिए बालक भी पढ़ाई के बाद खेलना चाहते हैं। इस सिद्धान्त के अनुसार खेल, कार्य से विश्राम देता है इसीलिए इसे विश्राम सिद्धान्त भी कहते हैं।

   इस सिद्धान्त की मुख्य विशेषता है कि यह मनोरंजन को मुख्य तत्त्व मानता है और वयस्क लोगों के खेलों को भी महत्व प्रदान करता है। किन्तु इस सिद्धान्त से यह पता नहीं लगता कि बालक क्यों खेलते हैं। खेल के बालकों के सम्बन्ध में यह तथ्य सही नहीं बैठता कि वे कार्य की थकान समाप्त करने के लिए खेलते हैं।

रॉस के अनुसार- ''खेल की क्रिया परिष्कारात्मक क्रिया है। यह कुछ अवरुद्ध प्रवृत्तियों और संवगों को बाहर निकालने का मार्ग प्रदान करती है। जिनको बाल्यकाल या वयस्क जीवन में प्रत्यक्ष अभिव्यक्ति नहीं मिल सकती हैं।''

यह सिद्धान्त मनुष्य के ऐसे खेलों पर प्रकाश निक्षेप करते हैं जो आदमी की प्रक्रिया की याद दिलाते हैं। जैसे- घूमना-फिरना, आखेट करना, युद्ध आदि खेल, सभ्य व्यक्ति में दबी हुई उन प्रवृत्तियों की अभिव्यक्ति करते हैं। जो सभ्य समाज की सामान्य क्रियाओं द्वारा नहीं हो पाती। फ्रायड तथा अन्य मनोविश्लेषणवादी विचारकों ने भी खेल की इसी प्रकार व्याख्या की है। टी.पी.नन ने इस सिद्धान्त की यथार्थता को स्वीकार किया है।

टी.पी. नन के अनुसार-''मनुष्य निर्दयता और पाप की आदिम प्रवृत्तियों को बिल्कुल नहीं निकाल सकते परन्तु खेल एक ऐसा साधन है जिससे कि उसके अन्दर से इनको निकाला जा सकता है। और जिससे ये नैतिक मूल्य की प्रवृत्तियों में रूपान्तरित किए जा सकते हैं।'' विभिन्न सिद्धान्तों द्वारा खेलों के भिन्न-भिन्न रूपों जैसे मनोरंजन भावी जीवन के कार्यों का पूर्ण अभिनय, पूर्वजों के कार्यों की पुनरावृत्ति, अतिरिक्त शक्ति का प्रयोग आदि में अभिव्यक्त किया गया है। इन सभी सिद्धान्तों में परिष्कार की क्रिया सभी खेलों का उद्देश्य है।

आधुनिक युग में इन सिद्धान्तों को मान्यता नहीं दी गई है। प्रसिद्ध दार्शनिक जॉन ड्यूटी ने 'खेल ही जीवन है' के अनुसार 'जीवन की क्रियाशीलता का सिद्धान्त' प्रतिपादित किया है। जिसमें बालकों व वयस्कों में क्रियाशीलता के महत्त्व को प्रतिपादित किया गया है।

क्रो एवं क्रो के अनुसार- ''क्रियाशीलता जीवन का सार है व्यक्ति की क्रिया अनेक रूपों में व्यक्त की जा सकती है। बालक के जीवन का मुख्य कार्य खेल है।''

खेल का बाल-विकास में योगदान

बाल-विकास में खेलों का महत्त्वपूर्ण योगदान है। खेलने में बालक को आनन्द तो आता ही है, साथ ही साथ इस क्रम में उसकी विभिन्न मूल प्रवृत्तियों की अभिव्यक्ति भी होती है। खेलों के द्वारा बालक स्वतन्त्रता पूर्वक अपनी सामान्य प्रवृत्तियों को अभिव्यक्ति करता है। इस क्षेत्र में वह पूर्ण स्वतन्त्र होता है और आन्तरिक प्रेरणा के कारण तरह-तरह के खेल खेलता है। यद्यपि इन खेलों में शिक्षक का निर्देशन कई प्रकार से मददगार होता है। लेकिन शिक्षक को खेलों में अनावश्यक रूप से हस्तक्षेप नहीं करना चाहिए।

क्रो एवं क्रो ने इसके महत्त्व को इस प्रकार प्रतिपादित किया है- ''स्वतन्त्र क्रिया, जो तुलनात्मक रूप से निरुद्देश्य जान पड़ती है, बालक के व्यक्तित्त्व के प्रत्येक अंग को प्रभावित करती है।''

खेल बालक के प्रत्येक अंग को किस प्रकार प्रभावित करता है। इसका संक्षिप्त विवरण आगे दिया जा रहा है।

1. **नैतिक रूप में महत्त्व**- सभी खेल अपने-अपने नियमों के अनुसार खेले जाते हैं। किसी भी तरह का खेल हो उसे उसी के अनुरूप खेला जाता है। अत: बालक सबसे पहले नियमबद्धता सीखते हैं और उसी के साथ-साथ उन्हें उचित अनुचित का ज्ञान हो जाता है खेलों में सत्यता, ईमानदारी आदि पर विशेष जोर दिया जाता है जिससे बालक में इन सबके प्रति आदर की भावना तो आती ही है, वह आत्मनियन्त्रण करना भी सीखता हैं।

   हरलॉक के अनुसार- ''बालक के नैतिक प्रशिक्षण में खेल सबसे अधिक महत्त्वपूर्ण साधन है।''

2. **खेल का शारीरिक रूप से महत्त्व**- खेलों से बदन के अन्दर चुस्ती आती है। इससे मानव रक्त संचार तीव्र होने और तेज चलने से शरीर के अन्दर की बहुत सी गन्दगी बाहर आती है। खेलों से फेफड़े हृदय आदि अंग मजबूत होते हैं खेलों के बिना शरीर का अच्छा विकास नहीं हो सकता। खेलों से आनन्द मिलने का भी शारीरिक विकास पर अच्छा प्रभाव पड़ता है। खेलों के बाद व्यक्ति में नई स्फूर्ति और ताजापन दिखाई पड़ता है। बहुत से खेलों के द्वारा बालक भावी-जीवन संघर्ष के लिए शारीरिक रूप से तैयार होते हैं इस तरह घर से बाहर खेले जाने वाले खेल-शारीरिक विकास में तथा घर के अन्दर खेले जाने वाले बौद्धिक विकास में सहायक होते हैं।

3. **खेल का शिक्षा के क्षेत्र में महत्त्व**- ज्यादातर प्रारम्भिक शिक्षा में बालकों को पढ़ाई के लिये नई-नई बातें सिखाने के लिये खेल की मदद ली जाती है। इससे शिक्षा और खेल अर्थात् खेल-खेल में शिक्षा प्रणाली बालक के विकास को उचित दिशा प्रदान करती है। केवल शैशव और बाल्यावस्था में ही नहीं अपितु किशोरावस्था और वयस्कावस्था में भी अच्छे शिक्षक शिक्षार्थियों को उनकी रुचि और आवश्यकतानुसार खेल खिलाकर उन्हें देश के विकसित और आदर्श नागरिक बना सकते हैं। विद्यालय और विश्वविद्यालय स्तर पर हमारे वही खेल,

अनुसन्धानात्मक कार्यों रचनात्मक कार्यों में सहायता करके हमारे भावी जीवन के दिशा निर्धारण में भी सहायता करते हैं।

4. **खेल का व्यक्तिगत रूप में महत्त्व**- सभी बालकों की अभियोग्यता (Apptitude) में भेद पाया जाता है। अभियोग्यता एक जन्मजात गुण होता है। जिसको विकसित करने का कार्य खेलों द्वारा आसानी से किया जा सकता है। प्रकृति प्रदत्त यह योग्यता मौका मिलने पर बहुत बड़ी उपलब्धि के रूप में सामने आती है। आवश्यकता होती है इसे पहचानने की और सही दिशा देने की। खेल इसमें बहुत योगदान देते हैं।

5. **खेल का सामाजिक रूप से महत्त्व**- बालक में विभिन्न खेलों द्वारा ही विभिन्न सामाजिक गुणों-अनुशासन, सहयोग, उदारता, नेतृत्व सहिष्णुता नियम पालन की भावना आदि का विकास हो जाता है। अलग-अलग सामाजिक तथा आर्थिक स्तरों से आने वाले बालक जब साथ-साथ खेलते हैं तो उनमें किसी भी प्रकार का ऊँच-नीच, अमीर-गरीब आदि का भाव नहीं रहता और इस प्रकार खेलों द्वारा सामाजिक विषमता समाप्त हो जाती है। सामूहिक खेलों में जब बालक खेलता है तो उसके अन्दर स्वयं की जीत भावना नहीं अपितु पूरी टीम के लिए भावना होती है और यही टीम-भावना सामाजिक रूप से बहुत महत्त्वपूर्ण होती है।

6. **खेल का मानसिक रूप से महत्त्व**- एक स्वस्थ शरीर में ही एक स्वस्थ मस्तिष्क की कल्पना की जा सकती है। अत: खेलों के शारीरिक महत्त्व से ही उनका मानसिक महत्त्व भी स्पष्ट होता है। क्योंकि जब शरीर का अच्छा विकास होगा तो इससे मन के स्वस्थ विकास में भी सहायता मिलेगी। अलग-अलग खेलों के माध्यम से बालक की बहुत सी मानसिक योग्यताओं-निरीक्षण योग्यता, निर्णय क्षमता, कल्पना शक्ति, स्मृति योग्यता, ध्यानाकर्षण की क्षमता, बुद्धि आदि के अभ्यास का अवसर मिलता है। जिससे बालकों का अच्छा विकास होता है। खेलों में व्यक्ति को नई-नई समस्याओं को सुलझाना पड़ता है। तथा नई-नई परिस्थितियों का सामना करना पड़ता है जिससे उनकी बुद्धि परिपक्व होती है और मानसिक सन्तुलन बनाए रखने की क्षमता भी विकसित हाती है।

7. **खेल का संवेगात्मक अभिव्यक्ति के रूप में महत्त्व**-जब हम खेलों के विभिन्न सिद्धान्तों को पढ़ते हैं तब उन सभी सिद्धान्तों का यही अभिप्राय रहता है कि व्यक्तियों को खेलों द्वारा स्वतन्त्र रूप से अपने को अभिव्यक्त करने का अवसर मिल जाता है। एक व्यक्ति सामान्य रूप में जो व्यवहार नहीं कर पाता, वह खेल प्रदर्शन द्वारा आसानी से कर लेता है। खेलों द्वारा व्यक्ति की हीन भावना-निराशा, चिड़चिड़ापन, भय, झगड़ा करने की आदत आदि दूर होते हैं और वांछनीय संवेगों का विकास होता है। खेलों द्वारा बालक में संवेगात्मक स्थिरता आती है एवं दिवास्वप्न की प्रवृत्ति कम होकर वास्तविकता की मनोवृत्ति विकसित होती है। इस प्रकार विभिन्न खेलों के द्वारा व्यक्ति अपने संवेगों को अभिव्यक्त, नियन्त्रित और रूपान्तरित करना सीखता है।

मौलिक गतियों का यांत्रिक विश्लेषण

मौलिक गतियों के अन्तर्गत कई प्रकार की शारीरिक-क्रियायें सम्पन्न की जाती हैं। इन क्रियाओं में उष्णीकरण (Warming-up), धावन, कूदना, फेंकना, खींचना तथा धकेलना आदि शारीरिक गतिशीलता के लिए काफी महत्वपूर्ण हैं। शारीरिक स्वास्थ्य और क्रीड़ा तथा मनोरंजन के लिए ये काफी उपयोगी साबित हुए हैं। इनका अलग-अलग विवेचन निम्न प्रकार हैं–

उष्णीकरण क्रियायें

बहुत साल पूर्व अपने देश में उष्णीकरण का प्रचलन नहीं था क्योंकि उस समय बहुत से खिलाड़ियों का ऐसा कहना था कि प्रतियोगिता से पूर्व उष्णीकरण से खिलाड़ी स्वयं थकान का अनुभव करता है, जिसके कारण उस समय लोग इसका प्रयोग नहीं करते थे। आज भी कुछ लोग उष्णीकरण का प्रयोग इसलिए नहीं करते हैं क्योंकि वे लोग इसके महत्व को नहीं समझते हैं। लेकिन वास्तविकता यह है कि किसी भी खिलाड़ी को यदि अच्छा प्रदर्शन करना है तो उसे उष्णीकरण का सहारा लेना ही पड़ता है। इसलिए एक खिलाड़ी को इसके सन्दर्भ में विशेष ज्ञान के लिए किसी अच्छे प्रशिक्षक से सम्पर्क स्थापित करना चाहिए। एक प्रशिक्षक उष्णीकरण के सन्दर्भ में उससे होने वाले विभिन्न लाभों के बारे में अवगत कराता है, जैसे प्रतियोगिता के लिए शरीर के अंगों को तैयार करना, मांसपेशी के तापक्रम को बढ़ाना, रक्त संचालन प्रक्रिया को तेज किया जाता है, आदि विभिन्न प्रकार के लाभ प्राप्त हो सकते हैं।

उष्णीकरण के द्वारा स्नायुतन्त्र में अचानक रासायनिक परिवर्तन होने लगते हैं। इसलिए व्यक्ति किसी विशेष क्रिया को पूरा करने के लिए तैयार हो जाता है। यह तो सत्य है कि उष्णीकरण से अच्छे प्रदर्शन की पूर्ण सम्भावना बनी रहती है, लेकिन इसके साथ ही साथ समय, स्थान, क्रिया, हवा, वातावरण, मैदान आदि अन्य बातों का भी प्रभाव पड़ता है। विभिन्न तत्त्वों के साथ समन्वय स्थापित करने के लिए उष्णीकरण अतिआवश्यक समझा जाता है। उष्णीकरण के लिए पहले 200 गज पैदल चलना, 100 गज धीरे-धीरे दौड़ना, फिर 50 गज थोड़ी तेज गति से क्रमशः कुछ समय तक धीरे-धीरे दौड़ना, पचास गज के लगभग 4 से 6 गज टेढ़-मेढ़े दौड़ना, 4 से 6 बार हवा में उछलना, इसके बाद सभी जोड़ों को ऊपर से नीचे अथवा नीचे से ऊपर घुमाना, विन्ड स्प्रिन्ट 4 से 6 लगाना, स्ट्रैचिंग व्यायाम करना आदि विभिन्न व्यायामों का प्रयोग उष्णीकरण के अन्दर किया जाता है।

साधारणतया उष्णीकरण के दो प्रकार होते हैं, सामान्य एवं विशेष उष्णीकरण। सामान्य के बारे में ऊपर उल्लेख किया जा चुका है और विशेष से अभिप्राय यह है कि प्रतियोगिता की किस क्रिया में भाग लेना है और उस क्रिया के अनुसार शरीर के अंगों को उष्णीकरण के माध्यम से अच्छे प्रदर्शन के लिए तैयार करना। अक्सर यह देखा जाता है कि प्रतियोगिता के दौरान कुछ व्यवधान उत्पन्न होते हैं, जिससे कुछ समय के लिए प्रतियोगिता के क्रिया-कलापों का आयोजन रोक दिया जाता है और जबकि दूसरी तरफ खिलाड़ी उष्णीकरण के माध्यम से शरीर के अंगों को तैयार करके प्रतियोगिता में भाग लेने के लिए इन्तजार करता रहता है। ऐसी स्थिति में खिलाड़ी को मैदान के अन्दर घूमना चाहिए और प्रतियोगिता से पांच मिनट पूर्व पुनः स्ट्रेचिंग व्यायाम करना चाहिए। साधारणतया क्रिया-कलापों की विभिन्नता के कारण उष्णीकरण के सन्दर्भ में नीचे उल्लेख किया गया है।

धावन

100 मी. एवं 200 मी. दौड़: सामान्य उष्णीकरण के पश्चात् खिलाड़ी को चाहिए कि स्टार्टिंग ब्लॉक को जमीन से सेट करना चाहिए एवं कम-से-कम 6 से 8 बार ब्लॉक से स्टार्ट लेना चाहिए एवं लगभग 25 से 35 मी. तक दौड़ना चाहिए। इस प्रकार की क्रिया के माध्यम से खिलाड़ी तेजी से दौड़ को प्रारम्भ करने के लिए शरीर के अंगों को तैयार करता है। स्टार्ट लेने के पश्चात् खिलाड़ी को स्ट्रचिंग व्यायाम करना चाहिए एवं पुनः प्रतियोगिता से पूर्व तीन-चार तेज गति से स्टार्ट लेना चाहिए।

400 मी. एवं 800 मी. दौड़: साधारण उष्णीकरण के पश्चात् खिलाड़ी को 300 मी. की स्ट्राईडिंग लगाना चाहिए एवं पुनः 300 मी. पैदल चलना चाहिए। इस प्रकार से 3 से 5 बार इसी कार्य को करना चाहिए। इसके पश्चात् स्ट्रेचिंग व्यायाम एवं 4 या 5 स्टार्ट का भी अभ्यास करना चाहिए। प्रतियोगिता से कुछ समय पूर्व थोड़ा सामान्य व्यायाम कर लेना चाहिए।

एक मील की दौड़: साधारण उष्णीकरण के पश्चात् 400 मी. दौड़ अपनी स्वाभाविक एवं सामान्य गति से पूरा करना चाहिए। 200 मी. पैदल चलना चाहिए, इसके बाद स्ट्रेचिंग व्यायाम करना चाहिए। प्रतियोगिता से कुछ समय पूर्व दो-तीन तेज स्टार्ट का अभ्यास करना चाहिए जिससे मांसपेशी तेजी से कार्य प्रारम्भ करने में सक्षम हो सके।

रिले दौड़: साधारण उष्णीकरण के पश्चात् भाग लेने वाले खिलाड़ियों को स्ट्राईडिंग के साथ स्टार्ट लेना चाहिए एवं तत्पश्चात् स्ट्रेचिंग व्यायाम करना चाहिए। स्ट्रेचिंग व्यायाम के साथ बीस मी. के फासले के अन्दर बैटन आदान-प्रदान का अभ्यास कई बार करना चाहिए।

बाधा दौड़: साधारण उष्णीकरण के पश्चात् खिलाड़ियों को स्ट्राईडिंग, स्ट्रेचिंग व्यायाम एवं स्टार्ट लेना चाहिए। स्टार्ट के साथ पहली बाधा को पार करना चाहिए। पुनः तेज स्टार्ट लेकर कम-से-कम तीन बाधा पार करनी चाहिए। पांच मिनट का विश्राम लेना चाहिए और पांच मिनट में केवल पैदल चलना चाहिए। तत्पश्चात् विशेष व्यायामों का प्रयोग करना चाहिए और इन व्यायामों के माध्यम से बाधा पार करने के लिए शरीर के अंगों को और अधिक उपयुक्त बनाना चाहिए।

कूदना

लम्बी कूद: सामान्य उष्णीकरण के पश्चात् कई बाधा दौड़ कर खिलाड़ी को अपने टेक ऑफ फुट (Take-off-Foot) की जांच करनी चाहिए। यदि टेक-ऑफ-फुट सही जगह पर आ रहा हो तो आधे रनवे से दो-तीन कूद लगाकर अभ्यास करना चाहिए। शरीर के ऊपरी भाग को आगे झुकाकर हाथ से पैरों को छूना चाहिए। प्रत्येक जम्प से पूर्व खिलाड़ी को विभिन्न व्यायामों के द्वारा शरीर के अंगों को गर्म रखना चाहिए।

ऊंची कूदः सामान्य उष्णीकरण के पश्चात् स्ट्रेचिंग व्यायाम करना चाहिए, क्रॉस बार तक पहुंचने के लिए अपने कदमों के सही प्रयोग के लिए अभ्यास करना चाहिए। प्रत्येक कूद के मध्य में शरीर के तापक्रम को बनाये रखने के लिए व्यायाम करना चाहिए। कूद में प्रयोग होने वाले कौशल के अनुरूप विशेष प्रकार के व्यायामों का प्रयोग करना चाहिए।

बांस कूदः सामान्य उष्णीकरण के पश्चात् पोल को लेकर दौड़ना हाथ को ऊपर कर के दौड़ना एवं निश्चित जगह पर पैरों के माध्यम से जमीन पर धक्का, देना, पोल को लेकर रनवे पर दौड़ना एवं शरीर के अंगों में तनाव पैदा न करना, कम ऊंचाई पर क्रॉस बार को कम-से-कम तीन-चार बार पार करना चाहिए।

फेंकना

गोला फेंकः सामान्य उष्णीकरण के पश्चात् निश्चित वजन के गोले के साथ अभ्यास करना चाहिए। गोले को हवा में ऊपर उछालना, हाथ का व्यायाम करना एवं 75 प्रतिशत शक्ति से प्रक्षेप करना चाहिए। विशेष व्यायाम एवं प्रतियोगिता से पूर्व अधिक वजन के गोले का प्रयोग नहीं करना चाहिए।

थाली फेंकः सामान्य उष्णीकरण के पश्चात् निश्चित जगह में से कम-से-कम 4 से 6 स्टैन्डिंग एवं 4 से 6 फुल टर्न के साथ वाली प्रक्षेप के बाद कन्धे व कमर को व्यायाम करना चाहिए। सम्पूर्ण प्रतियोगिता के दौरान शरीर को गर्म रखना चाहिए।

भाला फेंकः सामान्य व्यायाम के पश्चात् भाले को 25 से 30 फुट की दूरी पर फेंकना चाहिए। भाले के साथ रनवे पर कई बार दौड़ का अभ्यास करते हैं भाले के साथ कुछ विशेष व्यायामों का प्रयोग करना चाहिए। व्यायाम के पश्चात् पांच-छः बार 75 प्रतिशत के साथ प्रक्षेप करना चाहिए।

मसाज हस्तकौशल तथा उपचारी व्यायाम

मालिश

बीमारियों से विभिन्न प्रकार से उपचारों के माध्यम से यदि रोगियों को बचा लिया जाये तो सम्भवतः सबसे अच्छा माना जाता है। खेल-कूद के अन्दर विभिन्न प्रकार की क्रियाओं के द्वारा भी विभिन्न प्रकार की बीमारियों से व्यक्ति विशेष को तैयार अथवा रोगों से बचाया जा सकता है। शरीर अथवा फिटनेस ही एकमात्र मूल मौलिक विषय है, ऐसा नहीं कहा जा सकता है क्योंकि शरीर के जो महत्वपूर्ण अंग हैं, जो कि शरीर के अंगों की रक्षा करते हैं, वे ही सबसे मूल्यवान विषय माने जा सकते हैं।

20वीं शताब्दी में नवीन प्रशिक्षण प्रणाली के माध्यम से यह स्पष्ट पता लगता है कि प्रतियोगिता में अच्छे प्रदर्शन एवं पदक प्राप्ति की लालसा के कारण जो खिलाड़ी अधिक शारीरिक एवं मानसिक कार्य करते हैं उनके ऊपर एक अलग ही दबाव बना रहता है। इस दबाव से जो कष्ट होता है उसको मसाज के द्वारा कम किया जा सकता है। मसाज कई प्रकार की होती है। आवश्यकतानुसार धीरे-धीरे मालिश करके मांसपेशी को आराम पहुंचाया जा सकता है। मसाज जो अंग्रेजी शब्द है जिसको हिन्दी में मालिश अथवा अंगमर्दन शब्दों से सम्बोधित किया जाता है। प्राचीन समय में मर्दन से यह अभिप्राय लगाया जाता था कि शरीर को हाथ के माध्यम से भिन्न-भिन्न प्रकार से मलना, मल देना या गुदगुदी देना।

खेल-कूद में प्रतिरोधक चिकित्सा के अन्दर ऐसा माना जाता है कि मालिश के द्वारा दैहिक और मानसिक शक्ति के साथ-साथ शान्ति की भी पर्याप्त मात्रा में उपलब्धि होती है। इसके माध्यम से उत्साह में वृद्धि भी की जा सकती है। विभिन्न प्रकार के क्रिया-कलापों (खेल-कूद से सम्बन्धित कार्य) के अनुसार इसके प्रयोग से लाभ उठाया जा सकता है।

प्राचीन काल के इतिहास के अध्ययन व अवलोकन से स्पष्ट पता लगता है कि इजिप्ट, ग्रीक, रोम आदि देशों में मालिश को चिकित्सा की ही एक श्रेणी में रखा जाता था। सम्भवतः तीन हजार वर्ष पूर्व पाश्चात्य देशों में मालिश ने मानव चिकित्सा का एक स्वरूप ले लिया था। प्राचीन उपलब्ध साहित्य के आधार पर यह अनुमान लगाया जाता है कि उस समय इसको एक विषय के रूप में स्वीकार किया जाता था।

आधुनिक युग में वैज्ञानिक प्रगति के कारण खेल-कूद की दुनिया में मसाज का प्रयोग एक विशेष पद्धति के रूप में तेजी से प्रगति के पथ पर दिखाई दे रहा है। स्पोर्टस मेडिसिन, स्पोर्टस फिजियोलौजी, स्पोर्टस बायोकैमिस्ट्री आदि विषयों की प्रगति के कारण मसाज से सम्बन्धित शोध कार्य के आधार पर मसाज का मूल्य अपेक्षाकृत अधिक प्रतीत होता है। कुछ लोग

तो यह कहते हैं कि मसाज के द्वारा आधुनिक खेल-कूद में खोई हुई शक्ति को पुन: प्राप्त किया जा सकता है। वास्तविकता तो यह है कि दैहिक शक्ति एवं आघात प्रतिरोध करने में प्रत्येक देश के प्रशिक्षण एवं क्रीड़ा चिकित्सक द्वारा खेलों की दुनिया में शक्ति का विकास किया जा सके। मानव शरीर के अन्दर असंख्य रक्त नलियां हैं एवं लगभग पांच सौ मांसपेशियां हैं। मालिश के द्वारा मांसपेशियों के साथ-साथ कोशिकाओं को भी सक्रिय किया जाता है एवं ऊर्जा वृद्धि की भी पूर्ण सम्भावना बनी रहती है। मालिश के द्वारा मांसपेशी में संकुचन की प्रक्रिया को सक्रिय रूप से कायम किया जा सकता है।

सोवियत रूस के डिपार्टमेन्ट ऑफ एक्सरसाईज एण्ड स्पोर्टस के मुख्य शिक्षक श्री युत विरयुकोम का कहना है कि मसाज के द्वारा जो दबाव दिया जाता है उससे चमड़ी मांसपेशी, अस्थि-सन्धि, रक्त परिभ्रमण आदि की विभिन्न क्रियाओं को शरीर के द्वारा सरलता पूर्वक सम्पन्न किया जा सकता है।

खिलाड़ियों की यह प्रवृत्ति होती है कि खेलों के अन्दर जो चोट-चपेट उसे लगती है वह किसी भी तरह से जल्दी ठीक हो जाये जिससे कि वह सक्रिय रूप से पुन: खेलों में भाग ले सके। इसलिए किसी भी मसाज करने वाले को समय के बारे में विशेष ध्यान देना चाहिए।

मसाज

खेलों के अन्दर चोट-चपेट लगना तो स्वाभाविक है लेकिन दुर्भाग्य यह है कि अपने यहां मसाज की भूमिका के सन्दर्भ में न तो अच्छी व्यवस्था है और न ही अच्छी जानकारी है जबकि मसाज देश के अच्छे खिलाड़ियों के लक्ष्य प्राप्ति में विशेष एवं सराहनीय योगदान प्रदान करता है। इसलिए क्रीड़ा चिकित्सकों को चाहिए कि इस सन्दर्भ में शोधकार्य सम्पन्न करके खिलाड़ियों का ध्यान आकर्षित करे जिससे खिलाड़ीगण भविष्य में इससे लाभ उठा सकें।

मसाज फिजियोथेरेपी और प्राकृतिक चिकित्सा का अंग है, यह धारणा तो पूर्णतया शत-प्रतिशत सत्य है लेकिन इसका यह भी मतलब नहीं है कि गंगा नदी के किनारे पांच रुपये देकर मालिश करा ली जाये। कहने का अभिप्राय यह है कि स्वयं मालिश करने वाले को मालिश व शारीरिक अंगों के बारे में पूरी जानकारी होनी चाहिए।, जैसे-मानव शरीर में कहां कौन सी पेशी है, जोड़ किस प्रकार के हैं, लिगामेन्ट किस प्रकार का है, हड्डी किस प्रकार की है आदि। क्योंकि मनुष्य के शरीर पर घोड़े समान मालिश तो नहीं की जा सकती है। अच्छी रक्त संचालन व्यवस्था, नींद व विश्राम के पश्चात् भी मालिश करना आवश्यक माना जाता है।

साधारणतया ऐसा माना जाता है कि मांसपेशियां जितनी ज्यादा शिथिल होंगी मसाज उनके लिए उतनी ही लाभप्रद होगी। मालिश द्वारा शिथिल मन एवं शरीर को हल्का किया जाता है। इस दौरान स्नायु मण्डली शरीर की विभिन्न पेशियों में संवेदना, प्रेरणा भेजने का कार्य करती है। सामूहिक शिथिल अवस्था में रहने के लिए निम्न बातों पर ध्यान देना चाहिए-

1. खिलाड़ी जहां पर लेटा हो वह कपड़ा लम्बा एवं मुलायम होना चाहिए।
2. खिलाड़ी के सम्पूर्ण शरीर का भाग सभी अंगों पर समान होना चाहिए एवं आवश्यकता के अनुसार मांसपेशी को कठोर एवं शिथिल करने के लिए उत्साहित करना चाहिए।
3. खिलाड़ी जब सांस लेता है तो मांसपेशी कठोर एवं जब सांस छोड़ता है तो मांसपेशी मुलायम हो ऐसी प्रक्रिया के लिए उसे उत्साहित करना चाहिए।
4. जिस कमरे में चिकित्सा (मालिश) सम्बन्धी कार्य चल रहा हो वह कमरा न अधिक गर्म हो और न अधिक ठंडा होना चाहिए, बल्कि सामान्य तापक्रम का होना चाहिए।
5. कमरा शान्त होना चाहिए लेकिन मधुर संगीत का प्रयोग किया जा सकता है, जिससे खिलाड़ी का मन हल्का हो जाता है।
6. शरीर के ऊपर विभिन्न प्रकार की मालिश करने से शरीर हल्का हो जाता है।
7. जो मालिश करता है उसका स्वभाव शान्त होना चाहिए।

इसी प्रकार से जब कोई व्यक्ति मालिश करता है तो स्वयं उसको कुछ विशेष बातों पर ध्यान देना चाहिए। नीचे ध्यान देने वाले कुछ प्रमुख तत्त्वों का उल्लेख संक्षेप में किया गया है-

1. मालिश करने का सबसे उपयुक्त समय प्रात: काल माना जाता है। लेकिन विशेष परिस्थितियों में शाम को भी मालिश की जा सकती है।
2. व्यक्ति को ऐसे लम्बे, चौड़े स्थान पर रख कर मालिश करनी चाहिए जिससे कि स्वयं मालिश करने वाला

आवश्यकतानुसार चारों ओर घूम सके। बिस्तर मुलायम होना चाहिए।

3. मसाज के लिए पहले तेल का प्रयोग किया जाता था। लेकिन वर्तमान समय में तेल की जगह अब पाउडर का प्रयोग प्रारम्भ हो गया है।

4. हाथ को साफ करके मालिश प्रारम्भ करनी चाहिए।

शरीर के अन्दर विभिन्न प्रकार की मांसपेशियों एवं चोटों के अनुसार मालिश का प्रयोग करना चाहिए। खेल-कूद के अन्दर विभिन्न प्रकार की क्रियाओं का समावेश है और विभिन्न प्रकार की परिस्थितियों के अनुसार चोट-चपेट लगने की सम्भावना रहती है। उस हिसाब से मालिश का कार्य सम्पन्न करना चाहिए। जैसे- उदाहरण के लिए फुटबॉल के खेल में प्राय: खिलाड़ियों को घुटने में चोट लगती है, सदैव दर्द बना रहता है, जिससे उस जोड़ के अन्दर होने वाली मूलभूत हलचल नहीं हो पाता है। सम्भवत: इस जोड़ के लिगामेन्ट टूट जाते हैं। एक बार इस जोड़ में चोट लगने के कारण जोड़ कमजोर हो जाता है एवं बार-बार चोट लगने की सम्भावना बनी रहती है। इसके आस-पास की मांसपेशी लिगामेन्ट भी कमजोर हो जाते हैं। वैसे तो इस प्रकार की चोट में विश्राम की अतिआवश्यकता अनुभव होती है लेकिन ऐसी चोट में मालिश की भी सराहनीय भूमिका होती है। मालिश एवं विश्राम के कारण थोड़े दिन में सूजन एवं दर्द धीरे-धीरे कम हो जाता है। मालिश के माध्यम से चोट लगे हुए स्थान पर जो खून जमा रहता है उसको हटाया जा सकता है एवं इस स्थान पर हृदय के माध्यम से साफ खून आ जाता है। ऐसी चोट के अन्दर हृदय की ओर मांसपेशियों पर क्रमश: दबाव देना चाहिए जिससे रक्त संचालन प्रक्रिया सुचारू रूप से सक्रिय हो जाती है। इस प्रकार की चोटों के लिए इंफ्रारेज मालिश का प्रयोग किया जाता है।

खेलों के अन्दर लगने वाली चोटों के लिए, चोटों के अनुसार मालिश का प्रयोग किया जाता है। इसी के अन्दर आवश्यकतानुसार मालिश की प्रक्रिया में भी परिवर्तन किया जाता है। यदि प्रतियोगिता अथवा अभ्यास के दौरान मालिश का प्रयोग उचित रूप से किया जाये तो सम्भवत: खिलाड़ी को विशेष लाभ प्राप्त हो सकता है। नवीन मालिश प्रक्रिया के विशेष प्रचलन के लिए प्रशिक्षकों, खिलाड़ीगण एवं क्रीड़ा चिकित्सकों का आपसी तालमेल होना अति आवश्यक है।

उपचारी व्यायाम

फिजियोथिरेपी (Physiotherapy)

वह चिकित्सा जो मरीज को भौतिक साधनों विद्युत, ध्वनि, तरंग किरणों, प्रकाश, गर्म ठंडी और व्यायाम के माध्यम से प्रदान की जाती है। उस चिकित्सा को फिजियोथिरेपी कहते हैं

हाइड्रोथिरेपी (Hydrotherapy)

इसके अन्तर्गत जल द्वारा चिकित्सा की जाती है। वह जल ठंडा हो सकता है और गरम भी।

थर्मोथिरेपी (Thermotherapy)

इसके अन्तर्गत गरम जल का प्रयोग किया जाता है। गरम जल को बैग में रखकर, और गरम जल का फव्वारा बनाकर चिकित्सा की जाती है।

क्रायोथिरेपी (Cryotherapy)

इसका प्रयोग खेल के दौरान लगने वाली चोटों में किया जाता है। इस चिकित्सा विधि का प्रयोग स्प्रेन (मोच) मसल स्ट्रेच (तनना/ऐंठना), कानट्यूशन (भीतरी घाव) जिससे त्वचा के ऊपर नीला निशान दिखाई देता है और ऊपर सूजन रहती है। मसल स्पाज्म (पेशीय मरोड़/ संकोच) में किया जाता है। इससे दर्द कम हो जाता है इसका रक्त की नलिकाओं और त्वचा पर प्रभाव पड़ता है। रक्त की नलिकाएं सिकुड़ जाती हैं। क्योंकि रक्त का प्रवाह कम हो जाता है और उसके कारण सूजन कम हो जाता है।

इस विधि का प्रयोग 5 से 10 मिनट तक करना चाहिए यदि सूजन अधिक है तो 20 से 45 मिनट तक करना चाहिए।

तकनीक (Techniques)

1. आईस मसाज (Ice Massage) बर्फ रगड़ना- चोट लगे स्थान पर बर्फ के टुकड़ें रगड़ना चाहिए दो से पांच मिनट तक रगड़ें।
2. इमर्शन (Immersion) - डुबाना-हाथ या पैर जहां पर चोट लगी हो उसे ठंडे पानी में डुबोना चाहिए।
3. आईस पैक (Ice Pack) बर्फ की पोटली-बर्फ के टुकड़े करके प्लास्टिक के थैलों में रखना चाहिए, उसके बाद चोटिल स्थान पर 20 से 40 मिनट तक रखना चाहिए। दिन में 2 से 4 बार इसका प्रयोग करना चाहिए।

4. कूल स्प्रे (Cool Spray) ठंडी फुहार- एथाइल क्लोराइड स्प्रे को ठंडा करके चोट वाले स्थान पर प्रयोग करना चाहिए।

5. आईस जैल (Ice Gel)- यह अन्तर्राष्ट्रीय नयी दर्द निवारक चिकित्सा शुरू हुई है। इसमें चोट के ऊपर आईस जैल को धीरे-धीरे रगड़ा जाता है।

1. **कन्ट्रास्ट बाथ (Contrast Bath)**- इस विधि में चोट का उपचार ठंडे और गरम जल के द्वारा किया जाता है। चोट जहां पर लगी होती है उस स्थान पर ठंडा पानी डालने से अंदर नलिकाएं सिकुड़ जाती हैं। इसमें 10 से 15 मिनट तक पानी में चोटिल अंग को रखना चाहिए। उसके बाद 15 से 20 मिनट ठंडे जल से चोट लगे अंग को गरम पानी में रखना चाहिए, गरम पानी में रखने से जो नलिकाएं सिकुड़ गई थी वह फैल जाती है। फिर चोटिल अंग को पानी से बाहर निकाल दिया जाता है। इस प्रकार की क्रिया दिन भर में तीन से चार बार तक करनी चाहिए। इससे दर्द दूर हो जाता है और सूजन कम हो जाती है। खिलाड़ी कम समय में खेल के लिए तैयार हो जाता है।

2. **स्टीमबाथ (Steam Bath):** भाप स्नान-इस विधि में स्नान के लिए एक बड़ा सा चैम्बर बना होता है। जिसमें व्यक्ति उसके अन्दर बन्द हो जाता है और सिर उसका बाहर रहता है, जिससे वह आसानी से सांस ले सके। चैम्बर में यंत्र के द्वारा भाप भर जाती है। इसमें व्यक्ति 15 से 25 मिनट तक रहता है। व्यक्ति को जब सम्पूर्ण शरीर में दर्द होता है या शरीर के सभी जोड़ों में दर्द होने पर इसका प्रयोग किया जाता है। इससे शरीर का दर्द दूर हो जाता है।

3. **सनबाथ (Sun Bath):** सूर्य स्नान- सूर्य की किरणों से अल्ट्रावायलेट रेज प्राप्त होती है। जब चोटिल व्यक्ति या खिलाड़ी धूप में बैठता है तो इन रेज से सिकाई भी होती है और रेज कैल्शियम को भी बनाती है, जिससे शरीर को लाभ पहुंचता है और चोट ठीक होने में सहायता मिलती है।

4. **अल्ट्रा साउण्ड थिरेपी (Ultra Sound Theraphy):** यह एक यन्त्र होता है जिसमें से साउण्ड वेव निकलती हैं। इसमें व्यक्ति या खिलाड़ी के चोटिल स्थान की सिकाई वेव के द्वारा की जाती है जिससे उसका दर्द कम हो जाता है और खिलाड़ी पुनः खेलने के लिए तैयार हो जाता है।

5. **अल्ट्रावायलेट रेज (Ultra Violet Rays):** यह एक यन्त्र होता है, जिसके द्वारा खिलाड़ी के चोटिल स्थान की सिकाई की जाती है। अल्ट्रावायलेट रेज स्पेक्ट्रम से निकलने वाली वायलेट कलर के ऊपर से निकलने वाली रेज को कहते हैं। इस रेज के द्वारा खिलाड़ी का चोट जल्दी ठीक हो जाता है और वह पुनः खेल के लिए तैयार हो जाता है।

डायथर्मी

यह एक मशीन होती है जिससे इलेक्ट्रिक लाईन ऑफ फोर्सेज प्राप्त होती है और उसके द्वारा चोटिल स्थान की सिकाई की जाती है। इस विधि का प्रयोग करने से खिलाड़ी की चोट जल्दी ठीक हो जाती है और वह पुनः खेल में भाग लेने के लिए स्वस्थ हो जाता है।

इन्फ्रारेडरेज (Infrared Rays)

इसके द्वारा रेड कलर से नीचे के कलर से जो रेज निकलती है उसे इन्फ्रारेड रेज कहते हैं। इसके द्वारा चोटिल स्थान की सिकाई होती है।

विभिन्न खेल कौशलों की जाँच

A. बैडमिंटन

1. **इतिहास :** बैडमिंटन बहुत लोकप्रिय रैकट खेल है। यह 1873 तक इंग्लैंड के शाही दरबार में खेला जाता रहा। यह भारतीय खेल 'पूना' से प्रेरित हुआ। सन् 1867 में कर्नल सैलबी ने इसके नियम प्रकाशित किए जिससे यह तेजी से फैल गया। द इंग्लिश बैडमिंटन फेडरेशन की स्थापना 1893 में हुई और इसने अपनी सर्वप्रथम इंग्लैंड चेम्पियनशिप 1899 में मनाई (अन्तर्राष्ट्रीय दायरे के शानदार टूर्नामेंटों में से एक)। थामस कप (पुरुषों के लिए) और ऊमर कप (महिलाओं के लिए) दो अन्य प्रसिद्ध टूर्नामेंट क्रमशः 1948 और 1956 में शुरू किए गए। 1934 में द इंटरनेशनल बैडमिन्टन फेडरेशन की स्थापना हुई। वैडमिन्टन दक्षिण-पूर्ण एशिया में बहुत प्रसिद्ध है। थाइलैंड और मलेशिया में कई श्रेष्ठ खिलाड़ी हुए हैं। 1977 से लेकर प्रति दो वर्ष पश्चात् वर्ल्ड चैम्पियनशिप होती है। बार्सीलोना नामक स्थान पर 1992 में बैडमिन्टन एक ओलम्पिक खेल बन गई।

2. मैच के नियम : खिलाड़ी एक रैकट के साथ चिड़िया को आगे पीछे जाल के ऊपर से हिट करते हैं। इस शृंखला को जीतने के दो ढंग हैं: चिड़िया को लेकर विरोधी पक्ष की जमीन की ओर हिट करना अथवा विरोधी को कोई नियम तोड़ने पर विवश कर देना। फॉउल तब होता है जब चिड़िया सीमाओं से बाहर चली जाए; जमीन को छू ले, जाल के ऊपर से न जाए अथवा खिलाड़ी या उसके कपड़ों को छू जाए। सर्विस करने वाला सर्विस करने पर या शृंखला जीतने पर अंक प्राप्त करता है। अगर रिसीवर रैली जीत लेता है तो वह सर्विस जीत लेता है। इस मैच में पुरुषों के लिए 15 अंकों के 3 सैटों की खेल खेली जाती है और महिलाओं की सिंगल्स 11 अंकों की होती है। 2 खेलों को जीतने वाला मैच का विजेता माना जाता है। बैडमिन्टन सिंगल्स, डब्लस और मिश्रित डब्लस में खेली जाती है। अंकों को आरंभ में ही 'लब आल' के रूप में बता दिया जाता है। सभी सम अंकों की सर्विस अर्ध कोर्ट की दाईं तरफ से की जाती है।

याद रखने योग्य बातें-

बैडमिन्टन कोर्ट का आकार (सिंगल्स)	- 13.410 मी. x 5.18 मी. (44 फुट × 17 फुट) रेखाओं को मिलाकर
बैडमिन्टन कोर्ट का आकार (डबल्स)	- 13.410 मी. × 6.110 मी. (44 फुट × 20 फुट)
खंभों की ऊंचाई	- 1.55 मी. (5 फुट 1 इंच)
केन्द्र से जाल की ऊंचाई	- 1.52 मी. (5 फुट)
चिड़िया का वजन	- 4.74 ग्राम से 5.50 ग्राम तक
चिड़िया में पंख	- 16
खेल में अंकों की संख्या	- तीन श्रेष्ठ के लिए 15 अंक (पुरुष सिंगल्स और डब्लस)
तीन श्रेष्ठ के लिए	- 11 अंक (महिलाएं सिंगल्स)
युगल नियम	- 3 अंक (पुरुष सिंगल्स और डब्लस) पहले खिलाड़ी के 14 अंकों तक पहुंचने वाले के लिए चुनाव
रैकट	- 68 सें. मी. लंबा और 23 सेंटीमीटर चौड़ा हैड

- **साइड गैलरी/ ऐली :** डब्लस कोर्ट में प्रयोग होने वाले साइड स्थान को कहते हैं।
- **बैक गैलरी/ ऐली :** यह कोर्ट का पिछला क्षेत्र होता है जहां से डब्लस गेम के दौरान लंबी सर्विस दी जाती है।
- **डबल हिट :** जब चिड़िया को निरन्तर क्रिया में दो बार हिट किया जाए तो दोषपूर्ण होता है।
- **फुट फाल्ट :** सर्विस के दौरान दोनों पैर ठीक अर्ध क्षेत्र में हों, नहीं तो यह दोषपूर्ण माना जाता है।
- **रैली :** रैली, दोनों खिलाड़ियों द्वारा स्ट्रोक के लगातार आदान-प्रदान को कहते हैं।
- **जाल स्पर्श :** रैली के दौरान खिलाड़ी के शरीर का कोई भी भाग जाल (रैकट सहित) को छूना मना होता है।

3. बैडमिन्टन की कुशलताएं

सर्विस : रैली शुरू करने के लिए सर्विस कोर्ट के अर्ध क्षेत्र से विरोधी के कोर्ट तक एक तरफ कोने से करते हैं। इसे कमर स्तर के नीचे से हिट किया जाना चाहिए ताकि ये विरोधी कोर्ट के अन्त तक पहुंच सके। इस सर्विस से विरोधी कोर्ट के पीछे तक चला जाता है। सर्विस कई तरह की होती है जैसे- शोर्ट सर्विस, ड्राइव सर्विस, रिवर्स हैंड सर्विस, फ्लिक सर्विस इत्यादि।

- **अंडर हैंड लिफ्ट, फोरहैंड लिफ्ट :** विरोधी की कोर्ट में चिड़िया देने की यह एक आधारभूत रक्षक कुशलता है। रैकट के आगे के हिस्से से धक्का देकर यह क्रिया की जाती है।
- **बैक हैंड लिफ्ट :** चिड़िया को पकड़ने की यह भी एक रक्षक कुशलता है। यह रैकट के रिवर्स हाथ के धक्के से की जाती है। यह क्रिया नैट ड्राप अथवा फ्लैट पुश भी हो सकता है।
- **क्लीयर टॉस :** यह आक्रामक के साथ-साथ रक्षक स्ट्रोक भी होता है। चिड़िया को विरोधी कोर्ट में गहरा व पीछे हिट करने के लिए रैकट के ओवरहैंड स्विंग से सर्विस करते हैं। यह ऊंची क्लीयर या नीची क्लीयर हो सकती है।
- **स्मैश :** रैली को अकस्मात उसी समय रोकने का यह एक रक्षक स्ट्रोक है। इसमें चिड़िया को नीचे की तरफ शक्ति से हिट करते हैं और बदले में विरोधी को कोई अवसर नहीं मिलता।
- **ड्राप :** इसमें चिड़िया को धीमे से धकेला जाता है ताकि यह केवल जाल पार करे ताकि विरोधी कोर्ट में जाल के निकट भूमि पर जाए। इस सर्विस का गहराई की स्थिति से किया जाता है तथा चिड़िया सिर के ऊपर से गुजरती है।

B. बास्केट बाल

1. **इतिहास :** बास्केट बाल के नियम इसे एक तीव्र गति वाली और आक्रामक खेल के रूप में प्रदर्शित करते हैं जिससे इसे गेंद वाली खेलों में अति आधुनिक तकनीकी खेलों में गिना जाता है। जेम्स नायस्मिथ ने मासाचूसैट्स में स्प्रिंगफील्ड कॉलेज नामक स्थान पर 1891 में इसका आविष्कार किया। सन् 1936 में अन्तर्राष्ट्रीय बास्केट बाल फेडरेशन (FIBA) ने यूरोपियन चैम्पियनशिप का प्रथम अधिकारिक मैच आयोजित किया। यूरोप में इस खेल का परिचय द्वितीय महायुद्ध के दौरान अमेरिका द्वारा किया गया। 1950 में प्रथम अधिकारिक नेशनल बास्केट बाल ऐसोसिएशन (NBA) ने मैच में साइरैक्यूज के विरुद्ध मीनियापोलिस को पराजित किया। 1976 में इसे ओलम्पिक खेल बना दिया गया। बार्सीलोना ओलम्पिक खेलों (1992) में अमेरिकी पुरुषों की टीम (उपनाम "द ड्रीम टीम") की अत्यधिक जबरदस्त प्रधानता ने इस खेल को ऊंचाइयों तक प्रसिद्ध कर दिया और (NBA) बास्केट बाल को सारे विश्व में प्रसिद्धि मिल गई। भारत में बास्केटबाल फेडरेशन ऑफ इंडिया (BFI) के हाथों में 1950 से इस पर नियन्त्रण है।

2. **खेल के नियम :** दो टीमों में पांच खिलाड़ी होते हैं प्रत्येक विरोधी टीम की बास्केट में बाल फेंककर अंक प्राप्त करने का प्रयास करता है। वे बाल को काबू करने के लिए केवल अपने हाथों का प्रयोग कर सकते हैं और इसे पकड़ कर भागने की आज्ञा नहीं दी जाती। फील्ड गोल 2 अंकों अथवा 3 अंकों के लिए गिनती करता है (अगर यह 3 अंक की लाइन में बाहर की तरफ से फेंक दी जाती है।) स्वतन्त्र थ्रो में 1 अंक ही योग्य होता है। बाल को पकड़ने वाली टीम को निम्न निर्धारित समय के अन्दर ही आक्रमण अवश्य कर देना चाहिए: गेंद अधिकार में लेते ही, बाल को मिड कोर्ट लाइन के पार पहुंचाने के लिए 10 सैकंड का समय दिया जाता है और बास्केट में डालने के 24 सैकंड का समय दिया जाता है।

आक्रामक खिलाड़ी के पास उस प्रतिबद्ध क्षेत्र में (प्रयास, सीमा निर्धारण और दोबारा कोशिश को छोड़कर) बने रहने के लिए केवल तीन सैकंड का समय होता है। बाऊंस या ड्रिब्बल के बिना खिलाड़ी बाल को 5 सैंकड से अधिक नहीं पकड़ सकता। फॉऊल कई तरह के होते हैं जैसे-चार्जिंग, ब्लाकिंग, पीछे से रक्षा करना, पकड़े रखना, धकेलना इत्यादि। अगर कोई टीम 15 मिनट में 4 से अधिक फॉउल कर बैठती है तो उस अवस्था में विरोधी को हर फॉउल पर फ्री थ्रो दे दिया जाता है। अगर कोई खिलाड़ी 5 से अधिक व्यक्तिगत फॉउल कर दे तो उसे मैच से निकाल दिया जाता है।

ध्यान रखने योग्य बातें

1. टीम में कुल खिलाड़ी	=	12 (पांच फील्ड खिलाड़ी और सात प्रतिस्थानापन्न)
2. खिलाड़ी का चैस्ट नं.	=	4 से 15 (FIBA नियम); कोई दो अंक (NBA नियम)
3. कोर्ट का आकर	=	28 × 15 मि. (5 सें. मी. की लाइनें निकाल कर)
4. केन्द्रीय वृत्त का अर्धव्यास	=	1.80 मीटर
5. बोर्ड की ऊंचाई	=	2.90 मी. सतह से
6. पिछला बोर्ड	=	180 सेमी. × 105 सेमी. (अन्तिम लाइन के अन्दर की तरफ 120 सेंमी.)
7. बास्केट रिंग का व्यास	=	45 से. मी.
8. गेंद की परिधि	=	75 से. मी. + 3 से.मी.
9. गेंद का भार	=	625 + 25 ग्राम
10. खेल की अवधि	=	चार quarters में 40 मिनट (प्रत्येक 10 मिनट)
11. दो खेल अवधियों में अवकाश	=	2 से 5 मिनट (in quarters) 5 से 10 मिनट (आधे समय में)
12. टाइम ऑउट अवधि	=	2 बार (प्रत्येक quarters esa) 30 सेकंड की अवधि में

3. बास्केट बॉल की कुशलताएं:

- **जम्प बाल :** खेल शुरू करने के लिए गेंद को टॉस किया जाता है और खिलाड़ी गेंद लेने के लिए जम्प करते हैं। उन्हें विरोधी खिलाड़ी को पुश या हिट करने की आज्ञा नहीं होती। (नए नियमों के अनुसार साइड पास थ्रो)
- **चैस्ट पास :** चैस्ट स्तर पर अपने टीम साथी को दिया गया यह सीधा पास है।
- **बाऊंस पास :** रक्षक से फेकिंग के बाद खिलाड़ी गेंद को बाऊंस के बाद अपने टीम साथी को पास करता है यह उसके टीम साथी के पास सामान्य ऊंचाई पर पहुंचती है।
- **पासिंग (एक हाथ) :** विरोधी को हटाने के बाद खिलाड़ी गेंद अपने टीम साथी को पास करता है। यह एक अथवा दोनों हाथों से किया जा सकता है।

- **लो ड्रिब्बल :** यह एक रक्षक ड्रिब्बल है जब विरोधी पास हो और गेंद को पकड़ने का प्रयास करे। गेंद को घुटनों तक की ऊंचाई तक बाऊंस किया जाता है और शरीर को विरोधी की ढाल बनाया जाता है।
- **हाई ड्रिब्बल :** यह एक रक्षक ड्रिब्बल है। तेज रनिंग संचालन के लिए बाऊंस ट्विस्ट की ऊंचाई पर होता है।
- **पीवट फुट :** यह गेंद के साथ बंधित गति होती है। खिलाड़ी एक पैर को उठाते हैं इधर-उधर घूमता है।
- **जम्प शॉट :** अंकों के लिए यह सबसे आम शॉट है। इसमें एक हाथ से गेंद पकड़ते हैं और दूसरा गेंद को जम्प के साथ बास्केट की तरफ निर्देशित करता है।
- **ले-अप शॉट :** विरोधी को भगाने के बाद खिलाड़ी रिंग के निकट पहुंचने के लिए दो डग लेता है और गेंद रिंग के अन्दर रख देता है।
- **डंक :** विरोधी को हटाने के बाद खिलाड़ी रिंग के पास पहुंचता है और बाल को हाथ से रिंग के अंदर धकेलता है।

C. हॉकी

1. इतिहास : हॉकी से मिलती-जुलती खेलें 2000 ईसा पूर्व के पहले से खेली जाती हैं। पारसी, मिश्र, यूनानी और रोमन आदि गेंद और स्टिक में खेली जाने वाली खेल के उदाहरणों से भरे पड़े हैं। विभिन्न यूरोपीयन और एशिया के देशों में यह खेल विभिन्न तरीकों से विकसित हुई। कुछ स्थानों पर यह घोड़े की पीठ (पोलो) पर खेली गई जबकि दूसरे स्थानों पर यह बर्फ पर खेली गई। आधुनिक क्षेत्र वाली हॉकी के नियम सर्वप्रथम इंग्लैंड में विधिबद्ध किए गए जहां 'शिंटी' (गैलिक खेल जो 18वीं शताब्दी के अन्त तक बहुत प्रसिद्ध थी जिसमें 12 खिलाड़ियों की दो टीमें, 150 मी. से अधिक लंबे खेल के मैदान में खेलती थीं। 1861 में लंदन में ब्लैक स्मिथ क्लब की स्थापना की गई और अधिकारिक मैच खेले गए। सन् 1908 में ओलम्पिक में पुरुषों ने खेल के मैदान में हॉकी खेली और महिलाओं की फील्ड हॉकी को 1980 में ओलम्पिक इवैन्ट में स्थान मिला। द फेडरेशन ऑफ इंटरनेशनल डी हॉकी (FIH) सात यूरोपियन देशों द्वारा 1924 में निर्मित की गई। आज इसके 140 राष्ट्र सदस्य हैं। ओलम्पिक के अतिरिक्त सन् 1971 में (महिलाओं के लिए 1974) वर्ल्ड कप का मुख्य टूर्नामेंट प्रारंभ हुआ।

हॉकी में भारत का एक विशाल इतिहास है। भारत में हॉकी के क्षेत्र में काफी खिलाड़ी हुए हैं। ग्वालियर में 1925 में द इंडियन हॉकी फेडरेशन (HIF) का निर्माण हुआ। भारत में हॉकी आन्दोलन पर इस संस्था का नियंत्रण है। यह भारत का राष्ट्रीय खेल है और पंजाब व भारत के अन्य भागों में बहुत प्रसिद्ध है। जालन्धर के निकट एक गांव (संसारपुर) हॉकी खिलाड़ियों को जन्म देने के लिए प्रसिद्ध है। भारत ने इस खेल में काफी ओलम्पिक मैडल भी हासिल किए हैं। (7 बार ओलम्पिक, 2 बार वर्ल्ड कप, 5 बार एशियन चैम्पियन)। पाकिस्तान में भी हॉकी का अच्छा स्तर है।

2. खेल के नियम : क्रीड़ा क्षेत्र हॉकी के नियम सोकर से मिलते जुलते हैं। पुरुषों के लिए 35-35 मिनट की अवधियों में (महिलाओं के लिए 30 मिनट) दो टीमों के (11 खिलाड़ी प्रत्येक में) खिलाड़ी खेलते हैं जिसमें 5 से 10 मिनट का मध्यान्तर होता है। स्टिकस का प्रयोग करते हुए वे गेंद को विरोधी टीम के गोल में डालने का प्रयास करते हैं। प्रत्येक गोल को एक अंक माना जाता है। प्रत्येक टीम में एक गोलकीपर व 5 स्थानापन्न खिलाड़ी होते हैं।

जो किसी भी समय प्रवेश कर सकते हैं (केवल पैनल्टी कार्नर को छोड़कर) अम्पायर खेल के प्रारंभ के इशारे के लिए सीटी बजाता है। खिलाड़ी स्टिक के फेट/फ्रंट के साथ गेंद को छूते हैं। एक खिलाड़ी खेल में तभी भाग ले सकता है अगर उसके हाथों में अपनी स्टिक हो। गेंद को खेलते वक्त खेल के मैदान के अपने आधे भाग के केन्द्र बिन्दु में रखा जाता है जिस दौरान सभी खिलाड़ी अपने-अपने आधे क्षेत्र में होने आवश्यक हैं। इसमें दो अम्पायर होते हैं जो खेल के नियमों का संचालन करते हैं। गोल केवल शूटिंग सर्कल (D) के अन्दर की तरफ से ही प्राप्त किया जा सकता है। गोलकीपर हाथों और पैरों का प्रयोग कर सकता है (बचाव परिधान) परन्तु गेंद को पकड़ नहीं सकता। अगर शूटिंग चक्र के अन्दर रक्षक से कोई फॉउल हो जाए तो पैनल्टी कार्नर विरोधी टीम को दिया जाता है। पैनल्टी स्ट्रोक तब दिया जाता है जब रक्षक टीम से शूटिंग चक्र में कोई गंभीर फॉउल हो जाए।

याद रखने योग्य बातें

1. क्रीड़ा क्षेत्र की लंबाई	–	100 गज (91.40 मी.)
2. क्रीड़ा क्षेत्र की चौड़ाई	–	60 गज (54.85 मी.)
3. टीम में खिलाड़ियों की संख्या	–	16 (11 फील्ड खिलाड़ी और 5 अतिरिक्त)
4. खेल की अवधि	–	35-35 मिनट की दो अवधियां (पुरुष), 30 मिनट (महिलाएं)
5. स्थानापन्न की आज्ञा	–	सभी रोलिंग स्थानापन्न
6. गेंद का वजन	–	5/1/2 औंस (156 ग्राम)
7. स्टिकस का वजन	–	18-30 औंस
8. हॉकी स्टिकस गुजरनी चाहिए	–	2 इंच व्यास वाले रिंग से
9. पैनल्टी स्ट्रोक की स्थिति	–	7 गज (6.4 मी.) गोल लाइन से
10. गोल पोस्ट का विस्तार	–	3.66 मी. × 2.14 मी. (5 मी. गहरी लकड़ी)
11. 'डी' (शूटिंग चक्र)	–	16 गज (14.6 मी.)
12. सतह का प्रकार	–	एसट्रोट्रफ, घास वाला, मिट्टी वाला

3. हॉकी की कुशलताएं:

- **पुश** : इस स्ट्रोक का प्रयोग गेंद को थोड़ी दूरी तक भेजने के लिए किया जाता है। दायां हाथ नीचे स्टिक पर रखा जाता है और स्टिक को आगे धकेलता है जबकि बायां हाथ हैंडल को सिरे से पकड़ता है।
- **हिट** : गोल लेने के लिए या लंबे पास लेने के लिए यह एक शक्तिशाली स्ट्रोक है। खिलाड़ी स्टिक पीछे की तरफ उठाता है फिर स्टिक के पूरे जोर से गेंद को हिट करता है जबकि हाथ स्टिक को सिरे से पकड़ते हैं।
- **फलिक** : इस तकनीक का प्रयोग पैनल्टी स्ट्रोक के लिए करते हैं। यह पुश की तरह ही है पर गेंद को थोड़ी दूरी से उठाया जाता है।
- **पैनल्टी कार्नर** : यह उस स्थिति में होता है जब रक्षक खिलाड़ी जान बूझ कर गेंद को सीमा से बाहर हिट करता है, शूटिंग सर्कल में फॉउल करता है पैनल्टी कार्नर आक्रामक टीम द्वारा पोल के निकटतम कोने से 10 गज (9 मी.) से किया जाता है।

D. लॉन-टेनिस

1. इतिहास : टेनिस एक रैकट खेल है जिसमें दो खिलाड़ी या दो टीमें (प्रत्येक में दो खिलाड़ी) गेंद को जाल के ऊपर से इस तरह भेजते हैं कि विरोधी के लिए इसका निवर्तन (return) कठिन हो जाता है। आधुनिक टेनिस की जड़ें फ्रैंच की पुरानी खेल के 'पोमे' (Paume) में हैं जिसके नियम 1874 में वाल्टर क्लोपटन विंगफील्ड द्वारा लिखे गए। सन् 1877 में विबिंल्डन के स्थान पर इसकी प्रथम चैम्पियनशिप हुई और प्रथम अन्तर्राष्ट्रीय चैम्पियनशिप 1881 में संयुक्त राज्य अमेरिका में, 1905 में आस्ट्रलिया में और 1925 में फ्रांस में हुई। सन् 1896 में एथेन्स में टेनिस को प्रथम ओलम्पिक गेम्स का हिस्सा बनाया गया पर 1924 के बाद इसे ओलम्पिक से वापस ले लिया गया। 1988 में इसका पुनः आरंभ हुआ। टेनिस को शासित करने वाली इंटरनेशनल टेनिस फेडरेशन (ITF) 1977 में निर्मित हुई। टेनिस कई देशों में खेली जाती है और 6 वर्ष के बच्चे से लेकर 80 वर्ष के अनुभवी तक के खिलाड़ी इसमें भाग ले सकते हैं। इस खेल में पुरुष सिंगल्स, महिलाएं सिंगल्स, पुरुष डबल्स, महिलाएं डबल्स और संयुक्त डबल्स खेलें भी खेली जाती है।

2. मैच के नियम : कोर्ट का कौन-सा पक्ष हर खिलाड़ी पहले लेगा और पहले कौन सर्विस करेगा इसका निर्णय टॉस द्वारा होता है। सर्वर को सर्व करने के दो अवसर मिलते हैं और प्रायः प्रथम सर्व में उसे काफी प्रयास करना पड़ता है। (विरोधी को उसकी शक्ति व स्थान से उखाड़ने का प्रयास करने के लिए)। अगर सर्विस 'ऐस' (Ace) में हो तो खिलाड़ी को अंक मिलता है (अगर विरोधी गेंद को स्पर्श न कर सके अथवा सीमाओं से बाहर वापस भेजे अथवा जाल के अन्दर प्रहार करे)। एक बार गेंद ऊंची पटकने के बाद सर्वड गेंद वापस अवश्य आनी चाहिए शेष रैली के दौरान खिलाड़ी इसे पटकने के पहले या बाद में वापस कर सकते हैं।

याद रखने योग्य बातें

1. कोर्ट का आकार	–	सिंग्लस : 23.77 मी. (78 फुट) × 8.20 मी. (27 फुट) डबल्स : 23.77 मी. (78 फुट) x 11 मी. (36 फुट)
2. सर्विस रेखा	=	6.4 मी. (21 फुट) जाल से
3. खंभों की ऊंचाई	=	1.06 मी. (3 फुट 6 इंच)
4. जाल की ऊंचाई	=	.91 मी. (3 फुट) केन्द्र से
5. गेंद का वजन	=	57 ग्राम + 1 ग्राम (2 औंस) रबड़ की बनी हुई
6. गेंद की परिधि	=	6.3 सें. मी. (2/1/2 इंच)
7. रैकट	=	78 से. मी. (30 इंच) लंबा और 31 से. मी. (12.1/4 इंच) चौड़ा
8. रेखाओं की चौड़ाई	=	5 से मी. (बेस रेखा को छोड़कर, 7 से मी.)

- **अंक :** टेनिस के खेल में अंक 15, 30, 40 और गेम के रूप में बताए जाते हैं।
- **डयूस :** अगर अंक दोनों पक्षों पर 40 समान हों तो उसे 'डयूस' के रूप में कहा जाता है। इसमें खिलाड़ी को खेल जीतने के लिए दो सफल अंक हासिल करना जरूरी हो जाता है।
- **सर्विस :** प्रत्येक खेल में, एक खिलाड़ी सारी सर्विसें संपन्न करता है।
- **सेट :** यह खेल की शृंखला है। 6 खेलों का विजेता सेट जीतता है।
- **लाभ :** पहला खिलाड़ी जो डयूस के बाद अंक जीतता है।

3. लॉन-टेनिस की कुशलताएं:

- **सर्व :** इस स्ट्रोक से खेल शुरू होता है। सर्वर धरातल रेखा के पीछे खड़ा होता है। और गेंद को विरोधी सर्विस कोर्ट में समानान्तर कोण बनाते हुए भेजने की कोशिश करता है। मैच में पहला सर्व कोर्ट की दाईं पक्ष से किया जाता है। और खिलाड़ी फिर हर अंक के पश्चात् अपना पक्ष बदलते हैं।
- **ग्राउंड स्ट्रोक :** इसे प्राय: आधार रेखा से खेलते हैं। रैली के दौरान शक्तिशाली व उचित प्रहार करने के लिए इसका प्रयोग किया जाता है।
- **वोली :** गेंद को भूमि का स्पर्श करने से पहले इन स्ट्रोकों का प्रयोग किया जाता है। प्राय: जाल के बिल्कुल करीब से वोली बनाते हैं।
- **लोब :** इस स्ट्रोक में गेद ऊंची और दूर भेजी जाती हैं ताकि यह आधार रेखा के करीब ऊंची उठे।
- **स्मैश :** लोब के उत्तर में सिर के ऊपर से दिया गया यह शक्तिशाली स्ट्रोक होता है और उत्तर के लिए बहुत कम अवसर छोड़ता है।
- **पकड़ :** पकड़ नई तरह की होती है जैसे- कोन्टीनेंटल, वैस्ट्रन और दो हाथों की पकड़ (मुख्यत: पिछले हाथ के स्ट्रोक में प्रयोग करते हैं)

E. फुटबॉल/सॉकर

1. इतिहास : सॉकर दो टीमों के मध्य खेली जाने वाली गेंद खेल है। इसकी जड़ें प्राचीन यूनान में हैं जहां ''सफैरा'' खेली जाती थी। केलशियो (Calcio) इसी शब्द का अनुवाद है जो खेल रोम में ईसा पूर्व के चौथी शताब्दी में खेला गया। खेल के आधुनिक रूप की खोज इंग्लैंड में सन् 1848 में हुई। पहले क्लब 'शेफील्ड' फुटबॉल क्लब (Sheffield Football Club) का निर्माण 1863 में हुआ और 1872 में प्रथम प्रतियोगिता का आयोजन किया गया। द फेडरेशन इंटरनेशनल डी फुटबाल ऐसोसिएशन (FIFA) का निर्माण 1904 में हुआ। सन् 1900 और 1904 के ओलम्पिक में इस खेल का प्रदर्शन हुआ। इस खेल ने अधिकारिक ओलम्पिक इवैन्ट का रूप 1908 में लिया। सोकर को सारे विश्व में मान्यता मिली क्योंकि इसके उपकरण और नियम बहुत साधारण हैं। सन् 1958 से मैचों के दूरदर्शन पर प्रसारण के कारण किसी दूसरी अन्तर्राष्ट्रीय इवैन्ट को इतनी निकटता से स्थान नहीं मिला (सन् 2002 में लगभग 3 बिलियन दर्शकों ने ब्राजील जर्मनी का अन्तिम मैच देखा) आज FIFA के 211 सदस्य देश हैं।

भारत में यह खेल अंग्रेजों द्वारा लाया गया और 1878 में फुटबाल संस्थाएं बनीं। बंगाल में यह खेल बहुत प्रसिद्ध हो गया। वहीं से इस खेल को ऊंचा उठाने के लिए कई क्लब आगे आए। भारत ने भी 1888 में शिमला से दूसरा प्राचीनतम फुटबाल टूर्नामेंट जो 'डयूरेन्ड कप' के नाम से प्रसिद्ध है, शुरू कर दिया। बाद में 1940 में इसका सम्मेलन स्थल नई दिल्ली में परिवर्तित कर दिया गया। भारत में फुटबॉल से जुड़े कई क्लब हैं जैसे- मोहन बागान, मोहम्मडन स्पोर्टिंग, पूर्वी बंगाल, जे.सी.टी. सालगांवकर, महिन्द्रा एंड महिन्द्रा।

2. मैच के नियम : सोकर का उद्देश्य गेंद को विरोधी टीम के गोल के अन्दर भेजना होता है। गेंद पैरों से अथवा शरीर के किसी अन्य भाग से धकेल सकते हैं पर भुजाओं या हाथों से नहीं। इसमें दो टीमें, प्रत्येक में अधिकतम 11 खिलाड़ी (1 गोलकीपर और 10 फील्ड खिलाड़ी) खेलते हैं। प्रत्येक के लिए 45-45 मिनट की अवधि होती है। खेल विरोधी क्षेत्र के केन्द्र चक्र से पुश-पास से प्रारंभ होता है। रैफरी खेलने के समय का ध्यान रखता है और नियमित 45 मिनट से समय बढ़ा भी सकता है। (अगर आवश्यक चोट अथवा खिलाड़ी इत्यादि बदलने हों तो)

टाई नियम : नॉक ऑउट टूर्नामेंट के दौरान नियमित समय के अन्त में दोनों टीमें समान हों तो दोनों टीमें

15-15 मिनट की अवधि के लिए अतिरिक्त समय के लिए खेलते हैं। (स्वर्ण गोल्डन गोल अवधि)

इस अतिरिक्त अवधि में अगर अभी भी मैच समान रह जाए तो पैनल्टी शूट ऑउट (Sudden death) दिया जाता है। रैफरी निर्णय करता है कि कौन-सा गोल पैनल्टी किक के लिए दिया जाएगा। पहले किक करने वाली टीम का निर्णय एक सिक्के के टॉस द्वारा निश्चित किया जाता है। प्रत्येक टीम किक के लिए बारी-बारी से पांच खिलाड़ी चुनती है। 5 किकों के पश्चात् अधिक गोल बनाने वाली टीम को विजयी घोषित किया जाता है। प्रत्येक टीम 5 किकों पर भी अगर गोल समान रहें तो एक टीम के जीतने तक पैनल्टी किक दिए जाते हैं। गोल तभी माना जाता है जब गेंद गोल रेखा के पार चली जाए। गेंद चाहे सतह अथवा हवा में हो)।

ध्यान रखने योग्य बातें:

1. मैदान का आकार	= 120 गज (110 मी.) × 80 गज (73 मी.)
2. मैच खिलाने वाले अधिकारी	= 1 रैफरी, 2 सहायक रैफरी, एक चौथा अधिकारी, 1 कमीशनर, 1 चोट आदि के समय का ध्यान रखने वाला
3. फुटबॉल का वजन	= 14-16 औंस (425 ग्राम + 25 ग्राम)
4. फुटबॉल की परिधि	= 27 - 28 इंज (71.1 सें. मी.)
5. टीम में खिलाड़ियों की संख्या	= 16 (11 खेलने वाले और 5 अतिरिक्त)
6. खिलाड़ियों की कम से कम संख्या	= 7 (निलम्बित खिलाड़ियों की दशा में)
7. मैच में स्थानापन्न की अनुमति	= 2 (दो)
8. मैच की अवधि	= 45 मिनट की दो अवधियां (पुरुष और 40 मिनट (महिलाएं)
9. अतिरिक्त समय	= 15 मिनट की दो अवधियां (गोल्डन गोल अवधि)
10. गोल पोस्टों का आकार	= 8 गज x 8 फुट (पोस्ट की गहराई 5 इंच)
11. रेखा की चौड़ाई	= 5 इंच (12 सें. मी.)
12. खिलाड़ी के उपकरण	= स्टडस (फुटबाल बूट) शिन गार्ड, नम्बर वाली टी-शर्ट, निक्कर
13. केन्द्र चक्र का अर्ध व्यास	= 10 गज (9.15 मीटर)
14. चौथाई चक्र वृत्त का अर्धव्यास	= 1 गज (91 सें. मी.) कोणों से
15. फ्लैगों की ऊंचाई	= 3-4 फुट (1.2 मी.) कोणों से

3. फुटबॉल की कुशलताएं:

- **किकिंग :** गेंद को शक्ति के साथ हिट करना खेल की सबसे सामान्य कुशलता है। कई बार यह इच्छित अवस्था से दूर चली जाती है इसके विभिन्न प्रकार हैं जैसे पैर के अन्दर की तरफ से या बाहर की तरफ से किक लगाना, इनस्टैप किक, पुंट किक, सीजर किक, बनाना अथवा चिप किक, रोल बैक किक इत्यादि। इसे फ्री किक के दौरान, गोलकीक, कार्नर किक, पैनल्टी किक अथवा जब स्थिति आवश्यक हो, के दौरान प्रयोग किया जा सकता है।
- **ड्रिब्लिंग :** इसमें विरोधी की तरफ गेंद इस तरह धकेली जाती है। ताकि वह नियन्त्रण में रहे।
- **हैडिंग :** साधारणतया प्रहारक गेंद को जाल की तरफ ले जाने का प्रयास करता है। रक्षक इसे गोल से दूर रखने का प्रयास करता है। इस विधि का प्रयोग पूरी खेल के दौरान भी होता है।
- **टैकलिंग :** विरोधी की तरफ से स्लाइडिंग विधि से गेंद की टैकलिंग। कई बार गेंद को लेने के लिए सिर, और पैर इत्यादि का प्रयोग किया जाता है।
- **थ्रोइंग इन :** यह खिलाड़ी द्वारा पार्श्व रेखा से लिया जाता है। वह गेंद को अपने खिलाड़ी तक पहुंचाने के लिए सिर के ऊपर से फेंकता है। दोनों पैर जमीन से जुड़े होते हैं। प्रत्यक्ष रूप से थ्रो-इन द्वारा गोल गिना जाता है।
- **ऑफ साइड :** एक खिलाड़ी ऑफ साइड तब समझा जाता है जब बिना गेंद के विरोधी की गोल रेखा के निकट हो। जब तक दो रक्षक प्रहारक और गोल रेखा के मध्य में न हों। इस ऑफ साइड को रक्षक की युक्ति भी समझा जाता है (संपूर्ण रक्षक रेखा आक्रामक को ऑफ साइड में तेजी से डालने के लिए घूमती है।) यह रक्षक के लिए दो धारी तलवार के समान होती है। ऑफ साइड लाइनमैन द्वारा दी जाती है और इसे लाल फ्लैग उठाकर इंगित किया जाता है, इस अवस्था में गोल नहीं समझा जाता।
- **कार्नर किक :** कार्नर किक तब मिलता है जब रक्षक अपनी टीम की गोल रेखा के पीछे से गेंद बाहर डाल देता है। आक्रामक खिलाड़ी फिर गोल के

सामने से गेंद को भेजने का प्रयास करता है ताकि दूसरा आक्रामक उसे ले सके या इसे गोल में बदलने के लिए अपनी टीम के साथ को शीघ्रता से दे सके।

- **फ्री किक :** जब कोई खिलाड़ी फॉउल कर बैठता है तो फ्री किक मिलता है। प्रत्यक्ष फ्री किक (Direct Free Kick) में गेंद से सीधा गोल किया जा सकता है जब तक गेंद किसी और खिलाड़ी को छू न जाए। अप्रत्यक्ष फ्री किक (Indirect Free Kick) में गेंद के गोल बनाने से पहले किसी खिलाड़ी के पास से जरूर गुजरना चाहिए।
- **पैनल्टी किक :** जब रक्षक खिलाड़ी से पैनल्टी क्षेत्र में फॉउल हो जाए तब पैनल्टी किक दिया जाता है। गेंद को पैनल्टी स्थान पर रखा जाता है और प्रहारक खिलाड़ी किक द्वारा इससे सीधा गोल बनाने की कोशिश करता है। केवल गोलकीपर इसे बचाता है।
- **वार्निंग :** खिलाड़ियों को चेतावनी तब दी जाती है अगर वे लगातार नियम तोड़े, रेफरी के निर्णय का उल्लंघन करें, खेल को शुरू करने में देरी करें या व्यर्थ बहस करें अथवा दुर्व्यवहार करें।
- **बेदखली :** अगर खिलाड़ियों से कोई गंभीर फॉउल हो जाता है तो वह निलम्बित कर दिए जाते हैं, या हिंसक हों, गाली गलौज करें, अपराधी या अपमानित भाषा का प्रयोग करें, खेल के दौरान दूसरी बार पीला कार्ड मिलने पर।

F. वॉलीबाल

1. इतिहास : सन् 1895 में विलियम जी. मोर्गन ने एक नई इनडोर खेल की खोज की जिसे मिन्टोनैट (Mintonette) कहा जाता था बाद में इसी खेल ने वॉलीबाल का रूप ले लिया। वालीबाल 1924 के ओलम्पिक (पेरिस) में प्रदर्शन करने वाली खेल बनी और 1947 में इसने अधिकारिक खेल का रूप ले लिया जब द फेडरेशन इंटरनेशनल डी वालीबाल (FIVB) का निर्माण हुआ। 1949 में प्रथम बार पुरुषों की वर्ल्ड चैम्पियनशिप प्रेग (CHZ) में खेली गई। टोक्यो (1964) में वॉलीबाल ओलम्पिक खेलों का एक हिस्सा थी।

आज वॉलीबाल का एक नया रूप प्रसिद्ध है इसे 'बीच वॉलीबाल' (Beach Volleyball) के नाम से जाना जाता है। यह रेत के खेल मैदान में दो टीमों के बीच खेली जाती है।

भारत में वॉलीबाल XMCA द्वारा प्रचलित हुआ। तत्पश्चात् वॉलीबाल फेडरेशन ऑफ इंडिया (VFI) 1950 में स्थापित की गई। पहली एशियन खेलों में भारत ने स्वर्ण पदक जीता।

2. खेल के नियम : वॉलीबाल में दो टीमों में छ: खिलाड़ी होते हैं जो गेंद को विरोधी टीम के पक्ष में जाल के ऊपर से भेजने की कोशिश करते हैं ताकि वह जमीन छू सके। रैली जीतने वाली टीम अंक जीतती है इसके अतिरिक्त उसी अंक से खेल शुरू करने का अधिकार भी प्राप्त करती है। 25 अंक मिलने पर एक सेट की विजय मिलती है। अगर 24 अंकों से बराबर tie हो जाए तो खेल तब तक चलता रहता है जब तक दोनों में से एक टीम 2 अंकों से आगे न जाए। 3 सेट प्राप्त होने पर (5 में से) मैच जीता जाता है। गेंद दाईं ओर की पिछली पंक्ति के खिलाड़ी द्वारा शुरू की जाती है जो सर्विस जोन की 9 मीटर की चौड़ाई के अन्दर कहीं से भी खेल सकता है। खिलाड़ी के पास एक अकेले प्रयास में गेंद को जाल के ऊपर से फेंकने के लिए 8 सैकंड का समय होता है (यह चाहे जाल को छू ले)। यह रैली तब समाप्त होती है जब गेंद जमीन को छू ले या सीमाओं से बाहर हिट हो जाए या खिलाड़ी इसे कानूनी तौर पर वापस न करे।

जब एक टीम सर्विस जीत लेती है तो खिलाड़ी घड़ी की सूइयों की दिशा में रोटेशन के अनुसार अपनी स्थिति लेते हैं। यह नियम इसलिए बनाया गया ताकि खिलाड़ी सामने और पीछे दोनों (जोन) क्षेत्रों में खेल सकें। प्रत्येक टीम ब्लॉक को छोड़कर गेंद को अधिकतम 3 बार छू सकती है इससे पहले कि वह दूसरी टीम के कोर्ट में जाए। एक बार खिलाड़ी द्वारा गेंद को छू लेने पर वह इसे तब तक नहीं छू सकता जब तक यह किसी भी टीम के अन्य खिलाड़ी द्वारा छू न ली जाए। गेंद शरीर के किसी भी भाग को छू सकती है और इसे हिट करना चाहिए। (पकड़ना या फेंकना नहीं) खिलाड़ियों के लिए दूसरी टीम के सर्वर को देखने में रुकावट बनना नियम के विरुद्ध है। एक टीम एक सेट में अधिकतम 6 प्रतिस्थानापन्न बना सकती है। पुरुषों के लिए पांचवां सेट व महिलाओं

के लिए तीसरा सेट 15 अंकों का होता है। जाल के सबसे ऊपरी भाग (border) को छूने वाली सर्विस ही नियम का पालन करती है।

याद रखने योग्य बातें :

1. वॉलीबाल खेल का मैदान	– 180 मी. x 9 मी.
2. फ्री जोन क्षेत्र	– 24 मी. x 15 मी. (सभी तरफ से कम से कम 3 मी.)
3. सर्विस रेखा की लंबाई	– 9 मी.
4. जाल का आकार	– 9.5 मी. (लं) × 1 मी. (चौ)
5. जाल की ऊंचाई	– 2.43 मी. (पुरुष), 2.24 मी. (महिलाएं)
6. पोल से पोल की दूरी	– 10 – 12 मी.
7. एन्टीना की ऊंचाई जाल से ऊपर	– 80 सें. मी. (साइड लाइन से ऊपर)
8. गेंद की परिधि	– 65-70 से. मी.
9. गेंद का वजन	– 270 ग्राम + 10 ग्राम
10. खिलाड़ियों की संख्या	– 12 (6 खेल रहे और 6 स्थानापन्न खिलाड़ी लिबरो सहित)
11. रेखा की चौड़ाई	– 5 सें. मी.
12. एक सेट में अंकों की संख्या	– 2 अंकों की लीड सहित – 25 अंक पांचवें सेट में 15 अंक (पुरुष) तीसरा सेट (महिलाएं)

3. वॉलीबाल की कुशलताएं

- **लिब्रो** : एक विशेष रक्षक खिलाड़ी (अलग रंगदार पोशाक पहने) जो किसी खास खिलाड़ी को विश्राम देने के लिए बिल्कुल पीछे अर्द्ध भाग से खेलता है। वह किसी भी समय मैच के दौरान पिछली पंक्ति के खिलाड़ियों से प्रतिस्थापित किया जा सकता है। वह सर्व, ब्लाक या स्मैश नहीं कर सकता।

- **खिलाड़ियों की स्थिति** : खिलाड़ी दो पंक्तियों में स्थिति लेते हैं जिसमें पहली स्थिति सर्वर की होती है। संख्या 2, 3, 4 की स्थिति के खिलाड़ी फ्रंट / आक्रामक जोन में खड़े होते हैं; संख्या 5, 6 की स्थिति के खिलाड़ी बिल्कुल पीछे / बैक ज़ोन में होते हैं।

- **चक्र क्रम** : प्रत्येक सर्विस परिवर्तन पर सर्विस करने वाली टीम के खिलाड़ी घड़ी की सूइयों की दिशा में स्थान बदलते हैं नहीं तो यह फॉउल हो सकता है।

- **सर्विस** : सर्वर 9 मी. सर्विस लाइन के पीछे कहीं भी खड़ा हो सकता है। चाहे हाथ के नीचे से सर्वमान्य है पर अच्छे खिलाड़ी सिर के ऊपर से भी सर्व का प्रयोग करते हैं मुख्यत: टेनिस या जम्प सर्व। खिलाड़ी इसे सर्विस रेखा के पीछे से एक नोक (spike) की तरह चलाता है। अगर ठीक हिट हो जाए तो सर्व एक शक्तिशाली रक्षक अस्त्र गिना जाता है।

- **स्पाइक / स्मैश** : यह तेज आक्रमण होता है। प्रथम स्पाइक 1920 में फिलिपाइन द्वारा 'फिलिपाइन बम्ब' के रूप में रिकार्ड किया गया। जो खिलाड़ी स्पाइक को संचालित करते हैं उनका हवा में शानदार नियन्त्रण होता है और वे विरोधी टीम के सदस्यों की स्थितियों व क्रियाओं का सही-सही अंकन कर सकते हैं। गेंद का जाल के ऊपर से अच्छा सम्पर्क होता है।

- **टिप / लिफ्ट** : मैच के दौरान प्रयोग की जाने वाली यह रैली तकनीक है। गेंद पकड़ने और आक्रमण करने में टिप एक परिवर्तन का काम करती है। इसे भुजाओं और टांगों की ऊपर की दिशा की तरफ से क्रिया करते हैं इसमें गेंद के साथ हथेली हुए बिना अंगुलियों के ऊपरी भाग तक संबंध रहता है।

- **बम्प / अंडर आर्म लिफ्ट** : बम्प गेंद को गिरने से बचाए रखने की एक रक्षक निपुणता है। सर्व को प्राप्त करना और रक्षक कुशलता इसलिए कहते हैं क्योंकि इससे स्पाइकर के लिए गेंद को टिप का अच्छा अवसर मिलता है। बम्प गेंद से प्रथम संबंध को कहते हैं। (सर्विस रिसेपशन)। इससे रक्षा और आक्रमण के मध्य परिवर्तन मिलता है।

- **ब्लॉक** : इसे एक, दो या तीन खिलाड़ियों द्वारा भी संचालित किया जा सकता है और यह स्पाइक के विरुद्ध रक्षक की प्रथम रेखा है। ब्लॉकरस सारी स्पाइकस को ब्लॉक नहीं कर सकते पर स्पष्टता के लिए फ्लोर स्पेस को कम करते हुए पीछे से खिलाड़ियों द्वारा पकड़ा जा सकता है। ब्लॉक के लिए खिलाड़ी का खेल पर अच्छा नियन्त्रण होता है (सबसे लंबा खिलाड़ी साधारणतया मुख्य ब्लॉकर होता है।)

खेल-कूद से सम्बंधित शब्दावली

ऐथलेटिक्स : ऐली, एपरॉन, बैटन, बेंड, ब्लाइंड पास, बाक्स, सर्किल, क्लियरेंस, क्रॉसवार, हीट्स, फाल्स स्टार्ट, फ्लॉप स्टाइल, फाउल, हर्डल्स, लेन, लैप, डेकाथलॉन, हेप्टेथलॉन, मैराथन, पेंटाथलॉन, स्क्रैच, शॉट पुट, स्प्रिंट, स्टार्टिंग ब्लाक, स्टेपलचेज, स्ट्रॅडल, टाईजोन

बैडमिंटन : एश, एली, बैकहैण्ड, ब्लॉक, कैरी, चैकिंग द स्मैस, कोर्ट, क्रॉस कोर्ट, डबल हीट, ड्रॉप शॉट, फॉल्ट, फोरहैण्ड, फ्रेम, गेम प्वाइंट, किल, लोब, लव, नेट, रैकेट, रैली, सर्व, शार्ट सर्व, शटल (बर्ड भी कहते हैं) साइड आउट, अंडरहैंड

बेसबाल : आर्म थ्रोअर, एराउंड द हार्न, वल्क, बाल, बाल हॉक, बेस ओपन, बेस रनर, बैट, बैटर, बैट्री, ब्लैंक, ब्लाक, बॉबल, कैचर, काक्ड आर्म, क्रास फायर, डाउनर, होम, हाट, कार्नर, इनफील्ड, फ्लाई, कीस्टोन सौक, लेट अप, पेग, पिंच हिटर, पॉपी, रबर, रनअप, सिंकर, स्लाइडर, थ्री फुट लाइन

बास्केट बॉल: ब्लैक-डोर, बैंग बोर्ड, बैंक शाट, बेसबाल पास, बाउंस पास, चार्ज, चेस्ट पास, कॉर्नर प्लेयर, कट, डेड बॉल, डबल फाउल, ड्रिबल, फेक, फील्ड गोल, फाउल, फ्री थ्रो, गोल, हेल्ड वॉल, जम्प बॉल, पायवोट, रिवाइंड, रिस्ट्रेनिंग सर्कल, टी, टैक्नीकल फाउल, थ्रो इन

बिलियडर्स एंड स्नूकर : एंगल, राउण्ड द टेबल, बल्क, बॉल, ब्रेक, ब्रिज, केनन, क्यू बाल, कॉप, फॉलो, हजार्ड, इनिंग, मिस, नर्स, पाकेट, पॉट, पिरामिड, रेडबाल, रेस्ट्स, रन, सेट अप, शार्ट स्विंग टेबल

बॉलिंग : एप्पल, एप्रोच, एवरेज, बेबी स्प्लिट, बॉयस, बिग फाइवर, बिग फोर, बाक्स, ब्रेक, बकेट, बम्पर, कटर, डाइव, डबल ड्राइव, डचमैन, फ्लोटर, ग्रिप, ग्रूव, हैंडीकैप, हेडपिन, हनी, लेन, लीव, मैपला, नोजहिट, मदर इन लॉ, पिक, पींस, पाकेट, पोर्ट, स्लीपर, टर्की

शूटिंग : एयर गन, बैरल, बोर डाइमीटर, बुल, कैलिबर, कैंटिंग, ड्रैग, फायर आर्म, ग्रिप, लांग रायफल, मसल वेलोसिटी, राइफल, साइटर्स, स्नैप, स्टाक

बॉक्सिग : एपरॉन, अटैक, ब्लैक पेडल, बैकहैंड पंच, ब्लाकिंग, बोलो, बाउट, बट, चॉप, कम्बीनेशन, कट, डाइव, एलबोइंग, फर्स्ट ब्लड, फ्लोर, फुल काउंट, ग्लोब्स, हीलिंग, होल्डिग, हुक, जाब, माउथपीस, पंच, रिंग, स्कोरिंग, सेकेण्ड, स्पार, वार्निंग पेशेवर लोगों के बीच बॉक्सिग अमूमन समान वजन वाले मुक्केबाजों के बीच आयोजित की जाती है। तदनुसार ही विभिन्न वर्ग बनाए गए हैं—लाइट फ्लाईवेट (48 किग्रा. तक) तथा फ्लाईवेट (51 किग्रा. तक), बैंटन वेट (54 किग्रा. तक) फीदरवेट (57 किग्रा. तक), लाइट वेट (60 किग्रा. तक), लाइट-वेल्टर वेट (63.5 किग्रा. तक), वेल्टर वेट (67 किग्रा. तक), लाइट-मिडिल वेट (71 किग्रा. तक), मिडिल वेट (75 किग्रा. तक), लाइट हैवी वेट (81 किग्रा. तक), हैवी वेट (100 किग्रा. तक), सुपर हैवी वेट (100 कि.ग्रा. से ऊपर)

क्रिकेट : आल राउण्डर, एशेज, बैकफुट, बेल्स, बॉल, बैट, बैटिंग, बैट्समैन, बीमर, बाउंसर, बाउण्ड्री, बॉलर, बॉलिंग क्रीज, बाई, कॉट एण्ड बोल्ड, कॉल, कैच, कॉट बिहाइन्ड, सेंचुरी, चिकी सिंगल, चायनामैन, चेकर, क्लीन बोल्ड, कवर, कवर प्वाइंट, क्रास बैट, कट, कटर, डेड बॉल, एक्स्ट्राज, फास्ट मीडियम, फॉलोआन, फ्रंट फुट, फुलटास, ग्लांस, गुगली, गार्ड, गिल्ली, हाफ वॉली, हैट्रिक, हिट विकेट, हुक, इनस्वींगर, लेटकट, लेग ब्रेक, लेग साइड, मेडन, मिड ऑफ, मिड आन, मिड विकेट, नाइट वाचमैन, प्वांइट, ओपनर, ओवर, ओवर थ्रो, ओवर द विकेट, पिच, पुल, राउण्ड द विकेट, स्क्वायर कट, स्क्वायर लेग, स्वीप, टॉस, अम्पायर, विकेट कीपर, यार्कर

साइकलिंग : एंकलिंग, ब्रेक, बन्च, हैण्डीकैप, हाँक, मेडिसन रिले, म्यूसेट, परस्यूट

गोल्फ : एस, एड्रेस, एयर शॉट, एप्रोन, अवे, बॉल मार्क, बर्डी, बोगी, बाई, चिप, क्लब, कप, ड्राइव, ईगल, फ्लफ्फ, हाल्वड्, हैण्डीकैप, हेजार्ड, होल, ऑनर, हुक, जिग्गर, लाई, पार, पिन, पुट, रन, स्लाइस, स्टांस, स्विंग, टी, वेज

हॉकी : बैकपास, बुली, कैरिंग द बॉल, सेंटर फारवर्ड, चार्जिंग, कार्नर, डी, डिफेंडर, ड्रिंबलिंग, फ्लिक, फारवर्ड, फाउल, फ्री हिट, फुलबैक्स, गोल, हाब्स, हिट, हुकिंग, इंटरसेप्टिंग, लांग कार्नर, आब्सट्रक्शन, ऑफ साइड, पेनाल्टी कार्नर या शार्ट पेनल्टी, स्ट्रोक, पुश, रिवर्स स्टिक, स्कूप, सिक्सटीन यार्ड हिट, स्टिक, स्ट्राइकिंग, सर्कल, टैकलिंग, थ्रू पास, ट्रैपिंग, ट्वेन्टी फाइव यार्ड लाइन, अंडरकटिंग

सॉकर : बाई साइकिल किक, बाडी स्वर्व, बाक्स या पेनाल्टी एरिया, कैरिंग, चेस्टिंग, क्लियरिंग, कार्नर किक, कार्नर फ्लैग, क्रास, क्रास ओवर, डी, डायरेक्ट फ्री किक, डाइव, डबल फाउल, ड्रिबल, ड्राप बॉल, एक्स्ट्रा टाइम, फिनिशिंग, फ्लेंक, फाउल, गोल

किक, गोल पोस्ट, गोल्स, हाफ वाली, हैट्रिक, हेडिंग, इनडायरेक्ट फ्री किक, इंटरसेप्शन, किक ऑफ, लाइंस मैन, लिंग मैन, लोब, मार्किंग, न्यूटमैन, ऑब्सट्रक्शन, ऑफ साइड, पास, पेनल्टी स्पॉट, रिवर्स पास, सीजर्स किक, शैडो मार्किंग, साइड लाइंस, स्वीपर, टैकल, थ्रोइन, ट्रिपिंग, विंगर, येलो कार्ड

स्क्वैश : एंगल, बोर्ड कोर्ट, कट लाइन, ड्राइव, फुट फाउल्ट, हॉफ कोर्ट लाइन, हैमर, हैंड इन, किल, निक, पेनल्टी प्वाइंट, रैली, सर्विस, बाक्स, सेट, शार्ट लाइन, वॉली, वेल्स

स्वीमिंग : बैकस्ट्रोक, बटरफ्लाई, ब्रेस्ट स्ट्रोक, कैसल, क्राउल, फाल्स स्टार्ट, फ्री स्टाइल, किकिंग, लेग, मेडले रिले, पुल, टच

टेबल टेनिस : एस, बैकहैण्ड, शॉट, ब्लेड, ब्लॉक शॉट, ड्यूस, ड्राप शॉट, गेम, ग्रिप, रैली, सर्विस, स्मैश, टॉपस्पिन

रोविंग : वेग ऑल, बीट, बो, कनवास, कैच, काक्सवेन या कॉक्स, डबल एट, पैडल, पूडल, रिकवरी, रिंगिंग, रो, स्कल्स, सिंगल, स्लाइड, स्वीप, स्वीवल

रग्बी : ब्लाकिंग बैक, बटन हुक, सेंटर, क्लिपिंग, क्रास वार, कट बैक, डेड बॉल लाइन, ड्राप किक, फेड, फ्लेंकर, फ्लैट पास, फम्बल, गोल, हडल, किक ऑफ लूपिंग लाइन, ऑफ साइड, पैक, पुंट, पुशिंग द पासर, सेफ्टी मैन, स्क्रीन पास, स्लगिंग, टैकल, थ्रो-इन, टाइम आउट, ट्रैप, ट्राई

टेनिस : एस, एडवांटेज, बैक कोर्ट, बैक हैण्ड, बॉल ब्वाय या बॉल गर्ल, ब्रेक, बाई, सेंट्रल लाइन, चिप चॉप, कोर्ट, डेड, ड्यूस, डबल फॉल्ट, डाउन द लाइन, ड्रॉप शॉट, ड्रॉप वॉली, इरर, फेस या रैकेट, फॉल्ट, फोर कोर्ट, फ्रेम, गेम, गेम प्वाइंट, ग्राउंड स्ट्रोक, लेट, लाइन बॉल, लोब, लव, मैच प्वाइंट, नेट, नेट बॉल, ओवर हैड, स्मैश, पासिंग शॉट, रैली, रिटायर, रिटर्न, सर्व, सर्विस, सेट, सेटप्वाइंट, शार्ट बाल, स्मैश, स्ट्रोक, टॉस, अंडरहैंड, वॉली

वॉलीबॉल : एस, एड ऑन, बैकलाइन, ब्लॉक, बॉडी फाउल, कैरिंग द बॉल, चेस्टपास, कवर, क्रास कोर्ट शार्ट, ड्यूस, डिग, डबल हिट, फुट फॉल्ट, गेम प्वाइंट, किल, हेल्ड, बॉल, मल्टीपल टचेज, नेट, ओवर नेट, प्वांइट, पावर सर्व, सेट, साइड आउट, स्मैश, स्पाइकर, टाइम आउट, वॉली

रेसलिंग : एंकल एण्ड लेग ड्राइव, बाडी लॉक, बाडी प्रेस, ब्रिज, कोबरा ट्विस्ट, क्रेडल, क्रास वुटक, डी फॉल्ट, इलीमिनेशन, फाल या पिन, फ्रीस्टाइल, फुल नेल्सन, ग्रीको रोमन, हेड-होल्ड, मैट, न्यूट्रल पोजीशन, पैसेविटी, पैनाल्टी प्वाइंट, राउण्ड, स्लैम, स्टेलमेट, स्ट्रेंगल होल्ड, सूमो, थ्री प्वाइंट, टू प्वाइंट

विभिन्न खेलों में प्रत्येक पक्ष में खिलाड़ियों की संख्या

बेसबॉल	—	नौ
पोलो	—	चार
बास्केट बॉल	—	पांच
रग्बी	—	पन्द्रह
क्रिकेट	—	ग्यारह
सॉकर	—	ग्यारह
हॉकी	—	ग्यारह
वालीबॉल	—	छः

बैडमिंटन, टेनिस, टेबल टेनिस के खेल में प्रत्येक पक्ष में एक खिलाड़ी एकल मैच खेलता है जबकि प्रत्येक पक्ष में दो खिलाड़ी मिलकर युगल मैच खेलते हैं।

खेलकूद में महत्त्वपूर्ण माप

- **बैडमिंटन कोर्ट :** 20 फीट × 44 फीट (युगल) 17 फीट × 44 फीट (एकल)
- **बेसबाल :** डायगोनल बेस में से निकटतम आधार के बीच की दूरी 90 फीट और 127 फीट $3\frac{3}{8}$ इंच होती है। पियर के सर्किल और बालर के बीच 60½ फीट की दूरी होती है
- **बास्केटबाल कोर्ट :** 85 फीट × 46 फीट
- **बिलियर्ड टेबल :** 3500 मिमी. × 1750 मिमी.
- **बॉक्सिग रिंग :** 20 फीट वर्ग
- **क्रिकेट :** दोनों विकेट 22 गज की दूरी पर होते हैं। बॉल, का व्यास लगभग 9 से.मी. और वजन 5½ से 5¾ ओंस होता है।
- **डाइविंग :** स्प्रिगबोर्ड जल की सतह से 7 और 3 मीटर ऊपर होते हैं।
- **हैंडबाल कोर्ट :** 126 से 147 फीट लम्बा और 60 से 73 फीट चौड़ा
- **हॉकी का मैदान :** 100 गज × 53 गज
- **आइस हॉकी ग्राउंड :** 184 से 200 फीट लम्बा और 85-98 फीट चौड़ा
- **रोइंग :** एकल नौका चालन हेतु नौका की लम्बाई 27 फीट और युगल के लिए 45 फीट होती है। कॉक्स्ड जोड़ा 35 फीट, काक्सलेस फोर 44 फीट, कॉक्स्ड फोर 45 फीट और कॉक्स्ड एट 62 फीट होता है।

- **रग्बी मैदान :** यह मैदान अंडाकार होता है जिसकी अधिकतम लम्बाई 150 से 200 गज और अधिकतम चौड़ाई 120 से 170 गज होती है।
- **फुटबॉल मैदान :** 100 से 130 गज लम्बा और 50 से 100 गज चौड़ा
- **स्क्वैश कोर्ट :** 32 फीट × 21 फीट, कट लाइन 6 फीट का और टिन 19 इंच का होता है
- **स्वीमिंग पुल :** 50 मीटर लम्बा
- **टेबल टेनिस :** टेबल 9 फीट × 5 फीट का होता है तथा नेट की ऊंचाई 6 इंच होती है
- **टेनिस कोर्ट :** एकल के लिए 78 फीट × 27 और युगल के लिए 78 फीट × 36 फीट
- **मैराथन दौड़ :** 26 मील 385 गज

विश्व के प्रसिद्ध कप और ट्राफियां

✦ अमेरिकन कप	याच रेसिंग
✦ एशेज	क्रिकेट (इंग्लैंड बनाम आस्ट्रेलिया)
✦ कनाडा कप	गोल्फ (विश्व चैम्पियनशिप)
✦ कोलम्बो कप	सॉकर
✦ चैम्पियन ट्राफी	हाकी (पुरुष) विश्व की 6 श्रेष्ठ टीमों के मध्य
✦ कोरबिलन कप	टेबल टेनिस (महिला) विश्व कप
✦ डेविस कप	लान टेनिस (पुरुष)
✦ डर्बी	घोड़ा दौड़ (इंग्लैंड)
✦ इंदिरा गांधी गोल्फ कप	हॉकी (महिला) (भारत)
✦ जुलस रिमेट कप	सॉकर—विश्व कप (पुरुष)
✦ किंग्स कप	एयर रेसेज (इंग्लैंड)
✦ मर्डेका	सॉकर (पुरुष)(मलेशिया)
✦ प्रिंस ऑफ वेल्स कप	गोल्फ (इंग्लैंड)
✦ रोथमेंस कप	क्रिकेट
✦ रायडर कप	गोल्फ (इंग्लैंड)
✦ स्वेथलिंग कप	विश्व टेबल टेनिस (पुरुष)
✦ थामस कप	विश्व बैडमिंटन (पुरुष)
✦ टुंकु अब्दुल रहमान कप	बैडमिंटन
✦ उबेर कप	विश्व बैडमिंटन (महिला)
✦ वाकर कप	गोल्फ (इंग्लैंड)
✦ विटमैन कप	लान टेनिस (महिला)
✦ विम्बलडन कप	लान टेनिस (इंग्लैंड)

कप और ट्राफियां—भारत

✦ आगा खाँ कप	हॉकी (मुंबई)
✦ ऑल इंडिया महाराजा रणजीत सिंह गोल्ड कप	हॉकी
✦ ऑल इंडिया गुरुनानक चैंपियनशिप	हॉकी (महिला)
✦ बर्ना बेलक कप	टेबल टेनिस (पुरुष)
✦ बेटन कप	हॉकी (पुरुष)
✦ मुंबई गोल्ड कप	हॉकी
✦ बर्दवान ट्राफी	वेट लिफ्टिंग
✦ सीके नायडू ट्राफी	क्रिकेट
✦ डीसीएम ट्राफी	फुटबॉल
✦ ध्यान चंद ट्राफी	हॉकी
✦ डॉ. बीसी राय ट्राफी	राष्ट्रीय जूनियर फुटबॉल
✦ दिलीप ट्राफी	क्रिकेट
✦ डूरंड कप	फुटबॉल
✦ एजरा कप	पोलो
✦ आईएफए शील्ड	फुटबॉल
✦ ईरानी कप	क्रिकेट
✦ देवधर ट्राफी	क्रिकेट
✦ जयलक्ष्मी कप	राष्ट्रीय महिला टेबल टेनिस
✦ कुप्पुस्वामी नायडू ट्राफी	हॉकी
✦ लेडी रतन टाटा ट्राफी	हॉकी
✦ मौलाना आजाद ट्राफी	अंतर विश्वविद्यालय खेल
✦ मुरुगप्पा गोल्ड कप	हॉकी
✦ राष्ट्रीय लीग	फुटबॉल
✦ नेहरू कप	हॉकी
✦ ओबेदुल्ला गोल्ड कप	हॉकी
✦ राधामोहन कप	पोलो
✦ राजकुमारी चैलेंज कप	जूनियर गर्ल्स टेबल टेनिस
✦ रामानुजम ट्राफी	जूनियर ब्वाय टेबल टेनिस
✦ रामनिवास रूइया चैलेंज कप	ब्रिज
✦ रंगास्वामी कप	राष्ट्रीय पुरुष हॉकी
✦ रणजी ट्राफी	राष्ट्रीय पुरुष क्रिकेट
✦ रोहिंटन बेरिया ट्राफी	अंतर विश्वविद्यालयी क्रिकेट

✦ रोवर्स कप	फुटबॉल
✦ संतोष ट्राफी	राष्ट्रीय पुरुष फुटबॉल
✦ सुब्रतो कप	अंतर स्कूल फुटबॉल
✦ विजी ट्राफी	क्रिकेट
✦ वेलिंगटन ट्राफी	नौका चालन

खेलों से संबद्ध स्थान

स्थान	*स्पोर्ट्स*
एन्ट्री	घोड़ा दौड़ (इंग्लैंड)
ब्लैकहीथ	रगबी फुटबाल (इंग्लैंड)
ब्रुकलिन	बेसबाल (यूएसए)
चेपक मैदान	क्रिकेट (चेन्नई)
डानेस्टर	घोड़ा दौड़ (इंग्लैंड)
ईडन गार्डन	क्रिकेट (कोलकाता)
एपसोम	डर्बी हार्स रेसिंग (इंग्लैंड)
फारेस्ट हिल्स	टेनिस (यूएसए)
हेनले	बोट रेसिंग (इंग्लैंड)
हलींघम	पोलो (इंग्लैंड)
लीड्स, लार्ड्स, ओवल	क्रिकेट (इंग्लैंड)
मेडिसन स्क्वायर गार्डन	बॉक्सिग (इंग्लैंड)
बिम्बलडन	टेनिस (इंग्लैंड)
यांकी स्टेडियम	बॉक्सिग (यूएसए)

भारत के विभिन्न नगरों के स्टेडियम

✦ **दिल्ली** : अम्बेडकर स्टेडियम, अरुण जेटली स्टेडियम, जवाहरलाल नेहरू स्टेडियम, इंदिरा गांधी इंडोर स्टेडियम, शिवाजी स्टेडियम, राष्ट्रीय स्टेडियम

✦ **मुंबई** : ब्रेबॉन स्टेडियम, वानखेड़े स्टेडियम

✦ **कोलकाता** : ईडन गार्डन, साल्टलेक स्टेडियम, रणजीत स्टेडियम, सुभाष सरोवर

✦ **चेन्नई** : नेहरू स्टेडियम, चिदंबरम स्टेडियम, चेपक स्टेडियम

✦ **कटक** : बाराबती स्टेडियम

✦ **कानपुर** : ग्रीनपार्क

✦ **जमशेदपुर** : कीनन स्टेडियम

✦ **नागपुर** : विदर्भ सी.ए. ग्राउंड

✦ **जयपुर** : सवाई मानसिंह स्टेडियम

✦ **ग्वालियर** : रूप सिंह स्टेडियम

✦ **पुणे** : नेहरू स्टेडियम

✦ **वडोदरा** : मोती बाग स्टेडियम

✦ **पटना** : मोइनुल-हक स्टेडियम

✦ **हैदराबाद** : लाल बहादुर स्टेडियम

✦ **पटियाला** : यदुवेंद्र स्टेडियम

✦ **बेंगलुरु** : चिन्ना स्वामी स्टेडियम

✦ **सिलीगुड़ी** : कंचनजंगा स्टेडियम

✦ **फरीदाबाद** : मयूर स्टेडियम

✦ **विशाखापत्तनम** : इंदिरा प्रियदर्शनी स्टेडियम

✦ **अहमदाबाद** : नरेन्द्र मोदी स्टेडियम

स्पोर्ट्स से जुड़ी शख्सियतें

एथलेटिक्स : कार्ल लुईस, मौरिस ग्रीन, माइकल जानसन, लिंडफोर्ड क्रिस्टी, जैकी जायनर, ग्रिफिथ जायनर, मेरियन जोंस, बेन जानसन, कैल्विन स्मिथ, जेसी ओवंस, एडविन मोजेज, सर्गेई बुबका, सेबेस्टियन को, रोसा मोता, होरोल्ड स्मिड्ट, मिल्खा सिंह, पीटी उषा, शाइनी अब्राहम, वंदना राव, ज्योतिर्मय सिकदर

बॉक्सिग : कैसियस क्ले (मोहम्मद अली), जो फ्रेजर, माइक टायसन, लैरी टोलम्स, फैंक ब्रूनो, हेनरी कूपर, आर्ची मूर, इवांडर होलीफील्ड, जार्ज फोरमैन

बैडमिंटन : प्रकाश पादुकोण, सैय्यद मोदी, दिनेश खन्ना, जेमी पोलसन, नंदू नाटेकर, लिम, स्वीकिंग, पी.वी. सिंधु, सायना नेहवाल

बिलियर्ड : विल्सन जोंस, गीत सेठी, माइकल फरेरा

शतरंज : बोरिस स्पॉस्की, गैरी कास्पारोव, अनातोली कार्पोव, विक्टर कोरकोनी, विश्वनाथन आनंद, कोनेरू हम्पी, प्रवीण थिप्से, रोहिणी खादिलकर

क्रिकेट : सुनील गावस्कर, बिशन सिंह बेदी, कपिल देव, मुहम्मद अजहरुद्दीन, सचिन तेंदुलकर, जी.आर. विश्वनाथ, लाला अमरनाथ, अजित वाडेकर, वी.एस. चंद्रशेखर, ई.एस. प्रसन्ना, एस. वेंकटराघवन, डान ब्रेडमैन, रिचर्ड हैडली, गैरी सोबर्स, इयान बाथम, विवियन रिचर्ड्स, क्लाइव लायड, दिलीप सरदेसाई, चार्ल्स ग्रिफिथ, इमरान खान, मुश्ताक मोहम्मद, इंतखाब आलम, ज्योफ बायकाट, टोनी ग्रेग, वसीम अकरम, हनीफ मोहम्मद, रिची बेनो, माल्कम मार्शल, माइकल होल्डिंग, ग्रेग चैपल, जावेद मियांदाद, विजय मांजरेकर, एम.ए.के. पटौदी, एस.एस.एच. किरमानी, फैंक वारेल, बिल लॉरी, क्लाइव राइस, एम.एस. धौनी, मार्क टेलर, जी.एल. गारनर, अर्जुन राणातुंगा, अरविन्द डी सिल्वा, सौरव गांगुली, विनोद कांबली, नयन मोंगिया, नवजोत सिंह सिद्धू,

अजित अगरकर, जैक कालिस, इयान हिली, जान ट्राइकास, क्रेग मैकडरमोट, ब्रायन मैकमिलन, डब्ल्यू. आर. हैमंड, सनत जयसूर्या, क्रिस गेल, राम नरेश सरवन, डेरेन गंगा, सैमुअल्स ब्रायन लारा, शिव नारायण चन्द्रपॉल, जावेद मियांदाद, अब्दुल कादिर, शोएब अख्तर, इंजमाम उल हक, युसुफ खान, यूनुस खान, राहुल द्रविड़, विराट कोहली, जहीर खान, अनिल कुम्बले, शेन वार्न, मुथैया मुरलीधरन, शॉन पोलॉक

हॉकी : ध्यानचंद, अशोक कुमार, अजित सिंह, प्रगट सिंह, प्रीतपाल सिंह, जफर इकबाल, शंकर लक्ष्मण, मर्वन फर्नांडीस, मोहम्मद शाहिद, आर. चार्ल्सवर्थ, बलबीर सिंह, टेरी वाल्स, किशनलाल, उदलाम सिंह, धनराज पिल्लै

फुटबाल : पेले, डियोगो माराडोना, फ्रेंज बककनबोर, सोक्रेट्स, रूड गुलिट, गैरी लिचनेकर, एमिलो बुत्राग्यूनो, कोरेका, पी.सी. बनर्जी, अरुणलाल घोष, चुनी गोस्वामी, इंदर सिंह, डावर सूकर, रोनाल्डो, रिवाल्डो, डिसचैम्प, ओलिवर कान, रियो फर्डिनेंड, जिनेदिन जिदान, रोनाल्डिन्हो, वाइचुंग भूटिया, डेविड बेकहम, मिलोस्लाव क्लोज, काका, गियान लुइगी बूफोन, मार्को मातेराजी

टेनिस (लान) : ब्योन बोर्ग, जिमी कानर्स, जान मैकनरो, इवान लेंडल, पीट सम्प्रास, बिली जिन किंक, क्रिस एवर्ट लायड, मार्टिना नवरातिलोवा, स्टेफी ग्राफ, स्टीफन एडबर्ग, आंद्रे आगासी, माइकल चांग, रमेश कृष्णन, बोरिस बेकर, लिएण्डर पेस, महेश भूपति, रामनाथन कृष्णन, जीशान अली, विजय अमृतराज, आनंद अमृतराज, जयदीप मुखर्जी, राड लीवर, राय इमर्सन,नरेश कुमार, प्रेमजीत लाल, जान न्यूक्राम्ब, मार्टिना हिंगिस, अरांता सांचेज विकारियो, मेरी पियर्स, जाना नोवोत्ला, सेरेना विलियम्स, वीनस विलियम्स, एमेली मौरेस्मो, सानिया मिर्जा, जस्टिन हेनिन हार्डिन, मारिया शारापोवा; राफेल नडाल, रोजर फेडरर, नोवाक जोकोविच

गोल्फ : ग्रेग नारमेन, जैक निकोलस, सैण्डी लायल, सीव बेलेस्ट्रोस, निक फाल्डो, निक प्राइस, शेर अली, जीव मिल्खा सिंह, एस. चौधरी, आर.के. पीतांबर, विक्रमजीत सिंह

जिमनास्टिक : नादिया कोमानिय, एल. लेतीनीना, वी. कस्लावस्का, ई.जेबो, डब्ल्यू. किम, वाई. मा, वाई. श्रुसोनावा, डेनिएला सिलीवास, ए. ब्रेगलिया, वी. चुकारिन, एन. एंद्रियानोव, सर्गेई खारखोव

स्वीमिंग : आरती गुप्ता, अरुण कुमार शॉ, वैद्यनाथ, डाउन फ्रेजर, मिहिर सेन, आरती शाहा, मार्क स्पिट्ज

कुश्ती : दारा सिंह, भीमसेन, मुख्तार सिंह, सुदेश कुमार, चंदगी राम

ओलंपिक

प्राचीन काल में अपने नागरिकों को स्वस्थ एवं फिट बनाए रखने के लिए यूनानवासी प्रतियोगी खेल स्पर्द्धाओं का आयोजन करते थे। जीयस देवता के सम्मान में प्रथम ओलम्पिक खेलों का आयोजन ओलम्पस माउंट में ईसापूर्व 776 में किया गया था। इसके बाद 394 ईस्वी तक जब यूनानी सभ्यता का पतन हो गया तब भी प्रत्येक 4 वर्षों के अंतराल के बाद ओलम्पिक खेलों का आयोजन किया जाता रहा। आधुनिक समय में फ्रांस के धनकुबेर पियरे डी. कुबर्तिन ने आधुनिक खेलों को पुनर्जीवित किया। प्रथम आधुनिक ओलम्पिक खेल का आयोजन 1896 में एथेंस (यूनान) में किया गया। इसके बाद से विश्वयुद्धों को छोड़कर प्रत्येक 4 वर्ष के अंतराल पर ओलम्पिक खेलों का आयोजन होता रहा है। ओलम्पिक खेलों का ध्वज श्वेत रंग का है जिस पर 5 रंगीन छल्ले बने हैं। प्रत्येक रिंग एक महादेश का प्रतिनिधित्व करता है। ओलम्पिक खेल का आदर्श वाक्य है–"और तेज, और ऊँचा और बलशाली" (अल्टियस, सिटियस, फोर्टियस)। एक ही वर्ष में ग्रीष्मकालीन और शीतकालीन ओलंपिक खेलों का आयोजन किया जाता है। ग्रीष्मकालीन ओलम्पिक खेलों के आयोजन स्थल एवं वर्ष निम्नांकित हैं–

वर्ष	*स्थल*
1896	एथेंस (यूनान)
1900	पेरिस (फ्रांस)
1904	सेंट लुईस (यूएसए)
1908	लंदन (ब्रिटेन)
1912	स्टॉकहोम (स्वीडन)
1920	एंटवर्प (बेल्जियम)
1924	पेरिस (फ्रांस)
1928	एम्सटर्डम (नीदरलैंड्स)
1932	लास एंजिल्स (यूएसए)
1936	बर्लिन (जर्मनी)
1948	लंदन (ब्रिटेन)
1952	हेलिसिंकी (फिनलैण्ड)
1956	मेलबोर्न (आस्ट्रेलिया)
1960	रोम (इटली)
1964	टोकियो (जापान)
1968	मैक्सिको सिटी (मैक्सिको)
1972	म्यूनिख (जर्मनी)
1976	मांट्रियल (कनाडा)
1980	मास्को (रूस)
1984	लास एंजिल्स (यूएसए)
1988	सियोल (दक्षिण कोरिया)
1992	बार्सिलोना (स्पेन)
1996	अटलांटा (अमेरिका)
2000	सिडनी (आस्ट्रेलिया)
2004	एथेंस (ग्रीस)

वर्ष	स्थल
2008	बीजिंग (चीन)
2012	लंदन (ब्रिटेन)
2016	रियो डि जनेरियो (ब्राजील)
2020	टोकियो, जापान (2021 में आयोजित)
2024	पेरिस (फ्रांस) में प्रस्तावित

एशियाई खेल

द्वितीय विश्वयुद्ध के पश्चात् अनेकों एशियाई देशों ने स्वतंत्रता प्राप्त की। ओलंपिक खेलों की तर्ज पर प्रत्येक चार वर्षों बाद एशियाई खेलों के आयोजन की योजना बनायी गई। भारत ने प्रथम एशियाई खेलों का आयोजन किया।

वर्ष	आयोजन स्थल
1951	नई दिल्ली (भारत)
1954	मनीला (फिलीपींस)
1958	टोकियो (जापान)
1962	जकार्ता (इंडोनेशिया)
1966	बैंकाक (थाईलैण्ड)
1970	बैंकाक (थाईलैण्ड)
1974	तेहरान (ईरान)
1978	बैंकाक (थाईलैण्ड)
1982	नई दिल्ली (भारत)
1986	सियोल (दक्षिण कोरिया)
1990	बीजिंग (चीन)
1994	हिरोशिमा (जापान)
1998	बैंकाक (थाईलैण्ड)
2002	बुसान (दक्षिण कोरिया)
2006	दोहा (कतर)
2010	ग्वांगझो (चीन) में प्रस्तावित
2014	इंचियोन (दक्षिण कोरिया)
2018	जकार्ता (इंडोनेशिया)
2022	हांगझू (चीन) में 2023 में पुनर्प्रस्तावित

राष्ट्रमण्डल खेल

राष्ट्रमण्डल खेल भी प्रत्येक चार वर्ष बाद आयोजित किए जाते हैं। सभी राष्ट्रमण्डल देश (ब्रिटेन के पूर्व उपनिवेश) इसमें भाग ले सकते हैं। प्रथम राष्ट्रमण्डल खेल 1930 में हैमिल्टन (कनाडा) में आयोजित हुआ। 19वां राष्ट्रमण्डल खेल वर्ष 2010 में दिल्ली (भारत) में आयोजित हुआ, जिसमें भारत का स्थान, 38 स्वर्ण, 27 रजत और 36 कांस्य पदकों सहित कुल 101 पदकों के साथ दूसरा रहा।

राष्ट्रमंडल खेल : एक दृष्टि में

वर्ष	स्थान	प्रतियोगी देश/टीमें	प्रतियोगि-ताएँ
1930	हेमिल्टन (कनाडा)	11	6
1934	लंदन (ब्रिटेन)	16	6
1938	सिडनी (आस्ट्रेलिया)	15	7
1950	ऑकलैंड (न्यूजीलैंड)	12	7
1954	बैंकूवर (कनाडा)	24	9
1958	कारडिफ (ब्रिटेन)	35	9
1962	पर्थ (आस्ट्रेलिया)	35	9
1966	किंग्सटन (जमैका)	34	9
1970	एडिनबरा (स्काटलैंड)	42	9
1974	क्राइस्ट चर्च (न्यूजीलैंड)	39	9
1978	एडमन्टन (कनाडा)	46	10
1982	ब्रिसबेन (आस्ट्रेलिया)	46	10
1986	एडिनबरा (स्कॉटलैंड)	26	10
1990	ऑकलैंड (न्यूजीलैंड)	29	10
1994	विक्टोरिया (कनाडा)	64	
1998	क्वालालम्पुर (मलेशिया)	70	16
2002	मानचेस्टर (ब्रिटेन)	72	17
2006	मेलबोर्न (आस्ट्रेलिया)	71	17
2010	दिल्ली (भारत)	71	17
2014	ग्लासगो (स्काटलैंड)	71	18
2018	गोल्डकोस्ट (ऑस्ट्रेलिया)	71	19
2022	बर्मिंघम (ब्रिटेन)	72	19

सैफ खेल

दक्षिण एशियाई देश दक्षिण-एशियाई परिसंघ या सैफ खेलों का आयोजन करते हैं। पहले सैफ खेल 1984 में काठमांडू में आयोजित किए गए थे। 11वें सैफ खेल वर्ष 2010 में ढाका, बांग्लादेश में आयोजित किए गए। अब इसे सैग के नाम से जाना जाता है।

विश्व कप फुटबॉल : एक दृष्टि में

वर्ष	आयोजक देश	विजेता	उप-विजेता
1930	उरुग्वे	उरुग्वे	अर्जेन्टीना
1934	इटली	इटली	चेकोस्लोवाकिया
1938	फ्रांस	इटली	हंगरी
1950	ब्राजील	उरुग्वे	ब्राजील
1954	स्विट्जरलैंड	पश्चिमी जर्मनी	हंगरी
1958	स्वीडन	ब्राजील	स्वीडन
1962	चिली	ब्राजील	चेकोस्लोवाकिया
1966	इंग्लैंड	इंग्लैंड	पश्चिमी जर्मनी
1970	मैक्सिको	ब्राजील	इटली
1974	पश्चिमी जर्मनी	पश्चिमी जर्मनी	हालैंड
1978	अर्जेन्टीना	अर्जेन्टीना	हालैंड
1982	स्पेन	इटली	पश्चिमी जर्मनी
1986	मैक्सिको	अर्जेन्टीना	पश्चिमी जर्मनी
1990	इटली	पश्चिमी जर्मनी	अर्जेन्टीना
1994	अमेरिका	ब्राजील	इटली
1998	फ्रांस	फ्रांस	ब्राजील
2002	जापान और दक्षिण कोरिया	ब्राजील	जर्मनी
2006	जर्मनी	इटली	फ्रांस
2010	दक्षिण अफ्रीका	स्पेन	नीदरलैंड
2014	ब्राजील	जर्मनी	अर्जेंटीना
2018	रूस	फ्रांस	क्रोएशिया
2022	कतर में प्रस्तावित		

विश्व कप क्रिकेट : एक दृष्टि में

वर्ष	आयोजक देश	विजेता	उप-विजेता
1975	इंग्लैंड (प्रूडेंशियल कप)	वेस्टइण्डीज	ऑस्ट्रेलिया
1979	इंग्लैंड (प्रूडेंशियल कप)	वेस्टइण्डीज	इंग्लेण्ड
1983	इंग्लैंड (प्रूडेंशियल कप)	भारत	वेस्टइण्डीज
1987	भारत-पाकिस्तान (रिलायन्स कप)	आस्ट्रेलिया	इंग्लैंड
1992	आस्ट्रेलिया-न्यूजीलैंड	पाकिस्तान	इंग्लैंड
1996	भारत-पाकिस्तान-श्रीलंका	श्रीलंका	आस्ट्रेलिया
1999	इंग्लैंड	आस्ट्रेलिया	पाकिस्तान
2003	दक्षिण अफ्रीका	आस्ट्रेलिया	भारत
2007	वेस्टइण्डीज	आस्ट्रेलिया	श्रीलंका
2011	भारत, बांग्लादेश, श्रीलंका	भारत	श्रीलंका
2015	आस्ट्रेलिया, न्यूजीलैंड	ऑस्ट्रेलिया	न्यूजीलैंड
2019	इंग्लैंड	इंग्लैंड	न्यूजीलैंड
2023	भारत में प्रस्तावित		

भारत में खेल

भारत में पारंपरिक रूप से खेलकूद और शारीरिक चुश्ती को महत्त्व दिया जाता रहा है। खेलों के महत्त्व को देखते-समझते हुए 1982 में एक पृथक् विभाग की स्थापना की गई। प्रथम बार राष्ट्रीय खेल नीति की घोषणा 1984 में की गई। 1985 में गठित मानव संसाधन विकास मंत्रालय ने विभिन्न क्षेत्रों में जिनमें खेल भी शामिल हैं, मानवीय क्षमताओं के विकास पर बल दिया।

विभिन्न खेल सुविधाओं के अधिकतम उपयोग और खेलों के उन्नयन तथा प्रबंधन के सभी पहलुओं पर प्रभावी ढंग से नियंत्रण हेतु 1984 में भारतीय खेल प्राधिकरण (SAI) की स्थापना की गई। असाधारण प्रतिभा का प्रदर्शन करने वाले सभी श्रेष्ठ खिलाड़ियों को उनकी पहचान दी गई है। इस प्रकार असाधारण प्रदर्शन करने वाले व्यक्तिगत खिलाड़ी अथवा टीम को मेजर ध्यानचंद खेल रत्न पुरस्कार से सम्मानित किया जाता है। 1961 में स्थापित अर्जुन पुरस्कार विशिष्ट खेल प्रतिभा को राष्ट्रीय पहचान देने हेतु प्रदान किया जाता है जबकि 1985 में स्थापित द्रोणाचार्य पुरस्कार बेंहतरीन योगदान देने वाले परिश्रमी कोचों को प्रदान किया जाता है।

पारंपरिक खेलकूद और मार्शल आर्ट भारत की प्राचीन संस्कृति के अंग रहे हैं। ये खेल क्षेत्र विशेष की संस्कृति में समाविष्ट हैं और उनका लक्ष्य है स्वस्थ और मजबूत तथा दृढ़ मानसिक शक्तिवाले व्यक्ति का निर्माण। कुछेक भारतीय पारंपरिक खेल इस प्रकार हैं :

तीरंदाजी	गेला-कुल्ट
कंग सनोबा	सगोल कंजेई
असोल आप	कबड्डी
खोंग कंजेई	यूबी-लकपी
नौका दौड़	खो-खो
मल्ल खम्भ	धूप खेल
किरिप	मुकना

मार्शल आर्ट की कुछ प्रमुख किस्में इस प्रकार हैं :

छिबी, गड-गा, कलारी पवलतु, सिकमबन, थेंग-टा, थोडा

खेल कैसे खेले जाते हैं

एथलेटिक्स

इसमें अनेक स्पर्द्धाएं होती हैं जिनमें प्रतिभागियों को दौड़ना, कूदना और भाला, गोला आदि फेंकना पड़ता है। कुछ महत्त्वपूर्ण स्पर्द्धाएं हैं :

(क) ऊंची कूद : प्रतिभागी एक छोटी-सी दूरी से दौड़ता हुआ आता है और एक क्षैतिज राड को बिना गिराए पार करता है। सबसे ऊंची कूद के लिए पुरस्कार प्रदान किया जाता है।

(ख) लम्बी कूद : इसमें एक प्रतिभागी थोड़ी दूर से तेजी से दौड़ता हुआ आता है और तय किए गए स्थान से लम्बी कूद लगाकर बालू भरे गड्डे में गिरता है। उसके द्वारा तय की गई दूरी को मापा जाता है।

(ग) ट्रिपल जम्प : इस कूद में तीन चरण होते हैं। प्रतिभागी दौड़ता हुआ आता है और एक पैर से इस तरह से उछाल भरता है कि वह फिर उसी पैर को जमीन पर गिराए जिससे उसने उछाल भरी थी। दूसरे चरण में वह दूसरे कदम से उछाल भरकर उसी पैर को जमीन पर गिराता है और अंततः दोनों पैरों के सहारे एक लंबी कूद लगाता है। तीनों चरणों में तय की गई कुल दूरी को जोड़ लिया जाता है।

(घ) दौड़ : साधारणतः दौड़ में सभी प्रतिभागी अलग-अलग लेनों में एक साथ दौड़ना प्रारंभ करते हैं और जो प्रतिभागी सबसे पहले दूरी को पूरा करता है उसे विजेता घोषित किया जाता है।

(ङ) बाधा दौड़ : इसमें सभी प्रतिभागी अलग-अलग लेन में एक साथ दौड़ आरंभ करते हैं और नियमित अंतराल पर रखी गई अनेक बाधाओं को पार करते हैं।

(च) रिले रेस : प्रत्येक टीम में चार सदस्य होते हैं। प्रत्येक टीम के पास एक झंडा होता है। पहला प्रतिभागी उसे लेकर दौड़ता है और अपनी तय सीमा (दूरी) पर पहुंच कर उसे अपने दूसरे सहयोगी को थमा देता है। इसी प्रकार दूसरा तीसरे को और तीसरा चौथे को थमाता है। जो टीम सबसे पहले दौड़ पूरी करती है वही विजेता होती है। प्रत्येक खिलाड़ी के लिए लैप की दूरी या तो 100 मीटर होती है या 400 मीटर।

(छ) स्टेपल चेस : इस दौड़ में प्रतिभागी को न सिर्फ राह में खड़ी की गई बाधाओं को पार करना है बल्कि पानी से होकर भी गुजरना पड़ता है।

(ज) भाला फेंक : इसमें एक डंडे में लगे तीखे नोंक वाले एक भाले को तय स्थान से फेंका जाता है। जो प्रतिभागी सबसे अधिक दूरी तक भाला फेंकता है उसे विजेता घोषित किया जाता है।

(झ) गोला फेंक : इसमें प्रतिभागी एक ठोस लोहे के गोले को फेंकते हैं।

(ञ) बांस कूद : इसमें प्रतिभागी दो बिंदुओं पर टिके एक क्षैतिज बार को बांस के डंडे की सहायता से पार करते हैं।

बैडमिंटन

इस खेल में नेट के एक-दूसरी तरफ खिलाड़ी रैकेट लेकर आते हैं और शटल को नेट के पार प्रतिपक्षी के कोर्ट में गिराते हैं। स्कोरिंग केवल सर्विस के दौरान ही की जा सकती है जो एक-एक अंक कर आगे बढ़ता है। एक अंक तब बनता है जब प्रतिद्वंद्वी शटल को लौटा न सके, कोर्ट के बाहर डाल दे या कोई फाउल कर दे। बैडमिंटन एकल और युगल रूप में खेली जाती है।

बेसबाल

यह खेल एक मैदान में खेला जाता है जहां चार आधार होते हैं। प्रत्येक टीम का लक्ष्य दूसरे से अधिक रन बनाना होता है। एक रन तब बनता है जब एक खिलाड़ी चारों बेसों का चक्कर काट बिना आउट हुए अपने घर में सुरक्षित लौट आता है। सामान्यतः इस खेल में नौ पारियां होती हैं पर मुकाबला बराबरी पर छूटने पर एक और पारी की अनुमति दी जाती है। खिलाड़ी अपने खेमे में लगातार क्रम से बैटिंग करते हुए रन जोड़ते हैं। प्रतिपक्षी पियर बाल फेंकता है और बैटिंग करने वाला खिलाड़ी इसे अधिक से अधिक दूर मारने का प्रयास करता है।

बास्केटबाल

एक आयताकार कोर्ट में 5-5 सदस्यों वाली दो टीमें आपस में मुकाबला करती हैं। यह खेल 20-20 मिनट के दो हिस्सों में खेला जाता है। प्रत्येक टीम बॉल को अपने प्रतिपक्षी के बास्केट में डालने का प्रयास करती है, जो दोनों सिरों से खुला होता है और धातु के एक रिंग से लटका होता है। यह बास्केट जमीन से ऊपर की ओर खड़े एक बैकबोर्ड पर लगा होता है। जो टीम खेल अवधि के दौरान अधिक अंक प्राप्त करती है उसे विजेता घोषित किया जाता है।

बिलियर्ड्स

यह टेबल पर केवल तीन बॉलों के सहारे खेली जाती है। टेबल में 6 खुले मुंह वाले खड्डे होते हैं जिन्हें पॉकिट कहते हैं। खिलाड़ी एक विशिष्ट छड़ी 'क्यू' के सहारे छोटी गेंद को दूसरे गेंद से टकराकर उसे पॉकिट में डालने का प्रयास करता है। चैम्पियनशिप स्तर पर आमतौर से खेल दो घंटे के सत्र में खेले जाते हैं और अमूमन दो सत्र आयोजित किए जाते हैं।

बॉलिंग

इस खेल में प्रत्येक खिलाड़ी का उद्देश्य एक गेंद की सहायता से खूंटों (पिन) को गिराना होता है। जीतने वाली टीम को 10 बार में अधिक

अंक अर्जित करने पड़ते हैं। एक खूंटे के गिर जाने से एक अंक प्राप्त होता है और यदि पहली बार गेंद को लुढ़काने से सभी खूंटे गिर जाते हैं तो एक बोनस अंक प्राप्त होता है।

बॉक्सिंग

इसमें प्रत्येक बॉक्सर हाथ में बंधे हुए गद्देदार दस्ताने के मुट्ठी वाले हिस्से से प्रतिपक्षी के कमर के ऊपर शरीर पर और सिर के आस-पास क्षेत्रों पर प्रहार करता है। एक मुक्केबाज जो सर्वाधिक बार अपने प्रतिपक्षी पर अंक बटोरने वाले प्रहार करता है तो उसे विजेता घोषित किया जाता है। कभी-कभी मुठभेड़ का निर्णय प्रतिद्वंद्वी को जमीन सूंघा देने या अयोग्यता के आधार पर भी किया जाता है। वर्ग और प्रतियोगिता के दृष्टिगत राउण्डों की संख्या अलग-अलग हो सकती है।

क्रिकेट

इस खेल में दो टीमें होती हैं जिसमें 11-11 खिलाड़ी होते हैं। एक टीम बल्लेबाजी करती है और दूसरी टीम क्षेत्र रक्षण तथा गेंदबाजी करती है। एक गेंदबाज पिच के एक सिरे से बल्लेबाज को गेंद डालता है और दूसरे सिरे पर खड़ा बल्लेबाज अपने विकेटों की सुरक्षा करते हुए उस गेंद को बल्ले से मारने का प्रयास करता है। एक बल्लेबाज बोल्ड हो जाने पर, कैच हो जाने पर, स्टंप हो जाने पर, लेग विफोर विकेट हो जाने पर, हिट विकेट हो जाने पर और रन आउट हो जाने से आउट हो जाता है। अधिक रन बनाने वाली टीम मैच जीत लेती है। एक मैच सीमित ओवरों का, एक या दो पारी का हो सकता है। एक मैच को तब ड्रा घोषित किया जा सकता है जबकि दोनों पक्षों की पारियां तय समय अवधि में, जो कि 3 या 5 दिन को होता है, पूरी न हो सकें।

गोल्फ

गोल्फ कोर्स में 18 छिद्र या दोहरा कर गेंद डालने वाले 9 छिद्र होते हैं। यह छिद्र व्यास में 4½ इंच होता है जबकि इसकी गहराई 4 इंच होती है। प्रतिभागी एक रबर की गेंद को एक विशिष्ट छड़ी की सहायता से छिद्रों की क्रमिक शृंखला बनाता है और जो कम स्ट्रोक में अधिक से अधिक छिद्रों की शृंखला बनाता है, वह विजयी होता है।

हॉकी

इस खेल में दो टीमें हिस्सा लेती हैं जिसमें प्रत्येक में 11-11 खिलाड़ी होते हैं। यह खेल सेंटर लाइन से शुरू होता है जहां दोनों टीमें आमने-सामने होती हैं। प्रत्येक टीम विपक्षी के गोल-पोस्ट में गेंद डालने का प्रयास करती है जो दोनों टीमों के लिए अलग-अलग सिरे पर स्थित होते हैं। स्ट्राइकिंग सर्किल से ही गोल किया जा सकता है जो एक सेमी सर्किल होता है तथा गोल पोस्ट से 16 गज की दूरी पर स्थित होता है। वह टीम विजेता बनती है जो दो हाफ में खेले जाने वाले 70 मिनट के इस खेल में प्रतिद्वंद्वी से अधिक गोल करती है। इस खेल में खिलाड़ी का मुख्य लक्ष्य विपक्षी टीम के रक्षकों और गोलकीपर को छकाते हुए गेंद को गोल-पोस्ट में डालना होता है तभी जाकर वह गोल बना पाता है। कभी-कभी मैच का निर्णय करने हेतु अतिरिक्त समय और 'शूट आउट' का सहारा लेना पड़ता है।

सॉकर

इस खेल में 11-11 खिलाड़ियों से सुसज्जित दो टीमें भाग लेती हैं। प्रत्येक सिरे के मध्य में एक गोल-पोस्ट होता है जो 8 फीट ऊंचा और 24 फीट चौड़ा होता है, जिसके पीछे एक जाली लगी होती है। गोल पोस्ट के समानांतर एक मध्य रेखा होती है जो मैदान को दो हिस्सों में बांटती है। यह खेल हवा से भरे एक चमड़े की गेंद के सहारे खेला जाता है। जिसकी परिधि 27 से 28 इंच होती है। गेंद को मारने के लिए खिलाड़ी हाथ को छोड़कर शरीर के अन्य अंगों का इस्तेमाल कर सकते हैं। हालांकि यह खेल मुख्यत: पैरों से खेला जाता है इसलिए इसे फुटबॉल भी कहते हैं। गोल करने के लिए खिलाड़ी को विपक्षी टीम की सुरक्षा पंक्ति को तोड़ते हुए और गोलकीपर को छकाते हुए गेंद को गोल-पोस्ट में डालना पड़ता है। यह खेल 45-45 मिनट के दो हाफ में खेला जाता है और प्रथम हाफ की समाप्ति के बाद दोनों टीमें अपना छोर बदल लेती हैं।

टेबल टेनिस

यह खेल 9×5 फीट के एक टेबल पर एकल या युगल रूप में खेला जाता है। टेबल के बीच में एक 6 इंच ऊंचा नेट लगा होता है। प्रत्येक खिलाड़ी के पास एक "बैट" होता है और इसकी सहायता से वह एक छोटी सी बिल्कुल हल्की गेंद को इस तरह से मारता है कि वह नेट को पार करते हुए विपक्षी की तरफ वाले टेबल पर गिरे। यदि प्रतिपक्षी गेंद को सही तरीके से नहीं लौटा पाता या कोई फाउल कर बैठता है तो खिलाड़ी को एक अंक प्राप्त होता है। प्रत्येक खिलाड़ी को 5 बार सर्विस करने का मौका मिलता है; इसके बाद प्रतिपक्षी को भी 5 बार सर्विस करने का मौका मिलता है। युगल खेल के मामले में दोनों खिलाड़ियों को अदल-बदल करके शॉट (एक के बाद दूसरा) मारना पड़ता है। जब तक दोनों टीमें बीस अंक नहीं प्राप्त कर लेतीं यह खेल चलता रहता है। वह खिलाड़ी या जोड़ा विजयी होता है जो सबसे

पहले 21 अंक बना लेता है। 20-20 की अंक संख्या पर पहुंच जाने पर वह खिलाड़ी या जोड़ा विजयी होता है जो प्रतिपक्षी से 2 अंक अधिक बनाता है। यह खेल 'बेस्ट ऑफ थ्री' या 'बेस्ट ऑफ फाइव' के आधार पर भी खेला जा सकता है।

टेनिस

यह खेल इंडोर या आउट डोर दोनों तरह से खेला जा सकता है। यह घास पर, मिट्टी पर या सीमेंट से बने कोर्ट पर खेला जाता है। एकल के लिए कोर्ट की माप 78 × 27 फीट होती है जबकि युगल खेल के लिए कोर्ट की माप 78 × 36 फीट होती है। कोर्ट के बीचों-बीच दो खंभों के सहारे एक नेट लगा होता है इस तरह से कि किनारे पर इसकी ऊंचाई 3½ और बीच में 3 फीट होती है। यह खेल एक सर्विस पक्ष द्वारा प्रतिद्वंद्वी के लिए बाल को नेट के ऊपर से सर्विस करने के साथ आरंभ होता है। इस गेंद को अनिवार्य तौर पर प्रतिपक्षी के सर्विस कोर्ट में गिरना चाहिए। इस गेंद को बॉली पर या एक उछाल लेने पर वापस नेट की दूसरी तरफ लौटाया जाता है। इस गेंद को न तो 'रूफ' से टकराना चाहिए और न ही प्ले लाइन से ऊपर जाना चाहिए। जब एक खिलाड़ी पहला स्ट्रोक जीतता है तो उसे 15 अंक मिलते हैं, दूसरी बार जीतने पर अंक 30 और तीसरी बार जीतने पर अंक 40 हो जाते हैं। यदि विपक्षी का स्कोर 40 न हो तो चौथे स्ट्रोक के साथ ही गेम जीता जा सकता है। यदि दोनों खिलाड़ियों का स्कोर 40 हो तो 'ड्यूस' की स्थिति बन पड़ती है। जो खिलाड़ी या जोड़ा पहले 6 गेम जीत लेता है वह पहला सेट जीत जाता है। यदि सेट 5-5 से बराबर हो तो विजय पाने वाले खिलाड़ी को 7वां गेम जीतना पड़ता है। 'बेस्ट ऑफ थ्री' या 'बेस्ट ऑफ फाइव' के आधार पर खेल का निर्णय होता है।

वालीबॉल

एक सेंटर लाइन के जरिए वालीबाल का 60×30 फीट माप वाला आयताकार कोर्ट दो हिस्सों में विभाजित होता है। एक तीन इंच ऊंची जाली मध्य लाइन के बीचों-बीच लटकती होती है जिसका ऊपरी सिरा जमीन से 8 फीट ऊंचा होता है। केवल सर्विस पर ही प्वाइंट हासिल किए जा सकते हैं। यदि प्रतिपक्षी टीम कोई भूल या फाउल करती है तो सर्विस करने वाली टीम को एक अंक मिल जाता है लेकिन यदि सर्विस करने वाली टीम गलती करती है तो वह सर्विस खो देती है। सर्विस के बाद गेंद को आवश्यक तौर पर तीन बार में नेट के दूसरी तरफ कोर्ट की सीमा के भीतर गिराना पड़ता है। न्यूनतम 15 अंक हासिल करने के बाद जो टीम अपने विपक्षी से दो अंक आगे रहती है वह खेल जीत जाती है। यह मैच ''बेस्ट ऑफ थ्री'' या ''बेस्ट ऑफ फाइव'' के आधार पर खेला जा सकता है।

शारीरिक एवं स्वास्थ्य शिक्षा

खण्ड - C

अध्याय

8 स्वास्थ्य शिक्षा

'Health' शब्द लैटिन भाषा के 'HAL' शब्द से लिया गया है जिसका अर्थ है- स्वच्छता (Cleanliness)। Health शब्द 'स्वस्थता' की दशा (Condition of being 'hal') के लिए भी प्रयोग किया जाता था तथा इसका अर्थ स्वच्छता तथा निरोगता से लिया जाता है। सामान्यत: स्वास्थ्य का अर्थ उस स्वस्थ दशा से लगाया जाता है जिसके द्वारा शरीर तथा मस्तिष्क के समस्त कार्य सुचारु रूप से सक्रियतापूर्वक सम्पन्न किये जाते हैं। निम्नलिखित परिभाषाओं के द्वारा 'स्वास्थ्य' के अर्थ को स्पष्ट किया जा सकता है:

1. Health derived from a latin word 'HAL' which means cleanliness. Health is aftertaken for granted and its value is not fully understand until it is lost during the past few decades there has been a solution that health is a fundamental human right and therefore the attainment of the highest level of health is a most important social goal.

Before knowing health education it is needed to know that what health is? Health eduction has been viewed by different from different angles giving rise to different concepts.

2. विश्व स्वास्थ्य संगठन के अनुसार : 'स्वास्थ्य रोग या निर्बलता का मात्र अभाव नहीं है वरन् शारीरिक, मानसिक तथा सामाजिक कल्याण की पूर्ण अवस्था है।''

Health is a state of complete physical, mental and social well-being and not merely the absence of disease or infirmity.

-World Health Organization.

वह शिक्षा जिसके द्वारा व्यक्ति कैसे स्वस्थ रहे और स्वास्थ्य को प्रभावित करने वाले सभी तत्वों के बारे में जानकारी और उसके अनुरूप आचरण करने की शिक्षा प्राप्त होती है। जैसे- भोजन, व्यायाम, आराम और नींद, चिन्तारहित जीवन, अच्छी आदतें, मादक पदार्थों के सेवन से बचें, हाथ, पैर की स्वच्छता, आंख, कान, नाक, त्वचा, नाखून बाल इत्यादि की सफाई कैसे करें और रोगों से बचने के उपाय के बारे में जानकारी प्राप्त होती है। शरीर में किसी भी प्रकार की विरूपता है तो उसको दूर करने के उपाय और संवेगों को नियंत्रित करने की भी शिक्षा इसी के द्वारा प्राप्त होती है।

स्वास्थ्य शिक्षा का उद्देश्य- स्वास्थ्य शिक्षा का उद्देश्य है कि लोग स्वयं अपनी क्रियाओं और प्रयत्नों से स्वास्थ्य का अर्जन करें। स्वास्थ्य संबंधी ज्ञान से लोग आवश्यकताअनुसार अपनी आदतों व अभ्यास में परिवर्तन करके तथा अज्ञान, पूर्वाग्रहों, गलतफहमियों से ऊपर उठकर स्वस्थ रहन-सहन की ओर अग्रसर हों। व्यक्ति समुदाय तथा सामाजिक स्वास्थ्य संबंधी आदतों, प्रवृत्तियों और ज्ञान को ढालना ही स्वास्थ्य शिक्षा का उद्देश्य है।

जन-जन तक स्वास्थ्य के बारे में जानकारी पहुंचाना और लोग उस जानकारी का लाभ उठाएं यह भी स्वास्थ्य शिक्षा का उद्देश्य है।

स्वास्थ्य उन्नयन के लिए निम्नलिखित बातों पर विशेष ध्यान देना चाहिए।

1. **प्रतिरक्षीकरण**-शैशव व बाल्यावस्था में काली खांसी, टेटनस, पोलियो, टायफायड ज्वर के निरोधी टीके अवश्य लगवाने चाहिए।
2. **परिवार नियोजन**-बच्चों में जन्म से अन्तर रखने और परिवार नियोजन कल्याण के लिए डॉक्टर की सलाह लेना।
3. **पोषण**-पोषण के लिए संतुलित आहार जरूर लेना चाहिए।
4. **स्वास्थ्य की नियमित जांच**-बच्चों और 40 वर्ष के ऊपर के व्यक्ति को वर्ष में विशेष रूप से एक बार जांच जरूर करवानी चाहिए।
5. **स्वास्थ्य शिक्षा**-प्रत्येक व्यक्ति को स्वास्थ्य शिक्षा के बारे में जानकारी पूर्ण रूप से रखनी चाहिए।

स्वास्थ्य शिक्षा का महत्व

इसका मानव जीवन में विशेष महत्व है। इससे स्वास्थ्य रक्षा, संरक्षण और उन्नति होती है।

1. स्वच्छ वातावरण- व्यक्ति स्वच्छ वातावरण में रहने लगता है और वह यह भी प्रयास करता है कि घर, पास-पडोस का वातावरण स्वच्छ रहे। स्वयं की सफाई, पास-पड़ोस की गंदगी को दूर करना और स्वच्छ वातावरण में रहने से वह स्वस्थ रहता है। स्वच्छता में सभी चीजें आ जाती हैं। रहन-सहन, शरीर की स्वच्छता, कपड़ों की स्वच्छता इत्यादि।

2. चिकित्सा सेवाएं- रोग होने या शरीर में किसी भी प्रकार का विकार उत्पन्न होने पर चिकित्सक से परामर्श करना और उसके अनुसार निदान करवाना और अपने स्वास्थ्य की जांच करवाना इत्यादि चिकित्सा सेवा के अन्तर्गत आता है।

3. स्वास्थ्य शिक्षा- व्यक्ति इसके द्वारा ही स्वस्थ कैसे रहें इस संबंध में ज्ञान और जानकारी प्राप्त करता है। स्वास्थ्य के अन्तर्गत जो बातें आती हैं वह सब स्वास्थ्य शिक्षा ही है। स्वास्थ्य शिक्षा का महत्व सबसे बड़ा यह है कि व्यक्ति स्वस्थ रहकर अपने जीवन में सभी क्षेत्रों में उन्नति कर सकता है।

स्वास्थ्य शिक्षा के सिद्धान्त

स्वास्थ्य शिक्षा के अभ्यास में ही सिद्धान्त मौजूद रहता है। स्वास्थ्य शिक्षा में कला और दवाओं का विज्ञान शामिल होता है, जबकि अभ्यास और सिद्धान्त सामान्य शिक्षा है। इसी से जुड़ा है सामाजिक और व्यावहारिक विज्ञान और इससे सम्बद्ध है समाज शास्त्र, मनोविज्ञान और सामाजिक मानवीकीय शास्त्र।

स्वास्थ्य शिक्षा से सम्बद्ध है शिक्षण, सीखना, विचार और आदतें। उद्देश्य होता है स्वस्थ रहना। मनोवैज्ञानिकों का कथन है सीखने की प्रक्रिया में बड़ी सावधानी बरतनी चाहिए। प्रत्येक व्यक्ति का सीखना और उसका विकास करना उसके व्यवहार और रहने के तरीके पर निर्भर करता है।

स्वास्थ्य शिक्षा के निम्नलिखित सिद्धान्त हैं

1. **रुचि:** यह एक मनोवैज्ञानिक सिद्धान्त है। जनता इसे बिना ध्यान के सुनती है और इस पर उनकी कोई रुचि नहीं होती है इसलिए स्वास्थ्य शिक्षा का शिक्षण जनता की रुचि से संबंधित होना चाहिए। जनता स्वास्थ्य के बारे में रुचि नहीं रखती जैसे- अपने स्वास्थ्य पर ध्यान दें, व्यक्ति को स्वस्थ होना चाहिए। पोषण के कार्यक्रम में अच्छा भोजन होना चाहिए। यह सब अनुपयोगी कथन हैं। स्वास्थ्य शिक्षकों को वास्तव में जनता के स्वास्थ्य की आवश्यकताओं के बारे में जानकारी देनी चाहिए। जैसे- "ऊनी कपड़ों की आवश्यकता क्यों हाती है।" जब जनता उसका अनुभव करती है तो ग्रहण करती है उसी तरह से स्वास्थ्य के कार्यक्रम का आधार जनता की आवश्यकताओं के अनुरूप होना चाहिए। जनता इस रुचि के साथ कार्यक्रम में भाग लेगी। कार्यक्रम जनता के लिए हो तब लोग भाग लेंगे। स्वास्थ्य शिक्षकों को चाहिए कि जनता को स्वास्थ्य के बारे में विस्तार से जानकारी दें।
2. **सहभागिता:** यह स्वास्थ्य शिक्षा की कुंजी है, कार्यक्रम में भाग लेना सबसे अच्छा मनोवैज्ञानिक सिद्धान्त है। इसमें व्यक्ति सक्रिय रूप से सीखता है। समूह चर्चा, कार्यशाला, सेमीनार और सभी प्रकार के सक्रिय रूप से सीखने के अवसर मिलते हैं और साथ ही व्यक्तिगत रूप से रुचि के अनुरूप सिखाया जाना चाहिए।
3. **अज्ञान से ज्ञान की ओर:** स्वास्थ्य शिक्षा का कार्य हमें अज्ञान से ज्ञान की ओर बढ़ाना चाहिए जिससे जनता नए ज्ञान को जाने और उसे आगे बढ़ाए और क्रमबद्ध ज्ञान देना चाहिए। नए ज्ञान को समझाने के बाद समस्याएं भी उत्पन्न होती हैं उसका समाधान करना चाहिए। नई दवाओं के बारे में भी जानकारी देनी चाहिए। ज्ञान की वृद्धि अज्ञान से ज्ञान की ओर होती है, यह एक लंबी प्रक्रिया है।
4. **कम्परिहेंशन:** स्वास्थ्य शिक्षा में हमें जिसको शिक्षा देनी है उनके स्तर को समझना चाहिए, शिक्षा और साहित्य जनता को प्रत्यक्ष रूप से बताना चाहिए। एक बाधा इसमें यह रहती है कि शब्दों को एक से दूसरों तक अच्छी तरह से बताने और प्रस्तुत करने की स्वास्थ्य शिक्षा में हमें चाहिए कि भाषा को आसानी से जनता को समझा सके। कभी नया शब्द या कठिन शब्द प्रयोग नहीं करना चाहिए और मानसिक क्षमता और शैक्षणिक योग्यता के अनुरूप ही स्वास्थ्य शिक्षा का शिक्षण देना चाहिए।
5. **पुनरावृत्ति:** कुछ लोग नई चीजों को अकेले में सीखना चाहते हैं और विश्राम की अवधि में पुनरावृत्ति काफी उपयोगी होती है। यह समझने में सहायता प्रदान करती है। व्यक्ति को प्रत्येक दिन स्वास्थ्य के कार्यक्रम की आवश्यकता होती है।
6. **प्रेरणा:** प्रत्येक व्यक्ति को सीखने की इच्छा जागृत करने को हम प्रेरणा कहते हैं। यह दो प्रकार की होती हैं प्राथमिक और द्वितीय। प्राथमिक प्रेरणा में Sex, Hunger, Survival है; यह व्यक्ति को क्रिया करने के लिए प्रेरित करती है। प्रेरणा से इच्छा पैदा होती है।

द्वितीय प्रेरणा का आधार बाह्य इच्छा शक्ति के द्वारा होता है। स्वास्थ्य शिक्षा में प्रेरणा एक मुख्य घटक होती है। इसकी आवश्यकता सीखने के लिए और परिवर्तन के लिए प्रोत्साहन के समय होती है। प्रोत्साहन सकारात्मक, नकारात्मक दोनों हो सकता है। जैसे- कोई व्यक्ति हृदय रोगी है तो उसका वजन नहीं बढ़ेगा। पिता-पुत्र से कहता है कि यदि सुबह आप उठेंगे तो आप को हम कुछ इनाम देंगे। प्रत्येक दिन सुबह उठना एक अच्छी आदत है जो स्वास्थ्य के लिए लाभप्रद है इस तरह से प्रेरणा स्वास्थ्य को प्रभावित करती है।

7. **करके सीखना:** सीखना एक ऐसी प्रक्रिया है जिसमें व्यक्ति क्रिया करता है लेकिन याद नहीं करता है। इसमें एक विचार है- मैंने सुना और भूल गया जो मैंने देखा उसे याद रखा। जो मैंने किया उसे जाना। सीखने की क्रिया में चित्र का महत्वपूर्ण स्थान होता है।
8. **जमीन, बीज और माध्यम:** मनुष्य जमीन है और स्वास्थ्य बीज है। एक जगह से दूसरे स्थान पर पहुंचाने वाला माध्यम (Sower) है। स्वास्थ्य के लिए सबसे जरूरी है वैज्ञानिक जानकारी का होना। उपर्युक्त तीन तत्व स्वास्थ्य शिक्षा को सफल बनाने के लिए जरूरी है।
9. **मित्रता का संबंध:** एक स्वस्थ शिक्षक के पास मित्रता का गुण होना जरूरी है। यह एक तकनीकी योग्यता मानी जाती है। क्योंकि अच्छा संबंध सीखने की क्रिया में सहायता प्रदान करता है। एक स्वस्थ शिक्षक को सहानुभूति और मित्रता का व्यवहार जनता के साथ करना चाहिए। जिससे जनता उसे अपना सही मित्र समझे।
10. **विद्वानों और नेताओं का सहयोग:** मनोवैज्ञानिकों ने स्वीकार किया है कि स्वास्थ्य शिक्षा के कार्यक्रम में प्रयास करना चाहिए कि स्थानीय संगठन के नेताओं के साथ, गांव के मुखिया के साथ स्कूल के शिक्षकों के साथ, राजनीतिक कार्यकर्त्ताओं के साथ मिलकर स्वास्थ्य शिक्षा के कार्यक्रम को ये लोग उपयोगी बना सकते हैं। यदि नेताओं को विश्वास में ले लिया जाए तो स्वास्थ्य शिक्षा का कार्यक्रम आसानी से पूर्ण हो सकता है। नेता इस कार्य को संगठन के कार्यकत्ताओं को दे दें तो उचित निर्देशन में कार्यकर्त्ता जनता को स्वास्थ्य शिक्षा के बारे में जानकारी देंगे। विभिन्न प्रकार के कार्यालयी और बिना कार्यालयी संगठन को इसकी जिम्मेदारी दे देनी चाहिए।

मानसिक स्वास्थ्य

मानसिक रूप से भी व्यक्ति को स्वस्थ रहना चाहिए। इसके अन्तर्गत क्रोध, भय, द्वेष, प्रेम इत्यादि का यदि सही रूप से सामंजस्य नहीं है तो व्यक्ति को मानसिक रूप से स्वस्थ्य नहीं कहा जाएगा। इसके असंतुलन से व्यक्ति के अन्दर खराब और नकारात्मक विचार आते हैं। यदि इसका संतुलन अच्छा है तो व्यक्ति की सोच, दृष्टिकोण सकारात्मक होगा और वह किसी भी कार्य को उत्साह पूर्वक संपन्न करेगा। मानसिक स्वास्थ्य ठीक रहने से व्यक्ति के अन्दर धैर्य और आत्मविश्वास पर्याप्त मात्रा में रहता है। इसी के द्वारा कोई भी व्यक्ति आसानी से सभी कार्य कर सकता है। मानसिक स्वास्थ्य ठीक रहने से कार्य में रुचि बढ़ती है।

स्कूल तथा कॉलेज में स्वास्थ्य कार्यक्रम

यह कार्यक्रम बच्चों और स्कूल तथा कॉलेज में पढ़ने वाले छात्र-छात्राओं की शारीरिक, आवेशात्मक, बौद्धिक व सामाजिक वृद्धि से संबद्ध है। बच्चे और छात्र-छात्राओं का स्वास्थ्य निरीक्षण पूरी तरह से होना चाहिए। स्कूल और कॉलेज में छात्र-छात्राओं के प्रवेश के बाद स्वास्थ्य की जांच होनी चाहिए और अनुवर्ती कार्य का कार्ड रखा जाना चाहिए। माता-पिता या संरक्षक को बच्चों के दोषों की जानकारी दी जानी चाहिए और उनके दोषों को दूर करने के लिए अस्पताल में भेज कर निदान भी करवाना चाहिए।

छात्र-छात्राओं का भार, ऊंचाई, ब्लड ग्रुप, रक्तचाप, श्वसन क्रिया की जांच कर कार्ड पर अंकित करना चाहिए। जिससे बच्चों को जानकारी हो कि उनके शरीर एवं स्वास्थ्य में क्या कमी है। साथ ही साथ स्कूल और कॉलेज में स्थानीय स्तर पर स्वास्थ्य मेलों का भी आयोजन करना चाहिए जिससे छात्र-छात्राएं लाभान्वित हो।

छात्र-छात्राओं को संतुलित आहार के बारे में जानकारी भी प्रदान करना चाहिए। इसके लिए संतुलित आहार का चार्ट प्रस्तुत करना चाहिए।

व्यक्तिगत स्वच्छता के नियमों और उपायों के बारे में विधिवत जानकारी छात्र-छात्राओं को देना चाहिए और साथ ही साथ प्रदूषण के कारण और निवारण, सक्रामक रोग इत्यादि के बारे में स्कूल तथा कॉलेज में स्वास्थ्य शिक्षा का सप्ताह में एक पीरियड जरूर लगना चाहिए।

यदि आवश्यकता पड़े तो चिकित्साधिकारी से भी स्वास्थ्य के बारे में बच्चों को व्याख्यान दिलवाना चाहिए।

स्वस्थता के परीक्षण

कोई भी व्यक्ति तभी स्वस्थ कहा जा सकता है यदि उसमें निम्न गुणों का समावेश हो–

1. **रक्त का दौरा :** यह एक व्यक्ति के स्वास्थ्य के स्तर को जानने का एक बहुत ही अच्छा और सरल साधन होता है। यदि एक व्यक्ति में रक्त का दौरा सही है तो वह व्यक्ति शारीरिक रूप से स्वस्थ कहा जा सकता है।
2. **शीघ्र बात समझना :** यदि कोई व्यक्ति कोई भी बात आसानी से तथा सरलता से नहीं समझता तो उसे पूर्ण रूप से स्वस्थ कहना गलत होगा क्योंकि ऐसा व्यक्ति शारीरिक रूप से स्वस्थ हो, परन्तु वह मानसिक तौर पर स्वस्थ नहीं कहा जा सकता।
3. **स्नायु प्रणाली की लय :** एक स्वस्थ व्यक्ति वही होता है जिसमें स्नायु प्रणाली को एक लय में बनाए रखने की क्षमता हो।
4. **समायोजन, संतुलन, नियंत्रण :** एक ऐसा व्यक्ति जिसमें अपनी भावनाओं तथा क्रियाओं पर नियंत्रण रखने की योग्यता तथा क्षमता न हो कभी भी मानसिक रूप से स्वस्थ नहीं कहा जा सकता।
5. **थकान सहन करने की क्षमता :** यदि कोई व्यक्ति शारीरिक क्रिया को करने की क्षमता न रखता हो या कोई भी शारीरिक क्रिया करने से शीघ्र थक जाए तो उसे शारीरिक तौर पर स्वस्थ नहीं कहा जा सकता।
6. **स्वेच्छित मांसपेशियों को नियंत्रित करना :** एक ऐसा व्यक्ति जिसमें अपनी स्वेच्छित मांसपेशियों को नियंत्रण में रखने की क्षमता हो, स्वस्थ कहला सकता है।
7. **मांसपेशियों की सहनशीलता :** स्वस्थ व्यक्ति को मांसपेशियों में विभिन्न प्रकार की शारीरिक क्रियाओं को करने की क्षमता तथा बल होना चाहिए।
8. **सांस की प्रतिक्रिया :** यह भी मनुष्य के स्वास्थ्य के स्तर का पता लगाने के लिए एक मुख्य तत्व होता है। यदि सांस लेने की क्रिया मनुष्य में सुचारू रूप से हो रही है तो वह स्वस्थ कहलाने के योग्य होता है अथवा नहीं।

पोषण तथा आहारीय व्यवस्था

भोज्य पदार्थों को हम आहार के नाम से जानते हैं। जिन पदार्थों को हम ग्रहण करते हैं वह पदार्थ शरीर को शक्ति प्रदान करते हैं, जिससे हम सभी कार्यों को सरलता पूर्वक संपन्न करते हैं। व्यक्ति को इसकी जानकारी होनी चाहिए कि कितनी मात्रा में और कैसा भोजन शरीर के लिए लाभकारी और उपयोगी होगा।

भोजन से शरीर को शक्ति मिलती है और गर्मी उत्पन्न होती है। ऊत्तकों का निर्माण और मरम्मत भी इसी के द्वारा होती है।

भोजन का कार्य

भोजन के निम्नलिखित कार्य होते हैं–

1. भोजन तत्वों से एन्जाइम तथा हार्मोन्स बनता है जो शरीर के लिए लाभकारी होता है।
2. भोजन के द्वारा शरीर का निर्माण और मरम्मत का कार्य होता है।
3. भोजन शरीर को शक्ति प्रदान करता है।
4. भोजन द्वारा रोगों से सुरक्षा भी होती है।
5. भोजन से ऊत्तकों का रखरखाव होता है और इनके कार्यों पर नियंत्रण भी होता है।

भोजन की आवश्यकता

प्रत्येक मनुष्य को स्वस्थ रहने के लिए और अपने दैनिक कार्यों को सुचारू रूप से संपादित करने के लिए शक्ति की आवश्यकता होती है। वह शक्ति उसको भोजन के द्वारा ही मिल सकती है। भोजन में अनेक प्रकार के तत्व मिले रहते हैं जैसे- कार्बोहाईड्रेट्स, वसा, विटामिन्स, खनिज लवण, प्रोटीन और जल इत्यादि इन्हीं तत्वों के द्वारा हम अपने शारीरिक मानसिक कार्यों को पूर्ण करते हैं। यदि उपरोक्त तत्वों में से किसी की भी कमी हो जाती है तो व्यक्ति कमजोर हो जाता है, जिसके कारण से वह रोग ग्रस्त हो सकता है इसलिए व्यक्ति को पोषक आहार की आवश्यकता होती है।

भोजन का वर्गीकरण

व्यक्ति के शरीर निर्माण में छह घटकों की आवश्यकता अनिवार्य रूप से होती हैं जो इस प्रकार हैं–

1. प्रोटीन, 2. वसा, 3. कार्बोहाईड्रेट्स, 4. विटामिन्स, 5. खनिज लवण 6. जल।

जिन पदार्थों से ऊर्जा प्राप्त होती है। उनके स्रोत हैं। कार्बोईड्रेट्स, वसा, प्रोटीन।

कार्बोहाइड्रेट्स जैसे– गुड़, शक्कर, शहद, ग्लूकोज, चावल, गेहूं, आलू, कच्चा केला आदि।

वसा जैसे– तेल, घी, मक्खन, क्रीम आदि।

प्रोटीन जैसे- दूध, पनीर, दही, अंडा, मांस, बादाम, मूंगफली, सूखे मेवे, सोयाबीन व दालें आदि।

शरीर निर्माणात्मक और मरम्मत वाले पदार्थ हैं- प्रोटीन, कैल्शियम, फास्फोरस, लोहा आदि।

शरीर को सुरक्षा प्रदान करने वाले तत्व हैं- खनिज लवण, विटामिन्स, प्रोटीन, हरी पत्ती वाली सब्जियां आदि।

पोषण के छह संघटक

कार्बोहाइड्रेट्स

इसमें कार्बन, हाईड्रोजन और ऑक्सीजन सम्मिलित रहता है। इससे शक्ति मिलती है। वसा को जलाने के लिए इसकी जरूरत पड़ती है। कार्बोहाइड्रेट्स वसा की क्रिया के लिए आवश्यक है। कार्बोहाइड्रेट्स मिलने के तीन प्रमुख स्रोत हैं:

1. **स्टार्च (Starch)**- यह चावल, मक्का, गेहूं, आलू, ज्वार, बाजरा, दालें इत्यादि में उचित मात्रा में मिलता है।
2. **शर्करा (Sugar)**- इसमें ग्लूकोज, फ्रक्टोज, ग्लैकटोज, सूक्रोज, लेक्टोज, माल्टोज, शहद, खजूर, गन्ना, गुड़, किसमिस, छुआरा इत्यादि में मिलता है।
3. **सेलूलोज (Cellulose)**- यह सब्जियों, अनाजों, फलों के रेसे हैं। इन रेशों को उबालने, पीसने से रेशों के आकार छोटे हो जाते हैं। फलों और सब्जियों के रेशों में बड़ी मात्रा में रोगों के कीटाणु मौजूद रहते हैं। यह रेशे किसी भी तरह से नष्ट नहीं होते हैं। इनसे अपेन्डिसाइटीस, कोलोनिक कैन्सर, कोर्नरीआर्टरी के रोग, और गालब्लैडर में पथरी होने की सम्भावना बनी रहती है। भारतीय भोजन में कार्बोहाइड्रेटस की मात्रा अधिक रहती है।

वसा

वसा भोजन का एक प्रमुख तत्व है। इसका निर्माण कार्बन, हाइड्रोजन और ऑक्सीजन एवं वसीय अम्ल द्वारा होता है। इसमें कार्बन की मात्रा अधिक व ऑक्सीजन की मात्रा कम होती है। यह कार्बोहाइड्रेट्स की तुलना में ताप और शक्ति अधिक मात्रा में प्रदान करता है। इसमें विटामिन ए.डी, ई, के, सम्मिलित होता है। शरीर में वसा संचित रहती है। वसा शर्करा और कार्बोहाइड्रेट्स के साथ जल्दी पच जाती है। वसा बाह्य गर्मी और ठंडी में शरीर को बचाती है।

वसा प्राप्ति के स्रोत

1. **जन्तु वसा**- इसके अन्तर्गत घी, मक्खन, मछली का तेल, समुद्री मछली के यकृत का तेल, सूअर की परिष्कृत चर्बी इत्यादि आते हैं। यह संतृप्त वसा होती है। इसका उपयोग आवश्यकता पड़ने पर होता है।
2. **वनस्पति वसा**- वनस्पतियों में मूंगफली, तिल, सरसों, नारियल, सूर्यमुखी, काजू, अखरोट, बादाम इत्यादि से प्राप्त होती है। यह असंतृप्त वसा होती है, जो तरलरूप में रहती है।

वसा के कार्य

1. मांसपेशियों को शक्ति प्रदान करना।
2. त्वचा के नीचे जमा होकर शरीर को सुडौल बनाना।
3. शरीर में चर्बी की क्षतिपूर्ति करना।
4. हड्डियों को सुरक्षा प्रदान करना।
5. शरीर में पाचक रसों को कोमल करना, जिससे पाचन क्रिया में समय अधिक न लगे।

प्रोटीन

शरीर के निर्माण और विकास में प्राटीन की मुख्य भूमिका होती है। शरीर के सर्वाधिक आवश्यक तत्वों में प्रोटीन का स्थान है। इसके निर्माण में कुल 18 तत्व शामिल रहते हैं। प्रोटीन ही ऐसा तत्व है, जो शरीर की कोशिकाओं का निर्माण करता है। इससे रक्त की लालिमा बनी रहती है। प्रोटीन का निर्माण अमीनों अम्लों के द्वारा होता है। प्रोटीन रचना में सबसे अधिक जटिल होते हैं।

प्रोटीन प्राप्ति के स्रोत

1. **जन्तु प्रोटीन**- मछली, अण्डा, मांस, दूध, दही, पनीर, खोया इत्यादि से प्राप्त होता है।
2. **वनस्पति प्रोटीन**- सोयाबीन, सूखेफल, मूंगफली, दाल, अनाज, हरी सब्जियों से प्राप्त होता है।

प्रोटीन के कार्य

1. प्रोटीन पाचक रसों का निर्माण करता है।
2. शरीर की वृद्धि और विकास में प्रोटीन की प्रमुख भूमिका होती है।
3. प्रोटीन से शरीर में ऑक्सीजन ग्रहण करने की शक्ति में वृद्धि होती है।
4. मानसिक शक्ति में वृद्धि होती है।
5. शरीर का निर्माण, वृद्धि तथा कोशिकाओं की क्षतिपूर्ति करता है।

विटामिन्स

विटामिन्स रासायनिक तत्वों का समूह है। यह कई प्रकार के होते हैं। विटामिन्स शरीर की प्रक्रियाओं में उत्प्रेरक का कार्य करते हैं। शरीर की रक्षा के लिए जरूरी हैं। इन्हें दो वर्गों में रखा गया है। एक वर्ग के विटामिन्स पानी में घुलनशील होते हैं। दूसरे प्रकार के विटामिन्स वसा या चिकनाई में घुल नहीं सकते हैं।

❖ **विटामिन 'ए':** यह हल्के पीले रंग का तेल जैसा द्रव होता है। इसका स्वाद और गंध मछली जैसा होता है।

विटामिन 'ए' के स्रोत - अण्डा, मक्खन, दूध, समुद्री मछली, मछली के जिगर का तेल, गाजर, पपीता, सन्तरा, टमाटर, सब्जी आदि में मिलता है।

विटामिन 'ए' की कमी से रतौंधी बीमारी होती है। फेफड़ों में संक्रमण, ब्रांकी निमोनिया, कान-नाक में पीड़ा, पाचन तंत्र और मूत्र तंत्र के रोग हो जाते हैं। त्वचा का शुष्क होना, बालों का झड़ना, आदि बीमारी होती है।

❖ **विटामिन 'बी':** यह ऐसे विटामिनों का समूह है जो मुख्य रूप से भोजन से प्राप्त होता है। इस समूह के प्रमुख विटामिन है- बी-2, बी-3, बी-5, बी-6, और बी-12

❖ **विटामिन बी-1:** इसें 'थायमिन' भी कहते है। मनुष्य के शरीर को स्वस्थ रखने के लिए इसकी आवश्यकता होती है।

विटामिन बी-1 के स्रोत - अन्न की भूसी, मटर, छिलकेदार दालें, हरी सब्जी, दूध, मांस, मछली, अण्डे की जर्दी, खमीर से बनी चीजें, अखरोट, चुकंदर, गाजर, नाशपाती इत्यादि में पर्याप्त मात्रा में उपलब्ध होता है।

विटामिन बी-1 का कार्य- शरीर का विकास और तंत्रिका के बेहतर संचालन में सहयोग करना, शरीर में कार्बोहाइड्रेट्स के उपयोग के लिए आवश्यक है। सामान्य पाचन क्रिया और अच्छी तरह से भूख महसूस हो, इसके लिए यह सहायक होती है। हृदय संबंधी रोगों से रक्षा करता है।

इस विटामिन की शरीर में कमी हो जाने पर बेरी-बेरी नामक रोग हो जाता है। बहुनाड़ी शोथ, कब्ज, घाव, हृदय रोग आदि बीमारियां हो जाती हैं।

❖ **विटामिन बी-2:** इसे विटामिन 'जी' तथा रिबोफलेविन भी कहते हैं। यह मनुष्य के स्वास्थ्य और शारीरिक विकास के लिए जरूरी है।

विटामिन बी-2 के स्रोत- दूध, कलेजी, अण्डा, मांस, हरी सब्जियां, अंकुरित बीज, सोयाबीन, टमाटर आदि में पाया जाता है।

विटामिन बी-2 का कार्य- यह यौवन की रक्षा करता है। शरीर को चर्म रोग से बचाता है। हीमोग्लोबीन के निर्माण में सहायता प्रदान करता है। बालों को झड़ने से रोकता है। श्वसन क्रिया में सहायक होता है। इसकी कमी से होठों पर पपड़ी, मुंह के कोनों में कटाव मुंह, जीभ, गले में छाले, मोतियाबिन्द, चर्म रोग, आदि हो जाते हैं।

❖ **विटामिन बी-3:** इस विटामिन को 'पैन्टोथेकिक एसिड' कहते हैं। यह लिपिड एवं वसा के उपापचयन, वसीय अम्ल तथा हीमोग्लोबीन के निर्माण में एवं कुछ एमिनो एसिडों को सक्रिय करने का कार्य करता हैं।

विटामिन बी-3 के स्रोत - यह कलेजी, गुर्दा, शकरकंद, चुकन्दर तथा अंडे में पाया जाता है।

विटामिन बी-3 का कार्य- यह पाचन संस्थान, नाड़ी संस्थान की सामान्य क्रिया में सहयोग करता है। रक्त प्रवाह को सामान्य रखता है। शरीर के ताप को संतुलित रखता है। इसकी कमी से पैरों में जलन, आंतों में निष्क्रियता, उदर आंत्रीय रोग, पेशियों में ऐंठन, पाचन में गड़बड़ी, त्वचा पर उमेटाइटिस आदि रोग होते हैं।

❖ **विटामिन बी-5:** इसे पी-पी विटामिन के नाम से भी जाना जाता है।

विटामिन बी-5 के स्रोत- मांस, मछली, दूध, अंकुरित गेहूं, सोयाबीन, दही, मूंगफली, कलेजी, अण्डा, सूअर के मांस आदि में पाया जाता है।

विटामिन बी-5 के कार्य- यह तंत्रिका तंत्र, आमाशय, को स्वस्थ रखने में सहायता प्रदान करता है। इसकी कमी से बच्चों में भारहीनता, शक्तिहीनता, रक्त हीनता और पेलग्रा नामक रोग होता है। पाचन में दोष और मानसिक विकार उत्पन्न हो जाते हैं।

❖ **विटामिन बी-6:** साधारणतया व्यक्ति में इसकी कमी नहीं होती है। इस विटामिन को पाईरीडॉक्सिन भी कहते हैं।

विटामिन बी-6 के स्रोत- यह अंकुरित अनाजों, मांस, कलेजी, दूध, दालें, सूखे मेवों, हरी सब्जियों आदि में पाया जाता है।

विटामिन बी-6 के कार्य- शारीरिक वृद्धि में सहायक, त्वचा को स्वस्थ रखने में सहायक, पेशियों को स्वस्थ रखने में सहायक होता है। विटामिन बी-6 की कमी से एनिमिया नामक रोग (रक्ताल्पता), त्वचा रोग, मांसपेशियां कमजोर हो जाती है। शारीरिक वृद्धि रूक जाती है। नींद व भूख में कमी होने लगती है।

❖ **विटामिन बी-12:** इसका रासायनिक नाम 'साइनोंकोबाल' है। यह लाल रक्त कणिकाओं के निर्माण में सहायक होता है।

विटामिन बी-12 के स्रोत- मछली के यकृत, मांस, दूध अण्डे की जर्दी, कलेजी आदि में पाया जाता है।

विटामिन बी-12 के कार्य- रुधिर कणिकाओं का निर्माण करना, शारीरिक, मानसिक विकास में सहायक, इसकी कमी से हायर ग्लाइलीनिया नामक रोग होता है। शारीरिक वृद्धि धीमी पड़ जाती है। पक्षाघात का होना, बाहों में कड़ापन एवं पीड़ा होना।

❖ **विटामिन सी:** इस विटामिन की खोज 18वीं सदी में की गई, यह विटामिन ताप बर्दाश्त नहीं कर पाता। यह विटामिन कोमल प्रकृति का होता है।

विटामिन सी के स्रोत- नीबू, टमाटर, अमरूद, सेब, हरी मिर्च, साग, आंवला, अंकुरित बीज, फलों में पाया जाता है।

विटामिन सी के कार्य- हड्डी और दांत को स्वस्थ रखता है। रक्त वाहिनी की दीवार को स्वस्थ रखता है। कुछ एन्जाइमों की क्रियाओं में सहायक होता है। संक्रामक रोग न होने की क्षमता बढ़ती हैं इसकी कमी से स्कर्वी रोग होता है। आंखों के सामने अंधेरा छा जाता है। रक्त न्यूनता बढ़ जाती है। त्वचा पर काले धब्बे पड़ने लगते हैं।

❖ **विटामिन-डी:** इस विटामिन को स्टेराइड भी कहते हैं। यह विटामिन सूर्य की पराबैगनी किरणों द्वारा त्वचा को प्राप्त होती है। यह शरीर में कैल्शियम व पफास्पफोरस के अवशोषण में सहायक होता है।

विटामिन डी के स्रोत- सूर्य की पराबैंगनी किरणें, मछली का तेल, घी, दूध, मलाई इत्यादि में मिलता है।

विटामिन डी के कार्य- दांतों और हड्डी को स्वस्थ रखने में सहायक। कैल्शियम और फास्फोरिक एसिड को मिलाने में सहायक। रोगाणुओं के प्रतिरोध की क्षमता विकास में सहायक। बालों की उचित वृद्धि में सहायक होता है।

इसकी कमी से बच्चों में सूखा रोग (रिकेट्स) हो जाता है। एलर्जी रोग होते हैं। प्रौढ़ों को आस्टोकैल्शिमिया रोग होता है। भूख कम हो जाती है।

❖ **विटामिन ई:** इस विटामिन का रासायनिक नाम 'एल्फा-टोको-फेराल' है। इस विटामिन पर ताप या अम्ल का कोई प्रभाव नहीं पड़ता है। पुरुष और स्त्री दोनों की प्रजनन शक्ति के लिए जरूरी हैं यह सेक्स की क्रिया को पूर्ति करता है।

विटामिन ई के स्रोत- यह गेहूं के अंकुर, कपास के बीज, और तेल, मछली, दूध, अण्डा, सेब, सलाद, सोयाबीन इत्यादि में पाया जाता है।

विटामिन ई के कार्य- पुरुषों की नपुंसकता को दूर करना, गर्भपात को रोकना, याददाश्त शक्ति की वृद्धि। इसकी कमी से स्त्रियां बांझपन का शिकार हो जाती है। याददाश्त शक्ति कमजोर हो जाती है। पुरुष नपुंसक हो जाते हैं। पेचिश पड़ने लगता है।

❖ **विटामिन-एच:** यह विटामिन मांसपेशियों के दर्द को रोकता है और रक्त में कोलेस्ट्राल की मात्रा को नियंत्रित करता है।

विटामिन एच के स्रोत- यह गुर्दे, अण्डे, दूध, दही, सूखे फलों, अनाज आदि से प्राप्त होता है। विटामिन एच की कमी से मांसपेशियों में दर्द होना, त्वचा का पीला पड़ जाना। रक्त में कोलेस्ट्राल की मात्रा बढ़ना संभव है।

❖ **विटामिन-के:** इस विटामिन की खोज 1934 में की गई थी। इसका रासायनिक नाम 'फिलोक्विनोन' है।

विटामिन-के के स्रोत- यह टमाटर, सोयाबीन, गोभी, पालक, पत्तेदार सब्जियों, अंकुरित दानों, मटर इत्यादि में मिलता है।

विटामिन-के के कार्य- यह रक्त को थक्के के रूप में बनाता है। रक्त में 'प्राथोम्बिन' तत्व का निर्माण करना। इसकी कमी से रक्त का जमना बंद हो जाता है। इसकी कमी का छोटे बच्चों पर बड़ा बुरा प्रभाव पड़ता है। हड्डियों में टूटन, इसकी कमी से शरीर में कैल्शियम की भी कमी हो जाती है।

❖ **विटामिन-पी:** यह विटामिन सबसे पहले पैपरिका या मिर्च में पाया गया। यह विटामिन सी के साथ वनस्पतियों में सदैव मौजूद रहता है। इस विटामिन की कमी से स्कर्वी रोग में रक्त स्त्राव होने लगता है।

❖ **विटामिन पी.ए.बी.ए. (पी. एमिनो बेंजोइक एसिड):** यह विटामिन बालों की रक्षा एवं सूक्ष्म जीवों की वृद्धि के लिए आवश्यक है। इसकी कमी से बाल असमय ही पकने लगते हैं। यह चावल की भूसी, अंकुरित गेहूं, दूध में मौजूद होता है।

❖ **कोलाइन:** इसको विटामिन बी समूह में रखा जाता है, लेकिन वैज्ञानिकों ने इसे विटामिन नहीं माना। इसकी कमी से खून और प्रोटीन की कमी हो सकती है। यह आमतौर पर अण्डों में पाया जाता है।

जल (Water)

जल के अभाव में व्यक्ति अधिक दिन तक जीवित नहीं रह सकता है। शरीर को इसकी नितान्त आवश्यकता होती है। चयापचय में रासायनिक क्रिया हेतु इसकी आवश्यकता होती है। शरीर में 75 प्रतिशत जल होता है। सामान्य तौर पर एक व्यस्क व्यक्ति को एक दिन में तीन लीटर जल की जरूरत होती है। मूत्र, श्वसन, पसीना के द्वारा शरीर का जल बाहर निकलता है।

जल की शक्ति के द्वारा ऊत्तक प्रभावित होते हैं। साल्ट रक्त में और ऊत्तकों में प्राप्त होता है। सोडियम क्लोराइड के साथ चयापचय होता है।

पिटयूटरी ग्रन्थि एक महत्वपूर्ण तत्व है जो जल चयापचय को नियंत्रित करती है। यह विष तत्वों और व्यर्थ पदार्थों को शरीर के बाहर मूत्र और पसीने के द्वारा निकाल देता है। भोजन को पचाने में सहायता प्रदान करता है। सभी पाचक रसों को द्रवस्वरूप में बदलता है। शरीर के ताप को नियंत्रित रखता है। शरीर के तंतुओं को मुलायम और लचीला रखता है।

खनिज तत्व (Mineral Elements)

खनिज लवण शरीर के निर्माण और वृद्धि के लिए जरूरी हैं। शरीर के सभी अंग सुचारू रूप से कार्य करे, इसके लिए खनिज तत्व का होना जरूरी है। शरीर का 1/4 भाग खनिज लवणों से बना है। ये तत्व 24 प्रकार के होते हैं जो निम्नलिखित हैं- 1. कैल्शियम, 2. फास्फोरस, 3. पोटैशियम, 4. सल्फर, 5. सोडियम, 6. लोहा, 7. मैग्नीशियम, 8. मैग्नीज, 9. तांबा, 10. आयोडीन, 11. कोबाल्ट, 12. जिंक, 13. ऐल्यूमिनियम, 14. आर्सेनिक, 15. ब्रोमीन, 16. फ्लोरीन, 17. निकिल, 18. क्रोमियम, 19. कैडमियम, 20. सेलेनियम, 21. सिलिकन, 22. वेनाडियम, 23. क्लोरीन तथा 24. मोलिविडनम।

उपर्युक्त खनिज तत्वों में से जो अंतिम महत्व के हैं वे निम्नलिखित हैं-

कैल्शियम: कैल्शियम का कार्य दांतों और अस्थियों का निर्माण करना और इन्हें स्वस्थ रखना है। कैल्शियम दूध, दही, मट्ठा, पनीर, अण्डा, बादाम इत्यादि से प्राप्त किया जाता है। इसकी कमी में अस्थियां कमजोर हो जाती हैं। बच्चों को सूखा रोग हो जाता है।

फॉस्फोरस: यह पनीर दूध, अण्डा, गोश्त, मछली, दालों में पाया जाता है। यह रक्त में अम्ल व क्षार के प्रभाव को संतुलित करता है। दांतों और अस्थियों को स्वस्थ रखता है। यह शरीर में रक्त को शुद्ध करता है।

आयोडीन: यह ताजे भोजन एवं प्याज, शलगम, मछली का यकृत एवं तेल में और मांस में पाया जाता है। यह थाइराइड ग्रन्थियों के कार्यों को नियंत्रित करता है। कोशिकाओं की ऑक्सीकरण की क्रिया को नियंत्रित करता है। शारीरिक, मानसिक वृद्धि एवं विकास के लिए जरूरी है।

लोहा: यह टमाटर, पालक, अंडे की जर्दी, गाजर, प्याज, सूखे फल, अनार, अमरूद, शहद में पाया जाता है। यह रक्त में लाल रुधिर कणिकाओं का निर्माण करता है। शरीर के एन्जाइम्स को सक्रिय बनाता है।

तांबा: यह मांस, दाल, यकृत, चाय, काफी, कोको आदि में मिलता है। यह वसा के अवशोषण में सहायक होता है। रक्त के हीमोग्लोबीन के निर्माण में सहायक होता है।

पोटेशियम: यह सभी वनस्पति भोज्य पदार्थों और पशु जन्य पदार्थों से प्राप्त होता है। यह शरीर के तन्तुओं का निर्माण करता है और चोट की पीड़ा को कम करता है।

मैग्नीशियम: यह अनाज, दालों, हरी पत्ती वाली सब्जियों और खजूर, केला में पाया जाता है। यह कैल्शियम व फॉस्फोरस को क्रियाशील बनाता है।

सोडियम: इसकी पूर्ति भोजन में खाए जाने वाले नमक से होती है। यह मांस, मछली, फूलगोभी, शलगम, प्याज से प्राप्त किया जाता है। यह शरीर में जल का संतुलन रखता है। कब्ज दूर करता है। शरीर क्रियाशील बनी रहती है।

संतुलित आहार

वह भोजन जिसमें सभी आवश्यक पोषक तत्व पर्याप्त मात्रा में उपस्थित हों उसे हम संतुलित आहार कहते हैं। ये तत्व हैं- कार्बोहाइड्रेट्स, प्रोटीन, विटामिन्स, वसा, खनिज लवण। ये तत्व व्यक्ति के भोजन में आवश्यकता के अनुरूप नियमित मौजूद रहता है तो उस भोजन को हम संतुलित आहार के नाम से जानते हैं।

संतुलित आहार की मात्रा उम्र, लिंग, व्यवसाय, क्रिया, जलवायु, और शरीर की बनावट के अनुरूप होनी चाहिए। संतुलित आहार में यदि पोषक तत्व आवश्यकता के अनुरूप रहते हैं तो वह कुपोषण से संबंधित बीमारियों को रोकते हैं।

वह आहार जो शरीर को ऊर्जा, निर्माणात्मक एवं सुरक्षात्मक पदार्थों की उचित मात्रा में पूर्ति करता है उसे हम संतुलित आहार कहते हैं।

भारतीय कृषि अनुसंधान परिषद् के अनुसार "वह भोजन जो शरीर की वृद्धि, विकास कार्य तथा स्वास्थ्य संरक्षण के लिए आवश्यक तत्वों को सम्मिलित करता है जो कि उसमें मात्रा में गुणों में संतुलित रूप से पाए जाते हैं।"

संतुलित आहार की आवश्यकता- श्वसन कार्य के लिए, रक्त संचरण और पाचन क्रिया के लिए, संवेगात्मक शांति के लिए, शरीर की वृद्धि विकास के लिए, रोगों से बचने के लिए, स्वस्थ जीवन यापन करने के लिए, क्रिया को संपन्न करने के लिए शक्ति की आवश्यकता होती है। यह शक्ति व्यक्ति को संतुलित आहार से प्राप्त होती है।

01 ग्राम शुद्ध वसा में ऊर्जा 09 कैलोरी प्राप्त होती है।

01 ग्राम प्रोटीन में ऊर्जा 04 कैलोरी प्राप्त होती है।

नीचे दिए गए खेल के खिलाड़ियों के लिए कैलोरी ऊर्जा प्रतिदिन प्राप्त होनी चाहिए।

तैराकी	4500 - 5800	कैलोरी
साईक्लिंग	5400 - 5900	कैलोरी
मैराथन	5460 - 6200	कैलोरी
फुटबॉल, हॉकी	4800 - 5000	कैलोरी
जिम्नास्टिक	3600 - 4500	कैलोरी
कुश्ती हेवीवेट	3600 - 4500	कैलोरी
छोटी दौड़, कूद	3600 - 4500	कैलोरी

पोषण (Nutrition)

पोषण एक गतिशील प्रक्रिया है, जिसके अन्तर्गत भोजन को जलाया जाता है, और उसका उपयोग शरीर के पालन हेतु किया जाता है। Nutrition शब्द बना है Nutricious से जिसका अर्थ होता है Suple at the breast अर्थात् स्तनपान कराना।

शरीर के लिए उपयोगी घुलनशील पदार्थों को पोषक तत्व कहते हैं। पोषक पदार्थों को भोजन के रूप में ग्रहण करना तथा तत्वों को सरलतम रूप में परिवर्तित होकर शरीर के उपयोग में आना ही पोषण कहलाता है।

पोषण एक ऐसी प्रक्रिया है, जिसमें जो आहार लिया जाता है उसमें ऊत्तकों की वृद्धि और मरम्मत होती है। पोषण के अन्तर्गत वह आवश्यक भोजन जिसकी आवश्यकता शरीर को होती है और जो तत्व पच जाता है। वह रक्त पचे हुए भोजन को ऊत्तकों और शरीर के दूसरे भागों में पहुंचाता है।

मुख्य रूप से पोषक तत्व होते हैं-

1. कार्बोहाइड्रेट्स, 2. प्रोटीन, 3. वसा, 4. विटामिन्स 5. खनिज लवण।

कुपोषण (Malnutrition)

शरीर के सभी अंग सुचारू रूप से कार्य करें और व्यक्ति पूर्ण रूप से स्वस्थ रहे इसके लिए पोषक तत्वों की जरूरत होती है। यदि भोजन में किसी भी पोषक तत्व की कमी हो जाती है तो व्यक्ति का स्वास्थ्य खराब होने लगता है, जिसके कारण व्यक्ति बीमार हो जाता है। भोजन में पोषक तत्वों की कमी को हम कुपोषण कहते हैं और उसकी अधिकता को भी कुपोषण कहते हैं। जिन तत्वों की कमी होती है, उनके कारण निम्नलिखित रोगों का शिकार व्यक्ति हो जाता है।

प्रोटीन की कमी के कारण- शरीर की वृद्धि रूक जाती है। मांसपेशियां ढीली हो जाती है। श्वांस नली से संबंधित रोग होते हैं।

कार्बोहाइड्रेट्स की कमी के कारण- शरीर कमजोर हो जाता है। भोजन ठीक से नहीं पचता। रक्त में शर्करा की मात्रा कम हो जाती है।

वसा की कमी के कारण- मांसपेशियां कमजोर हो जाती है। त्वचा रूखी हो जाती है।

विटामिन्स की कमी के कारण- रतौंधी, बेरी-बेरी, स्कर्वी, रिकेट्स हीमोफीलिया आदि रोग होते हैं।

खनिज लवण की कमी के कारण- अस्थि मृदुलता, घेंघा, रक्ताल्पता आदि रोग होते हैं।

स्वास्थ्य रक्षा के नियम

स्वास्थ्य रक्षा के मुख्य रूप से निम्नलिखित छह वैज्ञानिक नियम बताए गए हैं—

1. **शरीर पोषण के लिए उचित अन्न-जल-** शरीर के पोषण के लिए भोजन में पोषक तत्वों की उचित मात्रा में उपस्थिति अनिवार्य होनी चाहिए। इन पोषक तत्वों के द्वारा शरीर में किसी प्रकार का रोग नहीं होता और शरीर के सभी अंग अच्छी तरह से कार्य करते हैं। पोषक तत्वों में मुख्य रूप से वसा, प्रोटीन, कार्बोहाइड्रेट्स्, विटामिन्स, खनिज लवण और जल का होना जरूरी है। जल से यहां अर्थ है कि पर्याप्त मात्रा में जल पीनां चाहिए और जिस जल का हम प्रयोग कर रहे हैं वह जल स्वच्छ होना चाहिए। पीने या स्नान करने में गंदे जल का प्रयोग करते है तो उससे रोग की संभावना अधिक होगी।
2. **प्रकाश और शुद्ध वायु-** प्रत्येक व्यक्ति को प्रकाश से अर्थ है कि वह ऐसी जगह पर न रहे जहां दिन में भी अन्धकार हो और यदि अन्धकार में रहते हैं तो उससे शरीर पीला पड़ जाता है और व्यक्ति बीमार हो जाता है। अन्धकार में विभिन्न प्रकार के कीटाणु और रोगाणु उपस्थित रहते हैं। साथ ही साथ शुद्ध वायु का अर्थ है कि जहां पर व्यक्ति रहे वहां पर गंदे नाले, या फैक्टरियां न हो और जहां पर पास-पड़ोस में कूड़ा-करकट सड़कर वायु को प्रदूषित करते हैं तो व्यक्ति को ऐसे स्थानों पर नहीं रहना चाहिए क्योंकि वहां बीमारी होने का अधिक खतरा रहता है।
3. **मल, मूत्र, पसीना आदि का यथा नियम निकलना-** मल, मूत्र, पसीना शरीर से बाहर निकलना चाहिए। इसके लिए व्यक्ति को सर्वप्रथम अच्छी आदतें डालनी चाहिएं, जिससे समय-समय पर यह व्यर्थ पदार्थ शरीर से बाहर निकले। पसीना निकलने के बाद शरीर को स्वच्छ कपड़े या तौलिए से पोंछना चाहिए। पसीना गर्मी के कारण गर्मी के दिनों में निकलता है या नियमित व्यायाम या श्रम के कारण निकलता है। इसके द्वारा शरीर के बेकार पदार्थ निकलते हैं। पेशाब के द्वारा भी व्यर्थ पदार्थ निकलते हैं इसलिए व्यक्ति को पर्याप्त मात्रा में पानी पीना चाहिए, यदि यह पदार्थ शरीर से बाहर नहीं निकलते हैं तो शरीर पर बुरा असर डालते हैं।
4. **सर्दी और गर्मी से शरीर की रक्षा करना-** सर्दी और गर्मी से शरीर की रक्षा करने के लिए मौसम के अनुरूप वस्त्रों को पहनना चाहिए जिससे शरीर की सुरक्षा हो सके। सर्दी और गर्मी दोनों का प्रभाव विशेष रूप से त्वचा पर पड़ता है। ठंडी से बचने के लिए आग का भी प्रयोग करना चाहिए। गर्मी से बचने के लिए अधिक पानी पीना चाहिए और धूप से बचना चाहिए और दिन में दो-तीन बार स्नान करना चाहिए।
5. **उचित व्यायाम, परिश्रम और विश्राम-** शरीर के सभी अंग व्यायाम के द्वारा गतिशील रहते हैं इसलिए स्वस्थ रहने के लिए प्रत्येक व्यक्ति को नियमित व्यायाम करना चाहिए। इसके लिए प्रातः या सांय काल सबसे अच्छा होता है। व्यायाम 30 से 40 मिनट तक ही करना चाहिए। परिश्रम भी एक निश्चित समय तक ही करना चाहिए। अधिक करने पर व्यक्ति को विश्राम या आराम की जरूरत पड़ती है। आराम प्रत्येक व्यति को करना चाहिए। परिश्रम के कारण थकान महसूस होती है, जिससे शरीर में दर्द होता है। आराम से थकान दूर हो जाती है और व्यक्ति खोई हुई शक्ति पुनः प्राप्त करता है। परिश्रम करने से नींद भी अच्छी आती है। इसलिए स्वस्थ रहने के लिए व्यायाम, परिश्रम और विश्राम की आवश्यकता होती है।
6. **विषाक्त द्रव्यों और कीटाणुओं से बचना-** स्वास्थ्य की रक्षा के लिए प्रत्येक व्यक्ति को विषाक्त द्रव्यों से बचना चाहिए। विषाक्त-द्रव्य से अर्थ है ऐसा द्रव्य जो स्वास्थ्य को हानि पहुंचाता है जैसे शराब का तीव्र नशा, धतूरा का तीव्र नशा, मार्फीन का तीव्र नशा, भांग का तीव्र नशा इत्यादि से और सिगरेट पीने से बचना चाहिए। साथ ही साथ व्यक्ति को रोग के कीटाणु से भी रक्षा करनी चाहिए। इसके लिए बीमार व्यक्तियों के साथ अधिक समय तक नहीं रहना चाहिए। स्वच्छ पानी पीना चाहिए। गंदे पानी में कीटाणु रहते हैं, ऐसे पानी को नहीं पीना चाहिए।

व्यक्तिगत स्वास्थ्य एवं प्रबंध

आंखों की देखभाल

आंख को शरीर का महत्वपूर्ण अंग माना गया है क्योंकि इसके अभाव में व्यक्ति कुछ भी नहीं देख सकता है। इसकी सुरक्षा व स्वच्छता पर विशेष रूप से ध्यान देना चाहिए। आंखों के माध्यम से ही प्यार, ममता, क्रोध आदि सभी भावों की अभिव्यक्ति हो पाती है। आंखों की एक आम समस्या है इसके नीचे स्याह घेरे बनना। ये काले घेरे तनाव, नींद की कमी, असंतुलित भोजन, अधिक परिश्रम, कमजोरी, लंबी बीमारी आदि के कारण होते हैं। यदि थोड़ी सी देखभाल की जाए तो

आंखों के नीचे पड़ने वाले घेरों की समस्या से छुटकारा मिल सकता है। इसके लिए एक चम्मच बादाम रोगन में आधा चम्मच नीबू का रस मिलाकर आंखों के नीचे लगाना लाभकारी होता है। आंखों की सुरक्षा के लिए निम्नलिखित कार्य करना चाहिए–

1. आंखों की मालिश करने से रक्त संचार बढ़ता है और आराम मिलता है।
2. भरपूर नींद सोना चाहिए।
3. आंखों को थकान महसूस होने पर नमक मिले पानी को आंखों पर छिड़के इसके लिए आधा लीटर उबले पानी को ठंडा करे उसमें एक चम्मच नमक मिला लें और उस पानी से आंखों को धोएं।
4. आंखों में गुलाब जल डालना चाहिए।
5. संतुलित आहार लेना चाहिए।
6. आहार में विटामिन 'ए' युक्त खाद्य पदार्थ पर्याप्त मात्रा में लेना चाहिए।
7. स्नान करते समय पानी के छीटों से आंखों को खूब धोना चाहिए।
8. पढ़ाई सिलाई करते समय पर्याप्त प्रकाश की व्यवस्था होनी चाहिए।
9. तेज धूप और धूल एवं तीव्र प्रकाश से आंखों को बचाने के लिए चश्मा का प्रयोग करना चाहिए।
10. गंदे तौलिए या रूमाल से आंखों को पोंछना नहीं चाहिए।
11. चिकित्सक की सलाह से ही आंखों में दवा डालनी चाहिए।

कान की देखभाल और सुरक्षा

कानों की बनावट नाजुक एवं जटिल होती है। कान सुनने एवं संतुलन के महत्वपूर्ण कार्यों को संचालित करते हैं। यह शरीर का महत्वपूर्ण अंग होता है। इसमें खराबी आने से सुनने की प्रक्रिया में बाधा उत्पन्न होती है। कानों की सुरक्षा के लिए निम्नलिखित बातों पर ध्यान देना चाहिए–

1. कभी भी कान पर थप्पड़ न मारें, इससे कान का भीतरी पर्दा फट सकता है। व्यक्ति बहरा हो सकता है।
2. माचिस की तीली, कलम या हेयर पिन आदि से कान न खुजलाएं, इससे कान की चमड़ी छिल सकती है और संक्रमण होने की संभावना रहती है।
3. कान में हाइड्रोजन पाराक्साइड न डलवाएं।
4. बच्चे खेल-खेल में कान में कंकड़, बीज डाल लेते हैं, इससे उनको सावधान करना चाहिए।
5. कान को ठंडी हवा से बचाना चाहिए। सर्दी, खांसी होने से कान को नुकसान पहुंच सकता है।
6. कान में संक्रमित होने या मध्यकान में पानी भर जाने से शीघ्र उचित इलाज करें।
7. कान दर्द, खुजली की शिकायत अकसर नाक, साइनस, या गले की बीमारी से होती है इसलिए इस समय कान पर ध्यान देना चाहिए।
8. कान में वैक्स या मैल है तब शुद्ध जैतून या मूंगफली आदि का तेल गरम करने के बाद थोड़ा ठंडा करके डाल दें।
9. मवाद बहते कानों को यथा संभव सिरिंज से धुलवाएं।
10. गंदे पानी में न तैरें, मवाद बहने वाले व्यक्ति को तैरना नहीं चाहिए।
11. कानों को नुकसान पहुंचाने वाली दवाएं जैसे- स्ट्रेप्टोमाइसिन, कुनैन आदि का प्रयोग बहुत जरूरी होने पर ही करें।
12. नियमित रूप से पॉप या तेज संगीत न सुने।
13. शोरगुल वाली फैक्टरियों या उद्योगों में कार्यरत व्यक्तियों के कानों की उचित देखभाल होनी चाहिए।

मुंह और दातों की देखभाल और सुरक्षा

भोजन को दांतों के द्वारा ही भली प्रकार काटा एवं पीसा जाता है इसलिए दांत गन्दे हो जाते हैं और भोजन के टुकड़े और रेशे दांतों में फंसे रहते हैं। यदि इनकी सफाई न की जाए तो सड़न होने लगती है जिससे दांत कमजोर हो जाते हैं और गिरने लगते हैं। इसके साथ ही सड़ने से पैदा हुआ एसिड दांतों के इनेमिल को नष्ट कर देता है। जिससे दांतों की चमक समाप्त हो जाती है। दांतों में ठंडा, गरम का प्रभाव दर्द के रूप में कष्ट देने लगता है। यदि दांतों पर व्यक्ति ध्यान नहीं देता है तो पायरिया रोग का शिकार हो जाता है और मुंह से बदबू आने लगती है। मुंह को पानी से दिन में दो या तीन बार भली प्रकार से धोना चाहिए। दांतों को साफ और स्वस्थ रखने के लिए निम्नलिखित बातों पर ध्यान देना चाहिए–

1. दिन में दो बार दांतों को ब्रश करना चाहिए। नीम और बबूल की दातुन करने से दांत स्वस्थ और मजबूत रहते हैं।
2. किसी भी समय खाने या पीने के बाद हमेशा मुंह साफ करना चाहिए।
3. मिठाई या चिपचिपी चीज खाने से बचना चाहिए।

4. सलाद, कच्चा गाजर, फल, सरीखे कड़े और रेशेदार एवं पोषक खाद्य पदार्थ खाना चाहिए।
5. दंत चिकित्सक के पास वर्ष में दो बार जाना चाहिए।
6. ठंडे और गरम पदार्थों के ग्रहण करने के मध्य कम से कम 15 मिनट का अन्तर होना चाहिए।
7. भोजन में विटामिन सी और डी लेना चाहिए। इससे दांत मजबूत रहता है।
8. मंजन या पेस्ट अंगुली या ब्रश से करते समय मसूड़ों के अन्दर और बाहर दोनों तरफ करना चाहिए।
9. कच्चे फल और ककड़ी, खीरा चबाकर खाने से दांतों का व्यायाम होता है जिससे दांत मजबूत बने रहते हैं।
10. रात्रि में सोने से पूर्व मंजन अवश्य करना चाहिए।

बालों की देखभाल और सुरक्षा

सिर के बाल व्यक्ति की शोभा बढ़ाते हैं। शरीर के अन्य अंगों की तरह बाल को भी स्वच्छ रखना चाहिए। पसीना, धूल, के कारण बाल गंदे हो जाते हैं ऐसी स्थिति में देखने से वह भद्दा लगता है। साथ ही गंदगी के कारण रूसी और फुंसी हो जाती है, जिससे बाल गिरने लगते हैं। उनकी वृद्धि रूक जाती है। बालों में हमेशा खुजली होती है। बालों को स्वच्छ और स्वस्थ रखने के लिए निम्नलिखित बातों पर ध्यान देना चाहिए–

1. बालों में प्रतिदिन दो बार कंघा करना चाहिए।
2. बालों में तेल, प्रतिदिन लगाना चाहिए। तेल लगाने के लिए तेल को अंगुलियों के पोरों से बालों की जड़ों में धीरे-धीरे लगाने से बाल की मालिश भी हो जाती है और बालों की जड़े मजबूत बनी रहती हैं।
3. बालों को धोने के बाद अच्छी तरह सूखा देना चाहिए।
4. बालों को धोने के लिए साबुन का प्रयोग करना चाहिए। आंवला, रीठा, शिकाकाई का महीन चूर्ण तथा मुल्तानी मिट्टी, बेसन, दही आदि से बालों की धुलाई करनी चाहिए।
5. गुनगुना पानी का प्रयोग करने से बाल जल्दी साफ हो जाते हैं।
6. शैम्पू का अधिक प्रयोग करने से बाल रूखे हो जाते हैं, इसलिए इससे बचना चाहिए।
7. यदि बालों में जूं पड़ जाता है तो रात्रि में मिट्टी के तेल में डी.डी.टी. घोल कर बालों में लगाकर कपड़ा से बांध देना चाहिए और सुबह गुनगुना पानी से धो देना चाहिए।
8. व्यक्ति को बालों में एक ही प्रकार का तेल प्रयोग करना चाहिए अनेक प्रकार का तेल लगाने से बालों पर बुरा प्रभाव पड़ता है।

त्वचा की देखभाल

संपूर्ण शरीर पर त्वचा का आवरण रहता है। त्वचा शरीर के तापक्रम को नियंत्रित करती है। त्वचा पर छोटे-छोटे रोम कूप होते हैं। इन्हीं रोम कूपों से पसीना निकलता है। त्वचा यदि साफ है तो वह आकर्षक एवं अच्छी लगती है। व्यक्ति घूमता है तो उसके कारण धूल त्वचा पर ही पड़ती है जिससे वह गंदी हो जाती है और पसीना के निकलने से भी गंदी हो जाती है। यदि त्वचा की सफाई न की जाए तो इस गंदगी से त्वचा रोग उत्पन्न होने का भय रहता है।

त्वचा की सुरक्षा और स्वच्छता के लिए निम्नलिखित बातों पर ध्यान देना चाहिए–

1. प्रतिदिन सुबह-शाम व्यक्ति को स्नान करना चाहिए।
2. हमेशा ताजे व ठंडे पानी से स्नान करना चाहिए। ठंड में गुनगुने पानी से भी स्नान किया जा सकता है।
3. स्नान करते समय त्वचा को रगड़कर साफ करना चाहिए।
4. त्वचा पर उबटन भी लगाना चाहिए।
5. ठंड के समय त्वचा पर तेल लगाकर स्नान करना चाहिए।
6. ठंडी के दिनों में धूप में बैठने से त्वचा स्वस्थ रहती है।
7. स्नान के बाद तोलिया से रगड़ कर त्वचा पोंछना चाहिए जिससे रक्त संचार तेज हो जाता है, जो त्वचा के लिए लाभप्रद होता है।

हाथों की देखभाल

व्यक्ति को भोजन से लेकर जीवन के सभी कार्यों की आवश्यकता होती है। इसलिए हाथों की सफाई पर विशेष रूप से ध्यान देना चाहिए, हाथों को साफ पानी से बार-बार धोना चाहिए। पानी से हाथों को धो लेने मात्र से ही स्वच्छता नहीं हो जाती है। हाथों की देख-भाल और स्वच्छता के लिए निम्नलिखित बातों पर ध्यान देना चाहिए–

1. भोजन करने, कोई भी कार्य करने के बाद या हाथ पर मिट्टी लग जाने, अन्य कोई पदार्थ लग जाने के बाद साबुन से हाथों को अच्छी तरह से धो लेना चाहिए।
2. गुनगुना पानी लेकर उससे हाथों को धोने से चिकनाई और गन्दगी की सफाई हो जाती है।

3. रसोई का काम करने और कपड़ों की धुलाई के बाद हाथों पर कोल्डक्रीम, हैण्डलोशन लगाने से हाथ मुलायम और सुन्दर बने रहते हैं।
4. हाथों के महत्वपूर्ण भाग नाखुन होते हैं इनकी सफाई रखना बहुत जरूरी है, यदि नाखुन बढ़ गए हों तो नेलकटर से बढ़े नाखुन को काट देना चाहिए।
5. बढ़े नाखुन यदि काटे नहीं जाते है तो उनके भीतर गंदगी भर जाती है और भोजन करने समय इसी गंदगी में रोग के जो कीटाणु रहते हैं वही पेट में जाकर बीमारी उत्पन्न करते हैं।
6. नाखुन के ऊपरी भाग को विशेष रूप से साबुन लगाकर साफ कर देना चाहिए क्योंकि ऊपर भी गंदगी जमी रहती है। साफ नाखुन सुन्दर दिखाई देते हैं।
7. नाखुन से कोई चीज खुरचनी नहीं चाहिए इससे नाखुन घिस जाता है और उसकी सुन्दरता खत्म हो जाती है।
8. हाथों को दाग धब्बों से बचाना चाहिए। साथ ही साथ हाथ की अंगुलियों और हथेलियों की सफाई पर भी ध्यान देना चाहिए। अंगुलियां और हथेलियां अधिक सक्रिय रहें इसके लिए अंगुलियों का व्यायाम करना चाहिए।
9. कोई भी चीज खाने से पूर्व हाथ को अवश्य धो लेना चाहिए।

पैरों की देखभाल

व्यक्ति को कहीं पर जाना है तो वह पैरों के ही सहारे जाता है इसलिए पैरों की देखभाल और सुरक्षा बहुत जरूरी है। इसके लिए निम्नलिखित बातों पर ध्यान देना चाहिए–

1. नंगे पैरों से घूमना नहीं चाहिए। पैरों में गंदगी लग जाती है और नंगे पैरों से घूमते समय धूल, मिट्टी या अन्य प्रकार के गंदे पदार्थ पैरों में लग जाते हैं और यदि वह इन्हीं पैरों के साथ बिस्तर पर बैठता है, सोता है, जिससे विभिन्न प्रकार के रोगों के शिकार हो जाता है। इसलिए व्यक्ति को सदैव चप्पल या जूतों को पहनकर ही टहलना या घूमना चाहिए जिससे वह गंदगी से बचा रहेगा।
2. स्नान करते समय पैरों को खूब मल-मल के धोना चाहिए, जिससे जो भी गंदगी है वह दूर हो जाएगी और पैर सुन्दर दिखाई देगा। पैर की अंगुलियों के नाखुन काट देना चाहिए। नहीं काटने से उसमें गंदगी भर जाती है। एड़ियों की स्वच्छता पर भी ध्यान देना चाहिए यदि एड़ियां साफ नहीं है तो गंदगी के कारण एड़िया फट जाती हैं। पैर में मोजे पहनने से भी इसकी सुरक्षा रहती है। मोजे हर दूसरे दिन बदलने चाहिए।
3. घर में पहनने के लिए अलग चप्पलें होनी चाहिए, बाहर जाने के लिए अलग होनी चाहिए। स्नान करते समय चप्पलों को प्रतिदिन धोना चाहिए, जिससे गंदगी न रहे। यदि कपड़ों के जूतों का प्रयोग करते है तो इन जूतों को भी सप्ताह में एक बार अवश्य धुलना चाहिए, जिससे जो गंदगी हो वह साफ हो जाएं। नंगे पैर घूमने से कील, कांटे पैरों में धंस जाते हैं जो काफी कष्टकारी होते हैं। व्यक्ति के शरीर में पैर महत्वपूर्ण अंग है इसलिए इसकी सफाई और सुरक्षा पर प्रत्येक व्यक्ति को विशेष ध्यान देना चाहिए।

व्यायाम

व्यायाम के द्वारा व्यक्ति के शरीर के सभी अंग गतिशील हो जाते हैं, जिससे व्यक्ति स्वस्थ बना रहता है। शरीर की पेशियों की वृद्धि के लिए व्यायाम जरूरी है। पेशियां पुष्ट होती हैं और उनकी कार्य क्षमता में वृद्धि होती है। शरीर में स्फूर्ति बनी रहती है। व्यायाम के द्वारा रक्त संचार प्रणाली ठीक रहती है। शरीर द्वारा अनावश्यक पदार्थ बाहर निकल जाते हैं, जिससे शरीर निरोग रहता है। व्यायाम करते समय निम्नलिखित बातों पर विशेष ध्यान देना चाहिए–

1. व्यायाम हमेशा नीचे से ऊपर और ऊपर से नीचे के अंग से ही शुरू करना चाहिए।
2. व्यायाम हमेशा खाली पेट ही करना चाहिए। भोजन करने के पांच घंटे बाद करना लाभप्रद होता है।
3. व्यायाम नियमित करना चाहिए, सुबह या शाम के समय ही करना अच्छा रहता है।
4. व्यायाम करने के बाद बहुत थकान का अनुभव नहीं होना चाहिए, व्यायाम 30 से 40 मिनट तक करना पर्याप्त होता है।
5. व्यायाम हमेशा खुले स्थान पर ही करना चाहिए।
6. व्यायाम के तुरन्त बाद पानी नहीं पीना चाहिए और न ही स्नान करना चाहिए।
7. व्यायाम हमेशा उम्र को ध्यान में रखकर करना चाहिए।
8. व्यायाम के समय नाक से सांस लेनी चाहिए।

9. व्यायाम के समय टी-शर्ट और नेकर या ट्रैक सूट पहनना चाहिए।
10. व्यायाम करने से सूर्य की अल्ट्रा-वायलेट किरणें भी शरीर को स्वस्थ व पुष्ट बनाने में सहायक होती है।

विश्राम

व्यक्ति को स्वस्थ रहने के लिए विश्राम करना अति आवश्यक है क्योंकि कार्य करने से शरीर में विभिन्न प्रकार के विजातीय पदार्थ उत्पन्न होते हैं और इन पदार्थों के कारण शरीर में थकान पैदा होती है। थकान को दूर करने के लिए विश्राम करने पर व्यक्ति के अन्दर पुनः कार्य करने की शक्ति प्राप्त हो जाती है।

आराम करने के बाद व्यक्ति स्फूर्ति और ताजगी का अनुभव करने लगता है और मन प्रसन्न हो जाता है। आराम करते समय निम्नलिखित बातों पर ध्यान देना चाहिए–

1. आराम के समय वातावरण शांत होना चाहिए। शोरगुल नहीं होना चाहिए।
2. आराम का स्थान हवादार होना चाहिए। यदि गर्मी का समय है तो पंखा, कूलर का प्रयोग करना चाहिए। यदि ठंड का समय हो तो धूप, गर्म चादरों का प्रयोग करना चाहिए। हीटर का भी प्रयोग करना चाहिए जिससे उचित तापमान बना रहे।
3. आराम के लिए बिस्तर साफ और मुलायम होना चाहिए।
4. मनोरंजन भी आराम की श्रेणी में आता है। मनोरंजन का अर्थ है वह कार्य करें जिससे मन आनन्दित हो।
5. विश्राम या आराम का समय 2 से 3 घंटे होना चाहिए। विश्राम के समय व्यक्ति को पूर्ण रूप से चिन्ता मुक्त रहना चाहिए।

स्थूलता

स्थूलता को इस प्रकार परिभाषित किया जा सकता है कि शरीर की वसा की कुल मात्रा के अत्यधिक आकार में फैल जाना। स्त्री तथा पुरुषों की बढ़ती उम्र के साथ मोटे होने के पीछे जीव वैज्ञानिक कारण नहीं हैं परन्तु आजकल स्थूलता आधुनिक समाज की एक बड़ी प्रमुख स्वास्थ्य समस्या है। बचपन में स्थूलता भी आजकल बहुत दिखाई देने लगी है इस अवस्था की गंभीरता को शरीर के अधिक भार बढ़ने से संबंधित रोगों के रूप में भी रेखांकित किया जाता है।

शरीर के अधिक भार तथा स्थूलता की सामान्य समस्याएं

(अ) स्थूल बालक यौवनता में विलम्ब का अनुभव करते हैं।
(ब) छोटी उम्र की स्थूल बालिकांए निश्चित प्रकार की कैंसर की बीमारियों से ग्रसित हो सकती हैं। कैंसर का संबंध अधिक खाने से, अधिक शराब पीने तथा ज्यादा चर्बीला भोजन करने से होता है।
(स) स्थूलता गर्भावस्था में जटिलताएं पैदा करती है। भारी शरीर वाली महिलाओं में प्रसव वेदना का समय सामान्य की अपेक्षा अधिक बढ़ जाता है।
(द) अधिक भारी शरीर वाले लोगों के दुर्घटना ग्रस्त होने की ज्यादा संभावना होती है।
(ई) स्थूल व्यक्तियों में संधि तथा अस्थि रोगों की समस्या का होना एक आम बात है।
(फ) स्थूल व्यक्ति मनोरंजनात्मक गतिविधियों का आनंद नहीं ले पाते क्योंकि उनकी कमजोर मांसपेशियों में गतिय योग्यता तथा बर्दाश्त क्षमता बहुत कमजोर रहती है।

स्थूलता से स्वास्थ्य संबंधी जोखिम

यह स्पष्ट है कि स्थूलता अपने आप में कोई रोग नहीं है। परन्तु सामान्य व्यक्ति की अपेक्षा स्थूल व्यक्तियों की बीमार रहने तथा मृत्यु की दर अधिक रहती है। यद्यपि स्थूलता के कारणों में बहुत थोड़ी सी ही सहमति है। लेकिन स्थूलता तथा स्वास्थ्य से जुड़ी हुई जोखिम के बीच संबंधों के बारे में विचारणीय जानकारियां प्राप्त हैं।

जोखिम के कारक

- यह हृदय के मशीनी कार्य को बढ़ाती है। इसका अर्थ यह है कि यह हृदयगत कार्य प्रणाली को क्षीण करता है।
- यह उच्चतनाव पैदा करती है।
- यह मधुमेह के रोग को पैदा करती है।
- यह धमनियों की बीमारियां पैदा करती हैं।
- यह पित्त की थैली के रोगों को पैदा करती है।
- इससे श्वास संबंधी बीमारियां पैदा होती हैं।
- यह प्लाज्मा लिपिड तथा लाइपोप्रोटीन के गाढ़ेपन को पैदा करता है।
- यह कोरोनेरीहार्ट डिजीज को पैदा करती है।
- इससे एन्ड्रो मैट्रियल कैन्सर पैदा हो जाता है।
- यह शल्य चिकित्सा के दौरान बेहोशी की दवा देने में समस्या खड़ी करता है।

स्थूलता तथा अधिक भार की परख व पहचान

शरीर में वसीय अवयवों को पता लगाने/मूल्यांकन करने की दो विधियां हैं-

1. शरीर वसा का प्रतिशत: वयस्क पुरुष तथा वयस्क महिला का क्रमानुसार औसत शरीर भार का 15 प्रतिशत तथा 25 प्रतिशत शरीर वसा का होता है। जब औसतन शरीर भार में 5 प्रतिशत की वृद्धि होती है तो स्थूलता की सीमा रेखा प्रारंभ होती है। इसका अर्थ यह है कि 20 प्रतिशत तथा 25 प्रतिशत शारीरिक भार की वसीय मात्रा बढ़ना पुरुष तथा स्त्रियों को स्थूल बना देती है। कोई व्यक्ति अधिक वजनी तब कहलाता है जब कि उसका शारीरिक भार उसकी ऊंचाई तथा शारीरिक ढांचे के अनुसार 20 प्रतिशत अधिक होती है।

2. वसीय कोशों की संख्या तथा आकार: स्थूलता के अन्य मानदण्ड कोशों की संख्या तथा उसके आकार पर आधारित है। वयस्कता के पूर्व शरीर वसा दो तरह से बढ़ती है। वसीय कोशों के स्वयम् फैलने से जिन्हें फैटसैल हायपर ट्राफी कहते हैं अथवा फैट सैल हायपरप्लासिया यानी कुल वसीय कोशों की संख्या में वृद्धि होना। वसीय कोशाएं बहुधा कुछ जैववैज्ञानिक सीमाओं की ऊंचाइयों को पार कर जाती हैं। इस प्रकार कोशीय संख्या का बढ़ना स्थूलता को व्यक्त होने की हद तक पहुंचने में मुख्य कारण बन जाता है। कभी-कभी वसीय कोशाएं युवावस्था के पूर्व ही अस्थिर हो जाते हैं। इसलिए शरीर के वजन का बढ़ना अथवा घटने का संबंध सामान्यत: एक वसीय कोशों के आकार में हुए परिवर्तनों से होता है।

सामान्य अवस्थाओं में शरीर का वजन तब ही बढ़ता है जबकि भोजन की मात्रा शरीर की दैनिक कैलोरी आवश्यकता की तुलना में अधिक लिया जाए। यह सामान्यत: शरीर वसा के जमा होने में वृद्धि होने के कारण होता है। यह रुझान दर्शाता है कि जब किसी युवा के अधिक आहार करने से शरीर का वजन बढ़ता है तो वह या तो डोरमेन्ट फैटीकोशाओं से भर रहा है अथवा मौजूद एडीपोस कोशाएं आकार में बढ़ रही हैं, बजाए नई पैदा करने के। दूसरी ओर यदि स्थूल व्यक्ति का आकार घट रहा है और शरीर भार कम हो रहा है तो ऐसा उसके वसीय कोशों के आकार के घटने से हो रहा है। इन कोशों की संख्या में कोई परिवर्तन नहीं होगा। जहां तक वसीय कोशाओं का संबंध है यह जीवन के प्रथम वर्ष में बढ़ी तेजी से बढ़ते हैं ये कोशाएं जन्म के समय की तुलना में लगभग तीन गुना अधिक बढ़ते हैं। ऐसा विश्वास किया जाता है कि जो कोशाएं जन्म के समय के पूर्व मौजूद रहती हैं वे गर्भावस्था के तीन माहों के अन्दर तैयार होती हैं। एक वर्ष की उम्र के पश्चात् यह संख्या धीरे-धीरे दस वर्ष की आयु तक बढ़ती रहती है। कोशाओं के आकार के अनुसार ही कुल वसीय कोशाओं में उल्लेखनीय वृद्धि होती है तथा यह वृद्धि किशोरावस्था से नौजवान होने तक प्रस्फुटित होती रहती है। इसके पश्चात् कोशाओं की संख्या में बहुत बढ़ोतरी होती है।

स्थूलता (शारीरिक अधिक वजन) तथा शारीरिक गतिविधियां

शारीरिक गतिविधियों के कार्यक्रम आहार प्रतिबंध प्रभावशाली उपाय है। यदि इन्हें वृद्धि की प्रारम्भिक अवस्था के दौरान लागू किया जाता है तथा शारीरिक गतिविधियों के साथ-साथ आहार पर नियंत्रण रखा जाए तो यह नवीन वसीय कोशाओं के पुन: उत्पादन को नियंत्रित रख सकता है तथा पिछली बढ़ोतरी को भी भर सकता है। जीवन के आगे के वर्षों में निरंतर रखा गया व्यायाम कार्यक्रम कुल वसीय मात्रा को प्रभावी रूप से घटा सकता है। इसका अर्थ है कि नियमित व्यायाम तथा आहार नियंत्रण के उपायों से केवल कोशाओं के आकार को ही घटाया जा सकता है न कि उनकी संख्या को। दूसरे शब्दों में हम यह कह सकते हैं कि एडीपोज टिशू मास दुबारा कोशाओं के आकार को फैला सकता है यदि आहार नियंत्रण तथा व्यायामों के कार्यक्रमों को बंद कर दिया जाए। नई उम्र के लोगों में एक बार जवानी में स्थूलता बढ़ जाने के पश्चात् उसमें किए जाने वाले सुधारों की अपेक्षा स्थूलता की प्रारम्भिक रोकथाम व्यायामों तथा आहार नियंत्रण वाली प्रभावी विधियों को अपनाने से ज्यादा लाभ प्राप्त होता है तथा स्थूलता को बढ़ने से रोका जा सकता है।

भार नियंत्रण उपायों को अपनाने से पूर्व वयस्क के भार में उतार-चढ़ाव पैदा करने वाले आधारभूत कारकों को अवश्य जान लेना चाहिए। इसे वैज्ञानिक रूप में इस प्रकार विवेचित किया जा सकता है कि शरीर के भार के स्थिर रहने में ऊर्जा संतुलन का समीकरण कार्य करता है अर्थात् जब कैलोरी प्राप्त करना कैलोरी व्यय करने के बराबर हो जाता है तभी शरीर का भार स्थिर रहता है। किसी भी तरफ का असंतुलन जैसा कि ऊर्जा ग्रहण तथा ऊर्जा व्यय का समीकरण ही शारीरिक भार के परिवर्तन का कारण होता है।

जब ऊर्जा ग्रहण = ऊर्जाव्यय → शरीर का भार स्थिर है।
ऊर्जा ग्रहण ऊर्जा के व्यय से अधिक है तो → शरीर का भार बढ़ेगा।
ऊर्जा ग्रहण यदि ऊर्जा से कम हो तो → शरीर का भार कम होगा।

ऊर्जा संतुलन के समीकरण को असंतुलित करने की तीन विधियां हैं

1. ऊर्जा की दैनिक आवश्यकता से कम ऊर्जा प्राप्त करते हुए उसे कम करना।
2. दैनिक भोजन ग्रहण करने में नियमितता अपनाते हुए तथा बढ़ती हुई ऊर्जा को अतिरिक्त शारीरिक गतिविधि के द्वारा खर्च करना।
3. दैनिक भोज्य पदार्थ ग्रहण करने को कम करना तथा गतिविधि को बढ़ाना।

स्थूलता के कारण

स्थूलता, उच्चतनाव, रक्त की कमी आदि लक्षण हैं न कि बीमारियां। अधिकतर मामलों में स्थूलता का कारण शरीर की मांग से ज्यादा कैलोरी लेना है। एक व्यक्ति अधिक कैलोरी का उपभोग करता है अथवा उसी मात्रा में कैलोरी लेता है परन्तु कम ऊर्जा खर्च करता है वह अपने वजन इस प्रकार से वृद्धि कर सकता है। इस तरह से ऐसा नहीं है कि अत्यधिक आहारी व्यक्ति ही केवल अपना वजन बढ़ाते हैं। हर व्यक्ति की कैलोरी आवश्यकताओं में बहुत बड़ी विविधता है। यह कम मैटाबोलिक दर (कैलोरी का खर्च) वाले व्यक्तियों तथा (व्यायाम अथवा शारीरिक गतिविधियों के प्रति उदासीनता) सुस्त आदत वाले लोगों में भी संभव हो सकता है जो कि कैलोरी का संचित रूप में प्रयोग करते हैं। उन्नत स्थूलता लंबे समय तक कम मात्रा में भी कैलोरी को लेते रहने का भी परिणाम होता है।

बहुत सी जैव वैज्ञानिक, भावनात्मक, भौगोलिक तथा वातावरण कारणों को भी वजन बढ़ाने की संभावनाओं में पहचाना गया है। फास्ट फूड का बढ़ता चलन भी इसमें एक महत्वपूर्ण कारक है। परन्तु इससे भी ज्यादा उपलब्ध भोजन जिम्मेदार होता है।

शरीर के अधिक भार तथा स्थूलता के लिए महत्वपूर्ण विचारणीय कारण निम्नलिखित हैं–

1. शारीरिक निष्क्रियता: शारीरिक गतिविधियों के बारे में कभी-कभी बढ़ती हुई उम्र के कारण मैटाबोलिक प्रभावों के कारण भ्रम पैदा हो जाता है। मानवीय गतिविधियां बढ़ती उम्र के साथ लगातार घटती जाती है। क्योंकि अधिक उम्र के लोगों में शरीर वसा का औसत स्तर बढ़ जाता है। यद्यपि वे आहार का स्तर बनाए रखने के लिए पर्याप्त खाते भी नहीं है। बढ़ती उम्र के तथा घटते व्यय, अधिक शारीरिक निष्क्रियतापूर्ण जीवन में न्यूनतम कैलोरी प्रति दिन लेने का परिणाम भी किसी के शरीर भार में अत्यधिक वृद्धि पैदा कर सकता है।

स्थूलता में हुई अभूतपूर्व वृद्धि तथा उससे संबंधित जान जोखिम संबंधी समस्याएं हमारे दैनिक जीवन में घटते ऊर्जा व्यय में कमी का परिणाम होती है। वर्तमान समाज शारीरिक निष्क्रियता तथा अधिक खाने को प्रोत्साहित करता है। मशीनीकरण, स्वचालीकरण तथा कम्प्यूटरीकरण ने श्रमसाध्य शारीरिक गतिविधियों को न्यूनतम स्तर पर घटा दिया जिन गतिविधियों में शारीरिक थकान होती थी। हम खेल में भाग लेने वाले देश के बजाए खेल देखने वाले देश बन गए हैं हालांकि रुझान में परिवर्तन हो सकता है। आगे ऐसा अवलोकन किया गया है कि स्थूल/अधिक शहरी भार वाले बच्चे आश्चर्यजनक रूप से निष्क्रिय रहते हुए पाए गए हैं। ऐसे बालक सामान्य भार वाले बालकों से कम आहार ग्रहण करते हैं और निर्धारित व्यायाम में ऊर्जा को बहुत कम व्यय करते हैं। बाल्यावस्था में निष्क्रियता मनोवैज्ञानिक भावनात्मक आघात का अनुभव भी शारीरिक भार के कारण प्राप्त स्थूलता वाले बालक पर पड़ता है, इसमें उदासीनता, उपेक्षा, आशंकों की निरस्ती भी शामिल है।

2. वंशानुगत अथवा पैतृक: स्थूलता अथवा शरीर के अधिक भार पर वंशानुगत अथवा एन्डोकाइना कारणों का बहुत कम योगदान है। क्योंकि बालक के हायपर प्लास्टिक स्थूलता पर आनुवांशिक पूर्व प्रदर्शन होने के बहुत ही कम अवसर होते हैं। बहुत से मामलों में आनुवांशिक/पैतृक कारक वास्तविकता से बहुत ज्यादा तर्क संगत/स्वीकार्य होते हैं। यह स्थूलता किसी परिवार में यदि पुन: प्रकट होती है तो उसका संबंध परिवार के सदस्यों के समान रूप से आहार ग्रहण करने तथा व्यायाम करने से होता है। बालक अपने पालकों के अनुरूप व्यवहार की अनुकूलता अपना लेते हैं। इसका अर्थ है कि यदि बालक के पालकगण व्यायाम को नापसंद करते हैं और उच्च कैलोरी वाले आहार को पसंद करते हैं तो बालक के अन्दर भी यह आदत विकसित हो जाती है। पालकगण अपने शिशुओं को

आवश्यकता से अधिक खाने के लिए प्रेरित करते हैं। वे अपने शिशुओं को दूध की बोतल खाली करने तथा बालकों को अपनी प्लेटें साफ करने के लिए प्रेरित करते हैं। बालक अपने पालकों की देखा-देखी खाने की आदत डाल लेते हैं। इस प्रकार आनुवांशिकता स्थूलता के स्थानांतरण में बहुत ही कम जुड़ी हुई है। आनुवांशिक रूप से पूर्व घटित व्यक्ति की स्थूलता पर वातावरण एक अहम भूमिका निभा सकता है।

3. सामाजिक तथा आर्थिक कारक: यह कठोर सत्य है कि हमारे जीवन के बढ़ते स्तर तथा खाली समय की अत्यधिक उपलब्धता ने अधिक भोजन को प्रोत्साहित किया है और स्वादिष्ट तथा अधिक वसीय भोजन पर ज्यादा जोर दिया जाने लगा है। आधुनिक भोजन प्रसंस्करण तथा पैकिंग की सुविधा ने भोजन व्यवसाय को सुविधाजनक बना दिया है। बाहर खाना खाने के सामाजिक तथा धन प्रदर्शन ने समस्या को और जटिल बना दिया है। आगे यह इंगित/सुझाता है कि स्थूलता समाज के सभी वर्गों द्वारा समान रूप से नहीं बांटी जाती।

4. मनोवैज्ञानिक कारक: मनोवैज्ञानिक कारक पर आधारित स्थूलता को विस्तृत रूप से दो भागों में बांटा जा सकता है-

विकासोन्मुख स्थूलता- यह स्थूलता बच्चों में बहुत आम बात है अक्सर बच्चों में असुरक्षा की भावना, उत्सुकता, असफलता, एकांतता तथा सामाजिक पृथकता की भावना की भरपाई खाना-खाने से हो जाती है।

प्रतिक्रियाशील स्थूलता- यह सामान्यत: युवावस्था में शुरू होती है तथा यह कटु अनुभव/अस्त व्यस्तता के अनुभव जैसे कि घर घुस्सूपन प्रणयभंग, रुग्णता अथवा किसी प्रिय व्यक्ति की मौत के प्रति संवेदनशीलता के कारण होती है। इस प्रकार यह जीवन के साथ समझौता करने का एक संपूरक व्यवहार हो सकता है जोकि अधिक गंभीर समस्याओं के प्रति उन्मुख होने को रोकता है। हमारे भारतीय समाज में कुछ लोग मनोविनोद में, कुछ लोग जीवन की सघन हलचल में भोजन को छोटे-छोटे टुकड़ों में अथवा गैर जरूरी पेयों को लेने लगते हैं। कई प्रकार के अनुभव भी उन लोगों के वजन में बढ़ोत्तरी कर देते हैं जो व्यक्ति पहले ही ज्यादा वजन के हैं। इस प्रकार मोटे लोगों को और अधिक बचना चाहिए खास तौर से रात्रि भोज के आयोजनों में तथा छोटे सामाजिक सम्मेलनों में जहां उन्हें पेय पदार्थ तथा व्यंजन खाने के लिए उपलब्ध कराए जाते हैं वहां खाने के बारे में उन्हें कम खाने के लिए तय कर लेना चाहिए। इसमें कोई शक नहीं कि भोजन सबसे पुराना तथा बहुत अत्यधिक प्रयुक्त स्थिर कारक (उत्सुकता को दबाना) है।

5. एडिपोज उत्तक विकास का पैटर्न: मानवीय स्थूलता एडीपोज उत्तकों के व्यक्ति विशेष में बढ़ने के तौर तरीकों का परिणाम है। एडीपोज उत्तक में दो प्रकार से वृद्धि होती है- प्रथम प्रकार में जब मौजूद असंख्य वसीय कोशाएं वसा के साथ अधिक आकार में बढ़ती हैं तो यह प्रक्रिया वसीय कोशों की हायट्रोफी कहलाती है। जैसे ही वसा का उपयोग होता है कोशाएं आकार में घट जाती हैं।

दूसरे प्रकार में वसीय कोशाओं की तादाद में शिशु अवस्था तथा प्रारम्भिक किशोरावस्था में अत्यधिक आहार देने के परिणामस्वरूप उल्लेखनीय वृद्धि होती है। इस संबंध में किए गए अनुसंधान दर्शाते हैं कि शरीर में वसीय कोशाएं भी आयु में बढ़ सकती हैं। वसीय कोशों की संख्या में वृद्धि को हायर प्लासिया कहते हैं।

वसीय कोशों की हायपरट्राफी के परिणामस्वरूप पैदा हुई स्थूलता हायपरट्राफिक स्थूलता तथा हायर प्लासिया के परिणामस्वरूप पैदा हुई स्थूलता को हायपर प्लास्टिक स्थूलता कहते हैं। एक बार यदि अधिक मात्रा में एडीपोज उत्तक विकसित हो गए तो ये वसीय कोशाएं घटेंगी नहीं। यह एक अपरिवर्तनीय अवस्था है। यह अवस्था सक्रिय भार घटाने की प्रक्रिया को करने पर भी परिवर्तित नहीं होती है। इसके परिणास्वरूप अधिकतम संख्या में स्थूल बच्चे स्थूल वयस्क बन जाते हैं। इस प्रकार की अवस्था को बहुत गंभीर माना जाता है। तथा परिवर्तनीय सुधारों के उपचार किए जाने के प्रति बहुत कम परिणाम दर्शाते हैं।

स्थूलता तथा शारीरिक भार में सुधार के उपाय

स्थूलता नियंत्रण के उपायों को जानने के पूर्व पाठकों को यह स्पष्ट हो जाना चाहिए कि हम यहां स्थूल/अधिक शारीरिक भार के व्यक्तियों के संबंध में विचार कर रहे हैं।

स्थूलता पर निम्नलिखित तरीकों को अमल में लाया जा सकता है-

- आहार नियंत्रण
- शारीरिक गतिविधियां व कसरतें
- आहार नियंत्रण एवं शारीरिक गतिविधियां
- औषधि

थकान

थकान से अभिप्राय: उस स्थिति से होता है जब मनुष्य में कार्य करने की शक्ति तथा क्षमता समाप्त हो जाती है। इसको कई प्रकार से प्रयोग किया जा सकता है परन्तु साधारण भाषा में इसका अभिप्राय होता है थक जाना।

हम देखते हैं कि व्यक्ति एक निश्चित समय के पश्चात काम करने के पश्चात रूक जाता है क्योंकि वह थक जाता है। थक जाने से अभिप्राय होता है कि उसमें काम करने की योग्यता तथा क्षमता कम हो जाती है।

यह कहा जा सकता है कि थकान वह क्षमता है जो मांसपेशियों को कार्य करने से अस्थायी रूप से रोकती हैं। निश्चित समय के पश्चात एक मनुष्य के काम करने की गति में कमी आ जाती है जो थकान के कारण होता है। थकान का मुख्य कारण मनुष्य के शरीर में उपस्थित ऊर्जा का खत्म हो जाना होता है।

मुख्यत: थकान के दो प्रकार होते हैं-

(1) मांसपेशियों की थकान।

(2) मानसिक थकान।

जो व्यक्ति शारीरिक कार्य अधिक करते हैं उनकी मांसपेशियों में थकावट आती है जबकि जो मनुष्य मानसिक कार्य अधिक करते हैं वह मानसिक रूप से थक जाते हैं।

थकान के कारण

प्राय: सभी वर्ग के लोगों को थकान का आभास होता है जो मुख्यत: निम्न कारणों से होता है-

(1) गहरी नींद की कमी,

(2) तनाव और परेशानियां,

(3) एनीमिया, रूधिर का अपूर्ण ऑक्सीकरण,

(4) कुपोषण,

(5) ईंधन या भोजन की कमी।

थके हुए व्यक्ति के लक्षण

एक थके हुए व्यक्ति में पाए जाने वाले साधारण लक्षण निम्नलिखित हैं-

1. ऐसे व्यक्ति के चेहरे पर नीरसता का भाव होता है और उसकी आंखें बुझी-बुझी सी प्रतीत होती हैं।
2. व्यक्ति के माथे पर शिकन आ जाती है और उसे नींद का आभास होता है।
3. ऐसे व्यक्ति के कार्य करने की गति धीमी हो जाती है।
4. एक थका हुआ व्यक्ति एकाग्रता से कार्य नहीं कर पाता और उसका ध्यान इधर-उधर भटकता रहता है।

थकान को खत्म करना

नियमित कार्य करने से उत्पन्न होने वाली थकान को निम्न तरीकों से खत्म किया जा सकता है-

(1) मालिश: प्राय: मालिश करने से शरीर की थकावट उतर जाती है और व्यक्ति में फिर से कार्य करने की क्षमता आ जाती है।

(2) मनोरंजन: नियमित रूप से कार्य करके मनुष्य ऊब जाता है जिस कारण वह थकान महसूस करता है। ऐसी स्थिति में हल्का संगीत और कुछ शारीरिक क्रियाएं उसको सहायता देती हैं। इसी उद्देश्य से विद्यालयों में आधी छुट्टी की व्यवस्था की जाती है ताकि बच्चे उस समय में थोड़ा आराम कर लें।

(3) विश्राम: थकान को दूर करने का सबसे अच्छा माध्यम होता है विश्राम करना। इसके द्वारा जो शक्ति शारीरिक क्रिया करने में खत्म हो जाती है उसकी प्राप्ति पुन: हो जाती हैं। इसलिए कुर्सियां ऐसी होनी चाहिए जिस पर आसानी से विश्राम किया जा सके।

(4) ठण्डी बौछार: कभी-कभी गर्मी के कारण भी मनुष्य अधिक थकान महसूस करता है। इस प्रकार की स्थिति में ठण्डे पानी से स्नान उसके लिए बहुत लाभदायी होता है।

अध्याय

9 संक्रामक रोग एवं उनका उपचार

रोग वह बीमारी है जो तभी होता है जब शरीर की सामान्य कार्यविधि में रुकावट आती है। ज्यादातर रोग शरीर को बीमार बनाते हैं या शरीर सामान्य अवस्था में नहीं रहता परन्तु कुछ रोग शरीर के ऐसे अंगों को प्रभावित करते हैं जिन्हें हम महसूस नहीं कर पाते जैसे-रक्त, हड्डियां, आन्तरिक अंग आदि। लक्षण वे परिवर्तन होते हैं जो हम महसूस करते हैं जब हम बीमार होते हैं। जुकाम का लक्षण खांसी हो सकता है। कुछ बीमारियों से लोग जल्दी ठीक हो जाते हैं, कुछ में बहुत लम्बा समय लगता है। कुछ रोग पक्के तौर पर खराबी छोड़ जाते हैं। कुछ रोग मौत का कारण बनते हैं।

रोग जो एक व्यक्ति से दूसरे तक फैलते हैं, संक्रामक या इन्फेक्शियस कहलाते हैं जैसे साधारण जुकाम। ऐसे रोग–दिल का दौरा, कैंसर आदि संक्रामक नहीं हैं। यदि कोई व्यक्ति ऐसे व्यक्ति के आसपास है जिसे संक्रामक रोग है तो हम कह सकते हैं वह व्यक्ति प्रभावित हो सकता है। कई बार लक्षण इतनी बाद में उभरते हैं कि व्यक्ति को पता नहीं चलता कि वह इस कारण रोग ग्रस्त हुआ था।

संक्रामक रोग का अर्थ

फैलने वाले रोग जो एक व्यक्ति से दूसरे तक प्रत्यक्ष या परोक्ष रूप से फैलते हैं या पशु से दूसरे पशु तक ऐसे वातावरण जैसे हवा, धूल, मिट्टी, पानी, भोजन के कारण फैलते हैं, संक्रामक रोग कहलाते हैं। उदाहरणतया एड्स, चेचक, मीजल, वूपिंग कफ, क्षय रोग, वायरल, हेपेटाइटिस बी, टायफायड, मलेरिया, रेबीज, टेटनस आदि संक्रामक रोगों की श्रेणी में आते हैं।

एच.आई.वी./एड्स

जब से एच.आई.वी. वायरस तथा एड्स की पहचान यूरोप और अमेरिका के विकसित देशों के समलैंगिक ग्रुपों में हुई है, 1970 के दशक के बाद एड्स का बहुत तेजी से प्रसार हुआ है। यह प्रसार पूरी दुनिया में लगातार बढ़ रहा है।

एड्स का जन्म भारत में नहीं हुआ परन्तु वर्तमान भारतीय परिप्रेक्ष्य में इस तथ्य से एड्स संक्रमण को झुठलाया नहीं जा सकता। अगले 10 वर्षों तक भारत में 50 मिलियन एड्स रोगी हो जाएंगे। भारत में एड्स का पहला रोगी चेन्नई के एक क्लीनिक में 1986 में ग्रीष्मकाल में सरकारी तौर पर घोषित हुआ। तब से देश में एड्स के रोगियों की संख्या में तेजी से वृद्धि हुई। ज्यादातर केस मुम्बई व चेन्नई की वेश्याओं तथा नसों में ड्रग इंजेक्शन लेने वाले उत्तर पूर्वी राज्यों के लोगों में पाए गए। 'उच्च जोखिम' वाले व्यक्तियों के माध्यम से यह रोग कस्बों व अन्य शहरों में फैलने लगा। 2021 में दुनिया में 38.4 मिलियन एड्स ग्रस्त लोग हैं तथा इनमें से काफी संख्या भारतीयों की भी है।

एच.आई.वी./एड्स का जन्म

कहा जाता है कि एड्स का सही जन्म कभी भी पता नहीं चल पाएगा। कुछ तथ्यों की पुष्टि से एड्स के जन्म के बारे में सांझी राय बनाई जा सकती है। यह निष्कर्ष निकलता है कि एड्स नई पीढ़ी का पेथोजन है जो नाम पेथोजेनिक, सब ह्यूमन प्रीमेट रेट्रो वायरस से उत्पन्न हुआ जिसका अफ्रीकी प्रीमेट (बन्दरों) से मानव में हुआ है। ऐसे विश्वव्यापी सबूत मौजूद हैं जो बताते हैं कि विश्व में बूढ़े प्रीमेट जैसे चिम्पैंजी, मेंड्रिल तथा अफ्रीकी ग्रीन बन्दरों में हजारों वर्षों से एड्स से मिलती-जुलती रेट्रोवायरस बीमारी हुई है जब कि वे नान पेथोजनिक है तथा डिबिलिटेटिंग बीमारी उत्पन्न नहीं करती।

एड्स क्या है?

एड्स का पूर्ण रूप है एक्वायरड इम्यून डेफिशेंशी सिंड्रोम

ए–एक्वायरड का अर्थ है यह कुछ ऐसा है कि लोग बाहर से प्राप्त करते हैं। आंखों के रोग या खून के प्रकार की तरह इसे पैतृक रूप से ग्रहण नहीं किया जाता। व्यक्ति के अपने व्यवहार स्थिति से यह फैलता है।

आई–इम्यून का अर्थ प्रतिरोध शक्ति से है जो कीटाणु व विषाक्तता से बचाती है। (शरीर की प्रतिरोध शक्ति कम होना)

डी–डेफिशेंशी का अर्थ है कमजोर प्रतिरोध तंत्र

एस–सिंड्रोम का अर्थ है कि लक्षण और चिह्नों के समूह मौजूद हैं। जब शरीर की प्रतिरोधक शक्ति कमजोर हो जाती है तब बहुत से इन्फेक्शन तथा बीमारियां शरीर को हो जाती हैं। इस अवस्था को सिंड्रोम कहते हैं। किसी विशेष बीमारी व बीमारियों के समूह को सिंड्रोम कहते हैं।

वर्तमान में विश्व स्वास्थ्य संगठन तथा यू.एन.एड्स ने अनुमान लगाया है कि 8500 व्यक्ति प्रतिदिन एच.आई.वी. से प्रभावित होंगे तथा प्रत्येक दिन 4000 व्यक्ति एड्स से मरेंगे।

एड्स प्रतिरोधक शक्ति की खराबी है। यह प्रतिरोधक शक्ति को विषाक्तता व बीमारियों से बचाती है। एड्स वह स्थिति है जब यह शक्ति खत्म हो चुकी होती है। शरीर बीमारियों की चपेट में होता है। इनके कुछ लक्षण सामान्य सेहतमंद लोगों को प्रभावित नहीं करते परन्तु जब प्रतिरोध शक्ति कमजोर हो जाए तो बीमारी को फलने-फूलने का मौका मिलता है जिन्हें अवसर विषाक्तता कहते हैं।

1981 में यू.एस.ए. में पहले एड्स रोगी की पहचान हुई जो समलैंगिक था तथा अद्‌भुत विषाक्तता से ग्रस्त हुआ और मृत्यु को प्राप्त हुआ। काफी विचार व बहस के बाद वैज्ञानिकों ने इसे नया सिंड्रोम कहा और एड्स नाम रखा।

एच.आई.वी. क्या है?

एड्स एक विषाणु एच.आई.वी. के कारण होता है।

H–ह्यूमन–का अर्थ है कि यह मानव को प्रभावित करता है।

I–इम्यूनोडेफिसेंसी–का अर्थ है कि प्रतिरोधक शक्ति क्षीण हो जाती है तथा एच.आई.वी. का अर्थ है–एड्स।

V–वायरस–यह बीमार करने वाला विषाणु है।

(i) एड्स ग्रहण किया जाता है क्योंकि यह किसी से होता है न कि वंशानुगत होता है।

(ii) वायरस शरीर की प्रतिरोधक शक्ति खत्म करता है तथा आम व्यक्ति से ज्यादा उस व्यक्ति को बीमारियां घेर लेती हैं।

(iii) लक्षण विविध होते हैं जिनमें बहुत से विषाणु बीमारी फैलाते हैं व ज्वर होता है।

प्रेषण का साधन

बीमारियां होने का कारण पेथोजन है। बाहर से शरीर में जीवाणु प्रवेश कर के बीमारी फैला सकते हैं। वायरस, बैक्टीरिया, फंजई तथा प्रोटोजोआ को पेथोजन कहते हैं। ये सभी सूक्ष्म जीवी होते हैं तथा नंगी आंखों से देखे नहीं जा सकते।

वायरस बहुत छोटा जीव होता है जो जेनेटिक द्रव्य के साथ नए जीवाणु पैदा करता है तथा ऐसा करने के लिए वह जीवित कोशिका के अन्दर जाता है।

वायरल लोड का केन्द्र–इन्फेक्शन तभी होता है जब एच.आई.वी. प्रचुर मात्रा में उपलब्ध हो। यदि केन्द्रता कम है तो विषाक्तता नहीं होगी।

प्रवेश द्वार–शरीर में एच.आई.वी. प्रवेश करने का रास्ता होना चाहिए। यदि एच.आई.वी. संक्रमित द्रव दूसरे व्यक्ति के शरीर में पहुंच न पाए तो संक्रमण नहीं होगा।

शरीर के द्रव जैसे- वीर्य, मेन्सट्रल रक्त, योनि द्रव में एच. आई.वी./एड्स की मात्रा अधिक होती है तथा वे इस द्वारा आदान-प्रदान होते हैं।

शरीर के द्रव जैसे-पसीना, आंसू, थूक, त्वचा के तेल में ये वायरस नहीं होते।

सेरीबरोस्पाइर्नल द्रव, एमनायोटिक द्रव, फोकल मैटर व्यक्तियों के बीच आदान-प्रदान नहीं होते।

एच.आई.वी./एड्स को शरीर के द्रव से अलग रखा गया है तथा ये थूक व आसुंओं में नहीं होते। सिर्फ रक्त, वीर्य, योनि स्राव तथा छाती के दूध में ये वायरस उपलब्ध होते हैं।

प्रेषण के लिए तीन साधन हैं–

यौन प्रेषण: वायरस यौन सम्बन्ध स्थापित करते समय संक्रमित व्यक्ति से अन्य व्यक्ति/औरत में प्रेषित हो जाता है। सहवास के दौरान यौन इन्द्रियों की कोशिकाओं की झिल्ली फटने से वायरस उनमें प्रवेश कर जाता है। यदि यौन साथी पहले ही यौन जनित बीमारी से ग्रस्त है तो वायरस और भी आसानी से प्रवेश करता है क्योंकि कोशिकाओं की झिल्ली पहले से ही टूटी होती है। भारत में एच.आई.वी./एड्स का वायरस मुख्यत: यौन सम्बन्धों में ही आदान-प्रदान से होता है।

खून से प्रेषित: विषाक्त नीडल, सिरिंज या अन्य उपकरणों से संक्रमित रक्त दूसरे तक जाता है तथा रक्त प्राप्त करने वाले को 100% संभावना है कि एड्स हो सकती है। जहां HIV antibody स्क्रीनिंग नहीं की जाती है वहाँ HIV infection आम है।

जब रक्त की आवश्यकता हो तो यह लाइसेंस शुदा ब्लड बैंक से ही प्राप्त करें जहां HIV Test होता है तथा बोतल पर लेबल लगा रहता है कि यह Tested है। यदि Label लगा भी हो तब भी संभावना है कि HIV Virus मौजूद हो क्योंकि हो सकता है कि रक्त Window Period में लिया गया है क्योंकि Window Period में HIV के जवाब में Antibodies पैदा नहीं होती। HIV हवा में 30 सैकेंड से 1 मिनट जिंदा रहता है।

मां से शिशु में प्रेषण: HIV मां से नवजात शिशु में गर्भाशय में या जन्म के दौरान या जन्म के एकदम बाद हो सकता है। इस सारी प्रक्रिया में कुल मिलाकर जोखिम 30% है। संक्रमित मां के दूध में HIV वायरस थोड़ी मात्रा में होता है। शोधकर्त्ताओं का मानना है कि एक तिहाई बच्चे संक्रमित मां के कारण HIV का शिकार बनते हैं जब वे उनका दूध पीते हैं।

देखने में आया है कि अवैध यौन सम्बन्ध मुख्य कारण है एड्स के इन्फेक्शन का। अस्सी प्रतिशत एड्स की पहचान किए जाने वाले मरीजों में अवैध यौन सम्बन्ध मुख्य कारण पाया गया है। देश में तेजी से बढ़ रहे एड्स केस का मुख्य कारण है मजदूरों का इधर-उधर जाना जो नौकरी की तलाश में जाते हैं तथा आर्थिक रूप से पिछड़े क्षेत्र से विकसित हिस्से में जाते हैं। कम साक्षरता स्तर से मुख्य उच्च जोखिम वाले ग्रुप में कम जागरुकता होती है।

एच.आई.वी./एड्स का प्रेषण न होना: एड्स के प्रति वर्तमान रवैया वैसा ही है जैसे आरंभिक 19वीं शताब्दी में सिफलिस के प्रति लोगों का दृष्टिकोण था। एड्स के बारे में गलत सूचना के कारण मिथ व इमोशनल हिसटिरिया हो सकता है। एड्स कैसे फैलता है, इसे लेकर आजकल बहुत भ्रम फैल रहे हैं। एच.आई.वी. के प्रेषण (फैलने) के केवल तीन मार्ग हैं–

एच.आई.वी./एड्स इस तरह नहीं फैलता

1. एड्स ग्रस्त व्यक्ति द्वारा इस्तेमाल गिलास से पानी पीने से।
2. HIV/AIDS ग्रस्त व्यक्ति द्वारा इस्तेमाल पूल में तैरने से।
3. एड्स ग्रस्त व्यक्ति को पहले काटे गये मच्छर द्वारा काटे जाने से।
4. ग्रस्त व्यक्ति द्वारा काटे जाने से।
5. ग्रस्त व्यक्ति के साथ सामाजिक/थोड़ी देर मिलने से।
6. ग्रस्त व्यक्ति की देखभाल करने से।
7. ग्रस्त व्यक्ति से हाथ मिलाने से।
8. एड्स व एच.आई.वी. ग्रस्त व्यक्ति द्वारा प्रयोग किए गए टायलट प्रयोग करने से।
9. एड्स ग्रस्त व्यक्ति को गले लगाने व चूमने से।
10. एड्स ग्रस्त व्यक्ति से कभी-कभार मिलने, साथ बैठने, उनके द्वारा खांसी करने व छींकने या पानी, भोजन, कप, गलास, प्लेट, फोर्क, चम्मच या अन्य वस्तु शेयर करने से।
11. जहां एड्स है वहां के व्यक्तियों द्वारा भेजे गए साहित्य को प्राप्त करने से।
12. रक्त दान करने से।
13. बेड बग, मक्खियां, जूएं, पिस्सु व अन्य कीड़े व पक्षी से एड्स/एच.आई.वी. नहीं फैलते।

एड्स की पहचान

विश्व स्वास्थ्य संगठन (WHO) ने एड्स की पहचान के लिए कुछ चिह्न दिये हैं जो ये हैं–

मुख्य पहचान चिह्न

1. शरीर के वजन से 10 प्रतिशत वजन कम होना।
2. एक महीने से ज्यादा लगातार बुखार रहना।
3. लगातार दस्त लगना (एक माह से अधिक)।

छोटे पहचान चिह्न

1. एक महीने से अधिक अवधि तक लगातार खांसी।
2. त्वचा पर सामान्य खुजली, स्किन इरीटेशन।
3. बार-बार होने वाले Herps Zoster (Shingres)
4. Oropharyncal Candidiasis (मुंह/गले में फंगस इन्फेक्शन)
5. लिम्फ ग्रंथियों का सूजन।

एड्स का उपचार

अब तक एड्स का कोई उपचार नहीं मिल सका है। अगर कोई इलाज ढूंढ भी लिया जाएगा तो विकासशील देशों में महंगा होने के कारण उपयोग नहीं किया जा सकेगा।

एच.आई.वी./एड्स से बचाव

वर्तमान में एड्स से बचाव ही उसका उपचार है क्योंकि एड्स यौन जनित रोग है तो इसको रोकने के लिए यौन-व्यवहार ही

मुख्य मुद्दा है। यह जरूरी हो जाता है कि सूचनाप्रद शिक्षण कार्यक्रम शुरू हो जो सभी पुरुषों व स्त्रियों को यौन से फैलने वाली बीमारियों की पहचान इलाज समझाएं तथा कंडोम प्रयोग करने की शिक्षा दें तथा एड्स से ग्रस्त लोगों या सम्भावित व्यक्तियों को खुली व साफ सूचना दें। भारत में यौन संक्रमण रोगों का बचाव प्राथमिक स्तर पर होना चाहिए।

1. बचाव के लिए सुरक्षित यौन गतिविधियां–
   (i) यौन गतिविधियां जैसे आलिंगन, चुम्बन आदि।
   (ii) ऐसा कार्य जिसमें वीर्य, वेजिनल स्राव या खून का आदान-प्रदान हो।
   (iii) लम्बी अवधि की आपसी वफादारी, एक पार्टनर के प्रति वफादार रहना।
   (iv) कंडोम का उचित व लगातार प्रयोग।
2. रक्तदान किए गए खून का परीक्षण अनिवार्य है जहां स्वैच्छिक नाम पेड डोनर रिक्रूट किए जाते हैं तथा हेल्थ केयर वर्कर को शिक्षा दी जाए कि अनावश्यक ट्रांसफ्यूंजन कम करे ताकि रक्त द्वारा एड्स फैलने से रोका जा सके।
3. यूनिवर्सल हेल्थ बचावों के अन्तर्गत उपकरणों को ठीक से रोगाणुमुक्त करने से ही विषाक्तता पर नियंत्रण पाया जा सकता है तथा उनकी सप्लाई भी बरकरार रहनी चाहिए।
4. ड्रग लेने वाले तथा यौन जनित सम्बन्धों से होने वाले इन्फेक्शन के खिलाफ भी बचाव के कदम उठाने चाहिए।
5. ब्लड सेम्पल की एच.आई.वी. जांच हो। विंडो पीरियड के दौरान स्क्रीनिंग न करें। भूटान, इंडोनेशिया व थाइलैंड में दान किया गया सारा रक्त जांचा जाता है।
6. मां से बच्चे में प्रेषण को रोका जाए। जिन माताओं पर एच.आई.वी. का शक हो उन्हें बच्चे पैदा करने से रोका जाना चाहिए ताकि मां से बच्चे में एड्स का प्रेषण न हो पाए।
7. काऊंसलिंग व गर्भ निरोधक सेवाएं सभी मरीजों को उपलब्ध करवाएं।

WHO के अनुमान के अनुसार 18-20 मिलियन बड़े व बच्चे विश्व में एड्स/एच.आई.वी. से ग्रस्त हैं। इनकी हॉस्पीटल व घर में केयर की जरूरत है। इन्हें अवसरवादी रोगों के लिए जैसे क्षय रोग के लिए टीके मिलने चाहिए। एड्स प्रोडक्टिव सालों में प्रभावित करता है तो उनके परिवारों पर आर्थिक बोझ बहुत अधिक पड़ता है। इससे स्वास्थ्य खर्चों पर बोझ पड़ता है, वर्क फोर्स घटती है तथा हुनरमंद लोग व व्यावसायिक लोगों की कमी हो जाती है।

वायरल हेपेटाइटिस

वायरल हेपेटाइटिस दो वायरसों के कारण होता है– हेपेटाइटिस 'ए' (HAV) तथा हेपेटाइटिस बी वायरस (HBV)। एक तीसरे प्रकार का वायरस जो सभी देशों में पाया जाता है जो 'नान ए' व 'नान बी' (NANB) है उसे हेपेटाइटिस 'सी' कहते हैं। तीन तरह के वायरस हैं–हेपेटाईटिस 'ए', 'बी' व 'सी'।

हेपेटाइटिस–ए

यह तीव्र संक्रामक रोग है जो हेपेटाइटिस वायरस द्वारा फैलता है। आजकल इसका विश्वभर में प्रकोप है। जहां सफाई की स्थिति अच्छी नहीं, यह वहां बहुधा होता है। वायरस लीवर पर हमला करता है जिससे रोगी में अनेक डिग्री का ज्वर हो जाता है।

इसकी तीव्रता उम्र के साथ होती है तथा लक्षण ज्यादातर नौजवान व छोटे बच्चों में अधिक होते हैं। लक्षण चार हफ्तों से तीन महीने तक रहते हैं जिनमें पूर्ण आराम व हस्पताल में रहना जरूरी है जिससे दिनचर्या प्रभावित होती है तथा स्कूल से अनुपस्थित रहना पड़ता है। 6-12 महीनों में पूरा आराम व रिकवरी होती है। 20 प्रतिशत केसों में यह पुनः हो जाता है तथा लक्षण छह महीने तक रहते हैं।

हेपेटाइटिस-ए के लक्षण

1. इनमें नाऊसिया उल्टी, आंखों, त्वचा व पेशाब का पीलापन होता है।
2. दस्त, पीले दस्त, पीठ का दर्द, चिड़चिड़ाहट व थकावट।
3. बुखार व कंपन, भूख कम लगना, गला खराब होना। इन लक्षणों के होने की तीव्रता व्यक्ति की आयु पर निर्भर करती है। बच्चों को यह अधिक प्रभावित करता है। दो से पांच वर्ष के बच्चों को पीलिया हो जाता है जिसमें गहरा पेशाब व पीले स्टूल होते हैं।

प्रेषण का साधन

1. यह वायरस मल-मूत्र के पथ से फैलता है।
2. प्रभावित व्यक्ति के मल-मूत्र के सम्पर्क में आने व विषाक्त भोजन, पानी, हाथ व बर्तन छूने से फैलता है।
3. कच्चे व अपर्याप्त पके हुए भोजन (फल, सलाद, सब्जियां, सी फूड आदि)।

4. घर में, स्कूल, डे-केयर केन्द्र व हॉस्टल में प्रभावित लोगों के सम्पर्क में आने पर।
5. प्रभावित सूइयों व सिरिंज से।
6. रहने के निम्न स्तर, गन्दगी से व स्वच्छ माहौल में न रहने से।

जो उच्च स्तर पर जीवन-यापन करते हैं उनमें होने की संभावना कम है। कोई भी नान इम्यून व्यक्ति हेपेटाइटिस ए की चपेट में आ जाता है। डे-केयर सेंटर व स्कूल पर बच्चे तथा ऊपरी वर्ग में यह वायरस नहीं फैलता है। यह वायरस ज्यादातर उन लोगों में फैलता है जो उच्च संक्रामक क्षेत्र में सफर करते हैं, फूड हैंडल करते हैं, हेल्थ केयर वर्कर हैं, स्कूल व डे-केयर व्यवसायी हैं तथा प्रभावित व्यक्ति के सम्पर्क में आते हैं।

बचाव

1. इसका बचाव ह्यूमन नार्मल इमीनोगलूबिन (गामा ग्लूबिन) द्वारा होता है जो स्वस्थ ब्लड डोनर के पूल्ड प्लाज्मा से तैयार है।
2. पूरा आराम, दवा तथा मल-मूत्र का ठीक विसर्जन।
3. सोडियम हायपोक्लोराईड का प्रयोग।
4. साधारण साफ सफाई के माध्यम से जैसे मल-मूत्र त्याग के बाद हाथ धोना, खाने से पहले हाथ धोना तथा रोगी से सीधा सम्पर्क के बाद हाथ धोना आदि।
5. पानी, भोजन व दूध की विषाक्तता रोकने के लिए मल-मूत्र का स्वच्छता से त्याग।
6. पीने के लिए उबला पानी प्रयोग करें।
7. वायरस मारने के लिए पानी का क्लोरीनेशन करें।
8. सिरिंज, सूईयों व अन्य उपकरणों की उचित जीवाणु मुक्ति (Sterilization) करें।
9. वायरस से बचाव के लिए नियमित टीके लगवाए जाएं।

हेपेटाइटिस "ए", हेपेटाइटिस 'बी' से अलग है।

हेपेटाइटिस 'ए' मुख्यत: हेपेटाइटिस 'बी', रक्त, यौन विषाक्त भोजन तथा पानी सम्पर्क या प्रभावित मां से फैलता है। नवजात में फैलता है।

हेपेटाइटिस 'बी'

यह तीव्र इन्फेक्शन रोग है जो जिगर की खराबी के कारण हेपेटाइटिस बी वायरस से फैलता है। यह पूरे विश्व में संक्रामक है जिसमें दूर-दराज के देश व प्रायद्वीप शामिल हैं। इसका होना हरेक देश में अलग-अलग अनुपात रखता है तथा व्यवहार, पर्यावरण तथा होस्ट कारक पर निर्भर है। यहां जीवन स्तर ऊंचा है वहां यह कम होता है।

यह तीव्र रूप से फैलने वाली विश्वभर की बीमारी है। विकासशील देशों की बजाय अविकसित देशों में बहुत पायी जाती है। यह डी.एन.ए. वायरस है तथा विषाक्तता का मुख्य स्रोत मनुष्य ही है। जो मनुष्य HBS Ag पाजिटिव 6 माह से अधिक रहते हैं तथा बाद में हेपेटाइटिस बी होता है वे क्रोनिक केरियर हैं जिन्हें क्रोनिक लीवर की बीमारी भी हो जाती है। रक्त ही विषाक्त होता है। लार, पेशाब या वीर्य प्रभावित नहीं होते। प्रेषण की अवधि कई माह तक रहती है या जब तक वायरस खून में मौजूद रहता है।

यह बड़ी जल्दी की अवस्था में होती है। ड्रग लेने वाले, वेश्याएं, समलैंगिक आबादी में यह बहुतायत में होती है। इनकूबेशन अवधि 60 से 180 दिन होती है। वायरस की कम डोज से इनकूबेशन अवधि लम्बी हो जाती है।

प्रेषण के ढंग

1. **मां-बाप के द्वारा**–हेपेटाइटिस बी के होने का मुख्य पथ यही है। यह (क) रक्त चढ़ाने से (ख) ठीक प्रकार विषाणुमुक्त न की गई सुई, सिरिंज व अन्य उपकरण इस्तेमाल करने से होता है तथा (ग) दूषित रक्त के सम्पर्क में आने से भी होता है। सांझे ब्लेड, टुथब्रश, तोलिए या सन्सर्ग बैठने से भी होता है।
2. **वर्टिकल ट्रांसमिशन**–संक्रमित मां के गर्भाशय से भी यह नवजात शिशु में जाता है। इसकी प्रक्रिया पक्की नहीं है। बच्चे के शरीर में मां का खून संचरित होने से Hep-B हो सकता है।
3. **अन्य रास्ते**–हेप-बी शरीर के अन्य स्राव जैसे-लार, वीर्य व योनि के द्रव में होता है। अत: चुम्बन व सहवास से विषाक्तता हो सकती है।

बचाव

1. **हेपेटाइटिस-बी टीका**–इस टीके का उद्देश्य सरफेस एंटीबाडी बनाना है जो संक्रमित व्यक्ति के प्लाज्मा से बनाते है। इसमें 3 डोज दिए जाते हैं।
2. **हेपेटाइटिस बी इमुनोग्लोबिन**–यह उनके लिए उपयोग होता है जो HBS Ag– पाजिटिव ब्लड से ग्रस्त है। उदाहरणार्थ–(क) सर्जन, नर्स व लैब वर्कर (ख) केरियर

मां के नवजात शिशु (ग) हेपेटाइटिस बी के मरीज के साथ यौन-सम्बन्ध बनाने पर। एक्सीडेंटल ओकुलेशन के ठीक बाद HBVIG दिया जाए (6 घंटे के अन्दर तथा 48 के बाद नहीं) तथा मरीज का खून HBsAB के लिए निकाल कर टेस्ट करें। यदि टेस्ट नेगेटिव है तो तुरन्त इसका टीका लगा कर पूरा कोर्स दें। यदि सरफेस एंटीबॉडी के लिए टेस्ट पाजिटिव है तो आगे कार्यवाही की जरूरत नहीं।

3. **पॉजिटिव एक्टिव इमुनाईजेशन**–HBIG के साथ हेपेटाइटिस B का टीका लगाना भी प्रभावी रहता है। HBIG हेपेटाइटिस टीके के साथ एंटीबाडी रिस्पांस में दखल नहीं देता। जिन मरीजों को गलती से हेपेटाइटिस 'बी' का खून चढ़ा दिया गया हो या केरियर मां के नवजात शिशु को बचाना हो उनके लिए यह संयुक्त प्रक्रिया बहुत लाभकारी है।
4. **अन्य ढंग**–खून की जांच हो तभी मरीज को चढ़ाएं। जिन दानकर्त्ताओं के खून टेस्ट में पॉजिटिव पाया जाए, उसे रिजेक्ट कर दें। स्वैच्छिक रक्तदाताओं को प्रोत्साहित करें क्योंकि खरीदे गए खून में हेपेटाइटिस की संभावना अधिक रहती है। सभी उपकरण विषाणु मुक्त हो तथा लोगों को स्वस्थ माहौल में रहने की शिक्षा दी जाए।

हेपेटाइटिस 'सी'

हेपेटाइटिस 'सी' धीरे-धीरे मौत की तरफ ले जाता है। सन् 1970 से अब तक खोजी गई 40 बीमारियों में यह एक है। 1989 से पहले इसे 'नॉन ए, नॉन बी हेपेटाइटिस' कहते थे।

जिन उपकरणों के साथ रक्त लगा हो (रेजर, टेटू पेन, टुथब्रश आदि) उनसे यह बीमारी लगने का जोखिम बना रहता है।

- मां भी नवजात शिशु में यह रोग प्रेषण कर सकती है।
- यौन सम्बन्धों के कारण भी रोग हो सकता है।

उपचार हमेशा कामयाब नहीं होता तथा वायरस जीनो टाईप व स्ट्रेन पर निर्भर करता है। परन्तु एक्रास द बोर्ड 60 प्रतिशत मरीज ठीक हो जाते हैं। जब पेगीलेटड इंटरफार्म उपलब्ध होता है, हेपेटाइटिस का मुख्य लक्षण थकावट है जो क्रोनिक फेटिक सेंड्रोम मान लिया जाता है।

क्षय रोग

यह एक विशिष्ट संक्रामक रोग है जो मायको ट्यूबरक्लोसिस या कभी कभार मायको-बोयसिस के कारण होता है। यह पल्मोनरी तथा एक्स्ट्रा पल्मोनरी उत्तकों को प्रभावित करता है। यह बीमारी लम्बी अवधि तक चलती है। इसकी बोवाइन टाईप एक्सट्रापल्मोनरी अंग-अर्थात् आंत, हड्डी, लिम्फ नोड को प्रभावित करती है। क्षयरोग भारत में मुख्य स्वास्थ्य की समस्या है।

यह किसी भी आयु में हो सकता है परन्तु बुढ़ापे में यह बहुधा पाया जाता है। यह तब तक फैलने वाला रोग होता है जब संक्रमित होस्ट बेसिली छोड़ता है। यह अवधि हफ्तों, महीनों व वर्षों तक खिंचती है। इनके मुख्य कारक हैं–भीड़, घर का सही स्टैण्डर्ड न होना, अज्ञानता, कम सफाई, गरीबी, बड़ा परिवार। ये विशिष्ट कारक नहीं है परन्तु ये कारक आपस में एक दूसरे पर निर्भर करते हैं तथा क्षयरोग फैलाते हैं।

प्रेषण के ढंग

'ओपन' केस द्वारा जनित ड्रापलेट नाभिकाएं व विषाणु क्षयरोग फैलाते हैं। फैलने के लिए कण ताजे हों तो परजीवी को ले जा सकें। पल्मोनरी क्षय रोग का प्रधान लक्षण खांसी है। बोलने से अधिक जीवाणु खांसी द्वारा ले जाए जाते हैं।

विषाणु के दो स्रोत हैं–मानव व बोवाईन।

1. **मानव स्रोत**–इसमें विषाक्तता का मुख्य स्रोत बेसिलरी केस है। समीर्रसमीर-पाजिटिव रोगी इन्फेक्शन के असली स्रोत हैं तथा दूसरे स्रोत हैं वे मरीज जिनकी थूक में ब्रेसिली होते हैं।
2. **बोवाईन स्रोत**–बोवाईन क्षयरोग भारत में कोई समस्या नहीं है क्योंकि यहां इस्तेमाल करने से पहले दूध को उबाला जाता है।

   पल्मोनरी क्षयरोग से पीड़ित रोगी का थूक ही ट्यूबरकल वेसिली का मुख्य स्रोत है।

बचाव

बचाव और नियंत्रण के बुनियादी सिद्धांत अन्य संक्रमण रोगों की तरह ही हैं। वे हैं–

1. **केस की जल्द पहचान:** क्षय रोग रोकने के उपायों में सबसे जरूरी है कि केस की जल्द पहचान हो जाए। जिनकी थूक क्षयरोग के जीवाणु, ट्यूबरकल बेसिली के लिए पाजिटिव हो, को अलग रखा जाता है। विश्वसनीयता, सस्ता होने व आसान होने के कारण सीधी माइक्रोस्कोपी जांच को सर्वश्रेष्ठ ढंग माना गया है। स्पार पर तथा

ओवरनाईट स्पट्म की जांच करके क्षयरोग की पहचान की जाती है। यदि क्षयरोग की जांच करनी है तो सभी स्वास्थ्य संस्थाओं पर स्पट्म की जांच के लिए माइक्रोस्कोपिक जांच उपकरण उपलब्ध हो।

शुरू की पहचान में ये लक्षण दिखते हैं–

1. 3 से 4 हफ्ते से चल रही खांसी तथा लगातार ज्वर।
2. छाती में दर्द को क्षयरोग का पहचान नहीं मान लेना चाहिए। जब तक केमोथेरेपी नहीं होती बचाव का यह ढंग किसी कीमत का नहीं।

2. **केमोथेरेपी:** पल्मोनरी क्षयरोग के इलाज में इस ढंग ने अद्‌भुत परिणाम दिखाए हैं। केमोथेरेपी का उद्‌देश्य बैक्ट्रीयल इलाज है–अर्थात् लेसियन को तुरन्त विषाणुमुक्त कर देने से उस समुदाय में क्षयरोग फैलने के चांस कम हो जाते हैं। इस केमोथेरेपी में लेसियन ही ठीक नहीं होते, मरीज के स्पट्म से बेसिली दूर हो जाते हैं। केमोथेरेपी आसानी से उपलब्ध होनी चाहिए तथा निःशुल्क हो। यह पर्याप्त उपलब्ध हो ताकि समुदाय के सभी लोगों पर जांच की जा सके। पूरी चिकित्सा के बाद भी मरीज में रोग पुनः उभर सकता है या बैक्ट्रीया में प्रतिरोध शक्ति पैदा होने पर पूरे समुदाय पर जोखिम हो सकता है।

   क्षयरोग के विरुद्ध दवा में ये गुण होने चाहिए (क) यह पूरी तरह से प्रभावी हो (ख) टाक्सिक साईड इफेक्ट्स से मुक्त हो (ग) लगाने में आसान हो (घ) यह केमोथेरेपी ठीक प्रकार से तथा सस्ती हो। दवा-प्रभाव के लिए कई दवाएं एक साथ दी जाती हैं ताकि रोग पुनर्जीवित न हो सके। इसमें मरीज को सामाजिक, आर्थिक व मनोवैज्ञानिक तौर पर तैयार करके उसकी मदद बहुत आवश्यक है।

3. **बी.सी.जी. टीका:** इसे बेसाईल कालमेटग्यूरिन कहते हैं। यह हानिरहित है। जब टीका देते हैं तो प्रतिरोध उत्पन्न करती है। इसकी उपयोगिता 1948 में आंकी गई जब इसे सारी दुनिया के क्षय रोगियों ने सुरक्षित बचाव का साधन माना।

   BCG का मुख्य उद्देश्य प्राथमिक प्रतिरोध शक्ति पैदा करना है। दो तरह के टीके हैं–द्रव (ताजा) टीका तथा फ्रीज सूखा टीका। फ्रीज सूखा टीका ज्यादा उपयोगी है। यह WHO के प्रतिरोध कार्यक्रम का पूरी दुनिया में प्रचलित हिस्सा है।

4. **केमोप्रोफेजेक्सिसः** आईसोनियजिड को क्षयरोग का केमोप्रोफेलिक्सस (बचाव का ढंग) माना गया है। यह प्राथमिक हो सकती है या सैकेंडरी। प्राईमरी उन्हें देते हैं जो इस रोग से बचे हुए हैं ताकि उन्हें इन्फेक्शन न हो। सैकन्डरी का अर्थ है उन्हें दवा देना जिन्हें पहले से हो रखी हो ताकि बीमारी का विकास रोका जाए।
5. **पुनर्वासः** पुनर्वास उन्हें चाहिए जो क्रोनिकली बीमार हैं तथा अभी भी ट्यूबरकल बेसिली स्राव कर रहे हैं तथा जिन्हें यह रोग है उन्हें भौतिक व मानसिक क्षमताओं के अनुसार पुनर्वास चाहिए।
6. **सावधानी:** किसी भी प्रभावी क्षयरोग कार्यक्रम का यह जरूरी हिस्सा है। इसके दो पहलू हैं–(क) क्षयरोग स्थिति का अवलोकन। उदाहरण के लिए सालाना विषाक्तता दर नापना जिसे एपीडेमियालोजिस्ट व हैल्थ एडमिनिस्ट्रेटर को पता चले कि टी.बी. की समस्या स्थिर है, बढ़ रही है या घट रही है। (ख) केन्द्रीय साधन जैसे बी.सी.जी. टीका लगाना व केमोथेरेपी की जांच।

मलेरिया

विशेष सपोरोजोन परजीवी द्वारा खून विषाक्त करने से होने वाली कई बीमारियों का नाम मलेरिया है। पलासमोडियम दूषित मादा मच्छर एनाफलीज द्वारा मानव में प्रवेश करता है जिसके बाद कंपकपी, बुखार तथा स्पलीन बढ़ती है तथा सेकेण्डरी एनिमिया होता है।

यह बीमारी बहुत फैलती है। मलेरिया के तीन चरण हैं–

1. **कोल्ड स्टेज**–इसमें अचानक बुखार व बहुत ठंड लगती है तथा मरीज चाहता है कि उसे कम्बलों से ढका जाए। यह अवस्था 15 मिनट से एक घंटा तक रहता है।
2. **हाट स्टेज**–इसमें तापमान 106° फार्नहीट तक जाता है। रोगी को गर्मी लगती है तथा वह कपड़े उतार देता है। तीव्र सिर दर्द होता है। यह अवस्था 2 से 6 घंटे रहती है।
3. **स्वेटिंग स्टेज**–बुखार कम होता है, पसीना आता है। यह अवस्था 2 से 4 घंटे रहती है।

मलेरिया सभी आयु वर्ग के लोगों में होता है। यह सीजनल बीमारी है तथा जुलाई से नवम्बर तक होती है। प्रभावित मच्छर के काटे जाने के 10 दिन के भीतर प्रथम अटैक होता है।

प्रेषण का ढंग

1. वेक्टर ट्रांसमिशन–एक अकेला विषाक्त वेक्टर अपने जीवनकाल में कई लोगों को प्रभावित कर सकता है। मच्छर तब तक अप्रभावी नहीं होता जब तक उस की लार ग्रंथियों में स्पोरोजाइट उपस्थित रहते हैं।

2. सीधा ट्रांसमिशन–मलेरिया दुर्घटनावश हो सकता है। जब रक्त या प्लाज्मा में इंटरामस्कुलर व इंटराविनस विषाक्तता हो जाए। उदाहरणार्थ रक्त चढ़ाने से या ड्रग आदि से मलेरिया हो जाए।

बचाव: मलेरिया के बचाव व रोकथाम के तरीके हैं–

(क) मच्छर के काटने से बचना

(ख) एंटी लारवा ढंग

(ग) एंटी एडल्ट (मच्छर) ढंग तथा

(घ) मानव के तालाबों का नियंत्रण।

मलेरिया से बचने के लिए निम्नलिखित ढंग अपनाए जाएं–

(1) व्यक्तियों द्वारा अपनाने वाले ढंग

1. व्यक्ति/वेक्टर सम्पर्क से बचाव–रेपेलेन्ट, बचावी कपड़ों, बेड नेट, घर की स्क्रीनिंग का प्रयोग करके।
2. वयस्क मच्छरों का सफाया–एयरोसोल जैसे-स्प्रे का छिड़काव।
3. मच्छरों के लारवा का खात्मा, घरों की सफाई तथा पानी के कन्टेनरों को बीच-बीच में सूखा रखना।
4. मच्छरों के स्रोतों को कम करना–छोटे खड्डों को भरना तथा पानी का प्रबन्ध करना।
5. मलेरिया परजीवी के खिलाफ उपाय– केमोप्रोहेलेक्सिस व केमोथेरेपी।

(2) समुदाय द्वारा अपनाए जाने वाले ढंग

1. व्यक्ति/वेक्टर स्पर्श का बचाव–जगह का चुनाव तथा घर की स्क्रीनिंग।
2. व्यस्क मच्छरों की समाप्ति–कभी-कभी कीटनाशकों का छिड़काव।
3. मच्छरों के लारवा की समाप्ति–लारवीसिकल का प्रयोग (रासायनिक व बायोलोजिकल)।
4. स्रोत घटाना–मैन-मेड मलेरिया घटाना, वातावरण की स्वच्छता, पानी का प्रबन्ध तथा निकासी की योजनाएं।
5. मलेरिया परजीवी के खिलाफ अभियान– प्रीजम्पटिव उपचार, रेडिकल-ट्रीटमेंट, मॉस ड्रग देना।

रेबीज

रेबीज जिसे हाइड्रोफोबिया (पानी से डर) भी कहते हैं। सेन्ट्रल नर्वस तंत्र की घातक वायरल बीमारी है। यह गर्म खून जानवरों की जूनोटिक बीमारी है। ये जानवर हैं–कुत्ते, बिल्ली, गीदड़ तथा भेड़िये जो मांसाहारी हैं। ऐसे रेबिड जानवर जब मनुष्य को काटते हैं तो यह बीमारी मनुष्य को हो जाती है।

मनुष्य की यह केवल पहली संक्रमण बीमारी है जो 100 प्रतिशत घातक है। ह्यूमन रेबीज भारत में आम सेहत की समस्या है। कुत्ते और विशेषकर आवारा कुत्ते इस बीमारी के कारण हैं। कुछ जंगली जानवर भी यह बीमारी फैलाते हैं जिनमें मुख्य हैं–लोमड़ी, गीदड़, मैगूज आदि। ये जानवर बीमारी के इन्फेक्शन को पालतू पशुओं में प्रेषित कर देते हैं। इस चक्र में मनुष्य को भी रेबीज बीमारी हो जाती है।

रेबीड पशुओं की लार मनुष्य के इन्फेक्शन का मुख्य स्रोत है। सभी गर्म खून वाले प्राणियों को रेबीज होता है। आदमी में रेबीज एक डेड-एंड-इन्फेक्शन है तथा वायरस के लिए जीवन मूल्य नहीं बचती। स्त्रियों की अपेक्षा व्यक्ति व बच्चों को रेबीज का ज्यादा खतरा है। यह 1 से 3 महीने तक रहता है परन्तु 10 दिनों से एक वर्ष या उस से भी अधिक समय तक रहता है। किसी अन्य बीमारी में इन्कयूबेशन अवधि इतनी परिवर्तनशील नहीं तथा इन कारकों पर निर्भर है–(i) काटे जाने वाली जगह (ii) काटने की तीव्रता (iii) अन्दर कितना वायरस प्रवेश हुआ (iv) काटने वाले जानवर की जाति (v) कपड़े द्वारा प्रदान की गई सुविधा (vi) किया गया उपचार। ज्यादा काटे जाने पर पीरियड छोटा होता है तथा चेहरा, सिर तथा ऊपरी हिस्सों में काटे जाने पर तीव्र दर्द होता है तथा घातक होता है। जंगली जानवरों के द्वारा काटा जाना पालतू पशुओं के काटने से अधिक घातक होता है।

मनुष्यों में रेबीज के लक्षण हैं–सिर दर्द, गला-सूजन, 2 से 10 दिन तक रहने वाला ज्वर, दर्द तथा काटने वाली जगह पर ऐंठन। मरीज को शोर, तेज रोशनी या ठंडी हवा अच्छी नहीं लगती। मानसिक परिवर्तनों में मौत का डर, गुस्सा, चिढ़ तथा अवसाद शामिल हैं।

प्रेषण के ढंग

1. काटना–मनुष्यों में रेबीज रेबिड जानवरों द्वारा काटे जाने पर होता है तथा जानवरों की लार द्वारा शरीर की त्वचा में वायरस प्रवेश करता है। आदमी में आदमी द्वारा बहुत कम केसों में प्रेषण होता है।

2. **चाटना**–त्वचा पर कटी-फटी जगह पर तथा मस्कोसा पर चाटने पर बीमारी होती है।

3. **बिना काटने वाले पथ**–रेबीज से ग्रस्त चमगादड़ जब गुफा में उड़ते हैं तो हवा द्वारा रेबीज फैलती है।

बचाव: बचाव के दो ढंग हैं–

1. पोस्ट-एक्सपोजर प्रोफयलेक्सिस

कई व्यक्तियों को वहम हो जाता है कि उन्हें जंगली जानवरों ने काटा है। उन्हें दवा की जरूरत पड़ती है। इसमें ये शामिल हैं–

(a) **जख्मों का स्थानीय उपचार**–यदि सभी कटी हुई जगह व चोटों का स्थानीय उपचार हो जाए तो रेबीज से बचा जा सकता है। इसमें वायरस को मैकेनिकल व कैमिकल साधनों द्वारा मारना होता है। लोकल ट्रीटमेंट में ये साधन अपनाए जाते हैं–(क) साफ करना (ख) रसायन उपचार (ग) स्तूरिंग (घ) एटीरेबिक सेरम (ङ) ए. टी. व पेंसलीन।

(b) **जानवर पर 10 दिनों तक नजर रखें**–जिस जानवर ने काटा है उस पर दस दिनों तक नजर रखें कि उसमें रेबिज के लक्षण उभरते हैं। यदि ये लक्षण दिखाई देते हैं तो जानवर को मार देना चाहिए तथा इसका सिर अलग करवा कर किसी लैब में रेबिज के टेस्ट के लिए भेजा जाना चाहिए। यदि जानवर 10 दिन तक स्वस्थ जिंदा रहता है तो एंटीरेबीज ट्रीटमेंट के संकेत नहीं हैं।

(c) **एंटीरेबिज उपचार के संकेत**–एंटीरेबिज उपचार जल्द शुरू कर देना चाहिए–

(क) जब जानवर में रेबिज के क्लीनिकल संकेत दिखाई दें।

(ख) जब नजर रखे गए समय दौरान जानवर मर जाए।

(ग) यदि जानवर के मस्तिष्क के लेबोरटरी टेस्ट पाजिटिव हों हालांकि क्लीनिकल लक्षण इतने टिपिकल नहीं हों।

(घ) यदि काटने वाला जानवर पहचान में न हो या उसका अता-पता न हो।

(ङ) जंगली जानवरों का सभी अनप्रोवोकड् काटना।

(d) **एंटीरेबिज उपचार**–टीका सबसे उत्तम उपचार है। इन्फेक्शन होने के तुरन्त बाद यह टीका दिया जाना चाहिए। टीके का उद्‌देश्य इस दवा को पेरीफर्ल नर्वस तंत्र में मिलाना है ताकि यह सेंट्रल नर्वस तंत्र तक जाए। ये दवाएं आजकल प्रयोग की जाती हैं–

(i) नर्वस टिशू (ब्रेन) टीके

(क) शीप ब्रेन टीका

(ख) स्कलिंग माऊस ब्रेन टीका

(ii) एवीयन-एम्बरयो टीके

(क) एनएक्टीवेटड चिक एमबरयो डक एम्बरयो टीका

(ख) एनएक्टीवबरयो टीका

(iii) सेल कल्चर टीका

(क) ह्यूमन डिपलोयड सेल टीका

(ख) नॉन ह्यूमन (पशु) सेल कल्चर टीका।

2. प्री-एक्सपोजर प्रोफिलेक्सिस

कुछ अधिक जोखिम वाले ग्रुप जैसे वेटेनेरियन, डॉग हैंडल करने वाले, फील्ड नेचुरलिस्ट, लेबोटरी वर्कर आदि को काम शुरू करने से पहले रेबिज की इम्यूनाइजेशन करवा लेनी चाहिए। प्री-एक्सपोजर इम्यूनाइजेशन के लिए केवल सुरक्षित टीकों की सिफारिश की जाती है।

टेटेनस

यह रोग विश्व भर में होता है। भारत में भी संक्रामक व घातक रोग है। जीवों की कुदरती आदत मिट्टी और धूल है। यह 5-40 वर्ष में बहुत अधिक होता है। नवजातों में होने वाला टेटेनस 'न्योनेटाल टेटेनस' कहलाता है। जब विशेष परिस्थितियों में बच्चों का जन्म होता है तो उन्हें टेटेनस हो जाता है। जब विशेषकर अम्बलीकल कार्ड को गन्दे उपकरण से काटा जाता है। डिलीवरी या गर्भपात में स्त्रियों को टेटेनस होने का खतरा बढ़ जाता है। यह व्यक्ति के भौतिक व वातावरण पर निर्भर करता है। जैसे–मिट्टी, कृषि, पशुपालन आदि। वातावरण के कारक जैसे गन्दे रीति रिवाज व आदतें जैसे जख्मों पर धूल या गोबर लगाना, इन्फेक्शन को नजरअंदाज करना तथा प्राथमिक स्वास्थ्य केयर सेवाओं की कमी आदि।

इन्कूवेशन अवधि 6 से 10 दिन है। यह एकाध दिन कम हो सकती है तथा कई महीनों तक लम्बी होती है।

प्रेषण के ढंग

जख्म के विषाक्त होने व टेटेनस फफोलों के कारण इन्फेक्शन होता है। यह पिन चुभने, त्वचा की रगड से, जख्म छीनने, जलने, मनुष्य द्वारा काटे जाने या दंश अनस्टीराइल सर्जरी, इंट्रा यूटेराइन डैथ, बाऊल सर्जरी, दांत निकलवाना, टीका, अम्बलीकल कार्ड को विषाणुरत चीज से काटना, मिश्रित फ्रेक्चर, ओटिटिस

मिलिया, क्रोनिक, स्किन अल्सर, आई इन्फेक्शन, गेगरिन्स लिम्ब आदि से होता है।

बचाव

इस प्रकार टेटेनस से बचाव किया जा सकता है–

1. **एक्टिव इम्यूनाइजेशन**–टेटेनस टोक्साइड प्रतिरोध द्वारा टेटेनस की रोकथाम हो सकती है। यह बचावकारी रसायन बनाता है। उम्र के लिहाज के बिना समुदाय के प्रत्येक व्यक्ति को यह टीका लगना चाहिए। यह संयुक्त टीका व मोनोवेलंट द्वारा होता है। सभी गर्भवती महिलाओं को यह इम्यूनाइजेशन करवाना चाहिए। इसका पूर्ण कोर्स कम-से-कम पांच वर्ष तक रहता है। गर्भावस्था के दौरान मां को टीका लगवाना चाहिए ताकि न्योनेटाल टेटनस न हो। चाहे बाद में पता चले तथा टेटनस टोक्साइड की एक भी डोज देनी पड़े। किसी भी गर्भवती स्त्री को टीका के बिना नहीं रहने दिया जाए।
   चोट के बाद सभी जख्म अच्छी तरफ साफ करें–बाहरी तत्व हटाएं, मिट्टी, धूल, नेकरोटिक ऊत्तकों की सफाई करें। इम्यूनाइजेशन के बाद भी टेटनस हो सकती है।
2. **पेसिव इम्यूनाइजेशन**–अस्थायी तौर पर टेटेनस के विरुद्ध प्रतिरोध एक मानवीय टीके द्वारा प्राप्त हो सकती है। यह कोर्स ATS के 7-10 दिन के प्रतिरोध की तुलना में 30 दिन ज्यादा पेसिव बचाव प्रदान करता है।
3. **एक्टिव व पेसिव इम्यूनाइजेशन**–नॉन इम्यून व्यक्तियों में एक्टिव व पैसिव इम्यूनाइजेशन दी जा सकती है।
4. **एंटीबायोटिक्स**–जो नॉन इम्यून व्यक्ति हैं तथा उन्हें ताजा चोट लगी है उनके लिए टेटनेस टोक्साइड द्वारा टीका तुरन्त लाभकारी नहीं है। इसी कारण से टेटनेस के विरुद्ध प्रोफ्लेक्सिस में एंटीबायोटिक्स दी जाती है। एंटीबायोटिक्स अकेली टेटनेस के रोकथाम में पर्याप्त है। ये टीके का विकल्प नहीं है।

अध्याय

10 समकालीन स्वास्थ्य समस्याएं

मद्यपान (Alcoholism)

मद्यपान में एक व्यक्ति मदिरा लेने की मात्रा पर नियंत्रण खो बैठता है जिससे कि वह पीना आरंभ करने के पश्चात् उसे बंद करने में सदैव असमर्थ रहता है। **केलर** एवं **एफ्रोन** के अनुसार मद्यपान का लक्षण मदिरा का इस सीमा तक बार-बार पीना है जो कि उसके प्रथागत उपयोग या समाज के सामाजिक रिवाजों के अनुपालन से अधिक है और पीने वाले के स्वास्थ्य या उसके सामाजिक अथवा आर्थिक कार्य करने को प्रभावित करता है।

मद्यसारिक यदा-कदा पीने वाले से भिन्न होता है। कोई भी व्यक्ति जो मदिरा का सेवन करता है 'पीने वाला' होता है, जबकि 'बाध्यताकारी पीने वाला, जो मदिरा पिए बिना नहीं रह सकता, मद्यसारिक कहलाता है। **रिचर्ड वास्किन** के अनुसार एक मद्यसारिक 'अत्यधिक पीने वाला' होता है जिसकी मदिरा पर निर्भरता इस सीमा तक पहुंच चुकी होती है कि उसके परिणामस्वरूप उसमें स्पष्ट मानसिक गड़बड़ हो जाती है या उसके शारीरिक एवं मानसिक स्वास्थ्य, उसके अंतर वैयक्तिक संबंधों और उसके निर्वहन, सामाजिक एवं आर्थिक कार्य करने की क्षमता में बाधा पड़ती है; या वह होता है जो कि इस प्रकार के परिणामों के प्रारंभिक लक्षण दर्शाता है। **क्लाइन बेल** ने 'मद्यसारिक' की परिभाषा यह कह कर की है कि यह वह व्यक्ति है जिसके शराब पीने से उसके जीवन के महत्वपूर्ण पुन: समंजनों और अंतर वैयक्तिक संबंधों में प्राय: या निरंतर बाधा उत्पन्न होती है। मौटे तौर मद्यपान की विशेषता चार कारकों द्वारा जानी जाती है: (1) मदिरा का अत्यधिक सेवन, (2) व्यक्ति की अपने पीने पर बढ़ती हुई चिंता, (3) पीने वाले का अपने पीने पर नियंत्रण खो देना, और (4) अपने सामाजिक संसार में कार्य करने में गड़बड़ पैदा होना।

रिचर्ड ब्लूम ने पीने का दो संदर्भों में उल्लेख किया है : (i) निर्धारित सामाजिक स्वरूप के संदर्भ में, जहां पीना समाज की संस्कृति से जुड़ा हुआ है और वह प्रति दिन की दिनचर्या का अंग समझा जाता है और व्यक्तियों को उसमें कोई मनोवैज्ञानिक विभव, संभावना प्रतीत नहीं होती; (ii) मदिरा सेवन को संस्कृति और समाज के लिए विघटनकारी माने जाने और व्यक्तियों द्वारा उसमें आदी होने की संभावना देखने (जैसे भारत में)और पीने को विलास और पलायन का साधन समझने के संदर्भ में शराब पीने वालों का वर्गीकरण 'गैर-व्यसनी', 'व्यसनी' और 'चिरकालिक मद्यसारिक' के रूप में किया गया है। गैर-व्यसनियों को 'प्रयोगकर्ताओं' और 'नियमितों' की श्रेणी में रखा जाता है। **डान केहलन** ने मदिरा पीने वालों का पीने की आवृत्ति के आधार पर पांच प्रकार का वर्गीकरण किया है :

(1) बिरले प्रयोक्ता, जो एक वर्ष में एक या दो बार पीते हैं।

(2) अनित्य प्रयोक्ता, जो दो-तीन महीनों में एक दो बार पीते हैं।

(3) हल्का प्रयोक्ता, जो एक महीने में तीन या चार बार पीते हैं।

(4) मध्यम प्रयोक्ता, जो प्रतिदिन या दिन में कई बार पीते हैं।

(5) भारी प्रयोक्ता, जो प्रतिदिन या दिन में कई बार पीते हैं। अंतिम श्रेणी के पीने वालों को 'संख्त पीने वाले' कहा जाता है।

मद्यपान की मात्रा (Extent of Alcoholism)—भारत में लगभग 10% से 15% व्यक्ति मदिरा पान करते हैं। तथापि इनमें से अत्यधिक बिरले, कभी-कभार और हल्के की श्रेणी में आते हैं। मध्यम और भारी पीने वालों की संख्या बहुत कम है परंतु जैसे अमेरिका और अन्य पाश्चात्य देशों में इसके उपयोग में वृद्धि हो रही है, उसी प्रकार भारत में भी पिछले कुछ दशकों से मदिरा का उपयोग एवं दुरुपयोग बढ़ रहा है। जबकि 1943 में अमरीका में पीने वालों की प्रतिशतता कुल जनसंख्या की 2.2% थी, वह 1955 में कुल जनसंख्या की 3.3%, 1965 में 6.5% और 1986 में 9% हो गई।

1983 में अमरीका में 76.0% व्यक्ति मदिरा सेवन करते थे। इनमें से 74% पुरुष एवं 26.0% महिलाएं थीं। **डान केहलन** द्वारा एक सर्वेक्षण के अनुसार (**जॉन्सन**, 1973; 520), 1969 में 76.0% व्यक्तियों में से जो मदिरा का सेवन कर रहे थे, 32.0% विरले प्रयोक्ता थे, 17.0% कभी कभार के प्रयोक्ता थे, 28.0%

हल्के प्रयोक्ता थे, 15.0% मध्यम प्रयोक्ता थे और 8.0% भारी प्रयोक्ता थे। 1974 में 11 पीने वालों में से एक मद्यसारिक था। भारत में शराब की बिक्री 1998 और 1998 के बीच 20 गुणा बढ़ गई है। इस वक्त पूरे देश में मद्यसारिकों की संख्या 50 लाख आंकी गई है। 1948 में जब शराब की बिक्री से एक वर्ष में लगभग 50 करोड़ रुपए की आमदनी थी, 1998 में यह एक वर्ष में 15,000 करोड़ रुपए बताई गई थी। देशी शराब पीने वालों का खर्च एक वर्ष में 60,000 करोड़ रुपए आंका गया है। भारत में एक व्यक्ति की शराब की खपत सबसे अधिक केरल में एक व्यक्ति 8.3 ली. है और उसके बाद पंजाब में 7.9 ली. जबकि पूरे देश में औसत खपत 5.7 ली. है।

शराब का उपभोग और शराब की बिक्री से आय अलग राज्यों में अलग अलग है। उदाहरण के लिए मध्य प्रदेश में जब 1986-87 में देशी शराब का उत्पादन 4.7 लाख लीटर था, 1990-91 में यह 1.47 करोड़ लीटर और 1997-98 में 1.82 करोड़ बताया गया। अरक की बिक्री से वृद्धि 1986-87 में 34 करोड़ रुपए से बढ़कर 1990-91 में 95 करोड़ रुपए और 1997-98 में 117 करोड़ रुपए हो गई। इस राज्य में आबकारी शुल्क 364 करोड़ रुपए से बढ़कर 1997-98 में 1020 करोड़ रुपए हो गया। केरल में आबकारी आमदनी 1960-61 में 262 करोड़ रुपए से बढ़कर 1995-96 में 374 करोड़ रुपए हो गई। आन्ध्र प्रदेश प्रति वर्ष लगभग 800 करोड़ रुपए का राजस्व अर्जित करता है।

यदि हम विभिन्न देशों के बीस वर्ष की आयु से अधिक (यानी वयस्कों) के मदिरा सेवन करने वालों की तुलना करें, तो सबसे अधिक संख्या फ्रांस में (5,200 प्रति एक लाख जनसंख्या) में पाई जाती है, उसके पश्चात् अमरीका (4,760प्रति लाख), स्वीडन (2,780 प्रति लाख), स्विटजरलैण्ड (2,685 प्रति लाख) डेनमार्क (2,260 प्रति लाख), नार्वे (2,220 प्रति लाख), इंग्लैण्ड (1,530 प्रति लाख), और इटली (1,100 प्रति लाख) में पाई जाती है।

मद्यसारिक बनने की प्रक्रिया (Process of becoming an Alcoholic)—एक पीने वाले को मद्यसारिक बनने के लिए विभिन्न चरणों से गुजरना पड़ता है। एक अमेरिकी मनश्चिकित्सक **जैलिनेक** के अनुसार, एक मद्यसारिक को सात अवस्थाओं के क्रम से गुजरना पड़ता है : (1) अंधकार की दशा, जिसमें व्यक्ति अपनी व्यक्तिगत समस्याओं का हल नहीं निकाल पाता, (2) गुप्तरूप से पीना, जिसमें वह बगैर किसी के देखे मदिरा का सेवन करता है, (3) बढ़ी हुई सहनशीलता, जिसमें वह पीने के अधिक बढ़े हुए प्रभावों को सहन करता है, (4) नियंत्रण का अभाव, जिसमें वह मदिरा नहीं पीने की इच्छा पर नियंत्रण नहीं रख पाता, (5) एक बहाने के तरीके का विकास, जिसमें वह धीरे-धीरे अपनी सामाजिक भूमिकाओं की ओर ध्यान नहीं देना आरंभ कर देता है, (6) समय-समय पर केवल पीने का ही कार्यक्रम रखना, जिसमें वह नियमित रूप से पीना जारी रखता है और, (7) नियमित रूप से प्रात:काल में पीना, जिसमें वह नियमित रूप से सुबह पीना आरंभ कर देता है। **जैलिनक** मद्यसारिक बनने की प्रक्रिया का भी निम्नांकित चार चरणों में उल्लेख किया जाता है।

(1) मद्यसारिक के पूर्व की लक्षणात्मक अवस्था—इस अवस्था में सामाजिक स्वीकृति का लाभ उठाते हुए व्यक्ति तनावों को कम करने और अपनी व्यक्तिगत समस्याओं को हल करने के लिए पीना आरंभ कर देता है। पीने को राहत से जोड़ते हुए वह उन अवसरों की खोज में रहता है जिसमें वह पी सके। जैसे-जैसे वह जीवन के संघर्षों का सामना करने की शक्ति खोना आरंभ कर देता है, वैसे-वैसे उसके पीने की आवृत्ति बढ़ती जाती है।

(2) अतिव्ययी अवस्था—इस अवस्था में पीने की आवृत्ति में वृद्धि के साथ-साथ पीने की मात्रा में वृद्धि होती जाती है। तथापि उसमें दोष भावना उत्पन्न हो जाती है। उसे इसका आभास होने लगता है कि शनैः शनैः वह एक असामान्य व्यक्ति होता जाता है।

(3) संकटमय अवस्था—इस अवस्था में उसका पीना सुप्रकट हो जाता है। वह सामाजिक दबावों का सामना करने के लिए और स्वयं को आश्वस्त करने के लिए कि उसने अपने ऊपर नियंत्रण नहीं खोया है, युक्तिकरण को विकसित करता है तथापि वह अपने आत्मसम्मान को नहीं खोता। जब उसकी शारीरिक एवं सामाजिक अवनति दूसरे व्यक्तियों के सम्मुख प्रकट हो जाती है, तो वह धीरे-धीरे अपने आपको उनसे विलग करना आरंभ कर देता है।

(4) दीर्घकालिक अवस्था—इस अवस्था में वह सुबह भी पीना आरंभ कर देता है। उसे लंबे समय तक नशा रहता है, उसकी सोचने की शक्ति क्षीण हो जाती है, उसमें अनिवर्चनीय भय और कंपन उत्पन्न होने लगते हैं। और कुछ विशेष प्रवीणताओं का क्षय हो जाता है। वह सदैव पीने की ही सोचता रहता है और मदिरा के बिना अशांत रहता है।

जैलिनेक ने भी मद्यसारिकों के पीने के इतिहास की अवस्थाओं का अध्ययन किया और आसक्ति का एक विशिष्ट संरूप विकसित किया। उसने विशिष्ट मद्यसारिक व्यवहार और उसके आविर्भाव के समय-क्रम को सूचीबद्ध किया। एक मद्यसारिक की कुछ

विशिष्ट व्यवहारों के प्रथम बार घटित होने की उसके द्वारा पाई गई। औसत आयु इस प्रकार थी—वह 18.8 वर्ष की आयु में पीना आरंभ करता है, गुप्त रूप से पीना 25.9 वर्ष की आयु में करता है, असंयत व्यवहार में 27.6 वर्ष की आयु में आ जाता है, मित्रों को खोना 29.7 वर्ष की आयु में आरंभ करता है, मदिरा की गुणात्मकता की ओर से 30 वर्ष की आयु में उदासीन होता है, कार्यकाल को 30.4 वर्ष की आयु में खोना आरंभ करता है पारिवारिक नापसंदगी का सामना 30.5 वर्ष की आयु में करता है, नौकरी से हाथ 30.9 वर्ष की आयु में धो बैठता है। दिन के समय में पीने में 31 वर्ष की आयु में संलग्न हो जाता है, असामाजिक व्यवहार 31.3 वर्ष की आयु में करने लगता है। कंपनों का सामना 32.7 वर्ष की आयु में करता है, भयभीत 32.9 वर्ष की आयु में होने लगता है, शासक 35.5 वर्ष की आयु में लेता है, धार्मिक आवश्यकताएं उसे 35.7 वर्ष की आयु में अनुभव होने लगती हैं, डाक्टरी परामर्श 35.8 वर्ष की आयु में लेता है, अस्पताल में 36.8 वर्ष की आयु में भर्ती होता है, नियंत्रण की असमर्थता 38.1 वर्ष की आयु में स्वयं से स्वीकार करता है, और सबसे निम्न बिंदु पर 40.7 वर्ष की आयु में पहुंचता है।

सामाजिक स्थिति में मद्यसारिकों का वर्गीकरण निम्नतल और उच्चतल दो प्रकारों में किया जाता है। पहला उस व्यक्ति की ओर संकेत करता है जो सामाजिक स्थिति के तल पर पहुंच गया है, जबकि दूसरा वह है जो अपने पीने के बावजूद भी काफी आदरणीय स्थिति बनाए रखता है। समाजशास्त्रीय दृष्टि से मदिरापान में जो महत्वपूर्ण है वह है मदिरा को स्वीकृत करने के लिए समाजीकरण। भारतीय संस्कृति मदिरा सेवन करने वालों को सामान्य नहीं मानती। इस कारण व्यक्ति मानसिक रूप से मदिरा को सामाजिक जीवन का महत्वपूर्ण भाग मानने के लिए तैयार नहीं है। जब कि पाश्चात्य समाज में 'ड्रिंक लीजिए' या 'क्या आप ड्रिंक लेना चाहेंगे' जैसे अनुरोध शाम की सभा में आम हैं। भारत में दूसरी ओर हम प्राय: 'एक प्याला चाय लीजिए' की बात करते हैं। इस प्रकार मद्यपान हमारी संस्कृति में एक गंभीर सामाजिक विषय है। यद्यपि मादक वस्तुओं की तुलना में पीना की कई माता-पिताओं, जो स्वयं पीते हैं, के द्वारा कम हानिकारक समझा जाता है। कभी-कभी शराब पीने को सहन किया जा सकता है, परंतु निरंतर पीने की निंदा की जाती है। हमें इसलिए उस व्यक्ति में जो मदिरा का सेवन संयम से करता है और उसमें जो 'समस्यात्मक पीने वाला' है के बीच स्पष्ट रूप से भेद करना चाहिए, या उनके बीच भी भेद करना चाहिए जो उत्तरदायित्वपूर्ण रूप से पीते हैं और जो इस ढंग से पीते हैं जिससे वे स्वयं के लिए, अपने परिवार और समाज के लिए समस्याएं उत्पन्न कर देते हैं।

मदिरा के व्यसन के कारण (Causes of Alcohol Abuse)—मद्यपान के कारणों की व्याख्या करते समय जो महत्वपूर्ण बात ध्यान में रखनी चाहिए वह यह है कि जो मदिरा का सेवन करते हैं उनमें से 90.0% मद्यसारिक नहीं बनते । मद्यपान की कुंजी उस कारण में है जिससे व्यक्ति दुबारा पीता है। इसलिए मद्यपान को केवल व्यक्तित्व की संरचना जैसे कारकों के आधार पर समझना गलत होगा। कोई आश्चर्य नहीं है कि मानसिक दृष्टिकोण को मद्यपान की अतिसरल की गई व्याख्या माना जाता है। एक मनोवैज्ञानिक विचार यह है कि लगभग सभी मद्यसारिक बचपन में भावात्मक आवश्यकताओं के वंचन से ग्रसित होते हैं। **क्लाइमबेल** ने कहा है कि माता-पिता की अभिवृत्तियों के चार प्रमुख प्रकार होते हैं जो वयस्कता के मद्यपान से जुड़ी होती है। ये सब अभिवृत्तियां बच्चे को मानसिक आघात पहुंचाती हैं और उसमें भावात्मक वंचना उत्पन्न करती हैं, ये है; (1) सत्तावाद (2) प्रकट अस्वीकरण, (3) नीतिवाद और, (4) सफलता की पूजा। ये कारक असुरक्षित व्यक्तित्व के, जो मदिरा का शिकार हो जाता है, बनने में महत्वपूर्ण हैं। इस तथ्य से स्पष्ट होता है कि मद्यसारिकों के मनोवैज्ञानिक अध्ययन बार-बार व्यक्ति के गुणों का निम्नांकित उल्लेख करते हैं; अंतर वैयक्तिक संबंधों में ऊंचे स्तर की चिंता, भावात्मक अपरिपक्वता, सत्ता के प्रति द्वैधवृत्ति कष्ट के प्रति कम सहनशीलता, आत्मसम्मान की कमी, अलगाव और दोष की भावनाएं। ये मनोवैज्ञानिक लक्षण मद्यपान के कारण हैं। ये कई मद्यसारिकों में उनके अत्यधिक पीने के आरंभ करने से प्राय: पहले ही विद्यमान होते हैं।

कुछ विद्वानों के अनुसार मद्यपान और व्यक्तित्व के असमायोजन में निश्चित संबंध दिखलाई पड़ता है। आरंभ में एक व्यक्ति जीवन की अपनी समस्याओं से आश्रय लेने के लिए या अपनी मुसीबतों से अल्पकालिक राहत पाने के लिए पीता है। धीरे-धीरे वह अधिक से अधिक बार पीना आरंभ कर देता है और उस पर पूर्ण रूप से निर्भर हो जाता है। तथापि, मनोवैज्ञानिकों का मानना है कि केवल वे ही व्यक्ति निरंतर पीने लगते हैं, जो भावनात्मक रूप से अपरिपक्व होते हैं या जिनमें आत्म विश्वास नहीं होता है समायोजन की वे कौन-सी समस्याएं हैं जिनसे चिंता, तनाव, दोष, और कुण्ठा उत्पन्न होती है? **बेकन** के अनुसार ये प्रमुख समस्याएं हैं: व्यक्ति का अपना मूल्यांकन; दूसरों के आदर और प्रेम को अर्जित करना और उसको बनाए रखना; स्वगृह के कारण दूसरों से संघर्ष; पूर्णतया आक्रामक होने से झगड़ा; स्वामित्व से जुड़ी प्रतिष्ठा, व्यक्तिगत सुरक्षा के बारे में व्यापक सुरक्षा क्योंकि ये पैसे से जुड़े हुए हैं; विशिष्ट लक्षणों की प्राप्ति के लिए स्वीकार किए गए उत्तरदायित्व; और यौन संबंधी मामले।

मदिरा सेवन के समाजशास्त्रीय कारण मूलत: वही हैं जो मादक पदार्थ लेने के हैं। तथापि, मदिरा सेवन और अवैध मादक पदार्थों के लेने के कारणों में भेद किया जा सकता है। क्योंकि मदिरा अवैध मादक पदार्थों के अपेक्षाकृत सामाजिक रूप से अधिक स्वीकार्य है, इसलिए मदिरापान से व्यक्ति के भय, परेशानियां और चिंताएं कम हो जाती है। इसके आलावा मदिरा अवैध मादक पदार्थों की तुलना में अधिक आसानी से मिल जाती है। वह कई मादक पदार्थों जैसे हेरोइन, कोकीन, और एल.एस.डी. से अधिक सस्ती भी है। मदिरा पीने के प्रमुख समाजशास्त्रीय कारण हैं : (1) पर्यावरण से संबधित दबाव, (2) मित्रों के दबाव और, (3) प्रबल उप-संस्कृति।

यह प्रश्न किया जा सकता है कि क्या संस्कृति में ही ऐसे दबाव ढूंढे जा सकते हैं जो मद्यपान को प्रोत्साहित करते हों और उसे रोकते हों। यह कहा जाता है कि संस्कृतियां ऐसी हैं जो दूसरों की उपेक्षा अधिक अच्छे तरीके से व्यक्ति पर प्रभावी नियंत्रण रखती हैं। अमरीका में एक अनुसंधान बताता है कि यहूदियों में (13.0%) कैथोलिकों (21.0%) और प्रोटेस्टेंटों (41.0%) की तुलना में बहुत कम मद्यत्यागी हैं। फ्रांस, जर्मनी, और अमरीका में शराब का काफी प्रचलन है। हाल में ही मद्यपान इन देशों के व्यक्तियों के जीवन में एक प्रमुख संकट बन गया है। एक बार व्यक्ति सांस्कृतिक स्वीकृतियों के कारण मदिरा का सेवन प्रारंभ कर देते हैं तो वे उसका बार-बार सेवन करते हैं, विशेषतया असुरक्षा एवं चिंताओं की स्थितियों में।

वर्तमान उपागम यह है कि मद्यपान को चरित्र और प्रेरणा के संदर्भ में समझा जाना चाहिए । मद्यसारिक एक ऐसा रोगी पुरुष है, जिसे उपहास, निराकरण या निंदा से नहीं देखा जाना चाहिए। वह उस समय तक मनोग्रंथियों, अभिवृत्तियों और आदतों का शिकार रहता है जब तक कि उसके आत्मनाश की प्रक्रिया अपरिहार्य नहीं हो जाती।

मद्यपान की समस्याएं (Problems of Alcoholism)— मद्यपान की समस्याएं—व्यक्तिगत दु:ख, पारिवारिक बजट, पारिवारिक क्लेश, मजदूरी की हानि, स्वास्थ्य का बिगड़ना, दुर्घटनाएं और हर्जाने के दावे, जेल में हवालात के दौरान उपचार के खर्चे, न्यायालयों में पैसे का नुकसान और अपराध की प्रवृत्ति—प्राय: अनर्थकारी हैं। सामाजिक विचलन ओर सामाजिक समस्याएं मदिरा के उपयोग और दुरुपयोग से उपजती हैं। यद्यपि हमारे देश में खुले आम अधिक नशे होने के कारण वार्षिक गिरफ्तारियों की संख्या अधिक नहीं है, परंतु यह सर्वविदित है कि बड़ी संख्या में मद्यसारिक इसलिए गिरफ्तार नहीं किए जाते क्योंकि गिरफ्तारी इस समस्या का अच्छा हल नहीं माना जाता। बड़ी संख्या में जो व्यक्ति बलात्कार, सेंध लगाकर चोरी, हत्या और साधारण चोरी के लिए गिरफ्तार किए जाते हैं वे लोग होते हैं जो कि मदिरा के नशे में इन्हें करते हैं। मदिरा राजमार्ग की दुर्घटनाओं का प्रमुख कारक हैं। इसके अलावा इससे प्रतिवर्ष हजारों की मृत्यु हो जाती है।

अस्पतालों में भर्ती की बड़ी प्रतिशतता, विशेषतया मानसिक अस्पतालों में, उन व्यक्तियों की होती है जिन्हें मद्यसारीय विकृति या मदिरा के पीने से समस्या होती है। अन्य सामाजिक रूप से विचलित कार्य जो मदिरा। मादक पदार्थों से संबंधित होते हैं; वे हैं चोरियां, रिश्वतें, पत्नी को पीटना और आत्महत्याएं।

आत्महत्या पर हुए अध्ययन बताते हैं कि मद्यसारिकों (मादक पदार्थ और शराब का उपयोग करने वालों) में गैर मद्यसारिकों की अपेक्षा आत्महत्या की दर 50 गुणा अधिक है।

मद्यसारिकों या मादक पदार्थ प्रयोक्ताओं द्वारा कई अन्य व्यक्ति भी प्रभावित होते हैं जैसे, पत्नी, माता-पिता, बच्चे, भाई-बहन, घनिष्ठ मित्र, साथ में काम करने वाले। इसलिए यह समस्या देश में लाखों व्यक्तियों को प्रभावित करती है। मद्यसारिकों और मादक पदार्थों के प्रयोक्ताओं के परिवार सबसे अधिक कष्ट पाते हैं। यहां तक कि पारिवारिक हिंसा, पारिवारिक अशान्ति और तलाक तक उनके कारण होते हैं। शराब पीना, व्यापार कार्यालय—कार्यकुशलता और कारखाने के उत्पादन को भी प्रभावित करता है। अनुपस्थिति, कम उत्पादकता और कमजोर विवेक जिससे कार्य-संबंधी दुर्घटनाएं होती हैं, सो सरकार को करोड़ों रुपए की हानि होती है। अधिकांश कारखानों के मालिक कारखानों, कार्यालयों में कार्यरत कर्मचारियों की इन समस्याओं में रुचि नहीं दिखाते अथवा उनके होने से इंकार करते हैं, जिससे कि वे उनकी रोकथाम के लिए प्रभावी उपायों को लागू करने की दिक्कत से बच सकें।

मदिरा पीने वाला यह सोचता है कि मदिरा उसके तनाव, दोष, चिंता और कुंठा को कम कर देगी। परन्तु वास्तविकता यह है कि वह उसकी कार्य कुशलता को सामाजिक अस्तित्व स्तर या मात्र अस्तित्व के लिए आवश्यक न्यूनतम स्तर से भी नीचे कर देती है। एक शराब पीने वाले को यह भ्रामक विश्वास होता है कि मदिरा समाज में संबंधों और अंतर वैयक्तिक गतिविधि को अधिक सरल बना देगी। लेकिन वास्तव में मदिरा व्यक्ति संपर्कों में भागीदारी को समाप्त कर देती है और इस प्रकार व्यक्ति को समाजिक रूप निर्बल कर देती है। वह समाजिक रूप से मूल्यवान विचारों को क्षति पहुंचाती है।

मद्यसारिकों का उपचार (Treatment of Alcoholies) —मद्यपान मादक पदार्थों की लत से अधिक उपचार योग्य है। कई सफल उपचार कार्यक्रम किए जा चुके हैं। उपयोग और

दुरुपयोग के मध्य क्योंकि एक निटतता बनी रहती है इसलिए मदिरापान की विभिन्न श्रेणियों के लिए भिन्न-भिन्न प्रकार की योजनाएं होती हैं। मुख्यत: मनश्चिकित्सा, पर्यावरण चिकित्सा, व्यवहार चिकित्सा, और डाक्टरी चिकित्सा इसके लिए सुझाई जाती है और विभिन्न प्रकार के पियक्कड़ों के लिए उपयोग में लाई जाती है। डाक्टरी चिकित्सा में अस्पताल और क्लिनिक मदिरा के आदी मरीजों को 'एन्टीब्यूज' नामक दवाई देते है। यह दवाई कीमती नहीं है और मुंह से ली जाती है। यह कोई असर नहीं करती जब तक कि मरीज शराब नहीं पीता; शराब पीने की स्थिति में उसके तीव्र और अप्रियकर लक्षण होते हैं, परंतु खतरनाक नहीं होते। इस प्रकार एन्टीब्यूज पीने वाले को आवर्तन के विरुद्ध रोकती है। मनश्चिकित्सा में पुनर्सामाजीकरण को परामर्श एवं सामूहिक चिकित्सा के द्वारा प्रबलित किया जाता है पर्यावरण चिकित्सा में, पीने वाले को पर्यावरण बदलने के लिए बाध्य किया जाता है जिससे कि उसके व्यवहार पर सरलतापूर्वक नियंत्रण रखा जा सके। व्यवहार चिकित्सा में उसके भय और अवरोध को हटाया जाता है, जिससे वह आत्मविश्वास और आत्म निर्भरता को विकसित कर सके। इस प्रकार निम्नांकित उपचार के उपायों का पीने वालों और मद्यसारिकों के उपचार के लिए प्रमुख रूप से उपयोग किया जाता है।

(1) अस्पतालों में निर्विषीकरण—मदिरा के व्यसनियों के लिए पहला कदम निर्विषीकरण करना है। मद्यसारिकों को डाक्टरी देखभाल और निरीक्षण की आवश्यकता होती है। उनके व्यवहार लक्षणों जैसे ऐंठन और मतिभ्रम के उपचार के लिए प्रशांतकों का उपयोग किया जाता है। उनके शारीरिक पुनर्निवास के लिए अधिक प्रभाव वाले विटामिनों और द्रव्य इलेक्ट्रोलाइट पासंग का भी उपयोग किया जाता है।

(2) परिवार की भूमिका—मद्यसारिक के परिवार को उसके उपचार और पुनर्वास में सम्मिलित करने से सफलता की संभावनाएं 75 प्रतिशत से 80 प्रतिशत तक बढ़ जाती हैं। पारिवारिक सदस्य उपदेश नहीं देते न ही वे मद्यसारिक पर दोषारोपण या उसकी निंदा करते हैं। वे समस्याओं को कम करते हैं, सद्भावनापूर्ण और नि:स्वार्थ सहायता और मार्गदर्शन प्रदान करते हैं और मद्यसारिक को कभी नहीं छोड़ते हैं।

(3) अनामी मद्यसारिक—सबसे अधिक प्रभावी सामाजिक चिकित्साओं में जा सामूहिक अंत:क्रिया का उपयोग करती है; अनामी मद्यसारिक संगठन है। यह पूर्व मद्यसारिकों का एक संगठन है जो चालीस के दशक के प्रारंभ में शुरू हुआ और आज उसके लाखों सदस्य हैं। भारत में उसकी शाखाएं केवल हाल ही में कुछ महानगरों में खुली हैं। अनामी मद्यसारिक के सदस्य अन्य मद्यसारिकों को अपने अनुभवों में भी बनाते हैं और उनकी सामान्य समस्याओं के समाधान और मदिरापान से मुक्त होने के प्रयास में उनको शक्ति और आशा प्रदान करते हैं। वह व्यक्ति , जो पीने की आदत को वश में करने में ऊपरी तौर अपने को असमर्थ पाकर निरुत्साहित महसूस करता है, दूसरों से जिन्होंने इसी प्रकार की बाधाओं को पार किया है, उदाहरण और प्रोत्साहन की साहस बटोरता है। सदस्यता के लिए केवल एक शर्त पीने को समाप्त करने की इच्छा है। अनाम मद्यसारिक प्रमुख रूप से देहली, मुम्बई और कलकता जैसे महानगरों में पाए जाते हैं । सभाएं केवल इस रूप में चिकित्सा का कार्य करती हैं कि पियक्कड़ उन व्यक्तियों के सामने अपनी समस्याओं को व्यक्त कर सकते हैं जो उनके साथ काम करते हैं ओर जो उनकी कमजोरी से लड़ने में और आत्मसंमान और घनिष्ठता की भावना को सशक्त करने में उनकी सहायता करते हैं।

(4) उपचार केंद्र—ये केंद्र कुछ नगरों में अस्पताल के उपचार के विकल्पों के रूप में विकसित किए गए हैं। प्रत्येक केंद्र में लगभग 10-20 आवासी होते हैं। यहां न केवल अनुकूल पर्यावरण में परामर्श दिया जाता है, अपितु आवासियों को पीने के विरुद्ध नियमों का भी पालन करना पड़ता है।

(5) शिक्षा के माध्यम से मूल्यों में परिवर्तन करना—कुछ स्वयं सेवी संगठन मद्यसारिकों को अत्यधिक पीने के खतरों से सावधान करने के लिए कुछ शैक्षणिक एवं सूचना कार्यक्रमों का आयोजन करने हैं। सामाजिक कार्यकर्त्ता पियक्कड़ों को जीवन का सामना करने और पीने के बारे में सामाजिक मूल्यों और सुखों में परिवर्तन लाने में मद्द करते हैं।

मद्यपान पर नियंत्रण (Control on Alcoholism)—नशाबंदी कार्यक्रम को स्वतंत्रता के बाद भी गंभीर रूप से नहीं लिया गया है। कुछ राज्यों में नशाबंदी शुरू कर उसे फिर समाप्त कर दिया गया। आन्ध्र प्रदेश में 1992 में अड़क (कच्चा शराब) के विरुद्ध आन्दोलन नेलोर जिले में शुरू होकर अन्य जिलों में भी फैल गया। जनवरी 1995 में पूरे राज्य में नशाबंदी लागू की गई। लेकिन इससे क्योंकि एक वर्ष में 1200 करोड़ रुपए की हानि हो रही थी, मार्च 1997 में नशाबंदी समाप्त कर दी गई। तमिलनाडु में अड़क के प्रयोग पर नवंबर 1994 में बंदिश लगाई थी। केरल में नशाबंदी 1948 से 1967 तक रही। केरल में फिर अप्रैल 1996 में अड़क पर बंदिश लगाई गई। हरियाणा में नशाबंदी जुलाई 1996 में लगाई गई थी लेकिन 22 महीने के बाद विधानसभा में चुनाव में असफलता के कारण अप्रैल 1998 में इसे समाप्त कर दिया गया। कुछ राज्यों ने कुछ दिनों को मद्यवर्जित दिन कर दिया था, लेकिन

यह योजना भी सफल नहीं हो पाई क्योंकि पीने में इच्छुक खरीददार और इच्छुक विक्रेता दोनों सम्मिलित होते हैं, और मद्य-निषेध के शिकार को अपराधी की श्रेणी में धकेल दिया जाता है। अतः अवैध शराब का बनाना और पुलिस के दुर्व्यवहार बढ़ गए। इसलिए दमनात्मक उपाय, जिसमें पुलिस की प्रबल सरगर्मी और कठोर न्यायिक उपायों का प्रयोग करना पड़ता था, को समाज की सुरक्षा के लिए हटना पड़ा। मद्यनिषेध के मॉडल के समाप्त होने से सरकारी नियंत्रण के पेय पदार्थों को निजी उद्यम को सौंप देती है और नाममात्र के सार्वजनिक लक्ष्य ये होते हैं कि उन व्यक्तियों को जिनका आपराधिक अथवा संदिग्ध वित्तीय इतिहास हो, इससे अलग रख जाए और लाइसेंस वाली शराब की दुकानों के भौतिक स्थान पर नियंत्रण रखा जाए। प्रत्येक राज्य सरकार जब ठेकों को नीलाम करती है, करोड़ों रुपए प्रतिवर्ष कमाती है तब उग्र सुधारवादी यह तर्क देते हैं कि जब तक हमारी सामाजिक संरचना और आर्थिक प्रणाली असमानता, बेरोजगारी, निर्धनता, अन्याय, और भूमिका-तनावों और अन्य तनावों को उत्पन्न करते रहेंगे, मदिरापान बना रहेगा। चूंकि हमारे समाज में चल रही सामाजिक पद्धतियां अधिक कुण्ठाएं एवं वंचन पैदा करती हैं, इस कारण पीने की दर भविष्य में और अधिक बढ़ेगी। लिहाजा, जिसकी आवश्यकता है वह है एक ऐसी नीति और कार्यक्रम जो अधिक नौकरियों को पैदा करे, निष्पक्ष प्रतियोगिता की अनुमति दे और नियुक्तियों और पदोन्नतियों में भ्रष्टाचार और भाई-भतीजावाद को कम करे। यदि व्यक्तियों के जीवन को सार्थक, लाभप्रद और संतोषजनक बनाया जाए, तो मदिरा की आवश्यकता नहीं रहेगी या बहुत कम हो जाएगी।

मादक पदार्थों का दुरुपयोग (Drug Abuse)

मादक पदार्थों के दुरुपयोग को न केवल 'विपथगामी व्यवहार' के रूप में देखा जा सकता है। पहले दृष्टिकोण से इसे व्यक्ति के सामाजिक असमायोजन के प्रमाण के रूप में माना जाता है, जब कि दूसरे दृष्टिकोण से इसे वह सुविस्तृत स्थिति कहा जाता है, जिससे समाज के लिए घातक व क्षतिप्रद परिणाम मिलते हैं। कुछ पश्चिमी देशों में मादक द्रव्यों के सेवन को लंबे समय से एक महत्वपूर्ण सामाजिक समस्या माना गया है, लेकिन भारत में केवल पिछले डेढ़ दशक से ही इसे घातक व दुःसाध्य सामाजिक समस्या समझा जाने लगा है। अब यह कहा जाता है कि भारत न केवल मादक द्रव्यों के लिए मुख्य पारगमन केंद्र बन गया है, अपितु मादक द्रव्यों का सेवन भी गंभीर रूप से बढ़ रहा है। लगभग एक दशक पूर्व के अनुमान के अनुसार भारत में लगभग 12 लाख व्यक्ति हेरोइन के व्यसनी थे, लगभग 45 लाख अफीम के और लगभग 50,000 प्रकट रूप में घातक व मतिभ्रष्ट करने वाले द्रव्यों के हेरोइन-दुरुपयोगियों की संख्या का 1989 में 5 लाख से बढ़कर, 1993 में 12 लाख और 1996 में 16 लाख हो जाना स्पष्ट करता है कि मादक पदार्थों का सेवन कैसे गंभीर समस्या बनती जा रही है। भारत वैध अफीम का सबसे बड़ा उत्पादक है। जब सरकार ने इसके लिए 450 रुपए प्रतिग्राम खरीद-मूल्य निश्चित किया है, तस्कर इसे 80,000 रुपए प्रति ग्राम मूल्य से खरीदते हैं। सेवन करने वालों तक पहुंचते-पहुंचते इसका मूल्य बहुत अधिक हो जाता है। भारत के मादक द्रव्य सरदारों का घरेलू और अंतर्राष्ट्रीय बाजार में केवल हेरोइन का ही मासिक विक्रय 90 और 100 करोड़ रुपयों के बीच माना गया है। 1984 और 1998 के बीच अवैध द्रव्यों को जब्त करना बहुत ज्यादा बढ़ गया। है। पूरे भारत में हर वर्ष लगभग 11,000 और 15,000 के बीच द्रव्य अवैधपणन के मामले पकड़े जाते हैं। पकड़े गए मादक द्रव्यों में सब से अधिक गांजा और उसके बाद हशीश, अफीम, हेरोइन होते हैं। उदाहरण के लिए 1998 में पकड़े गए कुल द्रव्यों (75,602 k.g) में से 82.8% गांजा था, 11.2% हशीश, 2.4% अफीम और 0.8% हेरोइन। हर वर्ष लगभग 12,000 व्यक्तियों को द्रव्य अवैधपणन में पकड़ा जाता है। वर्तमान में अवैध द्रव्यों का सेवन न सिर्फ सड़क के शरारती लड़कों में बल्कि निम्न वर्गीय, मध्यम वर्गीय एवं उच्च वर्गीय युवाओं व मध्य-आयु के व्यक्तियों में भी पाया जाता है। इसके बावजूद, भारत में मादक पदार्थों का दुरुपयोग अभी भी 'असामाजिक व्यवहार न मानकर' 'विपथगामी व्यक्ति' समाज के सामाजिक प्रतिमानों से उल्लंघन छिपता है, प्रतिमानों से विचलन उनकी वैधता को चुनौती दिए बिना करता है और बिना प्रतिमानों में परिवर्तन के लिए सुझाव देकर उनकी अवज्ञा के कारण मिलने वाले दंड से बचने का प्रयास करता है। विपथगामी केवल अपने वैयक्तिक हितों को पूरा करने में लगा रहता है।

मूल अवधारणाएं (Basic Concepts)—द्रव्य, द्रव्य दुरुपयोग, द्रव्य निर्भरता, द्रव्य व्यसन, और उपभोग स्थगन संलक्षण कुछ ऐसी अवधारणाएं हैं जिनकी स्पष्टता आवश्यक है। 'द्रव्य' एक रासायनिक पदार्थ है, जिसके कुछ विशिष्ट शारीरिक और अथवा मनोवैज्ञानिक प्रभाव होते हैं। यह व्यक्ति की साधारण शारीरिक प्रक्रियाओं व प्रकार्यों को बदलता है। परंतु यह परिभाषा बहुत व्यापक है। चिकित्सकीय संदर्भ में 'द्रव्य' वह पदार्थ है जो चिकित्सक द्वारा नुस्खे के रूप में नियत किया जाता है, जिसमें वह अपने रासायनिक प्रकृति द्वारा जीवित प्राणी की संरचना व प्रकार्यों

पर आवश्यक प्रभाव डाल सके। मनोवैज्ञानिक व समाजशास्त्रीय संदर्भों में 'द्रव्य' वह शब्द है जो उस आदत-निर्माण पदार्थ के लिए उपयोग किया जाता है जो मस्तिष्क व नाड़ी मंडल को प्रत्यक्ष रूप से प्रभावित करता है।

द्रव्य दुरुपयोग का अर्थ है अवैध द्रव्य का सेवन तथा वैध द्रव्य का अनुचित प्रयोग जिससे शारीरिक व मानसिक हानि होती है। इसमें गांजा व हशीश का धूम्रपान, हेरोइन, कोकीन व एल.एस.डी. का सेवन, मारफीन का इंजेक्शन लेना, शराब पीना, आदि सम्मिलित है। कभी-कभी इसे 'बुलंद द्रुतगति पर होना' 'अमोद यात्रा' व 'आनंदोत्कर्ष' भी कहा जाता है।

द्रव्य निर्भरता द्रव्य का आदी होना व नित्य सेवन करना सूचित करता है 'निर्भरता' शारीरिक भी हो सकती है और मानसिक भी। शारीरिक निर्भरता द्रव्य के बार-बार के सेवन से पैदा होती है। जब द्रव्य की उपस्थिति के कारण शरीर अपने को समायोजित करता है। लेकिन इसके बंद कर देने से व्यक्ति दर्द, पीड़ा, उलझन, व्यथा व बीमारी का सामना करता है।

व्यसन शब्द अधिकांशतया शारीरिक स्थिति दर्शाता है। अत: 'व्यसन' व 'शारीरिक निर्भरता' एक ''वह स्थिति है जिसमें शरीर को अपने कार्य संचालन के लिए द्रव्य का निरंतर सेवन चाहिए''। द्रव्य के बंद कर देने शरीर के कार्य निष्पादन में हस्तक्षेप होता है तथा द्रव्य में पाए जाने वाले विशिष्ट प्रतिरूप के अनुसार बंद होने के लक्षण दिखाई देने लगते हैं। वंचना के प्रति पूर्ण प्रतिक्रिया को 'उपभोग स्थगन संलक्षण' कहा जाता है।

द्रव्य का दीर्घ स्थायी सेवनकर्त्ता यह विचार विकसित करता है कि वह अपने द्रव्य की मात्रा को निरंतर बढ़ाता जाए, जिससे उसमें वह प्रभाव पैदा हो जो पहली खुराक लेते समय हुआ था। इस तथ्य को 'सहनशीलता' कहा जाता है। यह (सहनशीलता) बाहरी पदार्थ की उपस्थिति में शरीर की अपने को अनुकूल करने की क्षमता को दर्शाती है। परंतु सभी व्यक्तियों में सभी द्रव्यों के लिए सहिष्णुता विकसित नहीं होती, यद्यपि कुछ द्रव्यों के लिए (उदाहरणार्थ मार्फीन) व्यसनी सहनशीलता को शीघ्रता से गठित कर लेते हैं। 'प्रति-सहनशीलता' का अर्थ है कि एक द्रव्य के लिए सहिष्णुता उसी प्रकार के अन्य द्रव्यों के लिए भी सहनशीलता पैदा करती है। मनोवैज्ञानिक निर्भरता तब उत्पन्न होती है जब व्यक्ति द्रव्य पर उससे उत्पन्न होने वाले 'सुख' की अनुभूति करने लगता है। मनोवैज्ञानिक निर्भरता के लिए 'आदी होना' शब्द का प्रयोग किया जाता है 'आदी होने' और 'व्यसन' में अंतर यह है कि जितना व्यसन विनाशकारी है, उतनी आदत नहीं है। किसी द्रव्य के लिए व्यसन का अर्थ है कि शरीर उस द्रव्य के विषैल, नशीले प्रभावों पर इतना निर्भर हो जाता है कि उसके बिना वह रह नहीं सकता।

द्रव्य व्यसन के मुख्य लक्षण है; (1) द्रव्य लेते रहने की अत्यधिक इच्छा या आवश्यकता तथा उसे किसी भी तरीके से प्राप्त करना; (2) मात्रा बढ़ाने की प्रवृत्ति; (3) द्रव्यों के प्रभावों पर मनोवैज्ञानिक व शारीरिक निर्भरता; (4) व्यक्ति व समाज पर हानिप्रद प्रभाव।

दुरुपयोग द्रव्यों के प्रकार व प्रभाव (Types and Impect of Abusable Durgs)—दुरुपयोग द्रव्यों को छ: श्रेणियों में विभाजित किया जा सकता है; शराब, अवसादक या शांतिकर पदार्थ, उत्तेजक पदार्थ, नारकोटिक, स्वापक पदार्थ, भ्रमोत्पादक पदार्थ और निकोटीन व ताम्रकूटी।

शराब कुछ लोग सामान्य, सुखबोधन व एक सामाजिक क्रिया के रूप में लेते हैं और कुछ इसे एक प्रेरणा तथा उत्तेजक के रूप में लेते हैं जिससे वे कार्य कर सकें। यह एक शांतिकर पदार्थ के रूप में भी कार्य करती है जो नसों को शांत करती है या एक संवेदनाहारी के रूप में भी कार्य करती है जो जीवन की पीड़ा को कम करती है। शराब तनाव शांत करती है तथा आक्रमणकारी अवरोध को कम करती है। यह फैसले या निर्णय को कमजोर करती है, असामान्य बनाती है व उलझन अथवा द्विविधा पैदा करती है।

शामक अथवा अवसादक केंद्रीय नाड़ी मंडल को क्षीण अशक्त करते हैं, नींद उत्पन्न करते हैं तथा शांतिपरक प्रभाव पैदा करते हैं। टैंक्विलाइजर (शांति प्रदान करने वाले द्रव्य) और बाबिटयुरेट इस श्रेणी में आते हैं। चिकित्सीय दृष्टि से ये उच्च रक्तचाप अनिद्रा व मिरगी के लिए तथा शल्य चिकित्सा के पूर्व और बाद में रोगियों के आराम व शिथिलीकरण के लिए काम में लाए जाते हैं। अवसादक पदार्थ के रूप में ये नसों और मांसपेशियों की क्रियाओं की गति कम करते हैं। छोटी मात्रा में ये सांस लेने व दिल की धड़कन को धीमा करते हैं तथा लेने वाले को शिथिलता का अनुभव कराते हैं; लेकिन बड़ी मात्रा में इनके प्रभाव शराब की मादकता से मिलते-जुलते हैं, जिनके कारण इन्हें इस्तेमाल करने वाला आलसी, निष्क्रिय, उदासीन, व कभी-कभी चिड़चिड़ा व झगडालू भी बन जाता है। उसके सोचने, काम करने, व ध्यान केंद्रित करने की शक्ति कम हो जाती है तथा उसका भावात्मक नियंत्रण कमजोर हो जाता है।

उत्तेजक केंद्रीय नाड़ीमंडल को क्रियाशील बनाते हैं, तनावों को कम करते हैं, हल्के अवसाद का उपचार करते हैं, अनिद्रा पैदा करते हैं, सतर्कता बढ़ाते हैं, थकान और आलस्य व निष्क्रियता का निवारण करते हैं तथा आक्रमणकारी अवरोध को कम करते हैं। जो उत्तेजक पदार्थ व्यापक रूप से उपयोग किए जाते है, वे हैं

ऐम्फेटा माइन, कैफीन, और कोकीन। डाक्टर द्वारा निर्धारित ऐम्फेटा माइन का मध्यम डोज़ थकान को नियंत्रित करता है तथ फुर्ती, आत्म-विश्वास व कल्याण की अनुभूति पैदा करता है। परंतु इसका भारी डोज़ अति भयातुरता, अधीरता, चिड़चिड़ापन, सर-दर्द, पसीना निकलना, दस्त व अस्पष्ट बोलना पैदा करता है। उत्तेजक द्रव्य अधिकांशत: मौखिक रूप से लिए जाते हैं, यद्यपि कुछ शिराभ्यंतर इंजेक्शन द्वारा लिए जाते हैं। ये द्रव्य शारीरिक निर्भरता उत्पन्न नहीं करते यद्यपि ये मनोवैज्ञानिक दृष्टि से व्यसनी होते हैं। ऐम्फेटामाइन का दीर्घकालिक भारी उपयोग बौद्धिक, भावात्मक, सामाजिक व आर्थिक विकार की विभिन्न मात्राएं पैदा करता है। इसका अचानक बंद कर देना मानसिक बीमारी तथा आत्महत्याजन्य अवसाद पैदा करता है।

निकोटीन में सिगरेट, बीड़ी, सिगार, चुरूट, नास व तंबाकू सम्मिलित होते हैं। इनका कोई चिकित्सीय उपयोग नहीं होता। लेकिन शारीरिक निर्भरता का जोखिम इनमें अवश्य होता है। निकोटीन शिथिलन पैदा करती है। केंद्रीय नाड़ी मंडल को उत्तेजित करती है, जागरण को बढ़ाती है तथा उबाऊपन को दूर करती है। लेकिन इसका अधिक व भारी सेवन दिल की बीमारी, फेफड़े का कैंसर, व श्वास नली रोग पैदा कर सकता है। कानून इसे द्रव्य के रूप में वर्गीकृत नहीं करता। उत्तेजक, अवसादक, तन्द्राकर व भ्रमोत्पादक पदार्थों को मनोक्रियाशील पदार्थ भी कहा जाता है।

मादक द्रव्यों के दुरुपयोग की मात्रा व प्रकृति (Extend and Nature of Drugs Abuse)—अवैध द्रव्यों का सेवन तथा वैधद्रव्यों का दुरुपयोग देश में कितना फैला हुआ है? भारत की जनसंख्या में चार विभिन्न खंडों में किए गए आनुभविक अध्ययन द्रव्यों का प्रचलन दर्शाते हैं। ये अध्ययन हैं। (i) कॉलेज/विश्वविद्यालय व उच्च माध्यमिक स्कूलों के विद्यार्थियों के अध्ययन, (ii) औद्योगिक श्रमिकों के अध्ययन (iii) ग्रामवासियों के अध्ययन, (iv) गंदी बस्तियों में रहने वालों के अध्ययन।

द्रव्य दुरुप्रयोग की अभिप्रेरणा (Motivation in drug Usage) मादक पदार्थों के दुरुपयोग के कारण क्या है? कारणों को चार श्रेणियों में वर्गीकृत किया जा सकता है: (1) मनोवैज्ञानिक कारण जैसे तनाव को कम करना, अवसाद को शांत करना, अंतर्बाधाओं को हटाना, कौतुहल को पूरा करना, खिन्नता और ऊब को दूर करना, तथा अनुभूति को तीव्र करना। (2) सामाजिक कारण जैसे सामाजिक अनुभवों को सुसाध्य बनाना, मित्रों द्वारा स्वीकार किया जाना, तथा सामाजिक मूल्यों को चुनौती देना। (3) शारीरिक कारण जैसे जागते रहना, कामुक अनुभवों को उभारना पीड़ा निवारण और नींद पा लेना। (4) विविध कारण जैसे अध्ययन को उत्कृष्ट बनाना, धार्मिक अंतर्दृष्टि तेज करना, आत्मज्ञान बढ़ाना तथा व्यक्तिगत समस्याएं हल करना इत्यादि।

मेरे अपने अध्ययन से ज्ञात हुआ कि जो 1,469 विद्यार्थी द्रव्यों का सेवन कर रहे थे उनमें से 85.5% मनोवैज्ञानिक कारणों की वजह से, 15.20% शारीरिक कारणों की वजह से 10.9% सामाजिक की वजह से और 28.4% विविध कारणों की वजह से सेवन कर रहे थे।

विस्तृत विश्लेषण ने यह स्पष्ट किया कि (1) द्रव्य सेवन करने वाले विद्यार्थियों में सर्वाधिक संख्या उनकी है जो आमोद-प्रमोद के प्रति समर्पित हैं तथा सनसनीखेज और तीव्र अनुभव की खोज में रहते हैं और (2) कुछ विद्यार्थी छुटकारा पाने के कारण व व्यथा कम करने के कारण द्रव्य लेते हैं और (3) बहुत थोड़े से विद्याार्थी वे हैं जिन्होंने पीड़ा से छुटकारा पाने के लिए चिकित्सीय उपचार में द्रव्य लेने आरम्भ किये थे, और अब उनको उपचार समाप्ति बाद भी लेते रहते हैं। इन निष्कर्षों के आधार पर हम मनोरोग चिकित्सकों के इस विचार पर आपत्ति जता सकते हैं कि मादक द्रव्यों के सेवनकर्ता एक ऐसा व्यक्तित्व प्रदर्शित करते हैं जिसमें प्रबल निर्भरता की आवश्यकताएं एवं अक्षमता व अपर्याप्तता की अधिघोषित अनुभूतियां पायी जाती हैं। यहां पर यह स्पष्ट करना तथ्य से दूर नहीं होगा कि **आलफ्रेड लिन्डस्मिथ** ने भी मनोरोगमय व्यक्तित्व अथवा मनोविकृतिमय प्रवृति के सिद्धांत की आलोचना की है।

द्रव्य दुरुपयोग के कारणों के विश्लेषण की तरह द्रव्य त्याग के कारणों का विश्लेषण करना भी आवश्यक है यानी कि सेवन न करने वाले व्यक्ति मादक द्रव्य क्यों नहीं लेते? जो पहले द्रव्य लेते थे और अब नहीं लेते, उन्होंने मादक द्रव्य लेना छोड़ दिया? विद्यार्थियों के मेरे स्वंय के अध्ययन से द्रव्य-त्याग और द्रव्य लेना बंद करने के निम्न कारण प्राप्त हुए: व्यक्तिगत (49.3%) शारीरिक (23.8%) सामाजिक (22.4%) धार्मिक (22.3%) और आर्थिक (4.1%) व्यक्तिगत कारणों में निम्न कारण सम्मिलित थे: रुचि, जिज्ञासा का अभाव, द्रव्य के लिए व्यक्तिगत अरुचि या धृणा, और द्रव्यों की असुलभता व अनुपलब्धता शारीरिक कारणों में निम्न कारण सम्मिलित थे।

परिवार और मित्र-समूह की भूमिका : (Role of Family and Peer Group) परिवार और मित्र-समूह से सम्पर्क व्यक्ति जीवन पें अपनाता है व बनाये रखता है। कॉलेज विश्वविद्यालय के विद्यार्थियों में द्रव्य दुरूपयोग पर मेरे अपने अध्ययन की एक उपकल्पना थी कि द्रव्य सेवन स्नेहपूर्ण पारिवारिक सम्बंधों के स्वरूपगुणावस्था से प्रभावित होता है। यह अवधारणा निम्न आधार पर प्रयोग की गयी थी : (1) माता-पिता अपने बच्चों के जीवन में रुचि लेते हैं तथा वे अपने माता-पिता कर्तव्यों और दायित्वों के प्रति सजग हैं, (2) मादक द्रव्य सेवन कर्ताओं के माता और पिता के बीच, उनके सेवनकर्ताओं और उनके माता-पिता के बीच, तथा

उनके और उनके भाई-बहनों के बीच संबंध तालमेल समन्वय और घनिष्ठता पर आधारित है, (3) माता-पिता का नियंत्रण न बहुत उग्र हो और न बहुत ढीला जिससे बच्चे को आत्म-अभिव्यक्ति के लिए अवसर मिल सकें, (4) परिवार आकार आय की दृष्टि से इतना प्रबंधकीय हो कि परिवार में कोई भी बच्चा जीवन की आवश्यकताओं की आपूर्ति से पीड़ित न हो, (5) माता-पिता सामाजिक और नैतिक प्रतिमानों का इतना पालन करें कि बच्चों के लिए वे उदाहरण प्रस्तुत कर सकें और, (6) बच्चे माता-पिता में आस्था व सुरक्षा का विचार प्रदर्शित करें तथा अपनी समस्याओं के समाधान में उनकी सलाह व सहायता लेकर उन्हें अपने विश्वास में लें।

कारण सम्बन्धी सिद्धांत (Theories of Causation) मादक द्रव्यों के दुरुपयोग के कारण-संबंधी सिद्धांतों को चार श्रेणियों में विभाजित किया जा सकता है: शारीरिक, मनोवैज्ञानिक, सामाजिक-मनोवैज्ञानिक और समाजशास्त्रीय।

'शारीरिक' सिद्धांत के अनुसार व्यक्ति शारीरिक दोषों व रोगों के कारण एवं द्रव्य के रासायनिक लक्षणों पर अनुकूलन की वजह से मादक द्रव्यों का सेवन करते हैं। **मोरडोन्स, स्लिकवर्थ, रैन्डाल्फ** और **निमविच** ऐसे विद्वान हैं जिन्होंने मादक द्रव्यों का सेवन रासायनिक प्रतिक्रियाओं के संदर्भ में समझाया है। परन्तु यह सिद्धांत यद्यपि 1990 और 1920 के दशकों में विस्तृत रूप से स्वीकार किया गया था वर्तमान में इसे तब से अपर्याप्त माना जाता है जब से आनुभाविक अध्ययनों ने मादक द्रव्य सेवनकर्ताओं के मनोवैज्ञानिक व समाजशास्त्रीय लक्षणों की द्रव्य-सेवन में भूमिका की ओर ध्यान दिलवाया है।

मनोवैज्ञानिकों ने मादक द्रव्य सेवन का द्रव्य निर्भरता को मुख्यता प्रबलीकरण सिद्धांत, व्यक्तित्व सिद्धांत, शक्ति सिद्धांत, व क्षीण स्व सिद्धांत के आधार पर समझाया है। 'प्रबलीकरण' सिद्धांत में **अब्राहम बिलकर** ने बताया है कि मादक द्रव्यों की सुखद अनुभतियां उनके उपयोग को बढ़ावा देती है। 'व्यक्तित्व' सिद्धांत ने मादक पदार्थों के सेवन को मनोवैज्ञानिक आवश्यकताओं की पूर्ति अथवा कुछ मनोवैज्ञानिक दोषों कमजोरियों के लिए क्षतिपूर्ण करने के आधार पर समझाया है। यह (सिद्धांत) मादक द्रव्य निर्भरता से जुड़े हुए कुछ विशिष्ट व्यक्तित्व संबंधी लक्षणों की चर्चा करता है तथा द्रव्य निर्भरता के कारण में 'निर्भर व्यक्तित्व' पर बल देता है।

हार्वर्ड बेकर और **काइएरिकसन** ने सामाजिक मनोवैज्ञानिक 'लेबलिंग' सिद्धांत में बताया है कि एक व्यक्ति व्यसनी व शराबी के लेबल लगने के दबाव के कारण मादक द्रव्य सेवनकर्ता व शराबी बन जाता है। लेकिन यह सिद्धांत यह समझाने में असफल रहा है कि व्यक्ति मादक द्रव्य व्यवहार में पहले कैसे फंसते हैं जिसके कारण उन्हें सामाजिक दृष्टि से विचलित व्यसनी कहा जाता है। 'समाजशास्त्रीय' सिद्धांत की मान्यता है कि परिस्थितयां अथवा पर्यावरण व्यक्ति को मादक द्रव्यों का व्यसनी बनाते हैं।

सदरलैण्ड के विभिन्न सम्पर्क सिद्धांत के आधार पर यदि मादक द्रव्य सेवन समझाया जाय, तो उसके अनुसार मादक द्रव्यों का लेना दूसरे व्यक्तियों से सीखा हुआ व्यवहार है, विशेष रूप से छोटे घनिष्ठ समूहों से। 'सामाजिक सीखने' का सिद्धांत जो कि विभिन्न सम्पर्क सिद्धांत सीखने की प्रक्रिया में कार्य करने वाले बलयुक्त कर्ता जोर देने वालों के सामाजिक स्रोतों का मूल्यांकन करता है।

उपचार (Treatment) व्यसनियों के उपचार के लिए भारत सरकार के कल्याण मंत्रालय ने तीन प्रकार के केन्द्र स्थापित किये हैं: (1) परामर्श केन्द्र (2) विव्यसन केन्द्र (3) उत्तर सेवा केन्द्र। मार्च 1998 में भारत में 172 परामर्श केन्द्र, 111 विव्यसन केन्द्र और 33 अभिज्ञा केन्द्र थे। यह सब केन्द्र कल्याण मंत्रालय ने 1986 में गैर सरकारी संस्थाओं को सौंप दिये थे। स्वास्थ्य मंत्रालय की इन केन्द्रों की कार्य प्रणाली में बहुत सीमित भूमिका है। भारतीय चिकित्सा अनुसंधान परिषद ने मादक पदार्थों के दुरुपयोग के परिवीक्षक व्यवस्था के अन्तर्गत चार केन्द्र (दिल्ली, मुम्बई, कलकत्ता और चेन्नई) स्थापित किये हैं। गैर सरकारी संगठनों द्वारा चलाये जा रहे केन्द्रों में केवल उन्ही व्यसनियों को लिया जाता है जो अन्य किसी रोग जैसे टी.बी., अस्थमा, एच.आई. ब्रोंकाइटिस, जिगर की बीमारी आदि से पीड़ित नहीं होते। अधिकांश व्यसनी क्योंकि अन्य किसी न किसी बीमारी के भी रोगी होते हैं अत: गैर सरकारी संगठनों द्वारा चलाये जा रहे केन्द्रों की आलोचना की जाती है। प्रमुख आलोचनाएं इस प्रकार हैं:

1. गैर सरकारी संगठनों के केन्द्रों में भर्ती न किये जाने के कारण अधिकांश व्यसनियों को शहर के अस्पतालों की शरण लेनी पड़ती है।
2. संगठनों द्वारा चलाये रहे विव्यसन केन्द्र क्योंकि सरकार द्वारा निधिक होते हैं। अत: इन्हें कोई फीस नहीं लेनी चाहिए, परन्तु वास्तव में वे फीस लेते हैं।
3. केन्द्रों में स्टाफ अपर्याप्त होता है सुविधाएं सीमित अथवा केवल 15 बिस्तरों की होती हैं तथा कर्मचारियों की अभिवृति भी सहानुभूतिपूर्ण न होकर उदासीन होती है।

स्टाफ सहवासियों को अविश्वसनीय और तथ्य छिपाने वाला मानता है और सहवासी स्टाफ को ओछा व उदण्ड मानते हैं। स्टाफ मन परिवर्तन की भूमिका को नहीं समझता। केन्द्र की कार्यप्रणाली में रोगी की भूमिका नहीं होती। उसे तो केवल आदेश दिये जाते हैं। रोगियों को संगठन की नीतियों को चुनौती देने के लिए कभी प्रोत्साहित नहीं किया जाता।

4. रोगियों को बाहर की दुनिया से बिल्कुल पृथक रखा जाता है। मिलने वाले केवल कड़े नियमों के अन्तर्गत रोगियों को मिल सकते हैं। अत: व्यसनी को भी जो भी समर्थन उसके व्यक्तिगत संबंधों में बाहर से मिल सकता था वह समाप्त हो जाता है। केन्द्र के अंदर सीमान्तवादी समुदाय में बनावटी प्रक्रिया के सेट में उनको अपमान, तिरस्कार, दमन व हीनता सहन करनी पड़ती है।
5. केन्द्रों में द्रव्य सेवकों को खाली समय व्यतीत करने की समस्या रहती है। उनके विनिवर्तन लक्षण तीन चार दिन में समाप्त हो जाते हैं। उन्हें जल्दी केन्द्र से छुट्टी भी नहीं मिलती। अत: या वे टी.वी.देखते है या कोई छोटे मोटे खेल खेलते हैं। जो पढ़ सकते हैं उनके लिए अधिक ऊब नहीं होती।

   हर कार्य के लिए निश्चित समय होता है। इस प्रकार समय प्रबंधन की समस्या रोगियों के लिए गम्भीर होती है। इन सब आलोचनाओं के आधार पर अब इस बात पर बल दिया जा रहा है कि इन केन्द्रों में उपचार व्यवस्था में परिवर्तन करना आवश्यक है। अक्टूबर 1995 से सरकार की उत्तर सेवा केन्द्रों के योजना समाप्त कर दी गयी है।

रोकथाम के उपाय (Measures for Preventing) मादक पदार्थों के दुरुपयोग की रोकथाम के लिए विभिन्न उपायों को चार श्रेणियों मे विभाजित किया जा सकता है:

1. शैक्षणिक उपाय
2. प्रवर्तक मनाने वाले उपाय
3. सुविधाजनक उपाय और
4. दण्डात्मक उपाय।

इनमें से जो उपाय अधिक अपनाये जाते हैं वे हैं शैक्षणिक और दण्डात्मक उपाय। शैक्षणिक उपाय में ज्ञान व तथ्यों की जानकारी के द्वारा शरीर और मन पर पड़ने वाले प्रभाव का भय उत्पन्न किया जाता है। दण्डात्मक उपाय में मादक द्रव्य उपयोग करने वालों का अलगाव, सीमांतीकरण व विसंबंधन किया जाता है।

इन उपायों में कुछ कमियां हैं

1. ज्ञान प्रदान करने में यह समान्यता है कि द्रव्य सेवन करने वाले सेवन के परिणामों से अनजान होते हैं। यह सही नहीं है। फिसलना, दोहराना और पुनरायन में अंतर है तथा तीनों स्तर पर रोकथाम की आवश्यकता है।
2. रोकथाम के उपायों में जा सकते। निशान प्रतीक प्रयोग किये जाते हैं। वे भारतीय संस्कृति के संदर्भ में कम और पश्चिमी समाज में अधिक संबधित होते हैं।
3. भारत में उच्च निरक्षरता होने के कारण लिखित जानकारी का अधिक उपयोग नहीं हो पाता।
4. जानकारी देने में क्षेत्रीय विभिन्नताओं विविधताओं को महत्व नहीं दिया जाता।
5. द्रव्य सेवन बिंदु नैतिकवाद विषय माना जाता है जबकि वह वास्तव में सामाजिक विषय है।
6. जानकारी देने में द्रव्य सेवकों की सामाजिक आर्थिक प्रस्थिति, शैक्षणिक स्तर, लिंग, धार्मिक विश्वास, संस्कृति और व्यक्तिगत और पारिवारिक समस्याओं को महत्व नहीं दिया जाता।
7. मित्र समूह दबाव के सकारात्मक भूमिका की अवहेलना की जाती है।

उपर्युक्त सीमाओं के संदर्भ में निम्न सुझाव मादक द्रव्यों के दुरुपयोग को रोकने में सहायक होंगे:

1. द्रव्य दुरुपयोग को सामाजिक समस्या के साथ चिकित्सकीय समस्या के रूप में प्रस्तुत करना चाहिए।
2. गैर-सरकारी संगठनों के साथ सरकार और परिवारों को भी रोकथाम प्रोग्राम रुचि लेनी चाहिए।
3. हास्टल और किराये के मकानों में जहां युवक रहते हैं अथवा गंदी बस्तियों में अधिक ध्यान देना चाहिए।
4. स्वास्थ्य रक्षा प्रोग्राम का अधिक उपयोग करना चाहिए।

अध्याय

11 स्वास्थ्यवर्धक जीवन

पर्यावरण (वातावरण)

बालक के विकास में वंशानुक्रम के समान ही वातावरण का भी समान प्रभाव पड़ता है। वातावरण को पर्यावरण भी कहा जाता है। पर्यावरण दो शब्दों के योग से बना है- परि + आवरण। परि शब्द का अर्थ है- चतुर्दिक तथा आवरण का अर्थ है- आच्छादित करने वाला। इस प्रकार शाब्दिक अर्थ के अनुसार वातावरण वह स्थिति है, जो चारों ओर से घिरे हुए जो कुछ है वह उसका वातावरण है। इसमें वह सब तत्व सम्मिलित किए जा सकते हैं, जो व्यक्ति के जीवन और व्यवहार को प्रभावित करते हैं।

वातावरण की परिभाषाएं

1. **रॉस** के अनुसार, ''वातावरण वह बाहरी शक्ति है, जो हमें प्रभावित करती हैं।''

   "Environment is an external force which influence us."

2. **जिस्बर्ट** के अनुसार, ''पर्यावरण वह प्रत्येक वस्तु है जो किसी दूसरी वस्तु को घेरे हुए है तथा उस पर अपना प्रत्यक्ष प्रभाव डालती है।''

   "The Environment is anything immediately surrounding an object and existing a direct influence on it."

   -Gisburt

पर्यावरण के प्रकार

विभिन्न मनोवैज्ञानिकों व शरीर-शिक्षाशास्त्रियों ने पर्यावरण को निम्नलिखित भागों में बांटा है:

1. महान विद्वान गिलिन और गिलिन ने पर्यावरण को दो भागों में विभाजित किया है:

   (i) भौगोलिक (ii) सामाजिक

2. विद्वान ऑगबर्न और निमकॉफ के अनुसार:

   (i) प्राकृतिक (ii) कृत्रिम

3. विद्वान लेंडिस के अनुसार:

   (i) प्राकृतिक, (ii) सामाजिक, (iii) सांस्कृतिक

4. मैकाइवर और पेज ने भी पर्यावरण को तीन भागों में बांटा हैं:

   (i) भौतिक, (ii) आर्थिक, (iii) सामाजिक

वातावरण के भेद

1. **अनुकूल वातावरण (Favourable Environment):** जैसा कि नाम से ही विदित है, अनुकूल वातावरण वह होता है जो प्राणी के विकास के अनुकूल हो और उसके निरन्तर वृद्धि एवं विकास में सहायक हो। अनुकूल वातावरण में मानव अपने समाज में, पशु अपने समाज में, तथा कीट आदि अपने-अपने समाजों में उन्नत जीवन यापन करते हैं। प्राकृतिक आवश्यक संसाधन जुटाकर जीव रक्षा करती है। अनुकूल पर्यावरण में सभी जीव बढ़ते और पनपते हैं तथा दीर्घायु होते हैं। उदाहरण के लिए, जल में रहने वाले जीवों के लिए पानी अनिवार्य है यदि उन्हें पानी रहित स्थानों में ले जाया जाए तो उनका जीवन समाप्त हो जायेगा।

2. **प्रतिकूल वातावरण (Unfavourable Environment):** प्रतिकूल वातावरण वह होता है जिसमें कोई जीवन असहज महसूस करता है तथा ऐसे वातावरण में रहने से शीघ्र ही नष्ट हो जाता है। प्रतिकूल वातावरण जीवों, वनस्पतियों का विनाश करता है। संरक्षित जीवों को कभी एकाएक और कभी धीरे-धीरे समाप्ति कर देता है। प्रतिकूल वातावरण में प्राणी स्वयं को बहुत असहाय महसूस करता है तथा लंबा समय बीतने पर उसका अस्तित्व समाप्त हो जाता है। प्रतिकूल वातावरण से मानव ही नहीं पशु जगत् भी पलायन शुरू कर देता है और उपयुक्त वातावरण मिलने पर वहीं टिक जाता है। इस प्रकार स्पष्ट हो जाता है कि अनुकूल वातावरण मानव व प्राणी के लिए विकास एवं वृद्धि में सहायक बनता है तथा ऐसे वातावरण में प्राणी सहज, सुरक्षित व प्रसन्नता अनुभव करता है। इसके विपरीत, प्रतिकूल

(1370) Phy. Edu.(H)—23

वातावरण में स्वयं को असुरक्षित व असहाय महसूस करता है और ऐसे वातावरण से शीघ्र ही छुटकारा पाना चाहता है।

व्यवसायिक (जीविका) संबंधी स्वास्थ्य का अर्थ

भूतकाल में जीविका संबंधी स्वास्थ्य फैक्टरियों व खानों में लगे कामगारों की सेहत से संबंधित था अत: इसे Industrial health hygiene कहते थे। आजकल इसकी संकल्पना में सभी संस्थान, सर्विस ट्रेड, फोरेस्ट्री, कृषि आदि शामिल है जिनमें Industrial hygiene, बीमारियां, दुर्घटना, Industrial toxicology जिनका संबंध-औद्योगिक खतरों से है, शामिल है। विश्व स्वास्थ्य संगठन (World Health Organisation, WHO) के अनुसार 'ओकुपेशनल हेल्थ का उद्देश्य सभी काम-धन्धों में लगे कारीगरों की उच्च स्तर की शारीरिक, मानसिक, सामाजिक भलाई करना है उनकी सेहत को बचाना है जो उनके कार्यस्थल के कारण गिर रही हो, उनकी जीविका को उन खतरों से बचाना है तथा उन्हें मनोवैज्ञानिक व शरीर संबंधी उपकरणों से अनुकूलन करने वाला वातावरण बनाना और सारगर्भित रूप से प्रत्येक व्यक्ति को अपनी नौकरी में अनुकूलन (Adaptation) लाना है। आधुनिक जीविका संबंधी सेहत में, जोर लोगों पर, उनके रहने और काम करने की अवस्थाओं पर, आशाओं और डरों पर तथा नौकरी के प्रति उनके रुझानों पर है।

जीविका संबंधी विज्ञान नौकरी के सभी स्थानों पर रोकथाम के उपायों को लागू करना है। रोकथाम और स्वास्थ्य एक ही उद्देश्य दर्शाते हैं। बीमारी रोकना व सभी धन्धों में कामगारों की शारीरिक, मानसिक व सामाजिक भलाई को बढ़ावा देना, सेहत बढ़ाना, विशेष बचाव, जल्दी से बीमारी का पता लगाना व उपचार, अपंगता कम करना तथा पुनर्वास (Rehabilitation) शामिल है।

औद्योगिक उत्पादन के लिए जरूरी है कि मजदूरों की सेहत की रक्षा की जाए तथा उन्हें उनके कार्य पर अच्छे वातावरण का निर्माण कर प्रेरित किया जाए।

एक कार्यस्थल के वातावरण पर तीन प्रकार के तत्वों में आपसी मतभेद होता है-

1. **भौतिक तत्त्व (Physical Agents)**- सेहत खराब करने वाले तत्त्व ये हैं- गर्मी, सर्दी, आर्द्रता (Humidity), हवा की गति, हीट रेडियेशन, रोशनी, शोर व कम्पन (Vibration)। कामगार की सेहत पर ये तत्व विभिन्न तरीकों से प्रभाव डालते हैं। काम करने के वातावरण में काम करने व सांस लेने का स्थान, प्रसाधन (Toilet) धोने व नहाने की सुविधाएं भी आवश्यक है।

   रासायनिक तत्त्व (Chemical Agents)- कुछ रासायनिक तत्त्व सांस लेने में कठिनाई उत्पन्न करते हैं, चमड़ी को नुकसान पहुंचाते हैं। कुछ रक्त व अन्य अंगों पर बुरा प्रभाव डालते हैं।

   बायोलोजिकल तत्त्व (Biological Agents)- कामगार को बेक्टीरिया व परजीवी जीवाणुओं से खतरा है जो पशु के उत्पाद, दूषित पानी व मिट्टी और भोजन से उनके शरीर में प्रवेश करते हैं।

2. **मनुष्य और मशीन (Man and Machine)**- बिना बचाव वाली मशीनें (Unguarded Machine) बाहर निकले हुए हिस्से, प्लांट को सही ढंग से न लगाना तथा सुरक्षा के उपायों की कमी दुर्घटनाओं के कारण बनते हैं। ठीक मुद्रा में खड़े होकर काम न करने से थकावट, पीठ दर्द, जोड़ो व पेशियों की बीमारियां कारण बनती हैं।

3. **मनुष्य और मनुष्य (Man and Man)**- आधुनिक जीवन में जोर इस बात पर दिया जाता है कि कामगारों की रहने व कार्यवाली स्थितियां कैसी है, उनके सपने व डर तथा काम के प्रति रुचि कैसी है अपने साथियों व मालिकों के साथ उनके मानवीय संबंध कितने प्रगाढ़ व सौहार्दपूर्ण हैं। जीविका संबंधी वातावरण कामगार का घरेलू वातावरण नहीं माना जा सकता। काम में तनाव से उसकी नींद उड़ सकती है, जैसे घर में तनाव से उसके काम पर प्रभाव पड़ता है। ज्यादा देर तक चलने वाले तनाव से उसमें ऐसे लक्षण पैदा हो जाएंगे कि वह दक्षतापूर्ण ढंग से काम नहीं कर पाएगा तभी जीविका संबंधी सेहत का उद्देश्य कामगार के वातावरण में समन्वय स्थापित करना है।

जीविका संबंधी स्वास्थ्य का क्षेत्र

सारे विश्व में औद्योगीकरण हो जाने से जीविका संबंधी सेहत का महत्व बढ़ गया है। ऐसा इसलिए हुआ क्योंकि काम के नए क्षेत्र उत्पन्न हुए हैं, आबादी बढ़ी है तथा काम के स्थान पर भीड़ बढ़ गई है जो सेहत के लिए घातक है। अत: उनकी सेहत की पूरी तरह रक्षा होनी चाहिए। बहुत सी इंडस्ट्री में दुर्घटनाएं आम हो गई हैं। Occupational Health का मुख्य उद्देश्य इन दुर्घटनाओं को रोकना है तथा कामगारों में भौतिक, मानसिक तथा सामाजिक सद्भाव को बढ़ाना है।

जैसे-जैसे उद्योगों का आकार बढ़ता है तो काम संबंधी सेहत की समस्याएं बढ़ती हैं। इन्हें दूर करने के लिए मजदूरों को पर्याप्त शिक्षा दी जानी चाहिए। स्थान का निरीक्षण इसका पहला कदम है। इससे सही आदमी को सही जगह रखने में मदद मिलेगी ताकि वह अपना काम बिना सेहत को नुकसान पहुंचाए ठीक से कर सके। जो पहले से काम पर लगे हैं या जो नए हैं उन कामगारों को इन घातक खतरों से बचाने की उपयुक्त ट्रेनिंग दी जानी चाहिए।

विभिन्न काम धन्धों में लगे मजदूरों की सेहत की देखभाल करना समाज का कर्त्तव्य है। मशीन से ज्यादा आवश्यक मनुष्य है। मजदूरों की हितों के लिए फैक्टरी नियम बनाए गए हैं। कुछ ऐसे नियम हैं जिनका पालन मालिक को करनी चाहिए ताकि मजदूरों की सेहत व सुरक्षा को कोई खतरा न हो।

जीविका संबंधी स्वास्थ्य के सिद्धांत

औद्योगीकरण का अर्थ है देश की संस्कृति में सामाजिक व आर्थिक क्रांति जिसमें जोर बहुत उत्पादन व सामाजिक लाभ पर होता है अत: इसमें खतरे भी हैं।

इन समस्याओं को कम करने के कुछ सिद्धांत ये हैं–

1. **रखने से पहले निरीक्षण**–यह रोजगार के समय होता है। कामगार की मेडिकल, फेमिली, ओकुपेशनल व सोशल हिस्ट्री इसमें शामिल है जो मेडिकल निरीक्षण द्वारा लिखी जाती है। उसी के अनुसार उसे नौकरी देते हैं। इससे वर्कर की उन्नति में सहायता मिलती है।
2. **बार-बार निरीक्षण**–बीच-बीच में कुछ अवधि के बाद उसका निरीक्षण आवश्यक है क्योंकि बहुत सी बीमारियां उत्पन्न व पनपने में महीने और साल ले लेती है। इससे जीविका संबंधी कार्यस्थल का भी निरीक्षण हो जाता है।
3. **दवा व हेल्थ केयर सर्विस**–कामगार व उसकी फेमिली को मेडिकल केयर प्रदान करनी चाहिए। फैक्टरी के अन्दर ही पर्याप्त प्राथमिक चिकित्सा उपचार (First Aid Service) उपलब्ध होनी चाहिए।
4. **अवधि के बाद सुपरविजन**–चिकित्सक द्वारा बार-बार यह देखना चाहिए कि काम में स्थान का वातावरण जैसे-तापमान, रोशनी, हवा, आर्द्रता, शोर, प्रदूषण सफाई कहीं कामगारों की सेहत पर गलत प्रभाव तो नहीं डाल रही तथा उसे कामगारों की सेहत पर होने वाली थकावट का जायजा लेना चाहिए जो नाईट वर्क व शिफ्ट वर्क के कारण होती है।
5. **रिकार्ड का रख-रखाव तथा अवलोकन**– कामगारों की सेहत व अपंगता का रिकार्ड बनाकर उसकी सेहत पर नजर रखी जानी चाहिए तथा बीमारियों की सही रोकथाम की जानी चाहिए।
6. **स्वास्थ्य शिक्षा तथा परामर्श**–स्वास्थ्य शिक्षा का मुख्य उद्देश्य है कि कामगार को अपने कार्य, घर तथा सामुदायिक वातावरण के अनुरूप ढालने में मदद की जाए। उसे इंडस्ट्री में काम करते हुए वहां के खतरों की जागरुकता होनी चाहिए ताकि व्यक्तिगत बचाव और मास्क, ग्लव (Mask, gloves) लगाने में मदद मिले। हाथ धोने, नाखुन काटने, शरीर की सफाई व कपड़ों की सफाई के साधारण नियम का पालन करना सीखना चाहिए।
7. **अवधि के बाद मशीन की चेकिंग**–सभी मशीनों तथा उपकरणों आदि की समय-समय पर जांच करते रहना चाहिए ताकि दुर्घटनाएं न हों। उनकी जरूरत पड़ने पर उनकी मरम्मत की जाए या बदला जाए।
8. **सामान्य रख-रखाव**–नौकरी के स्थान पर खतरे हटाने का यह उत्तम ढंग है। इसमें सामान्य सफाई, खुली हवा आना तथा पर्याप्त रोशनी शामिल है। दीवारें व छत साल में एक बार White wash करवानी चाहिए। दुर्घटना रोकने के लिए सही चीज सही स्थान पर होनी चाहिए। प्लांट के अन्दर व बाहर साफ-सफाई रखी जानी चाहिए।
9. **घातक**–पदार्थों के स्थान पर कम खतरे वाले पदार्थों को प्रयुक्त किया जाए हालांकि यह बदलाव संभव नहीं है फिर भी जहां तक संभव हो कोशिश की जाए।
10. **बचाव प्रणालियां**–कामगारों को अच्छी बचाव प्रणालियां प्रयोग करनी चाहिए। उन्हें उनका सही ढंग पता होना चाहिए। उन्हें गैस मास्क, ईयर प्लग, ईयर मफ, हेलमेट, सेफ्टी शूज, एपरन, ग्लव, गम बूट, बेरियर क्रीम, स्क्रीन व गोगुल आदि उपलब्ध करवाने चाहिए।
11. **वातावरण का अध्ययन**–समय-समय पर वातावरण के सर्वेक्षण किए जाए। फैक्टरी की हवा की जांच की जाए ताकि उसमें धूल और गैसों की मात्रा स्वीकृत मानदंडों के अनुसार हो। यह डाक्टरों और इंजीनियरों के इकट्ठे प्रयत्नों से करवाना चाहिए।

जीविका सम्बन्धी स्वास्थ्य के खतरे और बीमारियां

कुछ तत्व जीविका सम्बन्धी स्वास्थ्य को प्रभावित करते हैं परन्तु ज्यादातर इस बात पर निर्भर है कि कामगार की जीविका का साधन क्या है। ये तत्व इस प्रकार हैं–

1. शारीरिक खतरे

(i) **गर्मी और ठण्ड**–कारखानों में मुख्य घातक तत्व गर्मी है। सीधी गर्मी से बर्न, हीट थकावट, हीट स्ट्रोक तथा हीट क्रेम्प हो सकते हैं। अप्रत्यक्ष प्रभाव है–बढ़ती थकावट। ओवन आदि से बहुत गर्मी फैलती है। ग्लास व स्टील इंडस्ट्री में रेडिएंट हीट बहुत असर दिखाती है। जूट और काटंन टेक्सटाईल इंडस्ट्री में हीट स्टेगनेशन बहुत बड़ी समस्या है। खानों में बहुत ऊंचा तापमान होता है। कोलर गोल्ड माईन आफ मैसूर जो दुनिया की दूसरी गहरी खान है (11,000 फुट) वहां 150ºF का तापमान रिकार्ड किया गया है। ऐसी स्थितियों में काम करना तनावपूर्ण होता है जो कामगार के सेहत और कार्य कुशलता को कम करता है।

ठण्ड में काम करने से चिलर्बन, इमरशन फुट तथा फ्रास्ट बाईट होता है। ऐसा Coetaneous vasconstriction के कारण होता है।

(ii) **रोशनी**–कामगारों को या तो कम रोशनी या अत्यधिक तेज रोशनी मिलती है। कम रोशनी से आंखों पर जोड़ पड़ता है सिर दर्द, आंख में दर्द कोर्निया के आस-पास Conjestion तथा आंखों की थकावट होती है। तेज रोशनी से दृष्टि थकावट होती है।

(iii) **शोर**–बहुत से फैक्टरियों/इंडस्ट्रियों में शोर भी सेहत के लिए घातक होता है। इससे स्थायी व अस्थायी रूप से श्रवण क्षमता जा सकती है जिससे नर्वसनेस, कमजोरी, बोलने की क्षमता में रुकावट, घटी हुई कार्य कुशलता व चिड़चिड़ापन होता है। नुकसान की सीमा इस बात पर निर्भर करती है कि शोर का परिमाण तथा अवधि कितनी है।

(iv) **कम्पन**–कम्पन हाथ और बाजुओं को प्रभावित करता है, इसके ज्यादा सम्पर्क में रहने पर जोड़ों, हाथों, कुहनियों व कन्धों को चोटें आती हैं।

(v) **अल्ट्रावायलट विकिरण**–यह वेल्डिंग से होता है। बेल्डर की आंखों को तीव्र Conjectivites (वेल्डर फ्लेश) हो सकता है। इसके लक्षण हैं आंखों में लाली और दर्द। दृष्टि पर स्थायी प्रभाव नहीं पड़ता।

2. रसायनिक खतरे: सभी कारखानों में रसायन प्रयोग होते हैं। इनके खतरे बढ़ते जा रहे हैं। ये तीन प्रकार से कार्य करते हैं–

(i) **स्थानीय कार्य**–अपने प्राथमिक कार्य द्वारा कुछ रसायन डरमेटेटिस एक्जीमा, अल्सर तथा कैंसर की बीमारी लगाते हैं। एलर्जी द्वारा कुछ डरमेटेटिस का कारण बनते हैं। कुछ चमड़ी द्वारा अन्दर प्रवेश करते हैं तथा प्रभावित करते हैं।

(ii) **अन्दर सांस लेना**–

1. कई फैक्टिरियों में धूल बनती है जैसे खान, फाऊंडरी, क्वेरी, पोटरी, टेक्सटाईल, लकड़ी व पत्थर यह धूल पीसते, तोड़ते, लोड व अनलोड करते हवा में मिलती है। धूल दो प्रकार की है एक घुलने वाली तथा दूसरी न घुलने वाली। न घुलने वाली धूल के प्रकार हैं–रेत, माइका, कोयला, एस्बेस्टोस आदि। घुलने वाले धूल के प्रकार हैं–काटन और जूट। घुलने वाली धूल धीरे से घुलती है शरीर में घुसती है तथा शारीरिक क्रियाओं द्वारा बाहर निकलती है। न घुलने वाली धूल पक्के तौर पर फेफड़ों में ही रह जाती है, आम धूल की बीमारियां सिलीकोसिस व एथेराकोसिस है।
2. **गैसों**–गैसों के साथ रहते भी कई बीमारियां होती हैं। साधारण गैसें (सल्फर डायक्साइड, क्लोरीन, आक्सीजन, हाइड्रोजन) अन्य जैसे-कार्बन मोनोक्साइड, सायनाइड, क्लोरोफार्म, ईथर आदि।
3. **धातु व उनके यौगिक**–ये सांस द्वारा प्रवेश करते हैं। इनके बुरे प्रभाव इसके साथ रहने पर निर्भर करते हैं।

(iii) **भोजन पचाना**–कुछ रसायनिक तत्व जैसे- शीशा, पारा, आर्सेनिक, जिंक, क्रोमियम, कैडमियम, फास्फोरस बहुत हानिकारक हैं। वे गन्दे हाथों व दूषित भोजन द्वारा शरीर में प्रवेश करते हैं। बहुत सारा पदार्थ तो बाहर चला जाता है परन्तु थोड़ा बहुत हमारे रक्त संचार में प्रवेश करता है।

3. जीव विज्ञान सम्बन्धी खतरे: इसमें मजदूरों को काम के स्थान पर परजीवी जीवाणुओं से खतरे होते हैं। जो व्यक्ति ऐसे पशु-उत्पादों जैसे-बाल, रेशम, चमड़ा आदि में

काम करते हैं या खेती में लगे हैं उनके लिए जीव विज्ञान सम्बन्धी खतरे अधिक हैं।

4. यंत्रों सम्बन्धी खतरे: ये खतरे मशीनों में लगे लोगों को अधिक हैं। ऐसे कारणों से होने वाली दुर्घटनाओं का प्रतिशत कम है।

5. मनोवैज्ञानिक तथा सामाजिक खतरे: ये तब होते हैं जब कामगार मनो-सामाजिक वातावरण के अनुसार स्वयं को नहीं ढाल पाते। इस अनुकूलन पर इन कारकों का प्रभाव पड़ता है–शिक्षा, सांस्कृतिक पृष्ठभूमि, पारिवारिक जीवन, सामाजिक आदतें तथा नौकरी से कामगारों की उम्मीदें। कुछ ऐसे कारक जो कामगारों की शारीरिक व मानसिक सेहत का अवमूल्यन करते हैं, ये हैं–कुण्ठा, असुरक्षा, अपर्याप्त मानवीय रिश्तों तथा इमोशनल टेंशन आदि।

स्वास्थ्य पर दो मुख्य प्रभाव हैं–

1. **मनोवैज्ञानिक तथा व्यवहार में बदलाव**–इसमें शामिल हैं–बदले की भावना, आक्रामक रवैया, चिंता, तनाव, थकावट, एल्कोहलिजम, नशा, बीमारी, अनुपस्थित रहना।
2. **सायकोसोमेटिक बुरी-सेहत**–इसमें शामिल है–थकावट, सिर दर्द, कन्धों में दर्द, गर्दन व पीठ दर्द, हाइपरटेंशन, दिल की बीमारी तथा तेजी से बूढ़ा होना। ओटोमेशन इलेक्ट्रोनिक पद्धति व नाभिकीय ऊर्जा पर बढ़ता जोर कई मनोवैज्ञानिक बीमारियों को जन्म दे रहा है। शारीरिक व मानसिक खतरों से मनोवैज्ञानिक खतरे कहीं ज्यादा घातक हैं।

जीविका-सम्बन्धी बीमारियां

1. शारीरिक तत्वों द्वारा की गई बीमारियां

गर्मी/धूप के कारण	हीट हाइपरपायरेक्सिया, हीट एग्जाशन, हीट सीनकोप, हीट क्रेम्प, बर्न तथा स्थानीय प्रभाव जैसे प्रिकली हीट
ठंड के कारण	फ्रेंच-फुट, फ्रास्ट बाईट, चिलबर्न
रोशनी के कारण	ओकूपेशनल केटेरेक्ट
दबाव के कारण	केजन बीमारी, ब्लास्ट
शोर के कारण	जीविका सम्बन्धी बहरापन
रेडियेशन के कारण	कैंसर, ल्यूकोमिया, एप्लास्टिक एनीमिया
मेकेनिकल तत्वों के कारण	चोटें, दुर्घटनाएं
बिजली के कारण	जलने की घटनाएं

2. रसायनिक तत्वों के कारण बीमारियां

गैसों के कारण	ये गैस-जहरीलापन करती है
धूल के कारण	**इन-आर्गेनिक धूल के कारण**
कोयले की धूल	–एंथराकोसिस
सिलिका (रेत)	–सीलिकोसिस
ऐसबेस्टोस	–ऐसबेस्टोसिस, लंग कैंसर
लोहा	–सिडरोसिस
आर्गेनिक (सब्जियों सम्बन्धी) धूल	
केन फाइबर	–बागोसिस
कॉटन डस्ट	–बाईसीनोसिस
तम्बाकू	–टोबोकोसिस
ग्रेन डस्ट	–फार्मर लंग

धातु और उनके यौगिकों से लैड, मरक्यूरी, कैडमियम, मैंगनीज, क्रोमियम आदि की टाक्सिक विषाक्तता

रसायनों के कारण अम्ल, क्षार, कीटनाशक

3. जीव विज्ञान सम्बन्धी तत्वों द्वारा की जाने वाली बीमारियां: ब्रूसलोसिस, एंथेरेक्स, एक्टनोमाइकोसिस, हाईडेटिडसिस टेटेनस, फंगल इन्फेक्शन आदि।

प्रदूषण क्या है? (What is Pollution?)

जब पर्यावरण में कोई घटक वायु, जल, भूमि आदि अनचाहे पदार्थों से मिलकर अपने भौतिक, रासायनिक तथा जैविक गुणों में परिवर्तन ले आते हैं और वह या तो उपयोग के काम के नहीं रहते अथवा स्वास्थ्य को हानि पहुँचाते हैं, तो वह प्रक्रिया और परिणाम होने ही **प्रदूषण** (Pollution) कहलाते हैं। वह पदार्थ अथवा वस्तुएँ जिनसे प्रदूषण होता है **'प्रदूषक'** (Pollutants) कहलाते हैं। प्रदूषण की ऐसी ही व्याख्या अनेक स्थानों पर मिलती है :

"प्रदूषण अनचाही वस्तुओं के मिलने से होता है जिससे प्राकृतिक अथवा मानवकृत पर्यावरण पर विपरीत प्रभाव पड़ता है।" [**EE Ahmedabad**; Ibid, P.84]

"वायु, जल और भूमि में किसी भौतिक, रसायनिक अथवा जैविक अनुचित परिवर्तन से, जिससे प्राणी मात्र के स्वास्थ्य, सुरक्षा और कल्याण को प्रभावी तौर से हानि पहुँचती हो, प्रदूषण कहलाता है।"[**K.C. Agarwal;** Environmental Biology, Ibid, p. 194]

"अत: जिस क्रिया से हवा, जल, मिट्टी एवं वहाँ के संसाधनों के भौतिक, रसायनिक या जैविक गुणों से किसी अवांछनीय परिवर्तन से जैव जगत एवं सम्पूर्ण परिवेश पर हानिकारक प्रभाव पहुँचे, उसे प्रदूषण कहते हैं।"

'राष्ट्रीय पर्यावरणीय शोध संस्था' (NIRC) ने प्रदूषण को निम्न तरह से परिभाषित किया है :—

"मानव के क्रियाकलापों से उत्पन्न अपशिष्ट उत्पादों के रूप में पदार्थों एवं ऊर्जा से प्राकृतिक पर्यावरण में होने वाले हानिकारक परिवर्तनों को ही प्रदूषण कहते हैं।"

इस तरह उपर्युक्त सभी परिभाषाओं से निष्कर्ष रूप से यह कहा जा सकता है कि संकलित पर्यावरण में सभी घटकों की मात्रा व माप निर्धारित होती है परंतु कभी-कभी इन पर्यावरणीय घटकों की मात्रा या तो आवश्यकता से अधिक हो जाती है अथवा कम या अन्य हानिकारक तत्व पर्यावरण में प्रविष्ट होकर इसे प्रदूषित कर देते हैं जो कि जीवधारियों के लिए हानिकारक सिद्ध होता है यही **पर्यावरण प्रदूषण** कहलाता है।

यद्यपि मानव अबाध गति से विकास के साथ-साथ अपने विविध प्रकार के उन्माद का प्रदर्शन करते हुए पृथ्वी के पर्यावरण को असन्तुलित करता रहा है लेकिन यह सब कुछ पृथ्वी पर अल्पकालिक या लघु क्षेत्रीय रहा, अत: इससे पृथ्वी का उस समय का सशक्त एवं बहुविधि से सुस्थापित सन्तुलन प्राय: अप्रभावित-सा रहा या शीघ्र पुन: अनुकूलन व्यवस्था स्थापित हो गई। लेकिन उन्नीसवीं सदी के उत्तरार्द्ध एवं बीसवीं सदी के पूर्वार्द्ध से ही जिस विधि से मानव ने महाविनाशकारी युद्ध किए, औद्योगिक विकास एवं खनिज निकालने के नाम पर प्रकृति को लूटा, निर्दयी बनकर वनों को समूल नष्ट करना शुरू किया, नई तकनीक एवं नवीन प्रवाह व्यवसायी के नाम पर भूमि, जलवायु में जिस विविधता से अनेक प्रकार की जहरीली दवा, सड़ी-गली वस्तुएँ, कूड़ा व मैले पदार्थ एवं जहरीली गैस एवं आणविक विस्फोट के द्वारा प्रदूषण घोला है वह न सिर्फ प्रकृति को एवं प्राकृतिक पर्यावरण को ही दूषित कर रहा है बल्कि स्वयं मानव को भी श्वास लेना, शुद्ध जल व शुद्ध खाने-पीने की सामग्री निकालना असंभव बनता जा रहा है।

इस तरह मानव ने कुटिल एवं निहित स्वार्थों से अभिभूत होकर जिस विधि से हवा, पानी एवं मिट्टी के भौतिक, रसायनिक एवं जैविक गुणों में अवांछनीय परिवर्तन कर दिए हैं एवं कर रहा है उससे स्वयं मानव का सांस्कृतिक जगत् ही थर्रा उठा है, प्रकृति में भय व्याप्त है। अत: आज की **यह प्रथम एवं सर्वोपरि आवश्यकता है कि इस कुटिल व बहुव्यापी एवं जटिल प्रदूषण पर तत्काल** नियन्त्रण किया जाए क्योंकि एक भोपाल गैस काण्ड का लाखों लोगों पर प्रभाव पड़ चुका है। विश्व के सभी देशों में बेहिसाब ध्वनि प्रदूषण भी आदमी को बहरा किए जा रहा है। यही नहीं, वायुमण्डल का मानव हितैषी **ओजोन मण्डल** परत में छेद पड़ने से मानव-जीवन ही सीधे घातक सौर विकिरण व **ब्रह्माण्ड किरण** (Cosmic rays) एवं पराबैंगनी किरणों के घातक प्रभाव की सीमा में आता जा रहा है। बिगड़ता हुआ मौसम एवं नई-नई बीमारियाँ इसी के कारण हैं।

सम्पूर्ण विश्व में पर्यावरणीय चिन्ता व्याप्त है। वायु, जल, ध्वनि, अंतरिक्ष, ओजोन, रेडियोधर्मी, मृदा इत्यादि विभिन्न क्षेत्र संभागों में प्रदूषण प्रभाव परिलक्षित हो रहे हैं। चूँकि सभी इससे पीड़ित हैं, इसलिए इसके प्रभाव को विस्तार से समझना आवश्यक है, साथ बचाव पक्ष को भी।

मिट्टी, हवा, पानी, पेड़-पौधे, जीव-जन्तु आदि सभी वातावरण के अंग हैं और इन सभी के आपसी तालमेल को पर्यावरण सन्तुलन (Environment Balance) कहा जाता है, लेकिन मानव ने विभिन्न क्रियाकलापों द्वारा इस सन्तुलन को बिगाड़ा है जिसका परिणाम प्रदूषण है। प्रदूषण से तात्पर्य वातावरण के प्राकृतिक सन्तुलन में गड़बड़ी पैदा करना है।

प्रदूषण के स्त्रोत (Source of Pollution)

प्रदूषण प्रमुखत: दो प्रकारों से होता है :

1. प्राकृतिक एवं **2.** मानवीय

प्राकृतिक स्त्रोतों में ज्वालामुखी, भूकम्प बाढ़, भूमि अपरदन हैं, जबकि सर्वाधिक मात्रा में प्रदूषण मानव विभिन्न क्रियाकलापों द्वारा करता है।

पर्यावरण प्रदूषण के प्रकार (Type of Environmental Pollution)

पर्यावरण प्रदूषण अथवा पर्यावरण प्रदूषकों को सामान्यत: दो वर्गों में विभक्त किया जाता है :

1. प्रत्यक्ष प्रदूषक अथवा प्रत्यक्ष प्रदूषण (Direct Pollution)

2. अप्रत्यक्ष प्रदूषक अथवा अप्रत्यक्ष प्रदूषण (Indirect Pollution)

1. प्रत्यक्ष प्रदूषण (Direct Pollution) : वह प्रदूषण जो पेड़-पौधों तथा जीव-जन्तुओं के लिए प्रत्यक्ष रूप से हानिकारक होते हैं अर्थात् इनका प्रभाव जैवमण्डल पर सीधे पड़ता है, **प्रत्यक्ष प्रदूषण** कहलाता है। इसमें मुख्य रूप से विभिन्न प्रकार के परिवहन साधनों, चिमनियों, वायुयानों, कल-कारखानों, गृहों तथा विभिन्न प्रकार के वस्तुओं के जलाने से निकलने वाला धुआँ, कारखानों एवं घरों से निकलने वाला वाहित मल इत्यादि।

2. अप्रत्यक्ष प्रदूषण (Indirect Pollution) : वह प्रदूषण जिनका प्रभाव जैवमण्डल पर प्रत्यक्ष रूप से न पड़कर अप्रत्यक्ष रूप से पड़ता है उसे **अप्रत्यक्ष प्रदूषण** कहते हैं। इनमें रेडियोधर्मी पदार्थ, सभी प्रकार के कीटनाशक, खरपतरवारनाशक, कवकनाशक आदि आते हैं।

भ्रष्टाचार तथा अपराध जैसे समाज विरोधी तत्वों को सामाजिक प्रदूषण माना जाता है। इनको भी अप्रत्यक्ष प्रदूषण के अन्तर्गत रखा जाता है।

प्रमुखतः निम्न प्रकार के प्रदूषणों को पर्यावरण के क्षेत्र में शामिल किया जाता है :

1. वायु प्रदूषण (Air Pollution)
2. जल प्रदूषण (Water Pollution)
3. ध्वनि प्रदूषण (Noise Pollution)
4. भूमि प्रदूषण (Land and Soil Pollution)
5. वाहन प्रदूषण (Vehicler Pollution)
6. तापीय प्रदूषण (Thermal Pollution)
7. विकिरणीय प्रदूषण (Pollution due to Radiation)
8. समुद्रीय प्रदूषण (Marine Pollution)
9. औद्योगिक प्रदूषण (Industrial Pollution)
10. कूड़े-कचरे से प्रदूषण (Waste dispol Pollution)
11. घरों तथा उद्योगों से निकलने वाले जल स्राव से प्रदूषण (Domestic and Industrial Waste Water (Effulent) Pollution)
12. अन्य प्रकार के प्रदूषण (Pollution from other sources)

पर्यावरण प्रदूषण के प्रमुख कारण
(Main Couses of Environmental Pollution)

पर्यावरण प्रदूषण का प्रमुख कारण मनुष्यों के अवांछनीय क्रियाकलाप है। बिना सोचे-समझे प्राकृतिक संसाधनों का दोहन करके पारिस्थितक तंत्र के संतुलन को बिगाड़ना, पर्यावरण प्रदूषण का आधारभूत कारण है। पर्यावरण प्रदूषण के प्रमुख कारण निम्नलिखित हैं :

1. मनुष्यों द्वारा उत्पन्न बहिःस्राव, मलमूत्र एवं गैसयुक्त अप-शिष्ट पदार्थ, कूड़ा-करकट इत्यादि पर्यावरण प्रदूषण के कारण हैं।

2. अनेक प्रकार के पालतू पशुओं एवं कृषि के कार्यों द्वारा पर्यावरण प्रदूषण फैलता है।

3. सघन कृषि में प्रयोग किए जाने वाले अनेक प्रकार के पेस्टीसाइड्स, विषैले रसायनिक एवं अनेक प्रकार के उर्वरक इत्यादि परोक्ष रूप से पर्यावरण के प्रमुख कारणों में से एक हैं।

4. मनुष्यों, पशुओं के मृतक शरीर का जल स्रोतों से विसर्जन अथवा खुले में दहन अथवा धरती पर ही सड़ने-गलने से पर्यावरण प्रदूषण होता है।

5. नगरों, महानगरों में परिवहन के विभिन्न साधन रेल, बस, कार, मोटर साईकिल, स्कूटर, वायुयान, मोटर-बोट इत्यादि में जलने वाले ईंधन से वायु प्रदूषण होता है।

6. कल-कारखानों, मिलों, फैक्ट्रियों तथा अन्य औद्योगिक संस्थानों में प्रवाहित होने वाले तरल पदार्थ, जल स्रोतों में छोड़ा जाने वाला ठोस अपशिष्ट पदार्थ, वायुमण्डल में विसर्जित होने वाले गैसीय पदार्थ पर्यावरण प्रदूषण के कारण हैं।

7. गाँवों, नगरों, महानगरों की मलिन बस्तियों के कारण जहाँ पर अपशिष्ट पदार्थों, गंदे जल, गैसीय पदार्थों की उपयुक्त स्थान पर विसर्जित करने के स्थान का अभाव होता है, पर्यावरण प्रदूषण का कारण बनता है।

8. विद्युत शक्ति उत्पादन, अणु शक्ति प्लाण्टों के कारण प्रदूषण फैलता है, इस तरह का प्रदूषण विकसित देशों एवं औद्योगिक प्रदेशों में अधिक पाया जाता है।

9. अणु बम विस्फोट एवं परीक्षण से जल, मृदा एवं वायु का भयंकर रूप से प्रदूषण होता है।

10. तैलीय पदार्थों के समुद्री जल एवं अन्य प्रकार के जल स्रोतों में मिलने से भी जल प्रदूषण की समस्या उत्पन्न होती है।

11. मनुष्यों, पशुओं, पक्षियों द्वारा खुले में मल-मूत्र त्याग द्वारा नाना प्रकार के प्रदूषण फैलते हैं।

12. गाँवों, कस्बों में पाए जाने वाले तालाब, गड्ढे एवं पोखरों का रुका हुआ जल जो कपड़ा धाने, पीने, पशुओं को नहलाने, शौच करने, मनुष्यों के स्नान करने एवं हर प्रकार के जल पूर्ति के लिए प्रयोग किए जाते हैं, प्रदूषण के कारण हैं।

13. विभिन्न प्रकार की वस्तुओं में सस्ती, गंदी वस्तुओं के अपमिश्रण द्वारा भी प्रदूषण फैलता है।

14. आँधी, तूफान, तापमान में अत्यधिक परिवर्तन, भीषण वर्षा, जलवायु, आर्द्रता, सूर्य प्रकाश की स्थिति इत्यादि भी अनेक प्रकार के प्रदूषण के कारण हैं।

15. बिना सोचे-समझे अंधाधुंध वनों की कटाई उनके शोषण के कारण भी पर्यावरण प्रदूषण की समस्या गंभीर होती जा रही है।

16. विकास की दौड़ में खनिज पदार्थों की प्राप्ति के लिए खानों को खोदने से पर्यावरण प्रदूषण हो रहा है।

17. अत्यधिक उपज प्राप्त करने के लिए मृदा में रसायनिक उर्वरकों के अंधाधुंध प्रयोग, खेतों को कभी खाली न रखना, मृदा प्रकृति के विपरीत फसलों को उगाना भी प्रदूषण का कारण है।

18. निरन्तर बढ़ती हुई जनसंख्या एवं उनकी प्राथमिक आवश्यकता भी प्रदूषण के कारण हैं।

19. कृषि-क्षेत्रों का सीमान्त एवं ढालू क्षेत्र में खाद्यान्न पूर्ति के लिए विकास।

20. अर्द्धशुष्क प्रदेशों में अधिक चराई, वृक्षों की कटाई एवं बढ़ता हुआ मरुस्थलीकरण पर्यावरण प्रदूषण के कारण हैं।

उपरोक्त तथ्यों के आधार पर स्पष्ट हो जाता है कि पर्यावरण प्रदूषण के प्रमुख प्रदूषक निम्नलिखित हैं :

1. कार्बन डाइ-ऑक्साइड की बढ़ती मात्रा,

2. घरेलू अपमार्जक

3. वाहित मल-मूत्र आदि

4. उद्योगों के अपशिष्ट रसायनिक पदार्थ

5. परिवहन के विभिन्न साधनों में पदार्थों का दहन

6. रेडियोधर्मी पदार्थ

7. कीटनाशक अपतृणनाशक, कवकनाशक एवं रसायनिक आदि

8. विभिन्न प्रकार के शव आदि।

पर्यावरण प्रदूषण का वर्गीकरण
(Classification of Environmental Pollution)

पर्यावरण प्रदूषण
(Envionment Pollution)
↓
प्रकृतिजन्य प्रदूषण | मानवजन्य प्रदूषण
↓ (प्रकृतिजन्य प्रदूषण)
वायु प्रदूषण | जल प्रदूषण | मृदा प्रदूषण
↓
कृषि प्रदूषण | ध्वनि प्रदूषण | सामाजिक प्रदूषण | औद्योगिक प्रदूषण | मानसिक प्रदूषण

पर्यावरण प्रदूषण निवारण/समाधान
(Suggestions of Environmental Pollution)

पर्यावरण प्रदूषण की समस्या किसी एक व्यक्ति विशेष की समस्या नहीं है बल्कि सम्पूर्ण समाज की एक गंभीर समस्या है, इसलिए इस समस्या के निवारण के लिए समाज के प्रत्येक व्यक्ति को पर्यावरण पारिस्थितिकी ज्ञान से अवगत कराना आवश्यक है। इस समस्या का समाधान बड़े-बड़े उपकरणों एवं वृहद् परियोजनाओं के निर्माण से हल असंभव है। इस समस्या को सुलझाने के लिए हमें व्यावहारिकता को ध्यान में रखते हुए यथोचित् कार्यवाही करनी होगी। इस प्रकार के अनेक उदाहरण पाए जाते हैं जिनके प्रचार-प्रसार एवं क्रियान्वयन से पर्यावरण सुरक्षित रखा जाता है। कोई भी जीव वातावरण से पृथक् होकर नहीं रह सकता है। अतः पर्यावरण को प्रदूषण से बचाना हमारा कर्तव्य है, जिसके लिए नितान्त आवश्यक है कि प्रदूषण को न्यूनतम रखने एवं उसके कुप्रभाव से मुक्ति पाने के लिए निम्नांकित उपाय किए जाएँ :

1. नगरों, महानगरों आदि से मानव मल-मूत्र एवं गंदगी की निकासी से पूर्व उसे पूरी तरह से उपचारित किया जाए। प्रत्येक नगर में कूड़-करकट व मैला उपचारित संयंत्र (Waste dispersal Plant) लगाए जाएँ। इससे खाद बनेगा, सिंचाई हेतु प्रदूषणरहित जल मिलेगा, रसोई गैस व अन्य उपयोगी व पुनः काम में आने वाली सामग्री मिलेगी।

2. उद्योग से निकलने वाले रसायन, कूड़ा-करकट, धुआँ व गैसों को प्रदूषण नियन्त्रण नियम के अन्तर्गत दृढ़ता से फैलने से रोका जाए। इसे नहीं मानने वाले मालिकों पर फौजदारी मुकदमा दायर किया जाए।

3. सभी स्तर पर घर, खेत, राजमार्ग, खुले क्षेत्रों एवं नग्न धरातल पर व्यक्तिगत, सामाजिक एवं शासकीय प्रयास द्वारा क्षेत्र विकसित किया जाए। जापान की भाँति उपयोगी पेड़ लगाएँ। प्रत्येक देश का 35-40 प्रतिशत भू-भाग वनों से ढका है। अभयारण्यों का एवं हरे पेड़ों का विस्तार किया जाए।

4. महानगरों एवं महत्त्वपूर्ण राष्ट्रीय राजमार्गों पर एवं अन्यत्र चलने वाले सभी वाहनों का धुआँ प्रतिशत एवं मशीनी दशा की स्थिति को प्रामाणिक आधार पर निश्चित किया गया, जिससे कि जहरीली गैसें (CO, CO_2) सीसा एवं अन्य घातक पदार्थों से वायु को प्रदूषित करने से रोका जा सके।

5. कृषि की नवीन तकनीक में अंधाधुंध रसायनिक उर्वरकों, कीटनाशक दवाओं एवं अन्य घातक रसायन व तरल पदार्थों के उपयोग को तत्काल नियन्त्रित किया जाए। इससे भूमि, जल एवं मानव-भोजन तथा वनस्पति सभी प्रदूषित होते हैं। नियंत्रित सिंचाई पद्धति का विकास किया जाए।

6. बस्तियों के आस-पास से भट्टे हटा दिए जाएँ व धुआँ निकलने वाली चिमनियों की ऊँचाई 80 से 100 मीटर तक कर दी जाए। 25 लाख से अधिक जनसंख्या वाले महानगरों के 50 किमी. के घेरे में ऐसे उद्योगों को प्रतिबंधित कर दिया जाए।

7. आणविक अनुसंधान केन्द्रों, अन्य आणविक इकाइयों एवं जहरीली गैस की दवाइयों में अनिवार्य रूप से **प्रदूषणमुक्त प्रणाली** अपनायी जा सकी।

8. ग्रामीण एवं नगरीय क्षेत्रों में सामान्य पुरुष व महिलाओं को प्रदूषण के घातक प्रभाव एवं उससे बचने के उपायों की शिक्षा प्रत्येक स्तर पर अवश्य दी जाए।

अब हम प्रत्येक प्रदूषण का अलग-अलग विवेचन करेंगे जिनमें पहले प्रदूषण के प्रमुख कारणों/स्रोतों, उसके बाद के प्रभाव व अन्त में समाधन को समझाएँगे।

वायु प्रदूषण (Wind Polluation)

वायु प्रदूषण उन परिस्थितियों तक सीमित रहता है,जहाँ बाहरी परिवेशी वायुमण्डल में दूषित पदार्थों की सान्द्रता मनुष्य एवं पर्यावरण को हानि पहुँचाने की सीमा तक बढ़ जाती है। वायुमण्डल में विभिन्न प्रकार की गैसें पाई जाती हैं, वाष्प एवं धूल के कण विद्यमान रहते हैं। जब किन्हीं कारणों से वायुमण्डलीय गैसों का अनुपात बदलने लगता है और कुछ कणीय पदार्थ वायु में मिल जाते हैं, तो उसे वायु प्रदूषण कहा जाता है।

वायु प्रदूषक तत्त्व : वायु प्रदूषक तत्वों में प्रमुख कणीय पदार्थ, नाइट्रोजन के ऑक्साइड, सल्फर डाइ-ऑक्साइड, हाइड्रोकार्बन, कार्बन डाइ-ऑक्साइड तथा कार्बन मोनो-ऑक्साइड आदि हैं।

वायु प्रदूषण के स्रोत : वायु प्रदूषण के स्रोतों का वर्गीकरण सामान्यत: प्रचलित दो रूपों में किया जाता है : **1.** प्राकृतिक स्रोत (Physical Sources) तथा **2.** मानवीय स्रोत (Human Sources)। इन स्रोतों की संक्षिप्त व्याख्या निम्न प्रकार है :

1. प्राकृतिक स्रोत (Physical/Natural Sources) : प्राकृतिक कारणों में ज्वालामुखी विस्फोट द्वारा निकली राख, जंगलों की आग, आँधी-तूफान के समय उड़ने वाली धूल आदि हैं।

2. मानवीय स्रोत (Human Sources) : मानव अपनी विभिन्न क्रियाओं को दूषित करता जा रहा है। उद्योग, परिवहन, रसायनों के उपयोग में वृद्धि, ऊर्जा के विविध उपयोग आदि ने मानव को अनेक सुविधाएँ प्रदान करने के साथ ही वायु प्रदूषण का संकट उपस्थित किया है। इन मानवीय स्रोतों का वर्गीकरण निम्नलिखित प्रकार से किया जा सकता है :

(i) **दहन क्रियाओं द्वारा :** (a) घरेलू कार्यों में दहन, (b) वाहनों में दहन, (c) ताप विद्युत ऊर्जा हेतु दहन, (d) अन्य दहन क्रियाएँ।

(ii) **उद्योगों द्वारा :** वर्तमान समय में उद्योग वायु प्रदूषण का प्रमुख स्रोत हैं। उद्योगों से उत्पन्न होने वाला वायु प्रदूषण उद्योग के प्रकार, आकार, कच्चा माल, उत्पाद, उप उत्पाद संयंत्र आदि पर निर्भर करता है। उद्योगों में एक ओर दहन क्रिया होती है और दूसरी तरफ विविध पदार्थों का धुआँ चिमनियों से निकलकर वायु को प्रदूषित करता है। रासायनिक उद्योगों से निकलने वाली गैसें वायु प्रदूषण फैलाती हैं। भोपाल त्रासदी इसका प्रत्यक्ष उदाहरण है। उद्योगों द्वारा निकलने वाली गैसों व पदार्थों में कार्बन-डाइ-ऑक्साइड, कार्बन मोनो-ऑक्साइड, सल्फर डाइ-ऑक्साइड, हाइड्रोकार्बन, क्लोरीन, नाइट्रोजन ऑक्साइड, अमोनिया, सीसा, बैरीलियम, आर्सेनिक एवं रेडियोधर्मी पदार्थ आदि हैं।

अम्लीय वर्षा (Acid Rain) भी वायु प्रदूषण का एक खतरनाक प्रकार है। जब सल्फर डाइ-ऑक्साइड वायु में पहुँचकर सल्फरिक एसिड में परिवर्तित हो जाता है तो वह सूक्ष्म जलकणों के रूप में नगरों पर छाया रहता है और अन्त में जलकणों के रूप में गिरता है जिसमें सल्फेट आयन अधिक होता है, तब उसे **अम्लीय वर्षा** कहते हैं जो मानव तथा वनस्पति के लिए अत्यन्त हानिकर होता है।

(iii) **कृषि कार्यों द्वारा :** कृषि कार्यों में फसल को रोगों एवं कीटों से बचाने व अधिक उत्पादन हेतु कीटनाशक एवं पेस्ट, दवाइयों के छिड़काव तथा रसायनिक उर्वरकों के प्रयोग से होता है। ये पाउडर या द्रव रूप में होते हैं। छिड़काव के बाद इनके सूक्ष्म कण वायुमण्डल में तैरते रहते हैं और वायुमण्डल को प्रदूषित करते हैं।

(iv) **विलायकों के प्रयोग द्वारा :** अनेक प्रकार के पालिश स्प्रे पेन्ट आदि करने के लिए जिन विलायकों का प्रयोग किया जाता है जिनके हाइड्रोकार्बन पदार्थ वायु में मिलकर प्रदूषित करते हैं। विभिन्न रसायनशालाओं में प्रयोग किए जाने वाले विलायक असावधानी से वायु में पहुँचकर उसे प्रदूषित करते हैं।

(v) **रेडियोधर्मिता द्वारा :** परमाणु ऊर्जा संयंत्रों, नाभिकीय रिएक्टरों या इन संयंत्रों में दुर्घटनाओं एवं परमाणु बम विस्फोट से रेडियो एक्टिव पदार्थ वायुमण्डल में दूर-दूर तक फैल जाते हैं तथा बाद में अवपात (fullout) के रूप में जमीन पर आ जाते हैं। इनसे पूरा वातावरण रेडियो एक्टिव विकिरण से प्रभावित होता है। पूर्व सोवियत संघ में चरनोबिल परमाणु संयंत्र के रिसाव से हजारों व्यक्तियों के मौत के मुँह में चला जाना इसका प्रत्यक्ष प्रमाण है।

(vi) **खनन कार्य द्वारा :** खानों में खनन कार्य करते समय खनिज के कण एवं धूल उत्पन्न होती है। खनिज के प्रकार के

अनुसार विभिन्न खनिज धूल से विभिन्न रोग फैलते हैं। यह रोग मुख्यत: श्वसन एवं फेफड़ों के होते हैं।

(vii) **युद्ध एवं विस्फोटक पदार्थों द्वारा :** युद्ध में अनेक प्रकार के विस्फोटक पदार्थ, केमिकल हथियार, जैविक हथियार एवं परमाणु व न्यूट्रॉन बमों का उपयोग किया जाता है। इनमें से अनेक हानिकारक एवं विनाशक रसायन वायुमण्डल में प्रवेश कर जाते हैं जैसा कि 1991 के खाड़ी युद्ध के समय में हुआ। इससे सम्पूर्ण पृथ्वी का पर्यावरण दूषित होने का खतरा भी उत्पन्न हो जाता है।

(viii) **निर्माण कार्य :** बाँधों, नहरों, सुरंगों, इमारतों आदि के निर्माण के समय भारी मशीनों एवं उपकरणों का उपयोग खुदाई, लदाई, ढलाई आदि अनेक कार्यों में होता है। भारत में केरल की साइलेंट वैली प्रोजेक्ट को इसी कारण बंद किया गया था।

उपर्युक्त वायु प्रदूषणों के स्रोतों अथवा कारकों के विवेचन से यह स्पष्ट हो जाता है कि वायु प्रदूषण के प्राकृतिक स्रोतों से अधिक भयंकर दुष्प्रभाव मानवीय स्रोतों का पड़ता है। इसी कारण आज मानव के सम्मुख पर्यावरण व पारिस्थितिकी संकट की समस्या बनी हुई है और मानव विश्व स्तर पर पर्यावरण की रक्षा व संरक्षण के उपाय ढूँढने में लगा है जिससे वह वायु प्रदूषण के कारणों या स्रोतों को रोक सके या कम से कम कर सके। अत: मानव की आज प्राथमिक आवश्यकता यह बन गई है कि वह विश्व को एक संतुलित व स्वच्छ पर्यावरण किस प्रकार प्रदान कर सकता है और वर्तमान प्रदूषण को कम से कम करने में समर्थ हो सकता है।

वायु प्रदूषण के दुष्प्रभाव (Harmful Effects of Air Polluation)

(i) **क्षेत्रीय प्रभाव :** वायु प्रदूषण से पर्यावरण व सम्पूर्ण जीव-जगत् विविध प्रकार से कुप्रभावित होता है। परन्तु वायु प्रदूषण का प्रभाव इतना व्यापक है कि उसकी कल्पना के नाम से रोंगटे खड़े हो जाते हैं। वायु प्रदूषण का प्रभाव स्थानीय, क्षेत्रीय एवं विश्व-व्यापी होता है। स्थानीय एवं प्रादेशिक मौसम पर इसका प्रभाव चार प्रकार से पड़ता है :

(a) दृष्टव्यता पर प्रभाव (Effect on Visibility)
(b) सूर्यप्रकाश की सघनता (On Sunshine density)
(c) जल वर्षा की मात्रा पर (On Precipitation amount)
(d) अम्ल वर्षा Acid Rain)

(ii) **विश्वव्यापी प्रभाव :** वायु प्रदूषण के विश्वव्यापी प्रभावों (Global Effects) के अन्तर्गत प्रमुख प्रभाव निम्नलिखित होते हैं :

(a) प्राकृतिक जलवायु में परिवर्तन
(b) कार्बन डाइ-ऑक्साइड में वृद्धि
(c) विभिन्न प्रदूषक कणिकाओं की वृद्धि
(d) ओजोन परत का विरल व विघटन होना आदि।

वास्तव में वायु प्रदूषण वर्तमान युग की औद्योगिक एवं तकनीकी सम्पन्नता की एक ऐसी विशेष देन है जो न केवल पर्यावरण व पारिस्थितिक तंत्र को असंतुलित बनाती है वरन् अन्य अनेक हानिकारक प्रभाव उत्पन्न करने के साथ ही मानव एवं अन्य जीवों तथा वनस्पति आदि के लिए भी संकट का कारण बनता जा रहा है।

प्रमुख प्रभाव : वायु प्रदूषण द्वारा होने वाले प्रमुख प्रभाव निम्नलिखित हैं :

1. मानव स्वास्थ्य पर प्रभाव (Effect on Human Health) : मानव श्वसन क्रिया के लिए वायु का उपयोग करता है। यदि वायु अशुद्ध है व उसमें प्रदूषक तत्वों का समावेश है तो वह शरीर में पहुँचकर विभिन्न प्रकार के भयंकर रोगों का कारण बनती है और मानव-स्वास्थ्य को कुप्रभावित कर उसे बिगाड़ती है। वायु प्रदूषण सर्वाधिक मनुष्य के श्वसन तंत्र को प्रभावित करता है, इससे दमा, श्वसनीय-शोथ, निमोनिया, आँखों में जलन, सिरदर्द व खाँसी आदि बीमारियाँ हो जाती हैं। वायु में कार्बन मोनो-ऑक्साइड की मात्रा अधिक होने पर यह रक्त के हीमोग्लोबिन में घुलकर कार्बोक्सी हीमोग्लोबिन बना देती है, जिससे रक्त में ऑक्सीजन की कमी होने से मृत्यु तक की संभावना हो जाती है। पेट्रोल वाहनों के धुएँ में उपस्थित सीसा वायु, जल एवं भोजन द्वारा मानव-शरीर में प्रवेश कर अनेक हानिकारक बीमारियाँ जैसे—यकृत तथा वृक्क के ऊतकों की क्षति, आहार-नाल को क्षति, बच्चों के मस्तिष्क व हड्डियों में विकार एवं प्रजनन की क्षमता पर विपरीत प्रभाव पड़ता है। वायु में सल्फर डाइ-ऑक्साइड, नाइट्रोजन के ऑक्साइड्स एवं बहुकेन्द्रित हाइड्रोकार्बन फुफ्फुस, कैंसर, हृदय रोग, मधुमेह आदि जैसी भयंकर बीमारियों को बढ़ावा देते हैं। इससे एम्फॉयसीमा (Emphysema) नामक जानलेवा बीमारी हो जाती है।

2. वनस्पति पर प्रभाव (Effects on Vegetation or Flora): वायु प्रदूषण के अम्लीय वर्षा, धूम, कुहरा, ओजोन, मोनो-ऑक्साइड, सल्फर डाई-ऑक्साइड, फ्लोराइड आदि का वनस्पति पर विपरीत प्रभाव पड़ता है। वायु प्रदूषण के कारण पौधों को प्रकाश कम मिल पाता है। इससे उसकी प्रकाश संश्लेषण क्रिया पर विपरीत प्रभाव पड़ता है। धूम और कुहरे के क्षेत्रों में

पनपने वाले पौधों के विकास में कमी हो जाती है। ओजोन और नाइट्रेट ऑक्साइड से पौधों की पत्तियाँ विकृत और सफेद होकर गिरने लगती हैं, सौंदर्यवर्द्धक फूल और भक्ष्य फल समाप्त हो जाते हैं। औद्योगिक क्षेत्रों में वायु प्रदूषण के कारण बहुत से पादपों के पत्ते व तने काले पड़ जाते हैं तथा सूख जाते हैं। सल्फर डाइ-ऑक्साइड की अधिकता से पौधों के पर्णरन्ध्र प्रभावित होते हैं व पत्तियाँ रंगहीन हो जाती हैं तथा नष्ट हो जाती हैं व उत्पादन भी कम होने लगता है।

3. जीव-जंतुओं पर प्रभाव (Effects on Fauna) : वायु प्रदूषण का प्रभाव मानव व वनस्पति के साथ ही अन्य जीवों पर भी हानिकारक प्रभाव डालता है। जीव वायु ग्रहण करते हैं और प्रदूषण से विषाक्त पदार्थ शरीर में पहुँचकर हानि पहुँचाते हैं। पशुओं द्वारा खाए जाने वाले चारे पर क्लोराइड यौगिक के गिरने से उनके शरीर में पहुँचकर दाँतों तथा हड्डियों में फ्लूओरोसिस रोग उत्पन्न कर देते हैं।

4. वायुमण्डल एवं जलवायु पर प्रभाव (Effects on Atmosphere and Climate) : ओजोन परत का छिद्र, ग्रीन हाउस प्रभाव, स्थानीय व क्षेत्रीय मौसम पर प्रभाव आदि।

5. अन्य प्रभाव (Other Effects) : अम्लीय वर्षा (Acid Rain)

उपर्युक्त वायु प्रदूषण के दुष्प्रभावों के विवेचन से यह स्पष्टत: निष्कर्ष निकलता है कि वायु प्रदूषण एक क्रमिक रूप से घुलता हुआ जहर है जो मनुष्य ही नहीं बल्कि समस्त जीव-जगत् व पर्यावरण को प्रभावित कर रहा है।

वायु प्रदूषण पर नियन्त्रण
(Control on Air Pollution)

अथवा

वायु प्रदूषण के समाधान के उपाय
(Suggestions of Air Pollution)

वायु प्रदूषण को नियंत्रण करने एवं उसके प्रभाव को कम करने की दिशा में अत्यधिक शोध कार्य हो रहा है। अनेक यांत्रिक विधियों का विकास हुआ है जिनमें नि:सादन (Setting), घोल द्वारा (By dissolving), छानकर (Filtering) या अधिशोषण द्वारा (By absorption) वायु प्रदूषण को कम किया जाता है। उद्योगों में प्रदूषण नियंत्रण यंत्र लगाना तथा वाहनों के धुएँ को शुद्धिकरण कर बाहर फैंकने के यंत्रों द्वारा वायु प्रदूषण पर कुछ सीमित नियन्त्रण किया जा सकता है। कई गैसों के हानिकारक तत्वों को रसायनिक प्रक्रिया द्वारा समाप्त कर दिया जाता है। लेकिन वायु प्रदूषण वर्तमान युग की सर्वाधिक ज्वलन्त समस्या है, इसके लिए सामूहिक प्रयत्न आवश्यक है। वायु प्रदूषण की सघनता को कम करने के लिए सामान्य उपाय निम्न हैं :

1. घरों में धुआँरहित ईंधन का उपयोग किया जाए।

2. वाहनों से उत्पन्न धुएँ निकास पर छलनी एवं पश्च-जवलक (After Burner) के उपयोग को कम किया जा सकता है।

3. पुराने वाहनों की रोक, वाहनों की नियमित जाँच, निश्चित गति से वाहन को चलाना आदि से वायु प्रदूषण कम हो सकता है।

4. कोयले के रेल इंजन के स्थान पर विद्युत इंजनों के प्रयोग को प्रोत्साहन दिया जाए।

5. उद्योगों की चिमनियों पर से निकलने वाले धुएँ को परिष्कृत करने वाले यन्त्रों से शुद्ध किया जाए।

6. उद्योगों में कम प्रदूषणकारी प्रौद्योगिकी का प्रयोग किया जाए।

7. प्राकृतिक वनस्पति के विनाश को रोका जाए एवं हरित पेटियों (Green Belt) का विकास उद्योगों एवं नगरों के समीप किया जाए।

8. जनचेतना जागृत की जाए।

9. स्कूल एवं कॉलेजों आदि शिक्षण संस्थानों में पर्यावरण प्रदूषण संबंधी उपयुक्त शिक्षा की व्यवस्था करना आवश्यक है।

वायु प्रदूषण की हानियों को और उसके बहुआयामी प्रभावों को देखते हुए उस पर प्रारंभ से ही जितना शीघ्र हो सके नियन्त्रण एवं निराकरण करना चाहिए। समय रहते हुए यदि वायु प्रदूषण की समस्या पर एवं उसके नियन्त्रण पर ध्यान नहीं दिया गया तो सम्पूर्ण पर्यावरण प्रदूषित हो जाएगा और इस धरा-धाम पर जीवधारियों का जीवित रहना असंभव हो जाएगा।

वर्तमान में सभी देशों की सरकारें प्रदूषण के प्रति सचेष्ट हैं। उन्होंने अनेक कानून भी बनाए हैं। भारत में भी इसके लिए अनेक अधिनियम बने हैं और इस दिशा में पर्याप्त अनुसंधान भी हो रहा है। आवश्यकता है सभी को सचेष्ट रहने की जिससे हमारा वर्तमान ही नहीं बल्कि भविष्य भी सुखद हो सके।

जल प्रदूषण
(Water Pollution)

जल के प्राकृतिक स्वरूप में बाह्य अवांछित तत्वों के मिश्रित हो जाने से विकृति आ जाती है तो वह जीव-जगत् के लिए हानिकारक हो जाता है, इसे ही जल प्रदूषण कहा जाता है। मानव जाने-

अनजाने में अपने स्वार्थ की पूर्ति हेतु जल में अनेक प्रकार की अशुद्धिताएँ समाहित कर देता है जिससे जल की रसायनिक, भौतिक ओर जैविक क्रियाओं की विशिष्टताओं में अवनति आ जाती है। जल में कार्बनिक व अकार्बनिक पदार्थों के मिश्रण से उसकी भौतिक व जैविक संरचना का परिवर्तित होकर हानिकारक बन जाना ही जल प्रदूषण है। इस प्रदूषण से जल में दुर्गन्ध, स्वाद परिवर्तन व जीवाणुओं की उत्पत्ति हो जाती है जो मानव, वनस्पति व जीव-जंतुओं को प्रत्यक्ष व अप्रत्यक्ष रूप से हानि पहुँचाता है।

''मानवकृत परिवर्तनों से जल की वास्तविक या संभावित उपयुक्ता में हानिकरण ही जल प्रदूषण है'' अथवा ''प्राकृतिक जल में किसी अवांछित बाह्य पदार्थ का प्रवेश, जिससे जल की गुणवत्ता में अवनति आती है, जल प्रदूषण कहलाता है।''

जल प्रदूषक पदार्थ : प्रदूषक पदार्थों की प्रकृति के आधार पर जल प्रदूषण को भौतिक, रासायनिक व जैव श्रेणियों में विभक्त किया जाता है। भौतिक जल प्रदूषण से जल का रंग, गंध, तापक्रम, स्वाद प्रभावित होता है और रासायनिक जल प्रदूषण से उसमें अनेक रासायनिक हानिकारक पदार्थों का सम्मिश्रण हो जाता है तथा जैव प्रदूषण से बैक्टीरिया के सूक्ष्म जीवाणु जल में उद्भूत हो जाते हैं। ये सभी प्राकृतिक व मानवकृत प्रदूषक तत्व सामूहिक रूप से प्रभाव डालते हैं, लेकिन उनके प्रभाव का परिणाम भिन्न-भिन्न हो जाता है।

जल प्रदूषण के स्रोत
(Source of Water Pollution)

जल प्रदूषण के स्रोत को दो प्रमुख भागों में वर्गीकृत किया जाता है: **(1)** प्राकृतिक स्रोत (Physical Sources) तथा **(2)** मानवीय स्रोत (Human Sources)। जल प्रदूषण यद्यपि किसी एक विशिष्ट स्रोत से नहीं होता है बल्कि इसके विविध स्रोत हैं, लेकिन फिर भी कहीं एक स्रोत और कहीं एक से अधिक स्रोत प्रमुख हो सकते हैं। अधिकांश जल प्रदूषण के स्रोत मानव द्वारा विभिन्न पदार्थों की जल में निस्तारण ही है लेकिन कतिपय प्राकृतिक स्रोत भी जल प्रदूषण के कारण होते हैं।

1. प्राकृतिक स्रोत (Natural/Physical Sources) : जल प्राकृतिक रूप से भी प्रदूषित होता रहता है। इस प्रदूषण के कारण जल में मिलने वाली गैसें, मृदा, खनिज, ह्यूमस पदार्थ, जीव-जन्तुओं का मल-मूत्र आदि हैं। यह प्रदूषण मंद अथवा सामयिक होता है। जल में प्राकृतिक रूप से शुद्ध होने की क्रिया होती रहती है। यह जैव अथवा अजैव, कार्बनिक अथवा अकार्बनिक, रेडियो सक्रिय अथवा निष्क्रिय, विषैले अथवा हानिरहित हो सकती है। धूल के कण, मृदा, पोटेशियम, कैल्सियम, मैग्नीशियम, लौह, मैगनीज आदि की मात्रा सामान्य से अधिक हो जाने पर जल प्रदूषित हो जाता है। इसी तीरह निकल, बेरियम, बेरीलियम, कोबाल्ट, सीसा, कैडमियम, पारा, वैनेडियम जैसी विषैली धातुओं की मात्रा में थोड़ी-सी वृद्धि भी हानिकारक होती है। जलीय वनस्पति की अधिकता भी प्रदूषक का स्रोत बन सकती है।

2. मानवीय स्रोत (Human Sources) : जनसंख्या में निरन्तर तेजी से वृद्धि, औद्योगीकरण, विद्युत उत्पादन, रसायनिक व तैलीय पदार्थों का अधिक उपयोग आदि मानवीय क्रियाएँ जल प्रदूषण का कारण बनकर पेयजल की उपलब्धि को कम कर रही हैं और विकासशील देशों में तकनीकी स्तर की कमी के कारण यह समस्या और भी आत्मघाती हो रही है। मूक दर्शक बनकर मानव यह सभी कुछ देख रहा है कि विकास की दौड़ में नदियाँ, तालाब, कुएँ आदि जल स्रोत प्रदूषण की चपेट में आते जा रहे हैं। जल प्रदूषण के लिए उत्तरदायी मानवीय क्रियाएँ अनेक हैं, जिनमें प्रमुख क्रियाएँ निम्नलिखित हैं—

(i) घरेलू बहि:स्राव (Domestic Effluent)
(ii) वाहित मल (Sewage)
(iii) औद्योगिक बहि:स्राव (Industrial Effluent)
(iv) कृषि बहि:स्राव (Agricultural Effluent)
(v) रेडियोधर्मी अवशिष्ट (Radio-Active Wastes)
(vi) तापीय प्रदूषण (Thermal Pollution)
(vii) तेल प्रदूषण (Oil Pollution)

जल प्रदूषण के दुष्प्रभाव
(Harmful Effects of Water Pollution)

जल प्रदूषण का प्रभाव अत्यन्त व्यापक रूप से हानिकारक होता है, क्योंकि प्रत्येक जीव, मानव, पशु-पक्षी तथा अन्य जीव-जन्तु ही नहीं बल्कि वनस्पति एवं कृषि का अस्तित्व भी जल पर ही निर्भर करता है। जैसे ही जल प्रदूषित हो जाता है, उसका दुष्परिणाम सभी को भुगतना पड़ता है। भोजन चक्र (Food cycle) का नियंत्रक जल ही होता है और यदि भोजय पदार्थ ही दूषित हो जाता है तो उसका दुष्प्रभाव उसे ग्रहण करने वाले पर अवश्य पड़ेगा।

जल प्रदूषण के प्रभावों को अध्ययन की सुविधा की दृष्टि से निम्नलिखित तीन श्रेणियों में विभक्त किया जा सकता है :

1. मनुष्यों पर प्रभाव : जल प्रदूषण का मानव पर प्रत्यक्ष प्रभाव होता है क्योंकि जल का वह अत्यधिक प्रयोग पेयजल एवं

अन्य कार्यों में करता है। अत: मानव को शुद्ध जल की आवश्यकता होती है। प्रदूषित जल केवल स्वास्थ्य के लिए ही हानिकारक नहीं होता है बल्कि अनेक जानलेवा बीमारियों का भी कारण बनता है। प्रदूषित व संदूषित जल में जीवाणुओं का तीव्रता से निवास होता है, जिससे मानव स्वास्थ्य पर विपरीत प्रभाव पड़ता है। प्रदूषित जल के पीने से हैजा, टायफाइड, डायरिया, पेचिश, आदि रोग फैल जाते हैं और ये कभी-कभी महामारी का रूप भी ले लेते हैं। दूषित जल में उपस्थित वायरस के यकृतशोथ, पीलिया व पोलियो जैसी भयंकर बीमारियाँ हो जाती हैं। पेट व आँतों की बीमारियाँ जैसे : अतिसार, यकृत एप्सिस आदि भी प्रदूषित जल के पीने से ही होती हैं। अधिकांश छिछले व खुले कुओं के जल में नारू के कीटाणु होते हैं जिनका पानी पीने से नारू नामक कष्टप्रद रोग हो जाता है।

जीवाणुओं के अलावा प्रदूषित जल में अनेक रसायनों का मिश्रण होता है और उसके पीने से मानव पर विपरीत प्रभाव पड़ता है। जल में क्लोराइड की मात्रा अधिक होने से दाँत विकृत हो जाते हैं और जल के नाइट्रेट्स शरीर में पहुँचकर नाइट्राटस में परवर्तित होकर रक्त ऑक्सीजन वहन क्षमता को कम कर देते हैं। कृषि में प्रयुक्त डी.डी.टी. एवं अन्य कीटनाशकों और रसायनिक खादों के प्रदूषित जल पीने से अनेक असाध्य रोग हो जाते हैं।

2. जल जीवों एवं जलीय वनस्पति पर प्रभाव : जल प्रदूषण का सर्वाधिक प्रभाव जलीय जीवों एवं जलीय वनस्पति पर होता है क्योंकि इनका अस्तित्व जल में होता है और ये जलीय पारिस्थितिकी का अभिन्न अंग होते हैं। जल में घरेलू अपशिष्टों का मिश्रण हो अथवा औद्योगिक बहि:स्राव के रसायनों का, उसमें तापीय प्रदूषण हो या रेडियोधर्मी अथवा तेल प्रदूषण, सभी जलीय जीवन को हानि पहुँचाते हैं तथा उनका विनाश हो जाता है।

प्रदूषित जल में मछलियाँ मरने लगती हैं, क्योंकि उन्हें पर्याप्त ऑक्सीजन नहीं मिलती है। इसी कारण तेल फैलने से मछलियाँ सर्वाधिक प्रभावित होती हैं। रेडियाधर्मी पदार्थ जल-जीवों में प्रवेश कर अन्तत: उन्हें समाप्त कर देते हैं या उनके माध्यम से मनुष्य के शरीर में पहुँच जाते हैं।

जल प्रदूषण जलीय वनस्पतियों को भी अनेक प्रकार से प्रभावित करता है। जल में नाइट्रेट्स और फॉस्फेट के मिश्रित हो जाने से शैलाव में वृद्धि होती है। प्रदूषित जल में नीले हरित शैवाल और डायएटस (Diatous) आदि अधिक हो जाते हैं। इनकी अत्यधिक वृद्धि से एक तो सूर्य का प्रकाश अन्दर तक नहीं पहुँच पाता तथा अनेक व्यर्थ की वनस्पति का विकास हो जाता है और अनेक जलीय पौधे समाप्त हो जाते हैं। तापीय प्रदूषण से जलीय वनस्पति समाप्त हो जाती है तथा कवक व शैवालों की वृद्धि होती है जिससे जल में श्वसन तथा सड़न के फलस्वरूप ऑक्सीजन में कमी आ जाती है।

3. अन्य प्रभाव : प्रदूषित जल से उपर्युक्त वर्णित प्रभावों के अलावा अन्य कुछ प्रभाव भी पड़ते हैं, जिससे जल की पारदर्शिता में कमी आ जाती है, उसमें दुर्गन्ध आने लगती है तथा उसका स्वाद भी अरुचिकर हो जाता है। कार्बनिक अवशिष्टों के सड़ने से उसमें अमोनिया, हाइड्रोजन, सल्फाइड जैसे तत्त्वों में वृद्धि हो जाती है। अम्लीय तत्वों के परिणामस्वरूप जल विकृत हो जाता है तथा वह भारी हो जाता है। वाहित मल के विघटन से उत्पन्न गैस भी हानिकारक होती है तथा उनमें कभी-कभी पाइपों में विस्फोट भी हो जाता है।

निष्कर्ष रूप में हम कह सकते हैं कि जल प्रदूषण मनुष्य, पशु, जलीय जीव, जलीय वनस्पति को अनेक प्रकार से हानि पहुँचाता है। इसके फलस्वरूप पर्यावरण व वायुमण्डल भी अशुद्ध हो जाता है। इससे सामान्य जलीय पारिस्थितिकी तंत्र में भी असंतुलन उत्पन्न हो जाता है, जिसका परिणाम भविष्य में अत्यधिक हानिकारक होता है। यह एक विश्व व्यापी समस्या है जिस पर समुचित ध्यान देकर वर्तमान अपितु भविष्य को भी सुरक्षित बनाया जा सकता है।

जल प्रदूषण नियन्त्रण
(Control of Water Pollution)

अथवा

जल प्रदूषण के समाधान के उपाय
(Suggestions of Water Pollution)

जल प्रदूषण आज विश्वव्यापी समस्या है और इसके नियंत्रण के लिए विकसित देश उच्च तकनीक का प्रयोग करने लगे हैं और एक सीमा तक उसे नियंत्रित करने में सफल सिद्ध हुए हैं। लेकिन आज यह तकनीक अत्यधिक महँगी होने के कारण विकासशील देश इसे उपयोग में नहीं ला सकते हैं। अत: विकास देशों के सम्मुख यह जल प्रदूषण की समस्या बनी हुई है। विश्व संगठन भी इस समस्या के निवारण हेतु सचेष्ट है और अनेक देशों ने नियन्त्रण हेतु कानून भी बनाए हैं। लेकिन यह समस्या मात्र कानून बनाने से हल नहीं हो सकती है। इसके लिए सामान्य जानता में जागृति उत्पन्न कर जन-जन को इसमें भागीदार बनाना पड़ेगा।

जल शोधन की विधियाँ (Methods of Water Purification)

जल शोधन की निम्नलिखित दो विधियाँ प्रमुख हैं :

1. जल शोधन की प्राकृतिक विधि (Natural Method of Water Purification) : इस विधि में अनेक बलों जैसे गुरुत्वाकर्षण, तनुकरण, तापमान, सूर्य का प्रकाश, समय, जीवाणु, जलीय वनस्पति आदि से अशुद्धियों की मात्रा कम होती रहती है। इस प्राकृतिक शोधन को स्वत: शोधन भी कहा जाता है क्योंकि यह प्रक्रिया प्रकृति में निरन्तर अबाध गति से चलती रहती है।

2. जल शोधन की कृत्रिम विधि (Artificial Method of Water Purification) : घरों में प्रयोग आने वाले जल का शोधन अनेक प्रकार से किया जाता है, जिनमें जल की कठोरता का निष्कासन करके, उबालकर, छानकर, तलछट करके, आसुतिकरण से, रसायनिक उपचार से तथा जीवाणुनाशन या क्लोरीनीकरण द्वारा आदि विधियाँ प्रमुख हैं।

जल प्रदूषण नियन्त्रण के उपाय : जल प्रदूषण नियन्त्रण हेतु कतिपय सामान्य उपाय निम्नलिलिखित हैं :

1. घरेलू बहि:स्राव एवं वाहित मल को उपचारित करने के पश्चात् ही किसी जल स्रोत में डाला जाए।

2. उपचारित गंदे पानी का उपयोग सिंचाई के लिए किया जा सकता है क्योंकि इसमें उर्वरता अधिक होने से इसका उपयोग विशेषत: सब्जियों के उत्पादन में किया जा सकता है।

3. पेयजल स्रोतों के समीप गंदगी एकत्रित न होने दें, उनके चारों तरफ पक्की दीवार बनाकर उनमें नहाने व कपड़े धोने पर पूर्णत: प्रतिबंध लगा देना चाहिए।

4. उद्योगों द्वारा वाहित प्रदूषित जल, स्रोतों में न डाला जाए। उद्योगों में जल उपचार संयंत्र लगाए जाएँ और उपचारित जल ही नदियों आदि में छोड़ा जाए।

5. कृषि में कीटनाशक दवाइयों का प्रयोग सीमित किया जाए और डी.डी.टी. तथा अन्य स्थायी प्रकार के कीटनाशकों पर प्रतिबंध लगा दिया जाए।

6. नगरों व महानगरों में शौच हेतु पर्याप्त व्यवस्था हो तथा नदी व जलाशयों के निकट शौच जाने पर रोक लगा दी जाए। सुलभ शौचालयों का निर्माण किया जाए।

7. जल को शुद्ध करने वाले जीवों को संरक्षण दिया जाए।

8. जल स्रोतों में मृत लाशें न बहाई जाएँ।

9. जल की अनावश्यक शैवाल व अन्य पौधों की सफाई कर देनी चाहिए।

10. पेयजल स्रोत को समय-समय पर जीवाणु मुक्त किया जाए।

11. सरकारी स्तर पर जल के प्रदूषण की नियमित जाँच होनी चाहिए।

12. जनजागृति व स्वयं सेवी संस्थाओं का सहयोग भी आवयक है।

जल संरक्षण की विधियाँ (Techniques of Water Conservation) : जल संरक्षण की प्रमुख विधियाँ निम्नलिखित हैं :

1. जल की उचित वितरण व्यवस्था (Proper distribution system of Water)

2. भूमिगत जल का विवेकपूर्ण प्रयोग (Rational use of underground water)

3. वनस्पति विनाश पर नियन्त्रण (Control over deforestation)

4. जल प्रदूषण से बचाव (Protection of water for Pollution)

5. अपशिष्ट जल का शोधन (Purification of waste water)

जल प्रदूषण को नियन्त्रित करने हेतु किए जाने वाले सरकारी प्रयास

किसी भी देश की सरकार को जल प्रदूषण नियन्त्रण के लिए निम्नलिखित प्रयास करने चाहिए :

1. जल स्रोतों के जल प्रदूषण की स्थिति ज्ञात करने के लिए सर्वेक्षण।

2. औद्योगिक संस्थानों एवं इकाइयों द्वारा जल स्रोतों में अपशिष्टों के प्रवाहित होने की निगरानी।

3. प्रदूषित जल शोधन की विधियों का विकास।

4. स्थानीय संस्थानों और औद्योगिक इकाइयों को जल प्रदूषण नियन्त्रण हेतु उपाय सुझाना।

5. पर्यावरण एवं जल प्रदूषण संबंधी शोध एवं अनुसंधान।

6. जल साधारण को प्रदूषण के प्रति जागरूक करना।

7. जल प्रदूषण नियन्त्रण के लिए नियम एवं कानून बनाना तथा उसका कठोरतापूर्वक पालन करवाना।

8. जल प्रदूषण फैलाने वालों को दण्डिल करना आदि।

भारत सरकार ने **1974** में **जल प्रदूषण नियन्त्रण अधिनियम** पारित करके जल प्रदूषण के रोकथाम की पहल की है। गंगा को प्रदूषणमुक्त करने के लिए **केन्द्रीय गंगा प्राधिकरण** का गठन किया गया है।

ध्वनि प्रदूषण (Noise Pollution)

ध्वनि पैदा करना मानव तथा जीवधारियों का स्वाभाविक गुण है। ध्वनि या आवाज द्वारा ही एक-दूसरे के विचारों का आदान-प्रदान होता है। किन्तु अनावश्यक, असुविधाजनक तथा अनुपयोगी आवाज को **ध्वनि प्रदूषण** कहा जाता है। ध्वनि जब अप्रिय व अवांछनीय होने लगती है और कानों पर अतिरिक्त दबाव डालती है तब वही ध्वनि शोर का रूप धारण कर लेती है और कर्णेन्द्रियों व मस्तिष्क पर विपरीत प्रभाव डालती है।

मैक्सवेल ने शोर (ध्वनि) को परिभाषित करते हुए कहा है कि **''शोर वह ध्वनि है जो अवांछनीय है। यह वायुमण्डलीय प्रदूषण का एक प्रमुख प्रकार है।''**

मानव सामान्यतया अपने कानों से ध्वनि को एक निश्चित सीमा तक सुन सकता है, किन्तु जब उसके कान सुनने के लिए तैयार न हों तो वही **ध्वनि प्रदूषण है।**

आधुनिक, वैज्ञानिक, तकनीकी व औद्योगिक युग में निरन्तर बढ़ते हुए उद्योग-धन्धों, कल-कारखानों, मोटरों व रेलगाड़ियों आदि वाहनों, स्वचालित वाहनों, जेट व हवाई जहाजों की संख्या ने भी ध्वनि या आवाज को अप्रिय शोर बना दिया है। तेज आवाज का संगीत, धार्मिक व सामाजिक समारोह, जुलूस, जल सभाएँ आदि अनेक तत्व ध्वनि प्रदूषण के कारण बनते हैं, जो कि नगरीय सभ्यता की देन है।

शोर का मापन एवं प्रबलता : शोर एक सापेक्षिक तथ्य है जिसे अनुभव के आधार पर श्रेणीबद्ध करना कठिन है क्योंकि कुछ प्रकार की ध्वनियाँ किसी को तीव्र बनाती हैं तो किसी को मधुर। अत: शोर मापनहेतु वैज्ञानिकों ने प्रयास किया और मापनहेतु डेसीबल (db/Decibel Meter) का विकास किया।

तालिका

विभिन्न स्त्रोतों से ध्वनियों की प्रबलता

	स्त्रोत	***प्रबलता (डेसीबल में)***	***अनुभव***
1.	फुसफुसाहट	10-25	शांत
2.	धीमा रेडियो	30-40	मधुर
3.	वार्तालाप	50-60	सामान्य तेज
4.	हल्का यातायात	70	शोरगुल
5.	मोटर साईकिल	90	प्रबल
6.	जेट इंजन	105	असुविधाजनक प्रबल
7.	जेट का उड़ना	150	पीड़ाजनक

ध्वनि प्रदूषण के स्त्रोत (Sources of Noise Pollution)

ध्वनि प्रदूषण को दो वर्गों में विभक्त किया जाता है : **1. प्राकृतिक** (Natural/Physical) स्त्रोत, **2. मानवीय या कृत्रिम** (Human or Artifical) **स्त्रोत।**

ध्वनि प्रदूषण

↓

1. प्राकृतिक स्त्रोत

↓

(i) बादलों की गर्जन
(ii) बिजली की गर्जन
(iii) तूफानी तेज हवाएँ
(iv) भयंकर तूफान
(v) भयंकर जलवृष्टि
(vi) पहाड़ों की ऊँचाई से गिरते जल की ध्वनि
(vii) भूकम्प
(viii) ज्वार-भाटा
(ix) ज्वालामुखी का फटना
(x) दावानल का भयंकर प्रकोप आदि।

2. मानवीय या कृत्रिम स्त्रोत

↓

- उद्योग धन्धे व मशीनें
- जल, स्थल एवं वायु परिवहन के साधन
- मनोरंजन के साधन एवं धार्मिक क्रियाकलाप
- अन्य कारण

↓

(i) सड़क निर्माण हेतु इंजन चलाना
(ii) चुनावों का प्रचार
(iii) धार्मिक कथा-कीर्तन
(iv) विवाहोत्सवों में बैण्ड बजाना
(v) खनिज खनन
(vi) सेना द्वारा युद्धाभ्यास आदि।

ध्वनि प्रदूषण के दुप्रभाव
(Harmful Effects of Noise Pollution)

वर्तमान में विविध स्रोतों के द्वारा ध्वनि प्रदूषण में निरन्तर वृद्धि हो रही है। ध्वनि द्वारा मानव सर्वाधिक प्रभावित होता है क्योंकि कानों के माध्यम से उसे तीव्र शोर की पीड़ा झेलनी पड़ती है। वैज्ञानिक प्रयोगों ने यह सिद्ध कर दिया है निरन्तर शोर भरें स्थानों पर रहने वाले लोगों में आंशिक या पूर्ण बहरापन आ जाता है। 80 डेसीबल से अधिक वाला शोर श्रवण-शक्ति पर विपरीत प्रभाव डालता है और 120 से अधिक डेसीबल शोर इसे विकृत कर देता है कि कानों की संवेदनशीलता व श्रवण शक्ति लगभग हो जाती है। 150 डेसीबल की ध्वनि त्वचा को सर्वथा जला डालती है और इससे अधिक की ध्वनि से मनुष्य की मौत भी हो सकती है। इसलिए 200 डेसीबल ध्वनि उत्पन्न करने वाले माइक अस्त्रों को विकसित किया गया है।

कानों के अलावा ध्वनि प्रदूषण से मानसिक रोग तथा सिरदर्द भी हो जाता हैं। फ्रांस में मानसिक तनाव के 70 प्रतिशत मामलों की वजह हवाई अड्डों का शोर है। शोर का प्रभाव हृदय व पाचन संस्थान पर पड़ता है। शोर का सर्वाधिक प्रभाव बच्चों पर पड़ता है, उनकी स्मरण-शक्ति कमजोर हो जाती है और पढ़ाई में उनका ध्यान नहीं लगता है। शोर-शराबे में निरन्तर रहने वाले 60 प्रतिशत बच्चे पढ़ने में ध्यान नहीं दे पाते तथा 40 प्रतिशत बहरेपन का शिकार हो जाते हैं तथा अनेक में सिर-दर्द और चिड़चिड़ेपन की शिकायतें हो जाती हैं। शोर के कारण व्यक्ति के दैनिक जीवन में सामाजिक तनाव, लड़ाई-झगड़े, मानसिक अस्थिरता, कुण्ठा, पागलपन आदि अनेक दोष उत्पन्न हो जाते हैं। वास्तव में शोर मनुष्य को समय से पूर्व ही बूढ़ा व अशक्त कर देता है। प्रसिद्ध चिकित्सक **सेमुआन रोंजन** का इसी कारण विचार है कि **''आप चाहे शोर को क्षमा कर दें पर आपकी धमनियाँ नहीं करेंगी।''** कैलीफोर्निया विश्वविद्यालय के प्रोफेसर नोवेल जोन्स ने 2 लाख नवजात बच्चों का परीक्षण कर यह निष्कर्ष निकाला है कि शांत स्थानों में रहने वाली गर्भवती महिलाओं की तुलना में शोरग्रस्त क्षेत्रों में रहने वाली गर्भवती महिलाओं द्वारा जन्मे शिशुओं में जन्मजात विकृतियाँ अधिक होती हैं। इस प्रकार ध्वनि या शोर प्रदूषण के दुष्प्रभाव मानव पर सर्वाधिक पड़ते हैं, जिन्हें देखकर व अनुभव करके ही आजकल शोर प्रदूषण के नियन्त्रण के उपायों पर विचार किया जा रहा है और उन्हें प्रयोग में लिया जा रहा है।

ध्वनि प्रदूषण पर नियन्त्रण
(Control on Noise Pollution)
अथवा
ध्वनि प्रदूषण के समाधान के उपाय
(Suggestion of Noise Pollution)

भौतिक विकास के इस युग में ध्वनि प्रदूषण का नियन्त्रण शत-प्रतिशत करने से तात्पर्य औद्योगिक विकास को बिल्कुल बंद कर देना है जो प्रायः असंभव है, फिर भी ध्वनि प्रदूषण के कुछ उपाय निम्नलिखित हैं :

1. ध्वनि प्रदूषण नियन्त्रण का सबसे सरल व उपयुक्त उपाय है कि ध्वनि के उद्गम के स्थान पर ही नियन्त्रण करना चाहिए। शोर करने वाले परिवहन के विभिन्न साधन जो कि खराब एवं जीर्ण अवस्था के कारण शोर उत्पन्न करते हैं, उनके परिचालन पर रोग लगा देनी चाहिए अथवा उन्हें आबादी वाले स्थानों से होकर निकलने पर रोक लगानी चाहिए।

2. सभी प्रकार के परिवहन साधनों के शोर को कम करने के लिए साइलेन्सर लगाना कानूनी रूप से आवश्यक कर देना चाहिए।

3. मोटर वाहनों के तेज और बहुध्वनि वाले हॉर्न बजाने पर प्रतिबंध लगाना चाहिए।

4. वाहनों में प्रयुक्त होने वाले ऐसे टायरों का निर्माण किया जाना चाहिए जिनमें कम आवाज उत्पन्न हो।

5. ध्वनि प्रदूषण के दुष्प्रभावों को रोकने के लिए ध्वनि प्रदूषण नियन्त्रण कानून बनाना चाहिए।

6. राष्ट्रीय स्तर पर ध्वनि प्रदूषण नियन्त्रण हेतु प्रयास किए जाने चाहिए।

7. जेट विमानों के शोर को कम करने के लिए उनके टर्बों को शोर अवशेषक का प्रयोग करना चाहिए।

8. बड़े-बड़े नगरों के समीप से **वाहिमार्ग** (By Pass) का निर्माण होना चाहिए।

9. नए कल-कारखानों को जिनके यंत्रों से अधिक प्रदूषण होता है, शहर से बाहर होना चाहिए।

10. ध्वनि प्रदूषण को नियन्त्रित करने के लिए जनता को शिक्षित एवं जागृत करना चाहिए।

11. विद्यार्थियों को अध्ययन के समय ध्वनि प्रदूषण के विषय में शिक्षा प्रदान करनी चाहिए।

12. बड़े-बड़े नगरों में ध्वनि नियन्त्रण केन्द्रों की स्थापंना होनी चाहिए।

13. ध्वनि विस्तारक यन्त्रों को अत्यधिक जोर से नहीं बजाना चाहिए।

14. आवास-गृहों, विद्यालयों, चिकित्सालयों, पुस्तकालयों इत्यादि का निर्माण नगर के कोलाहल से दूर किसी शांत स्थान पर करना चाहिए आदि।

एक स्विस अध्ययन के अनुसार ध्वनि प्रदूषण से बचने के लिए चिकित्सालयों एवं विश्राम-गृह को राष्ट्रीय मार्गों से लगभग 300 मीटर से अधिक दूरी पर, आवास को 150 मीटर से अधिक दूरी पर कार्यालय को 30 मीटर से अधिक दूरी पर निर्मित करवाना चाहिए। विभिन्न प्रकार के भवनों के निर्माण के समय इन तथ्यों को ध्यान में रखने पर ध्वनि प्रदूषण से बचा जा सकता है।

भू-प्रदूषण (Land Pollution)

भूमि व मृदा प्रदूषण : पृथ्वी के धरातल के एक चौथाई भाग पर भूमि है, लेकिन उसमें मानव-उपयोग की भूमि का केवल 280 लाख वर्ग मील अर्थात् 448 लाख वर्ग किमी. है। इस भूमि का सही व समुचित उपयोग आज सम्पूर्ण विश्व का उत्तरदायित्व है, लेकिन विश्व में हो रही तीव्र जनसंख्या-वृद्धि की निरन्तरता से भूमि के उपयोग में विविधता व सघनता आ गई है। इसके फलस्वरूप उसका अनुपयुक्त तरीकों द्वारा उपयोग किया जा रहा है। परिणामस्वरूप '**भू-प्रदूषण**' की समस्या का जन्म हुआ और यह भू-प्रदूषण की समस्या आज विश्व के अनेक भागों की प्रमुख समस्य बनी हुई है।

'भू' अथवा 'भूमि' एक व्यापक शब्द है, जिसमें पृथ्वी का सम्पूर्ण धरातल समाहित है लेकिन मूल रूप से भूमि की ऊपरी परत, जिस पर कृषि की जाती है और मानव जीविकोपार्जन के लिए विविध क्रियाएँ करता है, वह विशेष महत्त्वपूर्ण है। इस परत का भूमि निर्माण विभिन्न प्रकार की शैलों में होता है जिनका क्षरण मृदा को जन्म देता है, जिसमें विभिन्न कार्बनिक एवं अकार्बनिक यौगिकों का मिश्रण होता है। जब मानवीय एवं प्राकृतिक कारणों से भूमि का प्राकृतिक स्वरूप व उसकी जैविक, रसायनिक गुणवत्ता नष्ट होने लगती है, तब भू-प्रदूषण का प्रारंभ होता है। उसे पारिभाषिक रूप से इस प्रकार कहा जा सकता है : "**भूमि के भौतिक, रसायनिक या जैविक गुणों में ऐसा अवांछित परिवर्तन जिसका प्रभाव मनुष्य एवं अन्य जीवों तथा पर्यावरण और पारिस्थितिकी पर पड़े या भूमि की गुणवत्ता तथा उपयोगिता नष्ट हो जावे, तब वह भू-प्रदूषण कहलाता है।**"

भूमि प्रदूषक (Land Pollutants) : भू-प्रदूषण समस्या यथार्थ में ठोस अपशिष्ट के निक्षेपण की ही समस्या है और इस प्रदूषण के लिए घरेलू, औद्योगिक, खनन, नगरपालिका, कृषि अपशिष्टों के साथ-साथ ही रसायनिक कृत्रिम उर्वरक तथा कीटनाशक व कवकनाशक तथा खरपतवार नाशक दवाइयों को प्रदूषकों की श्रेणी में रखा जाता है। कभी-कभी अत्यधिक सिंचाई, कठोर जल, क्षारीय जल से भी भूमि प्रदूषित हो जाती है।

मृदा/भूमि प्रदूषण के स्त्रोत (Source of Soil/Land Pollution)

मृदा/भूमि प्रदूषण के स्त्रोतों को दो भागों में विभक्त किया जा सकता है :

1. मृदा प्रदूषण के प्राकृतिक स्त्रोत (Natural Sources of Soil Pollution) :

(i) उत्खनन
(ii) ज्वालामुखी उद्‌गार
(iii) मृदा क्षरण
(iii) प्राकृतिक रसायनिक प्रदूषण

2. मृदा प्रदूषण के मानव-कृत स्त्रोत (Human Mode Source of Soil Pollution) :

(i) घरेलू अपशिष्ट (Domestic Wastes)
(ii) औद्योगिक अपशिष्ट (Industrial Wastes)
(iii) कृषि अपशिष्ट (Agricultural Wastes)
(iv) शहरी अवशिष्ट या नगरपालिका का अपशिष्ट (Municipal Wastes)
(v) वन विनाश (Deforestation)
(vi) खनन कार्य (Mining) आदि।

मृदा प्रदूषण के प्रभाव (Effect of Soil Pollution)

मृदा प्रदूषण से जल प्रदूषण भी प्रारंभ होता है, अतः इसके दुष्प्रभाव अनेक होते हैं, लेकिन इनमें से कुछ प्रमुग्त्र प्रभाव निम्नलिखित हैं:

1. भू-दृश्यावली का विकृत होना।

2. अस्वच्छ स्थान पर अनेक कीड़े-मकोड़े, मक्खी-मच्छर उत्पन्न होकर बीमारियाँ फैलाते हैं।

3. दूषित मृदा पर उगाई गई सब्जियों एवं कंदमूल से अनेक रोग फेलते हैं और जन-स्वास्थ्य खराब होता है।

4. घर के आसपास अस्वच्छ वातावरण पैदा होने से मानसिक प्रसन्नता व उल्लास नहीं रहते।

5. कृषि उत्पादन भी घटता है।

6. भू-प्रदूषण अन्य प्रकार के प्रदूषणों की जैसे : वायु एवं जल प्रदूषण में वृद्धि करता है।

7. अपशिष्ट पदार्थों को समुद्रों में डालने की प्रवृत्ति से सामुद्रिक पारिस्थितिक तंत्र में असंतुलन आता जा रहा है।

भू-प्रदूषण के समाधान के उपाय (Suggestions of Land Pollution)

भू-प्रदूषण क्योंकि ठोस अपशिष्ट के उचित निस्तारण न होने की ही प्रमुख समस्या है, अतः इस समस्या का निवारण अपशिष्ट निस्तारण द्वारा किया जा सकता है। विश्व के अनेक भागों में न केवल अपशिष्टों को समाप्त करने की पद्धतियों का विकास किया गया है लेकिन इनका पुनः उपयोग भी संभव बनाया गया है। इसमें कुछ विधियाँ अधिक खर्चीली हैं तथा कुछ सामान्य खर्च द्वारा ही सम्पन्न हो जाती हैं। अपशिष्ट निस्तारण की समान्य विधियाँ या प्रक्रियाएँ : **1.** महासागरों में अपशिष्ट निस्तारण, **2.** भस्मीकरण, **3.** रसायनिक प्रक्रिया द्वारा समाप्त करना, **4.** कम्पोस्ट बनाना, **5.** दारण (Rendering), **6.** विद्युत उत्पादन आदि। कूड़ा-करकट निस्तारण के लिए अनेक सुधार व प्रयोग किए जा रहे हैं। जैसे : गर्त में भरना, गंदगी को पाइन लाइन से वहन करना, गंदगी को प्लास्टिक की बोरियों में भरना, गंदगी एक स्थान पर कचरा पात्र में डालना, अत्यधिक दबाव डालकर ईंटें बनाना, गर्म करके मिथेन गैस प्राप्त करना, इनमें मिश्रित कार्बनिक तत्वों से चीनी अथवा प्रोटीन प्राप्त करना आदि।

परन्तु उपर्युक्त सुधारों के अलावा यह सबसे अधिक आवश्यक है कि सामान्य नागरिकों के व्यवहार में सुधार हो, नगरपालिकाएँ निस्तारण का उचित प्रबंध करे, औद्योगिक संस्थान अपशिष्टों को नष्ट करने की व्यवस्था करें, कृषि में उर्वरकों व कीटनाशकों का सीमित प्रयोग किया जावे। इन सबके साथ ही पर्यावरण प्रदान करना तथा प्रदूषण के खतरे के विरोध में जनजागृति आवश्यक है।

रेडियोधर्मी प्रदूषण (Radio Active Pollution)

परमाणु विद्युतगृहों व संयंत्रों से रेडियोधर्मी प्रदूषण उत्पन्न हुआ। मनुष्य ने स्वयं ही अपने विनाश को निमंत्रण दिया। रेडियोधर्मिता का प्रभाव सैकड़ों-हजारों वर्षों तक बना रहता है जिनसे मानव भविष्य में भी भोगने को विवश होता है। खाद्य, वनस्पति, दूध, फल, सबजी आदि के प्रदूषित होने व अनेक रोगों के मूल कारण रेडियोधर्मिता ने मानव को खतरे में डाल दिया है और जरा-सी असावधानी से पूर्व सोवियत रूस जैसे राष्ट्र में चेरमोबिल दुर्घटना ने हजारों व्यक्तियों के प्राण ले लिए।

रेडियोधर्मी प्रदूषण के समाधान के उपाय (Suggestion of Radio Active Pollution)

1. परमाणु परीक्षणों पर यथासंभव प्रतिबंध लगाना चाहिए। इस दिशा में अन्तर्राष्ट्रीय स्तर पर प्रयास चल रहे हैं।

2. कर्मचारियों को विकिरण स्रोत से सुरक्षित रखा जाना चाहिए।

3. विकिरण स्रोत के पास विकिरण सूचक लगे होने चाहिए जिससे कि उत्सर्जित विकिरण की पूर्ण जानकारी उपलब्ध होती रहे।

4. परमाणु रिएक्टर में दूरस्थ नियन्त्रण यंत्र (Remote Control Appliance) लगा होना चाहिए।

5. परमाणु रिएक्टर नगरों से पर्याप्त दूरी पर लगे होने चाहिए।

6. किसी भी नाभिकीय प्रक्रम से बन रहे रेडियोधर्मी समस्थानिकों का पूर्ण ज्ञान आवश्यक है ताकि समयानुसार उनके लिए आवश्यक सावधानियाँ रखी जा सकें।

7. यदि कोई व्यक्ति विकिरण से प्रभावित हो गया है तो उसे पर्याप्त समय के लिए विकिरण स्रोत से दूर रखना चाहिए। इसके लिए समय-समय पर कार्यरत कर्मचारियों का परीक्षण किया जाना चाहिए।

8. एक्स किरण (X-Rays) प्रयोगशालाओं में कार्यरत कर्मचारियों का फिल्म बैज का प्रयोग करना चाहिए।

9. विकिरण से प्रभावित व्यक्तियों का चिकित्सालय में निरीक्षण कर उनकी उपयुक्त चिक़ित्सा की जानी चाहिए।

10. नाभिकीय थियेटर में सामान्य व्यक्तियों का प्रवेश निषेध होना चाहिए। यदि सामान्य दर्शक उनमें प्रवेश करें तो सभी सावधानियाँ बरती जानी चाहिए।

सारांश (Conclusion) : विभिन्न प्रकार के प्रदूषणों की चर्चा करते हुए यह सोचते भी भय होने लगा है कि आखिर प्राणी इस पृथ्वी पर जीवित कैसे हैं? उसे खाने, पीने, सोने, साँस लेने अथवा कोई भी कार्य करने में निरापदता की बात नहीं आती। यह अनजाना भय, अनचाही आशंका और कभी भी अप्रिय घटना की संभावना ने मनुष्य का जीवन दूभर कर दिया है। इसका अधिक दोष बढ़ती आबादी है जिसने अधिक औद्योगिक प्रगति को बढ़ावा दिया है जिससे अधिक प्रदूषण फैलता है। दूसरा दोष देश की आर्थिक व्यवस्था को दिया जा सकता है, क्योंकि भूतपूर्व प्रधानमंत्री स्वर्गीय **इंदिरा गांधी** के शब्दों में :

"Population leads to Poverty and Pollution is the out Come of Poverty."

इसी के परिणामस्वरूप आर्थिक विपन्नता वाले देशों में प्रदूषण की समस्या अधिक है। इससे भी अधिक उत्तरदायी हमारे देश की सामाजिक एवं नागरिक उत्तरदायित्व न वहन करने की आदत है। न तो वर्तमान पीढ़ी इस तरफ स्वयं ध्यान देती है ओर न ही भावी पीढ़ी को सिखाने का प्रयत्न करती है। वस्तुओं के ठीक से उपयोग न करने, जीवन की शैली को अव्यवस्थित रूप से ही चलाये जाने तथा अपने स्वार्थ और सुविधा के लिए दूसरे की परेशानियों की तरफ ध्यान न देने से ही कई समस्याओं ने जन्म लिया है जिसमें प्रदूषण भी एक है व मुख्य है।

प्रशासन चाहे जितनी योजनाएँ बनाए, कितनी की व्यवस्थाएँ करे, प्रदूषण को रोका नहीं जा सकता। इसको नियंत्रित अथवा कम अवश्य किया जा सकता है। पर इसमें निसंदेह आम आदमी को प्रभावी भूमिका निभानी होगी।

ओजोन निम्नता/अवक्षय (Ozone Depletion)

वायुमण्डल में स्थित **'ओजोन परत का कवच'** मानव-जीवन के लिए महत्त्वपूर्ण है, क्योंकि वह सूर्य से आने वाली **'पराबैंगनी किरणों'** (Ultravoialate Rays) को ढाल की भाँति रोककर जन-जीवन की रक्षा करता है। ये हानिकारक किरणें भू-मण्डल पर आकर हमारे शरीर में त्वचा कैंसर, आँखों में मोतियाबिंद उत्पन्न कर अंधापन बढ़ाती हैं तथा इससे जल-जीव एवं फसलों पर भी दुष्प्रभाव पड़ता है।

वायुमण्डल में ओजान की मात्रा बहुत कम होती है, यह भी अधिकांशतः स्ट्रेटो स्फीयर अर्थात् 25 से 48 किमी. की ऊँचाई पर होती है। ओजोन सूर्य की पराबैंगनी विकिरणों से, ऑक्सीजन के अणुओं के प्रकाश अपघटन के फलस्वरूप बनती है तथा वायुमण्डल की लगभग 99 प्रतिशत पराबैंगनी सौर किरणों में अपने में समाहित कर लेती है। साधारणतः ओजोन निर्माण प्राकृतिक एवं सन्तुलित रूप से चलता रहता है लेकिन कतिपय प्रदूषक तत्व इसमें व्यतिक्रम डालते हैं तो ओजोन परत में 'छिद्र' हो जाते हैं अथवा उसकी मात्रा में कमी आने लगती है जो सम्पूर्ण पृथ्वी के जीव-जन्तु के लिए संकट का कारण बनती है।

वर्ष 1985 में अनेक वैज्ञानिकों ने सनसनीखेज खबर दी कि अंटार्कटिका महाद्वीप के वायुमण्डल में सितम्बर माह में ओजोन की मात्रा कम हो जाती है तत्पश्चात् पुनः स्तर पर आ जाती है। बाद के प्रयोग से इस जानकारी की पुष्टि हुई कि **'ओजोन छिद्र'** का विकास हो रहा है।

इसका कारण वैज्ञानिकों ने ओजोन परत में क्लोरीन यौगिकों की मात्रा आश्चर्यजनक रूप से बढ़ जाने को बताया है जिसमें फ्लोरीन मिश्रित तत्वों की अधिकता होती है। एक निश्चित मात्रा के बाद क्लोरीन ओजोन का विघटन प्रारंभ कर देता है।

ओजोन परत को नष्ट करने में सबसे अधिक योग **क्लोरोफ्लोरो कार्बन** का है। क्लोरोफ्लोरो कार्बन ऐसे रासायनिक यौगिक हैं जिनमें कार्बन और हाइड्रोजन परमाणुओं के अतिरिक्त क्लोरीन और फ्लोरीन परमाणु भी होते हैं। ये औद्योगिक रूप से महत्त्वपूर्ण यौगिक हैं जिनका प्रयोग प्रशीतकों (रेफ्रिजरेन्ट) के रूप में किया जाता है।

यदि इन योगिकों का उत्पादन वर्तमान दर से होता रहा तो अगले सौ वर्षों में वायुमण्डल की ओजोन में 7 से 13 प्रतिशत की कमी आ जाएगी। इसका प्रभाव जन-जीवन पर अत्यधिक हानिकारक होगा।

अध्याय

12 पारिवारिक स्वास्थ्य शिक्षा

परिवार (Family)

परिवार के संबंध में **मर्डोक** (Murdoch) की अवधारणा है कि परिवार एक ऐसा सामाजिक समूह है जिसका एक सामान्य निवास होता है, आर्थिक सहयोग होता है तथा जिसमें प्रजनन क्रिया पायी जाती है। सामाजशास्त्री **गेराल्ड लेसिले** (Geralad Leslie) के अनुसार 'परिवार दो भिन्न लिंगों के वयस्क लोगों का समूह है जो सामाजिक मान्यता प्राप्त यौन संबंध स्थापित करते हुए रहते हैं। उनके साथ ही उनके बच्चे अथवा गोद लिए हुए बच्चे भी होते हैं।' अनेक कार्यों का निष्पादन करते हुए परिवार प्रजनन (Reproductive) और जैविक (Biological) इकाई का वह समूह होता है जिसमें स्त्री व पुरुष को यौन संबंधों को स्थापित करने तथा संतान को जन्म देने की सामाजिक स्वीकृति मिली होती है। परिवार के कार्यों और उसके सामाजिक महत्व को रेंखाकित करते हुए समाजशास्त्री **लुण्डबर्ग** (Lundberg) ने कहा है कि 'सामाजिक व्यवस्था में यदि पुनरुत्पादन (Reproduction) का कार्य रूक जाय, यदि बच्चों का पालन पोषण न किया जाय और इन्हें विचारों को आगामी पीढ़ी के लिए संचरित करना तथा एक दूसरे से सहयोग करना न सिखाया जाय तब संभवत समाज का अस्तित्व की समाप्त हो जाएगा।' इस प्रकार यह जाहिर है कि परिवार का दायित्व सामाजिक अस्तित्व की रक्षा करना है। परिवार के माध्यम से ही व्यक्ति की मौलिक आवश्यकताओं की पूर्ति संभव हो पाती है। ऐसा अन्य समूहों में होना कठिन है। **एण्डरसन** (Anderson) के मुताबिक 'परिवार का एक रूप वह है जिसमें हम जन्म लेते हैं (Family of Orientation) और दूसरा वह रूप है जिसमें वह बच्चों को जन्म देते हैं (Family of proreation). परिवार की सार्वभौमिकता का स्पष्टीकरण इसी बात से हो जाता है कि इसमें ऐसा कोई भी व्यक्ति नहीं है जो परिवार के इन दोनों रूपों में से किसी का भी सदस्य न हो।' आधुनिक दौर में मनुष्य ने सुविधाओं को ध्यान में रखते हुए तमाम वस्तुओं का अविष्कार कर लिया है जिनके कारण अनेक सामाजिक संस्थाओं ने अपनी प्रासंगिकता खो दी है परन्तु विवाह और परिवार का केंद्रीय महत्व अनवरत बना हुआ है।

अर्थ एवं परिभाषा (Meaning and Definition)

परिवार शब्द से तात्पर्य ऐसे लोगों के समूह से है जो आपस में सेवाभाव से रहते हैं। अंग्रेजी शब्द family जो लैटिन भाषा के Famalus शब्द से बना है उसका अर्थ भी सेवक होता है। विभिन्न समाजशास्त्रियों ने परिवार की भिन्न-भिन्न परिभाषा दी है। एक संस्था के रूप में परिवार का महत्व लगभग समान माना गया है लेकिन परिवार के आकार-प्रकार के बारे में भिन्न-भिन्न नजरिया है। **बर्गेस और लॉक** (Burgess and Locke) के कथनानुसार परिवार ऐसे व्यक्तियों का समूह है जो विवाह रक्त अथवा गोद लेने में संबंधों द्वारा संगठित हैं। एक छोटी-सी गृहस्थी का निर्माण करते हैं और पति-पत्नी, माता-पिता, पुत्र-पुत्री, भाई-बहन के रूप में एक दूसरे से अन्त:क्रियाएं करते हैं तथा एक सामान्य संस्कृति का निर्माण तथा देखरेख करते हैं। इस बारे में **मैकाइवर और पेज** (Mecliver and Page) के विचार हैं कि, 'परिवार ऐसा समूह है जो यौन-संबंधों पर आश्रित है तथा इतना छोटा और शक्तिशाली है कि संतान के जन्म और पालन-पोषण की व्यवस्था करने की क्षमता रखता है।' **मैकाइवर** की परिभाषा के अनुसार परिवार के लिए यौन संबंध ही एक प्रमुख तत्व है। लेकिन यह विचार जितना पश्चिमी समाज के अनुकूल उतना भारतीय पारिवारिक व्यवस्था के प्रति नहीं। **प्रभु** (P.H. Prabhu) का मत है कि 'दक्षिण भारत में नायर समुदाय के व्यक्ति तो यौन संबंधों को परिवार के कार्यों से बिल्कुल बाहर मानते हैं इससे स्पष्ट होता है कि यौन संबंध परिवार का एक उद्‌देश्य तो हो सकता है लेकिन सर्वप्रमुख और केंद्रीय नहीं।'

परिवार के संबंध में अनेक नृतत्व शास्त्रीय अध्ययनों से पता चला है कि आदिम समाजों में परिवार आर्थिक उद्‌देश्यों की पूर्ति के सबसे बड़े और केंद्रीय माध्यम थे। माता-पिता के बीच संबंध केवल इसी कारण नहीं होते हैं कि वे दोनों एक दूसरे से शादी के

बंधन में बंधे होते हैं क्योंकि अनेक प्राचीन समाजों में विवाह पूर्व यौन-संबंधों को मान्यता दी जाती है और अनेक समाजों में निर्धारित संबंधियों के साथ कई अवसरों पर विवाह से पूर्व यौन-संबंधों की अनुमति होती है। **टॉम वी बोटोमोर** ने लेवी स्त्रॅात की किताब से एक उद्धरण दिया है—"लेवी स्त्रॅात ने अधिकांश आदिम समाजों में अविवाहित व्यक्तियों की तकलीफदेह हालत का जीवंत चित्रण किया है। वह मध्य ब्राजील के एक नौजवान की हालत के बारे में लिखता है—'एक झोपड़ी में कोने में घंटों दुबका रहने वाला उदास, देखभाल बगैर, दुबला-पतला और लगता है पूरी तरह विषादग्रस्त ... वह अकेले शिकार करने के लिए बाहर जाने के अलावा शायद ही कभी बाहर निकलता हो। आग को घेर कर जब पारिवारिक भोज होता है तो वह आमतौर पर भूखा ही रह जाता, अगर एक संबंधी उसकी ओर कभी-कभी थोड़ा भोजन सरका न देता जिसे वह चुपचाप खा लेता, मुझे लगा कि उसे कोई गंभीर बीमारी हो गई इसलिए मैंने पूछा कि उसके साथ गड़बड़ी क्या है तो मेरे संदेह पर लोग हंसे और मुझे बताया कि वह कुंआरा है।"

परिवार की विशेषताएं (Character of Family)

संसार भर के समाजों में परिवार का महत्व है। परिवार के सन्दर्भ में अलग-अलग दृष्टिकोण होने के बावजूद इसकी कुछ ऐसी विशेषताएं हैं जो सार्वभौमिक और सर्वमान्य हैं। **मैकाइवर और पेज** ने परिवार की आठ विशेषताओं का उल्लेख किया है जो निम्नवत हैं—

1. सर्वव्यापकता (Universality)—सभी संस्थाओं और समितियों में परिवार का स्थान बहुत महत्वपूर्ण तथा अधिक व्यापकता लिए हुए है। सभी प्रकार के सभ्य और आदिम समाजों में परिवार विद्यमान है तथा सामाजिक विकास के सभी स्तरों पर यह किसी न किसी रूप में अस्तित्व मान रहा है। आने वाले समय में इसके स्वरूप अथवा कार्यों में कितना भी बदलाब क्यों न हो जाय किंतु इसका महत्व कम नहीं होगा। परिवार की सार्वभौमिकता का पहला कारण मनुष्य की मूल आवश्यकताओं की पूर्ति करने में इसकी भूमिका है। दूसरा प्रमुख कारण परिवार द्वारा किए जाने वाले सांस्कृतिक धार्मिक सामाजिक एवं मनोरंजन संबंधी कार्य हैं जो कि बुनियादी राज्य से लगभग सभी समाजों में परिवार के द्वारा पूरे किए जाते हैं।

2. भावनात्मक आधार (Emotional Basis)—भावनात्मक आधार परिवार की एक महत्वपूर्ण विशेषता है। इसके सदस्य आपस में मिल-जुल कर भावनात्मक आधार पर कार्य करते हैं। दाम्पत्य, मातृत्व और पितृत्व द्वारा मनुष्य को जीवन के विभिन्न चरणों में जो सुरक्षा एवं सहयोग मिलता है वह परिवार के द्वारा ही संभव है। परिवार के सदस्यों के बीच पारस्परिक त्याग की भावना एक ऐसी विशेषता है जो भावनात्मक आधार पर परिवार के सदस्यों को एक सूत्र में बांधे रखती है। इन विशेषताओं के कारण परिवार शांति और सद्भावना का केन्द्र बना रहता है। वास्तव में भावनात्मक आधार ही परिवार के लिए मजबूत आधार होता है।

3. रचनात्मक प्रभाव (Formative influence)—सामाजिक व्यवस्था में परिवार एक ऐसी इकाई है जहां यथार्थतः सभी की भूमिकाएं वास्तविक रूप से निर्धारित होती हैं। परिवार का प्रभाव दिखावा न होने के कारण ही की रचनात्मक है। इसकी क्रियात्मकता और उद्देश्य किसी व्यक्ति विशेष को लाभ पहुँचाने के बजाय सभी के हितों की समान रूप से सुरक्षा करना और उनके महत्व को समझना है। माता-पिता के व्यवहार का प्रभाव बच्चों पर स्थायी रूप से पड़ता है। इसलिए परिवार को प्राथमिक और केन्द्रीय व्यवहार विद्यालय के रूप में रेखांकित किया जाता है।

4. छोटा आकार (Limited Size)—परिवार की प्रमुख विशेषता उसका आकार होती है। समाज के सदस्यों की एक निश्चित संख्या ही एक परिवार बनाती है। प्राचीन परिवारों का आकार बड़ा होता था। लेकिन आधुनिक परिवार बहुत छोटे होते हैं। इसके बावजूद दोनों ही परिवारों की स्थापना उसके निकट सम्बन्धियों द्वारा ही होती है। औद्योगीकरण तथा आधुनिक युग में परिवार का आकार इतना छोटा होता गया कि उसमें पति-पत्नी तथा उनके अविवाहित बच्चों के अलावा और कोई भी सम्मिलित नहीं रहता।

5. सामाजिक ढांचे का केन्द्र (Centre of Social Structure)—परिवार सम्पूर्ण सामाजिक ढांचे में न केवल केन्द्रीय स्थान रखता है बल्कि वह सामाजिक ढांचे का केन्द्र भी है। जिस प्रकार सभी व्यक्तियों, वस्तुओं और स्थानों में केन्द्रीय भाग का विशेष महत्व होता है उसी प्रकार परिवार भी समाज का केंद्रीय भाग होता है। इस कारण इसका भी विशेष महत्व है। यदि परिवार का कोई सदस्य कोई नया कार्य करता है तो वह परिवार के हितों का सदैव ढांचे पर भी पड़े। इसी कारण अरस्तू ने समुदाय की परिभाषा करते हुए उसे परिवारों का संकल्प कहा था। इस का तात्पर्य यही था कि पारिवारिक संरचना समुदाय अथवा सामाजिक ढांचे का आधार है।

6. सदस्यों का असीमित दायित्व (Unlimited responsibility of the members)—परिवार के सदस्यों के उत्तरदायित्व पारिवारिक स्नेह के कारण बहुत अधिक होते हैं उसके बावजूद सभी सदस्य इसकी पूर्ति में कोताही नहीं करते। पारिवारिक सदस्यों

के प्रयत्नों और उनकी निष्ठा से परिवार एक ऐसा मंच बन जाता है जहां किसी प्रकार का वैर-भाव, संघर्ष नहीं होने पाता वरन उनके स्थान पर पारिवारिक सहयोग और सहानुभूति का वातावरण बन जाता है। इसीलिए सामंजस्य पूर्ण परिवार को लोग स्वर्ग की उपाधि देते हैं। इस वातावरण के निर्माण में पारिवारिक सदस्यों का एक दूसरे के प्रति असीमित दायित्व का निर्वाह है। उत्तरदायित्व निर्वाह की यह भावना परिवार के अतिरिक्त अन्य सामाजिक संस्थाओं में नहीं दिखाई पड़ती। परिवार वह स्थान है जहां व्यक्ति व्यक्तिगत हितों को नजरदांज करके अपनी आवश्यकता और क्षमता से भी अधिक दायित्व पूरा करने को तैयार होता है।

7. सामाजिक संगठन का आधार (Base of Social Organisation)—समाज के निर्माण में परिवार की सबसे प्रमुख भूमिका होती है। पारिवारिक नियमों के कारण ही सामाजिक व्यवस्था का निर्माण संभव होता है। परिवार के नियम किसी एक क्षेत्र में व्यक्ति के जीवन को प्रभावित नहीं करते बल्कि पारस्परिक संबंधों. शिष्टाचार, व्यवहार, रीति-रिवाज, धर्म, शिक्षा और कर्तव्यबोध आदि सभी क्षेत्रों में परिवार के नियम ही निर्णायक भूमिका निभाते हैं, तथा मनुष्य के सामाजिक जीवन को नियमित बनाते हैं।

8. स्थायी तथा अस्थायी स्वभाव (Permanent and temporary nature)—परिवार एक समिति भी है और संस्था भी। **मैकाइवर** का यह कथन परिवार संस्था के सार्वभौमिक और सार्वकालिक महत्व को स्थापित करता है। एक समिति के रूप में परिवार पति-पत्नी-बच्चों तथा कुछ अन्य व्यक्तियों का समूह है। उसका यह रूप अस्थायी है क्योंकि विवाह-विच्छेद, मृत्यु, विवाह तथा नए शिशु के जन्म के कारण परिवार का आकार बदलता रहता है। लेकिन परिवार कुछ नियमों और कार्यप्रणालियों की व्यवस्था भी करता है। इस प्रकार वह एक संस्था के रूप में विद्यमान है। पति, पत्नी अथवा कुछ अन्य सदस्यों के न रहने पर भी परिवार के नियम सदैव बने रहते हैं। इन विशेषताओं के कारण परिवार का स्वभाव स्थायी और अस्थायी दोनों प्रकार का होता है।

परिवार के प्रकार (Types of the family)

समाजशास्त्रियों ने परिवार के तीन प्रकार बताए हैं। के.पी. चट्टोपाध्याय ने तीन प्रकार के परिवारों का निर्धारण किया है-(1) साधारण परिवार (Simple), जिसे केन्द्रीय परिवार भी कहा जाता है, (2) मिश्रित परिवार (Compound) तथा (3) संश्लिष्ट (Composite) परिवार।

लेकिन विभिन्न आधारों पर परिवार को कम से कम पांच श्रेणियों में बांटा गया है। ये पांच श्रेणियां निम्न प्रकार की हैं—(1) सदस्यों की संख्या के आधार पर तीन प्रकार के परिवार माने गए हैं-केंद्रीय परिवार, विवाह संबंधी परिवार और संयुक्त परिवार, (2) निवास के आधार पर भी तीन प्रकार के परिवार माने गए हैं-पितृ स्थानीय परिवार, मातृ स्थानीय परिवार तथा सेवा स्थानीय परिवार, (3) सत्ता तथा वंश परिवार, (4) विवाह के आधार पर तीन प्रकार के परिवार होते हैं—एक विवाही परिवार, बहुपति विवाही परिवार तथा बहुपत्नी विवाही परिवार और (3) सामाजिक परिस्थिति के आधार पर दो प्रकार के परिवार माने गए हैं-ग्रामीण परिवार तथा नगरीय परिवार। इतने विभाजनों के बावजूद एक संस्था के रूप में परिवार का महत्व सर्वव्यापी है। उनका मौलिक गुण भी सामान्य रूप से समान है। यदि परिवार को एक समूह के रूप में देखा जाय तो विभिन्न समाजों में उसका चरित्र अलग-अलग प्रकार का मिलता है। सभी के विचारों, मूल्यों, जीवन पद्धतियों तथा धार्मिक विश्वासों में अधिक भिन्नता पाई जाती है। अनेक परिवार आज भी आदिम स्वरूपों में पाए जाते हैं और अनेक परिवार समय के साथ प्रगति करते हुए भौतिक, संस्कृति और उपलब्धियों में बहुत आगे तक पहुंच गए हैं। पारिवारिक संगठन में भी अनेक प्रकार के बदलाव आए हैं। परिवार के वर्गीकरण के बावजूद यह नहीं कहा जा सकता है कि एक प्रकार की विशेषताएं केवल उसी प्रकार के परिवार में पाई जाती है। सदैव एक प्रकार के परिवार की विशेषताएं दूसरे प्रकार के परिवारों में प्रचुरता से पाई जाती है।

सदस्यों की संख्या के आधार पर तीन प्रकार पाए जाते हैं जिनमें केंद्रीय परिवार, विवाह संबंधी परिवार तथा संयुक्त परिवार हैं। उनका विवरण निम्न प्रकार से दिया जा सकता है—

1. साधारण परिवार (Simple family)—साधारण परिवार का आकार छोटा होता है। इसमें पति-पत्नी और उनके अविवाहित बच्चे सम्मिलित होते हैं। इसे केंद्रीय परिवार (Nuclear family) भी कहा जाता है। इसकी परिभाषा करते हुए **हैरिस** (Harris) ने लिखा है कि, "एक केंद्रीय परिवार उन व्यक्तियों का छोटा समूह है जो जैविकीय भूमिका निभाने के अतिरिक्त एक दूसरे के प्रति संस्थागत सामाजिक दायित्वों को पूरा करते हैं तथा ऐसा करने के साथ ही उन विश्वासों और मूल्यों का पालन करते हैं जिनकी परिवार के अन्तर्गत करने की आशा की जाती है।" ऐसे परिवार प्राथमिक और तात्कालिक परिवार भी कहे जाते हैं।

कभी-कभी बच्चे के जन्म के बाद जब जीवन साथी की मृत्यु हो जाती है और पुनर्विवाह के पश्चात् जब दूसरी पत्नी से बच्चे पैदा होते हैं तो उन्हें शामिल करने पर उस परिवार को साधारण परिवार नहीं कहा जा सकता क्योंकि यह बच्चों के दो

प्रकार के समुच्चय (sets) की इकाई होती है। इस तरह की इकाई में दो साधारण परिवार हैं। **चट्टोपाध्याय** ने दोनों ही परिवारों को मिश्रित परिवारों में रखा है। इसे साधारण परिवार से इस अर्थ में भिन्न पाया है कि इसमें बच्चों के दो समुच्चय हैं। एक मृत साथी से और दूसरा उस जीवित साथी से जिससे पुनर्विवाह हुआ है। लेकिन बच्चों के दो समुदायों में मां या बाप समान है।

2. विवाह संबंधी परिवार (Conjugal family)—विवाह संबंधी परिवार उस परिवार को कहते हैं जिसमें रहने वाले सदस्यों का जन्म भिन्न-भिन्न परिवारों में हुआ है। इसमें पत्नी पक्ष के कुछ दूसरे व्यक्तियों को भी सम्मिलित कर लिया जाता है। यह परिवार केंद्रीय परिवार की अपेक्षा कुछ बड़ा होता है। साधारणतया ऐसे परिवार केवल उन्हीं समूहों में पाए जाते हैं जो विवाह को दो व्यक्तियों का समूह न मानकर दो परिवारों का संबंध मानते हैं। भारत की बहुत-सी जनजातियों में विवाह संबंधी परिवारों का प्रचलन है। इनमें **खरिया** (Kharia) जनजाति प्रमुख है। इसके अतिरिक्त अभी तक पासी और गौंड लोगों में भी ऐसे परिवार पाए जाते हैं। हांलाकि आधुनिक समाज में इस तरह के परिवारों की संख्या लगातार घटती जा रही है।

3. संयुक्त परिवार (Joint family)—संयुक्त परिवार के बारे में समाजशास्त्री **श्यामाचरण दुबे** का कहना है कि, ''यदि अनेक केंद्रीय परिवार एक साथ रहते हों, वे एक ही साथ एक स्थान पर भोजन करते हों, तथा एक ही आर्थिक इकाई के रूप में कार्य करते हों तब ऐसे सम्मिलित परिवार को ही संयुक्त परिवार कहा जा सकता है।'' इस संयुक्तता के संबंध में अनेक विद्वानों ने अलग-अलग व्याख्याएं दी हैं। **इरावती कर्वे** ने संयुक्तता के लिए सहनिवास (Co-residentility) को आवश्यक माना है। **कर्वे** के अनुसार प्राचीन भारत में परिवार निवास, सम्पत्ति और प्रकार्यों के आधार पर संयुक्त था। उन्होंने ऐसे परिवार को परम्परागत तथा संयुक्त परिवार कहा है। **कपाड़िया** का कथन है हमारा आदि परिवार केवल संयुक्त या पितृसत्तात्मक ही नहीं था। इसके साथ-साथ हमारे परिवार व्यक्तिश: भी होते थे। **एफ.जी. बेली** ने संयुक्त सम्पत्ति स्वामित्व को अधिक महत्व दिया है। **देसाई** नातेदारों के प्रति दायित्वों को पूरा करने को महत्व देते हैं। भले ही उनके निवास अलग-अलग हों तथा सम्पत्ति में सहस्वामित्व न हों। दायित्व को पूरा करने का अर्थ है अपने को परिवार का सदस्य मानना, वित्तीय और अनेक प्रकार की सहायता देना तथा संयुक्त परिवार के नियमों को मानना। **इरावती कर्वे** ने पाश्चात्य परिवार की पांच विशेषताएं चिन्हित की हैं-सहनिवास, सहरसोई, सहसम्पत्ति, सह-पूजा और कोई नातेदारी संबंध।

भारत की पारस्परिक सामाजिक व्यवस्था में संयुक्त परिवार एक प्राचीन संगठन है। **कर्वे** ने रामायण तथा महाभारत काल के पारिवारिक संगठन का उल्लेख करते हुए जिन आधारों का हवाला दिया है वे ही आधार प्राय: सभी समाजशास्त्रियों ने रेखांकित किया है। **कर्वे** की परिभाषा का ही समर्थन अन्य समाजशास्त्रियों ने किया है—''एक ऐसे व्यक्तियों का समूह जो (व्यक्ति) आमतौर पर एक ही छत के नीचे रहते हैं, एक ही चूल्हे पर पका भोजन करते हैं, साझी सम्पत्ति रखते हैं, पविार की सहपूजा में भाग लेते हैं तथा एक दूसरे से एक विशेष प्रकार के नातेदारी संबंधों से जुड़े होते हैं।'' संयुक्त परिवार में बाबा, दादी, चाचा, चाची, ताऊ, ताई, चचेरे भाई-बहन तथा अपवाद स्वरूप बुआ भी एक साथ रहते हैं। लेकिन **आर. पी. देसाई** का कथन है कि ''सहनिवास और सहरसोई को संयुक्त परिवार की परिसीमा के लिए आवश्यक समझना ठीक नहीं है क्योंकि ऐसा करने से संयुक्त परिवार को सामाजिक संबंधों का समुच्चय एवं प्रकार्यात्मक इकाई नहीं माना जाएगा।'' वे कहते हैं एक घर के सदस्यों के बीच के आपसी संबंधों तथा अन्य घरों के सदस्यों के साथ संबंधों पर ही परिवार के प्रकार का निर्धारण किया जा सकता है। एकाकी परिवार को संयुक्त परिवार से अलग देखने के लिए संबंधों (Role Rolations) के अन्तर को एवं विभिन्न रिश्तेदारों के बीच व्यवहार के मानदंडीय प्रतिमान (normative pattern) को समझना पड़ेगा। जब दो एकाकी परिवार नातेदारी संबंधों के होने पर भी अलग-अलग रहते हों लेकिन एक ही व्यक्ति के अधिकार क्षेत्र में कार्य करते हों तो वह परिवार संयुक्त परिवार होगा। ऐसा परिवार 'प्रकार्यात्मक संयुक्त परिवार (functional joint family) कहा जाता है।

आर.के. मुखर्जी ने पांच प्रकार के संबंधों का निर्धारण करते हुए संयुक्त परिवार को परिभाषित किया है। ये पांच संबंध हैं—वैवाहिक (Conjugal), माता-पिता-पुत्र-पुत्री (Parental-filial), भाई-भाई, भाई-बहन, (Inter sibling), समरेखीय (Linieal), और विवाह मूलक (Affinal) इत्यादि। उनके मुताबिक ''संयुक्त परिवार वह है जिसके सदस्यों में उपरोक्त पहले तीन संबंधों में से एक या अधिक और या समरेखीय या विवाह मूलक या दोनों संबंध पाए जाते हैं।''

परम्परागत रूप से भारतीय परिव्रार संयुक्त परिवार कहे जाते हैं क्योंकि यहाँ सामूहिकता को सदैव सामाजिक जीवन का महत्वपूर्ण आधार माना जाता है। वर्तमान समय में औद्योगीकरण तथा शहरीकरण के कारण लोगों का पलायन गांव से तेजी से हो रहा है और संयुक्त परिवार टूट रहे हैं।

आवासीय आधार वाले परिवार (Family on Residential Basis)

आवास के आधार पर तीन प्रकार के परिवारों का निर्धारण किया गया है—

(1) पितृ स्थानीय परिवार (Patrilocal family)—जो व्यक्ति अपने माता-पिता के निवास-स्थान पर रहता है तो उसका परिवार पितृस्थानीय परिवार कहा जाता है। इस परिवार में सामाजिक नियमानुसार पत्नी को अपने पति के घर जाकर रहना होता है। भारत के अधिकांश हिन्दू परिवार पितृस्थानीय परिवार की श्रेणी में आते हैं। मुस्लिम, सिख और ईसाई परिवार भी मूलत: पितृस्थानीय परिवार माने जाते हैं। **एम.एन. श्रीनिवास** ने दक्षिण भारतीय कुर्गों का अध्ययन किया और इस निष्कर्ष पर पहुंचे कि **ओक्का** या पितृमूलक और पितृस्थानीय परिवार कुर्गों में बुनियादी समूह है। किसी कुर्ग के बारे में उसके **ओक्का** के बगैर, जिसका वह सदस्य है, कल्पना करना असंभव है। यह उसके जीवन को हरेक बिंदु पर प्रभावित करता है और बाहरी दुनिया के साथ उसके संबंधों को निर्धारित करता है। जो लोग किसी **ओक्का** से नहीं जुड़े होते उनका कोई सामाजिक अस्तित्व नहीं होता, और संबद्ध पक्षों पर बुजुर्ग हमेशा यह दबाव डालते रहते हैं कि विवाह के बाद पैदा होने वाली संतान पिता या माता के **ओक्का** की सदस्यता ग्रहण कर लें।

किसी **ओक्का** की सदस्यता जन्म से ही प्राप्त हो जाती है और बाहरी दुनिया किसी व्यक्ति को उसके **ओक्का** के जरिए ही पहचानती है। व्यक्ति की उसके **ओक्का** के साथ संबद्धता मृत्यु के बाद भी समाप्त नहीं होती, क्योंकि उसके बाद वह देवता बन चुके पूर्वजों (करनवा) के झुण्ड में शामिल हो जाता है जो उस **ओक्का** की देखरेख करते रहते हैंजिसके सदस्य वे जीवितावस्था में थे। पूर्वजों की पूजा होती है और भोजन पानी का चढ़ावा (भरनी) उन्हें कभी-कभी अर्पित किया जाता है।

किसी **ओक्का** के बच्चे सपिंडज पुरुषों के सभी लड़के, **ओक्का** के पशुओं को साथ चराते हैं, एक साथ पक्षियों का शिकार करते हैं और खेल खेलते हैं। जब वे बड़े हो जाते हैं तो वे सभी मिलकर **ओक्का** के मुखिया के निर्देशन में पैतृक सम्पत्ति की देखरेख करते हैं।

किसी **ओक्का** की सदस्यता बहुत हद तक जीवन साथी के चुनाव को निर्धारित कर देती है। सबसे पहले तो एक ही **ओक्का** के सदस्यों के बीच वैवाहिक संबंध वर्जित होते हैं। जहां सपिंडजता **ओक्का** के बाहर तक चली जाती है, वहां यह निषेध उन सपिंडज संबंधों तक पहुंचता है जो **ओक्का** के सदस्य नहीं होते। फिर, बहनों के बच्चे भी आपस में विवाह नहीं कर सकते।

पहले किसी **ओक्का** की पैतृक, अचल स्थिति अविभाज्य मानी जाती थी। आमतौर पर यह सपिंडज पुरुषों की एक पीढ़ी से दूसरी पीढ़ी तक इस प्रक्रिया में बिना बंटवारे के चली आती थी। बहरहाल, बंटवारा होता था जब **ओक्का** के सभी वयस्क पुरुष ऐसा चाहें। लेकिन ऐसा बहुत कम होता था कम से कम यही बताया गया। बंटवारे की कठिनाई और नियोगात्मक संबंधों की वरीयता **ओक्का** की शक्ति बढ़ाते थे। एक **ओक्का** के सदस्य जन्म से मृत्यु तक एक ही साथ रहते थे।

2. मातृस्थानीय परिवार (Matrilocal Family)—इस तरह के परिवार में विवाह के बाद पति को अपनी पत्नी के घर में आकर रहना पड़ता है तथा बच्चों का पालन-पोषण भी वहीं करना पड़ता है। परिवारों का सामाजिक आधार मातृसत्तात्मक पारिवारिक संरचना है। भारत में मलाबार के नायरों में उस प्रकार के परिवार बहुतायत पाए जाते थे लेकिन वर्तमान समय में यह प्रचलन कम होता जा रहा है। खासी जनजाति तथा गारो जनजाति में भी इस प्रकार के विवाह प्रचलित थे तथा ऐसे परिवार बड़ी संख्या में पाए जाते थे।

3. सेवास्थानीय परिवार (Neo Local Family)—ऐसे परिवारों को जो बढ़ते हुए औद्योगीकरण तथा सामाजिक गतिशीलता के कारण अस्तित्व में आते हैं उन्हें सेवास्थानीय परिवार कहा जाता है। इसकी प्रमुख विशेषता है कि दम्पत्ति अपने कार्य-स्थान के अनुरूप अपने आवास का निर्धारण करते हैं। अर्थात् न तो वे पति के माता-पिता के साथ रहते हैं और न ही पत्नी के माता-पिता के साथ। कभी-कभी ये परिवार में किसी घटना के कारण अपने माता-पिता के पास लौट आते हैं लेकिन ऐसा अक्सर नहीं होता। ये परिवार आधुनिक सभ्यता के परिणामस्वरूप प्रचलन में आए। वस्तुत: ये व्यक्ति की आर्थिक क्रियाओं के कारण विकसित हुए हैं। इन क्रियाओं में परिवर्तन के साथ-साथ परिवार का स्वरूप भी बदलता गया है। वर्तमान भारत में राजकीय तथा अन्य सार्वजनिक सेवाओं के कारण इस प्रकार के परिवारों की संख्या में भारी वृद्धि हुई है।

सत्ता एवं वंशनाम के आधार वाले परिवार—संसार भर में दो तरह की पारिवारिक संरचनाए पायी जाती है। जिन परिवारों की सत्ता स्त्री के हाथ में होती है उन्हें मातृसत्तात्मक परिवार कहा जाता है और जिन परिवारों में सत्ता पुरुष के हाथ में होती है उसे पितृसत्तात्मक परिवार कहते हैं। दोनों प्रकार के परिवारों की विशिष्टताएं विपरीत प्रकार की होती हैं लेकिन कार्य और उद्देश्य समान पाया जाता है।

1. मातृसत्तात्मक परिवार (Matriarchal Family)—**श्यामाचरण दुबे** का कहना है कि 'मातृसत्तात्मक परिवारों में पुरुष स्त्रियों की ओर से (On behalf of) सत्ता का उपयोग करता हैं।' इस प्रकार यह जाहिर है कि जिस प्रकार के परिवार में सामाजिक, धार्मिक और आर्थिक क्षेत्र में पुरुषों की अपेक्षा स्त्रियों की प्रधानता पायी जाती है उसे मातृसत्तात्मक परिवार कहा जाता है। इस परिवार की मुखिया कोई स्त्री होती है और उसी को पारिवारिक मामलों में निर्णय लेने का अधिकार होता है। परिवार में पुरुष सदस्यों का दायित्व उन नियमों और आदेशों का पालन करना होता है। मातृसत्तात्मक परिवारों में स्त्रियों का आपसी संबंध मां, पुत्री, बहन, मामा, भांजी के होते हैं। पुरुष इन स्त्रियों के भाई, पुत्र, नाती और भांजे लगते हैं। पुरुषों के बीच आपस में भाई, मामा, भांजे का संबंध होता है। ये सभी संबंध रक्त संबंध होते हैं। लेकिन इनमें पति और पत्नी के संबंध भी होते हैं। ऐसी स्थिति में परिवार में पति की भूमिका कार्यपालक की होती हैं तथा वंश परम्परा माता के नाम पर चलती है। भारत की जनजातियों के बीच ऐसे परिवार बहुतायत पाए जाते हैं। नायर, खासी तथा असम के पूर्वी हिस्सों में पायी जाने वाली जनजातियों में इस तरह के परिवार प्रचलन में हैं। उत्तर प्रदेश की थारु जनजाति में भी इस तरह के लक्षण पाए जाते हैं।

2. पितृसत्तात्मक परिवार (Patrirchal Family)—जिन परिवारों की सत्ता पुरुषों के हाथ में होती है उन्हें पितृसत्तात्मक परिवार कहते हैं। इस प्रकार के परिवार में परिवार की सत्ता पुरुष सदस्य के हाथ में होती है जिसे कर्ता कहा जाता है। ऐसे परिवारों में निर्णय लेने का अधिकार पुरुषों के हाथ में होता है। वंश परम्परा भी पिता के नाम पर चलती है। संसार भर में पितृसत्तात्मक परिवार पाए जाते हैं। अनेक जनजातियों में जहां मातृसत्तात्मक परिवारों का अस्तित्व था वहां भी धीरे-धीरे पितृसत्तात्मक परिवार व्यवस्था में वृद्धि होती जा रही है।

विवाह के आधार वाले परिवार—विवाह के आधार पर संसार भर के परिवार-व्यवस्था को तीन श्रेणियों में वर्गीकृत किया गया है। (1) एक विवाही परिवार, (2) बहुपति विवाही परिवार, तथा (3) बहुपत्नी विवाही परिवार आदि।

1. एकविवाही परिवार (Monogamous family)—जब कोई स्त्री अथवा पुरुष एक विवाह द्वारा अपने परिवार का निर्माण करते हैं तो उसे एक विवाही परिवार कहा जाता है। इस तरह के परिवार में पति,पत्नी तथा उनके अविवाहित बच्चे शामिल होते हैं। एक जीवन साथी के रहते हुए पति अथवा पत्नी सामान्यतया दूसरे पुरुष से विवाह संबंध नहीं स्थापित कर सकता कर सकता। एक विवाही परिवार की महत्ता सारे संसार में है। इस विषय में **हार्वर्ड** का कथन है कि ''विवाह यद्यपि एक सर्वव्यापी और अनिवार्य संस्था है लेकिन प्रगतिशील समाजों में एक पत्नी विवाह प्रथा ही विवाह का स्वाभाविक और आदर्श रूप है। विवाह के अन्य स्वरूप या तो पतन के सूचक हैं अथवा आदिमकाल की पुनरावृत्ति के।'' आज सभी हिन्दू, मुस्लिम, सिख, ईसाई, जैन और बौद्ध परिवार इसी श्रेणी में आते हैं। भारत की अनेक जनजातियां भी सभ्यता के नजदीक आने पर एक विवाही परिवार को प्राथमिकता देती जा रही है।

2. बहुपति विवाही परिवार (Polyandrous Family)—भारत में अनेक प्रदेशों की जनजातियों के बीच इस श्रेणी का परिवार प्राचीन काल से ही पाया जाता था जिसमें एक स्त्री के साथ अनेक पुरुष परिवार का निर्माण करते हैं। इसमें भ्रातृ और अभ्रातृ दोनों ही प्रकार के बहुपति विवाही परिवार होते हैं। भारत में खास कोटा, टोजा, नायर, टिपान, कुटुम्ब और कम्मल आदि जनजातियों में आज भी इस प्रकार के परिवार पाए जाते हैं। लेकिन वर्तमान समय तथा आधुनिकता के प्रभाव में आकर जनजातियों के बीच भी ऐसे परिवार लुप्त होते जा रहे हैं।

3. बहुपत्नी विवाही परिवार (Polygymous Family)—जब एक पुरुष दो या अधिक स्त्रियों से विवाह संबंध स्थापित करता है और परिवार का निर्माण करता है तो ऐसे विवाह को बहुपत्नी विवाह के रूप में अभिहित किया जाता है। भारत में ऐसे परिवार बहुतायत से पाए जाते हैं। अनेक समाजों में बहुपत्नी विवाह समृद्धि और पौरुष का प्रतीक समझा जाता रहा है। मुसलमानों में अब भी बहुपत्नी विवाही परिवार पाए जाते हैं। सन् 1955 के पश्चात् हिन्दू, सिख, जैन और बौद्ध समाजों के लिए बहुपत्नी विवाह प्रथा पर रोक लगा दी गयी। भारत की अनेक जनजातियां अब भी बहुपत्नी विवाह प्रथा को अपनाए हुए हैं। नागा, बैंगा, गोंड लुशाई, खस और हो जनजातियों में बहुपत्नी विवाही परिवार पाए जाते हैं।

परिस्थिति के आधार वाले—परिवार की पारम्परिक संरचना में परिस्थितियों की बहुत बड़ी भूमिका होती है। इससे जाहिर है कि सामाजिक परिवेश जिस प्रकार का होगा परिवार का संगठन उससे गंभीर रूप में प्रभावित होगा। दूसरी ओर जिस प्रकार का पारिवारिक संगठन रहेगा उसका प्रभाव भी समाज पर पड़ता है। इस तरह परिवार और समाज एक दूसरे पर बहुत गहरा प्रभाव डालते हैं। परिस्थितियों के आधार पर परिवार दो प्रकार के मिलते हैं।

1. ग्रामीण परिवार (Rural Family)—भारत को ग्रामों का देश कहा जाता है। यहां 80% जनता गावों में निवास करती है तथा कृषि संबंधी कार्यों द्वारा जीवनयापन करती है। ग्रामीण परिवार की संरचना परम्परागत है। परम्परागत संस्कृति के कारण परिवार का केंद्रीय महत्व है। एक लंबे समय से ग्रामीण और शहरी संस्कृति में भिन्नता होने के कारण ग्रामीण और नगरीय परिवारों के स्वरूप में भी भिन्नता हो गई है। ग्रामीण जीवन की परिस्थितियां (Ecological Condition) तथा आवश्यकता नगरीय जीवन से भिन्न होने के कारण तथा गांवों के जीवन के भिन्न स्वरूप के कारण यहां आरंभिक काल से ही एक ऐसी परिवार प्रणाली को महत्व दिया जाता रहा है। जहां अनेक पीढ़ियों के सदस्य एक साथ रहते हैं तथा सम्पत्ति, निवास और निमंत्रण के भोज में सामूहिकता को सर्वाधिक महत्व देते हैं। **श्यामाचरण दुबे** का कहना है कि, ''ग्रामीण परिवारों की प्रकृति में संयुक्त परिवारों तथा विस्तृत परिवारों की विशेषताओं का संयुक्त रूप से समावेश है।'' विस्तृत परिवार की व्याख्या करते हुए **दुबे** ने कहा है कि ''जब अनेक केंद्रक परिवार एक समय साथ रहते हों, उनमें निकट का नाता हो तथा वे एक आर्थिक इकाई के रूप में कार्य करते हों, तब ऐसे परिवार को एक विस्तृत अथवा संयुक्त परिवार कहा जा सकता है। स्पष्ट है कि यह परिवार केवल आजीविका उपार्जित करने वाले सदस्यों को ही महत्व नहीं देते बल्कि निराश्रित व्यक्तियों को सामाजिक सुरक्षा प्रदान करने का भी सर्वोत्तम माध्यम है।''

2. नगरीय परिवार (Urban Family)—भारत में औद्योगिक और नगरीकरण के विकास के साथ ही इनसे जुड़े लोगों की संख्या में वृद्धि हुई है। इस प्रकार बनने वाले परिवारों को नगरीय परिवार कहते हैं। **टी.बी. बोटोमोर** ने इनके पीछे आर्थिक परिवर्तनों को महत्वपूर्ण माना है। रोजगार विविधता, व्यक्तिवादी प्रवृत्ति के कारण एकलपरिवार, जो नगरीय परिवारों की खास विशेषता है, बढ़े। यह प्रवृत्ति सम्पत्ति कानूनों के परिवर्तन में भी अभिव्यक्त हो रही है। भारत में ब्रिटिश शासन की स्थापना के बाद हिन्दू लोग अधिकाधिक सम्पत्ति के वसीयती विवरण की शरण में जाने लगे, और 1870 का एक कानून अंग्रेजी कानून की तर्ज पर वसीयत को मान्यता देता है। बाद के कानूनों ने संयुक्त परिवार की कानूनी स्थिति में और सुधार किए। **गेन्स ऑफ लर्निंग एक्ट (1930)** परिवार के खर्चे पर प्राप्त शिक्षा के जरिए कमाई गई सम्पत्ति पर व्यक्ति को अधिकार प्रदान करता है, जब कि 'हिन्दू लॉ आफ इन हैरिटेंस (अमेंडमेंट) एक्ट (1929) ने मातृसम्पत्ति की वसीयत की अनुमति दे दी। 1956 का हिन्दू सक्सेशन एक्ट सम्पत्ति पर व्यक्तिगत अधिकारों की स्थापना में एक और आगे बढ़ा कदम है।'' नगरीय परिवारों का आकार छोटा होता है। इनमें सामाजिक और सांस्कृतिक गतिशीलता पायी जाती है तथा इसके कर्ता को सर्वाधिकार सम्पन्न नहीं समझा जाता और न ही परिवार की स्थिति के निर्धारण में आयु विशेष महत्व होता है।

इन विवेचनों से स्पष्ट होता है कि आधुनिक समाज विविधतावादी समाज है।

परिवार की उत्पत्ति का सिद्धांत (Theory of Origin of Family)

परिवार की उत्पत्ति संबंधी अनेक सिद्धांत समाजशास्त्रियों ने प्रतिपादित किया है। इस सभी सिद्धांतों को लेकर अनेक मतभेद भी हैं। इन सिद्धांतों के आधार भिन्न-भिन्न प्रकार के हैं तथा दूसरे सिद्धातों के आधार पहले सिद्धांत के आधार से सर्वथा भिन्न हो सकते हैं। सामान्यत: परिवार की उत्पत्ति की अवधारणा के अन्तर्गत माना जाता है कि परिवार व्यक्तियों का वह समूह होता है जो आपस में किसी न किसी रूप से नातेदारी से बंधे होते हैं। इसके वयस्क सदस्य बच्चों को जन्म देते हैं तथा उनका पालन-पोषण करते हैं। इस प्रकार यह निष्कर्ष निकलता है कि परिवार आदिम समाजों में नहीं बल्कि समूहों से विकसित हुआ जहाँ परिवार बच्चों को जन्म देने और उनकी परवरिश करने का दायित्व दो स्त्री-पुरुष को निभाना था। इसी प्रकार से विवाह संस्था का विकास हुआ। कालान्तर में विवाह संस्था के स्वरूप से परिवार व्यवस्था का निर्धारण तथा व्यावहारिक लक्ष्य तय हुआ। लेकिन सभी समाजशास्त्री इस बात को पूरी तरह सत्य नहीं मानते। क्योंकि परिवेश गत भिन्नता के कारण परिवार के विकास के कारक भी भिन्न रहे हैं। अभी तक पाँच प्रकार के सिद्धांत इस संबंध में माने गए हैं। इनमें प्राचीन सिद्धांत, यौन साम्यवाद का सिद्धांत, विकासवादी सिद्धांत, मातृसत्तात्मक सिद्धांत और एकविवाह का सिद्धांत प्रमुख है।

1. प्राचीन सिद्धांत (Classical Theory)—प्राचीन परिवार सिद्धांत का भौतिक आधार 'ग्रीक, रोमन और यहूदी समाज की संरचना है। इस सिद्धांत का प्रतिपादन करते हुए प्लेटो और अरस्तू ने कहा है कि ऐतिहासिक प्रमाणों से यह साबित होता है कि ग्रीक, यहूदी और रोमन समाजों में परिवार का प्राथमिक रूप पितृसत्तात्मक (Patriarchal) था। ऐसे परिवार का मुखिया पुरुष होता है जिसे कर्ता कहते हैं। कर्ता ही सभी नीतियों का निर्धारण करता है तथा उसकी प्रत्येक नीति को परिवार के हित में माना जाता है। सभी पारिवारिक सदस्यों का दायित्व इन नीतियों का पालन करना होता है। यदि किसी सदस्य ने अपने दायित्व निर्वाह

में किसी प्रकार की लापरवाही, आनाकानी किया अथवा विद्रोह भावना का प्रदर्शन किया तो उन्हें दण्ड देने का अधिकार भी मुखिया अथवा कर्ता को सहज रूप से प्राप्त होता है। परिवार के किसी एक अथवा सभी सदस्यों अथवा समस्या पर कर्ता का निर्माण सबसे महत्वपूर्ण और अंतिम माना जाता है। स्त्रियां पूर्ण रूप से पुरुषों के अधिकार में थीं। पितृसत्तात्मक होने के कारण प्राय: पितृस्थानीय (Patrilocal) होते थे। विवाह के बाद स्त्रियों को अपने पति के घर में आकर रहने की अनिवार्यता थी। प्राचीन परिवार सिद्धांत के समर्थकों का विश्वास है कि पितृसत्तात्मक परिवार 18वीं शताब्दी तक विशुद्ध रूप से बने रहे हैं। लेकिन 19वीं शताब्दी से स्त्रियों की दशा में अनेक परिवर्तन हुए तथा उनकी सामाजिक और आर्थिक स्थिति में सुधार हुए। इस प्रक्रिया में परिवार में पिता की शक्ति कुछ कम हुई। **हेनरीमेन** ने भी इस सिद्धांत को स्वीकार किया है।

2. यौन साम्यवाद का सिद्धांत (Sex Communism Theory)—**एल.एच. मोर्गन** (L.H. Morgen), **लूबाक** (Lubock), **और फ्रेजर** (Frazer) इत्यादि ने परिवार की उत्पत्ति के संदर्भ में कहा है कि मानव समाज आरंभिक काल में पशुओं की तरह अनियमित था और उनमें यौन स्वतंत्रता पाई जाती थी। उनमें विवाह तथा परिवार की कोई अवधारणा नहीं थी। यौन संबंधों का दायरा एक समूह के अलावा दूसरे अथवा तीसरे समूह तक ही सीमित था। **मोर्गन** ने आदिवासी समुदाओं के अनेक रीति-रिवाजों तथा उत्सवों के उदाहरण से इस बात को स्पष्ट किया है। वे कहते हैं कि वर्तमान समय में भी अनेक आदिवासियों के समाज ऐसे हैं जहां सामाजिक उत्सवों के दौरान यौन संबंधों को स्थापित करने की स्वतंत्रता रहती है। स्त्री अथवा पुरुष अपने मनचाहे पुरुष अथवा स्त्री के साथ यौन संबंध स्थापित कर सकते हैं। अतिथ्य सत्कार के लिए भी स्त्रियों की भेंट चढ़ाई जाती है। प्राचीनकाल तथा मध्यकालीन भारत की अनेक जनजातियों में ऐसी मान्यताएं मिलती हैं जिनके अनुसार कन्या को विवाह पूर्व यौन संबंध स्थापित करने की स्वतंत्रता होती है। विवाह के पश्चात यह स्वतंत्रता पति तक ही सीमित हो जाती है। असम की कूकी जनजाति में विवाह के इच्छुक लड़के-लड़की एक-दूसरे को समझने के लिए साथ रहते हैं। उनमें यौन संबंधों की वर्जना कठोरता से नहीं लागू है। आस्ट्रेलिया और ट्रोविया द्वीप में यौन साम्यवाद के कारण बच्चे के पिता का निर्धारण नहीं हो पाता। **मोर्गन, लूबाक और फ्रेजर** ने स्पष्ट किया है कि परिवार का प्रारंभिक रूप यौन साम्यवाद पर आधारित था। इसी से विकसित होकर परिवार अपने आधुनिक स्वरूप तक पहुंचा।

3. विकासवादी सिद्धांत (Evolutionary Theory)—परिवार की उत्पत्ति संबंधी अवधारणा में विकासवादी सिद्धांत का विशिष्ट महत्व है। इस सिद्धांत के प्रमुख प्रतिपादक **बैकोफन (Bachofen)** हैं। आगे चलकर **लुईस मोर्गन** ने इसे अधिक व्यवस्थित किया। **टॉयलर** और **स्पेन्सर** को भी इस सिद्धांत का समर्थक माना जाता है।

बैकोफन ने परिवार की उत्पत्ति के संबंध में एक क्रमबद्ध विकास को चिन्हित किया हैं। उनका कहना है कि परिवार का विकास किसी संयोग अथवा समझौते के बज़ाय अनेक स्तरों पर स्वयं हुआ है। प्राथमिक स्तर पर आदिम समाजों का उल्लेख करते हुए उन्होंने कहा है कि उन समाजों (आदिम) में यौन संबंध बहुत ढीले थे। बच्चों का संबंध केवल मां से होता था। अक्सर पिता के संबंध में कोई विश्वसनीय जानकारी न थी। यह प्रारंभिक व्यवस्था थी जो यौन साम्यवाद के काफी करीब थी। दूसरे स्तर पर जीवन से संबंधित संघर्षों की मात्रा में बहुत वृद्धि हो जाने के कारण साधनों का बहुत अभाव हो गया था। जीविका प्राप्त करने में लड़कियों की योग्यता में कमी आ गई थी इसीलिए अनेक समाजों में उनके समाजों में उनके जन्म के तुरंत बाद ही उनकी हत्या कर दी जाती थी। इस प्रकार से पुरुषों के अनुपात में स्त्रियों की संख्या में काफी कमी आ गई और इसी क्रम में बहुपति विवाह की प्रथा प्रचलन में आई। तीसरे स्तर पर कृषि-व्यवस्था की प्रमुख भूमिका मानी जाती है जब खाद्यान्न की सुविधा के कारण आजीविका कमाना आसान हो गया। कृषि में स्त्रियों की भूमिका बहुत महत्वपूर्ण थी और पुरुष विलासी प्रवृत्ति के हो गए। इसके परिणामस्वरूप बच्चों की संख्या में वृद्धि होने लगी। साथ ही साथ साधनों की वृद्धि होने में बहुपत्नी विवाह परिवार भी अस्तित्व में आए। अंतिम स्तर पर सभ्यता के विकास तथा नैतिक विचारों में वृद्धि होने के कारण एक विवाह परिवारों की संख्या में वृद्धि हुई। विकासवादी सिद्धांत के अनुसार इस चार चरणों से ही परिवार का विकास हुआ।

4. मातृसत्तात्मक सिद्धांत (Matriarchal Theory)—मातृसत्तात्मक सिद्धांत का प्रतिपादन करते हुए **राबर्ट ब्रिफाल्ट(R. Briffault)** ने अपनी प्रसिद्ध पुस्तक The Mother में लिखा है कि "आरंभिक समय में बच्चे अपने पिता को भी नहीं जानते थे क्योंकि प्रत्येक क्षेत्र में उनका संबंध केवल माता से ही होता था" इस आधार पर यह माना जा सकता है कि प्रारंभिक परिवार मातृसत्तात्मक ही होते थे। इस सिद्धांत के प्रतिपादकों में **बेकोफन** का भी नाम प्रमुखता से लिया जाता है। **बेकोफन** भी मातृसत्तात्मक

परिवार के संबंध में लिखते हुए लिखा है कि ''बच्चों का विशेष संबंध केवल मां से होता था और अकसर पिता की जानकारी बिल्कुल ही नहीं होती थी।'' मातृसत्तात्मक परिवारों को आरंभिक परिवार माने जाने के पीछे एक तर्क यह भी है कि पितृसत्तात्मक परिवारों की व्यवस्था अपेक्षाकृत जटिल व्यवस्था है तथा वह क्रमिक विकास का परिणाम है जबकि मातृसत्तात्मक परिवार एक सरल और सहज पारिवारिक व्यवस्था है। **ब्रिफाल्ट** का कहना है कि पशु-परिवार जिससे मानव -समूह के जन्म की संभावना की जाती है, वह भी मातृसत्तात्मक है। इस तर्क के आधारभूत कारणों की चर्चा करते हुए **ब्रिफाल्ट** कहा है कि ''प्रारंभिक परिवार व्यवस्था में पुरुष सदस्य शिकार एवं भोजन की खोज में घने जंगलों में चले जाते थे जबकि स्त्रियां घर पर रहकर खेती का कार्य करती थीं तथा बच्चों का पालन-पोषण करती थीं। इन कार्यों के कारण पारिवारिक व्यवस्था की धुरी स्त्रियां बनती गईं और परिवार की सत्ता उनके हाथों में चली आई। इसी कारण स्त्रियों की सम्प्रभुता अधिक मजबूत हुई तथा मातृसत्तात्मक परिवारों का उदय हुआ।''

5. एकविवाही सिद्धांत (Monogamy Theory)—एक विवाही परिवार की उत्पत्तिका सिद्धांत प्रतिपादित करते हुए **वेस्टर मार्क** ने यौन-साम्यवाद, समूह विवाह अथवा बहुविवाह सिद्धांत का तीव्र विरोध किया है। **वेस्टर मार्क** के मुताबिक ''प्रारंभिक परिवार एक विवाही थे और आज भी उसी रूप में विद्यमान हैं।'' यद्यपि उन्होंने बहुविवाह परंपरा का अस्तित्व आदिम समाजों में होना स्वीकार किया है। **वेस्टर मार्क** ने अपनी खोजों में अनेक उच्च और निम्न समाजों और जनजातियों में एक विवाह का प्रचलन पाया है। इसी आधार पर उसने अपनी प्रसिद्ध पुस्तक The History of Human Marriage में लिखा है कि कामाचार अथवा समूह विवाह का प्रचलन सामाजिक नियमों का उल्लंघन मात्र था। इनका कभी भी स्थाई रूप नहीं था। **वेस्टर मार्क** ने चिंपाजी, गुरिल्ला, और एंगउटान जैसे पशुओं में भी एक विवाह का प्रचलन पाया तथा इसकी उनके अस्तित्व के लिए आवश्यक माना। उदाहरण देते हुए उसने बताया कि और एंगउटान सामान्यत: 8 से 12 वर्ष तक शैशवावस्था में रहता है। इस अवधि में उसे मादा और नर दोनों का संरक्षण मिलना आवश्यक होता है। यह संरक्षण एक विवाह की स्थिति में ही संभव है। चिड़ियों का उदाहरण देते हुए **वेस्टर मार्क** ने कहा है कि उनमें भी एक विवाह की पद्धति है। इस से स्पष्ट होता है कि पुरुष पर स्त्री तथा स्त्री पर पुरुष की एकाधिकारी भावना ही एक विवाह पद्धति का प्रधान कारण है। ऐसी स्थिति में यौन संबंधों में स्वतंत्रता का प्रश्न बेमानी है।

परिवार के विकास के संबंध में विद्वानों, विशेषज्ञों तथा समाजशास्त्रियों में अनेक मतभेद रहे हैं लेकिन परिवार के अस्तित्व को सभी ने स्वीकार किया है। मतभेद का आधार यह माना जाता है कि परिवार का प्रांरभिक स्वरूप क्या था और उसके विकास की कौन सी सरणि थी। विभिन्न परिस्थितियों और कालों तथा स्थानों में प्रारंभिक परिवार का रूप विभिन्न था। इसकी सबसे महत्वपूर्ण विशेषता व्यक्ति की प्राथमिक आवश्यकताओं की पूर्ति करना रहा है। यौन संबंधों की स्थापना, संतानोपति और जीविकोपार्जन इत्यादि आवश्यकताओं की पूर्ति करने वाली संस्था के रूप में परिवार का सार्वभौमिक महत्व है।

परिवार के कार्य (Functions of Family)—परिवार की भूमिका के बारे में **एण्डरसन** का कथन है कि ''एक कार्यात्मक इकाई के रूप में परिवार इतनी महत्वपूर्ण संस्था है कि सभी समाज परिवार के माध्यम से ही अपनी मान्यता प्राप्त लक्ष्यों को प्राप्त करने का प्रयत्न करते हैं।'' इस प्रकार परिवार व्यक्ति तथा समाज दोनों के लिए सबसे महत्वपूर्ण इकाई है। परिवार का विकास मानव सभ्यता के विकास की सीढ़ी है। परिवार के कारण ही संस्कृतियों का विकास संभव हुआ तथा नए-नए आविष्कारों को करते हुए संसार आधुनिक आधुनिक युग में पहुंच गया। इसी के कारण मनुष्य में त्याग की भावना का प्रसार हुआ था। उसने अनेक नैतिक उपलब्धियों को प्राप्त किया। परिवार ही समाज की संरचना का बुनियादी आधार है। इसी से समाजीकरण का विकास होता है। परिवार अनेक प्रकार से अपने सदस्यों की आवश्यकताओं की पूर्ति करता है तथा उनके विकास में सर्वाधिक महत्वपूर्ण भूमिका निभाता है। **किंग्सले डेविस** का कहना कि ''परिवार के सभी कार्य इतने स्वतंत्र प्रकृति के होते हैं कि उन सभी कार्यों को अन्य संस्थाओं के द्वारा भी किया जा सकता है लेकिन परिवार के अतिरिक्त ऐसी कोई संस्था नहीं है जिसमें इन कार्यों को असीमित उत्तरदायित्व की भावना के साथ किया जाता हो।''

1. **जैविकीय कार्य (Biological Functions)**—परिवार पति-पत्नी और बच्चों का संगठन होता है जिसका सबसे महत्वपूर्ण कार्य संतति की निरंतरता बनाए रखना है। न केवल निरंतरता बल्कि पालन-पोषण की व्यवस्था करना भी परिवार का महत्वपूर्ण कार्य है। जैविकीय कार्यों का संबंध मानव की आंतरिक प्रवृत्तियों की संतुष्टि करने से है। परिवार के जैविकीय कार्यों में यौन-संबंधों के अवसर प्रदान करता है। यदि कोई व्यक्ति इसका उल्लंघन करता है तो उसके सामाजिक दंड की व्यवस्था करता है। परिवार के जैविकीय कार्यों में सन्तानोत्पत्ति की व्यवस्था करना

दूसरा सबसे महत्वपूर्ण कार्य है। यदि ऐसा न हो तो समाज और सभ्यता का विकास रुक जाएगा। परिवार के अभाव में संतान का पालन-पोषण अव्यवस्थित हो जाएगा। अवैध संतानों की संख्या भी बढ़ेगी। **विलियम मुड** का कहना है कि परिवार ही बच्चों को वैधता प्रदान कर सकता है। परिवार का तीसरा महत्वपूर्ण कार्य पारिवारिक सदस्यों को शारीरिक सुरक्षा प्रदान करना है। बच्चे को जन्म देने से लेकर उसके पालन पोषण तथा एक सामाजिक प्राणी के रूप में उसके रूपांतरण तक का सारा दायित्व परिवार निभाता है। सदस्यों को दुर्घटना, बीमारी, बेकारी इत्यादि से सुरक्षित रखना, आयु और लिंग के अनुसार सुविधाएं देना तथा मानसिक सुरक्षा प्रदान करना परिवार का महत्वपूर्ण कार्य है।

2. **सामाजिक कार्य (Social Functions)**—परिवार का महत्वपूर्ण कार्य व्यक्ति का सामाजीकरण है। यह जैविकीय कार्यों की तुलना में कम महत्वपूर्ण नहीं है। **एण्डरसन** के अनुसार "व्यक्ति की पाशविक प्रवृत्ति पर नियंत्रण रखना, सामाजिक सीख देना, आदतों का निर्माण करना, उत्तरदायित्वों को समझाना तथा व्यक्ति में स्वाभिमान का विकास करना परिवार का सामाजिक कार्य है।" परिवार पद और कार्य प्रदान करने वाला प्रतिनिधि भी कहा जाता है। परिवार सभी सदस्यों के पारिवारिक दायित्व का निर्धारण करता है। एक सदस्य की बदनामी और अपमान से पूरा परिवार अपमानित माना जाता है। इसी तरह एक व्यक्ति का सम्मान पूरे परिवार का सम्मान माना जाता है। परिवार व्यक्तियों को सामाजिक नियंत्रण में रखता है। यदि परिवार के संस्कारों से बच्चे को वंचित रखा जाएगा तो वह अपने सामाजिक दायित्व के प्रति लापरवाह होगा। सामाजिक गुणों का मूल स्रोत परिवार ही है तथा इसी के कारण उसे सामाजिक जीवन का अमिट स्रोत कहा जाता है। दया, सहानुभूति, प्रेम, एकता, सद्भावना और भाईचारे की भावना का विकास करने में परिवार की केंद्रिय भूमिका होती है।

3. **आर्थिक कार्य (Economical Functions)**—परिवार आर्थिक क्रियाओं की धुरी भी माना जाता है। परिवार में उत्पादन, विनिमय से लेकर उपभोग तक सारी प्रक्रियाएं अपनी भूमिका निभाती हैं। आर्थिक कार्यों को कुछ विद्वानों ने जीवन यापन संबंधी कार्यों के रूप में अभिहित किया है। परिवार सदस्यों की आवश्यकतानुसार सुविधाएं प्रदान करता है। इस प्रकार वह कोई व्यक्तिवादी इकाई न होकर एक समाजवादी इकाई के रूप में प्रतिष्ठित होती है। परिवार श्रम विभाजन करता है तथा आप की व्यवस्था करता है। आदिम काल से ही यह परिवार का प्रमुख कार्य रहा है। पुरुषों और स्त्रियों की भूमिकाओं का निर्धारण केंद्र भी परिवार रहा है। आयु के आधार पर बच्चों, व्यस्कों तथा वृद्धों की भूमिका को तय करना तथा कौन अपने कार्यों को कुशलतापूर्वक कर रहा है इसका निर्धारण करना परिवार का कार्य रहा है। यहीं से उत्तराधिकार की भी व्यवस्था होती है। इससे संबद्ध नियमों का निर्माण भी परिवार ही करता है। सम्पत्ति का प्रबंध करने के लिए परिवार सभी सदस्यों के बीच इसका उचित विभाजन करता है जिससे संघर्ष की बजाय परस्पर सहयोग भावना का विकास होता है।

4. **धार्मिक कार्य (Religious Functions)**—मनुष्य के जीवन में धर्म की भूमिका जीवन भर बनी रहती है। इस भूमिका का संदर्भ भी परिवार ही बनाता है। प्रत्येक परिवार किसी न किसी धर्म में विश्वास करता है। इसी से संबंधित मूल्यों, आदर्शों तथा आचरणों की सीख परिवार द्वारा अपनी आगामी पीढ़ियों को मिलती है। धर्म की पवित्रता परिवार की पवित्रता मानी जाती है। सभी परिवार इसी मान्यता के अंतर्गत अपने धार्मिक कार्यों को पूरा करते हैं। अनेक विद्वान यह मानते है कि धार्मिक कार्यों की सम्पूर्ण संरचना परिवार पर ही आधारित होती है। भारतीय परिवारों में धर्म एक अनिवार्य भावना है। इसी कारण भारतीय मनीषा विवाह को 'काम तुष्टि' का साधन न मानकर धर्म कार्य की पूर्ति मानती है। विवाह का धार्मिक महत्व इतना अधिक है कि जिस व्यक्ति ने शादी करके अपने परिवार का निर्माण नहीं किया और बच्चे को जन्म नहीं दिया वह पितृऋण से मुक्त नहीं माना जाता। पिण्ड दान, तर्पण इत्यादि के माध्यम से ही पैतृक आत्माओं की संतुष्टि संभव मानी जाती है और इन सभी में धर्म की भूमिका सर्वोपरि होती है। इन कर्तव्यों अथवा कर्मकाण्डों की पूर्ति किसी अन्य संस्था अथवा समूह के द्वारा पूरी नहीं हो सकती। परिवार के कारण ही जीवन में हर कदम पर धर्म एक अनिवार्य तत्व के रूप में मौजूद होता है।

5. **सांस्कृतिक कार्य (Cultural Functions)**—परिवार व्यक्ति को सामाजिक व्यवहारों की शिक्षा देता है। संस्कृति को समाज का सबसे बुनियादी आधार माना जाता है। क्योंकि इसी के माध्यम से लोगों की रुचियों और मनोवृत्तियों का विकास होता है तथा इन्हीं से सामाजिक जीवन को स्थायित्व मिलता है। समाज के सभी आदतों, नियमों, लोकाचारों, रिवाजों तथा परंपराओं का विकास संस्कृति के ही माध्यम से होता है। यदि परिवार लोगों को सांस्कृतिक रूप से विकसित न करे तो सामाजिक संगठन टूट जाएगा। परिवार के कारण की एक पीढ़ी से दूसरी पीढ़ी के बीच सांस्कृतिक संचरण (Cultural Transition) संभव है। परिवार अपने समय और समाज से जुड़े मूल्यों, आदर्शों, विश्वासों, नैतिकताओं का अर्थ स्पष्ट करके आगामी पीढ़ी को देता है। इस तरह परिवार

सांस्कृतिक निरंतरता के लिए एक प्राकृतिक और सुविधाजनक साधन हैं।

इसके साथ ही परिवार सदस्यों के चरित्र निर्माण हेतु मनोरंजन का कार्य भी करता है। इसके मद्देनजर अच्छा साहित्य, अच्छी कला तथा अच्छे सिनेमा का चुनाव भी करता है। यदि इसमें किसी प्रकार की लापरवाही होगी तो परिवार के सदस्य गलत रूचियों के ही शिकार नहीं होंगे बल्कि उनमें कई तरह की दुष्प्रवृत्तियां भी पनपेंगी। धार्मिक उत्सव-समारोह भी परिवार के मनोरंजन के साधन हैं। अनेक लोग मनोरंजन को हल्के तरीके से ग्रहण करते हैं लेकिन यह एक महत्वपूर्ण सांस्कृतिक कार्य है।

6. **राजनीतिक कार्य (Political Function)**—परिवार के राजनीतिक कार्यों के संबंध में प्रसिद्ध चीनी विचारक **कन्फ्यूशियस** का मानना है कि, "मनुष्य सबसे पहले अपने परिवार का सदस्य है और फिर राज्य का। इस प्रकार राज्य का रूप परिवार पर ही आधारित होना चाहिए।" अनेक समाजशास्त्रियों ने परिवार को प्रशासनिक इकाई माना है। राज्य के ही समान परिवार भी भूमि, जनसंख्या, नियमों ओर परंपराओं की देखरेख करता है तथा इनके संतुलित कार्यान्वयन की समीक्षा भी करता है। परिवार जैसी स्थानीय इकाई में कर्ता की प्रभुसत्ता होती है। कर्त्ता ही सभी सदस्यों के व्यवहारों को नियंत्रित करता है। यदि कोई परिवार के बनाए अथवा निर्धारित नियमों की अवहेलना करता है तो उसे दंड देने की व्यवस्था भी कर्ता करता है। परिवार के मुख्य कामों में से एक काम ऐसे गुणों का विकास करना भी है जिससे व्यक्ति पारिवारिक तथा राजनीतिक अनुशासन को बनाए रख सके। वर्तमान समय में परिवार भी एक प्रकार की जनतांत्रिक प्रणाली में विश्वास करने लगा है जहां अनुशासन, समानता, स्वतंत्रता और बंधुत्व की भावना का विकास करके उन्हें सफल नागरिकों के रूप में विकसित करना एक महत्वपूर्ण दायित्व होता है।

परिवार में परिवर्तन (Changes in family)—परिवार व्यवस्था में समय के साथ अनेक परिवर्तन हुए तथा निरंतर जारी हैं। भारतीय समाज में एकल परिवारों की संख्या बढ़ती जा रही है तथा पारंपरिक संयुक्त परिवार टूट रहे हैं। **टॉम बी. बोटोमोर** के अनुसार "व्यक्तिगत एकल परिवार एक सार्वभौमिक परिघटना है।" उन्होंने **लोवी स्ट्रॉस** के हवाले से कहा है कि "इसको कोई नहीं देखता कि वैवाहिक संबंध स्थाई हैं या अस्थाई; बहु पत्नीत्व है या बहुपतित्व **है या यौन** उच्श्रृंखलता है; हमारे पारिवारिक घेरें में जो शामिल नहीं हैं ऐसे सदस्यों के जुड़ जाने से स्थिति जटिल हो जाती है या नहीं; इन सबसे अलग जो तथ्य है वह यह कि हर जगह पति, पत्नी और नाबालिग बच्चे मिलकर बाकी समुदाय से अलग एक इकाई का निर्माण करते हैं।" परिवार व्यवस्था में होने वाले परिवर्तन सभ्यता में परिवर्तन के सिर्फ कारण ही नहीं होते बल्कि उन परिवर्तनों के प्रतिबिंब भी होते हैं। विभिन्न स्तरों पर होने वाले परिवर्तनों को निम्नलिखित रूपों में समझा जा सकता है—

1. माता-पिता और बच्चों के संबंध (Relations Between Parents and Children)—इस तरह के परिवर्तनों को रेखांकित करते हुए समाजशास्त्री **एम. एस. गोरे** ने स्वयं द्वारा किए गए एक अध्ययन (1961) का हवाला दिया है। उन्होंने कुछ परिवारों से यह प्रश्न पूछा था कि उनके यहां बच्चों को स्कूल भेजने, व्यवसाय चुनने तथा बच्चों के लिए वर-वधू चुनने में किसका निर्णय सर्वोपरि माना जाता है। अधिकांश उत्तरदाताओं में बच्चों का कहना था कि वे निर्णय लेने में स्वतंत्र नहीं हैं। **गोरे** ने कहा है कि परिवार के जिन सदस्यों के बारे में निर्णय लिया जाता है, उनमें से थोड़े से सदस्य निर्णय अपने हाथ में रखते हैं, चाहे वह निर्णय व्यवसाय से संबंधित हो चाहे शिक्षा या जीवन-साथी के चयन से संबंधित ही क्यों न हो। इसके बावजूद बच्चे अपनी समस्याओं पर अपने माता-पिता से बहस अवश्य करते हैं। **गोरे** ने एक सौ लोगों से बातचीत में पाया कि 64% बच्चे अपनी समस्याओं पर अपने माता-पिता से खुलकर बात करते थे, 11% बिल्कुल नहीं बात करते थे, तथा 19% बच्चे बातचीत तो करते थे लेकिन अन्तिम निर्णय परिवार के ऊपर छोड़ते थे। समाजशास्त्रियों ने माना कि परंपरागत परिवार में शक्ति और सत्ता के बीच विपरीत संबंध था। सत्ता पीढ़ी, लिंग, आयु पर आधारित थी। प्राय: सत्ता पुरानी पीढ़ी के वृद्ध पुरुष के हाथों में होती थी और कुलपिता वस्तुत: सर्वशक्तिशाली होता था। जब कि नए परिवारों में पिता का वर्चस्व कम हुआ। ऐसे परिवारों में समस्याओं का हल व्यक्तिगत आधार पर न होकर सभी के लिए और सभी के द्वारा होता है। एक तरह से कहा जा सकता है कि सत्ता का हस्तांतरण अब कुल पिता से बच्चों के पिता में होता जा रहा है और जो अपने बच्चों से हर मामले में, निर्णय लेने से पूर्व सलाह लेते हैं। **के. एम. कपाडिया** ने एक अध्ययन के दौरान हाई स्कूल के किशोर छात्रों में 58% भोजन के समय, अथवा अन्य किसी समय माता-पिता से स्वतंत्रतापूर्वक बातचीत करते थे अपनी समस्याओं पर खुलकर बातचीत करने में ग्रामीण बच्चों की अपेक्षा शहरी बच्चों की संख्या अधिक थी।

पति-पत्नी के संबंध (Relation Between Husband and Wife)—पति-पत्नी के संबंधों के बीच अनेक प्रकार के परिवर्तन रेखांकित किए गए हैं। पुराने परिवारों में पति-पत्नी के

संबंध संस्थात्मक दृष्टि से कमजोर थे क्योंकि पत्नी के ऊपर अनेक प्रकार के बंधन और पारिवारिक मर्यादाएं लागू थीं। इससे पति-पत्नी के बीच घनिष्ठता का आधार कमजोर होता था। समय के साथ-साथ इसमें बदलाव आया। समकालीन भारतीय परिवार में पति की सत्तात्मक भूमिका में पत्नी को स्थानांतरित करके नहीं बल्कि उसके साथ सहभागिता में कुछ कमी आई है। पति-पत्नी के बीच अभिव्यक्तिमूलक भूमिका में वृद्धि हुई। पति की साधनमूलक भूमिका में पत्नी के साथ सहभागिता का समावेश हुआ है शहरी शिक्षित परिवारों में सहचारिता बढ़ी है जबकि ग्रामीण परिवार में ऐसा नहीं है। पति-पत्नी अब मिलकर पारिवारिक निर्णय लेते हैं। जीवन की जटिलताएं बढ़ने से स्त्रियों की भूमिका बढ़ी हैं।

विवाह रूपों में परिवर्तन (Change in marriage system)—परिवार की संरचना का मूलाधार विवाह होता है। आधुनिक परिवारों में एक विवाह की सामजिक वैधता सर्वस्वीकार्य है। नगरीय परिवार हों चाहे ग्रामीण, मुस्लिम, हिन्दू अथवा अन्यान्य जनजातीय परिवार सभी में एकविवाही परिवारों का परिचलन बढ़ा है क्योंकि बदलते समय के अनुसार आर्थिक दबाब बढ़े हैं ओर अनेक सदस्यों वाले परिवार के सामने जीवन निर्वाह का संकट बढ़े हैं। इसलिए ही एकल परिवार बढ़े हैं। इस संदर्भ में **टॉम बी बोटोमोर** ने लिखा है: एकल परिवार कुछ ऐसे अपरिहार्य प्रकार्यों का संपादन करता है जिन प्रकायों का संपादन करने में किसी अन्य सामाजिक समूह को कठिनाई होती है। **मरडाके** के अनुसार—एकल परिवार या उसके घटक के संबंधों में हम चार प्रकायों को एकल देखते हैं जो मनुष्य के सामाजिक जीवन की बुनियाद है।—यौन परक, आर्थिक प्रजनन और शैक्षिक **डेविस किंग्सले** चार प्रमुख सामाजिक प्रकार्य चिन्हित करते हैं। प्रजनन देखरेख नियोजन और सामाजीकरण इनमें से पहले दो ओर चौथा सबसे महत्वपूर्ण है। क्योंकि किसी व्यावसायिक अवस्था या सामाजिक प्रदानु क्रम में किसी स्थिति तक पहुंचा देने के अर्थ में नियोजन सार भूमिका प्रकार्य नहीं है। यह कठोरता से स्तर बद्ध सामाजों में तो होता है। लेकिन आधुनिक ओद्यौगिक समाजों में अनिवार्य नहीं है इस प्रकार विवाह के रूप में यह परिवर्तन परिवार व्यवस्था में बड़ा परिवर्तन है इसके अतिरिक्त देर से विवाह करने के प्रति बढ़ती हुई रूचि के कारण परिवार की परंपरा में टूट हुई है, और परिवार के सदस्यों में प्रगतिशील जीवन की विशेषताओं के प्रति आग्रह बढ़ा है।

स्थिरता में कमी—आधुनिक परिवार अब स्थायित्व को लेकर उतने अगृही नहीं रह गए हैं जितने पहले हुआ करते थे। अब इनमें व्यक्ति के सुखों और संतुष्टि के तुलना में परिवार के हित और प्रतिष्ठा की रूढ़िबद्धता कम हुई है, इसके पीछे शिक्षा की सबसे महत्वपूर्ण भूमिका है। शिक्षा के कारण पुरुष सदस्यों में जहां मन मुताबिक और आधुनिक समय के कसौटी पर खरी उतरने वाली पत्नी की मांग बढ़ी, वहीं स्त्रियों में भी समानता की भावना का विकास हुआ है। पहले गृहकार्यों की सभी जिम्मेदारी महिलाओं को निभानी पड़ती थी उन्हें अधिक से अधिक यौन सहयोगी का दर्जा दिया जाता था। लेकिन अब अधिकांश महिलाओं में इससे गहरा असंतोष है। इन्हीं करण से जहां अब तक पुरुष ही तलाक ले सकते थे और अब औरतों ने भी इसका लाभ उठाना शुरू किया है, इससे बेमेल विवाह तथा अन्य प्रकार की प्रवृतियों को गहरा झटका लगा है और पारस्परिक परिवार की स्थिरता में कमी आई है।

अन्य परिवर्तन (Other Changes)—परिवार के सदस्यों की निजी भावनाओं और आवश्यकताओं की अभिव्यक्ति के कारण परिवार के ढांचों में परिवर्तन हुआ है। विखण्डित परिवारों की संख्या में वृद्धि हुई है जिससे पुत्र अपने माता-पिता से अलग रहना पसंद करते है, लेकिन उनके प्रति परंपरागत दायित्वों का निर्वाह करते रहते पति-पत्नी एवम अन्य सदस्यों के बीच समान व्यवहार को अधिक महत्व दिया जाने लगा है। अब परिवार में कुल पिता या माता-पिता बच्चों पर अपनी सत्ता नहीं थोपते, बल्कि बच्चों को अपने साधनों ब लक्ष्यों के चुनाव की पूर्ण स्वतंत्रता प्रदान करते हैं। व्यक्ति की योग्यता को महत्व दिया जाने लगा है और नए परिवार में उसकी इच्छाओं को महत्वपूर्ण माना जाने लगा है।

परिवार का संस्थागत महत्व (Institutional Importance of The Family)—**एंडरसन** ने परिवार के संस्थात्मक महत्व के बारे में लिखा है। ''एक कार्यात्मक इकाई के रूप में परिवार इतनी महत्वपूर्ण संस्था है कि सभी समाज परिवार के माध्यम से ही अपने मान्यता प्राप्त लक्ष्यों को पूरा करते हैं। समाज का कोई और समूह धार्मिक और नैतिक नियमों से इतना प्रभावित नहीं रहा है जितना परिवार।''

परिवार का विकास इस बात का द्योतक है कि मनुष्य बर्बरता और असभ्यता को पार कर ऐसा सभ्य प्राणी बन सका है; जिसने ज्ञान और संस्कृति कि निर्माण और अनेकानेक आविष्कार करने की क्षमता है। परिवार के कारण ही वह अनुशासित रहा है तथा दूसरों के लिए त्याग की भावना से पूर्ण होता है परिवार ही सामूहिक जीवन की महत्ता को अभिव्यक्त करता है। **किंग्सले डेविस** का कहना है कि ''परिवार के सभी कार्य इतने स्वतंत्र प्रकृति के होते हैं कि उन सभी कार्यों को अन्य संस्थाओं के द्वारा भी किया जा

सकता है। लेकिन उनके अतिरिक्त ऐसी कोई संस्था नहीं है जिससे इन कार्यों को असीमित उत्तरदायित्व की भावना के साथ किया जाता हो।'' इस प्रकार परिवार का महत्व एक ऐसी संस्था के रूप में है जो न केवल व्यक्ति की मौलिक आवश्यकताओं की पूर्ति करता है बल्कि उनका समाजीकरण करके आगामी जीवन के लिए एक जिम्मेदार नागरिक के रूप में तैयार करता है। परिवार जिस तरह के संस्कार और मर्यादाएं अपने सदस्यों में प्रतिरोपित करता है वही उनकी जीवन दिशा तय करने वाले होते हैं तथा अनेक विपरीत परिस्थितियों में भी उनसे उबरने की शक्ति प्राप्त करते हैं। परिवार का यह दाय जैविक, भौतिक तथा सांसारिक सभी या किसी एक रूप में प्रत्येक सदस्य को मिलता है। इसलिए अनेक दर्शनिकों ने परिवार को प्राथमिक पाठशाला भी कहा है। वस्तुत: परिवार केवल समूहगत ढांचा ही नहीं ऐसा सांचा भी है जिसमें से भविष्य के नागरिक निकलते हैं।

वृद्धि एवं विकास के सिद्धांत

वृद्धि एवं विकास का सावधानीपूर्वक ढंग से किया गया विश्लेषण यह प्रकट करता है कि यह प्रक्रिया कुछ निश्चित सिद्धांतों द्वारा निर्देशित है जिसके शारीरिक शिक्षा के कार्यक्रमों के निरुपण पर बड़े ही दूरगामी प्रभाव पड़ते हैं:–

1. वृद्धि एवं विकास जनन द्व्य (आनुर्वशिक) और पर्यावरण के बीच सम्पर्क का नतीजा है।
2. वृद्धि एवं विकास (व्यवहार) एक विशिष्ट आनुवंशिक क्रम है, उदाहरण के लिए एक बच्चे को विभिन्न पड़ावों जैसे-शिशु, बच्चा, किशोर, और वयस्क आदि से गुजरना पड़ता है। इन सभी पड़ावों के दौरान वृद्धि विकास सरल से जटिल होते जाते हैं।
3. वृद्धि एवं विकास एक धीरे-धीरे और लम्बी चलने वाली प्रक्रिया है क्योंकि जीवाश्मों की जीवन अवधि प्राय: अधिक लम्बी हो रही है और इसीलिए वृद्धि एवं विकास की प्रक्रिया भी लम्बी चलती है।
4. वृद्धि एवं विकास एक सृजनात्मक प्रक्रिया है। जब से बच्चा मां के गर्भ में आता है तभी से वह विकास पाने लगता है, इस मायने में कुछ न कुछ उसमें जुड़ता जाता है वह भी दोनों रूपों शारीरिक एवं मनोवैज्ञानिक रूप में। दूसरे शब्दों में जैसे बच्चा वर्षों में बढ़ने लगता है, वह क्रियात्मक परिवर्तन दिखाने लगता है और उसकी व्यवहारात्मक विशिष्टताओं में भी बदलाव आ जाता है।
5. वृद्धि एवं विकास अपरिहार्य हैं लेकिन ये निश्चित रूप से जीन (Genes) की गुणवता और पर्यावरण कारकों से भी प्रभावित होते है।
6. वृद्धि एवं विकास दो अलग-अलग गति से आगे बढ़ते हैं। वृद्धि और विकास के शारीरिक, मानसिक, भावनात्मक, बौद्धिक और सामाजिक पहलू हालांकि गहरे जुड़े हैं लेकिन अलग-अलग व्यक्तियों में इनकी प्रगति अलग-अलग होती है क्योंकि प्रत्येक व्यक्ति अपने आनुवांशिक और पर्यावरणीय कारकों पर आश्रित रहकर ही बड़ा होता है।
7. वृद्धि आनुवंशिकी से निर्धारित होती है क्योंकि आनुवांशिकता ही सीमाएं तय करती है। यहां तक कि यदि आदर्श पर्यावरण भी उपलब्ध हो तब भी, व्यक्ति अपनी सीमाओं से परे जा कर नहीं बढ़ सकता।
8. वृद्धि आरम्भिक वर्षों में तेजी से आगे बढ़ती है। जैसे ही बच्चा कई वर्ष पार कर जाता है तब वृद्धि का विकास दर क्रम के होते हुए भी गिरने लगती है उदाहरण के लिए बचपन, तारुण्य और किशोरावस्था आदि।

वृद्धि एवं विकास में अन्तर

वृद्धि	विकास
1. वृद्धि दृश्य है।	विकास अदृश्य है।
2. वृद्धि को आकृति परिणाम और शरीर के भार के रूप में प्रत्यक्ष नापा जा सकता है।	विकास को प्रत्यक्ष नहीं नापा जा सकता उदाहरण के लिए गति, बल, मानसिक, योग्यता और शैक्षिक उपलब्धियों को नापा नहीं जा सकता।
3. वृद्धि व्यक्ति की एक निश्चित आयु तक ही जारी रहती है।	विकास मृत्यु तक जारी रहता है।
4. वृद्धि की सीमाएं व्यक्ति के आनुवंशिकी द्वारा तय होती हैं।	विकास व्यक्ति के लिए उपलब्ध वातावरण से अधिक प्रभावित होता है।

वृद्धि एवं विकास को प्रभावित करने वाले कारक

चार ऐसे मुख्य कारक हैं जो व्यक्ति की वृद्धि और विकास को प्रभावित करते हैं :-

1. **आनुवंशिक कारक:** आनुवंशिकी जीव विज्ञान की वह शाखा है जो उत्पत्ति मूलक विज्ञान से जुड़ी है। कुछ विशेषताएं एवं विशिष्टताएं ऐसी हैं जो बच्चों को अपने माता-पिता के जीन (Genes) से मिलती हैं। जीवित प्राणियों में जीन बहुत ही शक्तिशाली हैं क्योंकि ये एक पीढ़ी से दूसरी पीढ़ी तक वृद्धि की तर्ज को निर्यंत्रित करते हैं। जो विशेषताएं अगली पीढ़ी को हस्तांतरित हो सकती हैं-उनमें ऊंचाई, शरीर रचना, गति, फुर्ती, बुद्धि स्वभाव, दैहिक क्रियाशीलता आदि शामिल हैं। इनके अलावा विरासत में मिले कुछ कमजोर अंग किसी खास बीमारी की वजह से झुक सकते हैं।
2. **पर्यावरणी कारक:** पर्यावरणी कारकों में भौगोलिक परिस्थितियां, स्वास्थ्य परम्परा, सांस्कृतिक-सामाजिक आचार संहिता, धार्मिक अनुष्ठान, स्वास्थ्य और बीमारियों का ज्ञान, स्वास्थ्य संबंधी सुविधाएं सामाजिक-आर्थिक परिस्थितियां आदि शामिल हैं।
3. **पोषक कारक:** मौसम के अनुकूल, व्यवसाय और वृद्धि एवं विकास के विभिन्न पड़ावों पर संतुलित भोजन मिलना आवश्यक है ताकि वृद्धि एवं विकास का अधिकतम सीमा तक पहुंचना सुनिश्चित हो।
4. **शारीरिक शिक्षा के विशिष्ट कार्यक्रम:** स्कूल एवं कालेजों के पाठ्यक्रम में शारीरिक शिक्षा कार्यक्रम छात्रों की आवश्यकता के मुताबिक होना चाहिए। उनकी विशिष्ट आवश्यकता के अनुरूप कार्यक्रम न होना उन पर नकारात्मक प्रभाव डालेगा।

एक शिक्षक के लिए वृद्धि एवं विकास के अध्ययन की आवश्यकता

एक शिक्षक को अलग-अलग सामाजिक, आर्थिक, सांस्कृतिक धार्मिक, आनुवांशिक, पर्यावरण, लिंग, जाति, नस्ल आदि की पृष्ठभूमि के बच्चों को पढ़ाना होता है। ये कारक या तत्व विभिन्न आयु वर्ग के बच्चों में व्यक्तिगत व्यापक अनेकरूपता निर्मित करते हैं। उनमें ये अन्तर शिक्षा में अहम् भूमिका निभाते हैं। शिक्षक को प्रत्येक छात्र की संभावनाओं एवं क्षमताओं को अवश्य जान लेना चाहिए। ताकि वह उनका अधिकतम दोहन कर व्यक्ति और समाज को लाभ पहुंचा सकें। वृद्धि और विकास के मूल सिद्धांतों एवं विशिष्टताओं का ज्ञान अवश्य होना चाहिए ताकि विभिन्न आयु वर्गों के बच्चों का सुव्यवस्थित विकास सुनिश्चित हो सके। उसे वृद्धि और विकास को प्रभावित करने वाले मूल कारक का भी ज्ञान होना चाहिए जैसे वंशानुगत एवं पर्यावरण शिक्षक समाज का एक प्रभावी अभिकर्ता है जो बच्चों के व्यवहार में वांछित परिवर्तन लाने का उत्तरदायी होता है। प्रत्युत्तर में, बच्चे राष्ट्रीय विकास की प्रक्रिया में योगदान और उसे आगे बढ़ाने के लिए एक अच्छे नागरिक बनने का उत्तरदायित्व अपने कंधों पर ले लेते हैं। बच्चे की वृद्धि और विकास के विषय में ज्ञान का एक अन्य कारण इसका भूतकाल से वर्तमान काल में निरंतरता है और वर्तमान को भूतकाल को जाने बिना नहीं समझा जा सकता।

शारीरिक क्रियाकलापों और खेलों के सम्बन्ध में आयु और लिंग भेद

शारीरिक शिक्षा शिक्षक को यह भली प्रकार समझ लेना चाहिए कि लड़के और लड़कियों में कई महत्त्वपूर्ण अन्तर होते हैं। तरुण अवस्था तक लड़के और लड़कियों में भेद कर पाना बड़ा कठिन है। लेकिन जैसे ही वे आयु का यह पड़ाव पार कर जाते हैं तब दोनों के अन्दर कई भेद स्पष्ट दिखने लगते हैं। ये अन्तर लड़के-लड़कियों दोनों में उनके ढांचे और सूत्रीकरण क्रियाकलापों के कार्यक्रम के लिए महत्त्वपूर्ण हैं। ये अन्तर केवल जैविक ही नहीं है बल्कि पुरुषों और महिलाओं में सामाजिक तत्व भी अपनी अलग-अलग भूमिका निभाते हैं। इसलिए जब कोई खेल गतिविधियों का कार्यक्रम हो तब यह आवश्यक है कि ऐसे कार्यक्रम बनाते समय लड़के और लड़कियों के भेद पर विचार किया जाना चाहिए और इन दोनों के लिए अलग-अलग कार्यक्रम बनाये जाने चाहिए।

स्त्री अपने स्त्रीत्व (Femininity) को प्राप्त करती है जब वह खेलों में पूरी तरह भाग लेती है। पुरातन सेक्स-रोल (Sex-Role) परिभाषाएं स्त्रियां को एथलेटिक कार्यों के लिए ठीक नहीं मानती तथा उनकी खेलकूद गतिविधियों को सीमित करती हैं। खेल में खुद को व्यक्त करने के अवसर पाने के मामले में स्त्रियां सचमुच घाटे की स्थिति में हैं। उनके लिए वे खेल अनुपयुक्त माने जाते हैं जहाँ शरीर छूता है, भारी वस्तु फेंकनी हो, आमने सामने आक्रामक प्रतियोगिता हो या लम्बी दूरी में भागना या कूदना हो। स्त्री की खेल सम्भावनाओं पर पुरुषों की चिंताएं हैं। जहाँ स्पर्श खेल (Contact Sports) में स्त्रियों पुरुषों से प्रतिस्पर्धा करती हैं वहां उन्हें चोट लगने का डर है।

महिला और पुरुषों के बीच शरीर रचना एवं दैहिक भेद	
महिला	**पुरुष**
1. वयस्क होने से पूर्व लड़कियां तेजी से बढ़ती हैं और 14 वर्ष की आयु के बाद धीमी गति से बढ़ती हैं। 2. लड़कियां कद में छोटी होती हैं और वे जल्दी ही परिपक्व हो जाती हैं। 3. महिलाओं के नितम्ब व्यापक और उथले होते हैं जो दौड़ने में परेशान करते हैं। 4. महिलाओं का शरीर बड़ा होता है और अंग छोटे होते हैं, उनका गुरुत्व-केन्द्र भी नीचा होता है। उन्हें कूदने में दिक्कत पेश आती है जबकि संतुलन वाली स्पर्धाओं जैसे जिमनास्टिक और तैराकी में उन्हें फायदा रहता है। 5. महिलाओं के कंधे ताकत में कमजोर और छोटे होते हैं। उनकी हड्डियां और उपास्थि (कारटिलेज) भी कमजोर होती है। वे थ्रोइंग स्पर्धाओं, लिफ्टिंग और जिम्नास्टिक में लटकने जैसे स्पर्धाओं में परेशानी महसूस करती हैं। 6. महिलाओं का कद 18 से 20 साल की आयु के बाद बढ़ना रुक जाता है। 7. पेशी तंत्र अलग होने की वजह से उनमें कम पेशी ताकत होती है और वे अपनी पेशियों को भारी प्रशिक्षण के बावजूद भी सुधार नहीं सकतीं। इसीलिए वे खींचना, धक्का देना, मारना और लिफ्टिंग जैसे क्रियाकलापों में अच्छा प्रदर्शन नहीं कर पातीं।	1. वयस्क होने से पूर्व लड़कों का विकास धीमी गति से होता है जबकि 14-16 वर्ष की आयु के बाद लड़के तेजी से बढ़ते हैं। 2. लड़के सामान्यत: लम्बे होते हैं उनकी ऊंचाई ज्यादा होती है और वे बाद में परिपक्व होते हैं। 3. पुरुषों के नितम्ब छोटे होते हैं जिससे वे दौड़ने वाली स्पर्धाओं में अच्छा प्रदर्शन कर सकते हैं। 4. पुरुष का धड़ छोटा होता है और टांगें लम्बी होती हैं। उनका गुरुत्व केंद्र ऊंचा होता है; जिसके परिणामस्वरूप वे अस्थिर अवस्था में रहते हैं। वे अधिक गति से कसरतें बदल सकते हैं और कूद सकते हैं लेकिन वे जिम्नास्टिक जैसी स्पर्धाओं में संतुलन साधने का नुकसान भी उठाते हैं। 5. पुरुषों के कंधे चौड़े और ताकतवर होते हैं। उनकी हड्डियां और उपास्थि (कारटिलेज) में मजबूती होती हैं। वे थ्रोइंग स्पर्धाओं में रस्सा चढ़ना, पोलवाल्ट, और चक्रीय स्पर्धाओं जैसे जिम्नास्टिक में रोमन रिंग्स आदि में अच्छा प्रदर्शन कर सकते हैं। 6. लड़के प्राय: 20 से 23 साल की आयु तक बढ़ते रहते हैं। 7. पुरुष अधिक पेशी ताकत रखते हैं, पेशी तंत्र की वजह से ही वे स्लैपिंग, पुटिंग, पंचिग, पुस्लिडिंग, स्ट्राइकिंग, किकिंग और स्कीइंग गतिविधियों में अच्छा प्रदर्शन करने में सक्षम होते हैं।

लड़कियों के लिए खेलों को प्रोत्साहन देना चाहिए परन्तु लड़ने का तत्त्व (Fighting element) हटा कर उनको चोटों से बचाने के लिए सुरक्षात्मक उपाय करने चाहिए। लड़के और लड़कियां (एथलीटों) के बीच फर्क रखना चाहिए, लड़कों को प्रतिस्पर्धा के लिए तथा लड़कियों को खेल का मजा लेने के लिए प्रेरित करना चाहिए।

लड़के व लड़कियां जब खेलों में हिस्सा लें तो इन गुणों का विकास होना चाहिए-

1. खेलों और स्पोर्टस में भाग लेने से अच्छे चरित्र का निर्माण होता है।
2. खेलों में हिस्सा लेने से अनुशासन की सीख मिलती है।
3. खेल आज्ञा पालन सिखाती हैं।
4. खेलों में हिस्सा लेने से सामाजिक नियंत्रण/स्वयं पर नियंत्रण विकसित होता है।
5. खेल एथलीट को जीवन के लिए तैयार करती हैं।
6. खेलों के जरिये व्यक्तिगत उन्नति के अवसर मिलते हैं।
7. इनसे शारीरिक तंदरुस्ती मिलती है।
8. इनसे मानसिक फुर्ती बढ़ती है।
9. खेलों में भाग लेने से शिक्षा में उपलब्धि प्राप्त होती है।
10. खेलें राष्ट्रीयता की भावनाएं बढ़ाती हैं।

व्यायाम

आधुनिक समाज में रहने वाले सभी व्यक्ति किसी न किसी रोग से ग्रस्त पाए जाते हैं। इसलिए सभी व्यक्तियों के लिए व्यायामों से सम्बन्धित जानकारी महत्वपूर्ण स्थान रखती है। व्यायाम करने से मनुष्य के शरीर में चुस्ती व कार्य क्षमता को बढ़ाया जा सकता है। इसके द्वारा बीमार, कमजोर, रोगी व्यक्ति को विभिन्न प्रकार के व्यायामों द्वारा स्वास्थ्य को ठीक रखने की शिक्षा दी जा सकती है।

शारीरिक शिक्षा के क्षेत्र में व्यायामों का एक महत्वपूर्ण स्थान है। जिसका फायदा यह होता है कि व्यक्ति स्वयं इसकी उपयोगिता का मूल्यांकन करने में सक्षम हो जाता है। शारीरिक शिक्षा के विशेषज्ञों का यह मानना है कि व्यायाम द्वारा खिलाड़ियों की मांसपेशियों का पूर्ण रूप से विकास किया जा सकता है। उचित रूप से किए गए व्यायामों द्वारा खिलाड़ियों की श्वसन प्रक्रिया, पाचन सम्बन्धी विकारों, नाड़ी संस्थान आदि समस्याओं को दूर किया जा सकता है। प्राचीन काल में लोग व्यायाम को केवल मांसपेशियों के विकास का एक साधन समझते थे परन्तु आज के युग में इसे वैज्ञानिक और प्रयोगात्मक कार्यों के लिए प्रयोग में लाया जाता है।

व्यायाम वर्गीकरण

व्यायामों को वर्गीकृत करने के लिए उनके प्रकारों को ध्यान में रखना जरूरी होता है। किसी भी व्यायाम का प्रयोग सामान्य उद्देश्य से लेकर विशेष उद्देश्य के लिए किया जाता है। शैक्षणिक स्तर पर प्रशिक्षक द्वारा शारीरिक शिक्षा के क्षेत्र में व्यायाम को विभिन्न नामों से प्रयोग में लाया जाता है जैसे आइसो मैटरिक व्यायाम, मुक्त हस्त व्यायाम, बालबार व्यायाम, आइसोटौनिक व्यायाम, वेट ट्रेनिंग सम्बन्धी व्यायाम, स्ट्रेचिंग व्यायाम, सामान्य व्यायाम, उष्मिकरण व्यायाम, विशेष व्यायाम, अनुकूलन व्यायाम आदि। इन सभी व्यायामों का अवधारणा स्तर एक समान ही होता है परन्तु उपचार के क्षेत्र में इसमें अन्तर पाया जाता है। आन्तरिक क्रिया पद्धति में भिन्नता पाए जाने से इन व्यायामों को छह भागों में बांटा गया है:-

1. **सहायक व्यायाम:** आम तौर पर यह देखा गया है कि सभी प्रकार के व्यायामों को अकेला नहीं किया जा सकता है। खिलाड़ी किसी भी व्यायाम को एक निश्चित स्तर तक ही पूरा कर सकता है। उसे कभी न कभी दूसरे विद्यार्थी की सहायता अथवा शिक्षक का सहयोग लेना पड़ता है। यह एक सच्चाई है कि व्यायामों के अन्दर विद्यार्थी किसी भी व्यायाम को उसी स्तर तक कर सकता है जिस स्तर पर उसकी शरीर रचना एवं शरीर क्रिया विज्ञान के आधार पर जोड़ों में घुमाव सम्भव है। लेकिन कभी-कभी बोझ बढ़ाने की स्थिति में दूसरे विद्यार्थियों की सहायता से व्यायाम को पूरा किया जा सकता है। इस प्रकार की स्थिति तभी उत्पन्न होती है जब खिलाड़ी के किसी जोड़ में चोट लग गई हो या जोड़ों में पूर्ण रूप से हरकत नहीं हो पा रही हो।

2. **निष्चेष्ट व्यायाम:** इस प्रकार के व्यायाम में किसी व्यक्ति विशेष द्वारा या किसी बाह्य शक्ति द्वारा शरीर के अंगों को प्रभावित किया जाता है। इस प्रकार के व्यायाम में शारीरिक बल का प्रयोग नहीं किया जाता है। इन क्रियाओं को करने से शरीर की रक्त संचार प्रक्रिया, श्वसन प्रक्रिया, चयापचयी प्रक्रिया पर कोई खास प्रभाव नहीं पड़ता है। परन्तु इस प्रकार के व्यायामों का असर मांसपेशीय थकान, जोड़ो लकवा (Paralysis) आदि हिस्सों पर लाभदायक साबित हुआ है। अत: आमतौर पर शरीर के दर्द को दूर करने के लिए इस प्रकार के व्यायामों का प्रयोग किया जाता है।

3. **क्रियाशील व्यायाम:** किसी विशेष उद्देश्य की पूर्ति के लिए क्रियाशील व्यायामों का प्रयोग किया जाता है। इस व्यायाम द्वारा शरीर की विभिन्न प्रकार की अवस्थाओं को तालबद्ध तरीकों द्वारा सम्पन्न किया जाता है। इस प्रकार के व्यायामों का अभ्यास करवाते समय शिक्षक एक खिलाड़ी ही नहीं अपतु वह सभी की क्रियाओं को एक साथ देख सकता है और उनकी समस्याओं को आसानी से दूर कर सकता है। इसके अलावा शिक्षक बिना किसी सहायक के सहयोग से कार्यों को पूरा कर सकता है। इस प्रकार की क्रियाओं को चार आधारों पर सम्पन्न किया जा सकता हैं:-

   1. कौशल (Skill)
   2. दमखम (Endurance)
   3. गति (Speed)
   4. शक्ति (Strength)

उपरोक्त बताए गए आधारों द्वारा व्यायामों की उपयोगिता को निखारा जा सकता है। इससे खिलाड़ियों को प्रत्यक्ष और अप्रत्यक्ष रूप से फायदा हीं होता है। सभी प्रकार

के तत्वों का पूर्णरूप में विकास करने के लिए व्यायामों का निर्धारण उद्देश्य पूर्ति के मार्ग में सहायक सिद्ध होना चाहिए।

4. **समतानी व्यायाम:** इस प्रकार के व्यायामों द्वारा जोड़ों पर कोई दबाव नहीं पड़ता है। परन्तु मांसपेशियों में एक निश्चित अन्तराल तक, निश्चित मात्रा में तनाव पैदा किया जाता है। जिससे प्रतिरोधक क्षमता का विकास किया जाता है। इस प्रकार के व्यायाम स्थिर अवस्था में पूरे किए जाते हैं। समतानी व्यायामों में किसी प्रकार के उपकरणों की आवश्यकता नहीं होती है। परन्तु खिलाड़ियों को यह छूट होती है कि वह आवश्यकतानुसार कुछ वस्तुओं का प्रयोग एक आधार के रूप में अपनी सुविधा के लिए कर सकता है।

5. **सममाप व्यायाम:** व्यायाम की इस श्रेणी में प्रतिरोधक प्रकारों को शामिल किया जाता हैं, इस प्रकार के व्यायामों द्वारा जोड़ों में हलचल रहती है और शरीर के अंगों की स्थिति में परिवर्तन होता है। इन व्यायामों को शिक्षक के मार्गदर्शन में उद्देश्यों की पूर्ति के लिए किया जाता है। सममाप व्यायाम में कई बार उपकरणों की सहायता से और कभी बिना उपकरणों द्वारा भी शिक्षक की निगरानी में अभ्यास करवाया जाता है।

6. **प्रतिरोधक व्यायाम:** इस प्रकार के व्यायाम का प्रयोग किसी भी उद्देश्य की पूर्ति के लिए अस्थिरीय मुद्रा या चेतन अवस्था में किया जाता है। जैसा कि ऊपर बताए गए व्यायामों में बताया गया है ठीक उसी तरह किसी भी प्रकार के व्यायामों का प्रयोग हर प्रकार के व्यक्तियों द्वारा किया जा सकता है। इस प्रकार के व्यायामों में जोड़ों व मांसपेशियों को आधार बनाकर व्यायामों का अभ्यास किया जाता है जिसमें संकुचन की मात्रा अत्यधिक पायी जाती है और साथ-ही साथ कोणीय स्तर पर इस प्रकार के व्यायामों को पूरा किया जाता है। प्रतिरोधक व्यायामों के भार का मूल्यांकन शरीर द्वारा की गई विभिन्न प्रकार की क्रियाओं की मात्रा और जोड़ों के आधार पर किया जाता है। जिसका आंकलन करना आसान होता है। प्रतिरोधक व्यायामों को तीन आधारों पर वर्गीकृत किया जाता हैं:-

   (a) एक केन्द्रीय (Concentric)

   (b) उत्केन्द्रीय (Eccentric)

   (c) गतिहीन (Static)

(a) **एक-केन्द्रीय (Concentric):** इस प्रकार के प्रतिरोधक व्यायाम में किसी भी व्यायाम की क्रिया को एक-केन्द्रीय स्तर पर सम्पन्न किया जाता है। जैसे हाथों के व्यायाम में कोहनी का प्रयोग करना। इस क्रिया द्वारा कोहनी के जोड़ के पास एक केन्द्रीय अवस्था पाई जाती है। इसी तरह से शरीर के अन्य जोड़ों या अन्य अंगों का भी व्यायाम के लिए उपयोग किया जाता है।

(b) **उत्केन्द्रीय (Eccentric):** इस प्रतिरोधक व्यायामों के अन्दर क्रियाओं को उत्केन्द्रीय स्तर पर सम्पन्न किया जाता है। इस व्यायाम का केन्द्र बिन्दु किसी एक भाग पर स्थिर नहीं होता अपितु उसका असर शरीर के कुछ भाग पर ही होता है। जैसे इस व्यायाम को करते वक्त हाथ के अगले भाग को कोहनी के पास से फैलाना इस व्यायाम का एक हिस्सा है।

(c) **गतिहीन (Static):** इस व्यायाम को करते समय शरीर को स्थिर अवस्था में रखते हैं। व्यायाम से सम्बन्धित क्रियाओं को करते वक्त फैलने वाली और संकुचित होने वाली मांसपेशियों में किसी भी प्रकार की क्रिया नहीं होनी चाहिए वह स्थिर अवस्था में होनी चाहिए। परन्तु यह देखा गया है कि क्रियाओं को करते वक्त कहीं न कहीं मांसपेशियों में तनाव की स्थिति उत्पन्न होती ही है।

उपरोक्त बताई गई बातों पर यदि ध्यान दिया जाए तो व्यायामों द्वारा शरीर को स्वस्थ व सुडौल बनाया जा सकता है।

व्यायाम की आवश्यकता तथा महत्व

शारीरिक वृद्धि के लिए व्यायाम एवं आसनों का विशिष्ट महत्त्व है। इनके अभाव में बालक का सन्तुलित एवं सही विकास सम्भव नहीं है। शरीर को स्वस्थ एवं निरोग रखने के लिए प्रत्येक दिन किसी-न-किसी प्रकार का व्यायाम करना सुखद जीवन के लिए अति आवश्यक हैं। व्यायाम भी कई प्रकार के हैं, जैसे-कुश्ती लड़ना, दौड़ना, दण्ड-बैठक, तैरना एवं खेलना आदि। अच्छे स्वास्थ्य की प्राप्ति हेतु किसी भी व्यायाम को आयु, लिंग की सुविधानुसार किया जा सकता है।

आज के युग में स्वास्थ्य का महत्त्व काफी अधिक है। मानव स्वस्थ रहकर ही अपने जीवन को सुखमय बनाता है तथा समाज एवं देश की सच्ची सेवा कर सकता है। जीवन संग्राम में सफलता प्राप्त करने तथा जीवन की कठिन परिस्थितियों से जूझने के लिए उत्तम स्वास्थ्य का होना अनिवार्य है

व्यायाम का महत्त्व निम्नांकित प्रकार से है- व्यायाम से पेशियाँ सक्रिय हो जाती हैं, पेशियों के गतिमान होने के कारण उनकी तरफ से रक्त का बहाव तीव्र हो जाता है, जिससे रक्तवाहिनी नलिकाएँ फैल जाती हैं।, हृदय तेजी से रक्त फैलाने लगता है एवं फुफ्फुस, त्वचा, यकृत आदि भी उद्दीप्त होकर अधिक कार्य करने लगते हैं। भूख तेज से आती है एवं ग्रन्थियों से पाचक रसों का स्राव अधिक होने लगता है, जिससे अच्छे आहार की उपयोगिता बढ़ जाती हैं एवं शरीर हृष्ट-पुष्ट हो जाता है।

व्यायाम शारीरिक अक्षमता और रोगों का निवारण करने का प्राकृतिक उपाय माना जाता है। अगर नियमित रूप से व्यायाम किया जाये तो वह शारीरिक दोषों को दूर करने में पूर्णतया सफल रहता है। मनुष्य के स्वास्थ्य सुधार की जो भी योजना बनायी जाती है, उसमें व्यायाम को महत्वपूर्ण स्थान दिया जाता है। व्यायाम में शरीर स्वस्थ हो जाने पर मनुष्य की कार्य करने की शक्ति बढ़ जाती है। मन प्रसन्न रहता है, साहस बढ़ जाता है एवं आशावादी दृष्टिकोण बन जाता है।

मानव शरीर पर व्यायाम का प्रभाव

व्यायाम का शरीर के विभिन्न अंगों पर प्रभाव पड़ता है, क्योंकि हरेक की क्रिया भी अलग-अलग होती है, इसलिए इसके निम्नांकित प्रभाव पड़ते हैं-

1. **रक्त संचार पर-** रक्त संचार ज्यादा होने से हृदय गति बढ़ती है। वह भी अपनी शक्ति एवं स्पन्दन को बढ़ाना शुरू कर देता है, किन्तु कुछ समय बाद वह मन्द पड़ जाती है।
2. **त्वचा पर-** व्यायाम त्वचा की कांति को भी बढ़ावा देता है। इसका रंग लाल हो जाता है। क्योंकि शरीर में रक्त संचार की मात्रा ज्यादा हो जाती है और मनुष्य के शरीर से रक्त स्पष्ट झलकता है। नियमित व्यायाम से व्यक्ति को निम्नांकित लाभ प्राप्त होते हैं-
   1. व्यायाम से शरीर में स्फूर्ति बढ़ती है।
   2. श्वास तन्त्र में सुधार होता है।
   3. शरीर स्वस्थ एवं बलिष्ठ बनता है।
   4. रक्त का शुद्धिकरण होता है।
   5. शरीर की कार्यक्षमता बढ़ती है।

वय:-संधि परिपक्वता

Adolescence शब्द लेटिन भाषा से लिया गया है जिसका अर्थ है परिपक्व होना। इस अर्थ में यह अवधि न हो कर एक प्रक्रिया है जिसमें समाज में हिस्सा लेने के लिए वह विचार व रवैया बनाता है। बचपन और वयस्क होने के अन्तराल को वय-संधि कहते हैं। यह अवधि बहुत नाटकीय भौतिक व सामाजिक परिवर्तन लाती है। इस अवधि की शुरुआत व अंत तय कर पाना मुश्किल है यह अवधि-13-14 से 18-19 वर्ष के दौरान होती है। मनोवैज्ञानिक दृष्टि से यह अवधि बाल्यकाल की बढ़ी हुई अवधि है तथा सामाजिक दृष्टि से यह आश्रित बचपन से स्वतन्त्र वयस्कता के बीच अन्तराल है। वेबस्टर शब्दकोष ने एडोलसेंस की परिभाषा इस प्रकार दी है, **"यह लम्बे पीरियड को कवर करता है अनुमानतः शैशव** (Childhood) **से मनुष्य बनने तक।"** यह विकास के दूसरे अर्द्ध भाग (Half) को पूरा करता है। वय:-संधि तब समाप्त होती है जब यौनांग विकसित हो जाते हैं तथा बच्चा वयस्क हो जाता है। यह अवधि चिंता और तनावपूर्ण होती है।

वय:-संधि का पहला चरण तब शुरू होता है जब बच्चा वयस्क होने की दिशा में कदम रखता है। इस दौरान प्राथमिक यौन गुण प्रकट होते हैं। इस चरण में लड़कियां लड़कों से पहले कदम रखती हैं। लड़कियों में यह अवधि 10-14 वर्ष के बीच है जब कि लड़कों में 11-15 वर्ष के बीच होती है। वजन व ऊंचाई के तेजी से बढ़ने के कारण इसे असंयमता (Awkwardness) की अवधि कहते हैं। वृद्धि का विकास तेज होने के कारण शरीर जल्दी बड़ा दिखने के कारण लोग अपनी भौतिक रूप में ही व्यक्त रहते हैं। साइमेन (Simmons) के अनुसार लड़कियां 9 से 12 वर्ष तक ऊंचाई प्राप्त करती है। जबकि लड़के 11 से 14 वर्ष तक ऊंचाई प्राप्त करते हैं। यह देखा गया है कि जो जल्दी परिपक्व (Mature) होते हैं ज्यादा लम्बे होते हैं।

एकदम से हो रहे इस विकास का वजन पर अधिक प्रभाव पड़ता है ऊंचाई पर नहीं क्योंकि इस अवधि दौरान सब कुटेनियस उत्तकों में बड़ी मात्रा में वसा (Fat) जमा होती है। यह कुछ इमोशनल कारकों (Emotional Factors), खान-पान की आदतें व गतिविधि की कमी के कारण होता है। अस्थि ढांचे के चौड़े होने व अलग-अलग हड्डियों के भारी होने के कारण भी वजन बढ़ता है। लड़कों में लड़कियों की अपेक्षा ज्यादा वजन बढ़ता है। लड़कों में विकास की क्षमताओं के शोध बताते हैं कि शारीरिक सहनशक्ति, ताकत व मोटर क्षमताएं (Motor abilities) का विकास लड़कों में 12 से 16 वर्ष के बीच दुगना होता है परन्तु इसका चरम बिन्दु तब आता है जब वजन और ऊंचाई बढ़ना बन्द होती है। मोटर क्षमता या

तालमेल में मध्यम दर्जे की वृद्धि होती है परन्तु यह भी प्यूबेसेंट व पोस्ट प्यूबेसेंट (Pre Pubescent & Pubescent) अवधि में ज्यादा होती है।

इस अवधि में भौतिक व मनोवैज्ञानिक क्षमताओं के विकास से एबस्ट्रेट मामलों से निबटने में जरूरी मानसिक शक्तियों का विकास होता है। मन भी परिवर्तन के दौर से गुजरता है। बच्चा दुनिया की यथार्थ सच्चाईयों व समस्याओं को समझकर वयस्क बनता है तथा ऐसी दुनिया के बारे में भी सोच सकता है जिसका कोई वजूद नहीं। कल्पना की उड़ान में वह अन्तर समझता है। एबस्ट्रेट मामलों से निबटने में उसकी क्षमता बढ़ती है। ध्यान केन्द्रित करने तथा याद करने की क्षमता बढ़ती है। ऐसी लाभप्रद स्थिति में वे स्वयं के बारे में सोच सकते हैं तथा दूसरों के बारे में अच्छी तरह समझ-सोच सकते हैं वे ज्यादा विचारवान तथा जागरुक बनते हैं।

आन्तरिक अंगों में भी इस अवधि के दौरान वृद्धि होती है। वय:-संधि के दौरान दिल और ब्लड नलिकाएं बढ़ती हैं। दिल अपने वजन का सात गुणा बढ़ता है तथा दुगना हो जाता है तथा नलिकाएं विभिन्न अंगों तक ज्यादा खून ले जाती हैं। फेफड़ों के आकार व आयतन में वृद्धि होती है, सांस ज्यादा गहरा व धीमा होता है। ये बदलाव ज्यादातर गोनाड (Gonads) यौन ग्रंथियों तथा पिटूटरी (Pituitary) ग्रंथियों के ज्यादा प्रभावी रूप से कार्य करने पर ऐसा होता है।

वय:-संधि काल में हुए परिवर्तनों का बच्चे के सामाजिक जीवन पर गहरा प्रभाव पड़ता है। वे शारीरिक तथा मानसिक रूप से ज्यादा परिपक्व होते हैं तथा वयस्क की अपनी भूमिका के लिए तैयार होते हैं। उनके सामाजिक रिश्तों में बहुत अधिक परिवर्तन आता है तथा उनकी अभिरुचियों में बदलाव आते हैं। अपने जीवन के अधिक फैसले करने के लिए वे सहभागी बनते हैं। यह प्रगाढ़ रिश्ते बनाने की अवधि भी है। मां-बाप/बच्चे के लिए रिश्ते और समान बनते हैं। हालांकि कुछ बच्चे इस अवधि के दौरान ज्यादा तनावग्रस्त होते हैं परन्तु बहुधा प्रभावी रूप से शक्तिशाली, गुणवान तथा अनुभवी बन कर उभरते हैं।

किशोर आयु की मनोवैज्ञानिक विशेषताएं

एडोलसेंट या किशोर आयु एक ऐसी अवधि का नाम है जिसमें मां-बाप की छत्र छाया से मुक्त होकर बालक आत्मनिर्भर तथा आत्म संकल्पी बनता है। यह वह आयु है जब बालक आश्रित, बचपन की गैर जिम्मेवार उम्र को छोड़ कर आत्म अनुशासित व वयस्क होने की जिम्मेवारीयुक्त आयु में कदम रखता है। मनोवैज्ञानिक दृष्टि से देखा जाए तो यह अवधि उन भौतिक व सामाजिक परिवर्तनों के प्रति तालमेल बैठाने की है जिनके होते बच्चों व वयस्कों के व्यवहार में भेद किया जाता है।

किशोर आयु एडवेंचर व प्रयोग करने की आयु होती है। समय-समय पर प्रत्येक किशोर स्वीकृत सामान्य व्यवहार से उल्टा व्यवहार करता है। कुछ किशोर इस वय:-संधि से पहले ही अपने भविष्य के लिए चिंता करनी शुरु करते हैं तथा जीवन के उद्देश्य की योजनाएं बनाते हैं। अन्य उसी क्षण की खुशी के लिए खुश रहते हैं। वे समय निकलने के साथ-साथ मनोवैज्ञानिक दृष्टि से परिपक्व होना छोड़ देते हैं ऐसे लोग जो भविष्य के प्रति चिंतित हैं उन्हें निराशा या अटपटापन नहीं झेलना पड़ता क्योंकि वे जीवन के प्रति स्वस्थ दृष्टिकोण रखते हैं। अपने वयस्क जीवन को विकसित करने के लिए वे पहले से ही सचेत हो जाते हैं। इस अवस्था में कई समस्याएं जन्म लेती हैं। कुछ लोग इन्हें गलत मानते हैं तथा इस आयु को समस्या की उम्र मानते हैं। यह कहना सही होगा कि इस आयु में बच्चे कई समस्याओं से घिरे रहते हैं। जो बच्चे वयस्क आयु में सामान्य रूप से नहीं उतर पाते वे मिसफिट (misfit) जिद्दी, क्रिमिनल होते हैं तथा ऐसी समस्याएं उनके बच्चों तक चलती जाती है।

किशोरों की तरह ही एडोलसेंट जो ज्यादा सुरक्षित रहते हैं तथा परिवार द्वारा सामान्य बुरे परिणाम वाले दुर्व्यवहार या गलत विवेक से बचे रहते हैं वह भविष्य की समस्या या दुर्घटना से ध्यानपूर्वक बचा कर रखा जाता है। यदि इस दौरान या पिछले कुछ वर्षों के दौरान उसे अच्छी प्रकार की जिम्मेवारी दी जाती है तथा बड़े लोगों के हस्तक्षेप के बिना उन्हें अपनी समझ से काम लेने का मौका दिया जाता है तो वह अच्छी प्रकार वयस्क हो सकता है तथा बड़े होकर दुष्कर कार्य को फेस कर सकेगा। इन बड़े किशोरों को अपने संकल्प द्वारा बड़े होने के लिए अवसर चाहिये। अगर उसे हुनर व आदतें न डाली जाएं तो वह बाधित हो जाएगा। उसे कई 'प्राथमिकताएं' तथा नई स्थितियां नजर आती हैं। नई स्थिति में व्यक्ति को पहले स्थापित की गई आदतें अपर्याप्त नजर आती हैं। क्योंकि किशोर अवस्था में वह अपने को व्यक्ति की तरह पाता है तथा बढ़ते किशोर में ऐसा संघर्ष होता है जिसमें वह बड़े लोगों (adult) और परिवार से सम्बन्धों में अपने अधिकार व दायित्व सिद्ध करने की कोशिश करता है। यह लगातार तनाव की अवधि नहीं है। कुछ किशोरों को इन तनावों से शांति से गुजरने में सहायता मिलती है। भविष्य उनका है, उस भविष्य का वे क्या करते हैं वह समाज व उनकी सांझी जिम्मेवारी है।

इस अवधि को तीन चरणों में बांटा जा सकता है-

(i) वयः-संधि से पूर्व (Pre-adolescence)-वह अवधि है जब बचपन के व्यक्तित्व खंडित होकर उसके परिवर्तन वयस्क व्यक्तित्व में शुरू होते हैं। यह हाइपर गतिविधि, बगावत, मूड व चिड़चिड़ेपन की अवधि है। यह उन तरीकों की अभिव्यक्ति है जिसमें बालक बचपन के व्यक्तित्व के टूटने पर अपना साथ देता है। लड़के व लड़कियां इस अवधि में बेचैन हाइपर एक्टिव हो जाते हैं। पेंसिल ठोकना, पाकेट में चीजें घुमाना, बालों से खेलना आदि ये लक्षण इस बात को दर्शाते हैं। शरीर में हुए नये परिवर्तनों की तरफ ये लक्षण इंगित करते हैं। मां-बाप, रिश्तेदार व स्वयं अपने बारे में उनके विचार बदलते हैं। वे अपनों से बड़ों के प्रति चिड़चिड़ेपन, अविश्वास या शक जैसा व्यवहार करते हैं। वे जल्दी नाराज होते हैं तथा शिकायत करते हैं कि उन्हें समझ नहीं पाते तथा ठीक से व्यवहार नहीं करते। वे बहुत अधिक संवेदी तथा अपने बारे में चिंतित रहते हैं कई बार वे गुस्सा, डर या प्यार की संवेदनाओं से काबू में आ जाते हैं।

बड़ों के साथ चलने के लिए उन्हें अभी सामाजिक हुनर सीखने पड़ेंगे। उनकी बहुत सी निराशाएं मां-बाप व बड़ों से हुए झगड़ों के कारण होती हैं। कपड़े पहनने के ढंग, दोस्तों का चुनाव, समय गुजारना, कमरे व टेबल की दशा, इज्जत की कमी तथा दूसरों का ख्याल रखने के कारण ही बड़ों से उनका झगड़ा होता है। अपनी आजादी की दुहाई बच्चे इन मांगों व अपेक्षाओं पर खरा नहीं उतर पाते। अब वे दोस्तों के साथ ज्यादा समय गुजारते हैं तथा ड्रेस, भाषा व्यवहार या मूल्यों के सम्बन्ध में मां-बाप से हां मिलाने लगते हैं। अगर इन मूल्यों में भेद आता है तो मां-बांप के साथ कहा सुनी हो जाती है। इनमें उच्च आदर्शवाद तथा न्याय प्रियता होती है। जो उनके आदर्शों के अनुरूप नहीं रह पाते, वे उनकी भर्त्सना करते हैं। वे मॉस मीडया के प्रति विशेषकर सिनेमा के प्रति आकर्षित होते हैं। रेडियो, टी.वी. व केबल नेटवर्क प्रोग्राम भी उन्हें आकर्षित करते हैं। बड़ों की ग्रुप गतिविधियां व ग्रुप गेम्स उनके लिए बहुत महत्त्वपूर्ण बन जाते हैं।

(ii) शुरू की वयः-संधि आयु (Early Adolescence)-15 वर्ष की आयु तक रहती है। अब वे अपने शरीर, प्रतिष्ठा व आकार के प्रति जागरुक होते हैं। शरीर में आते हुए जल्द परिवर्तनों से अपनी बदलती हुई तस्वीर के प्रति वे उत्साही व चिंतित होते हैं। वे स्वयं को नकारते हैं। अपनी ऊंचाई वजन कम्पलेक्शन तथा समस्याएं जैसे पिम्पल आदि उन्हें परेशान करते हैं। वे पेशिय शक्ति के प्रति चिंता करते हैं तथा सुधारने के लिए जिम जाते हैं। लड़कियां अपनी शेप, चेहरे के फीचर तथा कम्पलेक्शन के प्रति चिंतित दिखती हैं। हेयर स्टाईल, कपड़े, फैशन आदि से वे अपनी सेल्फ इमेज को स्वीकृत करवाते हैं। उनके मन में सामाजिक स्वीकृति का आधार केवल शारीरिक आकर्षण ही होता है।

अब उन्हें यौन शिक्षा की जरूरत पड़ती है जिसे वह बड़ों के बीच सीखना चाहते हैं। सूचना के अभाव में वे चिंतित, जिज्ञासु व गलत सूचना का शिकार हो जाते हैं। अपने लिंग के लोगों से उनसे सूत्र मजबूत होते हुए भी विपरीत लिंग (Opposite sex) के प्रति उनका आकर्षण बढ़ जाता है वे अपनी पहचान (Sense of identity) के प्रति अधिक जागरुक होते हैं। इस व्यक्तिगत पहचान के लिए मां-बाप से स्वतंत्र होना मुख्य कदम होता है। कैरियर का चुनाव व उसकी तैयार इस दिशा में दूसरा कदम है।

(iii) लेट वयः-संधि (Late Adolescence) -यह आयु है जिसमें बहुत से बालक प्रोफेशनल पढ़ाई या कैरियर में जा चुके होते हैं। उन्हें पूरी आजादी हासिल होती है तथा अभी भी मां-बाप उनके लिए आवश्यक व्यक्ति होते हैं। वे आदर्शवादी होते हैं तथा समाज की असमानताएं समाप्त कर आदर्श विश्व बनाना चाहते हैं।

लेट एडोलसेंस (Late Adolescence) में वृद्धि में मुख्य विशेषता यह है कि किशोर का विपरीत सैक्स के प्रति आकर्षण बढ़ जाता है। बालक व बालिकाएं जो अब तक विपरीत लिंग में रुचि नहीं दिखाते थे अब उनमें बहुत ध्यान देने लगते हैं जिससे टीचर व पेरेन्टस के लिए नई समस्याएं पैदा होती हैं। इस अवधि में बहुत से बच्चों को शर्म व झिझक होती है जब वे विपरीत सेक्स की उपस्थिति में होते हैं क्योंकि उनमें मानसिक परिपक्वता नहीं होती।

लेट एडोलसेंस को उच्च सामाजिक चेतना की अवधि कहा गया है। प्रतिष्ठा व सामाजिक स्वीकृति को विशेष ध्यान दिया जाता है। किशोर इस बात को अधिक महत्त्व देते हैं। स्वीकृति की इच्छा इतनी बुनियादी होती है कि यह कई प्रयोजनों में दिखाई देती है। किशोरों के जीवन में ऐसी कोई अवधि नहीं होती जब वे अपने बड़ों के बीच प्रसिद्ध होना नहीं चाहते। यदि किशोर अपनी वेल एक्सेप्टिड व्यक्तित्व पाना और बरकरार रखना चाहते हैं तो उसे अपनी आत्म केंद्रित आदत से अलग होकर ऐसे व्यक्तित्व में ढलना होगा जिसे समाज

स्वीकृति देता हो। जिस ग्रुप में व्यक्ति रहता है वहां की अपेक्षाएं तथा मांगें उसे प्रभावित करती हैं। पेरेन्टस व बड़े अपनी मांगें बदलते रहते हैं। कभी वे किशोर को बालक समझ लेते हैं जब किशोर बड़ों जैसी बातें करता है तो वे कहते हैं 'अच्छा इतने बड़े हो गए हो।' ऐसे में किशोर विपत्ति में पड़ जाता है। उसका अस्तित्व के लिए समस्या उठ खड़ी होती है तथा उसकी पहचान की तलाश में बदला हुआ शारीरिक इमेज, सामाजिक योगदान व सेक्स का (role) अर्थ रखते हैं।

मां-बाप से स्वतन्त्रता मिलने पर वह बने बनाए सामाजिक मूल्यों को स्वीकार नहीं करता। अत: स्वतन्त्रता प्राप्त करने के बाद उसमें और उसके माता-पिता के बीच विरोध रहता है जो मूल्यों और रुझानों से सम्बन्धित होता है यह हिस्सा ज्यादा सक्रिय लड़कों में होता है क्योंकि लड़के प्रतिबन्धों के विरुद्ध ज्यादा आवाज उठाते हैं। वह अपने फैसले लागू करवाना चाहता है, जो उसे बताया जाता है उसे वह स्वीकार नहीं करता। वह तुलनाएं करता है, विरोध करता है, अपना मूल्यांकन करता है तथा अपनी संकल्पना करता है।

वह न केवल नई शारीरिक विरोधाभासों का सामना करता है परन्तु वयस्कों की जटिल, विषम व उल्झा देने वाली दुनिया में स्वयं को पाता है जिससे उसका बहुत पहले कोई सरोकार न था।

किशोरों की समस्याएं

समस्या के बीज बहुत पहले बो दिये जाते हैं तथा उनमें से कुछ किशोर अवस्था में समस्याएं पनप उठती हैं। अब उन्हें बेहतर उपचार की जरुरत है।

किशोर को आने वाली कुछ समस्याएं इस प्रकार हैं-

1. **आजादी की इच्छा (Desire for Independence)**- घर व परिवार के बन्धनों से मुक्ति मुख्य समस्या है। यह समस्या मां-बाप और बदतर बनाते हैं जब वे नहीं सोचते कि बच्चे परिपक्व होते जा रहे हैं। स्वयं को परिपक्व स्वीकार करवाने, जिम्मेवार व खुद चलने वाले वयस्क समझाने की इच्छा इतनी प्रबल होती है जो समस्याएं खड़ी करती हैं।

   तीन प्रकार के घर की समस्याएं मुख्य हैं-

   (i) मां-बाप और किशारों के बीच समझ की कमी (ii) उनकी आजादी कम करना (iii) आर्थिक मामले।

2. **शारीरिक विकास से सम्बन्धित समस्याएं (Problems Relating to Physical Development)**- शरीर की वृद्धि से आने वाले परिवर्तन शरीर के विभिन्न अंगों पर एक समान नहीं होते। यौन अंगों व अन्य स्थान पर असमान वृद्धि से कई किशोर विचलित हो जाते हैं विशेष कर लड़के जब यह देखते हैं कि वे मर्द (Masculine) नहीं दिखते। ऐसे ही कम विकसित लड़की सोचती है ऐसी ही कम शारीरिक गठन से लड़के व लड़कियों को एडजेस्टमेंट समस्याएं लगती हैं।

3. **शारीरिक वृद्धि से सम्बन्धित समस्याएं (Problems Related to Physiological Growth)** - अब तक शारीरिक गठन को समझने की समस्याएं जो किशोरों ने नहीं देखी थी, उनसे सामना होने पर वे घबरा जाते हैं जैसे पहले मासिक धर्म पर लड़कियां डर जाती हैं यदि वह अच्छी प्रकार पहले से तैयार नहीं है। त्वचा पर छाइयां या मुहांसे परेशानी का कारण हैं जैसे टांगों-बाहों पर कम बाल या छाती पर कम बाल उगे तो लड़के कमजोरी समझने लगते हैं। लड़कों की मर्दानगी को चुनौती देती कोई भी कमी उनके लिए दिक्कत का कारण बनता है तथा विकास में बाधा डालता है तथा लड़कियों में सहज रूप से स्त्रित्व की प्राप्ति उनकी दिक्कतें बढ़ाता है।

4. **किशोरों की स्कूल की समस्याएं (School Problems of Adolescents)** - सभी आयु स्तर पर स्कूल में तालमेल न बिठाना बच्चों की परेशानी का कारण बनता है। उन्हें काफी संख्या में अध्यापकों से तालतेल बिठाना पड़ता है। एक तानाशाह अध्यापक का कहना मानना पड़ता है तथा बाद में एक लोकतांत्रिक अध्यापक के मूड व संकल्पनाओं के साथ समन्वय करना पड़ता है। उन्हें इन गतिविधियों में हुई सफलताओं और असफलताओं को भी सहज से लेना होता है। फेल होने का डर, अध्यापकों की असहमति तथा अन्य डर इस स्थिति में उसे परेशान करती है।

5. **किशोर से सामाजिक अपेक्षाएं (Social Demands Upon Adolescents)** - सेक्स-इच्छा से सम्बन्धित प्रलोभनों में किशोर उलझते हैं तथा जिससे उतेजना पूर्ण सामाजिक प्रतिक्रियाएं होती हैं। इससे बदले हुए शारीरिक अस्तित्व के कारण उन्हें विपरीत सेक्स के प्रति अलग दृष्टिकोण रखना पड़ता है। उसे ऐसे समाज से तालमेल सीखना होता है जहां विपरीत लिंग के प्रति उसकी भूमिका कम्पलीमेंटरी होता है। कुछ वर्ष पहले उसे

नादान समझ कर माफ कर दिया जाता था अब हरेक मौके पर उसे वयस्क की भांति योगदान देने के लिए कहा जाता है। कोई ऐसी अवधि नहीं होती जिसमें व्यक्ति को इतना गलत समझा जाता है जितनी यह किशोर अवस्था में समस्या होती है।

6. **कोड व आदर्शों से सम्बद्ध समस्याएं (Problems of Adherence to Codes & Ideals)** – 'सही' व 'गलत' के सिद्धांत से हमारा व्यवहार नियमित होता है जैसे-जैसे व्यक्ति बड़ा होता है व्यक्ति को अपनी जरूरत समाज की जरूरतों के अनुरूप ढालने की जरूरत पड़ती है। नई सामाजिक जीवन में किशोर की आदतें व व्यवहार फिर नहीं हो पाती तथा आदर्शों व व्यवहार को लेकर समाज में उसकी एडजेस्टमेंट समस्याएं उलझ जाती हैं।
7. **किशोर की भूमिका व प्रतिष्ठा के बीच असमंजस (Confusion Between Adolescent's Role & Status)** – दुःख का विषय है कि समाज में किशोर की प्रतिष्ठा व योगदान साफ नहीं है। लड़के को बाहर व्यक्ति माना जाता है परन्तु घर में बच्चा समझा जाता है। अब हर कोई उसका बॉस है तथा वह 'बीच में' लटका हुआ महसूस करता है तथा बढ़ने वाला वयस्क इस लटकन से आहत और दुःखी महसूस करता है जब उसे यकीन होता है कि वह अब बच्चा नहीं है उसे हैरानी होती है परन्तु वह आश्वस्त नहीं हो पाता ऐसे में वह जिम्मेवारियां पूरी नहीं कर पाता।
8. **व्यवहार सम्बन्धी समस्याएं (Behaviour Related Problems)** – किशोर अवस्था बेचैनी, उच्च गतिविधि, बगावत, मूड व चिड़चिड़ेपन का है जिससे व्यवहार सम्बन्धी समस्याएं उठ खड़ी होती हैं। असुरक्षा व डर की समस्या तंग करती है। वयस्क व्यवहार के नए गुण वह सीखता है। उसे अपनी पहचान की समस्या है तथा बहुत बार गलत समझे जाने के कारण बड़ों के साथ उसका टकराव होता है।
9. **पहचान की परेशानी (Identity Crisis)** – किशोरों द्वारा अपनी पहचान बनाने की परेशानी इस अवधि की अन्य समस्या है। एक व्यक्ति की तरह वह अपनी पहचान दिखाना चाहता है परन्तु मां-बाप और बड़े उसकी इस नई अस्मिता को पर्याप्त नहीं मानते। प्रमुख मीडिया टी.वी. नेटवर्क आदि उसकी समस्या बढ़ाते हैं। उसकी इच्छाओं और उद्देश्यों में फर्क होता है तथा कुछ पाने के सामर्थ्य में कमी रहती है जब तक खुद को समझने में उसकी सही मदद न की जाए।
10. **भविष्य की समस्याएं (Problems Connected with the Future)** – किशोरावस्था वह अवधि है जब वह बच्चा नहीं होता। वह बचपन के सुरक्षित खोल से निकल आता है। उसे अब फैसला करना है कि भविष्य में उसे कहां जाना है। परन्तु वह इतना समझदार नहीं हुआ है कि बुद्धिमानी वाले फैसले ले सके। उनके भविष्य को लेकर मनोवैज्ञानिक तनाव उनके लिए समस्याएं खड़ी करते हैं।

अन्य समस्याएं जो इनसे सम्बन्धित हैं वे हैं व्यवहार व उपदेश, शैक्षणिक व वोकेशनल चुनाव, व्यक्तिगत तालमेल, मनोरंजन, विपरीत सेक्स से सामाजिक सम्बंध तथा धर्म सम्बन्धी समस्याएं। जो व्यक्ति प्यार, सुरक्षा व कुछ होने की भावना बचपन से पालते हैं वे इन समस्याओं से सुलझने के लिए पूरी तरह तैयार होते हैं। यदि चाहते हैं कि बचपन से किशोरावस्था में कदम सामाजिक स्वीकृति और प्रभावी ढंग से हो तो उन्हें अनुशासित वयस्कों का दिशा निर्देश मिलना चाहिए तथा ज्यादा बचाव व दबाव से उनमें विरोध की समस्याएं उठ खड़ी होती हैं।

किशोरों की समस्याएं सुलझाने में शारीरिक शिक्षा तथा खेलों का योगदान

किसी भी स्वस्थ व्यक्ति की तरह किशोर भी शारीरिक गतिविधि में भाग लेकर खुश होता है। इससे शरीर को लाभ तो होता ही है तथा यह व्यक्तित्व का सामान्य विकास करता है।

शारीरिक शिक्षा क्षेत्र उसे इन गतिविधियों में शामिल होने के बहुत मौके देता है जो उसके व समाज के हित में लाभप्रद होते हैं।

- आत्म विश्वास व आत्म नियंत्रण सिर्फ मन के गुण ही नहीं बल्कि 'पूर्ण व्यक्ति' की विशेषताएं हैं। कुछ शारीरिक हुनरों को साधने के बाद ही हम आत्म विश्वास की दिशा में पहला कदम उठा सकते हैं। वे किस मात्रा या तीव्रता से यह गतिविधि करते हैं वह इस बात पर निर्भर करता है कि उनके हुनर की जटिलता क्या है। तथा इस हुनर को प्राप्त करने में वे श्रम कितना लगाते हैं। वे गतिविधियां ज्ञान में अभिवृद्धि करती है

जिससे उन्हें बहादुरी या सहन शक्ति दिखाने की चुनौती मिली है।

- अपने पूर्वजों से प्रत्येक व्यक्ति को हिंसा की प्रवृत्ति मिलती है जब तक इसे एक्शन में न बदला जाए यह व्यक्तित्व पर बहुत विपरीत असर डालती है। बहुत से स्पोर्टस व खेलें इस हिंसा को प्रदर्शित करने का रास्ता देती है नहीं तो ये शक्तियां शरीर को विनाश व गिरावट की तरफ ले जाती हैं। यह सिद्धांत दोनों लिगों पर लागू होता है परन्तु लड़की पर इसका असर अधिक पड़ता है। कोई भी प्रतिस्पर्धा ऐसे हिंसा को आत्मसात (absorb) कर लेती है। अगर ठग या गुंज बाक्सिंग को सीरियस होकर करता है तो वह सभ्य बन सकता है। वह हिंसा को रिंग तक रखता है तथा अपने साथियों के साथ शांति से रहता है।
- मनुष्य सामाजिक प्राणी है तथा यदि उसे इमोशनल बैलेंस प्राप्त करना है तो अपनी इच्छाओं पर काबू करना चाहिये। ईमानदारी व नि:स्वार्थ भाव सामाजिक गुण हैं तथा टीम गेम उसे सुविधाजनक व अच्छी ट्रेनिंग आधार प्रदान करते हैं। किशोर स्पोर्टस में ऐसी खेलों को प्रमुख स्थान दिया जाना चाहिये। एंटीसोशल गैंग में भर्ती होने की बजाय एथलेटिक क्लब या जिमनेजिम की सदस्यता ज्यादा सुरक्षित है।
- शारीरिक गतिविधियों से शारीरिक सेहत तो ठीक रहती ही है उससे गहरी एस्थेटिक सन्तोष भी प्राप्त होता है। हाइकिंग, सायकलिंग, फील्ड स्पोर्टस तथा सेलिंग से भाग लेने वाला प्रकृति के करीब लाता है तथा उम्र भर की खुशी प्रदान करता है। ये एस्थेटिक योगदान किशोर के व्यक्तित्व निर्माण में बहुत योगदान देते हैं।
- शारीरिक शिक्षा व स्पोर्टस किशोर को ऐसे स्पोर्ट में हिस्से लेने को उत्साहित करते हैं जिनमें उसे रुचि न हो या कमी हो उदाहरणार्थ सब्र की भावना डालने के लिए वह ऐसे खेल में हिस्सा ले सकता है जैसे शूटिंग, चैस, आरचरी आदि। इससे सारी उम्र व्यक्तित्व में तालमेल बिठाने में उसे मदद मिलती है।
- लगभग सभी खेलों में किशोर ऐसी गुणवता का प्रदर्शन करता है जिस उच्च प्रतिस्पर्धा स्तर पर वह अपना उद्देश्य बना सकता है। इससे अवसाद दूर होता है तथा आत्मसंकल्प से आत्मनिर्भर व्यक्तित्व का निर्माण होता है।
- शारीरिक गतिविधियों व स्पोर्टस में हिस्सा लेने से किशारों के सम्पूर्ण व्यक्तित्व के विकास में योगदान मिलता है। वह शारीरिक व मनोवैज्ञानिक दृष्टि से स्वस्थ व्यक्ति के रूप में उभरता है। इससे उसके चिड़चिड़ेपन, बगावत, मूड बगैरह पर काबू पाने में सहायता मिलती है।
- कमजोरी या समन्वय की कमी के कारण बहुत से किशोर भौतिक रूप से अक्षम (Incompetent) होते हैं। इससे उनमें निराशा तथा छोटा होने की भावना उपजती है जो जीवन के दृष्टिकोण को बुरी तरह प्रभावित करती है। शारीरिक शिक्षा व खेलें इस दिशा में उसकी मदद करती हैं। ऐसे बच्चे को दो प्रकार के प्रशिक्षण से सुधारा जा सकता है। पहले उसकी बुनियादी कमजोरी व तालतेल की कमी को सुधारा जाता है तथा दूसरे इससे वह स्वयं से पूरी तरह स्पर्धा करता है दूसरों से नहीं। अन्तराल में उपयुक्त टेस्ट दिये जाते हैं ताकि वह अपने प्रदर्शन को सुधार सके इस सुधार से वह अपना मूल्यांकन करके सफलता की सीढ़ी पर चढ़ सकेगा। इससे अन्य क्षेत्रों में उसके प्रदर्शन पर अच्छा असर पड़ता है।
- कुछ शारीरिक एक्शन के प्रति हम आश्वस्त रहते हैं जैसे बैठना व खड़ा होना, चलना या दौड़ना या सांस लेना हमारी अचेतन आदतों के हिस्से हैं। किशोर अवस्था में ज्यादातर बुरी आदतें विकसित होती हैं। बैठने व काम करने का गलत आसन शरीर के अन्य कार्यों को प्रभावित करता है जिससे अन्य अंगों पर बुरा प्रभाव पड़ता है। तथा बाद के जीवन में कई समस्याओं को जन्म देता है। इन आदतों का सुधार जरूरी है। पुनर्वास कार्यक्रम के द्वारा इन्हें ठीक किया जा सकता है जिनसे 'बैट फीट,' स्लिप डिसक व अन्य श्वसन समस्याएं दिखाई नहीं देंगी।
- किशोर आयु साहस व जोश की आयु है। ऐसी खेलों में भाग लेना जिनमें थ्रिल व एडवेंचर हो जैसे पैराग्लाइडिंग, ड्राइविंग आदि किशारों को चिन्ता व डर से मुक्ति देता है। पुनर्वास के आधुनिक ढंग जो शारीरिक शिक्षा के माध्यम से दिये जाते हैं आसानी से पुरानी जिन्दगी में किशारों को स्थापित करते हैं।
- दुर्घटना, बीमारी या गठन सम्बन्धी दोष के कारण कुछ किशोरों को स्थाई रूप से शारीरिक अक्षमता होती है। शरीर बेशक अक्षम हो परन्तु मन को वैसे ही शारीरिक गतिविधि की जरूरत होती है ऐसे में विशेष शारीरिक शिक्षा कार्यक्रम उनकी जरूरतों को अधिकतम पूरा करते हैं। अत: किशोरों की समस्याएं सुलझाने में शारीरिक शिक्षा व स्पोर्ट्स का बहुत योगदान है। उनके विचारों, संवेदनाओं को नियंत्रण कर सही दिशा में लगा उन्हें प्रेरित करने में इनका बहुत महत्त्व है।

अध्याय

13

खेलों में चोटें एवं उनका उपचार

खेल में चोटें और बचाव

खेलों और चोटों का आपस में घनिष्ठ सम्बन्ध माना जाता है ऐसा इसलिए कहा जाता है क्योंकि खिलाड़ी चाहे अभ्यास करे या प्रतियोगिता में भाग ले उसको कड़ा परिश्रम करना पड़ता है। जिससे कभी न कभी उसे चोट लगने की सम्भावना बनी रहती है। खिलाड़ी को चोट लगने से उसका दो तरह से नुकसान होता है। पहला शारीरिक और दूसरा मानसिक नुकसान। कई बार तो खिलाड़ी को मैदान तक छोड़ना पड़ता है। जिससे उसकी टीम पर बहुत असर पड़ सकता है। इसलिए यह जरूरी है कि खिलाड़ी को चोट लगने पर उसके कारण, बचाव और इलाज की जल्दी से जल्दी व्यवस्था की जाए जिससे कि खिलाड़ी का सही समय पर उपचार किया जा सके। चोटों का कोई सीमित दायरा नहीं होता है।

खेलों में चोटें लगने के कारण

खिलाड़ियों को चोट लगने के दो कारण हो सकते हैं–

1. **आन्तरिक कारण (Internal Causes):** कई बार खिलाड़ियों को आन्तरिक चोट लगने से भी खेलों पर असर पड़ता है। ऐसा इसलिए होता है क्योंकि जब खिलाड़ी अपनी शक्ति से अधिक कार्य करने या खेलने की कोशिश करता है या जब खिलाड़ी लम्बे अन्तराल के बाद खेलों का अभ्यास करना शुरू करता है। इसके अलावा कुछ ऐसे भी कारण हैं जिससे खिलाड़ी अभ्यास नहीं कर पाते जैसे-पांव में सूजन आना, गेंदबाज़ की पीठ में खिचाव आना, तलवों में छाले होना, पावं में कोर्न का बनना, जोड़ों में दर्द रहना।
2. **बाह्य कारण (External Causes) :** खिलाड़ियों को खेलों के दौरान के लगने वाली चोटों के बाहरी कारण भी हो सकते हैं जैसे-खेल के दौरान आपस में एक खिलाड़ी का दूसरे खिलाड़ी से टकराना, विरोधी दल के खिलाड़ियों द्वारा चोट पहुंचाना आदि।

खेलों में चोटें कैसे लगती हैं?

कई बार खिलाड़ी खेल या उससे सम्बन्धित अभ्यास करने में इतना व्यस्त हो जाता है कि उसे यह नहीं पता चलता कि उसे चोट कैसे लगी। खेलों में चोटें किन-किन कारणों से लग सकती है इसका विस्तारपूर्वक वर्णन इस प्रकार से किया गया है–

1. यदि खिलाड़ियों ने सही ढंग से अभ्यास न किया हो।
2. खिलाड़ियों को खेलों से सम्बन्धित नियमों की जानकारी न हो।
3. खिलाड़ियों ने खेल के अनुरूप कपड़ों और जूते का प्रयोग न किया हो।
4. जब खिलाड़ियों में खेलों से सम्बन्धित ज्ञान की कमी हो।
5. यदि खिलाड़ियों को अपर्याप्त तकनीक बताई जाए।
6. खिलाड़ियों को खेलों से सम्बन्धित पर्याप्त उपकरण उपलब्ध न करवाए जाए।
7. खिलाड़ियों द्वारा लापरवाही से अभ्यास करना और प्रतियोगिताओं के दौरान लापरवाही से खेलना।
8. जब खिलाड़ी शारीरिक रूप से स्वस्थ न हो।
9. खिलाड़ियों को खेलों से सम्बन्धित उचित वातावरण प्राप्त न होने से भी उन्हें विभिन्न प्रकार की चोटें लगने की सम्भावना बनी रहती है।
10. बिना किसी समय अन्तराल के लगातार अभ्यास करवाने से भी खिलाड़ियों को थकान महसूस होती है और उन्हें चोटें लग सकती है।
11. जब खिलाड़ियों को अभ्यास करवाते वक्त अधिक भार उठवाया जाता है और बार-बार उस प्रक्रिया को दोहराने से भी चोटें लग सकती हैं। अत: प्रशिक्षक को इस बात को हमेशा ध्यान रखना चाहिए।

12. जब खिलाड़ियों द्वारा पर्याप्त मात्रा में उत्तेजित व्यायाम न किए गए हो।

खेलों में चोटें लगने से बचाव

यदि खिलाड़ियों द्वारा अभ्यास करते वक्त या प्रतियोगिताओं के दौरान थोड़ा सा भी ध्यान रखा जाए तो वह अपने आप को चोटों से बचा सकते हैं। चोटों से बचाव कैसे किया जा सकता है इसका वर्णन इस प्रकार से किया गया है-

1. खिलाड़ियों को सबसे पहले खेलों से सम्बन्धित सभी प्रकार के नियमों की पूर्ण जानकारी होनी चाहिए।
2. खिलाड़ियों को खेलों के अनुसार ही कपड़े और जूते पहनने चाहिए।
3. खिलाड़ियों को खेलों में तभी भाग लेना चाहिए जब उनका शरीर पूरी तरह से स्वस्थ हो।
4. प्रतियोगिता में भाग लेने से पहले खिलाड़ियों द्वारा उत्तेजित व्यायामों का सही ढंग से अभ्यास किया जाना चाहिए।
5. खिलाड़ियों को खेलों के अनुसार ही उपकरणों का प्रयोग करना चाहिए।
6. वातावरण के अनुरूप ही खेलों का आयोजन किया जाना चाहिए।
7. खिलाड़ियों में खेलने से सम्बन्धित शिथिलता नहीं होनी चाहिए।

खेलों में लगने वाली चोटें

खिलाड़ियों को खेलों के दौरान विभिन्न प्रकार की चोटें लगती है जिससे उनके व्यक्तित्व पर बुरा असर पड़ सकता है। यदि खिलाड़ियों को इनसे बचने के उपचार पता हों तो चोटों से होने वाले प्रभावों को कम किया जा सकता है। खेलों से सम्बन्धित विभिन्न प्रकार की चोटों का वर्गीकरण इस प्रकार से किया गया है।

1. **मांसपेशी का खिंचाव (Muscles Stretching):** खेलों के दौरान यदि खिलाड़ियों को मांसपेशियों में खिंचाव उत्पन्न होता है तो इसके निम्नलिखित कारण हो सकते हैं-
   - मांसपेशियों में ऑक्सीजन की मात्रा में कमी होना।
   - वातावरण में अधिक ठंडक होने से मांसपेशियों में कम गर्मी उत्पन्न हो पाना।
   - कई बार अभ्यास करते वक्त मांसपेशी के एक भाग में अधिक खिंचाव महसूस होना।
   - मनुष्य के शरीर में विभिन्न प्रकार की मांसपेशियां होती हैं इनमें से यदि सम्बन्धित मांसपेशी बाकी की मांसपेशियों की तुलना में कमजोर होती है तो इससे भी चोट लगने की सम्भावना होती है।
   - भार उठाने वाले अभ्यासों में मांसपेशियों पर अधिक दबाव पड़ने से भी चोट लग सकती है।

   उपचार (Treatment)
   - खिलाड़ियों को हमेशा दर्द वाले भाग को थोड़ा ऊपर उठा कर रखना चाहिए।
   - सूजन वाली जगहों को गर्म पानी से सेंकना चाहिए।
   - मांसपेशियों की हल्की मालिश करना उपयोगी होगा।
   - निरन्तर अभ्यास करने के बाद खिलाड़ियों को कुछ समय तक आराम करना चाहिए।
   - कभी-कभी बर्फ का भी प्रयोग किया जा सकता है।
   - समय-समय पर डॉक्टर की भी सलाह लेनी चाहिए।

2. **मांसपेशी का मुड़ना (Bending of Muscles):** मांसपेशियों के मुड़ने के भी कई कारण हो सकते हैं जिनमें से कुछ इस प्रकार हैं-
   - अभ्यास करते वक्त कई बार ऐसा होता है कि खिलाड़ी उस दिशा में झुक जाता है, जिस दिशा में मोड़ नहीं होता है।
   - खिलाड़ियों द्वारा अभ्यास करते वक्त जरूरत से ज्यादा झुकना।

   उपचार (Treatment)
   - आमतौर पर खिलाड़ियों को ठण्डे पानी और बर्फ का ही प्रयोग सबसे पहले करके देखना चाहिए।
   - यदि मांसपेशियों को मोड़ने में ज्यादा तकलीफ हो रही हो तो खिलाड़ियों को पूरा आराम करना चाहिए।
   - डॉक्टर की सलाह लेनी चाहिए।

3. **मांसपेशियों का दुखना एवं फूलना (Soreness and Swelling of Muscles):** जब कोई भी खिलाड़ी काफी समय तक न तो प्रतियोगिताओं में भाग लेता है और न ही किसी तरह का कोई अभ्यास करता है तो इससे

उसकी मांसपेशियां शिथिल हो जाती हैं। ऐसी स्थिति में जब वह दुबारा से अभ्यास करना शुरू करता है तो उसकी मांसपेशियां दुखने लगती हैं और उनमें सूजन आने लगती है, इसके अलावा कई और भी ऐसे कारण उत्पन्न हो जाते हैं जिससे खिलाड़ियों को चोट लग सकती है-

- जब खिलाड़ियों की मांसपेशियों में दुग्धामल (Lactic Acid) ज्यादा मात्रा में एकत्रित हो जाते हैं।
- खिलाड़ियों द्वारा उत्तेजित व्यायामों को नहीं किया जाता।
- शरीर में तन्तुओं का टूटना।
- शरीर में पर्याप्त मात्रा में ऑक्सीजन का न होना।

उपचार (Treatment)

- खिलाड़ियों को जिस जगह पर यह महसूस हो कि सूजन है उसे वहां पर गर्म पानी से सेंकना चाहिए।
- बर्फ का प्रयोग किया जा सकता है।
- जिस जगह पर दर्द हो वहां पर हल्की मालिश करनी चाहिए।
- यदि खिलाड़ियों को यह महसूस हो कि मालिश करने या गर्म पानी का सेक करने से आराम नहीं आ रहा है तो उसे डॉक्टरी सलाह से दर्द को रोकने की दवाईयों का प्रयोग करना चाहिए।

4. मोच आना (Sprain): जब कभी दौड़ते समय या चलते समय जोड़ के अस्थिबन्धक (Ligaments) और तन्तु वर्ग फट जाते हैं या खिंच जाते हैं तो उसे मोच कहा जाता है। इससे हड्डी अलग नहीं होती है। जब हड्डियों में खिंचाव कम होता है तो उसे स्ट्रेन (Strain) कहा जाता है और जब बन्धकों में अधिक खिंचाव होता है तो उसे स्प्रेन (Sprain) कहा जाता है। जिन कारणों से खिलाड़ियों को मोच आती है वह इस प्रकार से है-

- जब खिलाड़ियों के जोड़ शक्तिहीन हो जाते हैं।
- जब जोड़ों में सूजन आ जाती है।
- जब खिलाड़ियों को काम करने में कठिनाई महसूस होती है।
- जब जोड़ों का रंग बदलना आरम्भ हो जाता है।
- अक्सर जोड़ों में दर्द रहना।

उपचार (Treatment)

- मालिश करते वक्त तेल का प्रयोग करना चाहिए।
- मोच वाले स्थान को हमेशा ऊंचा रखना चाहिए।
- जिस स्थान पर मोच लगी हो उस जगह को बर्फ या ठण्डे पानी में भिगोकर रखना चाहिए।
- मोच लगी हुई जगह को आराम से इधर-उधर करना चहिए अर्थात् आराम वाली अवस्था में रखना चाहिए।
- चोट लगने के 24 घण्टों के बाद ही उस जगह को सेंकना चाहिए।
- यदि मोच पैर पर लगी हो तो ठीक उसे उल्टी ओर से दबाव डालते हुए कस के पट्टी बांधनी चाहिए।

5. नीला पड़ना और छिल जाना (Bruises or Cuts Abrasions): जब खिलाड़ियों को खेलते समय यदि कहीं पर नील पड़ जाता है या वह जगह छिल जाती है तो इसके मुख्य रूप से दो कारण होते हैं क्रिकेट की गेंद, हॉकी की बॉल या आपस में खेलते हुए किसी एक खिलाड़ी के सिर का दूसरे खिलाड़ी के सिर से टकराना। जब खिलाड़ियों द्वारा बिना किसी धारवाली वस्तु से चोट लगना। अन्य कारण इस प्रकार से हैं-

- चोट लगने वाले स्थान पर सूजन आना और दर्द होना।
- मांसपेशियों और रक्त की धमनियों के अस्थिबन्ध का टूटना।
- अन्दरूनी चोट लगना अर्थात् बाहर कुछ दिखाई न पड़ना।

उपचार (Treatment)

- चोट वाली जगह पर बर्फ या ठण्डे पानी की पट्टी लगाना।
- डॉक्टरी जांच करवाना और तुरन्त इलाज शुरू करना।

6. हड्डी का टूटना (Fracture): हड्डियों के टूटने को अस्थिभंग भी कहा जाता है। यह कई प्रकार से हो सकता है जैसे-जब हड्डी बिना किसी घाव से टूटती है, अस्थिभंग के साथ घाव हो जाता है, कोमल अंगों पर घाव होना, खोपड़ी के ऊपरी हिस्से के आस-पास की हड्डी का टूटना, हड्डी टूटने के बाद उसमें लचक आना, कई भागों में हड्डी का टूटना और एक हड्डी का टूटा हुआ सिरा दूसरी हड्डी में घुस जाना। इसमें निम्नलिखित लक्षण होते हैं-

- हड्डी के आकार में बदलाव आना।
- बार-बार हड्डी की किरकिराहट की आवाज का आना।
- चोट लगी हड्डी का हिलना-डुलना बन्द होना।
- टूटे हुए हिस्से का आपस में रगड़ खाना।
- जिस जगह से हड्डी टूटी है उसमें दर्द और सूजन का आना।

उपचार (Treatment)

- जिस जगह की हड्डी टूटी है यदि उस जगह पर खून आ रहा है तो सबसे पहले उस जगह के घावों को ठीक करना चाहिए।
- टूटी हुई जगह पर सबसे पहले ध्यान केन्द्रित होना चाहिए। जिससे उस हड्डी का हिलना-डुलना बंद हो जाए।
- हड्डी को स्थिर रखने के लिए पट्टियों और कमठियों का प्रयोग किया जाना चाहिए।
- इस बात का हमेशा ध्यान रखा जाना चाहिए कि घायल व्यक्ति का शरीर गर्म रहे।

घायल व्यक्ति को ले जाना

किसी भी खिलाड़ी को जब चोट लगती है तो उसे सबसे पहले प्राथमिक चिकित्सा या फिर उसी समय डॉक्टर के पास ले जाना चाहिए। यदि घायल खिलाड़ी अपने आप चलने में असमर्थ हो तो उसे दूसरे व्यक्ति या व्यक्तियों द्वारा खेल के मैदान से बाहर ले जाना चाहिए। घायल व्यक्ति को निम्नलिखित तरीकों द्वारा ले जाया जा सकता है-

1. **एक व्यक्ति द्वारा:** जब घायल खिलाड़ी को मैदान से बाहर ले जाने का कोई दूसरा माध्यम न हो और उसके पास केवल एक व्यक्ति हो तो ऐसी स्थिति में घायल को पीठ या कन्धे पर उठाकर ले जाया जाता है। घायल को इस तरीके से उठाना चाहिए कि उसको तकलीफ न हो।
2. **कम से कम दो व्यक्तियों द्वारा:** घायल खिलाड़ी को दो व्यक्तियों द्वारा चारों हाथ को जोड़कर सीट की आकृति बना कर उठाया जा सकता है और उपचार के लिए ले जाया जाता है।
3. **स्ट्रेचर के द्वारा:** खेल के मैदान में अक्सर चोट लगने पर घायल व्यक्ति को स्ट्रेचर पर ही ले जाया जाता है। जिससे उसका जल्दी से जल्दी उपचार किया जाए। कई खेलों में तो चोट इतनी गहरी लगती है कि घायल को स्ट्रेचर पर रखकर सीधे एम्बुलेंस में अस्पताल ले जाया जाता है।

घायल खिलाड़ी की मानसिकता

जब किसी भी खिलाड़ी को चोट लगती है तो वह जल्दी से जल्दी ठीक होकर खेल प्रारम्भ करना चाहता है। हर खिलाड़ी उपचार करने वाले डॉक्टर से यही प्रश्न पूछता है कि वह कब ठीक होगा और कब वह दुबारा से अभ्यास करना शुरू कर सकता है। कई बार तो खिलाड़ी अपना मनोबल खो बैठता है कि वह कभी दुबारा खेल भी पाएगा कि नहीं।

एक घायल खिलाड़ी बिस्तर पर पड़े-पड़े हमेशा कुछ न कुछ सोचता ही रहता है जिससे उसके दिमाग पर बुरा असर पड़ सकता है। और शारीरिक चोट के साथ-साथ वह मानसिक संतुलन भी खोने लगता है। खिलाड़ी को खेल के मैदान में तब तक नहीं उतारना चाहिए जब तक वह परीक्षण के दौरान शारीरिक रूप से चुस्त नहीं हो जाता।

अत: खिलाड़ियों को हमेशा खेलते समय इस बात को ध्यान में रखना चाहिए कि उसे चोटें कम लगें और यदि लग भी गई है तो उसका शीघ्र उपचार किया जाना चाहिए।

चोट पुनर्वास

खेल के इस आधुनिक युग में चोट पुनर्वास का विशेष महत्व है क्योंकि दिन-प्रतिदिन खेल कौशलों की तकनीकों में जटिलता उत्पन्न हो रही है। खिलाड़ी इस जटिलता एवं जोखिम को उठाने के कारण चोटों से ग्रस्त हो जाता है अत: इस चोट पुनर्वास का प्रारंभ एवं उद्गम इन्हीं चोटों से हुआ है। पुनर्वास की यह प्रक्रिया खिलाड़ी को चोट लगने के बाद ही प्रारंभ होती है और पूर्ण रूप से ठीक होने के पश्चात् पुन: प्रावस्था में वापिस आने के बाद समाप्त हो जाती हैं। इस चोट पुनर्वास के क्षेत्र में खिलाड़ी के कल्याण के लिए एथलीट ट्रेनर की विशेष भूमिका होती है। अत: पुनर्वास की विशेषज्ञता चोट की आवृत्ति द्वारा प्रभावित होती है। चोटों के इलाज एवं पुन: क्षतिपूर्ति प्राप्ति के लिए पुनर्वास कार्यक्रमों को वर्तमान एवं भविष्य में खेलों में भाग लेने के अनुसार तैयार किया जाता है। सन् 1971 में पब्लिक हाई स्कूल एथलेटिक एसोशियेशन द्वारा फुटबाल खिलाड़ियों के घुटने की चोट दर के आधार पर बताया कि ये चोटें पहले की अपेक्षा 15 गुना ज्यादा थी। अत: इस अध्ययन पर प्रस्तावित किया गया कि घुटने की चोट से ग्रस्त व्यक्तियों को चिकित्सक के निर्देशन में योजनाबद्ध

पुनर्वास कार्यक्रम की आवश्यकता होती है। बिना इस कार्यक्रम के खिलाड़ी की खेल में वापसी असंभव है।

खेलों में ये लगने वाली चोटें, खिलाड़ी में अनुकूलन योग्यताओं की कमी के कारण घटित होती है। अत: चोटों के बचाव के लिए इन योग्यताओं को विकसित करना आवश्यक होता है जिससे खिलाड़ी को चोट लगने से बचाया जा सके। इस चोट पुनर्वास कार्यक्रमों द्वारा चोटग्रस्त भाग में पुन: गतिशीलता लाने के लिए बैरी ऑक्स, पीटरफूलर, माइकल केनीहान और स्टीवन सेन्डोर आदि खेल औषधि चिकित्सकों ने अपने-अपने विचार प्रस्तुत किये थे कि चोट पुनर्वास के माध्यम से खिलाड़ी को पुन:प्रावस्था में लाकर अपने खेल कौशल्य का प्रारंभ शीघ्रता से किया जा सकता है। इस चोट पुनर्वास के लिए विभिन्न साधनों एवं विधियों का प्रयोग किया जाता है। ये साधन एवं विधियां निम्न हैं-

चोट पुनर्वास के साधन एवं विधियां (Means and methods of injury rehabilitation)

1. **डायाथर्मी (Diathermy)**
   (i) सूक्ष्म तरंग डायाथर्मी (Short wave diathermy)
   (ii) दीर्घ तरंग डायाथर्मी (Long wave diathermy)
   (iii) अति सूक्ष्म तरंग डायाथर्मी (Micro wave diathermy)
2. **इन्फ्रारेड चिकित्सा (Infrared therapy)**
3. **आइसोकाइनेटिक्स उपकरण (Isokinetics equipments)**
   (i) सीबेक्स (Cybex)
   (ii) आर्थोट्रान (Orthotron)
4. **चुम्बकीय क्षेत्र चिकित्सा (Magnetic field treatment)**
5. **वैद्युतीय मांसपेशी उत्तेजना (Electrical muscles stimulation)**
6. **स्ट्रेचिंग व्यायाम (Stretching exercise)**
7. **शक्ति वर्धन व्यायाम (Strengthing exercise)**
   (i) वजन द्वारा
   (ii) साइकिलिंग
   (iii) दीवार पुली
   (iv) ट्यूब
   (v) स्प्रिंग
8. **भौतिक प्रतिरोध (Manual resistance)**
9. **प्रगाही तंत्रिका-मांसपेशी समन्वय तकनीक (Proprioceptive neuromuscular fascilitation)**
10. **जिम्नेजियम (Gymnasium)**
11. **अन्य मशीनें (Other machines)**

चोट पुनर्वास के लक्ष्य

चोट पुनर्वास के मुख्य लक्ष्य निम्नलिखित हैं-

1. चोट ग्रस्त भाग का पूर्णरूपेण इलाज एवं सहायता प्रदान करना।
2. खिलाड़ी को अपनी पूर्ण क्षमताओं की पुन: प्राप्ति कराना।
3. जोड़ों की गतिशीलता की पूर्वास्था में पुन: प्राप्ति कराना।
4. कमजोर मांसपेशियों को ताकत की पुन: प्राप्ति कराना। (शक्ति वर्धक व्यायाम द्वारा)
5. विभिन्न खिंचाव व्यायामों द्वारा मांसपेशियों की लम्बाई में वृद्धि करना।

अत: चोट ग्रस्त खिलाड़ी के पुनर्वास के लिए नियमित व्यायामों का उपयोग किया जाता है जो कि खिलाड़ी को पुन: ट्रेनिंग या प्रतियोगिताओं में भाग लेने के लिए वापिस लाते हैं। डाक्टर फ्रेड आलमेन ने कई बार कहा भी है कि चोटग्रस्त भाग की चिकित्सा जैसे ही प्रारंभ होती है वैसे ही पुनर्वास का कार्यक्रम प्रारंभ कर देना चाहिये। शीघ्र सुरक्षा एवं पुनर्वास से चोट के प्रभाव को कम किया जा सकता है। अत: पुनर्वास उस समय प्रारंभ हो जाता है जब चोट ग्रस्त भाग ठीक होना प्रारंभ कर देता है। इससे ऊत्तकों के गुणों में सुधार होता है और खिलाड़ी अपनी खेल क्रियाओं को करने के लिए जल्दी लौट आता है।

पुनर्वास कार्यक्रम को प्रभावित करने वाले कारक (Factors effecting rehabilitation programme)

इस चोट पुनर्वास कार्यक्रम को प्रभावित करने वाले कारक निम्नलिखित हैं:

1. ऊत्तकों के घाव भरने की अवस्था।
2. चिकित्सा के प्रकार।
3. जोड़ की गति का परास।
4. जोड़ों की सूजन।
5. चोटग्रस्त भाग की मात्रा।
6. जोड़ों की गति के समय दर्द।
7. चोटग्रस्त भाग से जुड़ी मांसपेशी की ताकत।

8. चोट की मात्रा।
9. जोड़ों की अन्य स्थितियां।

पुनर्वास कार्यक्रम

इस चोट पुनर्वास कार्यक्रमों के लिए एथलेटिक ट्रेनर, प्रशिक्षक, शारीरिक शिक्षक एवं खेल चिकित्सक आदि सभी महत्वपूर्ण व्यक्ति होते हैं। इन पुनर्वास कार्यक्रमों में विभिन्न साधनों, विधियों एवं उपकरणों का उपयोग चिकित्सा के साथ-साथ पुनर्वास हेतु किया जाता है जिनका मुख्य उद्देश्य खिलाड़ी को पुन: खेल ट्रेनिंग एवं प्रतियोगिता में भाग लेने के लिए शीघ्रता से वापिस लाना होता है। पुनर्वास के लिए प्रत्येक खिलाड़ी के अनुसार प्रचार किया जाना चाहिये। पुनर्वास के लिए अल्प अवधि एवं दीर्घ अवधि दोनों ही योजनायें तैयार की जाती हैं। इस तैयार किये गये पुनर्वास कार्यक्रम में प्रगतिशीलता का होना आवश्यक होता है। चोटों के लिए उच्च तीव्रता एवं अल्प अवधि व्यायामों से पुनर्वास प्रारंभ करते हैं तथा गंभीर चोटों के लिए निम्न या मध्यम तीव्रता व्यायाम प्रारंभ करके उच्च तीव्रता वाले व्यायाम तक जाते हैं। पुनर्वास के लिये चयनित व्यायामों में किसी प्रकार की कमी या त्रुटि नहीं होनी चाहिये तथा ये व्यायाम एक निश्चित अवधि एवं तालमेल से करना उचित होता है।

इस पुनर्वास कार्यक्रम को विभिन्न अवस्थाओं में किया जाता है जो निम्न है :-

1. **शीघ्र उपचार की अवस्था :** इस अवस्था में उपचार एवं पुनर्वास हेतु प्राथमिक उपचार में (R. I. C. E) सिद्धांत का प्रयोग किया जाता है। वजन उठाना, चोट ग्रस्त की गति करना, तथा फ्रेक्चर घटनाओं में लकड़ी की पट्टी का उपयोग करना उचित रहता है। चोटग्रस्त भाग के लिए अक्रियाशील रखना भी आवश्यक होता है।
2. **द्वितीय अवस्था :** इस अवस्था में शीघ्र उपचार के पश्चात् चिकित्सकीय तरीकों को उपयोग में लाया जाता है जिससे जोड़ों एवं चोटग्रस्त में गतिशीलता प्रारंभ हो जाये। इसमें आइसोमेट्रिक व्यायामों का उपयोग करते हैं।
3. **तृतीय अवस्था :** चोटग्रस्त भाग की गतिशीलता के बाद शीघ्र ठीक करने की प्रक्रिया प्रारंभ हो जाती है। जोड़ों एवं चोटग्रस्त भाग को पूर्ण गति एवं परास प्रदान किया जाता है। इसके लिए विभिन्न अक्रियाशील व्यायाम हाइड्रोथ्रेपी (जल चिकित्सा) आदि को उपचार के लिए उपयोग करते हैं।
4. **अंतिम अवस्था :** यह पुन: ट्रेनिंग की अवस्था है जिसमें चोटग्रस्त भाग के ठीक होने के पश्चात् उसे आराम की स्थिति में रखने के लिए ही विशेष कार्यक्रम तैयार किया जाता है जिसका उपयोग दैनिक अभ्यास हेतु किया जाता है। इस अवस्था में खिलाड़ी की पुन: प्राप्त क्षमताओं के मूल्यांकन हेतु विभिन्न क्रियाओं एवं अन्य उपकरणों का उपयोग किया जाता है।

कायिक चिकित्सा

कायिक चिकित्सा क्रीड़ा जन्य चोटों के रोकथाम, उपचार तथा पुनर्स्थापन हेतु विभिन्न शारीरिक विधियों को लागू करना ही है। खिलाड़ी को चोटों से स्वास्थ्य लाभ कराना बहुत आवश्यक होता है। यदि खिलाड़ी की भरपाई अपर्याप्त रही तो खिलाड़ी चोटों की ओर ज्यादा उन्मुख होंगे और इस प्रकार उनकी (परफोर्मेन्स) निष्पादनता प्रभावित होगी। एथलीटों के शीघ्र स्वास्थ्य लाभ कराने में कायिक चिकित्सा की अहम् भूमिका है।

व्यायामीय उपचार वह साधन है जिसके द्वारा रोगी को चोटों से स्वास्थ्य लाभ की प्रक्रिया को गति मिलती है तथा रोगों से भी शीघ्र लाभ मिलता जोकि उसके सामान्य जीवन को प्रभावित करते हैं। कायिक चिकित्सा द्वारा स्वास्थ्य लाभ तथा पुनर्स्थापना के उद्दीपनों को लाने में उष्मा, प्रकाश, जल, विद्युत, मालिश, व्यायाम तथा संचारण का उपयोग किया जाता है।

अक्रियता तथा पेशीय कमजोरी के कारण स्वास्थ्य लाभ की प्रक्रिया में विलंम्ब पैदा होता है तथा बार-बार गतिविधियों को बदलने तथा पलटने से खराबियों को ठीक करना कठिन होता है। जबकि ऐसे उपचार पलटने की आवश्यकता ही न हो जैसे कि टाँगों की चोटों के बाद लिम्पिंग।

व्यायाम द्वारा उपचार के मुख्य उद्देश्य हैं (Main Aims of Treatment by Exercise):

1. अक्रियता के प्रभावों को न्यूनतम करने के लिए जब कभी इसकी आवश्यकता पड़े इसके द्वारा गतिविधि को प्रोत्साहित किया जा सकता है।
2. किसी विशिष्ट पेशीय गुच्छा अथवा पेशी की अक्षमता को सही करना हो तथा उसकी संधियों की सामान्य

रेन्ज को बिना विलम्ब किए सक्षम कार्य क्षमता प्राप्त करने हेतु व्यायाम का उपयोग किया जाता है।

3. व्यायाम द्वारा रोगी को प्राप्त सामान्य रूप से कार्य करने की क्षमता कार्यक्रमीय गतिविधियों को बढ़ाने के लिए उसको उत्साहित किया जाता है ताकि उसके पुनर्स्थापन में तेजी आ सके।

व्यायाम के सामान्य नियम (General Rules of Exercise)

1. सामान्य अनुकूलन को बनाए रखना।
2. उत्तम शरीर यांत्रिकी को बनाए रखना।
3. प्रतिदिन दो या तीन बार प्रभावित भाग को व्यायाम कराना।
4. दर्द निवारण के लिए सुचारू रूप से सभी व्यायाम करें।
5. यदि व्यायामों से दर्द, बेचैनी अथवा संधियों की रेंज घटने लगे तो उनमें सुधार किया जा सकता है।
6. प्रत्येक सेट के 10 बार दुहराने तक प्रत्येक व्यायाम को लक्ष्य तक पहुँचने के लिए बढ़ा सकते हैं।
7. दिनचर्या तथा खास व्यायाम का कारण जानें।
8. सुनिश्चित करें कि प्रतियोगिता में जाने के पूर्व पूर्ण शक्ति, बर्दाश्त क्षमता तथा लोच प्राप्त हो गए हैं।

कायिका चिकित्सा (फिजियोथैरेपी) के महत्त्व

शारीरिक पुनर्स्थापन के लिए कायिक चिकित्सा प्रोत्साहित करती है। यह सभी रोगियों के लिए उपयुक्त हैं। कायिक चिकित्सा स्थिर कला नहीं है। इसके उपचार की विधियां निरन्तर बदलती रहती हैं। बहुत सी विधियाँ जो किसी समय बहुत प्रसिद्ध तथा बहुप्रचालित होती थीं अब अपनी प्रसिद्धि खो चुकी हैं। विद्युत प्रवाह द्वारा उपचार (फैशन) प्रचलन से बाहर हो गया था।, मालिश करने को भी वैज्ञानिक दृष्टि से उदासीनता से ही देखा जाता था तथा इसका चलन भी प्रशंसनीय नहीं रहा था, मालिश के द्वारा उपचार में की गई मदद को काफी समय तक नकारा तथा असली वैधता को नजरंदाज किया गया, तो भी उपरोक्त सबके बावजूद पहले से ज्यादा आजकल मरीजों को कायिक चिकित्सा के लिए सलाह दी जाती है।

कायिक चिकित्सा जख्मों को ठीक करने में एक महत्त्वपूर्ण भूमिका निभाती है। प्रत्येक रोगी के लिए काम करने की क्षमता के नष्ट होने से कई समस्याएँ पैदा हो जाती है तथा व्यक्ति विशेष की आवश्यकता के अनुरूप इलाज की योजना बनाई जाती है। यदि उपचार बेअसर है तो उसे परिवर्तित किया जाता है अथवा उसको बंद किया जाता है।

कायिक चिकित्सक रोगी की इलाज की जरूरत, उसकी योग्यता तथा अयोग्यता को ध्यान में रखकर उपयुक्त तकनीकी का चयन करें।

1. फिजियोथैरेपी से हायपोटोनिक पेशियों को फैलाव मिले।
2. उपचारीय व्यायामों द्वारा सँधियों की सामान्य रेंज व्यवस्थित रखी जा सकें।
3. कार्यशील पेशियों की ताकत तथा तन्मयता बनाई रखी जा सके।
4. यह पेशीय ताकत के नुकसान को घटाए।
5. यह पेशी की बर्दाश्त क्षमता को बनाए रखे।
6. व्यायाम को दुहराते हुए न्यरोमस्कूलर समन्वय को सुधारना।
7. ये व्यायाम रोगी में विश्वास पैदा करे।
8. उपचारीय व्यायाम कमजोर पेशियों को मजबूत करें तथा कार्यरत पेशियों में रक्त प्रवाह को भी तेज करें।
9. संधियों की सामान्य गति पेशियों की तनने की योग्यता को बनाए रखना।

गति के प्रकार

सक्रिय गति- एथलीट द्वारा सक्रिय गति बिना किसी सहारे के सम्पन्न की जाती है। इस श्रेणी में आने वाले व्यायाम वही हैं जो सामान्य अनुकूलन तथा जख्मी भागों के उपचारों के लिए पुनः स्वस्थता अर्जित करने हेतु किए जाते हैं।

स्वैच्छिक गतियाँ- यह बाहरी बल के विरुद्ध कार्य करने वाली स्वैच्छिक गति को सम्पादित करने वाली अथवा नियंत्रित करने वाली गति होती है।

मुक्त व्यायाम (Free Exercise)

कार्यशील पेशियाँ गतिय अथवा स्थापित भागों के ऊपर गुरुत्वीय बल के कार्य करने वाले विषय होते हैं। मुक्त व्यायाम वे हैं जोकि रोगी द्वारा बिना किसी बाहरी बल के प्रतिरोध अथवा किसी सहारे के स्वयम् भी पेशियों के प्रयास से किया ज्ञाता है। यह व्यायाम गुरुत्वाकर्षण के विपरीत किया जाता है। इनके प्रभावों में तथा लक्षणों में विविधताएँ होती हैं। यह व्यायाम का प्रभाव उसके द्वारा ही उत्पन्न किया जाता है। लयात्मक तथा दोलन प्रकार का व्यायाम कुछ रिलेक्शेषन को प्रेरित करता है।

गति के अनुसार पेशीय तन्मयता बनाए रखी जा सकती है तथा ताकत भी बढ़ती है। व्यायाम की अविध अंग पर लीवर का लाभ तथा गुरुत्वाकर्षण से गतिमान भाग का सम्बन्ध बना रहता है। समूह प्रक्रिया के लागू होने से समन्वय का प्राकृतिक ढाँचा प्रशिक्षित हो जाता है। संक्षिप्त प्रभावों की उपलब्धि हो सकती है यदि उपयुक्त चुनाव किया जाए। जिस ढंग से व्यायाम किया जाता है यह बहुत महत्त्वपूर्ण है।

***(i)* स्थान सीमित व्यायाम**- ऐसे व्यायाम मुख्यत: कुछ विशिष्ट तथा स्थानीय प्रभाव पैदा करने के लिए संरचित किए जाते हैं। उदाहरण के लिए किसी संधि विशेष को गतिशील बनाना अथवा किसी पेशीय गुच्छे को मजबूत बनाना।

***(ii)* सामान्य व्यायाम**- इसमें बहुत सी संधियाँ संलग्न रहती हैं तथा इसमें शरीर की सभी पेशियाँ संलग्न रहती हैं। इसका प्रभाव क्षेत्र भी बड़ा होता है। जैसे:- दौड़ना।

मुक्त व्यायाम की तकनीक (Technique of Free Exercise)

(i) अंगविन्यासीय क्षमता को सुनिश्चित करने के लिए प्रारम्भिक अवस्था को गति का आधार मानते हुए चयन करना तथा सावधानीपूर्वक सिखाना चाहिए।

(ii) निर्देशन इस ढंग से दिए जाने चाहिए कि रोगी में समन्वय तथा उसकी रुचि को जागृत किया जा सके ताकि उसमें व्यायाम का ढाँचा तथा उद्देश्य समझ में आ जाए।

(iii) जितने प्रभाव की जरूरत होती है उसी रफ्तार में व्यायाम का दिया जाना निर्भर करता है।

(iv) व्यायाम की समयावधि (अन्तराल) रोगी की क्षमता के उपर अधिक निर्भर करती है।

मुक्त व्यायामों के प्रभाव तथा फायदे (Effects & Benefits of Free Exercise)

मुक्त व्यायाम के फायदे तथा असर उसके व्यायाम की प्रकृति तथा उसको करने की समयावधि पर निर्भर होती है।

1. संधियों के घूमने के क्षेत्र में हायपरटॉनिक पेशियों को आराम पहुँचाने में लयात्मक व्यायाम मदद करता है।
2. इस प्रकार का व्यायाम शिथिलता को प्रेरित कर पेशियों की व्यर्थ के तनाव को कम करता है जिससे संधियों की हलचल की रेंज के घटने को सीमित करता है तथा न्यूरोमस्क्युलर समन्वय में कार्यक्षमता को बढ़ाता है।
3. पेशियों के समानुपातिक संकुचन एवं फैलाव को एक के बाद खोलने के लिए फैलाव की सामान्य अवस्था तथा गति को स्थिर रखने की जरूरत होती है।
4. व्यायाम से संधियों की गति करने की क्षमता तथा रेंज पूरी ऊंचाई पर होती है तथा संधियों की सामान्य गति को बनाए रखा जा सकता है।
5. व्यायाम पेशीय तन्मयता को तथा पेशीय ताकत को विकसित करता है।
6. इस प्रकार के व्यायामों को दोहराने से न्यूरोमस्क्युलर समन्वय का विकास होता है। जिस व्यायाम में एकाग्रता की जरूरत पड़ती हो तथा उसके लिए अधिक प्रयास करने पड़ते हों तो ऐसा व्यायाम अपने आप कौशल प्राप्त करते हुए अभ्यास में आ जाता है।
7. उद्देश्यीय व्यायामों तथा गतिविधियों को सम्पन्न करके रोगी अपने अन्दर विश्वास को पैदा करता है।

व्यायामों का उपयोग श्वसन को बढ़ाने के लिए भी किया जा सकता है। स्थानीय के साथ-साथ सामान्य संचार में तथा हृदय की पेशियों में भी व्यायाम द्वारा वृद्धि की जा सकती है।

सहारे वाले व्यायाम (Assisted Exercise)

यह व्यायाम किसी जख्मी खिलाड़ी को सहारा देकर कराई जाने वाली गति है। इसमें गति को करने के लिए दूसरे व्यक्ति को सहारा देने की जरूरत पड़ती है। सहारा देने वाले बल का प्रवेग उतना मात्र ही होना चाहिए जोकि पेशिय गति को संचालित कर सके। परन्तु वह बल ऐसा न हो जोकि सहारे के स्थान पर स्वयम् कार्य करने जैसे पेशीय बल बढ़ता जाए उसी अनुपात में सहारा कम करते जाना चाहिए।

तकनीकी- कार्यक्रम की योजना कमजोर पेशियों को उनके स्वयम् के अधिकतम प्रयासों से मजबूती प्रदान करने को सुनिश्चित करने के लिए बनाना है।

(i) **प्रारम्भिक स्थिति**- शरीर की सम्पूर्ण स्थिरता का पूरा ध्यान रोगी की गतियों तथा प्रयासों की ओर केन्द्रित होना चाहिए जो गतियों के द्वारा की जानी हैं।

(ii) **गति की शैली**- रोगी को गति की शैली को जानना तथा समझना अति आवश्यक होगा।

(iii) **पक्का करना**- अस्थियों के उद्गम को पर्याप्त रूप में पक्का करने से उसके मुख्य गतिमान अंगों की क्षमता

में सुधार किया जाता है। कमजोर पेशियों की क्षमता की भरपाई करने के लिए गतियों को साथ वाली संधियों की ओर स्थानातंरित किया जाता है। इन संधियों की गति को मानवीय बल अथवा अन्य स्थिर साधनों की मदद से नियंत्रित किया जाता है ताकि गति को एक संधि की आवश्यक धुरी पर केन्द्रित किया जा सके।

(iv) कमजोर पेशियों पर भार को घटाने के लिए गतिमान भाग को पूरा सहारा देना होगा तथा गुरुत्व बल के प्रभाव के विपरीत संतुलन बनाए रखना पड़ेगा। मानवीय सहारे का यह लाभ है कि उसे गति की आवश्यकता के अनुसार समायोजित किया जा सकता है।

(v) एन्टागोनिस्टिक पेशियों के तनाव को घटाने का प्रयास करना चाहिए।

(vi) कमजोर पेशी के आरम्भिक फैलाव से मायोटैरिक रिफ्लेक्स को बाहर निकालने से पेशी को सिकुड़ने का बलशाली उद्दीपन प्राप्त होता है।

(vii) बल को गति की दिशा में लगाया जाना चाहिए।

(viii) गति सरल सहज तथा सम्पूर्ण होनी चाहिए।

(ix) कमजोरी उत्पन्न होने के कारणों की जानकारी के अनुसार ही दुहराने की क्रिया की जानी होगी।

(x) उपरोक्त सभी क्रियाओं में रोगी का सहयोग बहुत आवश्यक है।

सहारे वाले व्यायामों के लाभ तथा प्रभाव (Effects & Benefits of Assisted Exercises)

(i) जिन पेशियों को सहारे के बिना कार्य करने में कठिनाई का अनुभव होता है। उन क्रियाओं को सहारा देकर धीरे-धीरे मजबूती प्रदान कराकर उनमें अतिवृद्धि हो जाती है बशर्ते वे अपनी अयोग्यता को दूर करने के लिए अधिकतम प्रयासों को अमल में लाएं।

(ii) यह न्यूरोमस्क्यूलर पुन: प्रशिक्षण में मदद करता है। जिस क्रिया को रोगी बिना सहारे के सम्पन्न नहीं कर सकता। ऐसी क्रियाओं को करने के लिए सहयोगात्मक गतियों को उद्दीपित कर इस शैली के प्रति उसमें जागरूकता को भी बढ़ाया जाता है। ये व्यायाम समन्वयकता के प्रशिक्षण में भी मददगार होते हैं।

(iii) गति की योग्यता प्राप्त करने के विश्वास को स्थापित करना।

(iv) प्रभावित संधियों की गतियों को रेंज तथा नियंत्रण को सहारे वाले व्यायामों द्वारा विस्तृत करना।

सहारे वाले प्रतिरोधी व्यायाम (Assisted-Resisted Exercise)

इस प्रकार के व्यायाम एकल गति के दौरान सहारे तथा प्रतिरोधों के मध्य तारतम्यता को निर्मित करते हैं।

प्रतिरोधी व्यायाम (Resisted Exercise): प्रतिरोधी व्यायाम वह गतिविधि है जिसमें खिलाड़ी प्रतिरोधी बल के विरुद्ध कार्य करता है। इस प्रकार के व्यायाम में बाहर की ओर बल को पेशीय संकुचन बल के विपरीत कार्य करने के लिए लगाया जाता है। प्रतिरोध के द्वारा पेशीयों में तनाव पैदा हो जाता है तथा पेशियाँ अपनी हायपरट्रॉफी तथा शक्ति में हुई वृद्धि के द्वारा प्रतिदर्शित करती है। इसके परिणाम स्वरूप पेशियों का तनाव बढ़ जाता है और इस प्रकार उनकी पेशियों की शक्ति तथा क्षमता में अत्यधिक वृद्धि हो जाती है।

प्रतिरोधी व्यायाम की तकनीकी (Techniques of Resisted Exercise)

(i) व्यायाम के आरम्भ की स्थिति आरामदायक तथा स्थिर होनी चाहिए ताकि गतिविधियों के ढाँचे पर सम्पूर्ण ध्यान तथा एकाग्रता कायम की जा सके तथा प्रतिरोध को दूर करने के प्रयास किए जाने चाहिए।

(ii) गति की शैली इस प्रकार होनी चाहिए कि पेशियों का संकुचन पूर्ण गति की रेंज तक हो सके।

(iii) उद्गम की अस्थियों को व्यवस्थापित कर उनकी गति क्षमता में सुधार करना।

(iv) गति का आरम्भिक फैलाव मायोटिक रिफ्लैक्स को सुधारता है।

(v) कार्यशील पेशियों के संकुचन के प्रतिरोधन हेतु प्रतिरोधी बल को लगाया जाना चाहिए। इसमें मानवीय बल, भार, स्प्रिंग आदि को लगाया जा सकता है तथा बल को गति की दिशा में लगाया जाता है। उद्देश्य एवं आवश्यकतानुसार बल लगाने की दिशा में परिवर्तन किया जाता है।

(vi) गति सरल तथा नियंत्रित होनी चाहिए।

(vii) विशेष मरीज की अवस्था के अनुसार व्यायाम को दुहराया जाना चाहिए।

प्रतिरोध

(अ) गति की सीध में फिजियोथेरेपिस्ट द्वारा लगाया गया मानवीय प्रतिरोध तथा गति की दिशा में हाथ को फर्श पर टिकाया गया हो।

(ब) रोगी अपनी गति को स्वयम् के भार का उपयोग कर प्रतिरोध कर सकता है।

(स) सक्रिय प्रतिरोधी व्यायाम के लिए वजन के द्वारा प्रतिरोध उत्पन्न करना आसान तथा प्रभावी होता है। वजन के द्वारा प्रतिरोध बनाने को उन्नत प्रतिरोधी व्यायाम भी कहा जाता है।

(द) भार तथा फुलीसर्किट द्वारा पैदा किए गए बल को भार के द्वारा किसी भी दिशा में कार्यरत किया जा सकता है। इस प्रकार पेशी को भार तथा गुरुत्वाकर्षण दोनों के प्रतिरोध के विपरीत कार्य करने की जरूरत नहीं पड़ती। यह कमजोर पेशियों में प्रतिरोध उत्पन्न करने के लिए महत्त्वपूर्ण होता है।

(ई) स्प्रिंग तथा अन्य लचीले पदार्थों द्वारा प्रतिरोध उत्पन्न किया जाता है। इसे उपयोग की गई स्प्रिंग के प्रकार के अनुसार फैलाया अथवा दबाया जा सकता है।

(फ) पानी के तेज बहाव से भी प्रतिरोध पैदा किया जा सकता है तथा उसको चलने वाले हिस्से की सतह पर लगाया जा सकता है।

प्रतिरोधात्मक व्यायामों के लाभ तथा प्रभाव (Effects & Benefits of Resisted Exercise)

1. ये कमजोर पेशियों तथा उत्तकों को निर्मित कर माँसपेशीय संतुलन को बनाए रखता है।
2. यह रक्त संचार में सुधार करता है।
3. कठोर पेशीय क्रियाओं द्वारा ऊष्मा पैदा होती है जोकि ऊष्मा संचालित केन्द्रों में उद्दीपन पैदा कर त्वचा का वाहक चौड़ेपन (वास्को डायलेशन) को बढ़ा देते हैं।
4. रक्त चाप में सामान्य बढ़ोत्तरी तेजी से समाहित हो जाती है।

अनैच्छिक गति (रिफ्लैक्स गति) (Involuntary Movement)

रिफ्लैक्स गति एक अनैच्छिक गति है, जिसे संवेदीय उद्दीपनों के प्रति गतिय प्रतिक्रिया के रूप में परिभाषित किया जा सकता है। इन रिफ्लैक्स गतियों का सम्बन्ध गतियों की शैली से है जोकि आगे चलकर स्वचालित हो जाता है।

मुड़ा हुआ चाप (रिफ्लैक्स आर्क)- रिफ्लैक्स आर्क उद्दीपनो को वह मार्ग उपलब्ध कराता है जिससे रिफ्लैक्स गति बढ़ती है। इसमें दो न्यूरॉन्स होते हैं एक एफ्रैन्ट न्यूरॉन संवेदना प्राप्त करने वाले अंगों से प्रारम्भ होकर सी.एन.एस. तथा एक एफ्रेन्ट न्यूरॉन सी.एन.एस. से प्रभावित अंग (पेशीय तन्तुओं) तक पहुँचता है। इनमें से अधिकतर में न्यूरॉन्स श्रृंखलाबद्ध रहते हैं। जिसमें एक या एक से अधिक जोड़ने वाले न्यूरॉन्स एफ्रेन्ट तथा एफ्रेन्ट न्यूरॉन्स के बीच में रहते हैं। रिफ्लैक्स गति को अथवा शरीर अंगविन्यास के व्यवस्थापन जैसे बहुत से साधनों से उद्दीपन किया जा सकता है।

फैलावीय रिफ्लैक्स (स्ट्रेच रिफ्लैक्स)- यह पेशियों के फैलाव के फलस्वरूप हुई स्पाइनल रिफ्लैक्स प्रतिक्रिया है। जब कोई उत्तेजना पैदा करने वाली पेशी फैलती है तो यह तनाव के पैदा होने तथा सिकुड़ने के प्रत्युतर में फैलाव वाले बल के ऊपर पलट कर क्रिया करती है। यह उन पेशियों में अच्छा प्रभाव पैदा करने का साधन होती है जो पेशियाँ स्वैच्छिक प्रयासों से अप्रभावित रहती है। प्रतिरोधी बल को लगाकर पेशी की सिकुड़न में तनाव को बढ़ाया जाता है तथा सिकुड़ने की गुणवत्ताओं में भी सुधार होता है।

रिफ्लैक्स को ठीक करना (राइटिंग रिफ्लैक्स)- ये रिफ्लैक्सेज संतुलन के संधारण एवं कायम रखने के लिए उत्तरदायी है।

अंगविन्यासीय रिफ्लैक्सेज (पास्चु रिफ्लैक्सेज)- इन रिफ्लैक्सों का सम्बन्ध अंगविन्यास के संधारण से होता है।

रिफ्लैक्स गतियों के लाभ तथा प्रभाव (Effects and Benefits of Reflex Movements)

1. जब ऐच्छिक प्रयास बेअसर हो जाते हैं उस समय रिफ्लैक्स गतियों से शुरुआत करते हुए न्यूरोमास्कयुलर मैकेनिज्म को प्रोत्साहित करने वाली गति के रूप में रिफ्लैक्स गतियाँ एक सही साधन सिद्ध होती हैं।
2. जब विशेष लकवे के कारण स्वैच्छिक गतियाँ करना असंभव हो जाता है। उस समय सामान्य संधिय गतियों तथा पेशियों के फैलाव का संधारण इसी प्रकार की गतियों के द्वारा किया जाता है।
3. इन गतियों के दौरान प्राप्त की गई पेशीय संकुचन एवं संधियों की गति के कारण संचरण में भी सुधार आ जाता है।

4. इन गतियों को दुहराने से स्वास्टिक पेशियों में अस्थाई फैलाव आ जाता है।
5. इन शैलियों को दोहराते हुए अंगविन्यासीय रिफ्लैक्स अवस्थाओं को संतोषप्रद ढाँचे के रूप में पुन: पैदा किया जा सकता है।

अक्रिय गतियाँ (Passive Movements)

जब पेशियाँ अक्रिय अथवा तुलनात्मक रूप में सुस्त होती हैं तो बाहरी बल लगाने से पैदा हुई गति को अक्रिय गति कहा जाता है और ऐसा सक्रिय गति में हुए पेशीय संकुचन के परिणामस्वरूप होता है। अक्रिय गति वह व्यायाम है जो कि खिलाड़ी के प्रयास के बगैर प्रभावित भाग पर दूसरे साधन अथवा व्यक्ति द्वारा कराया जाता है। ये गतियाँ बाहरी बल द्वारा पेशियों की अक्रियता के दौरान पैदा की जाती हैं अथवा जब पेशीय गतियाँ अपने आप इतनी कम हो जाती हैं कि पेशियों को गति प्रदान किया जाना संभव न हो।

अतिरिक्त गतियों को सम्मिलित करते हुए विश्रामजनक अक्रिय गति (Relaxed Passive Movements including accessory Movement)

(रिलैक्सड पैसिव मूवमेन्ट्स इन्क्लूडिंग एक्सेसरी मूवमेन्ट)

(अ) विश्रामजनक अक्रिय गति- ये गतियाँ कायिक चिकित्सक द्वारा नरमाई से तथा ठीक ढंग से सम्पन्न की जाती है। इसमें जोड़ों की एनॉटमी का ज्ञान अति आवश्यक है। ये गतियाँ सक्रिय गतियों के समान ही दिशा में तथा एक ही रेंज में सम्पन्न की जाती हैं। जोड़ मौजूदा मुक्त क्षेत्र (रेंज) में उस सीमा तक घूमता है जिसमें कि दर्द पैदा न हो।

(ब) अतिरिक्त गतियाँ- ये किसी भी सामान्य संधियों की गति के समान ही उत्पन्न होती है लेकिन संधि की असामान्य अवस्थाओं में यह सीमित अथवा अनुपस्थित होती है। इनमें ग्लाइडिंग अथवा चक्रीय गतियाँ होती हैं जोकि स्वैच्छिक गतियों जैसी एकाकी गति नहीं कर सकती परन्तु कायिक चिकित्सक द्वारा अलग की जा सकती है।

विश्रामजनक अक्रिय गतियों को कराए जाने के सिद्धान्त (Principles of Giving Relaxed Passive Movements)

1. रोगी को विश्रामावस्था के लिए प्रशिक्षित किया जाता है और फिर उसे उपयुक्त प्रारम्भिक अवस्था उपलब्ध कराई जाती हैं जो कि उसके सहारे तथा आराम को सुनिश्चित करती हैं। कायिक चिकित्सक इन गतियों के द्वारा रोगी में आराम के लिए आत्मविश्वास तथा सहयोग के व्यवस्थापन हेतु उसको स्फूर्ति प्रदान करता है।
2. जब गति को किसी विशिष्ट संधि तक सीमित किया जाता है जो अस्थि प्रोक्सिमल है उसे स्थिर कर के गति को स्थायित्व प्रदान किया जाता है।
3. घुमाए जाने वाले भाग को पूरा आराम तथा सहारा दिया जाता है ताकि रोगी में आत्मविश्वास जागृत हो जाए और वह आराम का अनुभव करें।
4. कई संधियों में ट्रेक्शन द्वारा अर्टिक्युलर सतह को अलग हटाया जा सकता है जो कि हमेशा संधि के लम्बे अक्ष में दिया जाता है। इस प्रकार अस्थि के प्रोक्सिमल को संधि से जोड़ने के लिए विपरीत बल को डिस्टल अस्थि पर खिंचाव को बरकरार रखने के लिए लगाया जाता है।
5. आस-पास की पेशियों में बिना दर्द पैदा किए गति की रेंज को पूरी सीमा तक बढ़ाया जा सकता है।
6. व्यायाम की तेजी एक समान होनी चाहिए तथा अच्छी धीमी गति में लयात्मक तरीके से आराम को बनाए रखते हुए निरन्तर गति बनाए रखना चाहिए। इस व्यायाम की अवधि रोगी की अवस्था पर निर्भर करती है।

विश्रामजनक अक्रिय गतियों के लाभ तथा प्रभाव (Effects & Benefits of Relaxed Passive Movements)

1. चिपकाव की बनावट रूकी रहती है तथा मौजूद मुक्त गति व्यवस्थित रूप से बनी रहती है।
2. पेशीय अक्षम कार्यक्षमता के कारण जब सक्रिय गति करना संभव न हो तब कायनेस्थिक संवेदों के उद्दीपन के द्वारा ये गतियाँ व्यायामीय गतियों के ढाँचे को स्मरण कराने में मदद करती हैं।
3. जब गति की पूरी रेंज असंभव हो तब ये पेशियों की फैलाव क्षमता को बनाए रखने में मदद करती है।
4. अक्रिय गतियों की निरन्तर लयात्मकता सहलाने के प्रभाव और प्रोत्साहन देते हुए विश्राम तथा सोने में मदद करते हैं।

5. अतिरिक्त गतियों को संधियों की गतिशीलता तथा गति की खोई हुई रेंज को बढ़ाने के लिए सम्पन्न किया जाता है।

अक्रिय मानवीय गतिक्षमता तकनीकी (Passive Manual Mobilisation Technique)

(अ) जोड़ों की गति क्षमता (Mobilisation of Joints): कायिक चिकित्सक द्वारा रोगी की क्षमता के नियंत्रण में उपलब्ध विभिन्न परिमाणों सम्पन्न कराई गई कार्यगत क्रियाएँ अथवा लगातार लयात्मक रूप में दुहराई गई ऑसीलेटरी, लोकेलाइज्ड अतिरिक्त क्रियाएँ हैं। ये बहुत नरमाई से अथवा थोड़ी कड़ाई से की जा सकती है तथा इनका वर्गीकरण उपलब्ध रेन्ज जिसमें वे सम्पन्न की जाती है उनके अनुसार किया जाता है।

(ब) संधियों पर हस्त कौशल (Manipulation of Joints)

(i) कायिक चिकित्सक द्वारा संपन्न किया गया- ये व्यायाम स्थानीय, एकल, शीघ्र निर्णायक तथा छोटे प्रवेग की उच्च रफ्तार वाली गतियाँ हैं जिन्हें उस समय तक पूर्ण कर लेना चाहिए जब कि रोगी उसे बन्द करने को कहे।

(ii) शल्यचिकित्सक/फिजिशियन द्वारा सम्पादित की गई- यह गति फिजीशियन अथवा शल्य चिकित्सक द्वारा बेहोश करने के बाद की जाती है ताकि रेंज को बढ़ाया जा सके। गति में वृद्धि को कायिक चिकित्सक द्वारा बनाए रखना चाहिए।

(स) फैलाव तथा सख्त संरचनाओं पर नियंत्रण बनाए रखना (Controlled Sustained Stretching of Tightened Structures): पेशियों के अक्रिय फैलाव तथा दूसरे नरम उत्तकों को गति की रेंज तक बढ़ने दिया जाता है। इन संरचनाओं में चिपकने तथा फैलाव की संरचना को प्राप्त किया जा सकता है अथवा टेन्डन के प्रोटेक्टिव रिफ्लेक्स की पेशियों को लम्बाई में बढ़ाया जाता है।

प्रभाव एवं लाभ (Effects & Benefits)

1. धीमा फैलाव पेशियों में लम्बाई तथा आराम को पैदा करता है।
2. मजबूत तथा स्थाई फैलाव का उपयोग हाथ पैरों की ऐंठन को दूर करने में किया जाता है।
3. छोटे हो गए तन्तुओं के तनाव को दूर करने के लिए मजबूत तथा लम्बे समय तक किए गए अक्रिय खिंचाव बहुत उपयोगी होते हैं।

जोड़ों की महत्वपूर्ण गतिशीलता

विभिन्न जोड़ों तथा उनकी गतियों सम्बन्धी जानकारी प्राप्त करने से पूर्व यह जानना आवश्यक है कि शरीर संरचना के भाग कितने तथा कौन-कौन से हैं। शरीर संरचना की दृष्टि से इसे तीन धरातलों पर बांटा जा सकता है, (i) फ्रंटल (Frontal) (ii) सेगिटल (Sagittal) (iii) हारिजेंटल (Horizontal) (समतल)। फ्रंटल धरातल शरीर को आगे से पीछे की ओर बांटता है। सेगिटल धरातल शरीर के केन्द्र के नीचे तक बांटता है। समतल धरातल शरीर को ऊपर तथा नीचे भागों में बांटता है।

नीचे दी गई तालिका शरीर संरचना शब्दावली तथा उनके विवरण सहित विवेचन से संबंधित है।

शरीर-संरचनात्मक शब्दावली

शरीर संरचना विज्ञान	विवरण
1. एनटीरियर	अगला
2. पोस्टीरियर	पिछला
3. मीडियल	भीतर
4. लेट्रल	बाहर
5. सुपाइन	फेस अप
6. प्रोन	फेस डाउन
7. यूनिलेट्रल	एक ओर
8. बाइलेट्रल	दोनों ओर
9. सुपीरियर	ऊपर
10. इंफीरियर	नीचे

जोड़ वह स्थान है जहां शरीर के अस्थिपिंजर में दो अथवा दो से अधिक हड्डियां मिलती हैं। जोड़ स्थिर अथवा गतिशील होती हैं। स्थिर जोड़ वे हैं जो आमने-सामने पड़ी हड्डियों के बीच होता है तथा उन्हें पतली संयोजक टिशुओं की पर्त अलग कर पाती है। यदि दुर्घटना अथवा चोट लगती है तब यह जोड़ सदमे को अपने भीतर समेट लेते हैं तथा हड्डियों को तोड़ने से बचाते हैं। सिर (क्रेनियम) के जोड़ जड़ स्थिर हैं तथा दिमाग की सुरक्षा करते हैं।

जोड़ों के प्रकार (Kinds of Joints)

गतिशील जोड़ों के मुख्य पांच प्रकार हैं:

- हिंज जोड़ (Hinge joint)
- पिवट जोड़ (Pivot Joint)
- बॉल तथा सॉकेट जोड़ (Ball and Socket Joints)
- ग्लाइडिंग जोड़ (Gliding Joints)
- काठी तथा स्थूलात्मक (सैडल तथा कांडेलायड जोड़) (Saddle and Condyloid Joints)

1. **हिंज (कब्जे़ वाला) जोड़**- ये ऐसे जोड़ हैं जो एक ही सतह पर आगे अथवा पीछे जाने की इजाजत देते हैं, ठीक जिस प्रकार दरवाजों के साथ लगे कब्जे़ एक तरफ ही घूमते हैं। घुटनों तथा अंगुलियों के जोड़ हिंज जोड़ हैं।
2. **पिवट जोड़**- ये जोड़ अंगों को घूमने देते हैं जिस प्रकार सिर एक ओर से दूसरी ओर घूम सकता है।
3. **बॉल तथा सॉकेट जोड़**- ये जोड़ ऐसे हैं जो अंगों के संचालन के लिए सबसे अधिक स्वतन्त्रता प्रदान करते हैं। बॉल तथा सॉकेट जोड़ लम्बी हड्डी के अंतिम किनारे पर गेंदाकार बने होते हैं जो दूसरी हड्डी के खोल में जुड़े रहते हैं। कंधों तथा नितम्बों के जोड़ बाल तथा सॉकेट जोड़ कहलाते हैं। शरीर के बाजू अधिक स्वतंत्रता से घूम सकते हैं, टांगों की अपेक्षा, क्योंकि इन अंगों के जोड़ ही इस तरह से निर्मित हैं। बाजू इसलिए अधिक घूम सकते हैं क्योंकि कंधों की चपनियां छाती की दीवारों के साथ ढीले-ढाले ढंग से जुड़ी होती हैं।
4. **ग्लाइडिंग जोड़**- ग्लाइडिंग जोड़ों में संधिका सतह एक दूसरे के ऊपर सरकते हैं। कार्पल हड्डियों तथा टारसल हड्डियां ग्लाइडिंग जोड़ कहलाते हैं।
5. **काठी तथा स्थूलात्मक** (Saddle and Condyloid)- इन जोड़ों की गति दो धुरियों के इर्द गिर्द होती है। इससे अनेक प्रकार की गतिशीलता-मोड़ना, बढ़ाना, अपवर्तन, अभिवर्तन तथा पर्यावर्तन आदि होती है। कलाई के जोड़ तथा अंगुलियों के जोड़ इसके ही उदाहरण हैं।

गतिशील जोड़ अनेक प्रकार के क्षत-विक्षत अथवा घिसने से सुरक्षित रहते हैं। हड्डियों का अंतिम भाग कार्टेलिज की झीनी समतल पर्त से ढका रहता है। इस तरह वे एक दूसरे के ऊपर घूमती रहती है। कार्टेलिज के अंतर्गत लचक अचानक झटकों अथवा सदमों के प्रभाव को तोड़ देती है तथा कार्टेलिज की हमवार गुणवत्ता जोड़ों को आसानी से घूमने देती है। एक तरल पदार्थ जिसे साइनोवियल तरल कहते हैं। जोड़ों को नमदार तथा चिकना बना देता है।

जोड़ों के पास हड्डियां मजबूत स्नायुओं से जुड़ी रहती हैं। ये स्नायु जोड़ों के ऊपर तथा नीचे जुड़े रहते हैं। कूल्हे के पास हड्डी के इर्द-गिर्द स्नायु लिपटे रहते हैं जिस प्रकार कालर होता है ताकि हड्डी अपने स्थान पर टिकी रह सके। जब जोड़ के निकट स्नायु फट जाते हैं अथवा बुरी तरह से खिंच जाते हैं, मोच आ जाती है। गहरी मोच अत्यंत दर्दनाक होती है, यदि उसकी तरफ उचित ध्यान न दिया जाये तब जोड़ अस्थिर अथवा असंतुलित हो जाता है। उतरे हुए जोड़ों का उपचार अति शीघ्र डाक्टर द्वारा किया जाना चाहिए।

जोड़ के आस-पास गतिशीलता (Movement around Joints)

गतिशील जोड़ निम्न प्रकार से एक अथवा एक से अधिक गति करने देते हैं :-

1. **मोड़ना (Flexion)**- मोड़ने से जोड़ के कोण में कमी आती है। उदाहरण के तौर पर सिर को आगे झुकाना, बाजू को कोहनी के पास झुकाना अथवा अंगुलियों को मोड़ना।

2. **बढ़ाना/ विस्तारण (Extension)**- जोड़ों को मोड़ने से लौटाना अंगों का विस्तारण कहलाता है। इसका अभिप्राय है कि फैलाने से जोड़ के कोण फैल जाते हैं। उदाहरण के लिए सिर का पीछे झुकाना अथवा बाजू का पीछे की ओर उठाना/ बढ़ाना।

3. **उठाना (Abduction)**- एब्डक्शन (उठाना) बाहरी गति है जो शरीर की मध्य रेखा से परे होती है जिस प्रकार बाजू को एक ओर उठाना।

4. **एडक्शन (Adduction)**- एडक्शन भीतर की ओर गति है जो शरीर की मध्य रेखा की ओर की जाती है। यह एब्डकशन के बिल्कुल विपरीत है। इसमें बाजू को शरीर की मध्य रेखा की ओर पीछे लाया जाता है।

5. **चक्रावर्तन (Rotation)**- चक्रावर्तन शरीर के केन्द्र रेखा की ओर की गति है। यह हड्डी का अपनी ही धुरी के ऊपर घूमना है ठीक उसी प्रकार जिस तरह से धुरी के ऊपर कोई टॉप घूमता है। उदाहरण के लिए सिर का एक ओर से दूसरी ओर घुमाना अथवा धड़ को एक ओर से दूसरे तरफ चक्राकार घुमाना।

नाम	प्रकार	गति
1. कंधा	गेंद तथा सॉकेट (Ball and Socket)	ऊपर के बाजुओं का मोड़ना, विस्तारण ऊपर उठाना, नीचे लाना, चक्रावर्तन तथा पर्यावर्तन शामिल हैं। (जोड़ों की सबसे अधिक गतिशीलता)
2. कोहनी	कब्जे का जोड़ (Hinge)	ऊपर की ओर मोड़ना तथा विस्तारण
3. कुल्हा	गेंद तथा सॉकेट	मोड़ना, विस्तारण, ऊपर उठाना, नीचे मोड़ना
4. घुटना	कब्जे का जोड़	मोड़ना तथा विस्तारण
5. गर्दन	धुरी	धुरी के उपर घूमना
6. एड़ी	कब्जे का जोड़	मोड़ना तथा विस्तारण
7. पांव	कब्जे वाला तथा सरकना	मोड़ना तथा विस्तारण
8. कलाई	काठी तथा अस्थिकंदीय	उठाना, भीतर मोड़ना

6. पर्यावर्तन (Circumduction)- यह 360 डिग्री का घुमाना है जिस प्रकार बाजू का वृताकार चारों ओर घुमाना अथवा सिर को आगे, पीछे, दायें, बायें घुमाना। पर्यावर्तन शरीर के एक भाग का गोलाकार घुमाना है।

7. उत्तानन (Supination)- उत्तानन का अर्थ है हथेली को आगे अथवा ऊपर को मोड़ना।

8. अवतानन (Pronation)- अवतानन हथेली का पीछे तथा नीचे घुमाना है। यह उत्तानन का बिल्कुल विपरीत है।

9. विपरिवर्तन (Inversion)- विपरिवर्तन पांव की तली को नीचे मोड़ना है।

10. बर्हिवर्तन (Eversion)- बर्हिवर्तन पांव की तली को बाहर की ओर मोड़ना है।

11. प्रवर्धन (Protraction)- प्रवर्धन जबड़े को नीचे करना अथवा जिह्वा को बाहर निकालना है।

12. निवर्तन (Retraction)- निवर्तन जबड़े को ऊपर उठाना अथवा जिह्वा को भीतर खींचना है।

वर्तमान रूप में मानव शरीर को आने में कई परिवर्तनों तथा उत्परिवर्तनों से गुजरना पड़ा, और शरीर की संरचना में प्राणी अद्भुत है तथा अन्य प्राणियों पर लागू होने वाले प्राकृतिक नियम उस पर भी लागू होते हैं। ये प्राकृतिक नियम व सिद्धांत तब भी लागू होते हैं जब बैट या रैकेट के साथ या उसके बिना मोटर कार्यकुशलताएं की जाती हैं। ये साधारण रूप से मेकेनिकल नियम व सिद्धांत कहलाते हैं तथा जिन्हें स्टेटिक या डायनामिक कहा जाता है। डायनामिक्स को आगे दो हिस्सों में बांटा गया है- Kinematics तथा Kinetics.

काइनेमेटिक्स (Kinematics)

काइनेमेटिक्स समय, अदला-बदली, गति या संवेग के संदर्भ में गति की विवेचना करता है। विज्ञान की भाषा में यह गति की ज्यामिती है तथा यह उपरोक्त चार प्रकार की गतियों को वर्णित करता है जैसे वे सीधी (लाइनीयर) या चक्रीय दिशा में होती हैं।

काइनेटिक्स (Kinetics)

यह डायनामिक्स का वह पहलू है जिसमें उन बलों की चर्चा की जाती है जो वस्तुओं को गतिमान बनाते हैं। बल (Push or pull) हो सकता है। मानव शरीर के सभी लिवर Pull type मशीनें होती हैं परन्तु हुनर प्रदर्शन में Push ही कुल हुनर या यांत्रिक भाग होता है- जैसे शॉट को धकेलने वाले हाथ द्वारा लगाया गया बल। प्रतिरोध पर काबू पाने के लिए मानव लिवर बल पैदा करते हैं तथा यही कार्य कहलाता है। काइनेटिक्स में बलों का वर्णन है जो गति पैदा करते हैं तथा इसमें न्यूटन के गति के तीन सिद्धांत शामिल हैं।